FUNDAMENTOS DE DIREITO PENAL

O GEN | Grupo Editorial Nacional – maior plataforma editorial brasileira no segmento científico, técnico e profissional – publica conteúdos nas áreas de concursos, ciências jurídicas, humanas, exatas, da saúde e sociais aplicadas, além de prover serviços direcionados à educação continuada.

As editoras que integram o GEN, das mais respeitadas no mercado editorial, construíram catálogos inigualáveis, com obras decisivas para a formação acadêmica e o aperfeiçoamento de várias gerações de profissionais e estudantes, tendo se tornado sinônimo de qualidade e seriedade.

A missão do GEN e dos núcleos de conteúdo que o compõem é prover a melhor informação científica e distribuí-la de maneira flexível e conveniente, a preços justos, gerando benefícios e servindo a autores, docentes, livreiros, funcionários, colaboradores e acionistas.

Nosso comportamento ético incondicional e nossa responsabilidade social e ambiental são reforçados pela natureza educacional de nossa atividade e dão sustentabilidade ao crescimento contínuo e à rentabilidade do grupo.

# MIGUEL REALE JÚNIOR

FUNDAMENTOS DE DIREITO PENAL

5ª edição revista, atualizada e reformulada

- O autor deste livro e a editora empenharam seus melhores esforços para assegurar que as informações e os procedimentos apresentados no texto estejam em acordo com os padrões aceitos à época da publicação, e todos os dados foram atualizados pelo autor até a data de fechamento do livro. Entretanto, tendo em conta a evolução das ciências, as atualizações legislativas, as mudanças regulamentares governamentais e o constante fluxo de novas informações sobre os temas que constam do livro, recomendamos enfaticamente que os leitores consultem sempre outras fontes fidedignas, de modo a se certificarem de que as informações contidas no texto estão corretas e de que não houve alterações nas recomendações ou na legislação regulamentadora.

- Fechamento desta edição: *05.06.2020*

- O Autor e a editora se empenharam para citar adequadamente e dar o devido crédito a todos os detentores de direitos autorais de qualquer material utilizado neste livro, dispondo-se a possíveis acertos posteriores caso, inadvertida e involuntariamente, a identificação de algum deles tenha sido omitida.

- **Atendimento ao cliente: (11) 5080-0751 | faleconosco@grupogen.com.br**

- Direitos exclusivos para a língua portuguesa
  Copyright © 2020 by
  Editora Forense Ltda.
  Uma editora integrante do GEN | Grupo Editorial Nacional
  Travessa do Ouvidor, 11 – Térreo e 6º andar
  Rio de Janeiro – RJ – 20040-040
  www.grupogen.com.br

- Reservados todos os direitos. É proibida a duplicação ou reprodução deste volume, no todo ou em parte, em quaisquer formas ou por quaisquer meios (eletrônico, mecânico, gravação, fotocópia, distribuição pela Internet ou outros), sem permissão, por escrito, da Editora Forense Ltda.

- Capa: Aurélio Corrêa

- Esta obra foi publicada até a 4ª edição sob o título *Instituições de Direito Penal - Parte Geral*.

- CIP – BRASIL. CATALOGAÇÃO NA FONTE.
  SINDICATO NACIONAL DOS EDITORES DE LIVROS, RJ.

  Reale Júnior, Miguel

  Fundamentos de direito penal / Miguel Reale Júnior. – 5. ed. – Rio de Janeiro: Forense, 2020.

  Inclui bibliografia
  ISBN 978-85-309-9113-5

  1. Direito penal – Brasil. I. Título.

  20-63953   CDU: 343.2(81)

  Leandra Felix da Cruz Candido – Bibliotecária – CRB-7/6135

À Judith Martins-Costa, com quem compreendi o significado do verbo compartilhar, com quem aprendi que a troca de olhares vale mais do que as palavras, com quem percebi a eloquência dos silêncios em comum, com quem vivenciei que o casamento pode ser uma aventura de cada dia.

À Luciana, doce filha e amiga.

SOBRE O AUTOR

Professor Titular Sênior da Faculdade de Direito da Universidade de São Paulo.

NOTA DO AUTOR

Sempre relutei em escrever um manual. Sentia que poderia ser um trabalho repetitivo, meramente informativo, transformando o Direito Penal em pílulas a serem deglutidas por estudantes e profissionais. Percebia que só após reflexão mais demorada, apenas permitida pelo tempo, deveria me abalançar em escrever estudo mais abrangente. Agora, passados mais de 30 anos de magistério, com a experiência de advogado por todo este período, com a vivência das dificuldades e vicissitudes da tarefa legislativa – desde a elaboração da Parte Geral de 1984 e da Lei de Execução Penal do mesmo ano até a Comissão de Diagnóstico do Sistema Criminal Brasileiro e Reforma da Parte Geral, passando por tantas outras comissões legislativas – sinto-me, finalmente, encorajado ao empreendimento de escrever os *Fundamentos de Direito Penal*.

Assim designo este trabalho em homenagem ao meu saudoso professor Basileu Garcia, cujas *Instituições* perduram até hoje como um livro fundamental.

Trata-se, como se verá, de uma conversa comigo mesmo, apresentando ao público um trabalho que é antes uma reflexão do que uma divulgação do já constante em tantos cursos de Direito Penal. Mas, por ser uma reflexão, conduz o solitário escrevinhador a um diálogo com o leitor, estimulando controvérsias e concordâncias, sempre inspiradas pelo amor ao Direito, pelo entusiasmo pelo Direito Penal. A polêmica é uma constante de minha vida e para tanto trago a lume estes *Fundamentos*.

Agradeço aos penalistas, um da minha geração, que sempre foi das mentes mais lúcidas do nosso Direito, Ricardo Antunes Andreucci, que leu este trabalho e fez valiosas sugestões, ao jovem Eduardo Reale Ferrari, que arejou com seu entusiasmo e ideias muitas das questões examinadas, bem como às orientandas Helena Regina Lobo da Costa e Marina Pinhão Coelho, que fizeram a revisão das notas de rodapé, recebendo de ambas observações valiosas. Agradeço, também, à Judith, com quem, em plena harmonia da Serra da Mantiqueira, refugiado na Fazenda Campo Verde, troquei opiniões, algumas vezes com significativas discordâncias, mas sempre com imenso proveito. O meu agradecimento final volta-se a todos os colaboradores de meu escritório e da fazenda que propiciaram a retaguarda imprescindível à realização deste trabalho.

Na atualização realizada nesta quinta edição, houve contribuição valiosa da mestre Paula Thieme Kagueiama.

O livro intitulava-se *Instituições de Direito Penal – Parte Geral*. Assim, a designação poderia suscitar a ideia de vir a aparecerem volumes dedicados à Parte Especial, a qual, no entanto, tratei em trabalho coletivo em outros dois livros. Assim, não haverá continuidade de uma Parte Especial, razão pela qual a 5.ª edição, vinda a lume agora, tem seu título alterado para *Fundamentos de Direito Penal*.

SUMÁRIO

PARTE I
PROLEGÔMENOS

CAPÍTULO 1 – CONTROLE SOCIAL 3

CAPÍTULO 2 – O PODER-DEVER DE PUNIR 11
2.1. O poder-dever do estado 11
2.2. Fundamentos do poder-dever de punir 13
2.3. Limites do poder de punir 17
    2.3.1. Valores penalmente tutelados 17
    2.3.2. Subsidiariedade, *ultima ratio* e fragmentariedade 20
    2.3.3. A ancoragem constitucional 21
    2.3.4. O princípio da proporcionalidade 23
    2.3.5. Direito Penal do fato 26
    2.3.6. O princípio da legalidade 28
    2.3.7. Responsabilidade subjetiva 31

CAPÍTULO 3 – FINALIDADE E SIGNIFICADO DA PENA 33
3.1. As diversas perspectivas 33
3.2. O pensamento da doutrina 35
    3.2.1. Ideias retribucionistas: Kant, Rossi e Bettiol 35
    3.2.2 A velha e a nova defesa social 38
    3.2.3. As ideias de prevenção geral 41
    3.2.4. Ideias de reafirmação do Ordenamento 42
    3.2.5. Posição axiológico-concreta 43

CAPÍTULO 4 – CIÊNCIA DO DIREITO E CIÊNCIA PENAL 47
4.1. A ciência do Direito Penal e sistema 47
4.2. Criminologia 50
4.3. A política criminal 55

XII FUNDAMENTOS DE DIREITO PENAL – *Miguel Reale Júnior*

CAPÍTULO 5 – FONTES DO DIREITO E INTERPRETAÇÃO 61

5.1. Fontes e modelos.. 61

5.2. As normas penais... 62

5.3. O processo de concreção de cada espécie de norma 63

5.4. O modelo jurídico consuetudinário 64

5.5. O modelo jurisprudencial.. 66

5.6. A interpretação em matéria penal.. 68

    5.6.1. A interpretação literal 69

    5.6.2. As interpretações lógica, restritiva e extensiva............... 69

    5.6.3. A interpretação sistemática.. 71

    5.6.4. A interpretação teleológica 72

    5.6.5. Interpretação como concreção 72

5.7. A interpretação analógica.. 73

5.8. A "arma de brinquedo" e analogia... 75

5.9. Admissão da analogia.. 76

5.10. Analogia em causa justificante 76

5.11. Analogia em causa de isenção de pena... 77

CAPÍTULO 6 – LEI PENAL NO TEMPO 79

6.1. Nascimento, vida e morte da lei... 79

6.2. Irretroatividade e não ultra-atividade 80

6.3. Hipóteses de retroatividade e de ultra-atividade 80

6.4. Leis excepcionais e temporárias 82

6.5. Lei penal em branco.. 82

6.6. Crime permanente, habitual e continuado 82

6.7. A medida de segurança 83

6.8. O tempo do crime.. 83

6.9. Medida provisória 84

CAPÍTULO 7 – LEI PENAL NO ESPAÇO 85

7.1. O âmbito do território... 85

7.2. Os princípios orientadores 85

7.3. O lugar do crime 86

7.4. Hipóteses de extraterritorialidade 87

7.5. Pena cumprida no estrangeiro... 90

7.6. A sentença penal estrangeira 90

7.7. A extradição 90

7.8. O tribunal penal internacional.. 92

SUMÁRIO | **XIII**

PARTE II
ESTRUTURA DO DELITO

CAPÍTULO 1 – ANCORAGEM DO SISTEMA... 99

1.1. Estrutura do delito e segurança jurídica 99

1.2. Teoria final da ação e divergências com Welzel....................... 101

1.3. As concepções normativas da ação 104

CAPÍTULO 2 – O TIPO PENAL 107

2.1. A formação do tipo... 107

2.2. A tipicidade e a relação com a antijuridicidade...................... 108

2.3. Compreensão axiológica da ação e do tipo............................ 111

2.4. Os elementos do tipo 112

    2.4.1. Elementos subjetivos.. 112

    2.4.2. Elementos normativos.. 112

2.5. A adequação típica.. 115

2.6. Qual a estrutura do delito?.. 115

CAPÍTULO 3 – ANTIJURIDICIDADE: CAUSAS DE EXCLUSÃO.................... 117

3.1. O ilícito pessoal.. 117

3.2. A adequação social 119

3.3. Legítima defesa 120

    3.3.1. Delimitação da questão 120

    3.3.2. A agressão: ação e omissão....................................... 121

    3.3.3. A injustiça da agressão... 122

    3.3.4. A provocação da agressão 123

    3.3.5. Os direitos que podem ser defendidos 123

    3.3.6. Atualidade e iminência.. 124

    3.3.7. Proporcionalidade entre os bens 124

    3.3.8. Necessidade dos meios 124

    3.3.9. Moderação no uso dos meios 125

    3.3.10. Elemento subjetivo.. 125

    3.3.11. A natureza e os valores da figura permissiva............. 126

    3.3.12 Legítima defesa de terceiro....................................... 126

3.4. O estado de necessidade... 127

    3.4.1. Conceito de perigo 127

    3.4.2. Não provocação do perigo 129

    3.4.3. Inevitabilidade 130

    3.4.4. Exigência razoável de não sofrer o sacrifício.............. 131

XIV | FUNDAMENTOS DE DIREITO PENAL – *Miguel Reale Júnior*

3.4.5.	Estado de necessidade em favor de terceiro	132
3.4.6.	O dever de arrostar o perigo	134
3.4.7.	A minorante do art. 24, § 2º, do Código Penal	134
3.4.8.	De *lege ferenda*	135
3.5.	Estrito cumprimento de dever legal	135
3.6.	Exercício regular de um direito	136
3.7.	O consentimento do ofendido	138

CAPÍTULO 4 – CULPABILIDADE: CAUSAS DE EXCLUSÃO 141

4.1.	Evolução do conceito de culpabilidade	141
4.1.1.	As circunstâncias anormais	142
4.1.2.	Culpabilidade e o homem médio	142
4.1.3.	Reprovação pelo poder de agir diversamente	143
4.1.4.	Vontade do ilícito e vontade ilícita	144
4.1.5.	O pensamento de Aníbal Bruno	145
4.1.6.	A culpabilidade como limite da pena	146
4.1.7.	A culpabilidade da pessoa	147
4.1.8.	Validade ou negatividade da opção: carência de punição	148
4.2.	Causas de exclusão da culpabilidade	150
4.2.1.	Coação irresistível	150
4.2.2.	A coação irresistível na doutrina brasileira	151
4.2.3.	Fundamento da coação irresistível	154
4.2.4.	Obediência hierárquica	155
4.2.5.	Legítima defesa frente à ação do subordinado	157
4.2.6.	Erro de proibição	157
4.2.7.	Teoria do dolo	159
4.2.8.	Teoria da culpabilidade	159
4.2.9.	Teoria extrema da culpabilidade	160
4.2.10.	Teoria limitada da culpabilidade	160
4.2.11.	Erro de permissão	161
4.2.12.	Posição do Código	161
4.2.13.	Hipótese de erro de proibição	162

CAPÍTULO 5 – IMPUTABILIDADE 163

5.1.	Pressuposto da ação	163
5.2.	Base biopsicológica	164
5.3.	Semi-imputabilidade	166
5.4.	Menoridade	167
5.5.	Emoção e embriaguez	168
5.6.	*Actio libera in causa*	170

SUMÁRIO | **XV**

CAPÍTULO 6 – CRIME COMISSIVO E OMISSIVO DOLOSO 173

6.1. Dolo 173

    6.1.1. Vontade e conhecimento 173

    6.1.2. Objeto do dolo 174

        6.1.2.1. Ação e omissão 174

    6.1.3. Elementos normativos 177

    6.1.4. Conteúdo valorativo da ação 177

    6.1.5. Verificação do dolo 178

    6.1.6. Formas do dolo: dolo eventual 178

    6.1.7. Dolo de perigo 180

    6.1.8. Condições objetivas de punibilidade 180

6.2. Erro de tipo 180

    6.2.1. Erro não essencial 182

    6.2.2. Descriminantes putativas 182

CAPÍTULO 7 – COMPORTAMENTO COMISSIVO E OMISSIVO CULPOSO ... 185

7.1. A ação culposa 185

    7.1.1. Coeficiente psíquico e resultado 188

    7.1.2. Risco permitido e princípio da confiança 189

    7.1.3. Imputação objetiva 190

7.2. Crime omissivo culposo 191

7.3. Estado de necessidade e culpabilidade 192

7.4. Culpa consciente 192

CAPÍTULO 8 – CRIME DE RESULTA DO MATERIAL E NEXO DE CAU-SALIDADE 193

8.1. Crime de ação e de evento 193

8.2. Nexo de causalidade 194

    8.2.1. A causalidade adequada 195

    8.2.2. Equivalência das condições 197

    8.2.3. Análise das duas teorias 198

    8.2.4. Causa superveniente e a condicionalidade adequada 200

8.3. Crime comissivo por omissão 202

    8.3.1. Omissão 202

    8.3.2. A omissão como causa 203

    8.3.3. A omissão relevante 204

    8.3.4. O dever de agir 205

    8.3.5. O poder agir 207

8.4. Crime qualificado pelo resultado 208

FUNDAMENTOS DE DIREITO PENAL – *Miguel Reale Júnior*

CAPÍTULO 9 – OUTRAS FORMAS DE CRIME 211

9.1. Crime formal.. 211

9.2. Crime instantâneo, permanente, instantâneo de efeito permanente e o momento consumativo 212

9.3. Crime complexo 215

9.4. Crime progressivo 216

9.5. Crime de perigo 217

9.6. Crime habitual 219

CAPÍTULO 10 – TENTATIVA.. 221

10.1. Crime consumado e tentado: todo e parte............................... 221

10.2. A figura típica da tentativa e o elemento subjetivo.................. 222

10.3. Idoneidade e univocidade dos meios.. 224

10.4. Atos preparatórios e de execução 225

10.5. Reserva legal e limites de relevância... 226

10.6. Fundamento.. 228

10.7. Tentativa e as formas de crime 229

10.8. Pena na tentativa.. 230

CAPÍTULO 11 – DESISTÊNCIA VOLUNTÁRIA E ARREPENDIMENTO EFICAZ 233

11.1. Não consumação pela própria vontade 233

11.2. Fundamento.. 234

11.3. Natureza jurídica 236

11.4. Voluntariedade 236

11.5. Arrependimento posterior 238

CAPÍTULO 12 – CRIME IMPOSSÍVEL... 241

12.1. Não tipificação da tentativa 241

12.2. Inidoneidade do meio e impropriedade do objeto 242

12.3. Teoria subjetiva... 244

CAPÍTULO 13 – CONCURSO DE PESSOAS.. 247

13.1. Autoria e participação... 247

13.2. A posição do Código Penal com a Reforma de 1984................. 251

13.3. Acordo de vontades.. 252

13.4. Norma extensiva.. 253

SUMÁRIO | **XVII**

13.5.	Ações neutras ou cotidianas	254
13.6.	Concurso em crime culposo	254
13.7.	Concurso de pessoas no crime omissivo	256
13.8.	Comunicabilidade das circunstâncias	256
13.9.	Participação em crime menos grave	256
13.10.	Concurso necessário	257

PARTE III
TEORIA DAS SANÇÕES

CAPÍTULO 1 – PENA PRIVATIVA DE LIBERDADE ... 261

1.1.	O mundo prisional	261
1.2.	Reclusão e detenção	267
1.3.	Os regimes de execução penal e o sistema progressivo	268
	1.3.1. O regime fechado	268
1.4.	Trabalho do preso	269
1.5.	Exame criminológico inicial	271
1.6.	Participação da comunidade	272
1.7.	Direito do preso	273
1.8.	O regime semiaberto	273
1.9.	Regime aberto	275
1.10.	Regime inicial de cumprimento de pena	280
1.11.	O sistema progressivo	281
1.12.	Regime especial	286
1.13.	Superveniência de doença mental	287
1.14.	Detração	287

CAPÍTULO 2 – PENA RESTRITIVA DE DIREITOS ... 289

2.1.	As penas restritivas, antecedentes e legislação estrangeira	289
2.2.	As penas restritivas no Brasil	295
2.3.	A legislação em vigor	296
2.4.	Análise da Lei nº 9.714/98 e os critérios para a substituição	297
2.5.	As penas restritivas em espécie	300
	2.5.1. A prestação de serviços à comunidade	300
2.6.	A experiência da prestação de serviços	301
2.7.	Pena de prestação pecuniária	303
2.8.	Pena de perda de bens e valores	305
2.9.	A pena de interdição temporária de direitos	306

XVIII | FUNDAMENTOS DE DIREITO PENAL – *Miguel Reale Júnior*

2.10. A pena de limitação de fim de semana 307

2.11. Conversão da restritiva em privativa 308

CAPÍTULO 3 – PENA DE MULTA 311

3.1. A pena de multa substitutiva 313

3.2. O sistema de dias-multa e a aplicação da pena 314

3.3. Abolição da conversão em pena privativa 315

CAPÍTULO 4 – COMINAÇÃO DAS PENAS 317

4.1. Penas restritivas de direitos 317

4.2. Pena de multa 319

CAPÍTULO 5 – APLICAÇÃO DA PENA 321

5.1. Fixação da pena 321

5.2. Critérios especiais da pena de multa 328

5.3. Circunstâncias agravantes 328

5.4. Reincidência 330

5.5. Agravantes do concurso de pessoas 334

5.6. Circunstâncias atenuantes 335

5.7. Concurso de circunstâncias 337

5.8. Causas de aumento e de diminuição 338

5.9. Cálculo da pena 339

CAPÍTULO 6 – CONCURSO DE CRIMES 341

6.1. Crime continuado 345

6.2. Erro na execução 349

6.3. Limite das penas 351

CAPÍTULO 7 – SUSPENSÃO CONDICIONAL DA PENA 353

7.1. Notas históricas 353

7.2. Natureza jurídica 354

7.3. Espécies de suspensão condicional 357

7.4. Requisitos da suspensão condicional 358

7.5. Execução e conversão do *sursis* 359

CAPÍTULO 8 – LIVRAMENTO CONDICIONAL 361

8.1. O livramento condicional na legislação 361

8.2.	Requisitos do livramento condicional	363
8.3.	Condições impostas na concessão do livramento condicional	368
8.4.	Revogação do livramento condicional	369
8.5.	Extinção da pena	370

CAPÍTULO 9 – EFEITOS DA CONDENAÇÃO E REABILITAÇÃO ... 373

9.1.	Efeitos da condenação	373
9.2.	Indenização pelo dano	373
9.3.	Perda dos instrumentos do crime	374
	9.3.1 Descompasso entre o rendimento lícito e o valor do patrimônio do condenado em crime cuja pena máxima seja superior a seis anos	375
9.4.	Reabilitação	378
9.5.	Requisitos da reabilitação	379
9.6.	Objeto e consequências da reabilitação	381
9.7.	Renovação e revogação da reabilitação	382

CAPÍTULO 10 – MEDIDAS DE SEGURANÇA ... 383

10.1.	Breve histórico	383
10.2.	Defensismo social	386
10.3.	Pontos em comum	388
10.4.	Pontos específicos	389
10.5.	Repercussão na teoria do delito	391
10.6.	Princípios garantistas e a medida de segurança	392
10.7.	Tempo de duração	394
10.8.	Individualização da execução	395
10.9.	Cessação da doença e desinternação condicional	396
10.10.	As medidas de segurança e os direitos do internado	397
10.11.	Prescrição e medida de segurança	398

CAPÍTULO 11 – EXTINÇÃO DA PUNIBILIDADE ... 399

11.1.	Morte	400
11.2.	Anistia – graça – indulto	400
11.3.	Descriminalização	402
11.4.	Decadência e perempção	402
11.5.	Renúncia ao direito de queixa e perdão	403
11.6.	Retratação	404
11.7.	Perdão judicial	404

XX | FUNDAMENTOS DE DIREITO PENAL – *Miguel Reale Júnior*

11.8. Prescrição 406

    11.8.1. Natureza 406

    11.8.2. A *ratio* da prescrição 407

    11.8.3. A prescrição em abstrato 408

    11.8.4. Prescrição da pena em concreto 409

    11.8.5. Prescrição retroativa 410

11.9. Causas impeditivas ou suspensivas 411

11.10. Causas interruptivas 413

11.11. Prescrição da pena de multa 413

11.12. Prescrição das penas restritivas 414

11.13. Âmbito da extinção da punibilidade 414

BIBLIOGRAFIA BÁSICA 415

PARTE I

PROLEGÔMENOS

Capítulo 1
CONTROLE SOCIAL

A maioria das pessoas não delinque. Além de caber perguntar por qual razão alguns praticam crimes, cumpre analisar por que a grande parte das pessoas não vem a delinquir. O controle social exerce-se, primeiramente, por via da família, da escola, da igreja, do sindicato, atuantes na tarefa de socializar o indivíduo, levando-o a adotar os valores socialmente reconhecidos e os respeitar, independentemente da ação ameaçadora e repressiva do Direito Penal, que constitui uma espécie de controle social, mas de caráter formal e residual, pois só atua diante do fracasso dos instrumentos informais de controle. Impõe-se, dessa maneira, abordar o problema do controle social.[1]

O homem nasce em uma sociedade caracterizada por formas de agir, de pensar e de sentir, o que constitui uma cultura implícita reveladora dos valores básicos admitidos como objetivos consagrados pelo meio social, e que guiam a instituição de regras convencionais transmitidas de geração em geração.

Submete-se a criança,[2] portanto, a um processo de socialização graças ao qual vem paulatinamente apreendendo estes valores essenciais e aprendendo formas de agir próprios do meio social em que vive, passando por um aprendizado constante que exige adaptação condutora à conformidade com os padrões de comportamento reconhecidos como válidos e aprovados.

Chega a ser imperceptível à criança e ao jovem a integração a que se encontra sujeito, mesmo porque como assinala KLUCKHOHN "o peixe não percebe a existência da água por estar dentro dela".[3] Doutra parte, dá-se uma interação entre o indivíduo e a sociedade, pois o indivíduo busca se adaptar ao meio social no qual está inserido, e a sociedade procura fazer com que a integração do indivíduo se realize por diversos meios. O processo de

---

[1] Sobre o conceito de controle social nos dias de hoje, que guarda similitude com as primeiras formulações na análise da capacidade dos grupos de fazer regras efetivas e na busca coletiva de metas morais, vide BERGALLI, R., "Controle social: suas origens conceituais e usos instrumentais", *in Revista Brasileira de Ciências Criminais*, ano 1, n° 3, jul./set., 1993, p. 31; DIETER ROSSNER, "Los imprescindibles deberes del Derecho Penal en el sistema de control social (elementos de una teoría intercultural del Derecho Penal)", *in Política criminal comparada hoy y mañana*, Madrid, Consejo general del Poder Judicial, 1999, p. 155.

[2] ROCHER, G. afirma que por toda a vida se é objeto do processo de socialização, me- diante a aquisição de modelos, valores e símbolos, acentuado, todavia, este processo na fase da infância e nos primeiros anos da adolescência (*Introduction à la sociologie générale*, I, Paris, HMH, 1968, p. 133); CHARON, J. M., *Sociologia*, trad. Laura Teixeira Mota, São Paulo, Saraiva, 1999, p. 150 e seguinte.

[3] *Initiation à la anthropologie*, Bruxelas, Charles Dessart, 1966, p. 17.

socialização, se importa renúncia ao atendimento de desejos egoísticos imediatos, todavia, não se opera por via de constantes pressões externas.

O processo de socialização absorve a criança de tal forma que a condiciona a adotar até mesmo a forma de se expressar corporalmente pelos gestos que são característicos de um determinado povo ou localidade. Os gostos, inclusive alimentares, são transmitidos pelo meio social. O mundo infantil, com sua divisão do apropriado ao menino e do diferentemente próprio à menina, é apresentado à criança como dado estabelecido a ser respeitado e ao qual se adapta. A experiência amorosa e o processo de aproximação dos sexos varia de sociedade em sociedade, com profundas mutações ao longo do tempo, e são revelados ao jovem adulto como modos permitidos do jogo entre os sexos, o que logicamente exclui outras maneiras como legítimas, e portanto, a não serem praticadas. Preconceitos e métodos de obtenção do conhecimento são também revelados e absorvidos.

Esta integração ao meio social, em todos os sentidos, realiza-se em virtude do processo de aprendizagem e de interiorização do outro, como destaca GUY ROCHER. A aprendizagem realiza-se por diversas maneiras, em especial, pela sugestão contínua que estimula e inculca na mente das crianças os modos de se comportar e as formas de sentir e pensar consagrados. A reiteração força a que se adote o comportamento sugerido.

A criança, por sua vez, tende à imitação, reproduzindo as atitudes alheias, em especial as dos mais próximos,[4] agindo tal como age o pai ou a mãe, dando, destarte, continuidade à forma de ser instituída. Para TARDE, os homens imitam os superiores mais que os inferiores, imitação que compreende a linguagem,[5] os móveis e os utensílios, as ideias, as necessidades. Se TARDE, em fins do século XIX, já ressaltava que a grande indústria tornava possível difundir os desejos, os gostos e ideias idênticas junto a massas imensas, o que se dizer hoje com a quase unanimidade cinzenta imposta pelos meios de comunicação e, em especial, pela propaganda publicitária.

Dessa forma, a criança é persuadida a se adaptar, agindo de conformidade com o meio social, seja por adesão espontânea, seja por pressão implícita,[6] sentida na reprovação manifesta ou silenciosa de um olhar de desprezo em vista de uma atitude diversa da considerada correta.

Assim, tem a criança interesse em se adaptar para colher a aprovação social, em especial, de seus pais, receosa de que uma dissonância importe juízo negativo, o que conspira em favor do conformismo, pois o temor de perder o amor e o respeito do próximo faz com que as restrições ou pressões externas se transformem em autorrestrições.[7]

Ocorre a interiorização do outro, ou na expressão de ROCHER, o eu refletido no espelho do olhar alheio, procurando-se a identificação com os demais dos quais se depende, com os quais se relaciona e se comunica, submetendo-se, portanto, aos valores predominantes no grupo social a que se pertence. A sociedade pretende, para

---

[4]   TARDE, G. *La philosofie pénale*, 3ª ed., Paris, G. Masson, 1892, p. 328.

[5]   TARDE exemplifica com a hipótese de um professor que no meio rural termina por adquirir entonações e expressões dos habitantes locais.

[6]   CRUTCHFIELD, D. e BALLACHEY, E. *O indivíduo na sociedade*, trad. Dante Moreira Leite e Miriam Moreira Leite, vol. 2, São Paulo, Pioneira, 1969, p. 596.

[7]   ELIAS, N. *O processo civilizador*, trad. Ruy Jungmann, vol. 2, Rio de Janeiro, Zahar, 1993, p. 242.

Parte I · **Capítulo 1** · CONTROLE SOCIAL | **5**

manutenção da harmonia e da solidariedade, socializar a criança, e esta deseja, para se sentir protegida e acolhida, identificar-se com os demais,[8] em especial, com os adultos que a orientam.

Os pais e a família constituem, portanto, o principal agente de socialização,[9] transmitindo, no dia a dia, formas de comportamento julgadas corretas pela sociedade, que vão desde a etiqueta e vestimenta até os valores morais a serem seguidos, na maioria das vezes valores como honestidade, veracidade, responsabilidade, empenho nos afazeres, respeito ao próximo, caridade, senso de justiça, acatamento aos mais velhos. A socialização da criança e do adolescente implica renúncia, não satisfação imediata dos desejos em função de atendimento a outros valores mais importantes, e esta renúncia é admitida tanto por meio da persuasão acerca da validade de tais valores, que efetivamente se interiorizam (controle interiorizado), como também, por via da recompensa e da coerção, do castigo, por parte da família.[10]

FORTI entende que muito se deve, no processo de socialização, à transmissão, até pelo menos os primeiros anos da adolescência, dos valores e modelos em vista do exemplo[11] dado pelos adultos da família e da escola. Revigora este ensinamento de valores a dependência que nutre a criança e o jovem em face de seus pais e professores, buscando atender às suas expectativas. Ao mesmo tempo, visa a alcançar os bons resultados perspectivados como consequência do respeito aos valores positivados pela família e pela escola, que afastam, pelas atividades proporcionadas e exigidas, a possibilidade de desviar-se, negando os valores transmitidos.

A educação escolar, portanto, constitui fator relevantíssimo no processo de interiorização dos valores sociais, pois não se limita à transmissão de conhecimentos, mas impõe padrões de comportamento e obriga a aprender o respeito ao próximo, ao colega, ao funcionário e ao professor, trabalhando com os mecanismos da recompensa à conformidade, seja à disciplina, seja ao desejado aproveitamento do ensino pela aprovação, com a passagem para o ano seguinte de estudo. No entanto, o desvio disciplinar é sancionado com advertências, perda de benefícios, como o recreio, ou suspensão de frequência. A não aplicação aos estudos também é sancionada com a nota de reprovação.

Mas a escola transmite igualmente valores morais não só por meio das aprovações e sanções, mas pelo conteúdo dos ensinamentos e exemplos levados à aula pelos professores.

A criança, também, processa a sua socialização no contato com as demais crianças, com seus iguais, da mesma idade e, em especial, se tem a oportunidade de frequentar a pré-escola que permite, mais precocemente, a relação e o confronto com a vontade alheia, forçando ao aprendizado da composição de interesses.

---

[8]   CHARON, J. M., op. cit., p. 151.

[9]   SANTOS, B. S. *Pela mão de Alice*, 7ª ed., São Paulo, Cortes, 2000, p. 126, denomina espaço doméstico onde predominam as normas partilhadas ou impostas que regulam as relações cotidianas.

[10] FORTI, G. *Immane concretezza*, Milão, Cortina Raffaello Editore, 2000, p. 529. FORTI, com base em IVAN NYE, destaca outras formas de controle, como o receio de ser descoberto aquele que se identifica com os pais cometendo atos que podem frustrar expectativas (controle indireto), bem como pela expectativa de alcançar sucesso social e profissional aventado pela família.

[11] FORTI, op. cit., p. 530.

O grupo social em que se encontram a criança e o jovem, os seus companheiros de brincadeira e de divertimento, os moradores da rua e do bairro em que residem, com todas as suas circunstâncias, pode constituir um ambiente que facilite ou dificulte o processo de socialização, conduzindo à conformidade ou à não conformidade com os valores morais consagrados pela sociedade. É facilitada a não conformidade pela organização diferencial, na linguagem de SUTHERLAND,[12] ou seja, pelo grupo social que exprime valores antissociais, com valoração diferente, o que induz a um processo de interiorização diverso, em confronto com o consagrado pela sociedade.

Destarte, a família, a escola e o ambiente social imediato no qual vivem a criança e o jovem constituem a instância primária de socialização.

As crenças religiosas[13] e as igrejas não só infundem valores, mas colaboram para o processo de socialização pela convivência nos cultos e nas atividades pastorais, mas a atenção deve voltar-se às instâncias primárias de interiorização das regras que vinculam a pessoa à sociedade com vistas ao exame da não conformidade e da conformidade às regras da sociedade.

Com HIRSCHI a pergunta não mais é feita acerca da razão da realização da conduta ilícita, mas sim sobre *"por que os homens obedecem, na sua maioria, às regras sociais", por que* não se delinque.[14] Ganha relevo em estudos recentes a explicação de que mesmo sob influência de *"organizações diferenciais"*, em subculturas de violência, reduz-se a possibilidade do jovem delinquir se se encontra ligado afetivamente à família e à escola,[15] baixando, dessa maneira, o risco de atitudes delitivas.

Esta ligação afetiva com a família e a escola torna-se ainda mais relevante no momento atual, diante da força modeladora de condutas e definidora de objetivos de vida pelos meios de comunicação, em especial, a televisão, em frente à qual a criança passa, muitas vezes, a maior parte de seu tempo livre, recebendo aprendizagem a partir da trama das novelas ou da exploração sensacionalista de situações de degradação da dignidade da pessoa humana, e sendo suscitado o seu desejo pela propaganda que une falsamente[16] a consecução de sucesso ao uso de determinados produtos ou serviços, sem qualquer enraizamento no espaço cultural em que se vive.[17]

A televisão é um professor frio e distante, que quando ensina e transmite valores positivos não tem como acompanhar a efetiva realização dos mesmos na conduta do telespectador anônimo e desconhecido.

Resta, contudo, sem explicação que pessoas em idêntica situação familiar e escolar tenham comportamentos diversos, pois igualmente acham-se contornadas por uma

---

[12] SUTHERLAND, E. H. e CRESSEY, D. R. *Criminologia*, trad. Zanchetti, Milão, 1996, p. 118.

[13] BOTTOMORE, T. B. *Introdução à Sociologia*, Rio de Janeiro, Zahar, 1970, p. 189 e seguintes examina longamente a importância da religião como instrumento de controle social.

[14] HIRSCHI, T. *Causes of delinquency*, Berkeley, University of California, 1996, p. 9; FORTI, op. cit., p. 534.

[15] FORTI, op. cit., p. 535 e seguinte.

[16] DRIENCOURT, J. *La propagande nouvelle force polithique*, Paris, Armand Collin, 1950, p. 73, que realça a sugestionabilidade das multidões, suscetível à propaganda em sua espontaneidade.

[17] BARCELONA, P. *L'individuo e la comunità*, Roma, Edizioni Lavoro, 2000, p. 38; RAMOS, J. M. O. "Publicidade Global e hábitos de consumo", *in Sociedade global: cultura e religião*, Petrópolis, 1998, p. 54.

Parte I · Capítulo 1 · CONTROLE SOCIAL | 7

estrutura cultural que fixa objetivos inatingíveis pelos meios legítimos proporcionados pela estrutura social, para se usar a configuração de MERTON.[18] A não satisfação dos desejos, diante da impossibilidade de alcance dos meios lícitos postos à disposição, é de ser aceita se houver, por parte da pessoa, *autocontrole*, isto é, se omite a ação ilícita que tornaria possível a realização do desejo, conformando-se em não ter tudo que pretende imediatamente, para não imperar, na expressão de FORTI, a ditadura do "*tutto e subito*".

Dessa forma, não se estabelece a limitação de apenas dar uma explicação sociológica ao fenômeno delituoso, fazendo-se referência a aspecto individual, de cunho psicológico, de vez que deve haver uma interação entre as vertentes sociológica e psicológica na análise dos comportamentos humanos.

O autocontrole é facilitado, conforme RECKLESS, pela criação de uma imagem positiva de si mesmo, de satisfação com o que se é. E a maior parte das pessoas orgulha-se do seu trabalho, desde o cientista, satisfeito com suas pesquisas, ao sapateiro, que julga realizar a melhor meia-sola do bairro. Ter-se em consideração constitui uma fonte de autocontrole. Dentre os demais aspectos propulsionadores do autocontrole importa lembrar o planejamento da vida com realismo para não pretender metas inatingíveis, sem que com isso se pretenda promover o conformismo de apenas desejar o que é facilmente alcançável para se evitar frustrações. A meu ver, todavia, o principal está em saber enfrentar as frustrações, para aceitar, sem desespero, a existência de obstáculos à consecução dos desejos.

Quando os controles sociais informais de vinculação com a sociedade convencional são insuficientes ou deixam de existir, ou quando há déficit de autocontrole, e põe-se acima de qualquer relação custo-benefício a vontade do indivíduo de satisfação imediata dos desejos, surge a possibilidade da prática delituosa, que fere os mais altos e relevantes interesses da sociedade. Busca esta, então, impedir e depois reprimir a realização do crime por meio das instâncias formais de controle, ou seja, recorrendo à estatuição de normas cogentes, positivadoras e protetoras de valores sociais, que imponham sanções redutoras de direitos àqueles que as infrinjam.

Adota-se a ameaça de restringir direitos, punir, com a intenção de assegurar a obediência às regras consagradoras dos interesses relevantes para a vida social, legitimando-se o uso da força para garantir a preservação de valores essenciais revelados pela história e reconhecidos pela coletividade. Se não houvesse o Direito Penal, a sociedade sentir-se-ia desprotegida, pois incapacitada de responder por meio da ameaça de sanções aos atos lesivos que desestabilizam a convivência social.[19]

A não conformidade pode constituir crime ou mera conduta desviante, em afronta aos padrões de comportamento da sociedade convencional, e que DELMAS-MARTY denomina marginalidade.[20] Nem sempre são o delito e o desvio efetivamente nocivos, pois, por vezes, historicamente, mostraram-se atos de transformação social, revelações

---

[18]   MERTON. *Teoria e struttura sociale*, trad. Carlo Marletti, 2ª ed., Bolonha, 1966, p. 734 e seguintes; FIGUEIREDO DIAS, J. e COSTA ANDRADE, M. *Criminologia – o homem delinquente e a sociedade criminógena*, Coimbra, Coimbra Editora, 1992, p. 281.

[19]   ANDERSON, W. A. e PARKER, F. B. *Uma introdução à sociologia*, trad. Álvaro Cabral, Rio de Janeiro, Zahar, 1971, p. 735.

[20]   *Modelos e Movimentos de Política Criminal*, trad. Edmundo Oliveira, Rio de Janeiro, Revan, 1992, p. 26.

8 | FUNDAMENTOS DE DIREITO PENAL – *Miguel Reale Júnior*

de novas formas de pensar e sentir, rejeitadas e reprimidas pela sociedade estabelecida, como a liberdade de manifestação de pensamento, e se não fosse o desrespeito às regras impeditivas, jamais teriam sido consagradas.[21] O mesmo se diga da luta dos abolicionistas contra a escravidão em nossa terra.

Todavia, se há fatos que no passado foram considerados altamente lesivos, como a prática de magia, e hoje causa estranheza terem sido reputados crime, há, no entanto, fatos, nos dias atuais, que se revelam fundamentais, como a preservação do meio ambiente, inimaginados como delito no passado, o que revela "*a relatividade do crime no espaço mas também no tempo*",[22] ou como diz Tobias Barreto, nada mais duradouro do que a transformação. Há divergentes qualificações de fatos como delituosos de acordo com o contexto cultural,[23] e as variações transculturais fazem com que um fato seja normal em uma cultura e crime em outra, sendo lembrado o exemplo da incriminação do álcool nos países islâmicos nos quais se admite, no entanto, a poligamia, punida nos países ocidentais.[24]

Da mesma forma como os fatos reputados lesivos, a ponto de serem considerados crimes, sofrem mutações no tempo e no espaço, condicionado o reconhecimento de sua lesividade essencial à atmosfera espiritual do momento histórico-cultural,[25] também as sanções, a forma de punir, variam no decorrer da história, como se verá mais adiante.

O crime vem a ser um fato normal da vida social, e não uma doença, pois não há sociedade em que não exista, chegando DURKHEIM a asseverar que "*é um fator da saúde pública, uma parte integrante de qualquer sociedade sã*".[26]

Como se vê, não me filio à concepção funcionalista sistêmica da sociedade, segundo a qual cada parte está em função da outra em uma estrutura harmônica e consensada, gerando uma estabilidade e ordem nas quais a mudança constitui uma anomalia, devendo a dissidência ser combatida para preservação do sistema. O reconhecimento do fato da existência do controle social e do processo de socialização

---

[21] DURKHEIM, E. *As regras do método sociológico*, trad. Pietro Nassetti, São Paulo, Martin Claret, 2001, p. 87. CHARON, J. M., op. cit., p. 148, pondera com razão que "*uma boa parte das mudanças origina-se de uma recusa das pessoas a deixar-se controlar por padrões sociais que consideram injustos*". DAHRENDORF, R. *Sociedade e liberdade*, trad. Vamireh Chacon, Brasília, Universidade de Brasília, 1981, p. 83, pondera: "*os conflitos são indispensáveis como um fator do processo universal da mudança social*".

[22] DELMAS-MARTY, M., op. cit., p. 26.

[23] SZABO, D. *Criminologie*, Montreal, Les Presses Universitaires de Montreal, 1970, p. 7 e 11, considera que a criminalidade não tem significado senão em função de uma sociedade ou cultura particular, e deve ser analisada e compreendida não por si mesma, mas sempre relativamente a uma cultura determinada.

[24] CORRERA, M. M., MARTUCCI, P., PUTIGNANO, C. *Valori, disvalori e crimine nell'Italia alle soglie del duemilla*, Milão, Giuffrè, 1998, p. 13. MONTESQUIEU refere que no Japão constituíam crimes mentir o réu em juízo, bem como o fato de arriscar dinheiro em jogo (*Do espírito das leis*, livro sexto, cap. XIII, São Paulo, Tecnoprint, p. 92).

[25] Não adoto, todavia, uma posição relativista, pois se não acolho a ideia de um conceito ontológico naturalista de crime, considero, no entanto, que há um processo de revelação de valores no curso da história que se incrustam na consciência das pessoas de determinada cultura e que vêm a constituir o *núcleo duro* do Direito Penal. Sobre este aspecto vide nosso *Teoria do delito*, 2ª ed., São Paulo, RT, 2000, p. 19 e seguintes.

[26] Idem, p. 83. SZABO, D., op. cit., p. 11.

corre paralelo com o reconhecimento da existência do conflito e da mudança.[27] Esta compreensão terá importância, como se verá, na tomada de posição entre o finalismo e o funcionalismo.

Dessa forma, não pode haver a pretensão de se instituir, por meio do Direito Penal, uma sociedade sem crime, pois instalar-se-ia o mais tenebroso totalitarismo, o domínio dos homens pelo Grande Chefe, registrando todas as condutas em todos os momentos, uma sociedade policialesca de submissão total graças à visibilidade da vida cotidiana dos homens, razão pela qual é essencial que existam limites à interferência do controle da sociedade,[28] pois, conforme tenho repetido, *o preço da liberdade é o eterno delito*.

Assim, examinados os mecanismos de controle social e verificado que o Direito Penal situa-se como uma espécie de controle social, como uma resposta necessária à sociedade para sentir-se protegida, sem a pretensão de plena eficácia no impedimento da prática de fatos delituosos, cabe analisar o que legitima a imposição de sanções, qual o fundamento do direito de punir.

---

[27] Vide nosso "Liberdade e segurança nacional", *in Anais da VIII Conferência Nacional da Ordem dos Advogados*, 1980, p. 291. Neste trabalho, com base em PARSONS (*The structure of social action*, 2ª ed., Glencoe, 1949, p. 743 e seguintes), dizia que a admissão absoluta da concepção estrutural funcionalista, que outorga à sociedade o caráter de um sistema integrado, estável e homogêneo, propicia o autoritarismo, no qual o consenso é dado por implícito e o contestador é visto como inimigo, tal como se deu sob a égide da ideologia da segurança nacional. Não é por isso, no entanto, que a teoria do controle social seja própria de uma perspectiva conservadora, como alerta BERGALLI, R. (op. cit., p. 33).

[28] FIGUEIREDO DIAS, J. e COSTA ANDRADE, M., op. cit., p. 368.

Capítulo 2
O PODER-DEVER DE PUNIR

2.1. O PODER-DEVER DO ESTADO

A formação das nações, na época moderna, constitui um fato histórico decorrente de inúmeros fatores, e que varia segundo as particulares circunstâncias de cada uma delas, tendo em comum, no entanto, o fato do progressivo centralismo do Poder Político. Podemos, como exemplo, nos ater ao surgimento precoce da Nação portuguesa, em razão da fragilidade da estrutura feudal diante das vicissitudes vividas no enfrentamento com os mouros e depois pela afirmação de identidade do Condado Portucalense diante da Espanha. A sociedade do condado vivenciou, em face dos inimigos externos, os mouros, e internos, os castelhanos, o sentido de identidade e de independência. A circunstância de ter sido uma sociedade *"organizada para a guerra"*[1] conduziu, assim, à centralização de poder na figura do rei,[2] poder que se afirmou acima dos demais poderes dos barões.

O progressivo centralismo conduzirá, então, à noção de soberania, decorrente do confronto de um poder central, que corporifica a nação, com os demais círculos de poder dotados de autonomia, à época medieval, o poder fragmentado dos senhores e das vilas que aplicavam o Direito em vista dos usos e costumes locais, por vezes traduzidos em forais municipais. Porém, a soberania é conceito que só se afirmará mais tarde, nos albores do Estado Moderno. A soberania, como um fenômeno histórico-cultural, é característica da época moderna, em razão da formação das nações, constituindo, no dizer de MIGUEL REALE, no *"poder que tem uma sociedade historicamente integralizada como Nação de se constituir como Estado independente, pondo-se como pessoa jurídica."*[3]

O Estado soberano caracteriza-se pela imposição de suas decisões em prol do interesse geral, e esse poder de decidir afirma-se e consolida-se no dizer e aplicar o Direito, mesmo porque o Estado (Moderno) existe na medida em que dita o Direito e se põe como pessoa jurídica. O Estado, de conseguinte, assegura a positividade do seu Direito[4] e dá validade aos ordenamentos internos, decidindo soberanamente sobre a ordem jurídica vigorante. Esta é a grande *"novidade"*, diz PAOLO GROSSI, introduzida definitivamente

---

[1] RUCQUOI, Adeline. *Histoire Médiévale de la Péninsule Ibérique*, Paris, Du Seuil, 1993, p. 265.

[2] ALMEIDA COSTA, Mario Júlio. *História do Direito Português*, Coimbra, Almedina, 1984, p. 67-130; Também GOMES DA SILVA, Nuno Espinosa. *História do Direito Português*, Lisboa, Gulbenkian, 1985, vol. I, p. 106.

[3] *Teoria do Direito e do Estado*, 3ª ed., São Paulo, Martins, 1970, p. 131.

[4] REALE, M., op. cit., p. 147.

pela Revolução Francesa: o poder político descobre o jurídico e dele se apropria integralmente, em si unificando a sua produção, a sua interpretação e a sua dicção.

A soberania, como a concebera BODIN, é una e indivisível, constituindo o poder de, em última alçada, dar ou revogar o Direito,[5] vindo a se desenrolar um processo de afirmação da lei estatal como fonte principal do Direito em face dos usos e costumes locais ou das corporações, bem como frente aos ditames da Igreja, destacando REALE que, desde a Revolução Francesa, o Estado tem procurado afirmar cada vez mais a prevalência da lei emanada por ele sobre as demais fontes,[6] que nem por isso, deixam, no entanto, de existir.

Ao afirmar a positividade do próprio Direito, de modo originário, o Estado se põe como soberano, isto é, declara, em última instância, o Direito que regula a sociedade, ao mesmo tempo em que traz para si a função de dizer o direito no caso concreto, exercendo o monopólio da jurisdição.

Dessa maneira, passa o Estado a exercer o poder de legislar e de aplicar o direito, superando-se definitivamente o estágio da autorização da vindicta privada,[7] bem como da composição entre a vítima ou seus familiares e o réu ou sua família mediante o pagamento da *Wertgeld*, como meio de recomposição da paz social.

A aplicação do Direito Penal e a execução das sanções decorrentes de sua aplicação concreta constituem, portanto, mais que um direito, um poder do Estado, poder que não cabe deixar de atuar, para assegurar a harmonia social, não deixando ao talante dos particulares a sua efetividade, pois do contrário haveria, de um lado, uma *capitis diminutio*, com fragilização da soberania e, de outro, instalar-se-ia uma profunda insegurança jurídica para a sociedade, pois dependeria a eficácia da norma do interesse da vítima ou de sua família, e insegurança para o infrator, pois o Estado se autolimitaria a aplicar o ditame da lei, enquanto o ofendido entregar-se-ia a todos os excessos.

Ressalta TOBIAS BARRETO que o Direito Penal atravessou vários estágios, a vindicta, a *compositio*, um Direito Penal Misto de público e privado e a punição pública. Para o mais fecundo penalista brasileiro do século XIX, o Direito é um fenômeno histórico, um produto cultural da humanidade, conjunto de condições existenciais da sociedade, coativamente asseguradas. Na linha do pensamento de IHERING, afirma TOBIAS BARRETO ter o Estado chamado a si toda a produção e execução do Direito, sendo a pena um conceito político e não uma consequência do delito.[8]

Por esta razão, o Estado não tem a liberdade de exercer ou não a aplicação e execução da lei penal. Tem o Estado, por meio de seus órgãos dotados de autoridade, Ministério Público e Judiciário, o poder e um dever público[9] de agir contra aquele que

---

5   LESCUYER, G. *Histoire des idées politiques*, 14ª ed., Paris, Dalloz, 2001, p. 234.

6   Op. cit., p. 194.

7   VON LISZT, F. *Tratado de Direito Penal Alemão*, trad. José Higino Pereira, Rio de Janeiro, Leuzinger, 1915, p. 21, indica que não só no furto e no adultério, mas em muitos outros casos reconheciam as leis bárbaras o direito ao ofendido de matar o ofensor. Por sua vez, destaca que a composição entre ofensor e ofendido, mediante o pagamento de um preço, prevaleceu em regiões da Alemanha até o século XVI.

8   "Algumas ideias sobre o chamado fundamento do direito de punir", *in Estudos de filosofia*, São Paulo, Grijalbo, 1977, p. 229.

9   PABLOS DE MOLINA, A. G. *Derecho Penal, Introducción*, Madrid, Universidad Complutense, 2000, p. 310; SERRANO MAÍLLO, A. *Ensayo sobre el Derecho Penal como ciencia*, Madrid,

deixou de se motivar pela ameaça contida na lei penal. Não há um direito de executar o Direito frente ao infrator,[10] mas um dever de exercitar o poder de punir.

O poder-dever de punir desdobra-se em três momentos, como ressalta FREDERICO MARQUES:[11] na edição da norma penal incriminadora, na aplicação da norma por meio do processo e na execução da pena concretizada na sentença condenatória. Nos três momentos, realiza-se um conflito entre o poder-dever de punir do Estado e os direitos do cidadão, que constituem limites ao poder do Estado, como examinarei mais adiante, pois não pode o Estado exigir senão a omissão do estritamente proibido pela dicção legal, sendo permitido tudo que não for proibido; de outra parte tem o acusado o direito ao processo (*nulla poena sine judicio*) e direito ao processo regular, ao devido processo legal; por fim, tem o condenado direitos durante a execução da pena, também sujeita ao princípio da legalidade e ao devido processo.

Cabe, portanto, inteira razão a SERRANO MAÍLLO quando considera que no *ius puniendi* há dois lados de uma mesma moeda,[12] pois deve o Estado submeter-se a limites ao exercer a tarefa de punir, limites que constituem garantias ao indivíduo, havendo interesses em conflito.

Por outro lado, não há um direito de punir do Estado, estabelecendo-se uma relação obrigacional, a corresponder a esse direito a obrigação do condenado de agir para cumprir a pena que lhe foi imposta. Não há uma situação de obrigação, que *pode* ser descumprida sob a imposição de uma obrigação alternativa, como o pagamento de indenização, mas sim uma relação de *sujeição*: o réu não está "obrigado" a cumprir a pena, mesmo porque fugir da execução da sanção não constitui qualquer ilícito.[13] O réu é apenas *constrangido a se submeter* à pena que lhe foi imposta.

Postos estes conceitos de que cabe ao Estado, titular da soberania, produzir e executar o Direito Penal, exercendo antes um poder-dever do que um direito subjetivo, cumpre examinar os fundamentos deste poder-dever, bem como os seus limites, acima apenas referidos.

2.2. FUNDAMENTOS DO PODER-DEVER DE PUNIR

Como se justifica que o Estado castigue alguém, suprimindo-lhe direito básico garantido pela Constituição como a liberdade?

Dykinson, 1999, p. 108, considera irrenunciável o *ius puniendi*, sob uma perspectiva empírica, diante da necessidade social da previsão de sanções pelo legislador.

[10] Neste passo recorre PABLOS DE MOLINA às observações de CABO DEL ROSAL e VIVES ANTON, op. cit., p. 311.

[11] *Elementos de Direito Processual Penal*, vol. 1, Campinas, Books, 2001, p. 3 e 5.

[12] Op. cit., p. 113.

[13] Neste sentido CATTANEO, M. A. *Pena, Diritto e dignità umana*, Turim, Giappichelli, 1998, p. 50 e seguintes, para o qual o condenado é constrangido a cumprir a pena, pois, se houvesse uma obrigação de sofrer a pena, precisaria postular-se uma nova sanção pelo inadimplemento desta obrigação. A seu ver, tem razão CARRARA: o condenado não tem a obrigação de agir para ser punido, mas tem a obrigação de sofrer a pena.

É certo que a sociedade não suportaria a não existência de uma reprimenda àquele que infringe a lei lesando bens essenciais de alguém ou do próprio Estado, cuja preservação se visa a promover por meio da ameaça penal.

Para TOBIAS BARRETO, a sociedade exige a punição como decorrência de uma necessidade imposta pelo organismo social por força do seu próprio desenvolvimento, sacrificando-se direitos do infrator em benefício da comunhão social, visando a serenar o conjunto da sociedade.

Seria mesmo impossível que o Estado renunciasse ao poder-dever de punir, pois dessa forma retroagir-se-ia aos tempos da vingança privada, sendo mesmo, como diz SERRANO MAÍLLO, dificilmente imaginável a vida social sem a possibilidade de punir.

Dessa forma, o poder de punir apresenta-se primeiramente como um dado de realidade inafastável, inquestionado pela sociedade quando são atingidos interesses vitais de sua organização e desenvolvimento, correspondendo a uma exigência sentida não só pela vítima, mas por toda a comunidade, que reconhece a necessidade de uma proteção promovida de forma organizada pelo Estado.

LOCKE tentou explicar que o Estado estaria justificado a punir, pois o homem, no "estado de natureza", tem o poder de castigar, mas dele abre mão ao entrar em sociedade (*pactum subjectiones*), depositando-o junto ao Poder Legislativo conforme o exigir o bem da sociedade e "*apenas com a intenção de melhor preservar a si próprio, à sua liberdade e propriedade*", poder do Legislativo a ser imposto por meio de leis conhecidas e exercido por juízes corretos.[14]

Segundo o contratualismo de ROUSSEAU, os homens saem do seu "estado de natureza" e por um pacto constituem a sociedade, passando a viver em "estado de sociedade", de tal forma que a liberdade própria do "estado de natureza" seja preservada em uma associação na qual "*cada um unindo-se a todos não obedeça todavia senão a si próprio, e permaneça livre como antes.*"[15] Assim, perde-se a liberdade natural, ganha-se a liberdade civil. A liberdade civil é limitada pela "vontade geral" formada pelo encontro das vontades particulares, "*a vontade de cada um coincidindo com a vontade dos outros enquanto membros da sociedade.*"[16]

Os homens, dessa forma, abririam mão de parcela de sua liberdade visando a que o Estado garanta a paz e a segurança, e submetem-se à lei como expressão da "vontade geral" (*pactum societatis*), sendo, por isso, justa e essencial a garantia da liberdade.

Sob influência de ROUSSEAU, BECCARIA indica que só a necessidade leva os homens – pois graciosamente não o fariam – a ceder parcela de sua liberdade, e tão só na medida do imprescindível, visando a garantir a posse dos demais bens. "*A reunião de todas essas pequenas parcelas de liberdade constitui o fundamento do direito de punir*", sendo injustas as penas que vão além da necessidade de manter "*o depósito de salvação*

---

[14] LOCKE, J. *Segundo tratado sobre o governo*, trad. E. Jacy Monteiro, São Paulo, Victor Civita editor, 1973, Capítulo IX, p. 89.

[15] ROUSSEAU, J. J. *Do contrato social*, trad. Lourdes Santos Machado, São Paulo, Victor Civita editor, 1973, livro I, Cap.VI.

[16] ROUSSEAU, J. J., op. cit., livro II, Cap. 1.

pública".[17] E só o legislador pode, por representar a sociedade ligada por um contrato social, estabelecer as leis penais.

A existência de um pacto social é apenas admissível como uma hipótese lógica a partir da qual se tiram consequências, sem aventar-se que seja um fato histórico ou a ocorrer,[18] até porque indemonstrável, tal como é também a hipótese de trabalho da existência do homem no "estado da natureza".

Se se atribui ao pacto social o caráter de um conceito lógico, não pode esta hipótese constituir a justificação do poder de punir, devendo-se indagar das razões que conduziram à construção desta hipótese. E são os textos acima citados que dão a resposta. BECCARIA, por exemplo, afirma: "*a necessidade obriga os homens*", razão pela qual posso concluir que a justificação encontra-se na necessidade que, na verdade, revela-se presente em qualquer associação, de que um centro de poder assuma o dever de produzir e aplicar sanções aos atos que ferem os seus mais elevados interesses. É o que ocorre em um clube recreativo, em uma entidade profissional ou na sociedade como um todo, na qual o processo histórico conduziu à formação do Estado Moderno, caracterizado, como vimos acima, pela soberania como poder de decidir da positividade do Direito em última instância.

Ora, tanto o Estado como a associação recreativa arrogam-se o monopólio da criação e aplicação das normas sancionadoras, sob pena de se dissolverem, admitindo e até mesmo impedindo que outras fontes, que não os órgãos legitimados, emanem e executem normas repressivas. Porém, como se instalaria a anarquia na sociedade caso fossem editadas ou apenas aplicadas as normas penais por qualquer segmento social, o Estado reprime a ação de justiça feita pelos particulares, tipificando o crime de exercício irregular das próprias razões.

A história brasileira é bem demonstração da necessidade do Estado de impor o monopólio do uso legítimo da força no processo de eliminação dos exércitos particulares dos senhores de engenho com os seus "volantes". Da mesma forma, deve o Estado reprimir a ação de "justiceiros" que reeditam a vingança privada ou se arvoram em Estado paralelo, como ocorre ainda hoje, principalmente, nas periferias das grandes cidades.

Por outro lado, também não se admite a autocondenação, por mais justa que seja a solução que o "condenado" imponha a si mesmo, pois é inimaginável que o Estado acolha em uma penitenciária alguém que exija ser preso por haver praticado um delito ao qual se impôs a pena de sete anos de reclusão!

Dessa forma, concluo que o poder de punir do Estado é uma decorrência da "natureza das coisas" da vida associativa, que sucumbe na anarquia se não houver uma centralização da produção e imposição de normas sancionadoras,[19] anarquia que

---

[17] BECCARIA, C. *Dei delitti e delle pene*, Milão, Giuffrè, 1964, § II.

[18] FASSÒ, G. *Storia della Filosofia del Diritto*, vol. II, Bolonha, Mulino, 1968, p. 357, entende que da obra de ROUSSEAU não se pode inferir tenha ele entendido o contrato social como conceito lógico ou como fato histórico, mas que constitui uma exigência da razão a ser satisfeita concretamente.

[19] O monopólio da aplicação da lei penal de tradição continental, como o nosso, começa a sentir a influência do Direito anglo-saxônico, um processo de *americanização do Direito*, matéria a que se dedica um número dos "Archives de Philosophie du Droit" n° 45, Paris, 2001 (destacam-se da revista os trabalhos de CEDRAS, J. *L'hipothese de l'américanization du droit français*, p. 149;

atinge não apenas a associação ou o Estado, mas também os consorciados, que ficariam sujeitos, de forma indesejável e perigosa, e sem limites, à ação da força de diversos grupos, inviabilizando-se a coexistência em sociedade.

Com sua natural perspicácia, TOBIAS BARRETO anota ser a sociedade um *"sistema de forças"* que busca um *"estado de equilíbrio"*, configurado no "Estado de Direito", para cuja consecução se vale do Direito Penal.

A ideia de Estado de Direito é inseparável, contudo, da ideia de limites. É importante, pois, destacar que o exercício legítimo da força só se justifica no Estado de Direito se houver limites e, em especial, limites materiais, ou seja, na defesa de interesses os mais relevantes da vida social. Por isto, é de se rejeitar a compreensão do Funcionalismo sistêmico, que se contenta em verificar a função de controle social formal exercida pelo Direito para manutenção do sistema consensual,[20] reafirmando as normas e, pretensamente, reforçando a lealdade perante as mesmas. O aspecto funcional, ou seja, a finalidade operacional do Direito, é vazia quando posta sem exame da legitimidade do seu conteúdo,[21] cuja finalidade essencial está na imposição da positividade de determinados valores, para o que utiliza a qualidade de controle social, sendo ainda mais vazia sem a defesa de direitos do próprio infrator frente ao Direito Penal.

O exame dos limites desenha o quadro em que se deve situar o Direito Penal garantista, para a proteção da segurança jurídica dos consorciados e promoção de valores positivos.

PAPADOPOULOS, J. S. *La philosophie pénale entre utilitá sociale et morale retributive*, p. 159), conduzindo a um parcial condicionamento da aplicação do Direito Penal ao particular, dada a flexibilidade de que se pretende revestir o Direito Penal por via do acordo e da conciliação entre infrator e vítima (vide PABLOS DE MOLINA, A .G., op. cit., p. 315) e também uma tentativa de privatização, pretensa busca de eficiência prisional pela entrega da administração dos presídios a empresas privadas. A aplicação da lei, no entanto, tem deixado muito a desejar, visualizado o problema apenas sob a ótica da solução do excesso de processos, atuando os partícipes da Administração da Justiça com descaso frente ao que poderia ser a conciliação, propondo-se a transação sem que haja elementos que permitam a *opinio delicti*, como fórmula simplificadora, com desprezo às garantias do autor do fato, impondo-lhe pena sem processo, ou senão vulgarizando-se a suspensão do processo para dotá-la da característica de direito subjetivo público do réu. Tratou-se, portanto, de uma importação de institutos de outra tradição jurídica, para os quais não se tem experiência e sensibilidade para alcançar o seu efetivo significado e a fixação dos seus limites garantistas. Entre nós, com visão reducionista do acordo e da conciliação, da transação e da suspensão do processo, como questões exclusivamente processuais, quando, na verdade, são penais e de Filosofia do Direito Penal, promulgou-se a Lei nº 9.099/95, vista a questão por seus autores, pelos comentadores e aplicadores como mero instrumento de alívio do acúmulo de processos.

20   Neste sentido SERRANO MAÍLLO, op. cit., p. 166.

21   CUNHA, M. C. F. *Constituição e crime: uma perspectiva da criminalização e descriminalização*, Porto, Universidade Católica Portuguesa, 1995, p. 93 e seguinte, abordando a circunstância de que, pela visão funcionalista, a proteção do sistema pode ser feita à custa da pessoa, *"encarando a pessoa como meio, funcionalizada em ordem ao sistema social"*, assinalando a *"neutralidade política da perspectiva funcionalista, pois sendo o Direito mero garantidor de funções torna-se vazio de conteúdo."* No mesmo sentido as observações de SALOMÃO, H. E. *A tutela penal e as obrigações tributárias na Constituição Federal*, São Paulo, RT, 2001, p. 34.

2.3. LIMITES DO PODER DE PUNIR

BODIN entende não ser uma República a sociedade não governada *"droitement"*, quer dizer, moralmente, segundo lembra LESCUYER.[22] A mesma ideia é traduzida no trecho de BECCARIA antes citado, quando, na frase final, limita o direito de punir, afirmando: *"as penas que vão além da necessidade de manter o depósito de salvação pública são injustas por sua natureza"*.

Assim, tanto o primeiro teórico do conceito de soberania como o divulgador das ideias iluministas no campo penal ressaltavam que o exercício do poder de legislar só se legitima *"droitement"*, na medida exclusiva da necessidade de salvação pública.

2.3.1. Valores penalmente tutelados

O primeiro limite, portanto, a ser examinado é o limite material do conteúdo da norma incriminadora, que deve visar à proteção de valores fundamentais à convivência social. Esta questão tem hoje imenso relevo diante do avassalador processo de criminalização, operado por meio de uma inflação legislativa penal,[23] que conduz a uma contínua administrativização do Direito Penal, um neoabsolutismo criador de *"infinitas e inevitáveis ocasiões de violação."*[24]

A administrativização do Direito Penal torna a lei penal um regulamento, sancionando a inobservância a regras de conveniência da Administração Pública, matérias antes de cunho disciplinar. No seu substrato está a concepção pela qual a lei penal visa antes a "organizar" do que a proteger, sendo, portanto, destituída da finalidade de consagrar valores e tutelá-los.

Diversamente, em um Estado de Direito Democrático, a configuração penal – por se constituir na forma mais gravosa de interferência, com custos elevados ao infrator e também à sociedade – deve se ater aos fatos que atinjam valores por via de uma conduta efetivamente lesiva destes valores. A intervenção penal deve ser aquela necessária, como único meio, forte, mas imprescindível, para a afirmação do valor violado, e para a sua proteção, visando à manutenção da paz social.

Desse modo, a primeira constatação é a de que o valor protegido deve alcançar *dignidade penal*, havendo formas de comportamento que atingem esses valores tutelados penalmente de modo significativo.

Os grandes tratadistas do Direito Penal no século XIX se aproximaram do tema. Para FEUERBACH, o delito consistia na violação de um direito subjetivo.[25] A noção é, todavia, insuficiente diante da tutela de fatos lesivos de interesses gerais, que se protege sem conferir direitos. BINDING realça a substância atingida pelo ato delituoso, as pessoas, os objetos mais que direitos, isto é, o que tem valor como *"condição da*

---

[22] Op. cit., p. 234.
[23] DOTTI, R. A. *Curso de Direito Penal, Parte Geral*, Rio de Janeiro, Forense, 2002, p. 25, elenca a série de leis penais recentemente editadas no Brasil, relativa a fatos irrelevantes no plano penal.
[24] CORRERA, M. M. et alii, op. cit., p. 37.
[25] VON LISZT, F., op. cit., p. 95.

vida sã da comunidade jurídica"[26] e que denominou bem jurídico.[27] LISZT entende ser bem jurídico o interesse juridicamente protegido, surgindo os interesses das relações de vida, cabendo ao Direito discriminar os interesses legítimos dos que não o são. No seu entender, cumpre ao Direito tutelar os interesses humanos, e, ao Direito Penal, *"a reforçada proteção de interesses, que principalmente a merecem e dela precisam por meio da cominação e execução da pena."*[28]

Verifica-se, portanto, já no século XIX, na obra de LISZT, a menção às circunstâncias do merecimento de tutela e de sua precisão.

O termo "bem" não deixa de fazer uma referência ao que se possui, prevalecendo o aspecto da pertença a alguém, seja o bem material ou imaterial. Creio que se revela melhor à finalidade do Direito e ao processo de elaboração da lei falar-se em valor, pois é a missão do Direito impor a positividade de valores. E o primeiro instante, como menciona MARIA DA CONCEIÇÃO FERREIRA CUNHA,[29] a gênese da intervenção penal está na valoração, ou seja, no reconhecimento de um valor como revestido, por sua essencialidade à vida social, de dignidade penal.

O patrimônio, por exemplo, constitui um valor a ser tutelado pelo direito, mas apenas alcança dignidade penal diante de determinada forma de comportamento que o atinja, lesionando-o de uma maneira mais agressiva na qual, de um lado, realça-se a importância desse valor e, de outro, o grau da ofensa. Há, portanto, um valor reconhecido como positivo e essencial, em desprezo do qual, de forma significativa, realiza-se determinada ação que, por esta razão, reveste-se de dignidade penal em virtude da danosidade social que provoca.[30]

O valor deve ser apreendido pelo legislador ao produzir a intervenção penal com a edição da norma incriminadora, e este reconhecimento e esta ponderação do valor como essencial devem ocorrer em face das circunstâncias e da atmosfera espiritual do momento histórico-cultural. Mas a atenção do legislador volta-se à realidade para colher a forma concreta do tipo de conduta que mais gravemente afronta esse valor digno de tutela.

Assim, tem razão ZIPF ao destacar que esta contrariedade às exigências ético-sociais se faz em face da *"concreta lesividade social de determinada forma de comportamento,"*[31] em entendimento secundado por MARIA DA CONCEIÇÃO FERREIRA DA CUNHA,

---

[26]   BINDING. *Compendio di Diritto Penale*, trad. Adelmo Borretini, Roma, Athenaeum, 1927, p. 198.

[27]   Sobre a evolução do conceito de bem jurídico, consultem-se, na literatura nacional, os trabalhos de LOPES, M. A. R. *Critérios constitucionais de determinação dos bens jurídicos penalmente relevantes*, Tese de livre-docência apresentada na Faculdade de Direito da USP, 1999, p. 105 e seguintes; AZEVEDO, D. T. *Dosimetria da pena*, São Paulo, Malheiros Editores, 1998, p. 31 e seguintes; SALOMÃO, H. E., op. cit., p. 25 e seguintes, PRADO, L. R. *Bem jurídico-penal e Constituição*, São Paulo, RT, 1996; PASCHOAL, J. C. *Constituição, criminalização e Direito Penal mínimo*, São Paulo, RT, 2003.

[28]   VON LISZT, op. cit., p. 99.

[29]   Op. cit., p. 221.

[30]   COSTA ANDRADE, M. "Merecimiento de pena y necesidad de tutela penal como referencias de una doctrina teleológico-racional", trad. Pablo Sanchez-Ostiz Gutiërrez, *in Fundamentos de un sistema europeo del Derecho Penal:* libro-homenaje a Claus Roxin, Barcelona, Bosch, 1995, p. 250.

[31]   ZIPF. *Introducción a la Politica Criminal*, trad. Miguel Izquierda Macías-Picaeva, Madrid, Editoriales de Derecho Reunidas, 1979, p. 99.

que destaca haver ao lado do grau de importância dos valores a constatação *"dos efeitos de determinados comportamentos no âmbito social a esses mesmo*s valores."[32]

O patrimônio é ferido pelo inadimplemento de um contrato, por exemplo, no não pagamento de um aluguel, mas esta ação não apresenta grau de danosidade e de afronta ao valor tutelado, patrimônio, para alcançar dignidade penal, pois não compromete a paz social de forma contundente. O antijurídico penal é restrito em face do antijurídico de todo o ordenamento.[33]

É por essa razão que qualifico a antijuridicidade como concreta,[34] ou seja, o valor reconhecido como desprezado em grau elevado por determinadas formas de conduta da realidade, das quais o legislador extrai o modelo paradigmático, que gira em torno desse valor alçado a digno de tutela e gravemente ofendido pela conduta retratada.

Mas, para que o legislador eleja esta conduta como merecedora de pena, segue-se um outro momento, pois a dignidade penal é condição necessária *"mas não suficiente para a intervenção criminalizadora estar justificada"*,[35] sendo o passo seguinte o exame da necessidade ou carência de tutela penal.

Não é possível estabelecer quais os valores e as formas de lesão a esses valores que devam merecer dignidade penal, pois variam de acordo com o mundo circundante e o contorno cultural, modos de pensar e sentir, do momento histórico. Pode-se, todavia, em um Estado de Direito Democrático, que constitui um momento de acúmulo de conquistas de valores políticos e sociais[36] incrustados em nossa consciência, como invariantes axiológicas,[37] definir quais os valores e as condutas que não devem ter dignidade penal, pois seria uma intervenção injustificada do dever de punir invadir áreas reservadas à autonomia da pessoa humana ou uma clara demasia em favor de valores sem repercussão social punindo condutas inócuas.[38]

Do mesmo modo, pode-se estabelecer critérios para avaliar a carência de tutela penal, a exigir a excepcional intervenção do poder de punir, ao qual se deve recorrer apenas se indispensável o meio coercitivo penal, pois se houver outra forma deve esta então prevalecer e excluir-se a proteção penal.

---

[32] Op. cit., p. 226.

[33] FIANDACA, G. e MUSCO, E. *Diritto Penale, Parte Generale,* 2ª ed., Bolonha, Zannichelli, 1989, que concluem desta constatação o caráter fragmentário do Direito Penal, como consequência de dever ser a *ultima ratio.*

[34] Nosso *Antijuridicidade Concreta,* São Paulo, Bushatsky, 1974 e, também, *Teoria do delito,* São Paulo, RT, 2000.

[35] CUNHA, M. C. F., op. cit., p. 218. Igualmente, FIGUEIREDO DIAS, J. *Questões fundamentais do Direito Penal revisitadas,* São Paulo, RT, 1999, p. 67.

[36] FERRAJOLI, L. *El garantismo y la Filosofía del Derecho,* Colômbia, Universidad Externado de Colômbia, 2001, p. 123, enfatiza que a história moderna do direito pode ser vista como a luta pela minimização do poder, a substituição do governo dos homens pelo governo das leis.

[37] REALE, M. O. *Direito como experiência,* 2ª ed., São Paulo, Saraiva, 1999, p. 117 e seguintes, e mais recentemente, em linguagem jornalística, *Variações,* 2ª ed., São Paulo, EGD, 2000, *passim;* vide, também, nosso "Miguel Reale, humanista", *in Revista da Associação dos Advogados,* nº 61, São Paulo, novembro, 2000, p. 12.

[38] PABLOS DE MOLINA, A. G., op. cit., p. 366, que não se pode incriminar para proteger meros valores éticos ou morais, nem sancionar condutas socialmente inócuas.

Não devem em um Estado de Direito Democrático constituir valores penalmente tutelados ou bens jurídico-penais convicções de cunho moral[39] ou religioso, punindo-se, por exemplo, o homossexualismo ou a prática da quimbanda. Igualmente não devem ser erigidos à condição de dignidade penal os interesses da Administração na obediência de normas regulamentares, sem referência a valor de relevo social, por exemplo, a não notificação de modificação do excipiente de um remédio, sem qualquer risco à saúde e até mesmo com melhoria do produto. De idêntico modo, não podem ter proteção penal as políticas estatais convenientes à consecução de objetivos administrativos. Também não podem receber tutela penal a observância de regulamentos, como a incriminação do uso de agrotóxicos sem seguir as instruções, sendo o ilícito penal *"criado mais para organizar do que para proteger"*:[40]

Ressalta FERRAJOLI[41] ser ilegítima a incriminação do uso de entorpecente, pois além de não ofender nem a sociedade nem a quem quer que seja, não tem eficácia dissuasória, apenas provocando a marginalização do usuário.[42] Os chamados "crimes sem vítimas", como o portar entorpecente para uso próprio ou a prostituição, esta em algumas legislações, não possuem dignidade penal e constituem um abuso do poder de punir a sua incriminação.

A segunda questão da carência de tutela significa analisar se há outro meio de se promover o respeito ao valor que se pretende tutelar, idôneo e eficaz, ao qual se deve preferir, afastando-se o recurso ao instrumento forte, de graves consequências como o da repressão penal. Só se necessário e idôneo a atender à exigência de proteção do valor relevante por este meio forte, visando à paz social, legitima-se a incriminação.

2.3.2. Subsidiariedade, *ultima ratio* e fragmentariedade

O que se expressou acima, acerca da carência de pena, indica que o recurso à intervenção penal cabe apenas quando indispensável, em virtude de que tem o Direito Penal caráter subsidiário, devendo constituir a *ultima ratio* e, por isso, ser *fragmentário*, pois o antijurídico penal é restrito em face do antijurídico decorrente do Ordenamento, por ser obrigatoriamente seletivo, incriminando apenas algumas das condutas lesivas a determinado valor, as de grau elevado de ofensividade.

A opção de se valer o legislador do Direito Penal, por seu aspecto simbólico,[43] não se justifica nem mesmo na proteção de valores de patamar constitucional, legitimando--se, muito menos, como instrumento-preferencial para imposição de interesse de menor relevo, como sucede hodiernamente com a denominada "administrativização do

---

[39]   FIGUEIREDO DIAS, J., op. ult. cit., p. 75.

[40]   CORRERA, M. M., op. cit., p. 40. SGUBBI, F. *Il reato come rischio sociale*, Bolonha, Il Mulino, 1990, *passim*, pondera que no novo modelo instala-se uma ordem normativa programada, e o Estado intervencionista institui como bens jurídicos o respeito a prescrições normativas regulamentares.

[41]   Op. cit., p. 98 e seguintes.

[42]   Comissão que presidi constituída pela Secretaria Nacional Antidrogas ofertou anteprojeto no qual o uso de entorpecente deixava de ser crime, sujeito o usuário a medidas socioeducativas visando à prevenção. A Lei 11.343, de 2006, manteve o porte para uso próprio como crime, tendo tão só imposto pena não privativa de liberdade, mas sim medidas socioeducativas.

[43]   FIANDACA, G. e MUSCO, E., op. cit., p. 42.

Direito Penal", ou com a expansão exagerada de figuras de perigo abstrato e de formas culposas, às vezes sem resultado material significativo, com o recurso a elementos normativos com referências a outras leis, em avalanche de incriminações, própria de uma ilusão penal.[44]

Assim, sendo possível a tutela por via extrapenal, esta deve prevalecer. É a tendência que se verifica na Itália com o processo de despenalização, que transformou delitos e contravenções em infrações administrativas,[45] especialmente porque muitas destas infrações tinham cunho penal por ausência de previsão de prescrições de cunho administrativo.[46]

Dessa forma, o Direito Penal há de ser regido pelo princípio da *intervenção mínima*, subsidiária e fragmentária, como *extrema ratio*.

2.3.3. A ancoragem constitucional

A Constituição em um Estado Democrático de Direito se, de um lado, consagra direitos fundamentais e estabelece limites ao poder político, instituindo princípios básicos de proteção do indivíduo frente ao Estado, por outro, fixa diretrizes, com a finalidade de promover valores e ações de cunho social.

Defluem, portanto, do texto constitucional princípios fundamentais do Direito Penal, sendo o primeiro e básico o da dignidade da pessoa humana, do que decorre a proibição de penas cruéis ou de desrespeito à integridade física e moral do preso e do condenado, das penas de caráter perpétuo, da pena de morte. Outros princípios fundamentais, garantidores do indivíduo contra o arbítrio estatal, são os da legalidade, da não retroatividade, da proporcionalidade, da individualização da pena.

Ao lado destes princípios garantistas, uma Constituição de marca social alça ao patamar de valores constitucionais condições essenciais de vida com dignidade, os denominados "direitos sociais", como a saúde, a educação, os direitos trabalhistas, o meio ambiente, bem como as regras da atividade econômica, como a livre-concorrência e o limite ao poder econômico.

Neste sentido, o Direito Penal está limitado negativamente pela Constituição, devendo ater-se a estes princípios, não violando os valores constitucionais, mas sim por eles pautando-se. Do contrário, a norma seria inconstitucional.

---

[44] Nosso "A inconstitucionalidade da lei dos remédios", *in Revista dos Tribunais*, vol. 763, ano 88, maio/1999, pp. 415-431, lembro a incriminação da figura de perigo abstrato da "venda de saneante com fórmula diversa da inscrita na vigilância sanitária" (art. 272 do Código Penal), sem exigir o tipo penal a criação de qualquer perigo, ou a figura de crime de "dano culposo" a parque municipal constante da Lei nº 9.605/98. PABLOS DE MOLINA, A. G., op. cit., p. 108, dá relevo e alerta contra as características da produção legislativa penal de hoje, que no afã intervencionista conduz à criação de figuras desnecessárias.

[45] Proponho na linha de pensamento de HASSEMER a descriminalização de diversos tipos penais contra a ordem econômica e o meio ambiente, formando-se um Direito Penal Administrativo, a ser regido por uma lei que institua uma Parte Geral garantidora de alguns princípios, como o da legalidade e o da não retroatividade com relação à infração administrativa.

[46] VIGLIETTA, G. "Spunti per una riforma del sistema penale. Dal diritto penale dello Stato-autorità al diritto penale minimo", *in Il sistema sanzionatorio penale e le alternative di tutela, Coletânea coordenada por BORRÈ, G. e PALOMBARINI, G.*, Milão, Franco Angeli, 1998, p. 23.

Alguns penalistas, no entanto, procuram ancorar de forma mais estrita o Direito Penal à Constituição, entendendo que não pode o Direito Penal punir comportamentos que não lesem valores constitucionais.[47]

A dignidade penal, portanto, decorreria como reflexo dos princípios e valores constitucionais, espelhando-os. Indo mais além, haveria a força impositiva da Constituição de se proteger valores constitucionais por via da incriminação, dando eficácia ao teor do texto constitucional.[48] A Constituição, ao promover um determinado valor, estaria, por isso, autorizando o legislador ordinário a proteger este valor por meio da tutela penal.

Esta concepção diante da amplitude dos textos constitucionais, que antes fixam diretrizes, com normas promocionais, como a de que a *"saúde é um dever do Estado"*, estaria mais alargando o campo penal do que restringindo-o, ao que JANAÍNA PASCHOAL[49] considera que conduz antes ao Direito Penal Máximo do que ao Direito Penal Mínimo, sendo incompatível com o reconhecimento de que deve o Direito Penal ser a *ultima ratio*.

Doutra parte, a Constituição, ao consagrar valores, visa, primacialmente, a dirigir a ação estatal no sentido da sua realização, e não descrever condutas proibidas. Como disse no início, a incriminação, se gira em torno da proteção de um valor, tem por objeto uma determinada espécie de conduta, lesiva de forma relevante a este valor, e o exame da criação de tipos penais requer atenta reflexão sobre o grau de ofensividade de um comportamento a exigir a proteção penal.

Ademais, da mesma forma como a Parte Geral de 1984 e a Lei de Execução Penal deixaram-se de pautar pela Carta autoritária de 1969, editando uma Lei Penal e de Execução Penal garantista, pode o legislador incriminar condutas lesivas de valores não constantes do texto constitucional, mas de relevo para o tráfego social, como a fé pública. Igualmente, determinado valor constitucional, como o direito de autor, pode não vir a ser penalmente tutelado, ao se verificar que há outros ramos do Direito mais eficientes na proteção deste valor. O relevo constitucional de um bem não se reflete como dever do legislador ordinário de criminalização.[50]

O que importa como limite ao poder de punir é o respeito obrigatório do legislador penal aos princípios constitucionais, como o da dignidade da pessoa humana, da presunção de inocência, da individualização da pena ou o da proporcionalidade e os valores da Justiça e da liberdade, constantes do preâmbulo da Constituição.

Pelo *princípio da liberdade*, esta apenas pode ser restringida por ofensa efetiva a bem jurídico e de forma proporcional ao relevo social do valor atingido.[51]

Os valores fundamentais da Justiça e da liberdade exigem que o legislador, ao construir as normas incriminadoras, arcabouço do Direito Penal, tenha em vista os bens jurídicos considerados dignos de tutela. O bem jurídico preexiste à construção

---

[47]   CUNHA, M. C. F., op. cit., p. 129.
[48]   CUNHA, M. C. F., op. cit., p. 287.
[49]   Op. cit., p. 79.
[50]   FIANDACA. G. e MUSCO, E., op. cit., p. 42.
[51]   LARENZ, K., *Metodologia de la Ciencia del Derecho*, p. 144.

normativa, sendo objeto da escolha do legislador enquanto valor digno de tutela penal.[52] E bem por essa razão, o crime constitui, no dizer de FIANDACA e ALBEGGIANI, *"offesa significativa a beni costituzionalmente rilevanti"*, pelo que da própria Constituição se extrai também o princípio da *"ofensividade"*, isto é, o crime só pode ser lesão ou efetiva colocação em perigo de um bem jurídico.[53] Neste sentido, a exata observação de DAVID TEIXEIRA DE AZEVEDO, para o qual *"o princípio da razoabilidade vincula o legislador ao bem que objetiva proteger e às pautas punitivas já presentes no ordenamento legal, razão pela qual a punição não pode ser implausível ou caprichosa."*[54]

O bem jurídico exerce, na esfera da Política Criminal, importante função ao orientar o legislador na decisão de qual conduta deva ser reprimida por meio da ameaça penal. E mais: auxilia a definir, dentre múltiplas formas que a conduta possa apresentar, qual aquela especial que, dadas suas características, exige-se seja incriminada por ofender efetivamente um interesse avaliado como relevante.

Por isto deve-se recorrer, repita-se, à ameaça penal com prudência, na expectativa de que o legislador só utilize o Direito Penal *"para proteger bienes jurídicos verdaderamente importantes y tipifique aquellos comportamientos verdaderamente lesivos o peligrosos a esos bienes jurídicos".*[55] De outro modo, a ameaça penal utilizada prodigamente pode conduzir a *"tipos grotescos sancionados com penas grotescas"*, como diz ENRIQUE CURY.[56]

2.3.4. O princípio da proporcionalidade

A intervenção penal em um Estado de Direito Democrático deve estar revestida de proporcionalidade, em uma relação de correspondência de grau entre o mal causado pelo crime e o mal que se causa por via da pena.

O legislador, mormente no âmbito penal, não é nem pode ser onipotente, pois as incriminações que cria e as penas que comina devem guardar relação obrigatória com a defesa de interesses relevantes. Os fatos incriminados devem, pois, efetivamente ameaçar, colocar em risco ou lesar esses interesses relevantes.

Isto porque a ação do legislador penal está sujeita ao *princípio constitucional da proporcionalidade,* também dito princípio da razoabilidade e ao princípio da *ofensividade.* Estes princípios, verdadeiras pautas de conduta, dizem respeito não só à atuação do Executivo na sua atividade administrativa limitadora da liberdade dos administra-

---

[52] Nosso *Teoria do delito*, 2ª ed., São Paulo, Revista dos Tribunais, 2000, *passim*; FIANDACA e ALBEGGIANI, *Casi e questioni di Diritto Penale*, Milão, Giuffrè, 1996, p. 161, para os quais o bem jurídico deve funcionar como critério de seleção dos fatos puníveis.

[53] Idem, p. 160; no mesmo sentido FIANDACA e MUSCO para os quais o recurso à pena, por violar o direito de liberdade, apenas se justifica se dirigido a tutelar bens socialmente valiosos dotados de relevância constitucional (*Diritto Penale*, 2ª ed., Bolonha, Zannichelli, p. 28). Entre nós, acerca do princípio constitucional penal da "ofensividade", veja-se MAURÍCIO ANTONIO RIBEIRO LOPES, op. cit., p. 68.

[54] DAVID TEIXEIRA DE AZEVEDO. Dosimetria da Pena: causas de aumento e diminuição, São Paulo, Malheiros Editores, 1998, p. 36.

[55] MUÑOZ CONDE, F. *Teoria general del delito*, Bogotá, Temis, 1984, p. 49.

[56] *Orientación para el estudio de la teoria del delito,* Santiago, Ediciones Nueva Universidad, 1973, p. 49.

dos, referindo-se, também, à elaboração legislativa como corolário da concretização dos direitos fundamentais. Nesta perspectiva, atuam como *mandados de proibição de excessos* vinculativos ao legislador e ao intérprete/aplicador da lei.

JOSÉ JOAQUIM GOMES CANOTILHO desdobra o princípio da proporcionalidade nos princípios *de adequação de meios; da necessidade; e da proporcionalidade em sentido estrito*.[57] Pelo *princípio da necessidade*, tem o cidadão direito à menor desvantagem possível, devendo ser evitada a limitação desnecessária de direitos fundamentais, ou seja, o legislador deve adotar a medida eficaz menos restritiva de direitos. Já pelo *princípio da proporcionalidade em sentido estrito*, examina-se se "*o resultado obtido com a intervenção é proporcional à carga coativa da mesma*"[58] ou, em outras palavras, "*se o meio utilizado é ou não desproporcionado em relação ao fim. Trata-se, pois, de uma questão de medida ou desmedida para se alcançar um fim*".[59]

Também na Alemanha, o Tribunal Constitucional Federal considera, como lembra KARL LARENZ, que o princípio da proporcionalidade é um princípio geral de direito de ordem constitucional que vincula o legislador, significando que "*los medios de intervención tienen que ser adecuados a los objetivos del legislador y que no pueden resultar excesivos para el particular*".[60]

Entre nós, a relevância da proporcionalidade no exame da constitucionalidade das leis limitativas é destacada por GILMAR FERREIRA MENDES, para o qual, na imposição de restrições de direitos, há de se atender à proporcionalidade, enquanto "*rigorosa ponderação entre o significado da intervenção para o atingido e os objetivos perseguidos pelo legislador*".[61]

Assim como a doutrina, também a jurisprudência do Supremo Tribunal Federal acolhe e concretiza o princípio da proporcionalidade ou razoabilidade. Ao examinar a constitucionalidade de dispositivo do anterior Estatuto da Ordem dos Advogados, Lei nº 4.215, de 1963, art. 86, que exigia interstício de dois anos, após a aposentadoria, para que ex-magistrados pudessem advogar, o Supremo Tribunal Federal, na Representação nº 1.054, sendo Relator o Ministro MOREIRA ALVES, considerou inconstitucional a restrição *segundo o critério da razoabilidade*,[62] em virtude do que GILMAR FERREIRA MENDES conclui que, também entre nós, afere-se "*a legitimidade das leis restritivas tendo em vista a sua necessidade, adequação e proporcionalidade (justa medida)*".[63]

É bem verdade que em nossa Constituição não há norma explícita como a do art. 18, 2, da Constituição portuguesa, segundo a qual "*a lei só pode restringir direitos, liberdades e garantias nos casos expressamente previstos na Constituição, devendo as restrições limitar-se ao necessário para salvaguardar outros direitos ou interesses constitucionalmente*

---

[57] *Direito Constitucional*, 6ª ed., Coimbra, Almedina, 1996, p. 382 e seguintes.

[58] Idem, p. 383.

[59] Idem, ibidem.

[60] DARING. *Derecho justo, fundamentos de ética jurídica*, trad. de Luis Díez-Picazo, Madrid, Civitas, 1985, p. 144 e seguinte.

[61] *Direitos fundamentais e controle de constitucionalidade: estudos de Direito Constitucional*, São Paulo, Celso Bastos Editor, 1998, p. 68. No mesmo sentido MAURÍCIO ANTONIO RIBEIRO LOPES, *Direito Penal, Estado e Constituição*, São Paulo, publicado pelo IBCCrim, 1997, p. 66.

[62] GILMAR FERREIRA MENDES. *Revista Trimestral de Jurisprudência*, 110, p. 967.

[63] Idem, p. 76.

protegidos". Mesmo assim, dúvidas não há acerca da possibilidade de retirar idêntico mandamento do Preâmbulo da Constituição e dos direitos fundamentais que arrola.

Como é por todos sabido, no Preâmbulo, explicitam-se os princípios e valores que presidem o sistema constitucional brasileiro, na busca da institucionalização de um Estado Democrático de Direito. Dentre estes, cabe destacar os valores supremos da *liberdade* e da *Justiça*.

Pelo valor "Justiça", tal como constitucionalmente tutelado, deve este ser entendido como *Justiça material*, que não se limita à garantia do exercício da jurisdição pelo Poder Judiciário e à garantia de que nenhuma lesão ou ameaça a direito será excluída da apreciação daquele Poder. Diversamente, a realização da Justiça, como valor supremo a ser perseguido, importa a concretização do justo, do razoável e do proporcional, estendendo-se a Justiça material desde a elaboração legislativa até a aplicação efetiva das normas.

Assim, ressaltam JOSÉ F. M. MERCHÁN, MARÍA COROMINA e JOSÉ M. VERA SANTOS que se deve sempre impedir a arbitrariedade, seja ao se aplicar uma norma, seja ao se elaborar a norma mesma, pois o legislador é arbitrário quando "*actue sacrificando derechos que la Constitución proclama de una manera desproporcionada e innecesaria, tomando medidas que carezcan de cualquier explicación racional*".[64]

Compreende-se que assim seja porque, ao integrar o conjunto de valores consagrados no Preâmbulo constitucional, vem a Justiça ser princípio que se "*projeta sobre os preceitos e sobre os restantes setores do ordenamento*", como afirma JORGE MIRANDA.[65] Por isto é que poderá haver inconstitucionalidade de norma violadora de princípio constante do Preâmbulo, pois é "*princípio consignado na Constituição*".[66]

Acrescente-se que o artigo 3º da Constituição Federal estampa como um dos objetivos fundamentais da República a construção de uma "*sociedade justa*", o que importa evidentemente a busca de Justiça social, mas também a exigência de leis justas, restritivas de direitos apenas quando necessário, adequadas, razoáveis por guardarem a justa medida na imposição de gravames aos cidadãos em vista da defesa de interesses da sociedade.

A nossa Constituição, que consagra o Estado Democrático de Direito, tem por princípios não formalizados de forma expressa, mas claramente implícitos nos valores que a guiam, o da subsidiariedade e o da proporcionalidade. Este é um dado que ninguém desconhece, como afirma ALBERTO SILVA FRANCO,[67] segundo o qual, mediante o princípio da proporcionalidade deve-se fazer uma "*ponderação sobre a relação existente entre o bem que é lesionado ou posto em perigo (gravidade do fato) e o bem de que alguém pode ser privado (gravidade da pena)*".

Como visto, o princípio da proporcionalidade deflui do conjunto dos princípios e direitos fundamentais explicitados na Constituição, a começar pelo princípio da

---

[64] *Lecciones de Derecho Constitucional*, Madrid, Tecnos, 1995, p. 170 e seguintes.

[65] *Manual de Direito Constitucional*, tomo II, Coimbra, Coimbra Editora, 1983, p. 211.

[66] Idem, ibidem.

[67] ALBERTO SILVA FRANCO. "Há produto novo na praça", artigo no Boletim do IBCCrim, nº 70, edição especial, São Paulo, p. 5.

dignidade da pessoa humana.[68] Com efeito, a pessoa humana não pode alcançar sua realização concreta se sujeita estiver ao arbítrio do legislador, o qual, a seu livre talante, escolha como objeto de punição comportamentos inócuos ou meras desobediências a normas de caráter administrativo, pois *"somente as infrações mais graves da ordem social devem ser eleitas pelo Direito Penal"* e a *"retribuição penal deve ser proporcional à escala ético-penal de proteção de bens jurídicos"*.[69]

O princípio da proporcionalidade emana, também, da proibição de penas cruéis, da determinação da individualização da pena que importa, no primeiro momento, uma individualização legislativa de acordo com a natureza do bem jurídico tutelado e depois, quando da sentença, a busca da pena justa e proporcional à gravidade do fato e à culpabilidade do agente.

2.3.5. Direito Penal do fato

Devem ser objeto de incriminação apenas fatos e não pensamentos, atos preparatórios, estado perigoso, condição, formas de ser, o que constitui outro limite ao poder-dever de punir.

A velha parêmia *"cogetationes poena nemo patitur"*, sem dúvida, representa uma exigência óbvia de segurança jurídica, sob o grave risco de se punir meras intenções verbalizadas da prática futura de delito ou até mesmo desejos longínquos.

Mas a limitação de que a incriminação recaia sobre fatos, apesar de evidente para a segurança dos indivíduos, encontra algumas frestas a serem coartadas como, por exemplo, a posição de GRAMMATICA, epígono da Escola da Defesa Social, que, sob a bandeira de um neo-humanismo, alçou a periculosidade a ponto central do Direito Penal. Propõe GRAMMATICA, desdobrando o entendimento de ser o fato delituoso um dado indicador da periculosidade do agente, razão pela qual designa crime como *"índice de antissocialidade"*, que os atos preparatórios devam ser punidos, pois mesmo que não tenha havido início da execução do delito, o ter-se posto o agente em campo, preparando instrumentos com o fim de praticá-lo, constitui um dado sintomático revelador de uma periculosidade a ser tratada.

Porém, a segurança jurídica e o fim de se visar com a incriminação à proteção de bens jurídicos fazem necessário que apenas tenham relevo penal os atos que constituam concretamente um início de execução do delito e não meros atos preparatórios, como o de limpar um fuzil, postar-se no caminho do desafeto armado, sem, no entanto, acionar o gatilho.

Igualmente é de ser inadmitida a punição de estados de ânimo, como o estado perigoso, pretendendo-se punir alguém, mesmo sem a prática de atos preparatórios, pela simples razão de se detectar a probabilidade de vir, no futuro, a realizar crimes.

---

[68]   MAURÍCIO RIBEIRO LOPES, op. cit., p. 193, que em profundidade analisa os corolários do princípio da dignidade da pessoa humana. ALBERTO SILVA FRANCO, em comentários ao artigo 1º do Código Penal, pondera que pena flagrantemente desproporcional à gravidade do fato "representa ofensa à condição humana, atingindo-a de modo contundente na sua dignidade de pessoa" (*Código Penal e sua interpretação jurisprudencial*, 6ª ed., vol. 1, tomo I, Parte Geral, São Paulo, 1997, p. 39).

[69]   MAURÍCIO ANTONIO RIBEIRO LOPES, op. cit., p. 195.

A periculosidade sempre foi o recurso dos sistemas políticos totalitários, como se deu com o nazismo e o comunismo, em que alcançavam relevo a predisposição de agir em ofensa ao *"são sentimento do povo alemão"* ou aos *"interesses da coletividade socialista".*

A legislação brasileira, na Reforma da Parte Geral em 1977, pela Lei nº 6.416/77, instituiu a periculosidade como base da individualização da pena, variando a medida penal a ser aplicada conforme a periculosidade do agente, ou seja, o juízo de probabilidade de comissão de atos delituosos futuros fosse acentuado, escasso ou nenhum. Nas poucas vezes em que os juízes se valeram deste critério aberto e voltado para o futuro e não para o fato ocorrido, imensas contradições foram colimadas, tomando-se uma determinada circunstância ora como índice de periculosidade, ora como índice de não periculosidade, de que é exemplo o fato do agente ter curso superior.

Da mesma forma, inseguro é o juízo para apuração da periculosidade nos crimes violentos (parágrafo único, art. 83), com vistas à concessão do livramento condicional,[70] a meu ver, inconstitucional, pois o condenado não é declarado perigoso na sentença condenatória transitada em julgado, e o Estado, após recolhê-lo ao meio prisional nefasto, desarticulador da personalidade, indaga, passados anos de encarceramento, se é ou não perigoso. A exigência da análise de que o condenado irá ou não delinquir no futuro significa um modo sibilino de se desrespeitar o princípio de que o Direito Penal tem por objeto fatos e não formas de ser.

O Direito Penal do fato exclui, também, que a punição volte-se contra tipo criminológico de autor ou tipo normativo de autor, dando ênfase às características pessoais ou subjetivas, como sucedeu com a figura do criminoso por tendência do natimorto Código Penal de 1969, que empunha pena indeterminada àquele que revelasse inclinação para o crime em face da malvadez ou perversão do crime praticado (art. 63, § 3º).

O princípio do fato, portanto, inviabiliza que alguém seja responsabilizado pelo que é e não pelo que fez, a partir da caracterização de tipos criminológicos ou normativo de autor, o que permite toda a série de abusos.[71]

Respondendo o agente pelo fato e não por sua situação social, é também inadmissível que a punição ocorra em razão da condição do agente, do seu *status,* tal como sucedia à época imperial no Brasil com relação aos escravos, quando malgrado a Constituição do Império, em seu art. 179, XIX, abolir a pena de açoite, o Código Criminal previa tal sanção aos escravos no art. 60. De igual forma, após a revolta dos escravos, de

---

[70] A Reforma da Parte Geral de 1984 afastando o conceito de periculosidade, constante da Lei nº 6.416/77, não tinha no seu Projeto, de cuja elaboração participei, referência no livramento condicional à não possibilidade de delinquir no futuro como condição do benefício. Este critério foi a única alteração no Projeto introduzida pela Câmara dos Deputados. No Anteprojeto oferecido pela Comissão que recentemente presidi, ora em tramitação no Congresso Nacional, novamente procura-se extirpar a exigência do juízo de periculosidade como condição do livramento condicional.

[71] PABLOS DE MOLINA, A. G., op. cit., p. 359 e seguinte. O autor sinaliza com razão que o Direito Penal do fato não impede que na individualização da pena se leve em conta aspectos da pessoa do condenado que tornem maior o grau de reprovabilidade, tal como sucede em vista da reincidência. A conduta social ou formação da personalidade, art. 59 do Código Penal, também podem ser levadas em conta na individualização da pena, desde que tenham colaborado à prática do delito, aspectos excluídos, no entanto, do projeto em tramitação no Congresso Nacional.

28 | FUNDAMENTOS DE DIREITO PENAL – *Miguel Reale Júnior*

janeiro de 1835, na Bahia, editou-se em 10 de junho famigerada legislação repressiva,[72] punindo com morte o escravo que matasse ou lesionasse o seu senhor ou parente deste, bem como o feitor. À lesão corporal era aplicada a pena fatal se praticada pelo escravo contra o senhor ou parente deste, enquanto aos não escravos, que ferissem a mesma pessoa, era cominada pelo Código Criminal a pena de um mês a um ano de prisão (art. 201). A condição determinava que se cominasse a pena de morte.

Sem prejuízo de referências a aspectos pessoais na individualização da pena e na graduação da culpabilidade, ater-se o Direito Penal ao fato constitui um importante limite ao poder de punir, com vista a preservar a segurança jurídica.

2.3.6. O princípio da legalidade

A natureza política do princípio da legalidade é evidente, como pedra angular do pensamento liberal, que protege o cidadão perante o Estado, diante do poder arbitrário dos juízes, mormente, tendo os costumes como fonte.[73]

A lei deve ser prévia, clara, precisa, geral e abstrata, à qual se submete o juiz, o Estado e todos os cidadãos. Os juízes da nação, diz Montesquieu, não mais são que *"as bocas que pronunciam as palavras da lei".*[74] E a liberdade política de um cidadão decorre da segurança que cada qual tem de não temer o Estado e os demais cidadãos, o que consegue separando o poder de legislar do poder de julgar e da administração. Com o império da lei, garante-se a supressão do arbítrio e da opressão. O despotismo é o regime do medo, a democracia, o da segurança. É graças à lei que se estabelece o princípio da igualdade, dispensando-se igual tratamento a todos.

Mas, para a consecução da segurança do cidadão perante o Estado e da garantia de igualdade de tratamento, com a eliminação do temor, o essencial está na legislação penal. O princípio *nullum crimen sine lege* é, portanto, corolário obrigatório do pensamento político democrático, não sendo mera exigência formal, mas princípio material,[75] posto que traz em seu bojo o reclamo de segurança própria do liberalismo.

É nesse sentido, que o mestre SILVA FERRÃO, em sua *Teoria do Direito Penal,* ponderava que *"as leis criminais são essencialmente protetoras da liberdade e da igualdade individual".*[76]

---

[72] CHALHOUB, S. *Visões da liberdade*, São Paulo, Companhia das Letras, 1999, p. 92. GORENDER, J. *Brasil em branco e preto*, São Paulo, Senac, 2001, p. 15; PORTO, L. G. M. "A legislação penal da escravidão", *in Revista dos Tribunais*, nº 777, São Paulo, p. 400; ROSENTHAL, S. *Crime e escravidão na época do império*, trabalho apresentado na pós-graduação da Faculdade de Direito da USP, 2002.

[73] Sobre o surgimento e percurso do princípio da legalidade na legislação, vide nosso *Teoria do delito*, p. 161; MARINUCCI, G. e DOLCINI, E. *Corso di Diritto Penale*, 1, 3ª ed., Turim, Giuffrè, 2001, p. 20. Os autores destacam que o costume constituía, como relata VOLTAIRE, a fonte do Direito no *Ancien Regime*, havendo em Paris vinte e cinco comentários sobre a Justiça consuetudinária (op. cit., p. 77).

[74] *L'Esprit des lois*. Paris, 1922, p. 159.

[75] CONESA, Fulgencio Madrid. "La legalidad del delito", *in Colección de estudios Instituto de Criminologia y Departamento de derecho Penal*, Valencia Universidad, 1983, p. 213.

[76] SILVA FERRÃO, F. A. F. *Theoria do direito penal aplicada ao Código Penal portuguez*, v. 1, Lisboa, 1856, p. XV.

Parte I · Capítulo 2 · O PODER-DEVER DE PUNIR | **29**

A necessidade de punir, como fundamento da infligência de uma pena, tem como exigência a delimitação, em defesa dos direitos do cidadão, da área de incidência, de eficácia, da norma incriminadora, legitimadora da aplicação de uma sanção penal.

O modelo jurídico-penal, destarte, deve ser um modelo fechado a desempenhar relevante função política de limitação ao poder punitivo do Estado, utilizando o mínimo possível termos vagos (questão adiante examinada), que tornem impreciso o significado na norma.

Segundo MUÑOZ CONDE e GARCIA ARÁN, há dois limites ao *jus puniendi*: o princípio da intervenção mínima e o princípio da intervenção legalizada, devendo esta última se dar por meio de preceitos descritos com o maior rigor, de forma abstrata e genérica, como forma de evitar o arbítrio e garantir a segurança jurídica.[77] Como limite ao poder de punir exige-se, portanto, interpretação estrita dos tipos penais, forma única de se concretizar, na aplicação do Direito, o princípio cardeal da legalidade na expressão de RIVACOBA Y RIVACOBA.[78]

A teoria da tipicidade vem a ser a elaboração científica e técnica do princípio do *nullum crimen sine lege*, exercendo de forma mais segura a função da garantia.

A tipicidade consiste na congruência entre a ação concreta e o paradigma legal, e o tipo legal de crime constitui um *modelo*, uma formulação geral e abstrata de ação possível à qual se comina uma pena.

A tipicidade, teoricamente formulada por BELING, prende-se, na verdade, a uma exigência da Justiça penal liberal, tanto que ROMAGNOSI já dizia, em termos extraordinariamente modernos, que "*a justiça, no seu conceito o mais geral, outra assim não é senão a expressão de uma relação lógica de conformidade entre um dado fato e uma dada norma. Esta norma, qualquer que seja, serve de termo de confronto. Comparando o dito fato, o dado estado, o dado ato ao modelo proposto, ou se o acha conforme ou disforme*".[79]

O princípio da legalidade importa, destarte, o respeito ao princípio da taxatividade, devendo a lei ser *stricta* além de *praevia* e *scripta*. O requisito da lei *stricta*, de um lado, impõe certo grau de precisão à norma incriminadora e, de outro, *proíbe a analogia*,[80] de forma a evitar a burla ao significado de garantia e segurança do princípio básico da legalidade.

A taxatividade impõe uma leitura precisa e clara da norma, definindo para além de toda dúvida, os limites e fronteiras do punível. O princípio da tipicidade, em sua angulação político-garantidora, obriga que o trabalho hermenêutico não amplie o significado do proibido para atender aos fins que o acusador ou o julgador pretendam dar à incriminação e, em consequência, é absolutamente *vedada a analogia* nos domínios do Direito Penal, senão *in bonam partem*.

Enquanto imperativa e proibitiva a norma incriminadora "*haverá de ser determinada, dotada de contornos claros e precisos, satisfazendo, assim, às exigências racionais*

---

[77] *Derecho Penal, parte general*, 2ª ed. Valencia, Tirant lo Blanc, 1996, p. 107.

[78] "Introducción al estudio de los principios cardinales del Derecho Penal", *in Revista Brasileira de Ciências Criminais*, nº 32, p. 49.

[79] ROMAGNOSI, G. D. *Genesi del Diritto Penale*, 6ª ed., Milão, 1836, v. II, p. 2.

[80] MIR PUIG, Santiago. *Derecho Penal, parte general*, Barcelona, PUP, 1984, p. 64.

de certeza",[81] certeza esta a não ser quebrada pela busca de uma finalidade da lei a ser satisfeita pela extensão do preceito primário além do estritamente enquadrável em seus elementos descritivos.

A existência de termos vagos aumenta a ambiguidade própria da linguagem, presente nos termos mais simples, tal como o significado de velho ou criança que integram as circunstâncias agravantes. ROSA MARIA DA CUNHA bem assinala que a interpretação da lei penal, já em nível de língua, *"descobriria sentidos condicionados por múltiplos fatores, ambíguos, mutáveis e ideologicamente modalizados"*.[82]

As palavras, como de visto todas as expressões linguísticas, são, como ressalta CLAUDIO LUZZATI, indeterminadas em maior ou menor grau, razão por que considera que a vagueza não é qualidade que existe ou não, mas é antes uma questão de grau.[83]

Todos os termos, mesmo o que se pense objetivo, como cadeira, ou indicativo de condição, como velho ou criança, trazem, portanto, em si uma vagueza que exige a participação do intérprete na fixação do seu sentido, e sempre dentro do contexto em que é proferido.

JUDITH MARTINS-COSTA, referindo-se ao caráter vago das cláusulas gerais, alerta que não é este um traço característico apenas destas, *"podendo ser detectada em termos e expressões de toda a linguagem e em especial da linguagem jurídica"*.[84]

Igualmente, CRISTIANO JOSÉ DE ANDRADE considera que a maioria dos símbolos da linguagem é semanticamente vaga e ambígua, sendo vaga uma palavra se o seu significado for indeterminado.[85]

Há sempre de se redefinir as palavras, buscando o seu significado denotativo, o seu valor de verdade, enquanto referido a algo individualizado, próprio da linguagem descritiva das ciências físicas.[86]

A redefinição, todavia, é de ser almejada pelo significado que se pretendeu dar, *"ciò che si intende dire"* ao se proferir aquela palavra, como assinala CLAUDIO LUZZATI,[87] o que apenas é possível no contexto em que se encontra.

Se há a vagueza da linguagem comum, e exigível a contextualização para se pretender reduzi-la, há também a vagueza das normas jurídicas, fruto da dúvida que geram tipos concretos limítrofes, de qualificação incerta, com relação aos quais não se sabe se vêm ou não se enquadrar no paradigma abstratamente previsto pela norma.

E segundo CLÁUDIO LUZZATI, quando se requer para a análise de referências normativas o reenvio do magistrado a parâmetros valorativos constantes de regras

---

[81] COSTA JÚNIOR, Paulo José. *Comentários ao Código Penal*, São Paulo, Saraiva, 1986, vol. 1, p. 3.

[82] *O caráter retórico do princípio da legalidade*, Porto Alegre, Síntese, 1979, p. 94.

[83] *La vaghezza delle norme*, Milão, Giuffrè, 1990, p. 4 e seg.

[84] *A boa-fé no Direito Privado*, São Paulo, RT, 1998, p. 307.

[85] *O problema dos métodos da interpretação jurídica*, São Paulo, RT, 1992, p. 105.

[86] MARTINS-COSTA, J., op. cit., nota 13, p. 378; CRISTIANO JOSÉ DE ANDRADE considera que é preciso redefinir o campo dos objetos que a palavra denota para remover a vagueza (op. cit., p. 105).

[87] Op. cit., p. 8.

extrajurídicas, admitidas pela consciência social, regras morais, sociais e de costume, está-se diante de uma *"vagueza socialmente típica"*.[88]

E o enunciado normativo, por força de expressões como *"indevidamente"*, *"interesse"*, *"sentimento pessoal"*, reveste-se de imprecisão, gera incertezas, pois utiliza referências valorativas que reenviam o intérprete a parâmetros extrajurídicos.[89]

Deve o legislador, por consequência, utilizar elementos normativos de ordem cultural ou extrajurídicos só em caso de não haver forma de descrever a conduta paradigmática por via de elementos objetivos, sob pena de comprometer o princípio da legalidade, pois como alerta FERRAJOLI *"as figuras elásticas e não taxativas deixam um amplo espaço para a arbitrariedade"*.[90]

2.3.7. Responsabilidade subjetiva

Foi tardia, mas ampla a exclusão da responsabilidade objetiva em nosso Direito Penal, pois o agente, nos crimes qualificados pelo resultado, segundo o Código Penal de 1940, respondia por esta consequência gravosa independentemente de culpa, disciplina alterada pela Reforma da Parte Geral de 1984.[91] Portanto, a causação de um resultado sem intencionalidade ou sem negligência, em situação de não cognoscibilidade da produção desse resultado, não pode constituir crime, diante do pressuposto da responsabilidade subjetiva. Desse modo, o agente não responde pelo resultado se decorre de caso fortuito ou se é consequência de fatores não cognoscíveis segundo a experiência e o senso comum.

De igual modo, pelo fato de ter o agente empreendido uma ação delituosa, não se lhe deve atribuir todas as consequências advindas da ação praticada, *versari in re illicita*. Só com a Reforma da Parte Geral de 1984, estabeleceu a nossa lei penal com relação à coautoria, art. 29, § 2°, do Código Penal que *"se algum dos concorrentes quis participar de crime menos grave, ser-lhe-á aplicada a pena deste; esta pena será aumentada até a metade, na hipótese de ter sido previsível o resultado mais grave"*.

A pertinência da ação, por meio da intencionalidade ou da previsibilidade, vem a ser uma exigência de um Direito Penal democrático, em favor da segurança jurídica, extirpando-se qualquer resquício de responsabilidade objetiva própria do Direito barbárico.

Examinados o poder-dever de punir e os seus limites, cumpre agora, para se caminhar no sentido de uma visão de totalidade do Direito Penal, embrenhar-se no campo da finalidade da pena.

---

[88] Op. cit., p. 299.

[89] MARINUCCI, M. e DOLCINI, E., op. cit., p. 150, indicam que causa do recurso a fórmulas imprecisas decorre da opção da síntese em lugar da casuística, buscando a brevidade do texto legislativo, bem como as fórmulas de compromisso encontradas no Parlamento para superar o desencontro de opiniões, transferindo-se ao juiz a tarefa de definir o significado da norma.

[90] Op. cit., p. 96.

[91] COSTA Jr., P. J. *Direito Penal objetivo*, Rio de Janeiro, Forense Universitária, 1991, p. 62, considera ter sido essa uma inovação louvável que eliminou a responsabilidade objetiva acolhida pelo Código Penal de 1940.

Capítulo 3
FINALIDADE E SIGNIFICADO DA PENA[1]

3.1. AS DIVERSAS PERSPECTIVAS

Examinado o poder-dever de punir e os seus limites, cabe indagar do significado da pena, de qual é a sua finalidade. Não se pode tentar estabelecer uma e exclusiva finalidade para a pena, pois diversas são as finalidades, de acordo com a perspectiva de quem olha e dos olhos de quem olha.

Destarte, já WELZEL entendia que a pena tem dois aspectos, segundo a visão do condenado e da sociedade e de acordo com o ângulo do Estado que a comina.[2] A pena, no entanto, reveste-se de finalidades diversas segundo outras variáveis, a saber, quando da cominação e quando de sua execução, segundo a sua natureza, se privativa da liberdade ou restritiva de direitos, segundo a perspectiva de cada pensador ou penalista em consonância com suas compreensões da ação humana ou do ato delituoso.

Primeiramente, deve-se dizer o óbvio, ou seja, que a pena constitui uma privação de direitos cominada pela lei penal e aplicada pelo juiz ao condenado, que a ela deve-se submeter. Assim sendo, a perspectiva que importa, por primeiro, é a da principal personagem do drama penal, ou seja, a do condenado.

Ser processado já constitui um constrangimento, às vezes, o mais grave, pois todo o aparato estatal recai sobre o indiciado ou réu, seja na fase de inquérito policial, seja na do processo criminal, no qual tem uma posição de sujeição, recebendo intimações e devendo comparecer a todos os atos, revelando-se todo o significado marcadamente repressivo da mera apuração de uma acusação.

Se imposta a pena, a restrição a que fica sujeito o condenado será sempre vivenciada como um castigo, mesmo quando ocorra a suspensão da execução da pena privativa de liberdade. A pena restritiva de direitos, como a prestação de serviços à comunidade, ao menos em seu início, ou a interdição temporária da carteira de habilitação serão também visualizadas como cumprimento de um castigo.[3] E pouco importa se o condenado é efetivamente culpado ou inocente. Se culpado, é meramente imaginativo que necessite da pena para acalmar seus sentimentos de culpa, sendo a pena não um mal,

---

[1] As medidas de segurança como sanção aplicável a fatos anômalos, ou seja, aos crimes praticados por inimputáveis ou semi-imputáveis, serão examinadas em seu significado quando do exame específico da matéria.

[2] WELZEL, H. *Derecho Penal, parte general*, Buenos Aires, Depalma, p. 233.

[3] Todos os penalistas, mesmo os que ressaltam finalidade não retributiva à pena, referem-se a esta como um castigo.

mas um instrumento de purgação do ato praticado.[4] Pode ocorrer que reconheça na pena a infligência de um mal justo, mas sempre um mal. Se inocente, à sensação do castigo soma-se a revolta da injustiça.

Além do mais, há o aspecto moral da imagem pública e da imagem de si mesmo como condenado, enquadrando-se na etiquetagem negativa produzida pelo meio social, reconhecido como "fora da lei".

A sociedade, os contemporâneos do condenado, que sabem e veem a imposição da pena, a recebem como um castigo. Em especial, as pessoas próximas do condenado, de certa forma, condenadas por ricochete, a sofrer, no caso de prisão, a ausência da pessoa querida e o vexame da repercussão social da condenação do pai ou do marido, por vezes, a fonte de sustento de toda a família.

Há, como afirma WELZEL, uma interação entre as visões do condenado e da sociedade, pois se dirige tanto ao condenado como aos demais na percepção de que há uma relação entre pena e merecimento de pena. A visualização da vítima é, em grande parte, retributiva, pois além do aspecto de eventual responsabilidade civil, reparatória, a punição do "culpado" atende ao desejo domesticado de vingança por meio da ação estatal, que satisfaz o sentimento de injustiça pela dor sofrida em virtude do delito que a atingiu.

A sociedade, por sua vez, reconhece a pena como um castigo e ela mesma acrescenta ao castigo imposto o julgamento moral negativo do condenado, discriminando-o e dificultando, de acordo com o crime, a vida do condenado em sociedade. A pena seria, para a sociedade, um castigo merecido. A exigência de punição, especialmente nos dias de hoje, de insegurança urbana e de dramatização da violência pelos meios de comunicação, forma, na sociedade, a noção clara da pena como castigo, como uma retribuição.

Reconhece, também, a sociedade um fim preventivo, intimidatório na pena, na crença inabalável de que a ligação imediata entre crime e punição desestimula os demais a praticar fatos delituosos pois paira a ameaça, como realidade visível, de que nesta hipótese haverá uma sanção.

Não é possível, portanto, ao tratar da finalidade da pena, ignorar o sentido da pena como vivido no meio social, sem a presunção de querer impor uma finalidade que teoricamente se aparenta lógica ou pretendida abstratamente.

A esta realidade inafastável da pena como retribuição acrescenta-se ser doutrinariamente e, em face de nosso Direito, difícil negar o caráter retributivo da pena, o que não significa que se justifique a pena tão só como retribuição.

Para o Estado que comina e impõe a pena, esta, como já examinei, apresenta-se como uma forma necessária de controle social para garantir o respeito a determinados valores, garantia que se reafirma pela execução da pena quando este valor é afrontado por uma ação delituosa. Para o Estado, a pena apresenta-se como um ônus decorrente do dever de garantir a paz social que assume ao se atribuir o monopólio da produção e

---

[4]   ALEXANDER, F. e STAUB, H. *El delincuente y sus jueces desde el punto de vista psicoanalitico*, Madrid, Biblioteca Nueva, 1961, examinam casos em que o autor do delito na verdade o pratica visando a ser objetivamente punido pela Justiça, com o que apazigua o seu desejo de punição por sentimentos de culpa de fundo edipiano, por exemplo.

execução da lei penal, recompondo perante a sociedade a ordem jurídica desconstituída pela realização do crime.

De acordo com a outra variante acima mencionada, a pena tem finalidade diversa enquanto tão só cominada diante daquela que se apresenta no momento da execução. No momento da cominação legal, como imperativo dirigido a todos os membros da sociedade, fixando-se os âmbitos do proibido e do permitido, a pena exerce uma função intimidativa e assecuratória à sociedade de que aquele valor que pode ser atingido pela ação delituosa está sendo protegido, por via da ameaça de se infligir um mal se esta ação vier a ser realizada.

Já, na fase de execução da pena, tem esta um caráter aflitivo, de efetivação da privação ou restrição de um direito de determinado membro da sociedade e, ao mesmo tempo, de reafirmação a todos os consorciados de que a ameaça constante abstratamente da lei tem eficácia, podendo ter um efeito intimidativo.

Outra variante mencionada diz respeito à finalidade da pena em face do tipo de pena, como, por exemplo, a de prisão ou a de prestação de serviços à comunidade. A pena de prisão, malgrado se tenha a boa intenção por parte de penitenciaristas e penalistas, do correcionalismo ao neodefensismo social, em lhe atribuir um fim de reinserção social do condenado, de recuperação, é obrigatório concluir que esta finalidade de emenda é extremamente difícil ao se enclausurar alguém em um meio inatural, destituí-lo dos papéis sociais, introduzi-lo em um meio onde prevalece código de conduta ditado pelo mundo prisional e não pelos regulamentos oficiais, e pensar que se está educando para o mundo livre. Sem delongar considerações a serem feitas quando da análise da pena de prisão, pode-se considerar que o fim da pena de prisão, apesar de todas as assistências a serem proporcionadas ao preso, segundo a Lei de Execução Penal, é retributivo e de segregação. A sociedade também vê a prisão como punição e efetivamente o é, até mesmo por um fim de semana.

A pena de prestação de serviços à comunidade, além de ter uma carga retributiva ao impor o ônus de comparecimento aos sábados e domingos, por exemplo, a uma entidade assistencial, pode ter uma função educativa, tendo-se por educação a tarefa de suscitar valores, pois o contato com pessoas que precisam do condenado e junto às quais se revela útil pode gerar nova e positiva compreensão da vida. A sociedade, todavia, encara a prestação de serviços como uma pena que pode beneficiá-la, seja a entidade receptora da prestação, seja a sociedade como um todo.

Outra variante está na compreensão da ação e do delito por parte de pensadores e penalistas, tendo uma visão da pena em consonância com estes pressupostos, buscando dar uma justificação à pena, matéria a seguir examinada. A fisiologia da finalidade da pena é, portanto, complexa, e esta complexidade se manifesta, também, na visão da doutrina.

3.2. O PENSAMENTO DA DOUTRINA

3.2.1. Ideias retribucionistas: Kant, Rossi e Bettiol

Para KANT, a vontade é uma espécie de causalidade dos seres racionais, sendo a liberdade uma propriedade desta causalidade e a vontade uma lei de si mesma. A

36 | FUNDAMENTOS DE DIREITO PENAL – *Miguel Reale Júnior*

dignidade do homem está em não obedecer a outra lei senão àquela que ele simultaneamente se dá, mas a dignidade alcança-se quando se é um fim em si mesmo, e a moralidade é a única condição que pode fazer um ser ser um fim em si mesmo. Desse modo, a vontade livre e a vontade submetida às leis morais são uma e a mesma coisa.[5] E pelo imperativo categórico deve agir como se a sua ação se devesse tornar, por sua vontade, lei universal da natureza.

Diante desta noção de ação e de liberdade para KANT, a lei penal constituía um imperativo categórico, como comando da moralidade, devendo ser aplicada a pena como um fim em si mesmo, pois o castigo judicial em face do criminoso e da sociedade não pode visar a um outro bem senão o de punir por se haver cometido o delito.[6] Assim, todos hão de receber o que merecem, razão pela qual, exemplifica KANT, se uma sociedade está para se dissolver, nem por isso o último condenado deva deixar de ser punido. A pena é uma retribuição moral para realização da ideia de Justiça.[7]

Dessa forma, a pena justifica-se a si mesma, como um imperativo categórico, sendo moralmente correto castigar a quem praticou um delito, provocando uma ofensa que deve ser respondida, obrigatoriamente, por via da imposição da pena, que para ser justa tem sua medida na *lex talionis*, a única que pode indicar a quantidade e qualidade do castigo.[8]

Um dos epígonos da Escola Clássica,[9] PELLEGRINO ROSSI, reconhecia uma identidade entre a Justiça social e a Justiça absoluta, razão por que a ordem moral e a jurídica são a mesma coisa,[10] recebendo a Justiça social significado da Justiça divina da qual é reflexo, pois a ordem social não é senão um meio de desenvolver e manter

---

[5] KANT, E. *Introdução à metafísica dos costumes*, trad. Paulo Quintela, São Paulo, Victor Civita editor, 1974, coleção os "Pensadores", p. 234 e seguintes.

[6] KANT, E. Idem, p. 232, 234 e seguintes e *Principes metaphysiques de la morale*, trad. J. Tissot, Paris, Librairie philosophique de Lagrange, 1854, p. 326.

[7] RABOSSI, E. A. *La justificación moral del castigo*, Buenos Aires, Astrea, 1976, p. 27.

[8] KANT, "Metafísica dos costumes", texto citado por RABOSSI, E. A., op. cit., p. 101 e seguinte.

[9] A denominada Escola Clássica reuniu, como anota SAINZ CANTERO (*La ciencia Del Derecho Penal*, Barcelona, Bosch, 1970, p. 72), autores com pontos de vista às vezes contraditórios, mas com concepções fundamentais comuns: jusnaturalismo teocrático, pois o Direito decorre da lei natural revelada por Deus, constituindo uma lei absoluta violada pelo delito, e visa a Justiça penal restabelecer esta ordem perturbada. O homem é dotado de livre-arbítrio, de uma liberdade indeterminada, e a imputabilidade moral justifica que seja punido, razão pela qual se retribui com um mal a perturbação da ordem produzida pelo homem livre e responsável. Incluem-se como principais figuras da Escola Clássica FRANCESCO CARRARA, PELEGRINO ROSSI, cujas ideias estão acima, e GIOVANNI CARMIGNANI. No Brasil, a influência da Escola Clássica foi de relevo junto aos professores da Faculdade de Direito de São Paulo, no século XIX e início do século XX, tais como JOAQUIM AUGUSTO DE CAMARGO, CAMARGO ARANHA, DIAS DE TOLEDO, hoje desconhecidos, mas autores de tratados e cursos de alto valor científico. A influência de CARRARA sobre o pensamento de JOAQUIM AUGUSTO DE CAMARGO vem expresso ao adotar a teoria do mestre italiano acerca da imputabilidade e da responsabilidade moral, bem como a divisão do delito nos elementos físico e moral (*Direito Penal Brazileiro*, São Paulo, Gazete, 1882, p. 22). Patente a influência de ROSSI sobre as ideias de DIAS DE TOLEDO, M., acerca da imputabilidade e da responsabilidade moral, por exemplo (*Lições acadêmicas sobre os artigos do Código Criminal*, Rio de Janeiro, Garnier, 1878, *passim*).

[10] SPIRITO, U. *Storia del Diritto penale italiano*, Turim, Fratelli Bocca, 1932.

no mundo a ordem moral. A lei penal, mais que qualquer outra disciplina, pode influenciar as noções da ordem moral e tem a missão de declarar os princípios do justo e do injusto, do bem e do mal.[11] A Justiça penal impõe, portanto, na esfera da ordem pública, a Justiça absoluta ou moral com o fim específico de garantir a ordem social.

Destarte, mesmo que se pretenda, por meio da pena, que não se repita o fato delituoso, não é por esta razão que se pune, pois a finalidade essencial da pena está na circunstância de que o autor do fato imputável a merece, pois o homem é *inteligente* por poder conhecer o fim e as consequências de suas ações e *livre* por dirigir ou suspender o exercício da vontade.[12] Mas o fim da pena, primacialmente, é o de retribuir o mal por um mal proporcional ao causado, princípio este eterno e imutável.[13]

A ideia de retribuição como finalidade da pena desfaz-se de sua base jusnaturalista teocrática, para se ver mergulhada em uma compreensão valorativa do Direito e voltada às contingências humanas com o pensamento consistente de GIUSEPPE BETTIOL, falecido há vinte anos, mas que concebeu seu "Diritto Penale" logo após a segunda guerra mundial, tendo, ao final da vida, contribuído com a teoria do Direito Penal da atitude interior a ser, também, examinada.

Para BETTIOL, além da força imperativa, de comando, sem a qual seria letra morta a norma penal, tem esta uma função valorativa, consagrando exigências morais, políticas, religiosas, estéticas, econômicas, que se impõem ao homem pela natureza das coisas, para a realização de seus fins morais. Tem o Direito, portanto, um caráter teleológico de proteção destes valores, representados na norma penal.[14] Para a *jurisprudência dos valores*, adotada por BETTIOL, têm os valores um significado social próprio, decorrente da ordem imanente da realidade das coisas, mas quando tutelados por uma norma tornam-se, por isso, valores jurídicos.[15]

Para BETTIOL, a ação humana não se explica apenas por critérios naturalísticos, mas por critérios ético-social, teleológico, constituindo uma atividade consciente e voluntária que não é cega, mas *"veggente"*, que vê. A ação, portanto, como movimento muscular e voluntário vai inserida e entendida no mundo dos valores, não prescindindo de um elemento finalístico. É indissociável da análise do fim da pena, tanto em BETTIOL como em ROSSI, e também em relação aos demais autores a serem vistos adiante, a compreensão do significado do Direito e do conceito de ação, pois o conceito de finalidade da pena insere-se no conjunto do pensamento, não podendo ser vista como um dado isolado.

Examinados estes aspectos do caráter valorativo do Direito tendo por fonte os valores sociais, que passa a tutelar, compreendida a ação como alimentada por uma posição valorativa, pode-se melhor entender a posição de BETTIOL com relação à finalidade da pena.

---

[11] ROSSI, P. *Traité de Droit Penal*, Bruxelas, Weline, Cans, editeurs, 1850, p. 9.

[12] Idem, p. 224.

[13] Idem, p. 388.

[14] BETTIOL, G. *Diritto Penale, Parte Generale*, atualizada por Pettoelo Mantovani, 12ª ed., Pádua, 1986, p. 89 e 110.

[15] Idem, p. 86.

38 | FUNDAMENTOS DE DIREITO PENAL – *Miguel Reale Júnior*

Para BETTIOL, portanto, a pena é uma necessidade social para proteção dos fundamentos éticos da sociedade civil, sendo uma resposta em atendimento ao sentimento de Justiça,[16] que *"postula uma punição para os réus"*, como reação contra o delito fundado em uma liberdade moral. Portanto, se a pena é uma retribuição jurídica por ter, como se destacou acima, o Direito um *"significado e valor ético"*, a pena, em sua essência, é uma retribuição moral[17] e deve ser sentida pelo indivíduo e pela coletividade como um valor. Assim, *"a pena encontra sua razão de ser no seu caráter retributivo"*.[18]

Mas BETTIOL reclama que a retribuição deve seguir um critério legal, pois a retribuição segundo a lei é uma garantia da liberdade já que só a lei pode garanti-la, e a pena retributiva guarda absoluta subordinação à lei, assegurando, portanto, a liberdade.[19]

Em seu trabalho "Direito Penal da Atitude Interior",[20] aprofunda BETTIOL a análise da formação da vontade, vontade livre, na qual a opção por uma ação emana do núcleo espiritual da personalidade humana, expressão da liberdade de decidir sobre si mesma. Desse modo, o direito da atitude interior procura saber como o fato se reflete na consciência do agente, consciência ética caída, cerne de uma personalidade que decidiu mal sobre si mesma.

Para BETTIOL, a liberdade de decisão sobre si mesmo ao decidir em favor da ação delituosa exige uma compreensão retributiva da pena, retribuição carregada de humanidade por se mesclar o caráter expiatório com a esperança de mudança das atitudes interiores.

Com razão, CATTANEO[21] entende que BETTIOL não pode ser acusado de atribuir ao Direito o cômpito de defesa da moralidade em si mesma, pois se o Direito tem fundamento na moral, possui, no entanto, seu limite na necessidade social, pois do contrário deveria punir também o pecado.

3.2.2 A velha e a nova defesa social

As ideias de GARÓFALO inserem-se dentro da concepção da denominada Escola Positiva italiana, por influência do cientificismo da segunda metade do século XIX, que voltou a atenção para o delinquente e as causas antropológicas, psicológicas e sociais do delito.[22]

---

[16] Para BETTIOL, há uma exigência natural sentida pelos homens de que ao bem deve seguir o bem e ao mal o mal, sendo esta uma realidade psicológica que ninguém pode negar (op. cit., p. 800).

[17] Idem, p. 796.

[18] Idem, p. 797.

[19] Idem, p. 806.

[20] *Revista dos Tribunais*, São Paulo, 1972, v. 442, p. 315-323, trad. Alberto Silva Franco e Paulo José da Costa Jr. Sobre o Direito Penal da Atitude Interior, vide nosso "Concepção existencial de Bettiol", *in Ciência Penal*, São Paulo, Bushatsky, 2, p. 225 e seguintes, 1974.

[21] Op. cit., p. 72.

[22] A Escola Positiva teve por principais figuras, LOMBROSO, GARÓFALO e FERRI, sendo uma manifestação compreensível com o desenvolvimento das ciências naturais e a confiança nos métodos empírico-explicativos, dando-se uma volta de 180 graus em face do pensamento da Escola Clássica, ao vislumbrar o delito não como ente jurídico, mas como fato social a ser explicado por fatores morfológicos e sociais. Busca-se, então, pela análise dos fatos encontrar as leis que regem

Para GARÓFALO, apesar da mutabilidade histórica, é possível estabelecer um conceito universal de delito como o fato que atinge a consciência jurídica em geral.[23] E é a análise dos sentimentos humanos que permite alcançar este conceito, como sendo o fato que por sua crueldade atinge o sentimento de piedade.[24] Ao lado do "delito natural", há os delitos que ofendem os sentimentos de Justiça e de probidade.[25]

Em face do "delito natural", que revela uma crueldade inata e instintiva, decorrente de anomalias psíquicas permanentes, apenas cabe como reação de defesa da sociedade a pena que constitui uma defesa social, expurgando do corpo da sociedade o tumor por via da profilaxia total: a pena de morte. Para GARÓFALO, não há utilidade em se conservar a vida de pessoas que não devem integrar a sociedade, uma vida puramente animal, à custa da própria sociedade.[26]

Para os autores de delitos que ofendam os sentimentos de Justiça ou probidade, deve a pena ser aplicada como profilaxia parcial, prisão.

Verifica-se, portanto, que as concepções de delito e das condicionantes da ação delituosa, fruto de anomalias permanentes, conduzem à conclusão de que a pena deve ter uma finalidade de defesa social, de profilaxia.

Após a segunda grande guerra, com o fim de humanizar a pena, surge a Escola da Nova Defesa Social, dando ênfase ao aspecto de reinserção social do condenado, a ser submetido a tratamento, como medida benéfica para o condenado e para a sociedade que poderá receber de volta o condenado como pessoa útil à comunidade. É uma Nova Defesa Social, que procura reconstruir, pelas ciências do comportamento,

---

as condutas humanas (vide, em especial, nosso *Teoria do delito*, cit., p. 20 e seguintes; SAINZ CANTERO, op. cit., p. 78 e seguintes; SPIRITO, U., op. cit., p. 119 e seguintes; GARCIA, B. *Instituições de Direito penal*, vol. I, tomo I, 5ª ed. rev. e atualizada, São Paulo, Max Limonad, 1980, p. 80 e seguintes. A Escola Positiva teve repercussão no Brasil, a se ver as posições de CLÓVIS BEVILÁQUA, o primeiro criminólogo brasileiro, que em artigos reunidos em coletânea intitulada *Criminologia e Direito* (Bahia, Livraria Magalhães, 1896), faz levantamento da criminalidade no Ceará nos idos de 1878/80 e retira conclusões acerca da influência da miscigenação na incidência delituosa, concluindo que quando se misturam duas raças inferiores, negro e índio, aumenta o número de delitos. Enquanto TOBIAS BARRETO, o maior penalista brasileiro do Império, fazia críticas mordazes a Lombroso e à Escola Positiva ("Menores e loucos", *in Estudos de Direito*, II, Rio de Janeiro, Record, 1991, p. 70 e seguintes); RODRIGUES, Nina (*As raças e a responsabilidade penal no Brasil*, Rio de Janeiro, Guanabara) defendia ideias acerca da inferioridade da raça negra e advogava, em 1888, a existência de dois Códigos Penais, um para os brancos outro para os negros. RENATO KELL da Faculdade de Medicina do Rio de Janeiro propunha, em 1921, a esterilização de mestiços (vide SCHWARCZ, L. M. "*As teorias raciais, uma construção histórica de finais do século XIX. O contexto brasileiro*", *in Raça e diversidade*, coletânea organizada por SCHWARCZ, L. M. e QUEIROZ, R. S. São Paulo, Edusp, 1996, p. 175 e seguintes. Também, em 1921, MOTTA, C. publicava sua tese de concurso à Faculdade de Direito de São Paulo na qual estabelecia a inferioridade da raça negra e sua propensão à prática delituosa, com base em estudos antropométricos realizados com presos (*A classificação dos criminosos: Introdução ao estudo do Direito Penal*, São Paulo, Rossetti, 1925, p. 74).

[23] GARÓFALO, R. *Criminologia*, trad. Júlio de Matos, Lisboa, 4ª ed., 1925, p. 29.
[24] GARÓFALO, R., op. cit., p. 64.
[25] SPIRITO, U., op. cit., p. 132.
[26] GARÓFALO, R., op. cit., p. 507.

40 | FUNDAMENTOS DE DIREITO PENAL – *Miguel Reale Júnior*

a personalidade do condenado, visando reintegrá-lo ao meio social, para o seu bem e o bem da sociedade.

A periculosidade passa a ser o fator básico do fato delituoso e o tratamento para superar os índices propiciadores dessa periculosidade, a finalidade essencial da pena. A pena torna-se pena-tratamento, para transformação do criminoso em não criminoso, para dessa forma, como diz MICHEL FOUCAULT, a Justiça penal libertar-se da má consciência de estar punindo, com a escusa de visar à cura, atuando não mais sobre o corpo do condenado, mas sobre sua alma.

Para MARC ANCEL, caracterizam a Nova Defesa Social uma nova atitude perante o delinquente e uma concepção humanista da política criminal, pois a pena deve ser instrumento de ressocialização por meio do estudo da personalidade do condenado, e, assim, a sociedade é defendida por proporcionar a adaptação do condenado, que poderá no futuro afirmar-se como pessoa e membro desta sociedade.[27]

A concepção do crime como manifestação da periculosidade do agente é ainda mais contundente no pensamento de GRAMMATICA, para o qual o fato delituoso constitui antes de mais nada um índice de antissocialidade, e a pena, como medida de defesa social, preventiva, curativa e educativa, não deve ter como base o crime, mas ser tão só adequada a cada autor do fato antissocial, visando a recuperá-lo. Não mais Direito Penal, mas Direito de Defesa Social, pois a finalidade direta é o melhoramento da sociedade pela socialização do indivíduo.[28]

O fato delituoso, ou a manifestação proibida, é um índice de antissocialidade, um dado sintomático da periculosidade, que se revela, também, nos atos preparatórios, que exteriorizam uma atitude antissocial do indivíduo.[29] A estas manifestações deve-se responder com a aplicação de medidas de socialização, medidas de natureza e duração não definitivamente fixadas no momento da decisão.[30]

Constata-se, de conseguinte, que apenas uma compreensão do crime como ato antissocial, sintomaticamente revelador de uma periculosidade, poderia dar à pena uma finalidade de tratamento,[31] curativa, visando ao melhoramento do condenado e ao benefício da sociedade.

---

[27] ANCEL, M. *La nueva defensa social*, trad. Francisco Moreda e Delia Daireaux, Buenos Aires, Da Dey, 1961, p. 107 e seguintes. Veja-se, também, CORNIL, P. "Problèmes actuels de la répréssion pénale e la défense sociale", *in Revue de Science Criminelle et Droit Penal Comparé*, n° 1, 1976, p. 61. Toda esta expectativa, no entanto, caiu por terra, pois como ressalta STRATENWERTH, G. *Que aporta la teoria de los fines de la pena*, Colômbia, Faculdad Externado de Colômbia, 1996, p. 17, "*os resultados de avaliação dos tratamentos terapêutico-sociais até agora são completamente decepcionantes*".

[28] GRAMMATICA, F. *Principi di difesa sociale*, Pádua, Cedam, 1961, p. 4 e seguintes.

[29] Idem, p. 65 e seguintes.

[30] Idem, p. 247.

[31] Dentre nós, advoga a finalidade da ressocialização, BRUNO, A. (*Direito Penal, parte geral*, 2ª ed., tomo III, Rio de Janeiro, Forense, 1966, p. 49) para o qual "*a ressocialização do criminoso é outro meio, tido agora como o mais importante*". ANÍBAL BRUNO defendia a unificação de pena como medida de segurança, atribuída à sanção criminal uma finalidade de emenda, que tenha por pressuposto a periculosidade (*Perigosidade criminal e medidas de segurança*, Rio de Janeiro, Editora Rio, 1977, p. 23 e seguintes).

3.2.3. As ideias de prevenção geral

A partir do reconhecimento de que os homens se reuniram em sociedade para sofrer o mínimo possível, e pelo contrato social abriram mão de parcela de sua liberdade para garantir o exercício de todas as demais, BECCARIA não admite que a pena tenha por fim *"torturar e afligir um ser sensível, nem desfazer um crime que já está praticado".*[32]

Acredita, portanto, sob estes pressupostos políticos, que a pena tem por fim a exemplaridade, para que no espírito sensível da população a relação entre "crime e punição" afaste a visão atraente e vantajosa das práticas delituosas, para o que se requer que a aplicação da pena seja rápida. Desse modo, diz BECCARIA que a ideia de punição esteja presente no espírito do povo, pois o temor de um castigo afasta a tentação que conduz ao crime. Por isso devem ser punidos os crimes de menor monta, pois se não o forem, já que são eles os que mais facilmente tentados a realizar, os mais corriqueiros, abre-se o caminho para os grandes crimes. Desviando-se dos crimes menores, afastam-se as pessoas dos grandes crimes.[33]

Deve haver, portanto, o exemplo da punição para que não prevaleça o exemplo da impunidade, motivo pelo qual se arvora contra a concessão da graça ou do perdão por parte da vítima, por contrariar o interesse público, alimentando a esperança da impunidade.[34]

O pensamento iluminista rejeitava a ideia de retribuição moral, do castigo como um fim em si mesmo, e só poderia compreender a punição sob a égide da utilidade, que se atende pelo fim de intimidação, do exemplo que salvaguarda a sociedade afastando a tentação da prática delituosa, ainda mais se a relação crime-castigo for rápida, garantindo inexistir a impunidade.

Em razão do realce que dá ao caráter imperativo da lei penal, mesmo porque Direito não imperativo não existe, entende MAGGIORE que a pena é uma coação psicológica para levar o homem a não praticar o mal. A norma penal impõe que se aja de uma determinada forma, e o seu comando é mais eficaz graça à ameaça da pena.[35] À coação moral segue-se a coação física, caso cometido o delito, pois a pena é infligida pela força. A norma penal, no entanto, é sempre imperativa, pois mesmo quando desrespeitada vem a ser um comando ao juiz para punir e ao réu para sofrer a pena.

É a compreensão da natureza principalmente imperativa do Direito que conduz MAGGIORE à admissão da pena como coação.

Mais recentemente, um dos maiores penalistas espanhóis do último quartel do século passado, RODRIGUEZ DEVESA, atribui à pena o mesmo fim da lei penal, que é o de evitar determinadas condutas. A lei penal, ao seu ver, ao lado do aspecto valorativo tem uma função imperativa. Dinamicamente considerada, a lei penal constitui uma interseção entre o passado e o futuro, sendo um instrumento para determinados fins,[36] qual seja, o de proibir algumas ações pela ameaça de um castigo, ameaça diri-

---

32   *Dei delitti e delle pene*, op. cit., § XV.
33   Idem, § XIX.
34   Idem, § XX.
35   MAGGIORE, G. *Manuale di Diritto Penale, Parte 1*, Bolonha, 1949, p. 18 e 28.
36   *Derecho Penal español, Parte general*, Madrid, 1973, p. 146.

gida a todos. Assim, dinamicamente a pena tem o mesmo fim da lei penal: evitar as condutas que a lei proíbe.[37]

Mas, de acordo com RODRIGUEZ DEVESA, no seu fim de prevenir a prática de condutas proibidas, a pena tem uma função primordialmente educativa, *"elemento educador sobre as consciências mais rudes"*, e de satisfação da vítima e dos círculos mais próximos a ela.[38]

Destarte, a função da pena deriva da função da lei penal, no sentido de ser uma determinação proibitiva de determinadas condutas, ameaça dirigida a todos, com fim educativo.

3.2.4. Ideias de reafirmação do Ordenamento

Sob uma perspectiva dialética, pois o momento dialético constitui a anulação das coisas finitas e sua conversão nas contrárias, sendo todo o finito o anular-se a si mesmo,[39] HEGEL entende que a pena é a negação da negação, a reafirmação ou restauração da ordem jurídica violada.[40]

Incluo, também, dentro das ideias de reconstrução da ordem jurídica,[41] o posicionamento dos funcionalistas, para os quais a pena teria uma função de prevenção geral positiva, mas que se resume, na verdade, a reafirmar a ordem violada, reforçando junto aos membros da sociedade a lealdade ao ordenamento e a validade das normas, desfazendo a frustração pela quebra das expectativas.

Desse modo, reafirma-se positivamente o Direito, trazendo um reforço às convicções jurídicas fundamentais, pois se há uma expectativa de que as instituições elementares funcionem, a prática do delito constitui uma decepção desta expectativa, e a pena tem uma função: *"exercitar a confiança na norma"*,[42] dar, em face do delito, maior confiança a quem nela confia. Dessa forma, diz JAKOBS, a pena se volta para *"exercitar a fidelidade ao Direito"*.

É no bojo de uma compreensão funcionalista da sociedade, como sistema homogêneo fundado no consenso, em que as partes cumprem funções se relacionando uma com as outras, que se formula a ideia da pena como reforço da confiança na norma, a fidelidade ao Direito, visando à manutenção do sistema,[43] do mundo organizado no

---

[37] Idem, p. 736.

[38] Idem, p. 737.

[39] MESSER, A. *La filosofia moderna, de KANT a HEGEL*, Buenos Aires, Espasa-Calpe, 1942, p. 218.

[40] HEGEL, W. *Principes de la philosophie du Droit*, 7ª ed., Paris, Gallimard, 1940, p. 95; PABLOS DE MOLINA, A.G., op. cit., p. 131.

[41] CARRARA, F. *Programma del corso di Diritto Criminale*, I, Florença, Fratelli Cammelli, 1987, p. 602, afirma que o fim da pena é o restabelecimento da ordem externa da sociedade, mas em seguida destaca que o cômputo da pena está em eliminar o perigo de que outros sejam encorajados a ofender direitos pela impunidade, e, assim, a pena visa a encorajar os bons e a advertir os maus. Por esta razão, CATTANEO, M. A., op. cit., p. 95, entende que CARRARA dá primazia à defesa do direito, dado mais fundamental, do que a reconstrução da ordem jurídica.

[42] JAKOBS, G. *Derecho Penal*, Parte general, trad. Joaquin Contreras e Jose Luis S. Gonzalez de Murillo, 2ª ed., Madrid, 1997, Marcial Pons, p. 18.

[43] SERRANO MAÍLLO, A., op. cit., p. 166. ROXIN. C. *La evolución de la Política Criminal, el Derecho Penal y el Proceso Penal*, trad. Carmem Gomes Rivero e Maria C. Garcia Cantizano, Valencia,

Parte I · Capítulo 3 · FINALIDADE E SIGNIFICADO DA PENA | **43**

qual as pessoas têm uma expectativa de estabilidade de que as instituições funcionem em ordem.[44]

Assim sendo, reafirmo que a finalidade da pena há sempre de ser examinada no conjunto do pensamento do autor e não como questão isolada da compreensão acerca do Direito, da ação humana e da sociedade.

3.2.5. Posição axiológico-concreta

A pena, sob o viés de sua finalidade, é multifacetada, tem uma fisiologia complexa, pois se apresenta como coação psicológica dotada de objetivo intimidativo, sendo assim visualizada pelos indivíduos e pela sociedade, visto ser inegável que a ameaça da aplicação da sanção conduz a que se não pratique uma infração ou um delito. A presença da polícia preventiva é um reclamo da população e não significa só sensação de segurança, bastando lembrar que o aviso do carro em sentido contrário, da presença de fiscalização rodoviária, leva à redução da alta velocidade, que se retoma logo em seguida. Não é possível fazer experiência sobre o efeito intimidativo da pena, porém, em recente greve de policiais militares, na Bahia, viu-se o aumento significativo dos saques e furtos.

Não se objete que o fim intimidativo, de prevenção geral, instrumentaliza o homem, pois é punido para que os outros não delinquam. A punição não deve ser imposta para dar exemplo, mas aplicada de forma justa pode ter força intimidativa.

A pena, no entanto, a meu ver, não é imposta pela lei penal com este fim. Não é em razão do efeito exemplar que se estabelece na lei a sanção penal.

A pena pode cumprir um efeito de prevenção especial, promovendo a recuperação do condenado, apesar de ser difícil saber se deve ser recuperado perante o artigo do Código Penal que infringiu. O mito da reeducação ou do tratamento já foi em grande parte desfeito pela realidade, que desfez o sonho acalentado desde os correcionalistas,[45] como ROEDER e DORADO MONTERO, até os neodefensistas sociais, como MARC ANCEL. As penas restritivas, em especial, a prestação de serviços à comunidade e a limitação de fim de semana, podem ter, como já mencionei, um fim educativo, até porque não se trata de reinserir quem não foi afastado da sociedade.

Contudo, a pena não é cominada e imposta com este objetivo, visando ao fim de reinserção social do condenado, mesmo porque seria uma presunção hipócrita privar alguém da liberdade buscando beneficiá-lo, como se o delito fosse uma oportunidade que o delinquente dá para que o Estado o recupere.

A pena, como desejam os adeptos da prevenção geral positiva, pode ter como consequência o reforço das convicções dos membros da sociedade na vigência da norma e assim exercitar a sua lealdade para com a ordem estabelecida, mas este efeito colateral não significa o fim pelo qual se comina e executa uma pena, a não ser que se

---

Tirant lo Blanc, 2000, p. 29, assevera que a prevenção geral positiva, que atribui à pena o fim de manutenção do sistema e da fidelidade ao Direito, hoje se apresenta como a principal orientação na Alemanha.

[44] JAKOBS, G., op. cit., p. 11.

[45] Sobre os correcionalistas, vide LANDROVE DIAZ, G. *Introducción al Derecho Penal español,* 4ª ed., Madrid, Tecnos, 1997, p. 46 e seguintes.

44 | FUNDAMENTOS DE DIREITO PENAL – *Miguel Reale Júnior*

tenha uma visão acrítica, plana e imutável da vida social, cuja harmonia tão só exige que se recomponha a confiança de todos no sistema abalado pela prática delituosa, menosprezando-se o aspecto valorativo do Direito.[46]

A pena pode ter referência com uma retribuição de cunho moral, mas não decorre de uma identidade de lei penal e lei eterna e imutável revelada por Deus ou pela razão. A lei penal não impõe uma sanção por força de um imperativo de ordem moral, confundindo-se crime e pecado. Nem há uma decisão prévia sobre si mesmo anterior à decisão pela ação, como uma atitude interior da personalidade perante os valores que justificaria a retribuição, como pretende BETTIOL.

Os valores, como dados do significativo e desejável para a realização da pessoa humana e para o desenrolar de uma vida digna, revelam-se na história e são apreendidos no decorrer do tempo, muitas vezes, incrustando-se em nossa consciência como invariáveis axiológicas, tais como o valor da liberdade política, da liberdade de pensamento, da honra, da livre-iniciativa, da criança a ser protegida em sua educação e formação, do pudor, da liberdade sexual, da família.

O Direito, portanto, consagra valores historicamente revelados, e a forma de enfaticamente afirmá-los como positivos está em apenar as ações que venham a feri--los. Assim, a pena tem por fim retribuir com um mal a ação negativa contra um valor positivado pela lei. A pena é, portanto, uma retribuição jurídica confirmadora de um valor reconhecido como positivo e que foi desrespeitado pela ação delituosa. A pena é cominada para demonstrar a importância de determinado valor e aplicada e executada para concretizar a mensagem normativa de relevo daquele valor afrontado pela conduta criminosa.[47]

A pena, destarte, é um castigo, que não se justifica, tão só, por ser um mal que se inflige a outro mal, mas que se justifica como reafirmação de um valor consagrado pela lei. A não aplicação da lei, como a não imposição de uma pena, nos casos de descriminalização branca, reflete que o valor tutelado não mais tem significado social relevante, sendo desnecessário e incongruente reafirmar este valor pela aplicação da lei, como sucede, por exemplo, com a manutenção de estabelecimento em que ocorra exploração sexual, os motéis, incriminados pelo art. 229 do Código Penal. Se não há valor a ser afirmado, não se justifica a pena, e opera-se a descriminalização, mesmo que vigente a norma incriminadora.

---

[46] As conclusões da perspectiva axiológico-concreta, que defendo, contestam a afirmação de ROXIN (op. cit., p. 61) no sentido de que, se nem do ponto de vista da prevenção especial nem do da prevenção geral existe necessidade de castigo, a pena carece de justificação teórica e não tem legitimação social, exatamente porque a finalidade primacial da pena está em demonstrar a importância de determinado valor jurídico, afrontado pelo ato delituoso.

[47] KINDHAUSER, U. *Derecho Penal de la culpabilidad y conducta peligrosa*, Colômbia, Universidad Externado de Colômbia, trad. Claudia López Diaz, 1996, p. 100, para o qual por via da pena paga-se a perda do valor de reconhecimento da norma expressa pelo delito, e se manifesta que a contradição à norma não será tolerada. Recentemente CHAVES CAMARGO, A. L. *Sistema de penas, dogmática jurídico-penal e política criminal*, São Paulo, 2001, tese apresentada ao concurso de professor titular na Faculdade de Direito da USP, p. 65, considera que o fim da pena está na "*revalidação dos valores vigentes*", tendo a pena um caráter construtivo, o que se casa com a visão por mim adotada de que a reafirmação dos valores reveste de cunho de justa retribuição a sanção penal.

Importa perguntar o porquê da pena e não para que a pena,[48] como ressalta RABOSSI. E a pena se aplica para impor um castigo a quem merece, pois esta é a única maneira de se fazer valer o valor cuja positividade a lei reconhece.

Por outro lado, como ressaltei no início do capítulo, a pena é vivida e sentida por todos, réu, vítima, sociedade, operadores do Direito, como um castigo, e este dado de cunho retributivo concretamente aferido não pode deixar de ter o seu peso na análise do significado e fim da pena, que não constitui um instrumento de experimentação nos gabinetes dos penalistas, mas que é um fenômeno da realidade a ser compreendido.

---

[48] *La justificación moral del castigo*, Buenos Aires, Astrea, 1976, p. 41.

Capítulo 4
CIÊNCIA DO DIREITO E CIÊNCIA PENAL

4.1. A CIÊNCIA DO DIREITO PENAL E SISTEMA

As relações sociais estão sujeitas a convenções, e o Direito constitui o conjunto de regras que regulam as condutas,[1] em uma ordenação coercitiva externa da convivência social, segundo uma integração de fatos e valores[2] a partir de uma regularidade[3] ou tipicidade dos comportamentos, com o que delimita o campo do lícito e do ilícito.

O Direito Penal, por via da integração de fatos e valores, estatui os comportamentos delituosos, descrevendo as condutas que ofendem valores a serem respeitados, e impondo a omissão destas condutas sob a ameaça de uma pena, atribuindo, de um lado, ao Estado o poder-dever de punir esta conduta e, de outro, a sujeição do autor da conduta à pena. Se a conduta proibida foi realizada por quem não podia entender o significado da ação violadora do valor imposto, o Direito Penal submete-o a uma medida de segurança. É, portanto, valorativo e imperativo.

Foi com o Iluminismo, a partir do postulado *nullum crimen sine lege,* que se veio construindo a Ciência do Direito Penal, pois do princípio da reserva legal deflui a exigência da lei prévia e também a de sistematização racional da lei penal[4] com vistas a garantir a segurança jurídica.

A ordenação sistemática da lei penal permite a sua cognoscibilidade, dando conformidade ao aglomerado caótico, tornando apreensíveis os princípios comuns, em razão da estruturação das matérias,[5] estabelecendo, de forma geral, as condições de incidência das normas incriminadoras.

Surge, portanto, o processo de codificação como consequência do princípio da legalidade e da garantia individual diante do Estado. E a codificação permite o desenvolvimento da Ciência do Direito Penal pela identificação dos princípios que se desumem do Código e pelo recorte da matéria disciplinada em institutos, cuja natureza e implicações com outros institutos passam a ser examinados.

Na Parte Geral do Código, fixam-se as condições de eficácia das normas incriminadoras, como, por exemplo, sua aplicação no tempo, no espaço, a coautoria como

---

[1] SFORZA, C., W., "Diritto", verbete da *Enciclopedia del Diritto*, vol. 1, p. 631.

[2] REALE, M. *Lições preliminares do Direito*, 3ª ed., São Paulo, Saraiva, 1976, p. 67.

[3] REALE, M. *Fontes e modelos do Direito*, São Paulo, Saraiva, 1994, p. 93.

[4] Sobre o processo de codificação e ordenação sistemática, vide nosso *Teoria do delito,* cit., p. 166.

[5] ASCENSÃO, J. O. *O Direito, introdução e teoria geral: uma perspectiva luso-brasileira*, 3ª ed., Lisboa, Fundação Calouste Gulbenkian, 1984, p. 235.

48 | FUNDAMENTOS DE DIREITO PENAL – *Miguel Reale Júnior*

forma de realização da conduta, e também o modo de cumprimento das sanções penais, pena e medida de segurança.

Constrói o jurista, então, o que REALE denomina modelos dogmáticos,[6] a partir do texto codificado, extraindo, por via da interpretação, consequências não evidentes no texto. O modelo dogmático é uma construção teórica que opera sobre a legislação elucidando institutos, explicando sua natureza jurídica, tendo, por ponto de partida, o Direito positivo, cujo sistema, em seus princípios e interrelações, procura desvendar, revestindo o Direito de caráter científico.

No Direito Penal, destaca-se o modelo dogmático da estrutura do crime, bem como a teoria da tipicidade, que revela os elementos da descrição legal de crime, sendo uma estrutura compreensiva das normas incriminadoras, e de tal forma que, para o operador do Direito, a teoria da tipicidade tem tanta força vinculante como as normas legais.[7]

A Ciência do Direito constrói-se, portanto, a partir do Direito positivo, pois, como alerta REALE, a Ciência do Direito é sempre Ciência de um Direito positivo,[8] e com base na interpretação busca fixar os princípios ordenadores, doadores de sentido e de unidade, de todo o ordenamento ou de uma disciplina como o Direito Penal, formular modelos dogmáticos, recortar os institutos, esquadrinhar sua natureza, estabelecer relações entre os mesmos, visando à compreensão e à operacionalidade do Direito.

A Ciência do Direito, e também a Ciência do Direito Penal, não constitui um sistema fechado, o que não se confunde com o modelo taxativo da norma incriminadora. O sistema da Ciência do Direito vai obter unidade interna e adequação nos princípios gerais, isto é, em elementos que *"tornam claras as conexões interiores as quais não podem, por isso, ser idênticas à pura soma deles,"*[9] reconduzindo os valores singulares a uma conexão orgânica, tornando perceptível a unidade da ordem jurídica, uma ordem teleológica de princípios gerais.

Os princípios jurídicos são unificadores e permitem entender o sistema como uma ordem de valores, teleologicamente dirigido, ou seja, com vista a determinados escopos valorativos. Mas os princípios não têm a pretensão de exclusividade, como anotam CANARIS e DWORKIN, pois sendo normas que se deva observar por serem um imperativo de Justiça,[10] caracterizam-se por ter peso e dimensão e pode ocorrer um conflito de princípios, prevalecendo um que, nas circunstâncias, apresenta maior peso, sem por isso, portanto, perder o outro validade.

Assim, o princípio, como anota CANARIS, ocupa o ponto intermediário entre o conceito e o valor. Excede o valor por trazer a indicação da consequência jurídica e ultrapassa o conceito por não ser tão determinado para esconder a valoração. Por

---

[6] REALE, M. *O direito como experiência*, São Paulo, Saraiva, 1968, p. 163, segundo o qual modelos dogmáticos *"são elaborações no âmbito da Ciência do Direito como estruturas teórico-compreensivas do significado dos modelos jurídicos e de suas condições de vigência e eficácia na sistemática do ordenamento jurídico"*.

[7] SANTIAGO NINO, C. *Introducción al análisis del derecho*, 2ª ed., Buenos Aires, 1986, p. 335.

[8] *Lições Preliminares*, op. cit., p. 17.

[9] CANARIS, C. W. *Pensamento sistemático e o conceito de sistema na Ciência do Direito*, trad. Menezes Cordeiro, Lisboa, Gulbenkian, 1989, p. 76.

[10] DWORKIN, R. W. *La Filosofía del Derecho*, trad. Javier Sainz Terreros, México, Fondo de Cultura, 1980, p. 86; CANARIS, C. W., op. cit., p. 88.

exemplo, o princípio de que ninguém deve se beneficiar do próprio erro é um princípio como *"enunciação normativa de valor genérico que orienta a compreensão do ordenamento jurídico"*.[11] Deflui deste princípio que o causador do perigo, criador da situação de necessidade, não pode valer-se da excludente do estado de necessidade, art. 23, I, do Código Penal. Não se trata de um valor, pois se afigura a consequência – não se valer do erro –, mas não é um conceito, é uma orientação valorativa, um imperativo de Justiça, a condicionar a compreensão do ordenamento.

Há princípios que decorrem da Constituição, como o primacial, orientador da formulação e aplicação do Direito Penal, que é o princípio da dignidade da pessoa humana. Os valores da Justiça e da liberdade, constantes do preâmbulo da Constituição, conduzem ao princípio da proporcionalidade, de fundamental importância no âmbito do Direito Penal hodierno, do qual são, também, princípios informadores, por exemplo, a reserva legal e a individualização da pena.

E como já afirmei, o sistema não pode ser fechado, pois se assim for será autor-referente e infenso à descoberta de novos princípios. O sistema fechado, diz JUDITH MARTINS-COSTA, *"supõe que todas as respostas estão já previstas nas premissas dogmáticas do sistema"*, que *"todas as soluções estão na lei cabendo ao julgador, sem margem de arbítrio, retirar delas as saídas concretas"*.[12]

A história do Direito Penal, do fim do século passado até o presente, desmente a ideia de um sistema fechado, pois foi da experiência jurídica, diante da insuficiência da disciplina do art. 54 do Código Penal alemão sobre o estado de necessidade, que nasceram as teorias da inexigibilidade de conduta diversa e do balanceamento de bens.

Em sentença de 1897, o Tribunal alemão considerou inexistir culpa na imprudência de um cocheiro que atrelou cavalos mal domados, tendo-o feito por imposição do patrão, sob ameaça de despedida. Entendeu-se que apesar de ter havido culpa, era inexigível outra conduta. SCARANO lembra decisão ainda anterior do Tribunal de Turim, absolvendo aquele que como testemunha faltara à verdade para se beneficiar, estabelecendo uma analogia com o testemunho feito em favor de parente, pois em ambas as situações há o mesmo dilema: dizer a verdade ou atender à inclinação natural de defender a si próprio.[13]

Em março de 1927, também, em face da insuficiência do art. 54 do Código Penal, reconheceu o Tribunal alemão uma excludente supralegal fundada no balanceamento de bens, considerando lícita ação do médico que praticou um aborto terapêutico, ou seja, sacrificou a vida do feto para salvar a vida da gestante, entendendo ser a vida desta mais valiosa que a do feto. O art. 54 do Código não se enquadrava estritamente à hipótese, pois reconhecia o estado de necessidade apenas em favor da pessoa à qual se está ligado por laços de parentesco ou amizade.

---

[11] REALE, M., op. ult. cit., p. 300.

[12] MARTINS-COSTA, J. *A boa-fé no Direito Privado*, cit., p. 364 e 373. CHAVES CAMARGO, A., L., op. cit., p. 28, para o qual o sistema aberto permite que seja integrado por novos conceitos e novas soluções, acompanhando a evolução social e o desenvolvimento da ciência penal.

[13] Nosso *Teoria do delito*, op. cit., p. 130. SCARANO, L. "La non esigibilità nel Diritto Penale", *in Studi Sassaresi*, série II, vol. XXI, p. 123.

50 | FUNDAMENTOS DE DIREITO PENAL – *Miguel Reale Júnior*

Como se vê, o sistema não responde integralmente aos anseios de Justiça que a realidade apresenta, aos valores que a história revela, como os valores da vida privada que se alçaram fundamentais no último quartel do século passado. Por isso tem razão JUDITH MARTINS-COSTA ao ponderar que o sistema deve dar margem para se pensar casuisticamente, do que pode resultar a descoberta de novos princípios e a formação de novos institutos.[14]

Em outro trabalho, advogava que ao penalista cabe, com a devida cautela em defesa do princípio da reserva legal, dar guarida ao pensamento problemático, que vivifica a realização da Justiça.[15] O sistema, se é aberto, os modelos penais são cerrados, sendo inadmissível que dos princípios se amplie o conteúdo ou significado de tipo penal incriminador.

Por outro lado, deve haver ampla interação da Ciência do Direito Penal com outras ciências penais, a Criminologia e a Política Criminal, ambas orientando o legislador e o aplicador do Direito Penal, formando com este um todo: a Ciência Penal.

4.2. CRIMINOLOGIA

É com LOMBROSO que surge a tentativa de explicar cientificamente a causa do fato delituoso, malgrado, como lembra FORTI, anteriormente FRANZ JOSEPH GALL tenha por meio do estudo de bossas cranianas procurado determinar o comportamento humano.[16]

Mas a explicação do crime nasce com LOMBROSO a partir de estudos da morfologia do condenado Villela, observando dados físicos dos quais retira consequências acerca do desenvolvimento mental, pois conclui, na formulação da noção de criminoso nato, que a característica básica reside no atavismo, como decorrência do não desenvolvimento de aspectos físicos e, correlatamente, do não desenvolvimento de aspectos psíquicos.[17] O criminoso nato apresenta, portanto, as características do homem selvagem ou do negro.[18]

---

[14] Op. cit., p. 377.

[15] *Novos rumos do sistema criminal,* Rio de Janeiro, Forense, 1983, p. 21.

[16] FORTI, G., op. cit., p. 211, nota 79. A frenologia de GALL levou a que digamos que "fulano tem bossa para isto ou aquilo". O filho de Gall esteve no Brasil, participando da guerra de Canudos junto às forças governamentais, pois desejava fazer medições cranianas nos adeptos de Antonio Conselheiro, como assinala VARGAS LLOSA em seu romance *A guerra do fim do mundo.*

[17] "L'uomo delinquente", *in Rapporto all'antropologia, alla giurisprudenza ed alla psichiatria,* 5ª ed., Torino, Fratelli Bocca Editori, 1897, p. 136 e seguintes.

[18] Já mencionamos anteriormente os trabalhos de MOTTA, C. *A classificação dos criminosos: introdução ao estudo do Direito Penal,* São Paulo, Rossetti, 1925, p. 74, que conclui pelo estudo das dimensões do cérebro dos detentos as diferenças entre as raças e concluindo pela tendência delituosa dos membros da raça negra e de mestiços. Igualmente NINA ROGRIGUES, R. *As raças e a responsabilidade penal no Brasil,* Rio de Janeiro, Guanabara, p. 34. Este autor observa que os códigos penais do Império e da República adotaram para critério da responsabilidade penal o livre-arbítrio, e, dessa forma, trilharam o caminho próprio para povos europeus; sendo que na psicologia das raças humanas existentes no Brasil é que se deve procurar a capacidade delas para o exercício das regras de direito que as regem, razão pela qual propõe dois códigos penais, um para os brancos outro para os negros. A respeito, CORACINI, C. E. F. *A antropologia criminal no Brasil nas obras de Candido Nogueira da Motta e Raimundo Nina Rodrigues,* trabalho

Parte I · Capítulo 4 · CIÊNCIA DO DIREITO E CIÊNCIA PENAL | 51

LOMBROSO desce a detalhes acerca do tipo do criminoso nato, negando o livre-arbítrio e acreditando na determinação absoluta da prática delituosa em razão de fatores antropológicos, tendo, contudo, mais tarde, sob influência de FERRI, dado relevo aos aspectos ambientais na produção do fato delituoso.

Além da obra "O Homem Delinquente", escreveu LOMBROSO estudo sobre a mulher, no qual afirma, após exame de suas características físicas, capacidade craniana, esqueleto, peso e estatura, inteligência, moralidade e piedade, que a mulher resta sempre fundamentalmente imoral e muito em razão de sua piedade, pois a mulher tem caracteres que a aproximam do selvagem, da criança, do criminoso.[19]

Desse modo, LOMBROSO funda a Antropologia Criminal, melhor designada como Biologia Criminal ou Biotipologia Criminal.

GARÓFALO, cujas ideias já atrás examinei, procura definir o delito natural e atém-se aos aspectos psicológicos do criminoso, psiquicamente anormal, que com sua temibilidade pratica um fato que atinge o sentimento de piedade, revelando crueldade que justifica a defesa da profilaxia, impondo-se-lhe a pena de morte. Com GARÓFALO, pode-se dizer que se dá início à Psicologia Criminal.

FERRI realça os aspectos sociais e econômicos sem deixar de admitir, em sua classificação dos criminosos, o criminoso nato em razão de dados antropológicos. Mas destaca os fenômenos do ambiente externo na etiologia do delito, instaurando-se, então, o exame dos fatos sociais como condicionantes do delito, portanto, a Sociologia Criminal.

Tem-se, assim, na Escola Positiva italiana, a fonte das três disciplinas específicas que integram a Criminologia, a Biotipologia Criminal, a Psicologia Criminal e a Sociologia Criminal, propondo PINATEL que a Criminologia Geral aproxime e compare os dados fornecidos pelas criminologias especializadas,[20] o que, no entanto, não parece tarefa simples.

A Biologia Criminal ou Biotipologia Criminal, como se pode verificar dos trabalhos de EXNER e BENIGNO DI TULLIO, procurou estudar os fatores próprios da pessoa do delinquente como determinantes do fato delituoso, tais como a hereditariedade, a constituição somática, a inteligência, os instintos, as doenças,[21] visando, de outro lado, a fixar, a partir destes dados, os tipos criminológicos.[22]

A Psicologia Criminal buscou analisar as características do "estado perigoso", decorrente de alguns índices como inteligência, perturbação mental, o egocentrismo exagerado, agressividade e a labilidade ao lado da inadaptação social,[23] como fator

---

apresentado na pós-graduação da Faculdade de Direito da USP. BEVILÁQUA, C. *Criminologia e Direito*, Bahia, Livraria Magalhães, 1896, p. 93, dizia: "*... o que se pode afirmar é que o cruzamento das duas raças inferiores é mais produtivo em seres inquinados pelo estigma da delituosidade do que a mestiçagem de qualquer delas com a raça branca*".

[19] LOMBROSO, C. e FERRERO, G. La donna delinquente, Turim, Fratelli Bocca, 1927, p. 115.

[20] PINATEL, J. *La criminologie*, Paris, Spes, 1960, p. 23.

[21] EXNER, F. *Criminologia*, trad. Vittorio Kalmar-Fischer, Milão, Francesco Vallardi, 1953, p. 117 e seguintes.

[22] DI TULLIO, B. *Principes de Criminologie Clinique*, trad. Giuseppe Crescenzi, Paris, PUF, 1967, p. 200 e seguintes.

[23] PINATEL, J., op. cit., p. 155 e seguintes.

52 | FUNDAMENTOS DE DIREITO PENAL – *Miguel Reale Júnior*

determinante da prática delituosa, valendo-se para tanto de vários exames e testes, visando ao diagnóstico criminológico.[24]

Importantes foram os estudos do casal GLUECK na formulação das tabelas de predição de atitudes delituosas futuras, tabelas elaboradas a partir da análise comparativa de dois grupos de jovens, um de delinquentes e outro de não delinquentes, para fixar quais os principais índices presentes no primeiro grupo, índice tal como a forma de educação frouxa (a educação pode ser frouxa, normal ou rígida, sendo na maioria frouxa junto aos delinquentes), para depois, no exame de pessoas, definir, de acordo com a maior ou menor presença destes índices, se tem ela a probabilidade de delinquir ou não.

A análise dos controles internos, o autodomínio na contenção da necessidade de satisfação imediata dos desejos, como a criação de uma imagem positiva de si próprio e o planejamento de vida, são outros aspectos que a Psicologia analisa para avaliar a não capacidade de viver frustrações como fator desencadeador de atos delituosos.

No campo da Sociologia Criminal,[25] de relevo foram as contribuições dos estudiosos norte-americanos, a denominada Escola de Chicago buscou, na análise da desorganização social decorrente das condições socioeconômicas degradadas, em especial, nas áreas de grandes cidades, em que impera a anomia, a determinação do fator explicativo da criminalidade. Em contrapartida, nas comunidades menores, estáveis, prevalece a solidariedade e coesão sociais.[26]

O estudo da criminalidade nas grandes cidades é questão, para nós no Brasil, de imensa importância, sendo de relevo o estudo de SZABO sobre urbanização e criminalidade, concluindo que quanto maior uma cidade maior a criminalidade, pois na cidade grande as relações são impessoais, facilita-se a formação de subculturas da violência e opera-se a desorganização de várias instituições, dentre as quais destaca-se a família.[27]

A aprendizagem da conduta criminosa foi objeto do exame de SUTHERLAND, pois esta surge sob influência de um modelo de comportamento delituoso, que se revela pelo contato com outras pessoas ou pelos meios de comunicação. Assim, o comportamento delituoso vem quase sempre associado à pobreza, a condições habitacionais e ao meio ambiente degradado. Se prevalecem as ligações com as condições favoráveis ao delito, a busca da satisfação de desejos por esta via tende a ocorrer.

Dessa forma, deve-se impedir a facilitação à não conformidade decorrente da associação diferencial,[28] ou seja, a prevalência de modelos de conduta criminosa sobre

---

[24] MARANHÃO, O. R. *Psicologia do crime*, 2ª ed., São Paulo, Malheiros Editores, 1995, descreve as diversas formas de delinquência, a ocasional, a sintomática, neurótica, psicótica, caracteriológica, psicopática, apresentando um roteiro para o exame criminológico.

[25] GUADAGNO, G. *Principi di sociologia criminale*, Napoli, Liguori, 1972, p. 49, ressalta a integração entre os aspectos da personalidade e do ambiente social, pois o delito é produto da influência ambiental e do desvio individual e social, mas pondera acerca da necessidade de intervenção nas estruturas e condições da sociedade para modificar o fenômeno da criminalidade, que é o aspecto a ser visto como relevante nas posições dos principais estudiosos da Sociologia Criminal.

[26] FIGUEIREDO DIAS, J. e COSTA ANDRADE, M. *Criminologia – o homem delinquente e a sociedade criminógena*, Coimbra, Coimbra Editora, 1992, p. 281.

[27] SZABO, D., op. cit., p. 91 e seguintes.

[28] SUTHERLAND, E. H. e CRESSEY, D. R., op. cit., p. 118.

os de conduta não criminosa, sendo, por exemplo, necessária a redução dos modelos vindos de programas televisivos violentos.

FERRACUTTI e WOLFGANG[29] examinam a formação de nichos de cultura da delinquência no seio da sociedade, havendo uma interseção de círculos entre a cultura dominante e a subcultura, pelo que há uma parte em comum, compartilhada, internalizando valores da cultura dominante, mas há outra de adesão a valores contrastantes pelo aprendizado da solução de problemas por meio de atitudes delituosas violentas, em um processo de socialização invertida. E a subcultura atua imperativamente, pois se o membro do grupo deixa de se comportar da forma agressiva "lícita", será tachado de covarde e discriminado.

A constatação de que existem duas estruturas, a estrutura da cultura, estabelecendo objetivos e metas, "*o sonho americano*", e a estrutura social, não fornecendo meios legítimos para a consecução destes objetivos,[30] conduz, segundo MERTON, a atitudes desviadas. Figura-se, então, a não efetividade das normas sociais, a anomia, seja pela contestação ou alheamento, com a realização de condutas desviadas, seja pela prática delituosa, pois as tensões entre o ideal e o possível levam à não conformidade ou à busca de meios ilegítimos para a realização desses objetivos culturais.

A introdução do conceito de atitude desviada pela Sociologia, enquanto gênero da qual o crime é uma espécie, fez, como anota GIANVITTORIO PISAPIA, com que a Criminologia atentasse para as "*condições e causas do processo de criminalização*",[31] seja referentemente à elaboração da norma, seja com relação à sua aplicação, indagando porque um determinado fato é criminalizado e como é punido.

Passa a ser objeto da Criminologia a Administração da Justiça Criminal, examinando as condicionantes da escolha legislativa, bem como as instâncias formais de aplicação da lei penal, seu comportamento, sua mentalidade (Polícia, Magistratura, Ministério Público, Pessoal Penitenciário), detendo-se, também, no exame da burocracia do sistema repressivo e do chamado custo do crime.[32]

---

[29] FERRACUTTI, F. e WOLFGANG. "O comportamento agressivo violento como fenômeno sociopsicológico", *in Temas de Criminologia*, trad. Marie Maddaleine Hutyra, vol. 1, São Paulo, Resenha Universitária, 1975, p. 132; dos mesmos autores *La subcultura de la violencia*, trad. Antonio Garza y Garza, México, Fondo de cultura económica, 1971, p. 115.

[30] Esta é a formulação de MERTON, acerca da qual vide FIGUEIREDO DIAS, J. e COSTA ANDRADE, M., op. cit., p. 321 e seguintes.

[31] PISAPIA, G. *Fondamento e oggetto della Criminologia*, Pádua, Cedam, 1983, p. 154. Para o autor a pessoa desviada é aquela que se põe negativamente em relação a uma norma, seja moral, social, política ou cultural (p. 148).

[32] A respeito do sistema de Justiça Criminal como preocupação da Criminologia, vide DONNICI, V. "Relatório do seminário sobre crise da administração da justiça", *in Revista do Instituto dos Advogados Brasileiros*, ano VII, n° 29, p. 7; NUVOLONE, P. e PERIZEAU, A. "Criminalidade e justiça penal nas zonas metropolitanas", na mesma revista, p. 107; MESTIERI, J. "Os rumos da criminologia", na mesma revista, p. 263; MUELLER, G. "A função da Criminologia na administração da justiça criminal", *in Revista do Instituto dos Advogados Brasileiros*, n° VIII, n° 39, p. 77; DI GENNARO, G. e FERRACUTTI, F. "El campo de acción de la Criminología en el sistema penal italiano", *in Nuevo pensamiento penal*, ano 1, nota n° 2, 1972, p. 73. Veja-se, igualmente, FIGUEIREDO DIAS, J. e COSTA ANDRADE, M., op. cit., p. 365 e seguintes.

A noção de conduta desviada promoveu, também, o desenvolvimento da teoria interacionista[33] ou da *legal approach*, ao analisar os fatores determinantes do processo social de etiquetagem das condutas delituosas ou desviadas.

Compete à Criminologia, então, estudar a reação social frente ao crime e à conduta desviada, para indagar acerca do processo de etiquetagem dos autores destes comportamentos, que são rotulados pela sociedade como desviantes ou criminosos. Pessoas de determinados segmentos sociais desfavorecidos são assinaladas como desviantes, e o espaço de sua ação reduz-se, conduzindo efetivamente à prática da conduta desviada. A dificuldade de comportamentos diferentes, pela expectativa social de um comportamento desviado, conduz ao comportamento desviado, mesmo porque o etiquetado passa a se sentir como tal, vê-se e se autodefine bêbado, mendigo, pária, ladrão e passa a agir como tal, assumindo o papel que lhe é atribuído.

À Criminologia compete, portanto, estudar este processo de etiquetagem e de seleção,[34] especialmente junto às instâncias formais de controle, como, por exemplo, a polícia.

Assinalam FIGUEIREDO DIAS e COSTA ANDRADE ser ainda hoje a visão interacionista um ponto de referência da análise criminológica, no que têm razão, pela importância de visão crítica da postura não só da sociedade, mas primacialmente dos operadores do sistema criminal como condicionante de papéis desviantes ou delituosos a serem assumidos por membros da população desassistida das grandes cidades, bem como pela seleção de sua clientela na repressão penal.

Sob inspiração marxista, formula-se uma crítica do sistema social e penal, revelando seus condicionamentos político-ideológicos, para se concluir que as causas do crime não estão no delinquente, mas na própria sociedade, que criminaliza segundo o interesse da classe dominante do regime capitalista.[35] O crime decorre da desigualdade social.

---

[33] GOFFMAN, E. Les rites de la interaction, trad. Alain Kim, Paris, Les éditions de minuit, 1974; MILUTINOVIC, M. "Tendencia interacionista", in Anuario del Instituto de Ciencias Penales y Criminológicas, Universidad de Venezuela, n° 5, 1973, p. 277; PISAPIA, G. Contributo ad'un analisi socio-criminologica della devianza, Pádua, 1978; BERGALLI, R. "De la sociología criminal a la sociología de la conducta desviada", in Nuevo pensamiento penal, ano 1, n° 2, 1972, p. 267; DOTTI, R. A., op. cit., 89; FIGUEIREDO DIAS, J. e COSTA ANDRADE, M., op. cit., p. 342.

[34] SCHWARCZ, L. M. *Retrato em branco e preto*, São Paulo, Companhia das Letras, 1987, p. 12, relata notícia publicada no jornal Correio Paulistano de 3 de julho de 1878, na qual a etiquetagem já surge no título: "Como eles são", referindo-se aos escravos, eles em oposição ao nós. Diz, então, o jornal que, em um bonde, um negro chamava a atenção lendo Fagundes Varela, desmascarando-se o passageiro que era um ladrão, mesmo porque o negro se não for escravo só pode ser ladrão, tratando a notícia, com ironia, o negro que se mete a leitor. A respeito PASCHOAL Janaina, C. *A escravidão e a interpretação viciada da lei*, trabalho apresentado no curso de pós-graduação da Faculdade de Direito da USP, em 2001, p. 13. GOFFMAN, E., op. cit., 13, que faz ponderação comprovada pelo exemplo acima lembrado. Segundo o autor, é necessário prova de amor próprio para repudiar certas ações, porque elas estão acima ou embaixo de sua condição, e se forçar a realizar outras, mesmo que elas lhe custem muito.

[35] Sobre a Criminologia Crítica, vide NAGEL, A. "Criminologia crítica", in Revista de Direito Penal, 1, Rio de Janeiro, 1971; GASSIN, R. "De quelques tendances récentes de la criminologie anglaise et nort américaine", in Revue de Science Criminelle et Droit Penal Comparé, 1977, p. 251; BARATTA, A. "Criminología crítica e política criminal", in Revista de Direito Penal, n° 23, Rio de Janeiro, p. 7; SANTOS, J. C. A criminologia da repressão, Rio de Janeiro, 1979; TAYLOR,

Se o Direito constitui uma superestrutura ideologicamente construída segundo os interesses da classe dominante, que visa mantê-los por meio do Direito, a Criminologia não poderia admitir ter por objeto o crime definido por este Direito, que não é neutro. De outra parte, a sociedade é que deve ser transformada e não o delinquente ressocializado. No fundo, a Criminologia tradicional é que deve ser objeto da crítica da Criminologia.[36]

Examinado rapidamente, no limite sintético próprio para estas *Instituições*, o caminho trilhado pela Criminologia,[37] cabe concluir que o seu objeto consiste, por via das diversas perspectivas das Criminologias especializadas, no estudo do fenômeno da criminalidade e do momento do controle social, repetindo neste passo PISAPIA.[38]

A Criminologia não é apenas uma ciência causal-explicativa, nem apenas uma ciência normativa, pois vale-se tanto do método empírico analítico como do método compreensivo hermenêutico, próprio das ciências humanas, devendo ter-se uma visão de conjunto de todas as perspectivas, integrando-as para buscar esclarecer um fato que, na realidade, é multifacetado e que, portanto, não pode ser explicado senão por uma compreensão coordenada dos estudos de cada uma de suas vertentes.

4.3. A POLÍTICA CRIMINAL

Já reconhecia VON LISZT que a Política Social, em muito maior escala e de forma mais segura do que a pena, viria a ser um meio para combater o crime.[39] Se à Política Social cumpre eliminar ou reduzir as condições sociais facilitadoras do crime, à Política Criminal diz respeito o delinquente individualmente considerado. À Política Criminal, a seu ver, cumpre analisar se a pena é um meio adequado ao fim almejado, e dessa maneira realizar uma crítica do direito vigente, levando, por exemplo, à luta contra as penas curtas de prisão.

A Política Criminal, como ressaltam FORTI e BERISTAIN IPIÑA, rege-se pelo senso da possibilidade[40] ou em vista do possível e do desejável em face da criminalidade,[41] visando à adoção de medidas preventivas, legislativas e de execução penal para a redução da criminalidade.

J., WALTON, P. e YOUNG, J., Criminologia crítica, trad. Nicolas Grab, México, 1977; DOTTI, R. A., op. cit., p. 92; CHACIN, J. S. Criminología crítica, Caracas, 1978, publicação da Universidade Central da Venezuela, 1978.

[36] FIGUEIREDO DIAS e COSTA ANDRADE, op. cit., p. 60 e seguinte.

[37] FORTI, G., p. 243, menciona o desenvolvimento atual das linhas de trabalho do que denomina: "realismo de direita"que seria continuidade da teoria do controle social; "criminologia administrativa", continuidade do interacionismo e "idealismo de esquerda"que seria a continuidade da criminologia radical.

[38] PISAPIA, G., op. cit., p. 24.

[39] VON LISZT, F. *Tratado de Direito Penal Alemão*, op. cit., p. 111 e seguintes.

[40] FORTI, G., op. cit., p. 94.

[41] BERISTAIN IPIÑA, A. "Hoy y mañana de la Política criminal protectora y promotora de los valores humanos (la paz desde la victimología)", *in Política Criminal comparada, hoy y mañana*, 1998, cit., p. 16.

É, portanto, largo o âmbito de sua tarefa, pois não deve estar restrita, como pretendia VON LISZT, ao aspecto da produção legislativa penal. Cumpre-lhe, de conseguinte, com visão crítica, propor caminhos para questões da execução penal e da organização da administração de Justiça criminal em todos os seus setores, com o objetivo de criar mecanismos facilitadores da redução da criminalidade, mas sempre sob a pauta do valor da dignidade da pessoa humana.

A análise no campo da Política Criminal, como se vê, não se limita a orientar a proposição de medidas jurídico-penais, pois sendo seu objeto a avaliação do sistema criminal no seu todo, compete-lhe indicar soluções preventivas extrajurídicas para se fazer em face da criminalidade.

A Política Criminal deve partir dos dados fornecidos pela Criminologia para formular com os pés no chão a estratégia a ser seguida nos planos jurídico-penais e extrajurídicos no enfrentamento do problema da criminalidade. É certo, ademais, como destaca FORTI, que a perspectiva e a explicação que se tem do fenômeno delituoso condicionam a escolha da linha da Política Criminal.[42]

Neste sentido, lembra BARBARET RAVICAN que a teoria da associação diferencial de SUTHERLAND, acima já mencionada, acerca da aprendizagem da conduta delituosa, conduz a determinadas medidas de Política Criminal, como, por exemplo, a redução de programas de televisão que ensinam a violência como resposta aos obstáculos da vida.

A teoria da desorganização social e, em especial, a análise da desorganização nas grandes cidades, nos termos realizados por SZABO, conduzem à proposta de intervenção do Estado em conjunto com a comunidade para tentar recompor, em parte, a ordem pela presença do Judiciário e de outras instâncias nas zonas periféricas, tal como sugeriu a Comissão de Diagnóstico do Sistema Criminal Brasileiro, que presidi, constituída pelo Ministério da Justiça, advogando a instalação de Centros Integrados de Cidadania em toda cidade média e grande, além dos quatro já existentes na capital de São Paulo.[43]

Mas as medidas de Política Criminal não podem ser adotadas com base teórica, a partir de uma interpretação do fenômeno da criminalidade sem respaldo em dados da realidade. A criação dos Centros Integrados de Cidadania foi proposta a partir da constatação de que a ausência do Estado nos bolsões de pobreza da capital de São Paulo constituía-se em fator de agravamento da violência, proporcionando o surgimento de um Estado paralelo.

A Política Criminal coloca-se, destarte, acima do Direito Penal, para, com base em dados da realidade, propor uma estratégia fundada em eleições valorativas,[44] e

---

[42]   FORTI, G., op. cit., p. 239.

[43]   Os Centros Integrados de Cidadania constituíram uma ideia gestada por ALBERTO DA SILVA FRANCO e CESAR PELUZO, entre outros, e posta em efetividade pelo governo MÁRIO CO-VAS e que consiste em reunir em um mesmo edifício na periferia de São Paulo, onde sente-se a ausência da presença do Estado, juiz, promotor, delegado de polícia, polícia militar, assistentes sociais, psicólogos, para que em conjunto com a liderança da comunidade, aproxime-se a Justiça da população pobre e desassistida, tendo efeito extraordinário para solução de conflitos no seu nascedouro e redução significativa da criminalidade.

[44]   BERISTAIN IPIÑA, A., op. cit., p. 15.

para, com visão crítica e prática, propor caminhos de redução da criminalidade penais e extrapenais.

Desse modo, de um lado, seguindo a máxima de que não há melhor Política Criminal do que uma boa Política Social, deve buscar-se, por meio da Política Criminal, promover a dignidade da pessoa humana com propostas de vida humana digna, a começar pelo acesso à Justiça, como a Comissão de Diagnóstico do Sistema Criminal Brasileiro indicou, sugerindo a efetivação da assistência jurídica a ser prestada por defensores públicos, os plantões sociais nas delegacias de polícia, e os já mencionados Centros Integrados de Cidadania.

Por outro lado, a Política Criminal orienta a escolha do legislador seja quanto aos fatos a incriminar[45] ou a descriminalizar, bem como a despenalizar. Muito especialmente após a análise dos efeitos da execução da pena, cumpre à Política Criminal propor formas de apenação, pois do mesmo modo como houve a luta contra as penas curtas mencionada por VON LISZT, nos anos 70, iniciou-se a batalha por penas restritivas de direito em substituição às penas de prisão.[46]

Tendo a lei penal se transformado no desaguadouro de todas as expectativas, procurando a classe política, de forma nada ingênua, resolver os problemas por via da ameaça penal, o processo de incriminação tomou velocidade, especialmente para tutela de interesses da Administração. Em contrapartida, faz-se necessário o reexame crítico destas incriminações e de outras anteriores, cujos valores protegidos não encontram mais guarida no seio social para se realizar um processo de descriminalização, ou seja, de abolição da figura delituosa sem sancioná-la de qualquer forma.

Igualmente, há de se despenalizar, transformando ilícitos penais em ilícitos administrativos, como ocorre na Itália de hoje, aspecto já anteriormente mencionado, tendo proposto que se constituísse um Direito Administrativo Penal, correspondendo ao Direito de Intervenção de HASSEMER, mas elaborando-se uma parte geral aplicável a todas as leis definidoras das infrações administrativas penais, a fim de dotar de garantia os submetidos a processos administrativos. E caberá à Política Criminal

---

[45] Lembro que a comissão de modernização da legislação penal em 1996, presidida pelo saudoso ASSIS TOLEDO, da qual participei, por sugestão de VICENTE GRECO FILHO, criou a figura do roubo na forma de sequestro relâmpago, que era uma forma nova de prática da violência, que perdura como forma qualificada do roubo. Houve nesta matéria acréscimo no art. 158, § 3º, do Código Penal, incluído pela Lei n. 11.923/2009, considerando o fato também como extorsão qualificada, gerando grande dúvida. Questão relevante é a do crime organizado, e a avaliação da realidade e do tipo penal da quadrilha ou bando levou a Comissão de Diagnóstico do Sistema Criminal, em 2000, a propor a criação do tipo penal do crime organizado, projeto de lei ainda em tramitação no Congresso Nacional. A Lei n. 12.694, de 24.07.2012, que dispõe sobre o processo e o julgamento colegiado em primeiro grau de jurisdição de crimes praticados por organizações criminosas, e altera o Código Penal e o Código de Processo Penal, não cria uma figura do crime organizado, apenas estabelece forma colegiada para julgamento de fatos praticados por organização criminosa. A Lei n. 12.720/2012 inseriu o art. 288-A no Código Penal, que prevê o crime de constituição de milícia. O novel tipo, contudo, sofre de graves deficiências em sua formulação e ainda não constitui uma formulação típica do crime organizado.

[46] As penas restritivas de direitos, como a prestação de serviços à comunidade, foram introduzidas pela mudança da Parte Geral de 1984, e de cuja elaboração participei, estando presentes ao meu espírito as discussões sobre quais critérios objetivos e subjetivos deveriam ser adotados para concessão da substituição e, em especial, qual o *quantum* de pena privativa deveria ser o limite para a substituição. Fazia-se Política Criminal.

58 | FUNDAMENTOS DE DIREITO PENAL – *Miguel Reale Júnior*

escolher e avaliar em que casos a despenalização[47] é a medida adequada, seja em face da ofensa, seja em busca de eficácia da sanção.

Analisar a eficácia[48] das penas cominadas, eficácia no sentido da Teoria Geral do Direito, ou seja, realizabilidade, aplicação efetiva da pena, é outra missão da Política Criminal, até para fixar medidas que conduzam à quebra de resistência da Magistratura em relação às inovações. Basta lembrar que em reunião com a cúpula do Judiciário do Estado da Bahia, em janeiro de 2000, foi dito por alguns desembargadores que as penas restritivas, como prestação de serviços à comunidade, não eram aplicadas por se tratar de instituto novo. Novo em comparação com a pena privativa de liberdade, mas velho já de década e meia.

Esta passagem faz lembrar a expressão do imperador Adriano, lembrada por MARGUERITE YOURCENAR, de que a lei velha é o travesseiro sobre o qual descansam muitos magistrados. Em suma, em face da constatação de resistência, propôs-se a atuação efetiva da Central de Penas Alternativas do Ministério da Justiça para esclarecer o processo fácil de implementação das penas restritivas, propondo a Comissão, também, que houvesse nas comarcas maiores uma Vara Privativa de Execução de Penas Restritivas.

Examinar os limites da transação e da suspensão do processo previstas na Lei n° 9.099/95 é outra função da Política Criminal para propor modificações que atendam satisfatoriamente à vítima, à sociedade e ao fim do Direito Penal. A extensão e a forma da mediação e reparação no âmbito penal é função da Política Criminal, a ser realizada após levantamento de dados pela Criminologia acerca das repercussões concretas dessas medidas.

Por fim, e com reservas quanto às consequências desta posição, cabe destacar com SILVA SÁNCHEZ as considerações político-criminais na construção do sistema do delito, com vistas à obtenção de finalidades práticas em face da persecução da criminalidade,[49] intento este de ROXIN, pois ao seu ver *"os fins reitores do sistema em*

---

[47] A questão mais candente está na criminalização do uso de drogas, pois cabe indagar qual a vantagem desta incriminação, seja ao usuário, seja à sociedade. Comissão que presidi, constituída pela Secretaria Nacional Antidrogas, propunha a despenalização com a aplicação, havendo anuência do usuário, de medidas socioeducativas de cunho meramente preventivo, deixando de ser crime o portar entorpecente para uso próprio. Esta proposta encontra-se em exame pelo Executivo. Atualmente apenas se impede a aplicação da pena privativa de liberdade ao usuário flagrado na posse de entorpecente, mas o fato persiste sendo delito.

[48] Foi neste sentido de buscar um Direito Penal eficaz, ou seja, dotado de realizabilidade, de aplicação, que a Exposição de Motivos referiu-se a Direito Penal eficaz, e esse sentido deflui do contexto no qual está o termo, pois fala-se de substituir o *sursis* e a prisão albergue por pena restritiva, pois, de um lado, constatou-se a impossibilidade de instalação de casas de albergado e, de outro, a preferência dos juízes pela aplicação do *sursis* simples. Poucos não perceberam o sentido da expressão, mas saíram em ataque, gastando latim à toa, pois a leitura da proposta legislativa indica que a opção do anteprojeto não era no sentido de eficácia, busca de resultado preventivo ou repressivo de contenção da criminalidade, mesmo porque este resultado é muitas vezes uma falácia antes de tudo de cunho político-eleitoreiro.

[49] SILVA SÁNCHEZ, J. M. *Política Criminal en la dogmática: algunas cuestiones sobre su contenido y límites*, anexo ao livro de ROXIN, C., op. cit., p. 98. Sobre Política Criminal e dogmática jurídica e teoria da culpabilidade, vide PULITANÒ, D. "Politica criminale", verbete da *Enciclopedia del Diritto*, p. 91 e seguintes. Para o autor, se o Direito Penal é o modo pelo qual as finalidades

seu conjunto assim como a elaboração dos institutos jurídicos em particular devem ser de corte político-criminal".[50]

Posso concluir, com BERISTAIN IPIÑA,[51] que a Política Criminal é uma **ciência e arte** que formula uma estratégia de medidas legislativas, administrativas, sociais, sempre iluminada por opções valorativas, em especial, com respeito à dignidade da pessoa humana, para se fazer em face da criminalidade. Dessa forma, a Política Criminal deve ser uma Política Criminal política como pretende MIR PUIG, numa visão crítica *"dos fundamentos axiológicos do ordenamento"*,[52] e, assim, a Política Criminal se constitui no polo catalisador de todas as ciências penais, que devem ser integradas, em clara interdependência, com vistas a defender a sociedade e garantir direitos dos indivíduos frente ao poder-dever de punir do Estado.

---

postas pela Política Criminal adquirem vigência jurídica, a dogmática penal não tem sentido sem referência àqueles objetivos.

[50] ROXIN, C., op. cit., p. 58.

[51] Op. cit., p. 21.

[52] MIR PUIG, S. *Introducción a las bases del Derecho Penal*, Barcelona, Bosch, 1976, p. 310.

Capítulo 5
FONTES DO DIREITO E INTERPRETAÇÃO

5.1. FONTES E MODELOS

De onde o Direito deriva? Esta pergunta conduz, de modo geral, a uma perspectiva retrospectiva, segundo a qual, assinala REALE, o intérprete se volta à busca da vontade do legislador, dos valores assentes de antemão, numa compreensão meramente estática do fenômeno da normatividade, de vez que referida apenas à validez da norma e não à correlação entre validez e eficácia.

Para afastar essa perspectiva estática, o conceito de fontes deve ser, diversamente, prospectivo. O intérprete deve ir à fonte, ou seja, perguntar de onde o Direito deriva, mas, igualmente, voltar-se ao presente para saber qual a eficácia e o sentido da norma na situação do momento.

Diz REALE que a fonte, sob o aspecto material e não formal, tem seu conteúdo na eficácia,[1] *"não um enunciado lógico do dever ser, mas como um dever ser que se concretiza na experiência social correlacionando-se com conjunturas fáticas e exigências axiológicas".*

Por isto é que, das fontes, que são estáticas, são gerados modelos jurídicos, estes dinâmicos, que se apresentam como uma estrutura típica, cujos elementos se correlacionam e ganham sentido no todo que integram, havendo uma unidade de sentido doada pelo valor em torno do qual os elementos se polarizam. Nos modelos, a mudança de significado de um dos elementos envolve o todo, sendo o modelo correlacionável com outras estruturas no mesmo contexto histórico.[2]

A compreensão do fenômeno jurídico como conjugação de validade, eficácia e fundamento conduz a uma visão dinâmica em que a realização do Direito constitui um processo, que se inicia na sua instauração, na vigência da norma, alcançando sua aplicação, eficácia da norma, por via da concreção e interpretação. Desse modo, os modelos jurídicos se submetem a fatores conjunturais, a visões valorativas novas que lhe alteram o significado.

No Direito Penal, especialmente, passa a ser não só essencial, mas verdadeiramente dramático, conciliar a visualização dinâmica e concreta do Direito com a necessidade de atendimento à certeza e à segurança jurídicas. Isto porque o Direito Penal está arrimado no princípio básico da legalidade. A interpretação evolutiva e a imperiosa exigência de que o Direito esteja ancorado à realidade própria do momento histórico

---

[1] REALE, M. *Fontes e modelos do Direito*, cit., p. 31 e seguintes.

[2] REALE, M., op. cit., p. 6.

62 | FUNDAMENTOS DE DIREITO PENAL – *Miguel Reale Júnior*

em que é aplicado conduzem a que se busque estabelecer critérios asseguradores da reserva legal e da taxatividade, sem olvidar o dinamismo do fenômeno da normatividade entendido como processo. No exame das normas jurídicas, de acordo com sua natureza, explica-se e harmoniza-se a questão.

Primeiramente, cumpre reafirmar o significado evolutivo das normas jurídicas, com a focalização voltada para as normas jurídico-penais.

As normas jurídicas têm, segundo Scheler,[3] um conteúdo concreto representando situações fundadas em valores, ou seja, alicerçadas em objetos ideais significativos de validade necessária, essências de valor, cognoscíveis por intuição intelectual.[4] Deve haver uma referibilidade ao plano histórico, no qual as exigências axiológicas se atualizam como ação concreta.

Os valores têm, a nosso ver, um significado concreto, e as normas, que os visam tutelar, são formas pelas quais se expressam um conteúdo objetivo historicamente atualizável. Malgrado tenham validade objetiva e necessária, não possuem objetividade abstrata, mas atuam em nossa vida, exercendo uma função vital, como o demonstrou Ortega y Gasset.[5]

Assim, as valorações jurídicas modificam-se de acordo com as necessidades e o espírito de cada momento histórico,[6] podendo o mesmo valor vir a ser buscado por meios diversos, de conformidade com as mutações históricas. A partir dessa axiologia material e concreta, temos outra perspectiva sobre o problema da aplicação do Direito, pois deve o valor fundante da norma, ou o sentido que lhe é imanente, ser referido às circunstâncias concretas e às condicionantes históricas.

A lei penal constitui a primacial fonte do Direito Penal, consistindo no "*invólucro da norma*", na expressão de MASSARI.[7] Cumpre, portanto, examinar as espécies de normas legais de natureza penal para depois fixar: a) que tipos de normas podem estar sujeitas a esta perspectiva axiológico-concreta, de significado mutante, e b) quais os limites impostos à admissão desta compreensão dinâmica em face do princípio da legalidade.

5.2. AS NORMAS PENAIS

A norma incriminadora constitui um *imperativo proibitivo* quando determina que se deve abster de praticar determinado fato, sob ameaça de sanção, ou um *imperativo positivo* quando determina que se faça algo em determinada situação, pois senão aplica-se a sanção.[8]

---

[3]   SCHELER, M. *Ética*, trad. Hilário Lang, vol. 1, Madrid, 1941, p. 276, entende que os valores são objetos ideais plenos de conteúdo e de validade própria.

[4]   RECASENS SICHES. *Filosofía Del Derecho*, p. 459.

[5]   ORTEGA Y GASSET, J. *El tema de nuestro tiempo*, 3ª ed., Buenos Aires, 1941, p. 47.

[6]   MODUGNO, F. "Norma (teoria generale)", *in Enciclopedia del Diritto*, p. 362, que pon dera que o fato normativo mais que concluso é móvel, é um fazer-se, um tornar-se que exprime e manifesta ao se despregar da positividade do ordenamento na particularidade de sua efetividade. No mesmo sentido BETTIOL, op. cit., p. 143, para o qual a lei deve ser considerada como flexível, uma vontade a ser adequada a situações modificáveis.

[7]   MASSARI, E. *La Norma Penale*, Santa Maria C. V., Francesco Cavotta, 1913, p. 7.

[8]   BOBBIO, N. "Norma giuridica", *in Enciclopedia del Diritto*, p. 331.

Exemplo da primeira hipótese é a do art. 121 do Código Penal que impõe a abstenção da ação de matar alguém com a ameaça de pena de reclusão de seis a vinte anos. Exemplo da segunda hipótese está no art. 135 que impõe prestar assistência à pessoa ferida com a ameaça de detenção de um a seis meses ou multa.

As normas permissivas são introduzidas para ab-rogar, parcial ou totalmente, as normas imperativas, sendo que as normas proibitivas limitam a liberdade, enquanto as permissivas limitam a limitação, ou, como diz BOBBIO, servem para *"liberar uma limitação".*[9] FREDERICO MARQUES expõe que as normas permissivas atuam especificando a extensão e eficácia das normas incriminadoras; *ipso facto*, acabam por determinar, também, o conteúdo destas.[10] Exemplo se vê na norma da legítima defesa, art. 25 do Código Penal.

A norma incriminadora é constituída de dois momentos, a descritiva da conduta proibida ou exigida e a descritiva da sanção correspondente, formando um todo incindível, pois não se compreende o preceito típico sem sanção ou esta sem o preceito.

Há, a meu ver, normas que descrevem situações que modificam ou orientam a aplicação da sanção prevista no tipo legal de crime, de que são exemplo a norma do crime continuado, art. 71 do Código Penal, e a norma do erro na execução, do art. 73 do Código, ou as descritivas de circunstâncias atenuantes, pois as agravantes constituem normas incriminadoras, como se verá em outra parte.

Segundo FREDERICO MARQUES, há normas finais ou complementares que dispõem sobre certas condições relativas à aplicação das normas incriminadoras, de que são exemplo as normas sobre aplicação no tempo e no espaço.

5.3. O PROCESSO DE CONCREÇÃO DE CADA ESPÉCIE DE NORMA

As normas proibitivas podem, no ato de concreção, quando de sua efetividade, estar sujeitas a uma nova compreensão, como sucede com relação ao crime de manutenção de casa para encontros libidinosos, *nomen iuris* "casa de prostituição", pois os motéis passaram, nos tempos do amor livre, a serem admitidos socialmente, modificando-se, em razão de *exigências axiológicas*, o significado da norma proibitiva. Ressalte-se que esta submissão da norma incriminadora aos valores do momento histórico presente *só pode ocorrer se for para reduzir o âmbito da incriminação e jamais para estendê-lo.*

Já as normas permissivas podem ter seu significado alterado segundo os valores predominantes, ou seja, também pautada a compreensão no decorrer do tempo por *exigências axiológicas*, mas sem o limite de ser mais gravosa para o réu. Exemplo está na legítima defesa, que há duas décadas admitia-se cabível no homicídio praticado pelo marido contra a esposa que o traíra, para salvar a honra, lavada com o sangue da mulher infiel, visando à manutenção da imagem social do homem que reage à ofensa.[11] Hoje repudia a consciência social o homicídio da mulher para limpar a honra

---

[9]   Idem, p. 332.

[10]   MARQUES, J. F. *Curso de Direito Penal*, vol. 1, São Paulo, Saraiva, 1954, p. 110.

[11]   Famoso o caso de DOCA STREET, que matou a namorada ANGELA DINIS, fato que ocorreu a cavaleiro da mudança de valoração social, pois no primeiro julgamento foi absolvido, e no segundo, por pressão das feministas e dos meios de comunicação, repudiou-se o fato nocivo de

de ter sido traído, dada a importância e significado da mulher e de sua autonomia na sociedade atual.[12]

As normas que descrevem situações modificativas da aplicação da sanção prevista no tipo legal de crime podem, também, no decorrer do tempo, sofrer significação diversa, como ocorreu com o crime continuado, que por conjunturas fáticas teve alterada sua configuração pelo Tribunal de Alçada Criminal de São Paulo, e em desfavor do réu. Antes do crescimento da criminalidade violenta, a jurisprudência entendia que o crime continuado derivava apenas da presença de dados objetivos, como identidade de fato típico, de lugar da infração, do tempo e da forma de execução, até mesmo flexibilizando os requisitos de tempo e de lugar, como a distância de dois meses entre um fato e outro e a ocorrência em municípios vizinhos.

Com a avassaladora linha ascendente dos roubos à mão armada, apesar do tratamento especial da continuação delituosa no crime violento, estabelecido no parágrafo único do art. 71 do Código Penal, parcela da jurisprudência passou a exigir, para conceder a continuação delituosa, dificultando seu reconhecimento, o aspecto subjetivo da "unidade de desígnio", ou seja, que os fatos delituosos fossem fruto de um plano inicial. São as circunstâncias de fato, no decorrer da história, alterando, na concreção da norma, o seu significado, adaptando-a aos "novos tempos". E apesar de discordar desta orientação, até porque é irreal, não sendo a unidade de desígnio o fundamento do crime continuado, inocorre violação do princípio da legalidade e criação de incriminação.

Assim, as normas incriminadoras são modelos cerrados, mas podem estar sujeitos a novos significados, desde que para limitar o seu âmbito e não para alargá-lo. As normas permissivas podem, no momento da concreção, ter alargado ou reduzido o seu significado, conforme a pauta valorativa vigorante no meio social. O mesmo pode-se dizer das normas que modificam a aplicação da sanção em determinadas circunstâncias, que podem ter seu âmbito alargado ou reduzido em razão de conjunturas fáticas.

Cumpre agora examinar os modelos jurídicos do costume e da jurisprudência.

5.4. O MODELO JURÍDICO CONSUETUDINÁRIO

Já assinalei, no estudo anterior, que a norma penal incriminadora pode ter alterado seu significado por força de formas de ser respeitadas pela comunidade. Estas formas de ser e de sentir, repetidas no tempo e observadas, portanto, em razão da

---

resolver pela violência as desilusões amorosas, resquício da sociedade patriarcal. Pela Lei n. 13.104 de 2015 acresceu-se ao parágrafo segundo do art. 121 do Código Penal como forma qualificada, incluindo-se, portanto, como hediondo, o homicídio praticado contra mulher por razões da condição de sexo feminino. Em parágrafo que o introduz, o 2º-A explica que considera-se que há razões de condição de sexo feminino quando o crime envolve: violência doméstica e familiar ou o menosprezo ou discriminação à condição de mulher. O aumento da pena e da forma de cumprimento, como crime hediondo não teve o condão de reduzir a incidência do crime, muito pelo contrário. Houve um crescimento significativo de casos de feminicídio após a edição da lei em 2015, a mostrar como é inócua a ameaça abstrata na lei penal para fins intimidativos.

[12] Não é necessário chegar ao ponto de se exigir que haja dedicação igual à mulher amada que trai, na ponderação de NELSON RODRIGUES, para quem amor é ser fiel a quem nos trai. Há regiões do país, no entanto, em que este conceito de lavar a honra com sangue ainda prevalece, tendo reconhecimento social o homicida e não aquele que não reage à afronta da traição.

constatação de sua repetição (aspecto objetivo) e de sua observância (aspecto subjetivo de efetividade),[13] podem realizar uma função integradora das normas legais, mormente em vista de aspectos ligados à boa fé, aos bons costumes,[14] no preenchimento de elementos normativos do tipo de ordem cultural, como os conceitos de ato obsceno e mulher honesta, bem como atuar na justificação de atos formalmente delituosos.

O costume, como fonte criadora de incriminação, foi banido do Direito Penal, lembrando MARINUCCI e DOLCINI que no *ancien regime* prevalecia uma multiplicidade de fontes costumeiras, levando à mais ampla insegurança jurídica,[15] contra o que se insurgiu o pensamento iluminista.

Na concreção do tipo penal do art. 229 do Código Penal, é obrigatório buscar no comportamento repetido e observado do meio social se a incriminação encontra ressonância na forma estatuída, pois como assinala decisão do Tribunal de Alçada Criminal de São Paulo, "*nos tempos atuais em que proliferam os* drive-in, *motéis, casas de relax, não se pode concluir que a locação de quartos para casais tipifique o favorecimento da prostituição*".[16]

Sem dúvida, trata-se, como acentuei em trabalho anterior,[17] de interpretação evolutiva, mas que encontra, no costume, a fonte de justificação material da ação, típica segundo os dizeres expressos da norma do art. 229 do Código Penal. Assim, é no comportamento costumeiro vigente e repetido no meio social que se alicerça a legitimação da ação formalmente incriminada.

MARINUCCI e DOLCINI lembram exemplo que também ocorre no Brasil e, em especial, em Porto Alegre, relativo aos buzinaços comemorativos da vitória do time ao qual se torce ou da derrota do time "inimigo", mesmo diante de um terceiro time, como sucede com as torcidas de Grêmio e Internacional. Seria formalmente uma contravenção de perturbação do sossego público, mas que a prática reiterada fez ser assimilada como normal, adentrando no campo da legitimidade.[18]

O apresentar-se nua em desfile de rua no carnaval não constitui o crime de ultraje ao pudor, revelando-se um comportamento reiterado, observado e admitido pela população brasileira nos dias de Momo, em uma permissividade que seria reprimida na quaresma. Os limites da licitude espraiam-se por quatro dias, e nenhum delegado de polícia pensaria em instaurar inquérito contra as folionas pela falta de trajes ou ultrajes ao pudor.

O mesmo se diga com relação à festa costumeira na cidade do Porto, na entrada do verão, no dia de São João, quando os portugueses saem às ruas para bater com hastes de alho ou, hoje, com martelos de plástico na cabeça dos passantes, sem que se imagine a possível configuração de "vias de fato" ou injúria real.

---

[13] FRANCESCHELLI, N. "Consuetudine", *in Novissimo digesto italiano*, vol. IV, Turim, Utet, 1957, p. 322.

[14] Idem, p. 321.

[15] Op. cit., p. 77.

[16] Acordão relatado pelo Juiz ANGELO GALLUCCI, *in* SILVA FRANCO, A. e outros, *Código penal e sua interpretação jurisprudencial*, vol. 1, tomo II, São Paulo, RT, 1997, p. 3.098.

[17] Nosso "Os motéis", *in Direito Penal aplicado*, nº 1, São Paulo, RT, 1990.

[18] MARINUCCI, G. e DOLCINI, E., op. cit., p. 81.

De forma similar, o conceito de inexperiência sexual, constante do antigo tipo penal da sedução, art. 217 do Código Penal, sofreu o impacto dos costumes, pois, como se assinala em acórdão do Tribunal de Alçada Criminal de São Paulo, mulher ingênua ou insciente das coisas do sexo nos dias de hoje é raro diante das excessivas informações a respeito veiculadas pelos meios de comunicação e, no caso em exame, sendo a pretensa vítima telespectadora frequente, não se caracterizava o requisito da inexperiência.[19] Atualmente o referido crime encontra-se revogado pela Lei n. 11.106/2005.

A compreensão de elementos normativos de cunho valorativo e cultural, como mulher honesta ou ato obsceno, também vão encontrar no costume o dado integrador, sendo, sem dúvida, interpretação pelo costume, mas nem por isso o costume deixa de ser a fonte indicadora do preenchimento do conceito, como se vê em outro acórdão do Tribunal de Alçada Criminal acerca da exposição de seios em público, ponderando-se que não cabe punir porque *"uma ou outra pessoa não adaptada aos costumes da época se chocou com a conduta"*.[20]

Dessa forma, o modelo consuetudinário tem cabença no Direito Penal como fonte, na medida em que atua no preenchimento do conteúdo de elementos normativos ou como justificante de conduta que, em razão da mudança dos costumes, deixa de ser ofensiva ao valor originariamente tutelado.

Apesar de o costume ter uma força por si,[21] é, sem dúvida, a jurisprudência que, ao reconhecer a normalidade de um comportamento social e ao elegê-lo como elemento integrador do tipo penal ou justificador de uma conduta, torna o costume uma fonte do Direito,[22] reconhece-o como tal. Cumpre, então, examinar a jurisprudência como fonte do Direito Penal.

5.5. O MODELO JURISPRUDENCIAL

Os exemplos acima citados, nos quais o juiz vale-se dos costumes para efetivar o direito, construindo-o na solução concreta, seriam o suficiente para, de plano, se constatar que as decisões da jurisprudência colocam-se como fonte dinâmica também do Direito Penal.

A importância do princípio da legalidade para a segurança jurídica acaba por esconder a realidade da concreção do Direito pela Magistratura, que por meio da interpretação termina por criar, muitas vezes, no campo penal, não apenas em favor do réu, mas ampliando o *"o âmbito punitivo para além da descrição legal"*.[23]

O exemplo mais frisante da jurisprudência, como fonte do Direito Penal, pode-se verificar na criação do instituto da prisão-albergue,[24] que se originou de algumas

---

[19] Relator MÁRCIO BARTOLI, *in* SILVA FRANCO e outros, cit., p. 2.980.

[20] Relator CHAVES CAMARGO, *in* SILVA FRANCO e outros, cit., p. 3.113.

[21] MODUGNO, F., op. cit., p. 362.

[22] ANDREUCCI, R. A. *Direito Penal e criação judicial*, São Paulo, tese de concurso para titular da Faculdade de Direito da USP, 1988, p. 87.

[23] Op. cit., p. 18.

[24] Sobre a matéria, vide nosso *"Mens legis insana, corpo estranho"*, *in Penas alternativas de direitos*, São Paulo, RT, 1999, p. 29.

Parte I · Capítulo 5 · FONTES DO DIREITO E INTERPRETAÇÃO | **67**

decisões de juízes de comarcas do interior de São Paulo, visando a flexibilizar o rígido sistema de penas do Código Penal de 1940, rompendo a estagnação do Direito legal, tendo por escusa uma interpretação livre do art. 30 deste Código, a respeito de trabalho externo, com o fim de permitir que o condenado trabalhasse fora e à noite se recolhesse à prisão.

Teve, portanto, a prisão-albergue antes efetividade do que legalidade, vindo a se configurar depois o que ORRÚ denominou o *Direito dos juízes*,[25] pois a matéria passou a ser regulada por normas gerais e abstratas baixadas pelo Conselho Superior da Magistratura. Os provimentos, desde o Provimento nº XXV de 1966 até o último de 1975, disciplinaram a matéria, estabelecendo as condições de concessão e forma de cumprimento da prisão-albergue, realizando-se, no Direito Penal brasileiro, o que CASSESE disse a respeito do Direito Administrativo italiano: cresceu sobre os joelhos do Judiciário.[26]

Como bem acentua ANDREUCCI, o legislador, ao estatuir o modelo incriminador, busca descrever uma conduta por seus traços paradigmáticos, de forma geral e abstrata, a partir da realidade, mas *"não se ajustando por inteiro ao particular"* pelo que *"torna-se frequentemente inábil para cobrir a situação concreta"*.[27]

Dessa forma, em face de concretizar a Justiça, em muitas decisões judiciais, a segurança e a certeza deixam de ser consideradas em termos absolutos, malgrado o princípio da reserva legal impeça o alargamento do tipo penal. E conforme assinala ANDREUCCI, *"nem sempre dentro dos limites do princípio da reserva legal"* alarga-se a previsão legal, interpretando-se um termo como "arma" não pelo aspecto objetivo, mas segundo a visão da vítima e a força intimidativa do revólver de plástico, desde que aparentemente de verdade, para enquadrar o roubo como qualificado,[28] conforme a Súmula nº 174 do Superior Tribunal de Justiça, aliás, já revogada.[29]

De outro lado, entende-se não se configurar o crime de desacato quando o agente encontra-se embriagado, por não ter consciência da afronta à autoridade, nem podendo esta se sentir desautorada e desrespeitada por um bêbado. A embriaguez assume a condição de causa de destipificação, apesar de o Código Penal dizê-la irrelevante para eximir da responsabilidade penal.

Como se vê, seja na hipótese de alargar o conceito de "arma", em prejuízo do réu, seja ao destipificar o desacato praticado por embriagado, para beneficiar o réu, é a realidade, em sua riqueza de circunstâncias, que conduz à criação judicial para suprir a insuficiência natural do legislador.

Entendo, todavia, que se deve rejeitar a criação judicial quando realizada para ampliar a norma incriminadora, mesmo quando a realidade surpreende o legislador, como no caso da arma de brinquedo no roubo. Pode, todavia, o juiz criar para bene-

---

[25] ORRÚ, G. *Richtrrecht – Il problema della libertà e autorità giudiziale nella dottrina tedesca contemporanea*, Milão, Giuffrè, 1988, p. 96.

[26] CASSESE, S., "Problemi delle ideologie dei giudici", *in Rivista Trimestrale di Diritto e Procedura Civile*, 1969, p. 432.

[27] ANDREUCCI, R. A., op. cit., p. 63.

[28] Idem, p. 84 e seguinte.

[29] Recurso Especial nº 213.04/SP, de 24 de outubro de 2001, Terceira Turma.

68 | FUNDAMENTOS DE DIREITO PENAL – *Miguel Reale Júnior*

ficiar, ou em vista de norma modificadora da aplicação da sanção, na hipótese acima examinada do crime continuado.

Em certas circunstâncias, o juiz não pode deixar de criar diante da formulação aberta que reenvia à busca de padrões de comportamento relacionados com o cumprimento de deveres, como sucede nos crimes culposos para estabelecer o necessário dever de diligência, bem como o dever de agir na condição de garantidor nos crimes comissivos por omissão.

As súmulas dos Tribunais Superiores revelam o poder criativo dos juízes em matéria penal, e o reconhecimento da jurisprudência como fonte do Direito, sendo exemplo a Súmula nº 246 do Supremo Tribunal Federal, de grande incidência, ao dispor que, comprovado não ter havido fraude, não se configura o crime de emissão de cheque sem fundos, ou a Súmula nº 96 do Superior Tribunal de Justiça ao considerar consumado o crime de extorsão independentemente da obtenção da vantagem indevida.

Examinados as fontes e modelos, sob uma visão prospectiva, resta afrontar o tema da interpretação do Direito, já em muitos momentos tangenciado.

5.6. A INTERPRETAÇÃO EM MATÉRIA PENAL

Para ENGISCH, a subsunção de um fato a uma norma decorre da passagem do concreto ao concreto via abstrato.[30] Este trajeto é percorrido de forma diversa pelo legislador e pelo juiz ou aplicador da norma. O legislador deve fazer uma imersão na realidade para lhe captar os dados elementares invariáveis que permitem construir o modelo legal. Parte, portanto, do real para chegar ao abstrato. O Direito, todavia, tende à sua realizabilidade, devendo voltar-se para o real, sendo aplicado ao caso concreto. Dois personagens fazem cada qual parte deste trajeto, o legislador, da realidade à norma, e o aplicador, da norma à realidade.

Por essa razão, ROTONDI, equivocadamente, afirma que o ponto de partida do legislador é o ponto de chegada do aplicador, que percorrem a mesma estrada em sentido inverso.[31] O caminho, no entanto, não é o mesmo ao inverso, pois, trata-se, na verdade, de uma continuação do caminho com muitas variantes sem a linearidade que tem a ida e a volta ou o círculo.

É um processo que vai da criação da norma à sua efetivação quando aplicada ao caso concreto, e a complexidade do caminho a partir do ponto de chegada do legislador é tarefa a ser destrinchada pelo intérprete, que, como se verá, apresenta uma estrada cheia de obstáculos.

Já mencionei a insuficiência da lei para traduzir de forma exata e completa toda a riqueza da realidade, o que constitui um desafio, pois a norma não é uma fotografia a ser sobreposta ao fato concreto e à qual este se encaixa como veludo.[32] A primeira

---

[30] ENGISCH, K. *La Idea de concreción en el derecho y en la ciencia jurídica actuales*, trad. Juan J. Cremades, Pamplona, 1968, p. 188.

[31] ROTONDI, M. "Interpretazione della legge", *in Novísimo digesto italiano*, vol. VIII, Turim, Utet, 1957, p. 896.

[32] BETTIOL, G., op. cit., p. 141, fala do drama da interpretação na tentativa de conciliar a norma geral e abstrata com a variabilidade do caso singular.

Parte I · Capítulo 5 · FONTES DO DIREITO E INTERPRETAÇÃO | 69

escolha, todavia, do intérprete está na própria norma, que deve ser compreendida. É por isso que ENGISCH afirma que a tarefa da interpretação está em fornecer ao jurista o conteúdo e o alcance dos conceitos jurídicos.[33] E LARENZ, sinteticamente, afirma que a interpretação entende a lei.[34]

5.6.1. A interpretação literal

O primeiro trabalho do intérprete está na compreensão das palavras da lei, ou eventual obscuridade da oração, mas que assume relevo antes como um limite à interpretação, ou seja, esta não pode ultrapassar o *"sentido literal possível"*, o significado que os termos têm.[35] A interpretação literal, na realidade, pouco esclarece sobre a finalidade almejada pela norma, que outros critérios poderão explicar.

5.6.2. As interpretações lógica, restritiva e extensiva

A interpretação, também, tem por objetivo superar eventuais antinomias que a lei apresente, pois não está infenso o legislador a construir prescrições contraditórias, de que é exemplo o constante da Lei nº 9.714, de 1998, que modificou o sistema de penas da Parte Geral do Código Penal, pois alterou o art. 44, I, acerca das penas restritivas, fixando que podem substituir as penas privativas de liberdade não superiores a quatro anos, olvidando-se o afoito legislador da existência do capítulo sobre a Cominação das Penas, no qual o art. 54 estatui que as penas restritivas substituem as privativas de liberdade inferiores a um ano. A superação desta antinomia, desta palmar discordância entre normas, se faz *favor rei*, aplicando-se a mais favorável.

A interpretação lógica do preceito pode conduzir a se restringir ou estender o seu âmbito para que o raciocínio lógico esclareça o campo abrangido pelo conceito descrito pelo legislador. Exemplo de interpretação lógica restritiva está na análise da circunstância do rompimento de obstáculo, qualificadora do crime de furto (art. 155, § 4º, I, do Código Penal). Assim, restringiu-se, pela lógica, este conceito de rompimento de obstáculo ao se examinar se esta circunstância se concretizava quando o agente quebra o vidro para furtar o carro, entendendo-se que o vidro do carro, como sua parte integrante, não pode ser obstáculo a se alcançar o próprio carro, pois obstáculo é o que se antepõe impedindo ser alcançado um determinado objeto. Dessa forma, se é rompido o vidro para furtar o toca-fitas, há rompimento de obstáculo, não para furtar o próprio carro.

Neste sentido, decisão do Tribunal de Alçada Criminal de São Paulo pondera que é indispensável que a violência seja exercida contra obstáculo exterior à coisa, e quebrar o vidro do veículo furtado é exercer a violência contra a própria coisa, razão

---

[33] ENGISCH, K. *Introdução ao pensamento jurídico*, trad. J. Batista Machado, Lisboa, Fundação Calouste Gulbenkian, 1965, p. 102.

[34] LARENZ, K. *Metodología de la ciencia del derecho*, Barcelona, Ariel, 1966, p. 263; WRÓBLEWSKI, J. "L'interprétation en droit: théorie et idéologie", *in Archives de Philosophie du Droit*, nº 17, Paris, 1972, p. 57, afirma que a interpretação deve exprimir o verdadeiro sentido da norma.

[35] LARENZ, K., op. cit., p. 256. No mesmo sentido DEL ROSAL, J. *Tratado de derecho penal español*, vol. 1, Madrid, Aguirre, 1968, p. 279.

pela qual não se deve aplicar a qualificadora, pois o Direito Penal há de ser interpretado restritivamente.[36]

Por força da lógica, estende-se a não configuração também à hipótese do furto do toca-fitas, sob o argumento de que seria ilógico e contraditório que se considerasse caracterizada a qualificadora do rompimento de obstáculo quando o agente, em vez de furtar o próprio carro, limita-se a subtrair apenas o toca-fitas.[37]

A interpretação lógica pode levar a se estender, por via da lógica, o conteúdo da norma além do que literalmente se apreende, explicitando o que lhe é implícito ou que está exemplificado e a ser ampliado a circunstâncias que guardem a mesma *ratio*, mas sempre a partir da letra da norma.[38] Na interpretação extensiva, não se cria uma nova norma, como sucede na analogia, mas se amplia o conteúdo da norma mesma, traduzindo a pesquisa acerca do seu alcance e significado.[39] Estende-se, como diz BOBBIO, o conteúdo de uma norma a casos não previstos.[40] Se a analogia, que será examinada à frente, é proibida no Direito Penal, o mesmo não se dá com a interpretação extensiva.

É por via da interpretação extensiva que se ampliará, por exemplo, o conteúdo do art. 171 do Código Penal, relativo ao estelionato, que exemplifica que o induzimento em erro decorra de artifício, ardil ou *qualquer outro meio fraudulento*. Dessa forma, caberá ao intérprete analisar o ardil como meio fraudulento e verificar se o comportamento em análise, sem ser um ardil, reveste-se de suas características como forma de ilaquear.

A mesma técnica legislativa de exemplificar, e após referir-se a norma a outro modo idêntico de realizar o fato, encontra-se no homicídio qualificado, art. 121, § 2º, IV, do Código Penal.

Mas nem sempre é fácil distinguir entre a analogia e a interpretação extensiva, como alerta BOBBIO,[41] pois em casos concretos é, muitas vezes, nebuloso definir se ocorre apenas interpretação de uma norma ou criação de uma nova norma a partir da *ratio* desta norma. Sem dúvida, é desafiante saber se a extensão do conceito de "arma" a "arma de brinquedo" constitui analogia ou interpretação extensiva, ou seja, se basta que o objeto intimide como se fosse uma arma para se qualificar o crime de roubo, ou se, nos termos estritos da lei, é necessário que a arma tenha potencialidade que lhe é própria de ferir, além de intimidar. Quando do exame da analogia, adiante, esta questão será respondida.

---

[36] Relator MARREY NETO, *in* SILVA FRANCO, A. e outros, op. cit., p. 2.426. SALVADOR Netto, Alamiro Salvador, *Dos crimes contra o patrimônio*, *in* Miguel Reale Júnior (coord.), *Código Penal comentado*, São Paulo Saraiva, 2017, p. 482, diz que "importa frisar, atentamente, que o obstáculo não pode ser parte do próprio objeto, devendo, portanto, ser algo externo e destinado a algum grau de proteção".

[37] Tribunal de Alçada Criminal de São Paulo, Relator OLIVEIRA SANTOS, *in* SILVA FRANCO, A. e outros, op. cit., p. 2.428. Em sentido contrário, reconhecendo a qualificadora na hipótese de rompimento de obstáculo e furto do toca-fitas a decisão também do Tribunal de Alçada Criminal de São Paulo, Relator ASSUMPÇÃO NEVES, *in* SILVA FRANCO, A. e outros, op. cit., p. 2.427.

[38] MARINUCCI, G. e DOLCINI, E., op. cit., p. 170.

[39] FREDERICO MARQUES, J., op. cit., p. 160.

[40] BOBBIO, N. "Analogia", *in Novissimo digesto italiano*, vol. 1, Turim, Utet, 1957, p. 605.

[41] Idem, ibidem; no mesmo sentido ENGISCH, K., op. cit., p. 239.

5.6.3. A interpretação sistemática

Mas as normas não são como mônadas isoladas, pois integram um conjunto normativo, cumprindo examiná-las nas relações existentes entre elas e o próprio conjunto a que pertencem, pois é desta análise que se poderá defluir o seu significado.

A interpretação sistemática, portanto, visualiza a conexão mútua entre as normas e em referência ao conjunto comum, que não se constitui, como ressalta LARENZ, da soma das normas isoladas, mas é uma *"regulação unitária"*.[42]

A interpretação sistemática interage com a interpretação teleológica,[43] pois os fins almejados apenas são apreensíveis com a leitura do conjunto das normas que compõem uma unidade de sentido.

A colocação topológica de uma norma em um Código pode explicitar o valor principal que se tutela e que dará sentido e parâmetros de interpretação. Assim, o crime de denunciação caluniosa, constante do capítulo dos crimes contra a Administração da Justiça do Código Penal, indica que a ofensa à honra pela acusação de prática de crime cede posto à ofensa à Justiça, utilizada para o exercício de perseguição contra um inocente.

Entretanto, o exame do conjunto normativo pode levar à efetiva compreensão de uma determinada norma além do significado que deflui dos seus precisos termos, como sucedia, por exemplo, com o crime de difamação por meio de imprensa na Lei n. 5.250/1967, que veio a ser revogada por decisão, aliás, equivocada, do Supremo Tribunal Federal.[44] O art. 21 estatuía que é crime difamar alguém, imputando-lhe fato ofensivo à sua reputação. Discute-se se com a referência a alguém, pode ser vítima da difamação a pessoa jurídica, pois a expressão "alguém" diz respeito a pessoa física, tão somente.

A leitura da Lei de Imprensa em seu conjunto, no entanto, esclarece a dúvida, pois do conjunto de seus dispositivos deflui que a pessoa jurídica também pode ser vítima de difamação por meio de imprensa.

Assim, concluía-se que a Lei n. 5.250, de 1967, admitia a possibilidade de ser a *pessoa jurídica ofendida por crime de difamação previsto no art. 21*, pois a interpretação sistemática revela que, consoante preceitua o § 1º do próprio art. 21, ao dispor sobre a exceção da verdade, na difamação, é esta admitida se a ofensa for *"contra órgão ou entidade que exerçam funções de autoridade pública"*.

No art. 23, ao tratar das causas de aumento de pena, a Lei de Imprensa estatuía, no inciso III, que as penas cominadas nos arts. 20 a 22 aumentam-se de um terço se qualquer dos crimes é cometido contra órgão que exerça função de autoridade pública.

É também a pessoa jurídica reconhecida como possível ofendida em publicação veiculada em jornal, de acordo com o disposto no art. 29 da Lei de Imprensa, referente ao direito de resposta, cabível se tiver havido uma ofensa.

Dessa maneira, a visão de conjunto mostra que o bem tutelado honra é considerado pelo legislador como também integrante do patrimônio da pessoa jurídica,

---

[42] LARENZ, K., op. cit., p. 257.

[43] ENGISCH, K., op. ult. cit., p. 114.

[44] Em crítica a esta decisão do Supremo Tribunal Federal, na ADPF 130, veja-se nosso *Discurso sobre o Brasil*, São Paulo, Saraiva, 2011, p. 20 e seguintes.

72 | FUNDAMENTOS DE DIREITO PENAL – *Miguel Reale Júnior*

tanto que se atribui a esta, se ofendida, o direito de resposta ou a exceção da verdade, superando-se a interpretação literal "alguém" do art. 21, para estender o seu significado à pessoa jurídica.

A interpretação sistemática pode realizar-se não apenas com referência ao conjunto integrado pela norma, mas também em face de outras leis e em face da Constituição.

5.6.4. A interpretação teleológica

Mas o significado da norma vai, na verdade, defluir da análise teleológica, do sentido da norma apreensível a partir do valor que se identifica como o centro polarizador do modelo legal. No dizer de LARENZ, apreende-se a lei de um "*modo pleno de sentido*", entendendo-a em consideração ao seu fim.[45]

Este sentido não se vai obter por via da pesquisa da "vontade do legislador", pois editada a norma ganha ela vida própria, visto que, malgrado seja ilustrativo e importante saber qual o objetivo pretendido pelo legislador (exposição de motivos e atas dos trabalhos legislativos), esta compreensão subjetiva cede espaço ao entendimento objetivo, de vez que além de poder receber um significado impensado pelo legislador, a norma passa a existir no tempo e no espaço, sujeita, como tudo, às mudanças culturais provocadas pela história.

Ao se buscar compreender a razão última de determinada formulação normativa já se realiza a interpretação da norma, em um momento que reúne a descoberta do valor tutelado e o conhecimento do significado da norma a partir da revelação do valor que se desvenda como objetivo de proteção.

Dessa forma, supera-se a observação de NUVOLONE, lembrada por BETTIOL, de que a interpretação teleológica constitui um círculo vicioso, pois primeiro se identifica o fim almejado e depois, à luz deste, se interpreta a norma.[46] BETTIOL responde a esta observação dividindo o processo em dois momentos, o primeiro de sumária análise, um procedimento lógico concreto e abreviado de identificação do escopo, e o segundo, após esta verificação do bem jurídico, em que este ilumina de significado os diversos elementos da norma.

Sem dúvida, o valor tutelado constitui o centro da tarefa hermenêutica visando à compreensão da norma, mas não vislumbro dois momentos e sim um momento no qual a revelação do valor em torno do qual se construiu o modelo legal, valor este que se pretende proteger, revela igualmente o significado de toda a norma e dos seus elementos constitutivos.

5.6.5. Interpretação como concreção

E por fim cabe assinalar, dentro da concepção do Direito como processo tendente à eficácia, à sua realizabilidade, que o fim do caminho percorrido pelo intérprete se dá, como realça JUDITH MARTINS-COSTA, com o reconhecimento de que "*o signi-*

---

[45] LARENZ, K., op. cit., p. 263.
[46] BETTIOL, G., op. cit., p. 149.

ficado de um texto é estreitamente ligado aos 'fatores vitais' determinantes do contexto de aplicação".[47]

Verifica-se, então, quantos escolhos deve ultrapassar o intérprete para cumprir sua missão de compreender e explicar a norma, em face do fato concreto, construindo uma interpretação que se case não apenas àquele fato singular, mas a todos os fatos similares,[48] constituindo um modelo de compreensão da norma.

Por fim, dado seu relevo para o Direito Penal, cumpre analisar, em destaque, a analogia que, antes de ser um critério de interpretação, constitui um modo de, pela interpretação, criar-se uma norma nova.

5.7. A INTERPRETAÇÃO ANALÓGICA[49]

Tem razão VASSALLI quando afirma que BOBBIO é quem melhor tratou do tema da analogia na Itália. Em sua clara explicação, BOBBIO mostra que o raciocínio por analogia se constrói a partir de um caso que tem uma similitude com outro, mas não qualquer similitude e, sim, uma similitude relevante, que constitui a sua razão suficiente. Os casos serão análogos quando têm a mesma razão suficiente, tal como no exemplo de um carro vermelho veloz que é semelhante a um outro carro, não por este ser vermelho e sim por ter a mesma cilindrada.[50]

No plano jurídico, a razão suficiente da norma, a sua *ratio*, é a razão determinante de sua existência, o motivo pelo qual submete um fato a uma determinada disciplina. A analogia se justifica, para estender a disciplina de um caso regulado a outro não regulado similar, se esta similitude se dá naquilo que é a razão suficiente em função da qual o caso está sujeito àquela disciplina. Assim, diz BOBBIO ser legítimo estender-se a norma de um caso regulado a outro não regulado *"quando o segundo tem em comum com o primeiro a 'ratio legis'".*[51]

Assim, a analogia é uma forma de preenchimento de lacuna por autointegração, pois a partir de um comportamento regulado estende-se a outro não regulado, a regra disciplinadora do primeiro ao segundo, em virtude de serem juridicamente similares. Justifica-se, então, que mesmo sem ser regulado este fato deve se submeter, por sua semelhança, à idêntica disciplina imposta ao que lhe é semelhante. A semelhança, diz ENGISCH, é o eixo do raciocínio analógico.[52]

---

[47] MARTINS-COSTA, J. "Mercado e solidariedade social", *in Reconstrução do Direito Privado*, São Paulo, RT, 2002, p. 655; REALE, M. *Fontes e modelos*, cit., p. 111.

[48] BATIFFOL, H. "Questions de la interprétation juridique", *in Archives de Philosophie du Droit*, nº 17, Paris, 1972, p. 15, segundo o qual uma decisão judicial sobre um caso particular toma um valor geral.

[49] Segundo BOBBIO, N., op. ult. cit., p. 601 são sinônimas as expressões "analogia jurídica", "raciocínio por analogia", "procedimento por analogia", "extensão analógica", "interpretação analógica", designação que prefiro por indicar a analogia como uma forma de interpretação, que efetivamente é.

[50] BOBBIO, N., idem, p. 603.

[51] Idem, ibidem.

[52] ENGISH, K., op. ult. cit., p. 235.

74 | FUNDAMENTOS DE DIREITO PENAL – *Miguel Reale Júnior*

Por razões de ordem política, a analogia admitida pela lei de Introdução ao Código Civil é inadmitida no plano penal,[53] mesmo porque o princípio da legalidade consagrado na Constituição tem um fundamento político de proteção do indivíduo contra o Estado. Aliás, não é por outra razão que o direito nazista adotava a analogia no § 2º do Código Penal alemão então reformado, pois a configuração do delito dependia do espírito da lei ou do *"são sentimento do povo"*, expressão do querer comunitário e fonte material do Direito.[54]

De igual forma, o Direito Penal soviético, até 1958, admitia a analogia, no § 2º do art. 7º do Código Penal, considerando que mesmo que o fato não estivesse previsto como crime, poderia ser reputado como delituoso se atentasse contra a sociedade socialista e dele decorresse perigo ao regime da ditadura do proletariado.[55]

Os dois regimes totalitários do século passado adotaram a analogia em matéria penal, a demonstrar a importância de, no Estado Democrático de Direito, afastar-se esta forma de criação de normas incriminadoras, que se faz valer como extraordinário instrumento de opressão em poder do Estado.

Sem viés político, em algumas decisões, pretende-se por via da analogia suprir lacuna da lei penal, estendendo, graças à semelhança, a incriminação de fato similar a fato não previsto, como ocorre com relação ao art. 17 da Lei nº 7.492/86, acerca de empréstimo vedado.[56]

---

[53] TOBIAS BARRETO entre nós, por força de seu pensamento historicista, defendeu com ardor a analogia em matéria penal, criticando a analogofobia, seguindo neste passo o pensamento de IHERING. Sobre a matéria, vide nosso *"Aequitas e analogia em matéria penal: Ihering e Tobias Barreto"*, apresentado no *Congresso Brasileiro de Filosofia do Direito*, em São Paulo, setembro de 1999. IHERING, em trecho fundamental sobre as lacunas no Direito Criminal, reputa possível que a imaginação delituosa seja capaz de inventar fatos ofensivos não previstos, devendo-se, então, admitir que se desvie da lei positiva, indo-se além do princípio *nulla poena sine lege*, para atender o sentimento geral que exige punição, porquanto: *"... le but suprême du droit n'est pas d'empecher l'arbitraire, mais de realizer la justice"* (VON IHERING, R. *L'évolution du droit*, tradução francesa de Zweck im recht, trad. de O. de MEULENAERE, Paris, A. Maresq, Aîne, 1901, p. 283.)
TOBIAS BARRETO, de forma semelhante a IHERING, admite em "Menores e Loucos" e bem assim no ensaio sobre mandato criminal que o juiz, no caso concreto, diante de lacunas da lei penal, mergulhe na alma de quem fez a lei e pelo espírito da lei, com base na analogia e na *aequitas*, dentro das raias da própria lei, a estenda a casos não literalmente previstos ("Menores e loucos", p. 42 e seguinte e 253), "Mandato criminal", ambos *in Estudos de direito*, Rio de Janeiro, Record, 1991, da p. 13 a p. 253.

[54] Sobre a matéria, vide nosso *Teoria do delito*, cit., p. 25.

[55] Sobre a matéria, vide nosso *Teoria do delito*, cit., p. 27 e seguintes.

[56] Dizia o art. 17 que era crime *"Tomar ou receber, qualquer das pessoas mencionadas no art. 25 desta Lei, direta ou indiretamente, empréstimo ou adiantamento, ou deferi-lo a controlador, a administrador, a membro de Conselho Estatutário, aos respectivos cônjuges, aos ascendentes ou descendentes, a parentes na linha colateral até o segundo grau, consanguíneos ou afins, ou a sociedade cujo controle seja por ela exercido direta ou indiretamente, ou por qualquer dessas pessoas"*. Este artigo foi alterado pela Lei n. 13.506/2017, que passou a ter o seguinte teor: "Art. 17. Tomar ou receber crédito, na qualidade de qualquer das pessoas mencionadas no art. 25, ou deferir operações de crédito vedadas, observado o disposto no art. 34 da Lei nº 4.595, de 31 de dezembro de 1964". Esta modificação não altera a questão em exame da analogia que se faz na aplicação do crime descrito na segunda parte do artigo, como abaixo se desenvolve.

Parte I · **Capítulo 5** · FONTES DO DIREITO E INTERPRETAÇÃO | **75**

5.8. A "ARMA DE BRINQUEDO" E ANALOGIA

Questão que ficou pendente, para saber se ocorre interpretação extensiva ou analogia, foi a da assemelhação da "arma de brinquedo" à "arma" para aplicação da causa de aumento de pena do roubo, consistente em ter havido "emprego de arma" (art. 157, § 2°-A, I, do Código Penal).

O crime de roubo consiste em furtar mediante violência ou grave ameaça. A razão suficiente para a causa de aumento do "emprego de arma" está antes no perigo infligido à vítima do que no poder intimidativo da "arma". O uso de "arma de brinquedo", como reitera parte da jurisprudência, corporifica a ameaça que é elemento integrante da figura do roubo. Assim, decidiu o Tribunal de Alçada Criminal, pois o uso de arma de brinquedo *"integra o conceito de ameaça, não perfazendo a qualificadora por não ser arma própria ou imprópria"*.[57]

De igual modo, argumenta parcela da jurisprudência que "arma" tem um significado técnico, não se podendo ampliá-lo para abranger brinquedos que a imitem, *"fazendo-se verdadeira interpretação analógica* **in malam partem***"*.[58]

Como diz ENGISCH, a interpretação extensiva tem o seu limite no *"sentido possível das palavras"*.[59] Além desse limite dentro do qual se permite a extensão do conceito, passa-se a realizar analogia. Ora, o sentido possível de "arma" não pode compreender a "não arma", que é a "arma de brinquedo", destituída da potencialidade de ferir própria

---

Há duas condutas claramente tipificadas: a primeira, tendo por sujeito ativo próprio as pessoas mencionadas no art. 25 da lei, ou seja, o controlador, os diretores ou gerentes de instituição financeira, proibindo que os mesmos venham a tomar ou receber empréstimo ou adiantamento, direta ou ainda indiretamente. A ação incriminada na primeira parte do art. 17 diz respeito ao fato do controlador ou o administrador, ainda que indiretamente, tomar ou receber empréstimo ou adiantamento da instituição financeira que administra. Visa-se a vedar que o administrador utilize em proveito próprio, sem critérios de capacidade e segurança para o empréstimo, do capital da instituição financeira, valendo-se, seja da forma direta como da indireta, para contrair o empréstimo ou receber o adiantamento. A segunda parte do art. 17 tipifica, no entanto, *outra conduta*, que apenas se corporifica se houver deferimento *direto* de empréstimo ou adiantamento a controlador, a administrador, a membro do conselho estatutário, aos seus cônjuges ou ascendentes, a parentes, bem como a sociedade cujo controle seja exercido pela instituição financeira, controle esse que pode ser exercido direta ou indiretamente. Há flagrante distinção das condutas típicas: na primeira formulação típica a conduta é tomar ou receber, a pessoa física, de forma direta ou indireta, empréstimo ou adiantamento, sendo o tomador o sujeito ativo do crime; na segunda redação típica a incriminação dirige-se ao *deferimento direto*, pelo sujeito ativo (controlador, diretor, administrador) de empréstimo a terceiro. A primeira figura típica de tomar e receber empréstimo compreende a modalidade indireta ou oblíqua de cometimento do fato delituoso. Já a segunda moldura legal, do deferimento de empréstimo, ao não conter a previsão taxativa da forma indireta de concessão de empréstimo, restringe necessariamente a hipótese típica à *concessão direta*. Essa conclusão é obrigatória em face da natureza do tipo penal, que impõe obediência ao princípio da legalidade, conforme o princípio da taxatividade acima examinado.
Assim, se, na primeira parte, o legislador previu a forma indireta e não o fez na segunda parte, a opção por não criminalizar o modo indireto no deferimento de empréstimo resulta precisa e inafastável. Onde o legislador cala, não cabe ao intérprete dizer. No entanto, há decisões aplicando a analogia e criando a incriminação da forma indireta no deferimento de empréstimo.

[57] Relator RICARDO ANDREUCCI, *in* SILVA FRANCO e outros, op. cit., p. 2.526.

[58] Tribunal de Alçada Criminal de São Paulo, Relator ERCILIO SAMPAIO, *in* SILVA FRANCO e outros, op. cit., p. 2.526.

[59] ENGISCH, K., op. ult. cit., p. 239.

76 | FUNDAMENTOS DE DIREITO PENAL – *Miguel Reale Júnior*

da "arma". Realiza-se a admissão baseada na semelhança externa entre um revólver de verdade e o de brinquedo, uma aplicação a um caso não previsto na regra existente relativa a um caso semelhante previsto, com recurso à analogia, sendo a Súmula nº 174 do Superior Tribunal de Justiça reconhecedora da configuração da causa de aumento do roubo no uso de arma de brinquedo, manifestamente inconstitucional, por violação do princípio da reserva legal, súmula que veio a ser revogada pela Terceira Turma. Na hipótese, não se estendeu o significado a partir da letra da norma, na expressão de MARINUCCI e DOLCINI, mas criou-se norma nova.

Se não fosse o crescimento vertiginoso da criminalidade violenta, os juízes não teriam rompido a barreira do princípio da legalidade, o que explica a adoção da analogia por pressão da conjuntura fática, mas não justifica.

5.9. ADMISSÃO DA ANALOGIA

Mas a analogia não está absolutamente vedada em matéria penal, podendo ser acolhida com relação às causas de justificação e eximentes. Por exemplo, nos crimes contra o patrimônio, há isenção de pena se o agente praticar o fato em prejuízo de cônjuge na constância da sociedade conjugal. A razão de ser desta dirimente está no reconhecimento pelo legislador de que o valor da família e da união conjugal supera o do patrimônio.

5.10. ANALOGIA EM CAUSA JUSTIFICANTE

Em duas hipóteses podia ocorrer, por exemplo, a aplicação por analogia da justificante do aborto em gravidez resultante de estupro, o denominado aborto sentimental, art. 128, II, do Código Penal, em casos não regulados: primeiro, na hipótese de aborto decorrente de atentado violento ao pudor, figura atualmente suprimida do Código Penal, quando ocorria violência sem congresso sexual, mas resultava em gravidez por relação interfemoral; segundo, na hipótese de aborto em razão de o feto apresentar anomalias físicas ou psíquicas irreversíveis.

Em ambos os casos, a razão fundante da justificativa entendia-se presente, qual seja, a dor e o sofrimento da gestante, diante do nascimento futuro, dado mais facilmente compreensível na circunstância do antigo atentado violento ao pudor, diante da violência sofrida, preenchendo-se a lacuna existente na lei, pois a semelhança dos fatos revela a identidade da *ratio legis* e legitima a aplicação da analogia, dando ao aborto em caso de gravidez decorrente da violência do atentado ao pudor o mesmo tratamento legalmente adotado em relação ao estupro.

Frise-se que, com a alteração promovida no Código Penal pela Lei 12.015/2009, que fundiu a figura do atentado violento ao pudor na do estupro, hoje, esse exemplo não tem relevância prática.

Já no "aborto piedoso", *nomen iuris* escolhido pelos anteprojetos de Parte Especial,[60] para a hipótese de feto com graves anomalias, o raciocínio desenvolvido em algumas decisões é o de que o sofrimento da gestante, decorrente da violência sofrida, assemelha-se

---

[60] Os anteprojetos criavam a figura do aborto piedoso referente ao aborto quando o feto apresentasse, segundo declaração de dois médicos, grave anomalia física ou psíquica irreversível, que inviabilizasse o desenvolvimento do nascituro.

ao sofrimento diante das deformações físicas ou psíquicas do filho a nascer, razão pela qual é de se aplicar analogicamente a justificante a este caso não previsto em lei.

SILVA FRANCO[61] refere decisão em que se autorizou o aborto de feto que apresentava acrania, com impossibilidade de vida extrauterina. Nesse caso, mais uma razão se acrescenta, pois se o tipo penal visa à proteção da vida do feto, esta vida já se revelava impossível pela acrania e, dessa forma, o aborto não atingia a vida que se mostrava inviável.

Importante observar que o Plenário do Supremo Tribunal Federal, por maioria de votos, julgou procedente o pedido contido na Arguição de Descumprimento de Preceito Fundamental n. 54, ajuizada pela Confederação Nacional dos Trabalhadores na Saúde (CNTS), para declarar a inconstitucionalidade de interpretação segundo a qual a interrupção da gravidez de feto anencéfalo é conduta tipificada nos arts. 124, 126 e 128, incs. I e II, todos do Código Penal. Ficaram vencidos os ministros Ricardo Lewandowski e Cezar Peluso, que julgaram a ADPF improcedente. Assim, o STF entendeu que a interrupção de gravidez de fetos anencéfalos não configura crime.[62]

5.11. ANALOGIA EM CAUSA DE ISENÇÃO DE PENA

Com o passar dos anos e, em especial, com a Constituição de 1988 e a nova legislação ordinária, reconhece-se a união estável entre homem e mulher como forma de organização familiar, devendo-se, portanto, por analogia, estender-se ao convivente a dirimente prevista tão só para o cônjuge na constância do casamento.

A *ratio* que preside a isenção nos crimes contra o patrimônio em prejuízo do cônjuge é a mesma relativamente à situação não regulada do fato praticado em desfavor do convivente, razão pela qual se verifica uma semelhança relevante que legitima a analogia, a ser reconhecida como válida, no campo penal, por ser em favor do réu.

Examinada a norma penal, deve-se então verificar quais os problemas que surgem de sua aplicação no tempo e no espaço e como o Código Penal disciplina a matéria.

---

[61] SILVA FRANCO, A., op. cit., p. 2.128.

[62] O Conselho Federal de Medicina editou a Resolução 1.989/2012, estabelecendo critérios para o diagnóstico de anencefalia para a antecipação terapêutica do parto. Disponível em: <http://www.in.gov.br/imprensa/visualiza/index.jsp?jornal=1&pagina=308&data=14/05/2012>.

Capítulo 6
LEI PENAL NO TEMPO

6.1. NASCIMENTO, VIDA E MORTE DA LEI

A lei penal por ter vida, pois nasce, atua sobre a vida de relação e morre, está sujeita às vicissitudes do tempo. Nasce ao findar o prazo de *vacatio* que transcorre após ter sido publicada, sendo que a Lei de Introdução às normas do Direito Brasileiro estatui que é de 45 dias o prazo normal de *vacatio* para que a lei publicada entre em vigor, salvo disposição expressa em contrário. A data de nascimento de uma lei é, de conseguinte, a da sua vigência e não a da sua publicação.

A lei morre por ter sido ab-rogada ou inteiramente modificada por outra lei, ou se o tempo de sua existência, fixado em seu próprio texto, se esgota. A Lei Complementar n° 95 estatui que uma nova lei deve, claramente, especificar quais as normas que em razão da sua edição devem ser consideradas revogadas. Muitas vezes, no entanto, prefere o legislador a fórmula genérica de revogar as disposições em contrário, o que demanda análise da dimensão da incompatibilidade em virtude da qual se deve ter por revogada a lei velha, conforme dispõe o art. 1° da Lei de Introdução às normas do Direito Brasileiro. A lei nova também revoga a antiga se trata inteiramente da mesma matéria. A lei pode ser revogada parcialmente, ou seja, derrogada quando apenas em parte considera-se abolida ou modificada pela lei nova.

Questão relevante surgiu referentemente ao Código de Defesa do Consumidor, que estatuiu normas incriminadoras relativas à relação de consumo e teve *vacatio legis* de seis meses, de setembro de 1990 a março de 1991. Neste interregno, foi publicada, com vigência imediata, a Lei n° 8.137, em dezembro de 1990, trazendo no seu bojo normas incriminadoras relativas, também, às relações de consumo. A lei posterior, ou seja, o Código de Defesa do Consumidor, pois sua vigência se deu depois, em março de 1991, revogou os dispositivos da Lei n° 8.137, por tratar inteiramente da mesma matéria, aplicando-se, na espécie, o disposto no art. 2° da Lei de Introdução às normas do Direito Brasileiro.

Parcela da jurisprudência entende que houve apenas revogação parcial relativamente aos dispositivos da Lei n° 8.137/90 incompatíveis com o Código de Defesa do Consumidor, o que não me parece cabível, pois o tratamento sistemático da matéria no Código de Defesa do Consumidor tem o significado de a absorver por inteiro, revogando-se inteiramente o capítulo acerca dos crimes contra as relações de consumo da Lei n° 8.137/90.

80 | FUNDAMENTOS DE DIREITO PENAL – *Miguel Reale Júnior*

6.2. IRRETROATIVIDADE E NÃO ULTRA-ATIVIDADE

Se durante a existência da lei vier a ser editada uma nova lei sobre a mesma matéria, cabe indagar se há hipótese em que a lei velha pode agir após sua revogação, bem como se há casos em que a lei nova retroage e atua sobre relações ocorridas antes de sua vigência.

Trata-se, portanto, de saber se se opera a ultra-atividade da lei velha ou a retroatividade da lei nova. A questão só pode ser respondida em face da natureza da lei nova e de sua relação com a lei velha, eventualmente existente, sobre a mesma matéria.

A lei nova, em regra, não retroage. Mas em virtude de princípios de ordem política pode a lei velha retroagir. A lei nova incriminadora, que cria uma figura penal, jamais pode retroagir, pois como corolário do princípio da legalidade, visando à segurança do indivíduo frente ao Estado,[1] não se deve admitir a retroação. A retroatividade de norma incriminadora nova conduz à quebra do princípio da legalidade, segundo o qual não há crime sem lei anterior que o defina (art. 1º do Código Penal). Do contrário, instala-se o arbítrio, pois o detentor do poder torna crime a ação lícita de ontem para alcançar os dissidentes, que, tendo agido no campo da licitude, acordam no dia seguinte como autores de um delito recém-definido.

E, na verdade, se a norma penal incriminadora se reveste de cunho imperativo e valorativo, é fácil verificar que, sob os dois aspectos, é impossível logicamente reconhecer-se a retroatividade. Não é admissível que se puna alguém por desrespeitar um comando que não existia.[2] Sob o aspecto valorativo também é inaceitável que o ato antes praticado, lesivo de um bem ou valor não tutelado juridicamente, venha a se considerar depois merecedor de pena para reafirmar este valor que, quando a ação foi praticada, não merecia proteção penal.

A ultra-atividade de norma incriminadora revogada, sob ambos os aspectos, também não se justifica, pois, uma vez abolido o comando, não existe qualquer desrespeito. E é injustificável que se pretenda punir para reafirmar um valor não mais considerado digno de tutela penal.

6.3. HIPÓTESES DE RETROATIVIDADE E DE ULTRA-ATIVIDADE

Mas como já disse, há hipóteses em que a retroatividade e a ultra-atividade têm cabença: quando a norma nova ou a revogada é mais benigna. E quais são estas hipóteses?

A primeira hipótese ocorre quando a lei nova revoga uma norma incriminadora, devendo, então, retroagir para beneficiar o autor do fato anteriormente tido como delituoso, pois se o fato passa a ser irrelevante, sob o aspecto penal, não se justifica que o processo penal se desenrole ou que a condenação se execute, ou mesmo que a condenação transitada em julgado surta os seus efeitos.[3] É o que dispõe o art. 2º do Código Penal.

---

[1] BETTIOL, G., op. cit., p. 165, lembra que no Direito Penal nazista admitia-se a retroação da lei nova incriminadora, pois o objetivo primacial era o da limpeza da raça, que deveria ocorrer mesmo diante de fato antes não incriminado, mas que, em defesa do "são sentimento do povo alemão", passou a ser.

[2] BETTIOL, G., op. cit., p. 166.

[3] FRAGOSO, H. C. *Lições de Direito Penal, nova parte geral*, Rio de Janeiro, Forense, 9ª ed., 1985, p. 103.

Se a lei nova não vem a abolir a figura delituosa, mas, por exemplo, comina a esta pena ou forma de execução da pena mais benéfica, de qualquer modo favorecendo o agente,[4] deve ela retroagir e aplicar-se aos fatos anteriores, mesmo que já julgados, com condenação transitada em julgado. É o que estipula o art. 2°, parágrafo único, do Código Penal.

Questões surgiram em face da Lei n° 9.099/95, que instituiu a transação penal, a suspensão do processo e a modificação do exercício da ação penal nos crimes de lesão corporal leve ou lesão corporal culposa, que passou a depender de representação.

Como esclarece HELENO FRAGOSO,[5] o caráter privado, público condicionado ou público incondicionado da ação penal é matéria penal e processual penal, pois envolve a possibilidade da decadência ou da perempção que extinguem a punibilidade. Se a ação penal relativa ao crime é privada e a nova lei a torna pública, esta não retroage, pois mais prejudicial, impedindo a ocorrência, por exemplo, da perempção ou do perdão. Se a ação é pública e torna-se privada, a lei nova retroage, devendo propô-la a vítima. Se já oferecida a denúncia, cumpre ao particular ofendido assumir o direito de acusar em seis meses, a contar da publicação da lei nova.

Se, como na hipótese da Lei n° 9.099/95, com relação a crimes de ação pública, passou-se a exigir a representação, tal como sucedeu relativamente aos crimes de lesão corporal leve ou de lesão culposa, cabe saber se a ação ainda não foi proposta. Se assim for, a vítima deve, em seis meses da publicação da lei, manifestar-se sobre o interesse de promover a ação penal. Se a ação já foi proposta, deve prosseguir sob a titularidade do Ministério Público.

A disciplina normativa referente à transação penal e à suspensão do processo também retroage, mesmo que iniciado o processo,[6] pois constituem ambas um benefício manifesto da possibilidade de não se instaurar a ação penal, devendo o Ministério Público manifestar-se se entende aplicável ao caso concreto, conforme a pena cominada, a transação ou a suspensão do processo. Passados anos da vigência da Lei n° 9.099, não devem mais haver situações em que o conflito da lei no tempo se efetive, mas a matéria deve ser examinada por seu interesse geral.

Se a ação delituosa foi praticada sob a égide da lei velha, que é mais benéfica que a lei nova, a lei revogada ultra-age, para fazer prevalecer a lei mais favorável.

Em suma, o princípio que rege as hipóteses de retroatividade e ultra-atividade é o de que sempre se aplica a lei mais benigna para salvaguardar direitos individuais e para adequar o fato às exigências de justiça.

---

[4] VARGAS, J. C. *Instituições de Direito Penal, parte geral*, tomo 1, Belo Horizonte, Del Rey, 1997, p. 106, exemplifica a maneira como pode a lei nova favorecer: prevendo regime penitenciário mais brando; estabelecendo fixação da pena mais favorável ao eliminar a reincidência específica; criando causas de extinção da punibilidade; reduzindo os prazos prescricionais, prevendo causas de diminuição de pena.

[5] Op. cit., p. 104.

[6] Questão que foi relevante diz respeito à aplicação da suspensão do processo por ser mais benéfica, mas que importava também a suspensão da prescrição, durante o prazo da suspensão do processo. A respeito vide FERRARI, E. R. *Prescrição da ação penal: suas causas suspensivas e interruptivas*, São Paulo, Saraiva, 1998, p. 113 e ss.

6.4. LEIS EXCEPCIONAIS E TEMPORÁRIAS

A aplicação da lei no tempo encontra circunstâncias próprias frente às leis excepcionais, às temporárias e às leis penais em branco. Quanto às leis excepcionais e às temporárias o art. 3º do Código Penal estatui que *"embora decorrido o período de sua duração ou cessadas as circunstâncias que a determinaram"*, aplicam-se estas leis aos fatos praticados durante a sua vigência. E não poderia ser diferente, sob pena de se esvaziar de conteúdo a norma excepcional ou temporária, que protegem valores a serem protegidos naquele período, e que deixariam de sê-lo se o agente viesse a contar com a retroação da lei penal comum, a ser restabelecida passado o período de vigência excepcional ou temporária da lei incriminadora.

A finalidade de reafirmação do valor importante de ser protegido naquele instante, bem como o fim de prevenção geral desapareceriam em face da retroatividade da lei penal comum, diante da qual o fato não é incriminado.

6.5. LEI PENAL EM BRANCO

A lei penal em branco consiste na norma incompleta, cuja tipificação vem a ser completada por legislação editada posteriormente pelo poder Executivo ou pelo próprio Legislativo. A conduta, em seus dados essenciais, vem definida na lei penal, mas a especificação sobre quais objetos recai a ação é que é deferida a outra legislação, em geral, de plano inferior, como regulamentos ou portarias do Executivo.

Assim, por exemplo, o tráfico ou o porte de entorpecente para uso próprio, normas que descrevem as condutas básicas, mas que devem ser completadas por portaria do Ministério da Saúde, mais propriamente hoje, da Agência de Vigilância Sanitária, especificando quais as substâncias consideradas entorpecentes.

Se a lista de substâncias entorpecentes exclui uma substância antes constante do elenco, esta supressão torna o porte dessa substância penalmente irrelevante,[7] é uma *abolitio criminis*, e, portanto, deve retroagir a nova disciplina regulamentar pois integra a norma penal, completando-a.

6.6. CRIME PERMANENTE, HABITUAL E CONTINUADO

Nos crimes permanentes e habituais, cabe a aplicação da lei posterior mais gravosa, se editada enquanto os delitos estão *in fieri*, ou seja, não se perfizeram, e a sua consumação ainda não ocorreu. Sem analisar mais detalhadamente estas formas do delito, neste passo, basta dizer que o crime permanente é aquele no qual a ação de constrangimento ao bem jurídico perdura no tempo, como no crime de sequestro, com a permanente limitação da liberdade da vítima, vindo o crime apenas a se consumar

---

[7] Fato dessa natureza sucedeu quando se excluiu da lista o cloreto de etila, produto básico para o fabrico de plástico, mas base também para a elaboração do lança-perfume. Por engano o cloreto de etila, que estava na lista de produtos absolutamente proibidos, inviabilizando a indústria de plástico, deveria passar para a lista de produtos entorpecentes controlados, mas foi incluído na lista de não entorpecentes a serem porém controlados, com o que se operou a descriminalização por poucos dias até o erro ser corrigido, mas retroagindo a disciplina normativa benéfica.

no momento em que o constrangimento cessa. No crime habitual, a tipicidade só se efetiva pela reiteração da ação delituosa, pois uma só ação não corporifica o tipo penal, como sucede com o exercício ilegal da medicina.

Se durante a permanência da ação delituosa no sequestro ou entre os atos que se reiteram no exercício ilegal da medicina sobrevêm lei penal mais gravosa é ela aplicável a estes delitos que se iniciaram sob a égide de lei anterior mais benéfica, pois a sua consumação se dá no império da lei nova prejudicial.

O crime continuado, como se verá adiante, não constitui uma unidade real e nem mesmo ficta, sendo apenas uma modulação da pena em virtude de menor culpabilidade, razão pela qual discordo da maioria dos autores, entendendo que o maior rigor de lei nova não pode retroagir.

6.7. A MEDIDA DE SEGURANÇA

A lei penal não exige expressamente que as medidas de segurança estejam sujeitas ao princípio da legalidade, entendendo-se, todavia, que ele prevalece com referência às mesmas, pois devem ser reguladas em lei, apenas não se exigindo a anterioridade do dispositivo legal disciplinador. De pouca valia, como ressalta JOSÉ CIRILO DE VARGAS, o princípio da legalidade sem a exigência da anterioridade.[8] Quem defende esta posição sobrepõe à segurança jurídica, no caso da inimputabilidade e da semi--imputabilidade, os interesses do agente em ser submetido a medidas curativas e o da sociedade em ver tratado o doente mental, dotado de periculosidade.[9]

Dessa forma, se na formulação original, o Código Penal de 1940 estatuía no art. 75 que *"as medidas de segurança regem-se pela lei vigente ao tempo da sentença, prevalecendo, entretanto, se diversa, a lei vigente ao tempo da execução"*, tal dispositivo, todavia, foi excluído do Código pela reforma de 1984, Lei nº 7.209/84.

Entendendo que a medida de segurança constitui uma sanção, e que o disposto no antigo art. 75 do Código Penal, de 1940, foi eliminado, concluo que o princípio da legalidade, que rege todas as sanções penais, aplica-se, também, à medida de segurança, como também o seu corolário obrigatório e logicamente inafastável, o princípio da anterioridade. Assim, deve-se aplicar a disciplina relativa à medida de segurança vigente ao tempo do fato, e a lei nova retroage se mais benéfica ao agente.

6.8. O TEMPO DO CRIME

O art. 4º do Código Penal dispõe que se tem o crime por praticado no momento da ação ou omissão, ainda que outro seja o momento do resultado. Esta conceituação introduzida pela Reforma de 1984 tem sua razão de ser, pois é no instante da ação que

---

[8] Op. cit., p. 114.

[9] BRUNO, A., op. cit., p. 259, argumenta que não há retroatividade, pois *"a medida se estabelece não em razão do crime, que é passado, mas da periculosidade que existe no presente".* Ocorre, contudo, que a inimputabilidade é de ser constatada como presente no momento da ação, é em virtude desta que se aplica a medida de segurança.

o agente se antepõe ao valor tutelado, e é neste mesmo instante que a contraposição entre o agente e a norma se concretiza, a norma que lhe deve ser aplicada.

Doutra parte, o resultado a que se refere o art. 4º do Código Penal é o resultado material, presente em apenas alguns delitos nos quais o evento externo se destaca da ação no tempo. Procedente, também, a ponderação de HELENO FRAGOSO, no sentido de que se fosse fixado como tempo do crime o resultado, uma ação lícita poderia, quando adviesse o resultado, ser considerada ilícita pela lei penal.[10]

6.9. MEDIDA PROVISÓRIA

É assente que a lei penal não pode ser editada por Medida Provisória, aliás, como dispõe hoje, o próprio texto constitucional emendado.

Pergunta-se se a Medida Provisória poderia revogar norma incriminadora ou estabelecer disciplina penal mais favorável. Entendo que não, pois a revogação estatuída ou a norma mais favorável entrariam em vigor imediatamente, inclusive com força retroativa e se não vier a ser aprovada cria-se uma situação de desigualdade em razão de uma lei provisória, que não foi acolhida pelo Legislativo, por exatamente contrariar o sentimento da Nação que o Congresso Nacional, bem ou mal, espelha. Por estes motivos, a matéria penal deve estar excluída das Medidas Provisórias.

---

[10] FRAGOSO, H. C., op. cit., p. 110.

Capítulo 7
LEI PENAL NO ESPAÇO

7.1. O ÂMBITO DO TERRITÓRIO

O Estado, titular do poder-dever de punir, impõe a lei penal por ele editada no seu território, ou seja, na área geográfica em que assenta o país. Esta noção poderia levar a identificar território com espaço terrestre, mas o que define território é toda a área na qual o Estado exerce sua soberania, e dessa forma, território compreende a zona de fronteira, marcada por rios e lagos, bem como o mar territorial.

A questão do mar territorial foi objeto de larga controvérsia internacional, tendo a Conferência das Nações Unidas sobre os Direitos do Mar estabelecido que o mar territorial está limitado a doze milhas da costa. No Brasil, até 1970, o mar territorial estava estabelecido no limite de três milhas, quando pelo Decreto-lei nº 1.098 foi estendido a duzentas milhas, sendo a matéria hoje regulada pela Lei nº 8.617/93.

A fixação de duzentas milhas como mar territorial tem relevo no campo econômico com relação à exploração de petróleo e principalmente à pesca, pois amplia a área do território brasileiro para livre exploração de suas riquezas por nacionais, restringindo, de outro, a atividade nesta zona por entidades estrangeiras que para tanto dependem de autorização. A repercussão no campo penal é evidente, pois nesta zona de duzentas milhas, aplica-se a lei penal brasileira, por ser território brasileiro.

O território compreende também o subsolo e o espaço aéreo, sendo que este corresponde ao que cobre toda a área geográfica sujeita à soberania do Estado.

É o que dispõe o art. 5º do Código Penal, sendo que pela Reforma de 1984, Lei nº 7.209/84, foram acrescentados dois parágrafos ao art. 5º, considerando o parágrafo primeiro ser também território nacional as embarcações e aeronaves de natureza pública ou a serviço do governo onde quer que se achem, bem como aeronaves ou embarcações brasileiras, mercantes ou de propriedade privada, que se achem no espaço aéreo ou em alto-mar.

O § 2º do art. 5º mencionado dispõe que se aplica a lei brasileira também em face de crimes praticados a bordo de aeronaves de propriedade privada, estejam elas pousadas ou em voo no espaço aéreo nacional, bem como em embarcações atracadas ou navegando em mar territorial brasileiro.

7.2. OS PRINCÍPIOS ORIENTADORES

O princípio da territorialidade, portanto, constitui o critério básico, ao qual se somam outros critérios, como o da personalidade, o da defesa e o da Justiça penal universal.

Pelo princípio da personalidade, a lei do país acompanha a pessoa de sua nacionalidade em qualquer lugar em que se encontre, o que é adotado pelo Brasil, pois a Constituição Federal, no art. 5°, LI, estabelece, como regra geral, que nenhum brasileiro será extraditado, e que a lei penal brasileira será aplicada ao fato praticado no estrangeiro por brasileiro, art. 7°, II, *b*, do Código Penal.

O princípio da defesa estabelece que se aplica a lei conforme a nacionalidade do bem jurídico ofendido, não importando o lugar onde tenha sido praticado ou a nacionalidade do autor do fato. A defesa de interesses relevantes do Estado justifica que crimes praticados no estrangeiro, por estrangeiros, sejam submetidos à lei nacional. A nossa legislação acolhe também este princípio ao estatuir a aplicação da lei brasileira aos crimes contra a vida ou a liberdade do Presidente da República (art. 7°, I, *a*, do Código Penal).

O princípio da Justiça penal universal consiste na aplicação da lei penal nacional com relação a determinados crimes, pouco importando onde tenham sido cometidos, por quem e contra quem, bastando que o agente se encontre em território do país. É este um objetivo de universalização de defesa dos direitos humanos,[1] de que o Tribunal Penal Internacional constitui um exemplo, e que será estudado à frente. A aplicação da lei brasileira ao genocídio, ocorra onde ocorrer, desde que o agente seja brasileiro, constitui uma adoção parcial deste princípio.

Como anota FRAGOSO, apesar de dominante, o princípio da territorialidade, as legislações, inclusive a nossa, acolhem também, tal como exemplificado, os princípios da personalidade e da defesa, criando exceções pelas quais a lei brasileira vem a ter extraterritorialidade.[2]

7.3. O LUGAR DO CRIME

A doutrina apresenta três critérios para se estabelecer o lugar do crime, o critério da ação, o do resultado e o da ubiquidade. Pelo critério da ação, considera-se lugar do crime, o lugar onde se deu a ação ou omissão, e uma vez adotado este critério, impedir-se-ia a aplicação da lei do país onde se deu o resultado, nos chamados crimes a distância, nos quais a ação se destaca da ocorrência do resultado.

Ao contrário, pelo critério do resultado, lugar do crime é aquele onde o resultado se efetivou, excluindo-se, evidentemente, a aplicação da lei do país no qual a ação foi praticada.

O critério da ubiquidade busca superar as deficiências de ambos os critérios anteriormente mencionados, considerando que se deve ter por lugar do crime, seja o da prática da ação, seja o da ocorrência do resultado, mesmo que a ação tenha apenas parcialmente sido praticada ou o resultado apenas parcialmente se efetivado.

O fato delituoso como um todo será apreciado segundo a lei de qualquer dos países nos quais a ação, total ou parcialmente, foi praticada ou no qual se deu, total ou parcialmente, o resultado,[3] não se realizando um fracionamento do crime, o que seria um absurdo.

---

[1]   Sobre a matéria, vide BRUNO, A. *Direito Penal, Parte Geral*, tomo I, Rio, Forense, p. 216, nota 1.

[2]   FRAGOSO, H. C. *Lições de Direito Penal, Parte Geral*.

[3]   BRUNO, A., op. cit., p. 226, observa que o princípio não abrange os atos preparatórios ou os efeitos não pertencentes ao tipo penal.

Parte I · Capítulo 7 · LEI PENAL NO ESPAÇO | 87

O nosso Código Penal adota o critério da ubiquidade e tornou-se mais claro neste sentido com a redação dada pela Reforma de 1984. Em sua versão original, o Código Penal de 1940 estatuía, no art. 4°, que se aplicava a lei brasileira ao *"crime cometido no todo ou em parte, no território nacional, ou que nele, embora parcialmente, produziu ou devia produzir seu resultado".*

A Exposição de Motivos do Código Penal de 1940 assinala que se adotou a teoria da ubiquidade, mas pondera PAULO JOSÉ DA COSTA JR. que a expressão "crime cometido no território nacional" levava o intérprete, sob o ângulo da interpretação gramatical, a considerar que se adotava a teoria da ação ou da ação ampliada.[4] Esta expressão "crime cometido", por outro lado, deixa de abranger as formas omissiva e comissiva por omissão.

Por esta razão, a Reforma de 1984 preferiu aceitar a fórmula constante do Código penal de 1969, que não chegou a vigorar, estatuindo, no art. 6°, que: *"Considera-se praticado o crime no lugar em que ocorreu a ação ou omissão, no todo ou em parte, bem como onde se produziu ou deveria produzir-se o resultado".*

O critério da ubiquidade aparece de forma mais nítida com a referência ao lugar da ação ou omissão, bem como o de onde se produziu ou deveria se produzir o resultado. Critica-se, no entanto, esta dicção, pois não prevê a hipótese de ocorrência apenas parcial do resultado como definidora do lugar do crime.[5]

A crítica, todavia, não procede, pois era desnecessária a menção ao resultado, mesmo que parcialmente ocorrido, porque se a lei aplica-se na hipótese de ser o lugar do crime aquele onde "deveria produzir-se o resultado", é evidente que constitui, também, lugar do crime aquele em que apenas parcialmente sucedeu o resultado. Se, na tentativa, o lugar onde deveria suceder o resultado define o lugar do crime, é este também o em que parcialmente se deu o resultado.

Pode ocorrer, como lembra FRAGOSO,[6] conflito de competência, por exemplo, no país estrangeiro onde se realizou a ação, e no Brasil onde se deu o resultado. Nesta hipótese, a instauração de um processo penal em outro país não impede que haja processo segundo a lei brasileira em nosso país. O que não pode ocorrer é cumprimento de duas penas, já que a pena executada no estrangeiro deve ser levada em conta no Brasil, conforme preceitua o art. 8° do Código Penal.

7.4. HIPÓTESES DE EXTRATERRITORIALIDADE

Adota o Código Penal, no art. 7°, I, o princípio da defesa, pois na hipótese de lesão a valores relevantes para o país, em relação aos quais é mister não deixar a persecução penal ao talante do interesse de nação estrangeira, se estabelece a prevalência da lei brasileira. Dessa forma, mesmo realizados os crimes no estrangeiro, aplica-se a lei brasileira, e de forma incondicionada, se tiver sido praticado contra a vida e a liberdade do Presidente da República, pois não só simboliza a Nação, como exerce a direção política e administrativa do país.

---

[4]   COSTA, P. J. Jr., *Direito Penal, curso completo*, 5ª ed., São Paulo, Saraiva, 1999, p. 35.

[5]   VARGAS, J. C., op. cit., p. 125.

[6]   FRAGOSO, H. C., op. cit., p. 120.

Igualmente a lei brasileira é aplicada, se o fato lesiona o patrimônio ou a fé pública de entes da Administração Pública, a saber, da União, do Distrito Federal, de Estado, de Município, de empresa pública, de sociedade de economia mista, de autarquia ou de fundação instituída pelo Poder Público.

O patrimônio destes entes ao ser ofendido resulta em prejuízo de todos, pois atinge o erário público, razão pela qual um estelionato praticado contra uma empresa pública é fato nocivo ao interesse geral, o mesmo podendo dizer-se, apesar de forma menos intensa, se a vítima for uma sociedade de economia mista. Daí, a prevalência da lei brasileira, que redunda na efetividade da persecução penal em nosso país. No fundo, a sujeição à lei brasileira quer dizer, também, sujeição à Justiça brasileira, pois só se aquela, a lei brasileira, prevalecer é que se poderá propor a ação penal, no Brasil, contra o autor de fato lesivo do patrimônio ou fé pública dos entes da Administração Pública. Assim, a falsificação, no estrangeiro, de títulos da dívida pública de um Estado ou Município pode ser perseguida criminalmente no Brasil.

Também os crimes contra a Administração Pública praticados no estrangeiro, por quem está a seu serviço, resta sujeito à lei brasileira. Desse modo, aplica-se a lei brasileira em relação a um furto praticado por empregado da representação diplomática do Brasil que subtrai dinheiro do cofre da Embaixada.

No crime de genocídio, desde que o agente seja brasileiro ou domiciliado no Brasil, mesmo que o fato tenha sido praticado no estrangeiro, prevalece a lei brasileira, independentemente de entrar o autor do fato em território nacional. O genocídio, portanto, está sujeito à lei brasileira de forma condicionada, mas a condição difere da prevista em relação a qualquer outro crime praticado por brasileiro, qual seja, a do agente entrar em nosso território. Basta que o autor do fato seja brasileiro ou aqui domiciliado.

Neste passo, o Código Penal aproxima-se do princípio da Justiça penal internacional, em face da exigência de repressão aos fatos altamente lesivos dos direitos humanos, especialmente diante dos horrores que se mostram reiterados nas guerras na África e na Europa Central. O genocídio, sobre o qual falarei adiante ao tratar do Tribunal Penal Internacional, vem previsto como crime pela Lei n° 2.889/56 e qualificado como hediondo pela Lei n° 8.072/90.

No inciso II do art. 7° do Código Penal, prevê o legislador outras hipóteses de extraterritorialidade, mas sujeita à aplicação da lei brasileira o crime praticado no exterior a algumas condições.

Assim, incide a lei brasileira nos crimes que o Brasil se comprometeu, por meio de tratado ou convenção, a reprimir, crimes estes, portanto, de interesse da comunidade internacional, ficando, contudo, a aplicação sujeita às condições especificadas no § 2° do art. 7°.

Ao crime praticado no estrangeiro por brasileiro também se aplica a lei brasileira, mesmo porque dispositivo constitucional proíbe a extradição de brasileiro, que não pode restar impune: se inaplicada a lei estrangeira por proibição da extradição, tal não se pode constituir em impunidade,[7] razão pela qual atua, então, a lei brasileira, desde que presentes as condições do § 2° do art. 7°do Código Penal.

---

[7]   PRADEL, J. *Droit Penal general*, Paris, Cujas, 2000, p. 210, bem observa que como na França igualmente não se permite a extradição de um nacional, o agente francês poderia escandalosa-

Parte I · Capítulo 7 · LEI PENAL NO ESPAÇO | **89**

As leis brasileiras atuam de forma extraterritorial: se o crime tiver sido praticado no exterior, em aeronaves ou embarcações brasileiras, mercantes ou privadas, se no estrangeiro não tiver sido julgado, mas presentes as condições constantes do mencionado § 2º do art. 7º do Código.

São condições a se somarem, para a aplicação da lei brasileira, nas hipóteses acima referidas, que:

a) o agente entre em território nacional, pouco importando que após instaurado o processo o agente saia do país;

b) seja o fato punível no país em que foi praticado, respeitando-se, desse modo, o princípio da legalidade, pois a prática do aborto é permitida em vários países, sendo lá uma ação lícita não pode ser perseguida no Brasil, visto que dessa forma se pretenderia também impor a legislação brasileira a país estrangeiro. Lembra FRAGOSO que o fato praticado em alto mar, portanto, sem estar sob a égide da soberania de qualquer país, pode estar sujeito à lei brasileira;

c) esteja o crime incluído entre os que a Constituição e a lei autorizem a extradição. Se o crime praticado no estrangeiro for crime político ou de opinião, não se aplica a lei brasileira, mesmo porque se não permitida a extradição é ilógico que pretenda punir aqui, pela lei brasileira, o que se não permite ser objeto de extradição;

d) não tenha sido absolvido no estrangeiro ou não tenha aí cumprido pena, pois deve prevalecer a lei do país onde o crime foi praticado, apenas se justificando, portanto, se não foi absolvido ou se já não cumpriu pena. Deve, ademais, respeitar-se a absolvição decretada no estrangeiro e, de outro lado, impedir o *bis in idem* não se aplicando a lei brasileira, se o agente pelo fato já cumpriu pena;

e) não tenha sido o agente perdoado no estrangeiro ou não ter ocorrido, por qualquer outro motivo, a extinção da punibilidade, seja perante a lei estrangeira, seja perante a nossa, pois a extinção da punibilidade faz cessar o poder-dever de punir, tornando sem justa causa a persecução penal.

Por fim, há uma última hipótese de extraterritorialidade, referente ao crime praticado no estrangeiro por estrangeiro contra brasileiro, se presentes as condições acima mencionadas e suceda, ademais, não ter sido pedida ou ter sido negada a extradição ou não ter havido requisição do Ministério da Justiça. Segue o Código Penal, neste dispositivo, o princípio da defesa, mas não sob o ângulo do bem jurídico relevante, e sim da defesa da vítima brasileira; com relação ao agente estrangeiro que resta impune pelo crime praticado em país estrangeiro que não solicita a extradição ou quando esta é negada.

Como já afirmei acima, a extraterritorialidade da lei brasileira tem um significado penal e processual penal, pois a prevalência extraterritorial da lei nacional importa persecução do agente perante a Justiça brasileira. Dessa forma, a disciplina

---

mente escapar de toda repressão refugiando-se na França após cometer um delito no exterior, razão pela qual adota-se o *princípio da personalidade ativa.*

90 | FUNDAMENTOS DE DIREITO PENAL – *Miguel Reale Júnior*

da extraterritorialidade é de caráter misto, penal e processual penal, visto que nada significa concluir-se pela incidência da lei brasileira, se tal não significar legitimidade para processar o agente no Brasil, processo que não se pode instaurar se não houver legitimidade para aplicar a lei nacional.

7.5. PENA CUMPRIDA NO ESTRANGEIRO

Se há extraterritorialidade da lei penal brasileira, sem que com isso se exclua a atuação da Justiça estrangeira, que pode ter punido o agente pelo mesmo crime, é lógico que se eventualmente o autor do fato foi condenado e cumpriu pena no exterior, deve esta ser descontada ou computada no Brasil, pois, do contrário, cair-se-ia no *bis in idem*. Por isso, o art. 8° do Código Penal estatui que "*a pena cumprida no estrangeiro atenua a pena imposta no Brasil pelo mesmo crime, quando diversas, ou nela é computada, quando idênticas*".

A dificuldade está em descontar penas de natureza diversa, como, por exemplo, a pena de multa frente à privativa de liberdade, ainda mais se a multa penal tiver sido aplicada sem o critério do "dias-multa". A pena restritiva e a privativa de liberdade sempre redunda em dias, facilitando, então, a tarefa de desconto.

7.6. A SENTENÇA PENAL ESTRANGEIRA

O art. 9° do Código Penal regula as condições para a homologação da sentença penal estrangeira a ser concedida pelo Superior Tribunal de Justiça (art. 105, I, *i*, da Constituição de 1988, de acordo com a Emenda Constitucional n° 45/2004), mas que, no campo penal, restringe-se à aplicação da medida de segurança, hipótese em que não haveria interferência da soberania de outro país, mas atendimento a um interesse de sujeição do agente a providências de caráter curativo e de defesa da sociedade em face da inimputabilidade.

A sentença condenatória estrangeira tem, no entanto, como recorda PAULO JOSÉ DA COSTA JR., efeitos na esfera penal, tais como o reconhecimento da reincidência, que pode decorrer de anterior condenação transitada em julgado no estrangeiro (art. 63 do Código Penal), o que constitui, além de circunstância agravante, óbice à concessão de diversos benefícios.

7.7. A EXTRADIÇÃO

A extradição é a medida de cooperação internacional entre o Estado brasileiro e outro Estado pela qual se concede ou solicita a entrega de pessoa sobre quem recaia condenação criminal definitiva ou para fins de instrução de processo penal em curso, conforme explicita o art. 81 da Lei n. 13.445/17.

Dessa forma, por via de tratado de extradição, visa-se, também, instalar uma via de mão dupla, com o fim de dar eficácia à lei penal brasileira em face de agentes que, tendo praticado delitos aos quais a nossa lei penal se aplica, encontram-se em outro país.

Assim, cada país reafirma a soberania do outro, e por meio dessa colaboração estabelece-se uma rede de ação contra a criminalidade, evitando-se, também, o reconhecimento do país como refúgio de autores de delitos.

O fato deve ter sido praticado no país solicitante da extradição, ou a lei deste país ser aplicável ao fato. Além do mais, a Constituição e a lei especial acima referida estabelecem condições impeditivas da concessão da extradição.

A Constituição proíbe no inciso LI do art. 5° que brasileiro seja extraditado. O naturalizado poderá ser extraditado, se a naturalização tiver se dado após a prática de crime comum ou se comprovado envolvimento em tráfico ilícito de drogas. Dessa forma, afirma-se a soberania brasileira sobre os seus nacionais, nascidos ou naturalizados, sujeitos à lei brasileira, que a eles se aplica extraterritorialmente, de acordo com o preceituado no art. 7°. do Código Penal.

A naturalização não pode se constituir em meio de fraudar a extradição, motivo por que o naturalizado pode ser extraditado, se o crime pelo qual é solicitada a extradição deu-se antes da naturalização. No combate ao narcotráfico, agrava-se a situação do naturalizado, que pode ser extraditado, mesmo que a naturalização seja anterior à prática do crime de tráfico de entorpecentes.

A Constituição também proíbe a extradição se o crime for político ou de opinião. O crime é político quando constitui ato de oposição à organização política ou social vigente contra a qual se arvora visando-se à sua modificação, reputado delito pelo Estado para manter o *status quo*.[8] A questão relevante, todavia, está em saber se se deve ou não caracterizar como crime político, não sujeito à extradição, os crimes comuns praticados com fins políticos, tais como homicídio, sequestro, roubo.

Se a finalidade é política, mas sobressai a forma como se almeja o fim político, ou seja, por meio da prática de um crime comum, pode-se dar a extradição. Segundo § 1° do art. 82 da Lei n. 13.445/17 não impedirá a extradição quando o fato malgrado tenha finalidade política venha constituir, principalmente, infração à lei penal comum ou quando o crime comum, conexo ao delito político, constituir o fato principal.[9]

Essa posição deriva da luta contra os regicidas, desde o atentado contra Napoleão III, em 1854, depois no enfrentamento dos anarquistas, e de meados do século passado na luta contra o terrorismo. Hoje, há várias convenções internacionais relacionadas com o terrorismo, revelando o empenho de centenas de países no combate ao crime político violento que vitima tantos inocentes.[10]

O personagem de CAMUS, em *A Morte Feliz*, anarquista, nos instantes anteriores de provocar um atentado, ao saber que uma criança vinha junto com o arquiduque na

---

[8] PRADEL, J., op. cit., p. 250, refere dois critérios para determinar o crime político, o critério objetivo, pelo qual político é o crime dirigido contra a organização e o funcionamento do Estado, e o critério subjetivo, de acordo com o qual político é o crime praticado tendo por móvel que anima o autor, ou seja, o motivo político. Sobre crime político, vide CANEDO GONÇALVES DA SILVA, C. A. *Crimes políticos*, Belo Horizonte, Del Rey, 1993, p. 70, que entende dever apenas o Estado Democrático punir a criminalidade política quando manifestada por meio de violência.

[9] Segundo a Lei n. 13.445/17 no art. 82, § 4°: O Supremo Tribunal Federal poderá deixar de considerar crime político o atentado contra chefe de Estado ou quaisquer autoridades, bem como crime contra a humanidade, crime de guerra, crime de genocídio e terrorismo.

[10] O Brasil ratificou alguns atos internacionais de combate ao terrorismo: Convenção para prevenir e punir atos de terrorismo configurados como delitos contra as pessoas, em 6 de abril de 1999; Convenção Internacional contra a tomada de reféns, em 20 de junho de 2000. Esperando ratificação do Congresso Nacional a Convenção para supressão de atentados terroristas a bomba, remetida ao Congresso em 29 de junho de 2000.

carruagem a ser explodida, ponderou ser necessária a morte de um inocente, para que muitos outros não viessem a morrer em virtude das iniquidades do poder estabelecido. A prática do terrorismo político tem, portanto, duas faces: a face negra da morte de inocentes surpreendidos nos seus afazeres por uma violência inesperada e injusta que os instrumentaliza e a face do heroísmo que age em nome de uma causa que se crê justa, muitas vezes, imolando o próprio agente do terror ou seus companheiros de luta.

A finalidade política, entretanto, por vezes justa, como a luta pela independência de Timor Leste, não pode justificar a violência do crime comum, a não ser que seja praticado em legítima defesa ou em meio a um processo de rebelião. Em suma, caberá ao julgador, no caso o Supremo Tribunal Federal, sem prejuízos, examinar o caso concreto para enquadrá-lo ou não na categoria de crime político insuscetível de extradição.

A extradição não cabe, também, segundo a Constituição, com relação aos crimes de opinião, ou seja, decorrentes da manifestação de pensamento, seja por meio de imprensa ou não.

A Lei nº 13.445/17 (art. 82) estabelece outras condições negativas da extradição, tais como o fato não constituir crime no Brasil ou for o País competente para julgar o que fundamenta o pedido de extradição; a pena imposta ao crime praticado for igual ou inferior a dois anos; estiver extinta a punibilidade; ou o extraditando vier a ser submetido a tribunal de exceção.

As limitações à extradição visam preservar os princípios informadores de nosso Direito, pois não se justifica a prisão por crime cuja pena máxima seja igual ou inferior a dois anos, do mesmo modo como é inadmissível tribunal de exceção ou tiver sido cessado o poder-dever de punir em razão de causa extintiva da punibilidade.

7.8. O TRIBUNAL PENAL INTERNACIONAL

Terminada a Segunda Guerra Mundial, em 1945, ressurgem as ideias jusnaturalistas, em contraposição ao irracionalismo voluntarista do nazismo, buscando estabelecer direitos fundamentais do homem a serem incondicionalmente respeitados pelos povos de todas as nações, produzindo-se a Declaração Universal dos Direitos do Homem de 1948.

Os direitos do homem foram considerados presentes de forma inata na consciência dos homens, em razão do que era desnecessário que houvesse lei anterior para punir os crimes contra a humanidade perpetrados pelos nazistas e japoneses durante a guerra, justificando-se, assim, a constituição dos Tribunais de Nuremberg e de Tóquio para julgar os líderes dos dois países derrotados em face das atrocidades cometidas, em especial, nos hediondos campos de extermínio.

Na Alemanha, juízes foram condenados por terem aplicado a lei injusta, e um indivíduo foi processado e condenado por homicídio, em razão de haver denunciado um conhecido como autor de escritos nos muros contra o nazismo, pelo que foi este condenado à morte, sendo que o denunciante sabia que a única consequência possível de sua delação seria a morte.

Independentemente de uma adesão ao direito natural racional, o crescente reconhecimento dos direitos humanos apenas em parte levou a que atrocidades durante conflitos fossem evitadas. Dessa forma, a Comissão de Direito das Nações Unidas propôs a criação de um Tribunal Internacional na década de 1980, projeto que restou paralisado até 1990, quando, por sugestão de Trinidade Tobago, foi reaceso.

O Conselho de Segurança da ONU, em face dos horrores praticados nas guerras de Rwanda e da ex-Iugoslávia, decidiu constituir, junto à Corte de Haia, dois Tribunais *ad hoc* para processar e punir por crimes de genocídio e contra a humanidade os principais responsáveis pelo flagrante desrespeito aos direitos humanos durante os conflitos havidos nos dois países.

Após longas discussões, em julho de 1998, conseguiu-se aprovar o Estatuto de Roma, que instituiu o Tribunal Penal Internacional,[11] sendo o Estatuto subscrito por 120 países, e recentemente por sessenta e cinco países, tendo, portanto, vigência. Os Estados Unidos da América não foram signatários, até o último dia do governo de CLINTON, instante em que este resolveu assinar o Tratado, tendo o governo BUSH pretendido retirar a assinatura, sendo certo, portanto, que não haverá ratificação por parte deste país.

No Brasil, que foi um dos signatários, o Estatuto de Roma foi enviado ao Congresso Nacional para ratificação. Na Exposição de Motivos dos Ministros CELSO LAFER, Relações Exteriores, e JOSÉ GREGORI, Justiça, ressalta-se a importância de se ter uma Corte permanente para julgar os crimes aberrantes que atingem direitos humanos mais elementares e afetam a humanidade, concretizando-se um anseio da comunidade internacional de combate a esses delitos.

O Estatuto de Roma assinala que o Tribunal Penal Internacional constitui uma intervenção subsidiária, a ser aplicada na ausência de persecução penal pelo Estado-Membro, a não ser que se verifique que a aplicação da lei penal interna foi uma farsa para impedir que se viesse a aplicar o Estatuto. Em uma Parte Geral, reconhece-se o princípio da legalidade dos crimes e das penas, a proibição da retroatividade e do *bis in idem*, o princípio da ampla defesa e do devido processo legal.[12]

Prevê, também, o erro de fato e de direito e, com relação aos crimes de guerra, admite a dirimente da obediência hierárquica, se a ordem não for manifestamente ilegal.

O Estatuto estabelece a responsabilidade pessoal e não a responsabilidade de pessoa jurídica de direito público ou privado, prevendo as penas de prisão perpétua, de reclusão até trinta anos, que poderá ser cumulada com pena de multa e sequestro de bens. Os crimes são considerados imprescritíveis.

A pena deve ser individualizada, levando-se em conta a gravidade do crime e as circunstâncias pessoais do condenado, podendo ser revista para concessão de liberdade em 25 anos, se a pena for de prisão perpétua, e cumpridos 2/3 da pena no caso de pena de reclusão.

O Estatuto tipifica três tipos de crimes: o genocídio (art. 6°), o crime contra a humanidade (art. 7°) e os crimes de guerra (art. 8°), que se subdividem na descrição de várias condutas. O crime de genocídio, em grande parte, tem descrição similar à constante da Lei n° 2.889/56, consistindo em matar, causar lesão grave, submeter a con-

---

[11] Sobre a longa discussão para aprovação do Estatuto de Roma e a estrutura do Tribunal Penal Internacional, vide, CHOUKR, F. H. E AMBOS, K. *Tribunal Penal Internacional*, São Paulo, RT, 2000.

[12] BASSIOUNI, M. C. *Le fonti e il contenuto del Diritto Penale Internazionale, um quadro teórico*, Turim, Giuffré, 1999, p. 7, que esta parte do Estatuto é derivada dos princípios gerais de Direito Penal a partir dos principais sistemas penais do mundo.

dições de vida que levam a destruição, impedir nascimentos de membros de um grupo nacional, étnico, racial ou religioso, com a intenção de destruí-lo total ou parcialmente.

Os crimes contra a humanidade constituem longo elenco de condutas, devendo-se ressaltar que se configuram por expressar um ataque generalizado e sistemático contra uma população civil, ataque este realizado por meio de homicídio, extermínio, escravidão, tortura, deportação. Os dois aspectos específicos do crime são: ataque generalizado, ou seja, destinado a um número indeterminado de pessoas, e sistemático, isto é, planejado, organizado.

Os crimes de guerra correspondem à violação da Convenção de Genebra de 1949, violações graves das leis e usos aplicados a conflitos armados internacionais, e com relação a outros conflitos armados, fatos como o ataque à população civil.

Questões foram levantadas com relação à eventual inconstitucionalidade do Estatuto em face de algumas de suas disposições, uma vez que não pode haver ratificação com reserva em relação a algum dispositivo, cabendo a ratificação no seu todo. Argumentam alguns penalistas[13] que o Estatuto prevê: a) no art. 58 a entrega de nacionais; b) a jurisdição será exercida inobstante imunidades e prerrogativas de foro, art. 27; c) o não respeito à coisa julgada no art. 20; d) a prisão perpétua, art. 77; e) a imprescritibilidade dos crimes.

A globalização econômica e cultural deve trazer um benefício, qual seja, a globalização dos direitos humanos, razão pela qual o conceito de soberania há de ser revisto, tal como formulado desde a Idade Moderna, pois a proteção dos direitos humanos, por toda a comunidade internacional, é uma forma de concretização do princípio-fonte do Estado de Direito Democrático, ou seja, a dignidade da pessoa humana. Neste sentido, OSCAR VILHENA defende que *"o princípio da soberania deve harmonizar-se ao da dignidade da pessoa humana, encontrando-se por este limitado".*[14]

O Estatuto de Roma dá, no dizer de CAMPOS E ASSUNÇÃO, a dimensão do intolerável, impõe uma corresponsabilização contra a negação da existência humana[15] e, portanto, a existência de um Tribunal Penal permanente tem uma função pedagógica reveladora da importância no concerto internacional do respeito aos direitos humanos mais elementares.

A existência de um Tribunal Internacional permanente dá segurança jurídica, seja pelos princípios de Direito Penal estatuídos, seja pela tipificação dos delitos e fixação das penas, seja em face de regras processuais precisas, não havendo, doravante, que se criar Tribunais *ad hoc*, suscetíveis de contestação, e sem os riscos das violações praticadas pelos tribunais de Nuremberg e Tóquio, Tribunais dos vencedores e não um órgão permanente destinado à imparcialidade, malgrado o ingrediente político que é impossível deixar de existir, de todo, em um organismo internacional.

---

[13]   Neste sentido, CERNICCHIARO, L. V. E LUISI, L. Conferências publicadas na *Revista CEJ*, Centro de Estudos do Judiciário do Conselho da Justiça Federal, nº 11, ano IV, p. 37 e 48, respectivamente, agosto de 2000.

[14]   VILHENA, V. O. Conferência publicada na *Revista CEJ*, cit., p. 62.

[15]   CAMPOS e ASSUNÇÃO, M. L. M. E. "De como o Estatuto do Tribunal Penal Internacional certifica um novo modelo de Direito Penal", *in Revista Brasileira de Ciências Criminais*, nº 30, São Paulo, p. 39, 2000.

As objeções feitas à inconstitucionalidade do Estatuto, creio que são superáveis:

a) não se trata de extradição de nacional para ser submetido à jurisdição de outro país, pois o Tribunal tendo sido ratificado pelo Brasil, um órgão criado pelo próprio Brasil, que é seu instituidor e membro, não se dando, portanto, a hipótese de extradição de brasileiro;

b) as imunidades constituem antes instituto de Direito Processual, pela suspensão do processo e interrupção da prescrição até o fim do mandato, sendo de se anotar a alteração essencial nesta matéria pela Emenda Constitucional nº 35, de 20 de dezembro de 2001, pela qual os fatos anteriores à diplomação não se enquadram na imunidade e os posteriores podem receber denúncia, sendo facultado que cada Casa, Câmara ou Senado, determine a sustação do processo. O foro especial não é prerrogativa da pessoa, e sim da sociedade, pois ser julgado por órgão superior é garantia de imparcialidade do juízo;

c) a revisão à coisa julgada apenas ocorre, excepcionalmente, segundo o art. 20 do Estatuto, quando se verifica que o agente foi submetido a uma farsa, e não a um efetivo julgamento, com a única finalidade de evitar a competência complementar do Tribunal Penal Internacional, sob a escusa de já haver atuado a Justiça do país. Ademais, admite-se que a coisa julgada seja revistada, segundo o Código de Processo Civil, quando a decisão foi baseada em prova falsa. No caso, falso é todo o julgamento. A regra, todavia, é do *ne bis in idem*, conforme o próprio art. 20;

d) a prisão perpétua tem a possibilidade de redundar em prisão por 25 anos, e, dessa forma, não sendo possível opor qualquer ressalva, a solução está na ratificação vir acompanhada de declaração interpretativa, tal como se deu na Espanha, na qual se afirma que a ratificação ocorreu com a condição de que a pena não excedesse ao máximo legal da reclusão, realizando-se a revisão prevista no art. 110 do Estatuto. Além do mais, segundo o art. 80 do Estatuto, as suas regras sobre penas não afetam a mudança do sistema de penas do Estado-Membro nem se impõe que, não existindo determinada pena no Direito interno do Estado-Membro, venha esta a ser por ele aplicada;

e) a previsão de imprescritibilidade não é inconstitucional, pois a prescrição não consta do elenco do art. 5º da Constituição, que aliás declara imprescritível, por exemplo, o crime de racismo (art. 5º, XLII).

O Estatuto de Roma foi ratificado pelo Congresso Nacional por meio do Decreto Legislativo nº 112, de 06 de junho de 2002, tendo sido promulgado pelo Decreto Presidencial nº 4.388, de 25 de setembro de 2002.

A Emenda Constitucional nº 45, de 08 de dezembro de 2004, acrescentou o § 4º ao art. 5º da Constituição Federal: "... *o Brasil se submete à jurisdição de Tribunal Penal Internacional a cuja criação tenha manifestado adesão.*"

PARTE II

ESTRUTURA DO DELITO

Capítulo 1
ANCORAGEM DO SISTEMA

1.1. ESTRUTURA DO DELITO E SEGURANÇA JURÍDICA

Não foi por mero exercício de lógica que ao estudar a finalidade da pena fui buscar, na concepção de Direito e de ação, a fonte explicativa do fim da pena de acordo com o pensamento de diversos autores. Fiz, na verdade, o caminho inverso preconizado por ROXIN, de extrair o conceito dos elementos da teoria do delito a partir de sua função político-criminal, com vistas ao fim de prevenção geral positiva.[1] Não se pode concordar com ROXIN ou com RUDOLPHI no sentido de extrair da concepção acerca da finalidade da pena a configuração do conceito de ação, de injusto e de culpabilidade.[2]

Da mesma forma como ROXIN, em busca de dotar de realidade a teoria do delito, formulada sob ângulo exclusivamente normativo, pretende defluir o conceito de tipicidade a partir da função político-criminal que exerce, sempre sob a égide de uma finalidade de prevenção positiva da pena, poder-se-ia pensar em extrair da concepção axiológico-concreta do fim da pena consequências acerca do conceito de ação, de tipicidade, de culpabilidade.

Para ROXIN, a ação consiste em uma conduta significativa no mundo exterior de quem deve ser punido para se restabelecer a confiança no sistema, e a tipicidade serve para escolher os bens jurídicos a tutelar, descrevendo a forma de ofensa a eles, forma apta a feri-los, constituindo a opção pela criminalização um modo de resolver o conflito entre a proteção do bem e a liberdade individual a ser sacrificada se o bem vier a ser lesionado. Dessa forma, o princípio do *nullum crimen* dá "diretrizes de conduta", pois, especificando de forma clara e reconhecível, a conduta exerce uma função de prevenção ao provocar a adesão aos valores expressos no tipo[3].

---

[1] ROXIN, C. *Política criminal y sistema del Derecho Penal*, trad. Muñoz Conde, Barcelona, Bosch, 2000, p. 40, para o qual as categorias do delito, tipicidade, antijuridicidade e culpabilidade, devem se sistematizar, desenvolver e completar sob o prisma de sua função político-criminal.

[2] Apud SERRANO MAÍLLO, op. cit., p. 154 e seguinte.

[3] ROXIN, C., op. cit., p. 41; MOCCIA, S. *Función sistemática de la política criminal*. Principios normativos para un sistema penal orientado teleologicamente. *Fundamentos de un sistema pena europeo*, cit., p. 90; MUÑOZ CONDE, F., na introdução ao livro de ROXIN, citado, p. 11, considera demasiado unilateral a redução que se faz da função político-criminal do tipo, pois ao lado da função de motivação há a função de garantia. Por esta crítica creio que se pode verificar que a função político-criminal deve ser uma consequência das categorias jurídicas e não estas decorrência da função político-criminal. O sistema deve ser aberto, como já examinei no

100 | FUNDAMENTOS DE DIREITO PENAL – *Miguel Reale Júnior*

Partir dos fins de política criminal e da finalidade da pena, como prevenção geral positiva para estabelecer o conceito de cada um dos elementos da teoria do crime,[4] significa adotar uma compreensão funcionalista, para a qual importa saber qual a parte do jogo que exerce o Direito e o delito no conjunto social e conceituar os dados normativos que compõem o delito de acordo com a função que este vem a ter no sistema. O delito é necessário para a visão funcionalista pois constitui uma oportunidade para que o sistema se autorreproduza, reafirmando-se para se conservar unitário e gerador de confiança nos membros da sociedade.[5]

Mas a meu ver, independentemente de se ter uma concepção da pena como de prevenção geral positiva –, na hipótese acima levantada de defluir da finalidade da pena, segundo a compreensão axiológico-concreta, vista a pena como retribuição que reafirma o valor tutelado –, tomar-se os conceitos de ação, de tipicidade, de antijuridicidade e de culpabilidade seria deixar de ter um sistema, uma estrutura do delito, pois o conceito de crime, o modelo dogmático de crime seria mero reflexo de finalidades político-criminais e dos fins atribuídos à pena, sem constituir uma mônada, um conjunto com significado próprio, fonte básica para a segurança jurídica.

É este um ponto sobre o qual insiste, com razão, SERRANO MAÍLLO, ou seja, a *"irrenunciável exigência de segurança jurídica"*[6] que decorre de se ter uma estrutura do delito, um sistema, um modelo dogmático de crime entendido como *"estruturas teórico-compreensivas do significado dos modelos jurídicos e de suas condições de vigência e eficácia na sistemática do ordenamento jurídico"*,[7] sendo as normas incriminadoras e as normas da Parte Geral, que elucidam e limitam as incriminadoras, os modelos jurídicos a partir dos quais se constrói o modelo dogmático.

Todos os operadores da administração da Justiça Criminal interpretam e aplicam as normas penais segundo uma compreensão da estrutura do delito, pois as categorias jurídicas é que viabilizam a compreensão da lei, categorias a se construir como um sistema que se explica a si próprio, sem depender e ser um espelho de mutantes funções da política criminal e de determinada visão do fim da pena. Se assim for, ficará destituída de sistema a teoria do delito.

Capítulo IV da Parte I, ou seja, o menos aberto possível, mas sem ser caudatário dos aspectos político-criminais, e sim dialogando com estes para se adequar às exigências e realidades novas.

[4] ROXIN, C., op. ult. cit., p. 27, para o qual os problemas político-criminais configuram o conteúdo próprio da teoria geral do delito.

[5] ROXIN, idem; SERRANO MAÍLLO, op. cit., p.152.

[6] SERRANO MAÍLLO, A., op. cit., p. 170. Cabe ressaltar que ROXIN, op. cit., p. 77, considera que não abandona ou relativiza o pensamento sistemático cujo fruto, a segurança jurídica, é irrenunciável, considerando que o pensamento sistemático infenso à política criminal se desinteressa das particularidades dos casos concretos, pairando na abstração e, muitas vezes, se *"paga a segurança jurídica com o menoscabo da Justiça"*. Creio que já ficou clara a posição por mim assumida no capítulo IV da parte anterior, no sentido de que o sistema deve ser aberto, suscetível às necessidades de concreção do justo, o que não se confronta ou impossibilita a adoção de uma estrutura jurídica de delito como categoria compreensiva do delito. O sistema pode se arejar, o que não pode, sob pena de instalar a insegurança jurídica, é ser apenas reflexo da Política Criminal e das vicissitudes da aplicação concreta da Justiça, bem como dos fins da pena.

[7] REALE, M. *Direito como experiência*, op. cit., p. 163.

Parte II · Capítulo 1 · ANCORAGEM DO SISTEMA | **101**

E o sistema torna-se mais firmemente instrumento de segurança jurídica, se fundado em bases ontológicas, em uma estrutura lógico-objetiva tal como propõe o finalismo, considerando-se, recentemente, que a construção da ação e do delito, a partir da natureza das coisas, foi uma das *"mais importantes contribuições da história do Direito Penal".*[8]

Se a construção de um modelo dogmático proporciona segurança jurídica, pois não permanecem a pairar no ar os conceitos integrantes da estrutura do delito, como reflexo de finalidades político-criminais e dos fins da pena, maior é a segurança quando o sistema se arrima em dados de natureza ontológicos, e, portanto, dados da realidade inafastáveis.

1.2. TEORIA FINAL DA AÇÃO E DIVERGÊNCIAS COM WELZEL

A teoria finalista foi submetida à forte crítica pelos adeptos da teoria da imputação objetiva, que alcançou repercussão na Alemanha,[9] sendo seus principais formuladores ROXIN e JAKOBS. A meu ver, não tem sentido pretender dela extrair consequências em relação a todos os elementos do delito, sendo relevante, contudo, a sua contribuição, em especial, nos crimes culposos, na relação de causalidade, e nos crimes omissivos e comissivos por omissão,[10] como adiante se examinará.

JAKOBS reclama no prólogo da 1ª edição de seu *Direito Penal* por uma (re)normativização dos conceitos, pois o que importa não é saber quem pode ocasionar ou impedir um resultado, mas quem é responsável por este, o que a teoria final não se preocupa em responder.[11] A seu ver, a teoria final da ação não explica os resultados decorrentes de atos imprudentes e de atos automatizados, bem como o comportamento omissivo.[12]

---

[8]   SERRANO MAÍLLO, A., op. cit., p. 183.

[9]   No Brasil, a repercussão é de se anotar no pensamento de CHAVES DE CAMARGO, A. L. *Imputação objetiva e direito penal brasileiro*, São Paulo, Cultura Paulista, 2001. Outros autores não se aperceberam de que a teoria da imputação objetiva tem como pressuposto uma concepção funcionalista e correlatamente de prevenção geral positiva da pena, e transitam do finalismo à nova ideia, para sempre estar *up to date*, sendo que o finalismo tem pressupostos filosóficos absolutamente inconciliáveis com o funcionalismo, o que não proíbe, todavia, que algumas das contribuições da teoria da imputação objetiva possam ser adotadas dentro de uma visão finalista, como se verá com relação, em especial, ao crime culposo. Apesar das críticas, a colocação do dolo na ação é adotada pela maioria dos penalistas, e constitui ponto quase unânime na doutrina, com exceção da italiana.

[10]   Neste sentido, CEREZO MIR, J. "O finalismo hoje", *in Revista Brasileira de Ciências Criminais*, nº 3, São Paulo. 1995, p. 47, segundo o qual é com relação aos delitos culposos que *"a teoria da imputação objetiva encontra seu principal local de aplicação"*, no que tem razão ao se fundar a imputação objetiva na circunstância de ter ido além do perigo permitido, em se ter elevado o perigo, devendo este perigo estar compreendido no campo de proteção pretendido pela norma, ou seja, é o resultado que a norma visava a evitar, além de se verificar ter havido aquele risco no resultado. Esta elaboração da imputação é, sem dúvida, relevante em uma sociedade de riscos como a pós-industrial com análise à frente. Também, SERRANO MAÍLLO, A., op. cit., 274; FRISCH, W., "La imputación objetiva: estado de la cuestión", *in Sobre el estado de la teoría del delito*, Madrid, Civitas, 2000, p. 39, segundo o qual a teoria da imputação objetiva apenas foi reconhecida pela jurisprudência com relação aos delitos culposos.

[11]   JAKOBS, G., op. cit., p. IX.

[12]   Idem, p. 165.

102 | FUNDAMENTOS DE DIREITO PENAL – *Miguel Reale Júnior*

Doutra parte, visando a excluir toda referência a dados materiais, critica-se o finalismo por pretender extrair o dever ser do ser.

Creio que as observações feitas podem ser respondidas em uma visão finalista, mas não welzeliana, cabendo, porém, enfrentar, de início, a questão da teoria da ação decorrente da natureza das coisas e de como não se faz do ser o dever ser.

A ação relevante para o Direito é, antes de ser relevante, uma ação, e como toda e qualquer outra ação prende-se a uma forma de ser a que se deve render o Direito, por se constituir em uma estrutura lógico-objetiva. Por esta razão, GARZON VALDES afirma que estas estruturas se encontram no campo do ser do Direito e não do dever ser do Direito.[13] Esta estrutura é objetiva, pois não depende da aceitação, uma vez que se impõe por si mesma quando reconhecida, e é lógica por dar unidade ao sistema jurídico, unidade que, sem ela, se desfaz.

É por isso que WELZEL afirma que a estrutura ontológica da ação precede a qualquer regulamentação, constituindo estrutura que se há de respeitar ao querer regular condutas.[14]

A autonomia ética do ser humano, como ser que age em face de contínuas escolhas de fins para os quais se mune de meios compatíveis à consecução destes fins, postos como motivo da ação, revela que toda ação humana é final.[15] O homem, ao agir, tem conhecimento da corrente causal que desencadeia e prevê, sem acertar sempre, as prováveis consequências de sua ação. Assim, verifica-se a verdade da conhecida expressão de WELZEL, "*a causalidade é cega, a finalidade vê*". Já TOBIAS BARRETO afirmava ser a intenção a "*direção da vontade a um fim, a um alvo que se tem em vista, e a consciência da realizabilidade desse fim*".[16]

Como já afirmei anteriormente, a conduta humana se impõe, consequentemente, aos olhos do legislador penal como portadora de uma estrutura e de um sentido.

Desse modo, superando o jusnaturalismo e o positivismo, a teoria da "natureza das coisas"[17] elimina tanto as categorias absolutas deduzidas da razão, como valores eternos e imutáveis, quanto o absolutismo do Direito Positivo, para instaurar limites imanentes,[18] decorrentes da estrutura lógico-objetiva da realidade, que condiciona

---

13 GARZON VALDES, E. *Hans Welzel*, anexo ao livro de WELZEL, *Mas allá del Derecho natural y del positivismo jurídico*, trad. Garzon Valdes, Córdoba, Universidad de Córdoba, 1962, p. 113.

14 WELZEL, H. *Derecho natural y justicia material*, trad. Felipe Gonzalez Vincén, Madrid, Aguilar, 1957, p. 258.

15 LUISI, L. *O tipo penal e a teoria finalista da ação*, tese de livre-docência apresentada à Faculdade de Direito da Universidade Federal do Rio Grande do Sul, 1975, p. 42, observa que a vontade finalista inclui não somente o fim último, mas os meios escolhidos e as possíveis consequências secundárias.

16 BARRETO, T. *Estudos de direito*, II, op. cit., p. 129.

17 Sobre a teoria da natureza das coisas, vide principalmente RADBRUCH, G. *Introduzione alla scienza del diritto*, trad. Dino Pasini, Turim, 1961, p. 100 et seq.; WELZEL, H. *Mas allà del derecho natura*, p. 39 et seq.; *Derecho natural y justicia material*, p. 250 et seq.; CASTANHEIRA NEVES. *Questões de fato e questões de direito*, p. 689 et seq.; BARATTA. "La natura di fatto e diritto naturale". *Riv. int. di filosofia del diritto*, II e III, p. 177 et seq., 1959; GARCIA MAYNES. *Positivismo jurídico, realismo sociológico e jusnaturalismo*, p. 136; SOLER, S. "Estructuras objetivas, figuras jurídicas", *in Ciência Penal*, 2, ano 1, São Paulo, p. 1, 1974.

18 WELZEL, H. *Mas allà del derecho natural*, p. 41; BARATTA, op. ult. cit., p. 189.

Parte II · Capítulo 1 · ANCORAGEM DO SISTEMA | 103

a elaboração legislativa. Assim, o normativo e o real estão entrelaçados, no dizer de WELZEL, pois a viabilidade do Direito depende da conformidade do concreto (real) ao abstrato (normativo).[19]

Há duas esferas, na verdade, pois não se deflui do *ser o dever ser*, não se identificando o conteúdo valorativo do Direito com a verificação da natureza das coisas. As estruturas lógico-objetivas representam o âmbito possível do Direito, fora do qual não pode ocorrer a construção da normatividade, cujo conteúdo axiológico incide sobre essas estruturas, mas com elas não se identifica.[20]

A realidade põe-se à frente dos olhos do legislador que a conhece e sobre ela formula juízos de valor, sem que haja qualquer extração do dever ser do ser.[21]

A consequência primeira e mais importante do reconhecimento do caráter final da ação é a inclusão do dolo na ação e, logo, no tipo.[22] Essa consequência, conforme destaca CEREZO MIR, é aceita de forma quase unânime na Alemanha e pela maioria dos penalistas na Espanha.[23] WELZEL esclarece que o dolo não é um reflexo secundário da ação, mas sim "*o fator que a antecipa mentalmente, que sobredetermina finalisticamente o acontecer da ação*" sendo, portanto, "*um elemento essencial do injusto*".[24]

Apesar do dolo, para WELZEL, constituir querer, de forma apta, a realização do tipo em todos os seus elementos dos quais se tem conhecimento, o dolo é qualificado como "dolo natural", ou seja, destituído de conteúdo valorativo, pois é apenas um querer objetivo.[25] É, então, dessa forma, um querer descolorido de significado valorativo, como um querer objetivo da concretização da conduta típica, podendo WELZEL considerar que o inimputável age com dolo, submetendo-o a uma medida de segurança, pois, apesar de sua ação não ser reprovável, ela se apresenta como uma ação voluntária.

A ação humana, todavia, é, no seu realizar-se, provida de sentido, como expressão que é de uma escolha conscientemente realizada e da eleição dos meios consonantes com os fins propostos pelo que o agir é um conduzir-se. E se toda a ação é fruto de uma escolha, e toda escolha é fundada em valores que se põem como fim de agir, há, na ação, como um dado do real, além da finalidade, a "intencionalidade significativa".[26] O fim é sempre valor atualizado, só havendo ação quando existe consciência do fim.

Em assim sendo, a intencionalidade integra e forma a ação, todas as ações, pois não há comportamento que não seja final e fundado em um valor, já que esta é sua

---

[19] WELZEL, H., op. ult. cit., p. 41.

[20] CASTANHEIRA NEVES, op. cit., p. 717.

[21] PABLOS DE MOLINA, A., G., op. cit., p. 491, observa que o legislador está livre para realizar a eleição das ações puníveis, mas não a estrutura final do comportamento humano.

[22] LUISI, L., op. cit., p. 69, e nota 3, observa que a intenção e propósito do agente estão sempre presentes na estrutura do tipo, e que a natureza onticamente finalista da ação indica que se houver uma conduta com diversos atos eles se constituirão em uma ação se houver unidade de desígnios.

[23] CEREZO MIR, op. cit., p. 43.

[24] WELZEL, H. *Derecho Penal*, cit., p. 45 e 65.

[25] Idem, p. 71.

[26] SANTAMARÍA. D. *Prospettive del concetto finalistico dell'azione*, Nápoles, 1955, p. 18; PALAZZOLO, V. *Considerazioni sulla natura dell'azione e sul carattere dell'esperienza giuridica*, Pisa, 1941, p. 24 e seguintes.

natureza ontológica. Dito de outra forma, se todo o comportamento é, em suma, teleológico e axiológico, a intencionalidade integra também a ação.

A consequência desta posição passa a ser clara: a ação é própria dos homens imputáveis, pois os inimputáveis não agem, na medida em que não possuem, em virtude de doença mental, a capacidade de avaliar o sentido e significado do fato que praticam. Os homens normais, destituídos de doença mental, agem, escolhendo meios para a consecução de fins com conhecimento do significado valorativo da conduta que concretizam; o inimputável não age, pratica fato previsto como crime.

Dessa forma, não se dilacera o real para atender exigências metodológicas ligadas à imposição de medidas de segurança. A estrutura da ação, em sua plenitude, obriga a que se considere a imputabilidade um pressuposto da ação e não um pressuposto da culpabilidade, como estabeleceu WELZEL.

O conceito de ação se constitui, então, em um ponto de partida que dá unidade à estrutura do delito, em função do qual se explicam os demais elementos componentes do modelo dogmático. É a âncora do sistema que, por ser aberto, balança ao sabor das ondas, mas sem se despregar da base fundamentadora.

1.3. AS CONCEPÇÕES NORMATIVAS DA AÇÃO

A concepção social de ação considera que a ação constitui uma modificação do mundo exterior, mas uma alteração significativa, ou seja, realização de um resultado socialmente relevante.[27] E ação relevante é aquela que produz efeitos valorados, como de significação social, ou é uma realidade valorada,[28] na expressão de LUISI.

Este conceito de ação relevante que ROXIN, de forma semelhante, designa como "conduta significativa no mundo exterior dominada pela vontade",[29] constitui uma manifestação da personalidade na qual estão presentes finalidades subjetivas e as consequências objetivas, bem como valorações pessoais, sociais e jurídicas. Porém, na verdade, esta tentativa de reunião de aspectos múltiplos pouco esclarece, pois o dado referencial identificador da ação está no reconhecimento de uma qualidade externa, na sua relevância social ou no seu caráter significativo. Não cabe, a meu ver, como pretende a teoria social ou pessoal, antecipar ou casar o conceito de ação ao da sua relevância, pois a questão está em saber antes o que é ação e depois avaliar sua relevância.[30] O conceito social e o pessoal de ação leva a se confundir o objeto da valoração, ou seja, a ação, com a valoração do objeto, a ação relevante.

---

[27] WESSELS, J. *Derecho Penal, parte general*, trad. de Juarez Tavares, Porto Alegre, Fabris, 1976, p. 8; TAVARES, J. *Teorias do delito*, São Paulo, RT, 1980, p. 91, que bem revela ser um ajustamento ao causalismo as exigências sistemáticas da ordem jurídica, sendo difícil conceituar o que seja relevância social; REGIS PRADO, L. *Curso de Direito Penal brasileiro, parte geral*, 2ª ed., São Paulo, RT, 2000, p. 194.

[28] LUISI, L., op. cit., p. 35.

[29] ROXIN, C. *Derecho Penal, parte general*, trad. Luzón Pena, Diaz-Garcia, tomo 1, Civitas, Madrid, Vicente Remezal, 1997, p. 252 e seguintes, entendendo a ação como manifestação da personalidade englobando, além de aspectos subjetivos e objetivos, valorações, atuando como elemento de união abarcando o aspecto naturalista e normativo.

[30] SERRANO MAÍLLO, A., op. cit., p. 242.

Parte II · Capítulo 1 · ANCORAGEM DO SISTEMA | 105

No entanto, há um dado a ser destacado, pois se a ação é a ação relevante, pressupõe-se que seja produzida por uma pessoa normal, sendo esta a proposta de WOLF, referido por JAKOBS.[31] A meu ver, a ação traz em si um dado valorativo e, em razão da capacidade de o agente apreender o significado valorativo da ação que realiza, em vista de um fim, há uma intencionalidade significativa. A ação, toda a ação, a mais irrelevante, sem qualquer relevância social, como escolher uma gravata de manhã, realiza-se com base em posições valorativas, que não dependem da repercussão dos efeitos no meio social.

Para JAKOBS, a ação constitui a causação de um resultado individualmente evitável, sendo a evitabilidade o reconhecimento de que se houvesse um motivo dominante para evitar a ação, esta teria sido evitada.[32] A ação é visualizada no seu contexto, sendo importante, a seu ver, saber se a ela pode ser imputada objetivamente a causação do resultado.

Cumpre seguir o exemplo que dá sobre o fato de alguém jogar telhas de um telhado em um caminho. Assim, se a ação é dolosa, e o agente sabe que está jogando telhas no caminho, basta omitir a ação e a evitaria. Se não evita a ação, há o não reconhecimento de vigência da norma. Se, no entanto, não sabe que está jogando telhas no caminho, e lhe era possível saber que as joga no caminho, há uma motivação dominante para evitar a ação e ela era evitável e poderia ser omitida. É inevitável, se o agente não pode saber que onde joga telhas passa um caminho. Dessa forma, é o critério de imputação que define o que seja ação em uma construção de cunho marcadamente normativo.

Como observa SCHÜNEMANN, trata-se de um conceito meramente normativo, sendo o *"resultado de uma imputação realizada exclusivamente a partir do Direito"*.[33] A preocupação é encontrar um critério de imputação que permita saber quem é o responsável pela ação a ser castigado, visando a restabelecer a norma, garantindo-se a estabilidade do sistema, sendo este critério aplicável à ação dolosa e à imprudente.

As concepções de cunho normativo não atendem sequer a pretensão de uma perspectiva da ação em sua função político-criminal e muito menos permitem ancorar a construção da estrutura do delito, matéria que se seguirá examinando. A imputabilidade que, como já afirmei, constitui um pressuposto da ação, será examinada posteriormente, bem como a omissão, vista como uma forma de realização do delito.

---

[31] JAKOBS, G., op. cit., p. 171.
[32] JAKOBS, G., idem, p. 174.
[33] SCHÜNEMANN, B. *Consideraciones críticas sobre la situación espiritual de la ciencia jurídico-penal alemana*, Colômbia, Universidad Externado de Colômbia, 1996, p. 46.

Capítulo 2
O TIPO PENAL

2.1. A FORMAÇÃO DO TIPO

O legislador constrói os modelos jurídicos a partir da realidade que vem a recortar, elevando ao plano abstrato ações que constituem um todo indecomponível, cujas partes se inter-relacionam e se polarizam em torno de um sentido, de um valor, que se apresenta negado pela ação delituosa.

Cabe ao legislador examinar os dados empíricos, que já possuem uma ordem e um sentido intrínseco, objetivando e racionalizando a tipicidade imanente, construindo-a abstratamente e ajuizando-a com base em um valor que se coloca como um fim a ser alcançado.

Uma estrutura consiste em "um sistema integrado, de modo que a mudança produzida em um elemento provoca uma mudança nos outros elementos".[1] A estrutura normativa não brota de elucubração do legislador, mas nasce de uma tensão própria da tarefa de, a partir do real, do concreto, formular um paradigma, um modelo de ações previsíveis. No dizer de MACKINNEY, "*o tipo constituído é uma simplificação do concreto*".[2]

Destarte, tipo penal como estrutura não é uma construção arbitrária, livre, mas decorre do real, submetido a uma valoração. A estrutura é própria do objeto, e a revelação da sua estrutura indica a inteligibilidade do objeto, a sua composição interna, "*como um todo cujas partes são ligadas entre elas e cujos termos são definidos por suas relações, de tal forma que a modificação de um dos elementos ocasiona a dos outros*".[3]

Segundo ENGISCH, a ação típica decorre de uma passagem do concreto ao concreto por meio do abstrato,[4] ou seja, o legislador, da realidade, constrói o modelo, o qual se amolda ao comportamento futuro, pela presença no concreto dos dados elementares invariáveis que ele descreve. A construção normativa é, contudo, sempre orientada na direção do significado da ação, cuja positividade afirma-se ou nega-se.

O real tem uma ordem imanente, resta captar as relações entre os pontos componentes desse *compositum*, definindo qual seja o *invariável elementar*. E o método estrutural conduz a olhar as partes em relação ao todo e a descobrir a estrutura interna desse todo.

---

[1]   BASTIDE, R. *Usos e sentidos do termo estrutura*, São Paulo, 1971, p. 9.

[2]   Tipología constructiva y teoría social, p. 17.

[3]   MILLIET, L. e D'AINVELLE, M. V. *Le structuralisme*, Paris, 1970, p. 55.

[4]   ENGISCH, K. *La idea de concreción en el derecho*, cit., p. 188.

108 | FUNDAMENTOS DE DIREITO PENAL – *Miguel Reale Júnior*

Com a fixação do invariável elementar, tem-se o perfil do objeto, a conformidade por trás da diversidade, de modo a se construir um modelo pelos traços fundamentais de um comportamento, cabendo ao observador *"estabelecer as regularidades e os encadeamentos envoltos em uma ordem uniforme".*

Tome-se o revogado crime de rapto como exemplo de que a estrutura normativa se constrói a partir do real, mas relacionando as partes a um valor que dá significado ao todo, tendo cada elemento constitutivo a sua razão de ser em função do valor que se visa proteger. Assim, no tipo legal de crime de rapto consensual do art. 220 do Código Penal, a menoridade civil da vítima, menor de vinte e um anos, cujo consentimento não exclui o delito, decorre da indicação do valor tutelado: o *pátrio poder*. A condição de honestidade da mulher no crime de rapto revela também outro valor protegido pelo tipo penal, qual seja, a honra sexual.

Como se vê, a elaboração do tipo não é aleatória; a ordem e o significado são ínsitos à ação, cabendo, por reflexão e abstração, traçar de modo paradigmático o perfil e o sentido do comportamento. O modelo construído refere-se, portanto, a comportamentos futuros e previsíveis, aos quais se atribuem determinadas consequências jurídicas.

Tais condutas são dotadas, repita-se, de tipicidade e de sentido. O legislador capta a estrutura típica da conduta concreta, apreende seu sentido e o submete a um enfoque valorativo, considerando-o positivo ou negativo, conforme exigências de convivência humana.

O tipo penal assume a estrutura da ação e se instaura, ele próprio, como uma estrutura, que se caracteriza pelo seu conteúdo axiológico, ponto de convergência de todas as partes que o integram.

Se a intencionalidade é dado real inafastável da estrutura da ação, não é permissível que o aspecto subjetivo, o dolo como nexo psicológico, venha a constituir um elemento ou aspecto do crime alheio à ação e ao tipo.

2.2. A TIPICIDADE E A RELAÇÃO COM A ANTIJURIDICIDADE

Deve-se a BELING a elaboração do conceito de tipo, *Tatbestand*, que anteriormente correspondia à noção de *corpus delicti*.[5] Tinha, portanto, um significado processual. Alguns autores alemães, posteriormente, consideraram como *Tatbestand* o conjunto dos elementos objetivos e subjetivos necessários à imposição da sanção penal.[6]

Para BELING,[7] o tipo é a descrição objetiva do crime, realizada pela norma penal.

---

[5] CAVALEIRO DE FERREIRA, M. *A tipicidade na técnica de Direito Penal*, Lisboa, 1935, p. 50; FOLCHI, M. *La importancia de la tipicidad*, Buenos Aires, 1960, p. 26; BINDING, K. *Compendio*, trad. Adelmo Borretini, Roma, 1927, p. 115; HUERTA. *La tipicidad*, México, 1955, p. 22.

[6] SCHUBEL, Luden apud FERREIRA, Manoel Cavaleiro de, op. cit., p. 50; FOLCHI, Mario, op. cit., p. 26; HUERTA, op. cit., p. 23; MARQUES, José Frederico. *Curso de Direito Penal*, vol. II, São Paulo, 1956, p. 74.

[7] Diante da evolução sofrida pela teoria da tipicidade, BELING, em 1930, na 11ª edição de seu *Esquema do Direito Penal*, com referência às questões surgidas nos anos que se seguiram à 1ª edição, apresenta como solução a distinção entre "delito-tipo" e "tipo de delito" (sobre a nova concepção de BELING, vide principalmente BETTIOL. "La dottrina del *Tatbestand* nella sua ultima formulazione". *Scritti giuridici*, vol. I, p. 91 et seq.; Heleno Cláudio FRAGO-

Para BELING, a tipicidade diferencia e especifica as condutas criminais em seu aspecto objetivo. O tipo constitui apenas, e tão somente, a descrição objetiva, não encerrando elementos subjetivos nem possuindo conteúdo valorativo.

O tipo é puramente descritivo, distinguindo-se da antijuridicidade, que constitui um juízo de valor que atribui ao fato o caráter contrário à ordem jurídica. A tipicidade é um elemento estanque e autônomo na estrutura do crime.

A noção de tipo não podia se prender, todavia, a uma concepção formalista, sofrendo, como lembra CAVALEIRO DE FERREIRA, na doutrina alemã, a passagem a uma concepção valorativa, para vir a ser entendido, consequentemente, como *"expressão legal da antijuridicidade"*.[8]

MAYER, sem se afastar integralmente da noção de tipo de BELING, traz uma importante contribuição, pois vê a tipicidade e a antijuridicidade como elementos distintos, porém, relacionados, visto que antijuridicidade se manifesta indiciariamente na conformidade do fato ao tipo. Por meio do tipo, em uma relação obrigatória, é que se alcança a antijuridicidade.[9]

A tipicidade, como identidade do fato ao que é descrito pelo tipo penal, não traduz integralmente antijuridicidade, mas apenas revela, sendo um indício de

---

SO. *Conduta punível*, São Paulo, 1961, p. 121 *et seq.*; Mario FOLCHI, op. cit., p. 40 et seq.; ASÚA. *Tratado de Derecho Penal*, 3ª ed., B. Aires, 1965, vol. III, pp. 760 et seq.; HUERTA, op. cit., p. 36 et seq.).

O delito-tipo constitui um esquema unitário, abstrato, não codificado, uma figura representativa do aspecto externo e interno de cada espécie de delito (*Esquema*, p. 42 et seq.).

O delito-tipo se extrai dos fatos reais, mas com estes não se confunde, sendo apenas um conceito de cada espécie de delito. A figura reitora tem apenas um caráter funcional como imagem que revela abstratamente os elementos objetivos e subjetivos característicos de uma forma de crime. No assassinato, a figura reitora é matar um homem com a intenção de fazê-lo (*Esquema*, p. 43). O assassinato como tipo de delito é a ação realizada, que produz a morte adequada ao delito-tipo, antijurídico e culpável.

Uma figura reitora pode ser a imagem abstrata de vários tipos, por exemplo, o delito-tipo "matar um homem" é imagem tanto do homicídio doloso como do infanticídio e do homicídio culposo. Tipos de delitos extratípicos são os que possuem caracteres comuns objetivos, diferenciando-se quanto ao dolo ou à culpa, necessários para a conformidade à figura reitora. Outras diferenças podem existir, mas são puras adições, como, por exemplo, a premeditação (*Esquema*, p. 52).

BELING, apesar de considerar que o delito-tipo estabelece um tipo de injusto e de culpabilidade necessários à realização de um tipo de delito, por ser imagem dos elementos objetivos e subjetivos, acaba por reduzi-lo ao aspecto objetivo, pois se fixa que no homicídio a intenção não pode ser a de furtar, mas a de matar; entende, entretanto, que os elementos subjetivos são parte do tipo do delito e não da imagem reitora, e que vários tipos de delito se prendem à mesma imagem, malgrado se distingam como dolosos e culposos (*Esquema*, p. 53).

Mas quanto ao que mais nos importa, ou seja, às relações entre tipicidade e antijuridicidade, BELING continua fiel à sua nova concepção, sustentando que o delito-tipo, a imagem reitora, tem, tão somente, caráter descritivo, desprovido de conteúdo valorativo, não constituindo um índice de antijuridicidade (*Esquema*, p. 55).

8   CAVALEIRO DE FERREIRA, M., op. cit., p. 64.

9   Sobre MAYER, vide CAVALEIRO DE FERREIRA, op. cit., p. 67; Mario FOLCHI, op. cit., p. 31 et seq.; ASÚA, op. cit., p. 756; Juan del Rosal. *Tratado...*, vol. I, p. 743.

antijuridicidade,[10] que legitima a dúvida sobre a licitude do fato. A tipicidade, a seu ver, portanto, não constitui a antijuridicidade, apenas a revela indiciariamente.[11]

Determinados tipos, entretanto, não descrevem apenas uma ação física, mas revelam dados, como, por exemplo, a qualidade da coisa alheia no furto, que não se inserem na corrente causal da ação, sendo independentes da conduta do agente e aos quais MAYER denominou elementos normativos do tipo e que a seguir analisarei melhor.

Os elementos normativos constituem parte integrante da antijuridicidade pois não são perceptíveis, mas compreensíveis através de critérios valorativos, razão pela qual fazem parte do tipo e, ao mesmo tempo, consistem na própria antijuridicidade.

Enquanto os elementos descritivos são indícios apenas reveladores da antijuridicidade, os elementos normativos são constitutivos dela (da antijuridicidade).

MEZGER entende que a concepção da tipicidade como indício da antijuridicidade e não como base de valoração da antijuridicidade, ou seja, a sua *ratio essendi*, deve-se ao desconhecimento do processo de elaboração do tipo penal realizado pelo legislador.

Analisando qual o significado de uma proibição penal do valor de construção do tipo penal, MEZGER conclui que o fundamento da ilicitude se encontra na própria lei. O legislador proíbe uma determinada ação, sob a ameaça de uma sanção.

Servindo-se da teoria das normas de BINDING, MEZGER estabelece uma dicotomia, considerando a ilicitude violação da norma e a punibilidade sanção aplicável a essa violação. O legislador, entretanto, estabelece a norma e a sanção à sua violação como um todo, por meio de um único ato valorativo, pelo que o tipo tem caráter normativo.

Assim sendo, o tipo já constitui o "expoente efetivo da valoração jurídico-penal", em razão do que não é apenas a *ratio cognoscendi* da antijuridicidade, mas a sua *ratio essendi*.[12]

A ilicitude não é elemento da tipicidade, mas sim do crime, posto que pode haver ações típicas, não antijurídicas, pela ocorrência de causas de exclusão de antijuridicidade. Os elementos normativos poderiam levar à ideia de que a antijuridicidade integra a tipicidade, contudo, esses elementos, malgrado representem juízos, são dados do tipo, por serem juízos de menor grau que o da antijuridicidade.[13]

A tipicidade, para MEZGER, constitui a razão de ser da antijuridicidade, que é, tão somente, elemento do crime, não da tipicidade, tendo em vista, tão somente, a possibilidade da incidência de uma causa justificativa sobre um fato típico.

---

[10]   No mesmo sentido, HEINITZ. *El problema de la antijuridicidad material*, trad. Ricardo Nuñez e Roberto Goldschmidt, Córdoba, 1947, p. 37; ASÚA. *Tratado*, vol. III, p. 778; FREDERICO MARQUES. *Curso*, vol. II, p. 76; BRUNO, A. *Direito Penal*, vol. I, p. 334; RUGGIERO. *Gli elementi normativi della fattispecie penale*, I, Nápoles, 1965, p. 77, anota a incongruência da concepção de MAYER que atribui dupla função ao elemento normativo: como integrante de descrição típica e como conteúdo da antijuridicidade. Se os elementos normativos integram a antijuridicidade, não há como conciliar, na doutrina de MAYER, a sua concepção de que o tipo é forma e não conteúdo com essa duplicidade de funções atribuídas aos elementos normativos.

[11]   Neste sentido, recentemente, MUÑOZ CONDE, F. e GARCÍA ARÁN, M. *Derecho Penal, parte general,* Sevilha, Tirant lo Blanch, 1996, p. 269.

[12]   MEZGER, op. cit., p. 205; CAVALEIRO DE FERREIRA, M., op. cit., p. 72.

[13]   MEZGER, op. cit., p. 200.

Parte II · Capítulo 2 · O TIPO PENAL | **111**

Mas se o tipo expressa uma proibição e, logo, tem caráter valorativo, à verificação da adequação típica, à tipicidade, não pertence também o conteúdo valorativo próprio da natureza do tipo? Ao responder esta pergunta ao final do capítulo fica esclarecida minha posição acerca da relação entre tipicidade e antijuridicidade.

2.3. COMPREENSÃO AXIOLÓGICA DA AÇÃO E DO TIPO

A intenção pode ser penalmente relevante ou irrelevante. Relevante quando se dirige a um fim considerado delituoso, irrelevante quando visa à realização de um fim lícito, podendo decorrer da utilização inadequada dos meios necessários à consecução desse fim, à ocorrência de um resultado delituoso indesejado, porém previsível.

Assim sendo, a intenção, considerada elemento da culpabilidade pela teoria tradicional, é, na verdade, parte integrante da ação típica e, logo, da descrição típica.

Na descrição típica de uma ação, revela-se uma intenção, dado próprio e inafastável da ação concreta, como já referi acima. Ora, o nexo psicológico entre o agente e sua ação não é dado a ser verificado, isoladamente, *a posteriori*, quando se perguntar da culpabilidade, pois é elemento intrínseco à própria ação.

Se, como venho afirmando repetidamente, toda ação é dotada de sentido, o legislador, ao objetivar e modelar, ao elevar determinada modalidade de ação ao nível típico-normativo e, concomitantemente, ao uni-la a uma consequência jurídica, está ajuizando o sentido ínsito a essa ação, seja para reprimi-lo, seja para admiti-lo, segundo um valor cuja positividade entende que deva ser respeitada.

Quando o agente mata alguém, não é só o evento morte que compõe a intencionalidade, posto que o agente atua em vista do fim almejado, animado de um sentimento de contrariedade a um valor, cuja positividade é imposta pelo Direito. O agente age com menosprezo ao valor da vida humana. A ação tem natureza axiológico-finalista, que constitui sua estrutura ontológica, um limite imanente, inafastável, cuja realidade se impõe às categorizações jurídicas.

O tipo penal *matar alguém* não revela apenas que uma ação deva causar a morte de alguém e que essa ação não deva ser realizada com vontade dirigida ao resultado morte. Diz mais: uma ação não deve, voluntária e adequadamente, realizar-se para a consecução do resultado morte de alguém, colocando-se o agente em contraposição ao valor da vida humana, genericamente entendido, e cuja positividade se impõe.

Na ação concreta de matar alguém, o agente, na maioria das vezes, dirige-se aos meios adequados para o fim proposto e atua animado por uma posição valorativa negativa, com menosprezo da vida humana como um valor positivo.

Ao querer e ao atuar contra a vida da vítima, o agente está preso a uma decisão fundada na negação da vida humana como um valor.[14] O dolo não é apenas querer, mas querer com uma intenção axiologicamente significativa, no sentido de diminuir um valor.

Como se vê, anuncia-se a mais que íntima relação entre tipicidade e antijuridicidade, anuncia-se a sua identidade.

---

[14]   SCHELER, M. *Ética*, vol. II, p. 77.

No entanto, o tipo apresenta elementos de natureza subjetiva e normativa. No revogado crime de rapto, por exemplo, não basta realizar intencionalmente as operações físicas necessárias para retirar a mulher do lar, pois para atingir os valores da organicidade familiar e da honra sexual e a liberdade, é essencial que o faça para fim libidinoso ou para fins de casamento.

Essa posição subjetiva específica, que a doutrina denomina elemento subjetivo do tipo, soma-se à ação intencionalmente realizada e espelha complementariamente qual o valor tutelado pelo tipo penal e, na ação concreta, o sentido que a anima.

No revogado crime de rapto, há também um elemento normativo, ou seja, que a mulher seja honesta, cabendo, então, examinar estes elementos do tipo.

2.4. OS ELEMENTOS DO TIPO

2.4.1. Elementos subjetivos

Deve-se a FISCHER, MAYER e HEGLER a revelação dos elementos subjetivos como parte integrante do tipo.[15]

Nem todos os elementos subjetivos do ilícito, concluiu a doutrina, pertencem à culpabilidade, tendo em vista a exigência da presença de determinada intenção particular a colorir a ação, para que esta se configure como típica. Os elementos subjetivos, portanto, somam-se aos dados descritivos, objetivos, como aspectos psicológicos especiais da ação, indispensáveis para a determinação da tipicidade.[16] A doutrina distingue os elementos subjetivos do tipo dos elementos subjetivos do injusto.

Assim, seria elemento subjetivo do tipo o fim de cometer crimes na figura típica da associação (art. 288 do vigente Código Penal) e seria elemento subjetivo do injusto o *animus injuriandi* como momento psicológico definidor do caráter injusto de uma referência ofensiva.

A nosso ver, não procede a distinção, mesmo porque os autores acabam por não identificar claramente quais sejam os elementos do tipo e quais os do injusto. Mas, fundamentalmente, nos parece supérflua a distinção, uma vez que todos os elementos subjetivos contribuem para definir o sentido da ação tipificada e o valor tutelado.

Os elementos subjetivos exigidos pelo tipo revelam complementarmente o valor tutelado e sua presença na ação concreta contribui para demonstrar qual a posição axiológica do agente, se efetivamente contraposta ao valor protegido.

2.4.2. Elementos normativos

A maior parte da doutrina situa os elementos normativos no âmbito de tipicidade, malgrado não serem dados descritivos nem subjetivos, mas dependerem, para sua compreensão, do recurso às normas jurídicas de outros ramos ou às normas morais e sociais.

---

[15] Sobre os elementos subjetivos, vide GUZMAN, F. *La subjetividad en la ilicitud*, México, 1959, p. 48 et seq.; F. BALESTRA. *El elemento subjetivo del delito*, B. Aires, 1957, p. 174 et seq.; MEZGER, op. cit., p. 187 et seq.; CAVALEIRO DE FERREIRA, op. cit., p. 82 et seq.; RODA CORDOBA, *Una nueva concepción del delito*, Barcelona, 1963, p. 11 et seq..

[16] HUERTA. *La tipicidad*, p. 86; FOLCHI, op. cit., p. 72; GUZMAN, F., op. cit., p. 139.

Os elementos normativos constituem elementos de conteúdo variável, aferidos a partir de outras normas jurídicas, ou extrajurídicas, quando da aplicação do tipo ao fato concreto. Eles, malgrado terem conteúdo variável, definível através de um processo não de percepção, mas de compreensão, não destoam na estrutura do tipo, ao contrário, completam o quadro da ação considerada delituosa, sendo, ao lado dos elementos objetivos e subjetivos, um índice revelador do valor tutelado.

Assim é que, no mencionado crime de rapto, apenas o valor honra revela-se como abstratamente tutelado pelo tipo com a exigência de que a ação recaia sobre uma mulher honesta, conceito este de conteúdo variável, dependente das normas morais e sociais vigentes no âmbito espaço-temporal onde se realiza a ação.

A forma de apreender a presença de um elemento normativo difere, obrigatoriamente, da dos elementos objetivos, mesmo porque estes existem no mundo cultural, enquanto aquele ocorre no mundo físico.[17] Tal diferença, que obriga o juiz a recorrer a outros ramos do direito ou a conceitos morais e sociais, levou alguns autores a verem no elemento normativo um dado integrante da antijuridicidade.

Os elementos normativos existem na realidade cultural como dados de natureza diversa dos fatos naturais, não se devendo, da necessidade da aplicação do método compreensivo, concluir que não integrem o tipo. Integram o tipo e dão uma tônica especial, pois, em certos casos, só se revela qual valor é tutelado, por exemplo, por integrar o tipo, a exigência de que: a) o sujeito agente possua determinada qualidade que será deduzida através de recurso a outros ramos do Direito; b) o objeto material, sobre o qual recai a ação física, tenha determinada qualidade, que se deflui de outras normas jurídicas, sociais ou morais; c) a própria ação se revista de uma qualidade ou caráter, deduzidos através de valores da comunidade; d) a vítima possua determinada qualidade decorrente de outros ramos do Direito.

BELING não admitia os elementos normativos por serem, a seu ver, apenas descritivos os elementos do tipo, mesmo que referentes a conceitos jurídicos, não constituindo jamais uma antecipação de antijuridicidade. Os elementos normativos foram aventados como elementos do tipo por MAYER.

Para MEZGER, são inúmeros os elementos normativos, visto que assim qualifica todos aqueles que exigem uma valoração sem, no entanto, compartilhar a ideia de WOLF, para o qual todos os elementos são normativos, pois, ao serem assimilados pelo Direito, se transformam em conceitos jurídicos, adquirindo, por conseguinte, natureza normativa. Para WOLF, "*há elementos normativos do tipo* prenhes *de valor*" e elementos normativos do tipo que se completam através de juízos de valor. Para a configuração dos primeiros, pouco importa o poder discricionário do juiz; aos segundos, como elementos abertos, fundamental é a valoração judicial.[18]

---

[17] A natureza das coisas impõe uma metodologia. Enquanto os acontecimentos físicos, que compõem os tipos, devem ser apreendidos através do conhecimento sensível, os valores, que integram os tipos, são entendidos emocionalmente primeiro, sendo depois racionalmente admitidos como *fins*. Alguns elementos normativos, por seu conteúdo moral e social, devem ser compreendidos "através do espírito". Nesse sentido, FRAGOSO, H. ao se referir ao pensamento welzeliano, *Conduta punível*, p. 145 et seq., e SANTAMARIA, op. cit., p. 207 et seq.

[18] Sobre WOLF, vide RUGGIERO, p. 49. HUERTA, op. cit., p. 79.

Os verdadeiros elementos normativos[19] são, portanto, aqueles que revelam a antijuridicidade pelo desvalor jurídico que refletem. São os elementos que se referem especificamente à antijuridicidade, como, por exemplo, as expressões "sem justa causa", "indevidamente", "sem autorização".

As expressões "indevidamente", "sem justa causa" etc. não deixam de ser, segundo RUGGIERO, pleonásticas, pois não existe ilícito devido ou justificado.[20] E responde HUERTA, com razão, que o pleonasmo se justifica, visto que esses tipos revelam ações, normalmente consonantes com os valores vigentes, ações habituais que, excepcionalmente, podem vir a lesar um valor a ser protegido. Têm, portanto, essas expressões a função de alertar para uma exata valoração do ato e de sua lesividade em confronto com um valor.[21]

---

[19] GALLO, M. *Appunti di Diritto Penale*, vol. II, Turim, Zanicchelli, 2000, p. 143, observa que sendo todos os elementos do tipo normativos, pois teleologicamente construídos, há, todavia, elementos normativos de duplo grau, ou seja, os que são defluídos de uma norma ou sistema de normas diversos da norma penal base da incriminação.

[20] RUGGIERO, op. cit., p. 86; HUERTA, op. cit., p. 82.

[21] HUERTA, op. cit., p. 83. Segundo PAGLIARO, *Principi di Diritto Penale*, Milão, Giuffrè, 1972, p. 235 et seq., devem-se distinguir, na estrutura do crime, dois momentos: o puro fato, integrante dos caracteres objetivos e subjetivos, "*a imputação do fato como ilícito a um sujeito determinado*". Desse modo, para PAGLIARO a teoria do crime se subdivide em "teoria *del fatto di reato*" e teoria da imputação do fato, denominada também "*teoria do réu*". O conceito de crime engloba o conceito do fato, e os elementos que justificam a teoria da imputação do fato, sendo que o conceito fato é fator autônomo do conceito de crime.

O fato criminoso constitui o cerne do ilícito, a união de todos os requisitos necessários à produção da consequência jurídica, restando, apenas, para se completar o crime, que esse fato seja atribuído a uma pessoa determinada, isto é, que seja imputado a alguém, problema que é objeto de análise na "teoria do réu".

O conceito de fato prende-se aos aspectos estruturais de uma ação, que encerra momentos subjetivos e objetivos, inter-relacionados. Mas a ação, como atuação finalística sobre o mundo exterior, traz, em si, uma carga significativa. O aspecto externo e o aspecto psíquico são essenciais à conduta e, portanto, o fato criminoso refere-se às condutas em que o conteúdo objetivo e subjetivo correspondem à descrição realizada por um tipo penal (op. cit., p. 232).

Em virtude de a ação prever uma carga significativa, o objeto do dolo não é apenas o evento naturalístico, mas um evento significativo, ou seja, o seu significado humano e social. Por conseguinte, o diverso significado de ação não depende apenas do aspecto material da ação, mas da diversidade do significado subjetivamente atribuído pelo agente à realização daquele elemento material (op. cit., p. 287 et seq.).

Em suma, conforme PAGLIARO, para que se configure o dolo, não basta que o agente tenha querido a situação material, sendo imprescindível que esse "*querer seja iluminado pelo conhecimento do significado humano e social que acompanha aquela situação*" (op. cit., p. 290). No entender de PAGLIARO, a culpabilidade não constitui um conceito da dogmática penal, mas é apenas um princípio deontológico geral, que proíbe que sejam atribuídos fatos ilícitos, sujeitos a uma sanção penal, aos incapazes de entender e querer (op. cit., p. 313).

O segundo momento da teoria do crime é o de imputação do fato criminoso a um sujeito determinado, com a consequente imposição de uma pena. A teoria do réu parte, portanto, do objeto da imputação, do fato criminoso, para analisar sua atribuição a alguém.

Como vemos, o nosso pensamento coincide em muitos pontos com o de PAGLIARO, especificamente quanto à noção de dolo e de evento significativo, que, entretanto, compreendemos inseridos dentro de uma noção axiológica da ação concreta e de seu correspondente tipo penal, como paradigma do concreto.

Parte II · Capítulo 2 · O TIPO PENAL | **115**

Essas expressões determinam, a nosso ver, por que estreito caminho se pode visualizar o valor tutelado pelo tipo penal, assim como, apenas excepcionalmente, pode-se inferir a intenção axiologicamente negativa do agente.

O legislador recorre aos elementos normativos também por força da linguagem, a fim de não cair em casuísmos exagerados, preferindo deixar em aberto, através de uma generalidade, a descrição de uma circunstância concreta variável.

Em suma, o tipo tem um conteúdo valorativo, que se infere através de todos os seus elementos: objetivos, subjetivos, normativos. Resta, então, examinar a significação da adequação típica.

2.5. A ADEQUAÇÃO TÍPICA

A adequação típica é a congruência de uma ação concreta a um tipo de injusto. Essa ação concreta é descrita pelo tipo de forma paradigmática, de modo a revelar o valor que se tutela. A ação será típica, se enquadrável no modelo e se realizada segundo um sentido valorado negativamente pelo Direito, ou seja, dotada desse sentido contrário ao valor cuja positividade se impõe.

Se o tipo representa genericamente uma ação animada de um desvalor, a ação típica não é senão a ação concreta dotada daquele desvalor repelido pelo Direito. Ao se apreender a ação em sua tipicidade, apreende-se seu caráter antijurídico, e, portanto, são uma coisa só os juízos de tipicidade e de antijuridicidade.

Destarte, a ação típica é antijurídica, pois, se a função do Direito é impor valores e defendê-los, a antijuridicidade consiste no ajuizamento de que foi a ação animada por um desvalor, isto é, realizada de modo típico, a revelar sua contrariedade ao valor tutelado.

Constituem um mesmo momento o juízo da tipicidade e o da antijuridicidade, correspondendo a culpabilidade a um juízo de valor, significando a reprovabilidade da ação injusta.

A teoria do tipo penal elucida e esclarece o conteúdo e o significado das estruturas normativas, e a teoria da tipicidade dá caráter científico à exigência política do princípio do *nullum crimen sine lege.*[22]

2.6. QUAL A ESTRUTURA DO DELITO?

Diante desta configuração do tipo penal, cabe saber como sistematizar os elementos do crime, em uma divisão tripartida ou bipartida, sem contar autores como MARINUCCI e DOLCINI que a compreendem quadripartida.[23]

Todavia, a imputabilidade, a nosso ver, não pode vir a constituir elemento da teoria do réu, confundida com imputação. Se entendemos a ação como a atividade carregada de significado valorativo, o evento, em seu sentido humano e social, e o dolo iluminado pelo significado do que se deseja, é imprescindível que a imputabilidade constitua um pressuposto do crime.

[22]   Neste sentido, FIANDACA, G. e MUSCO, E., op. cit., p. 140.

[23]   MARINUCCI, G e DOLCINI, E., op. cit., p. 625, que incluem na estrutura do delito também a punibilidade, posição esta que defendia no Brasil (GARCIA, B., op. cit., p. 215 e 216).

116 | FUNDAMENTOS DE DIREITO PENAL – *Miguel Reale Júnior*

A estrutura tripartida compreende o fato típico ou ação típica, a antijuridicidade objetiva e a culpabilidade. Na verdade, esta divisão tripartida constituiria uma necessidade de cunho analítico com finalidade explicativa, antes do que um retrato do fenômeno delituoso em sua substância.

Se a tipicidade constitui a adequação do fato concreto, em todos os seus elementos, ao tipo, incluindo-se o dado valorativo, caberia indagar o que resta atribuir à antijuridicidade como qualificação da ação típica?

A antijuridicidade seria a constatação de que a ação é típica pela ausência de causas de justificação, ou seja, o que já se contém na compreensão de fato típico,[24] pois só é típico o que for lesivo de um valor por não se realizar a ação iluminada pelo sinal positivo do valor presente em uma causa de justificação.

Posso dizer, como PAGLIARO, que os tipos penais requerem a ausência de causas de exclusão, como elementos negativos do fato delituoso.[25] Se se pretendesse dar uma autonomia à antijuridicidade, seria forçoso concluir que constitui antijuridicidade a ausência daquilo que se existisse ela deixaria de existir, em uma demonstração de que não tem a antijuridicidade autonomia, mas constitui a outra face da tipicidade.

Dessa forma, o delito se compõe da ação típica, em suas faces positiva e negativa, e da culpabilidade, o que não importa prejuízo para examinar a face negativa da tipicidade separadamente, ou seja, as causas de exclusão da tipicidade, sob o nome de antijuridicidade.

---

[24] GALLO, M., op. cit., p. 50; e também em "Dolo", *in Enciclopedia del diritto,* vol. XIII, p. 775, para o qual, com quem concordo, as descriminantes são elementos negativos do tipo, razão pela qual o tipo apenas se perfaz, se faltam as circunstâncias em que consistem as descriminantes.

[25] PAGLIARO, op. cit., p. 405. Sobre a teoria dos elementos negativos do tipo, vide GOMES, L. F. *Erro de tipo e erro de proibição*, 2ª ed., São Paulo, RT, 1994, p. 64 e seguintes.

Capítulo 3
ANTIJURIDICIDADE: CAUSAS DE EXCLUSÃO

3.1. O ILÍCITO PESSOAL

O aspecto substancial do crime já foi analisado, seja quando a questão do bem jurídico foi vista enquanto limite ao poder-dever de punir, seja ao se esquadrinhar o conteúdo da ação típica, visualizada como menosprezo a um valor posto pela lei penal como positivo.

Caberia destacar, no entanto, que este desvalor não decorre apenas do resultado, cujo relevo não pode ser desconhecido, mormente em uma sociedade de riscos como a atual, mas deflui da posição subjetiva do agente na prática do fato, o que, a meu ver, reforça a convicção da correção da teoria dos elementos negativos do tipo, pois a intencionalidade é diversa ao se matar alguém em legítima defesa e sem ser em legítima defesa.[1]

Dessa forma, as normas incriminadoras e permissivas constituem um todo com sinais valorativos contrários, pois ocasionar a morte de alguém em legítima defesa é defender a vida, mesmo que por meio do sacrifício de uma vida, cuja eliminação era imperiosa para que a própria vida ou de terceiro fosse salva.

Realça-se, portanto, a posição subjetiva, o chamado ilícito pessoal que vislumbra dois aspectos, o desvalor do resultado e o desvalor da ação fundado no modo e forma de sua realização.[2]

A existência dos elementos subjetivos e o dolo, como dado integrante da ação, de que é melhor exemplo o crime tentado, levaram WELZEL a refutar a concepção objetiva da antijuridicidade, presa à concepção causal, que destinaria todo o externo e objetivo à antijuridicidade e todo o interno e subjetivo à culpabilidade.[3]

---

[1] FIANDACA, G. e MUSCO, E., op. cit., p. 144, ilustram que segundo a teoria dos elementos negativos, por eles não acolhida, o tipo penal diz: é vedado matar alguém a menos que a agressão seja justificada pela necessidade de defender-se.

[2] CEREZO MIR, J., *Curso de Derecho Penal español, parte general*, 3ª ed., I, Madrid, Tecnos, 1985, p. 363.

[3] WELZEL. *El nuevo sistema*, p. 62 et seq.; GALLO. *Teoria.della azione finalistica nella più recente dottrina tedesca*, Milão, 1950, p. 12 et seq. e 33; ZAMPETTI, L. *Il finalismo nel diritto*, Milão, 1969, p. 33; CAMPISI, N. *Rilievi sulla teoria finalista*, Pádua, 1959, p. 23.

A lesão a um bem jurídico não é suficiente para caracterizar o injusto.[4] O desvalor do resultado é um dos elementos reveladores do injusto, o qual se configura quando, em regra, ao desvalor do resultado se acrescenta o desvalor da ação. O desvalor da ação revela-se por meio do dolo como elemento próprio do comportamento e segundo a modalidade desse comportamento particular. O objeto do juízo de tipicidade é o comportamento singular, referido a um determinado autor, ou seja, o comportamento enquanto realizado de um modo próprio, destinado a um fim específico pelo seu autor.[5]

Por conseguinte, a lesão a um bem jurídico não deve ser analisada independente da forma como ela se deu. Várias ações podem lesar o mesmo bem jurídico e, contudo, diferir tipicamente graças ao modo pelo qual são realizadas.[6]

O injusto, a ação típica, é o objeto valorado mais a valoração, compreendendo elementos objetivos e elementos subjetivos.

Mesmo os delitos culposos não se caracterizam típicos pelo resultado, como se verá adiante, mas pela lesão a um valor consistente no desrespeito à diligência necessária, ao se realizar uma ação lícita, sem o cuidado objetivamente considerado indispensável à não ocorrência de evento previsível.

O resultado apenas tem relevo enquanto fruto de uma ação descuidada, sendo objetivamente previsível que viesse suceder.

O resultado, no crime culposo, constitui um limite de relevância penal da ação descuidada, limite este que se pode estender, também, às situações de perigo, extensão relevante a respeito da circulação de veículos[7] e especialmente em uma sociedade de riscos.

WURTENBERGER, que não nega a importância dos elementos subjetivos e da modalidade da ação, contesta, contudo, a subjetivação do Direito Penal pelo risco de se atribuir o fim de tutelar valores, em vista da *"atitude interna do agente, mais do que em confronto com os valores fundamentais do direito e da comunidade"*. Este acento do desvalor da ação e da atitude interior do agente pode levar, segundo WURTENBERGER, a um menosprezo ao aspecto da lesão a um bem jurídico quando o *"conteúdo do direito penal se determina, principalmente, graças à gravidade do dano externo criado pelo agente na esfera dos bens jurídicos"*.[8]

Estas críticas de WURTENBERGER representam temor injustificável de que a teoria do ilícito pessoal leve a um enfraquecimento do Direito Penal, deixando de proteger e salvaguardar os bens dignos de tutela penal, em concessão desmedida ao aspecto individual e subjetivo do crime, que deve, sem dúvida, ser compaginada com o aspecto objetivo do resultado.

---

[4] WELZEL, op. ult. cit., p. 68.

[5] GALLO, M., op. ult. cit., p. 49, o qual considera, por exemplo, que nos crimes contra o patrimônio os tipos se diferem por terem sido realizados mediante fraude, com violência, com detenção da coisa.

[6] WELZEL. *Derecho Penal*, cit., p. 71; GALLO, M., op. ult. cit., p 51.

[7] WELZEL, *El nuevo sistema*, op. cit., p. 69; "Culpa e delitos de circulação", *in Revista* de Direito Penal, n° IV, p. 29; nosso "Crime de embriaguez ao volante", *in Rev. Direito Penal*, n° 6, p. 86.

[8] WURTENBERGER. *La situazione spirituale della scienza penalistica in Germânia*, trad. Mario Losano, Milão, 1965, p. 81.

Chamando-se a atenção para a importância do desvalor da ação, não se tem menosprezo pelo desvalor do resultado, com desconhecimento de que o Direito Penal tutela bens jurídicos incriminando as ações que vêm a prejudicar as condições necessárias à vida social, mesmo porque, como ressalta WELZEL, a grande herança deixada pela concepção causal é a importância e o relevo atribuído ao bem jurídico.[9]

Assim, a acentuação dada aos elementos subjetivos não pode levar ao menosprezo do caráter causal do comportamento e do relevo de suas consequências em prejuízo de bens jurídicos ou valores, se o Direito é imperativo, concomitantemente valorativo, funções estas que se exigem e se correlacionam.

No entanto, é de se ver que a tutela ao bem jurídico não define de forma objetiva o fim buscado pelo Direito Penal, que protege o bem jurídico não de lesões, mas de ações que o lesem, realizadas de um modo específico e segundo um determinado sentido.

O tipo penal constitui, repita-se, um paradigma de ações concretas, já trazendo em si conteúdo valorativo, descrevendo-se uma conduta dotada de sentido. No momento da aplicação da lei, faz-se o caminho do concreto ao abstrato que não é apenas um retorno pela via percorrida pelo legislador, como já salientei, mas a meta neste passo só se alcança pela apreensão, na ação singular, daquele sentido valorado negativamente. Assim, o Direito tutela valores contra conduta concreta revestida da modalidade ou do sentido descritos no tipo.

Em suma, a ação típica ao se realizar já é antijurídica, o que só pode ser captado, por vezes, em concreto, graças à modalidade da ação, aos elementos subjetivos que a animam, aos dados normativos, todos eles reveladores da posição axiológico-negativa.

3.2. A ADEQUAÇÃO SOCIAL

Com relação a determinadas ações que aparentemente poderiam corresponder a uma lesão a bem jurídico, tem-se, no entanto, a compreensão espontânea e imediata da licitude em razão de sua adequação evidente aos fins sociais.[10]

Assim, se a ação não se dirige, em menosprezo, a um valor tutelado, pois apesar de materialmente lesiva, é, pelo contrário, animada por uma posição valorativa, que se adequa à valoração considerada positiva pela comunidade, não será ela típica.[11]

---

[9]   WELZEL, H. *El nuevo sistema*, cit., p. 68.

[10] GREGORI, G. *Adequatezza sociale e teoria del reato*, Pádua, 1969, p. 37, pergunta se o resultado não seria o mesmo recorrendo-se, em vez de ao critério de adequação, ao de licitude expressamente declarada, concluindo negativamente, pois a ação se revela socialmente adequada de imediato, além do que difícil seria tipificar os motivos de justificação dessas ações positivamente valoradas.

[11] Para WELZEL, op. cit., p. 63, as ações são socialmente adequadas quando, apesar de formalmente lesivas, se realizam no âmbito do permitido pela vida social (op. cit., p. 63), e conclui que o recurso aos valores éticos e sociais possibilita excluir a tipicidade de ações que, se pela perspectiva causal são adequadas ao tipo, materialmente não o são, pois a *"tipo é a tipificação do injusto"*. Com essa afirmativa, a nosso ver, WELZEL, sem o admitir, acaba por identificar a adequação típica com o injusto, a ação típica com a antijurídica. Para NUVOLONE (op. ult. cit., p. 107), a adequação social é um limite prejudicial da tipicidade.

120 | FUNDAMENTOS DE DIREITO PENAL – *Miguel Reale Júnior*

É consequência obrigatória da circunstância do significado, que colore a ação concreta, adequar-se às exigências sociais, que não será ela relevante ao Direito Penal, pois não revestida do desvalor que a caracterizaria como típica,[12] malgrado lese um bem jurídico.

Como bem assevera FIORE, é o significado e a função da ação que a tornam socialmente adequada, pois o seu significado e a sua função podem ser considerados positivos e até mesmo necessários à vida social.[13]

Tome-se o exemplo das atividades médica e esportiva. O *boxeur* que fere o seu adversário quer feri-lo, mesmo porque quer ganhar o combate, mas, se deseja ferir, não atua, contudo, em função de um menosprezo à integridade física como um valor, e o significado de sua ação é positivo, pois visa ao desenvolvimento de um esporte, que promove o aprimoramento técnico e físico dos contendores em um confronto regulado por regras próprias e julgado por critérios especiais.

Por isso, tem procedência a ponderação de BETTIOL de que o fluxo da vida, a realidade e a concretitude da experiência exigem que se fuja à lógica abstrata para valorar os fatos segundo as "*exigências e finalidades sociais*", para não se incorrer no erro de considerar como penalmente relevante o que constitui um fato normal, ajustado aos padrões da vida comunitária.[14]

Há na ação socialmente adequada uma coincidência de valores e fins que animam o agente com os desejados pela comunidade, pois se o *boxeur* luta para ser um bom esportista, a sociedade espera e deseja um aprimoramento do boxe como esporte; se o cirurgião faz uma incisão no paciente querendo curá-lo, há um desejo geral de que os doentes se recuperem. Em suma, apenas considerando como próprio da ação um caráter axiológico, e como próprio do tipo um conteúdo valorativo, sendo antijuridicidade o cerne do tipo, seu elemento significante, é que se pode compreender a teoria da ação socialmente adequada.

A ausência de antijuridicidade, de adequação típica, num caso em que a ação é socialmente adequada, surge imediata e evidente, não se cogitando, muitas vezes, sequer de uma análise mais detida, pois a olho visto se observa que não é relevante para a proteção do bem jurídico integridade física o cirurgião fazer um corte cirúrgico no paciente, como não é injusto ao *boxeur* nocautear seu adversário, causando-lhe graves lesões.

O valor positivo da ação elimina o desvalor do resultado, até porque busca-se, no final, um resultado também reconhecido como socialmente positivo.

3.3. LEGÍTIMA DEFESA

3.3.1. Delimitação da questão

Já nas ações cometidas em legítima defesa, a posição valorativa positiva do agente só pode ser deduzida em uma análise mais detida, pela comprovação da presença dos requisitos legalmente exigidos.

---

[12] FIORE, C. *L'azione socialmente adequata nel Diritto Penale*, Nápoles, 1966, p. 178.
[13] FIORE, C., op. cit., p. 144.
[14] BETTIOL, G., op. ult. cit., p. 283.

A licitude de uma ação cometida em legítima defesa decorrerá, portanto, de análise acurada da presença dos requisitos indispensáveis exigidos pelo legislador, para que se conclua, tal como a lei presume, que o agente não atuou com menosprezo ao valor ínsito ao bem jurídico atingido, mas em função de um outro valor igualmente tutelado.

Em anterior trabalho, examinei como se configurou nas primeiras codificações a legítima defesa, que surgia nos códigos ligada ao crime de homicídio,[15] constatando poder colher uma estrutura na delimitação da situação de defesa, uma estrutura composta, tal como nas normas incriminadoras de dados elementares invariáveis, pois entendo que a tipicidade não é uma qualidade restrita às normas da Parte Especial do Código Penal, mas presente também nas normas da Parte Geral.

Há, portanto, uma figura típica da legítima defesa, composta pelos diversos elementos constantes da descrição do modelo do art. 25 do Código Penal, segundo o qual a legítima defesa se configura na repulsa à injusta agressão, atual ou iminente a direito seu ou de outrem, usando moderadamente dos meios necessários.

Dessa forma, a legítima defesa está delimitada por um modelo prenhe de elementos a serem definidos pela doutrina e pela jurisprudência, pois há perguntas obrigatórias a partir da leitura do tipo permissivo: o que é agressão; a agressão pode ser feita por meio de omissão; qual o significado da qualificação injusta; quando há atualidade ou iminência da agressão; quais direitos podem ser objeto de legítima defesa; deve haver proporcionalidade entre o direito defendido e o direito do agressor atingido pela ação defensiva; como se avaliar que o meio é necessário para repelir a agressão; qual a medida da moderação; exige a legítima defesa o ânimo de se defender; qual o fundamento da legítima defesa.

Primeiramente, cumpre destacar que na legítima defesa age-se com a intenção de defesa de um direito, a se realizar por meio da repulsa a uma agressão e não com a intenção de lesionar o bem jurídico do agressor.

3.3.2. A agressão: ação e omissão

Assim, deve haver uma agressão, ou seja, uma ação dirigida a ofender um direito, um ataque para atingir um determinado bem jurídico do agredido ou de terceiro. Em geral, este ataque realiza-se por via de uma ação, que visa a causar um resultado nocivo a alguém. Pergunta-se se pode haver agressão praticada por via de uma omissão, deixando-se de fazer o que deveria ser feito.

A hipótese, levantada por STRATENWERTH,[16] do salva-vidas que deixa de socorrer um afogado e que venha a ser coagido pelos populares a entrar no mar, a meu ver, não configura legítima defesa, podendo se tipificar a justificante estado de necessidade. CEREZO MIR traz outros exemplos nos quais entendo que a legítima defesa possa se verificar, como na hipótese do preso que reage diante da omissão do

---

[15] Nosso *Teoria do delito*, op. cit., p. 219 e seguintes.
[16] STRATENWERTH, G. *Derecho Penal, parte general*, Madrid, Edersa, 1982, p. 411.

carcereiro de o pôr em liberdade após cumprida a pena, ou do anfitrião que expulsa de sua casa o convidado que se recusa a sair.[17]

Nestas hipóteses, há uma situação permanente inicial lícita, que se transforma após determinado tempo em ilícita e agressiva a direito de partícipe da situação, em virtude de omissão de quem deveria agir e não o faz.

3.3.3. A injustiça da agressão

A agressão deve ser injusta, o que significa dizer que não precisa, à legitimação da repulsa, que a agressão seja ilícita,[18] com o que se permite retorquir ao ataque produzido por um louco ou por um menor. Pode-se como regra dizer que é injusta a agressão que não se deveria sofrer.

Corresponderia a expressão "injusto" a "antijurídico"? Ou injusto pode ser não só o antijurídico, mas, também, o contrário a normas éticas e sociais? Creio, contrariamente a GROSSO,[19] que injusto não é sinônimo de antijurídico, mas não porque englobe em seu conceito a agressão a normas extrajurídicas.

Uma agressão pode ser injusta, mas não antijurídica, visto que a injustiça da agressão, como assinala PETROCELLI,[20] deve ser entendida segundo a perspectiva do agredido e não a do agressor, sendo, portanto, a agressão do inimputável uma agressão injusta, malgrado não seja penalmente antijurídica.

Vários autores, portanto, consideram que o revide à agressão de um inimputável não configuraria a legítima defesa, mas o estado de necessidade, impondo-se, até mesmo, a fuga à situação perigosa, como o outro meio possível de evitar o dano.[21]

Na verdade, o termo "agressão injusta" significa criação de uma situação lesiva a um interesse tutelado, em sentido material, objetivo. Pareceme, portanto, dispensável recorrer ao estado de necessidade, pois não se trata de lesão a direito de terceiro inocente nem ao terceiro que deu causa ao perigo, mas de terceiro que constitui o perigo mesmo.

Os dados subjetivos da ação agressiva a um interesse não estão presentes no modelo da legítima defesa como condição para que seja digno de tutela esse interesse. Tais dados são condição para que a ação seja considerada antijurídica, mas não injusta. Não se pode, em suma, subordinar a excludente de legítima defesa às condições subjetivas do agressor.[22]

A agressão pode, até mesmo, ser lícita, mas injusta, objetivamente injusta e subjetivamente injusta segundo a perspectiva do agredido, como na hipótese de se reagir

---

[17]   CEREZO MIR, J., op. cit., p. 420 e nota 17.

[18]   Em sentido contrário FRAGOSO, H. C., op. cit., p. 192, que, no entanto, após afirmar que agressão injusta é a praticada antijuridicamente, admite a legítima defesa ao ato do inimputável e qualifica de injusta a agressão a que não se está obrigado a suportar.

[19]   GROSSO, C.F. *Difesa legittima e stato di necessità*, Milão, 1964, p. 133.

[20]   PETROCELLI, B. *L'antigiuridicità*, 4ª ed., Pádua, 1966, p. 65. Para GARCIA, B., *Instituições de Direito Penal*, vol. I, op. cit., p. 307, "*a agressão deve ser entendida em conformidade com o razoável ponto de vista do sujeito ativo*".

[21]   Nesse sentido, PETROCELLI, B. *L'antigiuridicità*, 4ª ed., Pádua, 1966, p. 65; em sentido contrário, GARCIA, B., op. cit., p. 307.

[22]   GROSSO, op. cit., p. 137.

de forma violenta a uma prisão, decorrente de uma manifesta condenação injusta, imposta por um juiz corrupto, peitado pelos inimigos do réu.[23]

Seria de se considerar a prisão diligenciada pelo policial, com base nesta sentença injusta, uma agressão injusta? Creio que não, pois até que se desfaça a presunção de legalidade da sentença, a agressão, por parte dos policiais, no cumprimento de um dever legal, é justa e lícita. Reconhecida a ilegalidade e ilegitimidade da sentença e, logo, sua nulidade, por ser o seu prolator peitado, pode-se considerar que, ao ver do agredido, era injusta, e o fundamento do cumprimento do dever legal, insubsistente.

O legislador estabelece que se pratica ato em legítima defesa quando se reage a uma agressão injusta contra direito próprio ou de outrem. Haveria uma tautologia do legislador ao falar em agressão injusta a um direito? Um termo não excluiria o outro? Não estaria o legislador, ao usar ambos os termos, atribuindo às expressões "agressão a um direito" e "agressão injusta" um sentido mais lato do que agressão antijurídica?

A meu ver, a existência dos dois termos, "agressão a um direito" e "agressão injusta", não é despicienda, pois pode ocorrer, por exemplo, no estrito cumprimento a um dever legal, agressão justa e jurídica a um direito. O que cumpre notar é ter o legislador recorrido ao qualificativo injusto em vez de antijurídico, qualidade específica que não engloba todas as agressões dignas de repulsa.

A agressão exige-se que seja real e não suposta, pois o perigo de lesão decorrente da agressão iminente ou atual não se baliza pelo temor do pretenso agredido, mas sim pelo perigo objetivamente constatável.

3.3.4. A provocação da agressão

A provocação praticada pelo agredido torna a agressão justa? A resposta só pode ser no sentido de que a agressão é justa, se quem se defende da agressão lhe deu causa intencionalmente por meio da provocação.[24] Aplica-se o princípio de que ninguém pode se valer da própria torpeza, pois é marcadamente desleal provocar a agressão para se valer da excludente da legítima defesa, não podendo o Direito ser utilizado como instrumento para legitimar uma agressão planejada.

Assim, a agressão será injusta, no entanto, se durante uma discussão houver uma ofensa e a agressão física subsequente não tiver sido intencionalmente provocada pelo difamador.

3.3.5. Os direitos que podem ser defendidos

Todos os bens jurídicos podem ser objeto de legítima defesa e não apenas a vida ou a integridade física. A honra pode ser objeto de uma agressão que exija imediata repulsa, seja pela retorsão, seja pelas vias de fato. A liberdade física ou sexual, a privacidade do lar e no trabalho, o patrimônio, a honra sexual, o segredo de fábrica, pois a agressão

---

[23] Segundo a corrente chamada de liberal, a oposição ao ato ilegal da autoridade não se reveste de antijuridicidade tratando-se de ato lícito. A respeito, vide PRADO, L. R. *Curso de Direito Penal brasileiro*, vol. 4, São Paulo, RT, 2001, p. 519.

[24] STRATENWERTH, G., op. cit., p. 144; RODRIGUEZ DEVESA, J. M., op. cit., p. 481, refere à provocação que incita a agressão como uma *provocação suficiente*, que afasta a legítima defesa.

124 | FUNDAMENTOS DE DIREITO PENAL – *Miguel Reale Júnior*

pode se voltar contra a pessoa física ou jurídica. Pode ser defendida também a organicidade familiar lesionada pela presença do ou da amante dentro da casa onde habita a família. A doutrina, com razão, no entanto, rejeita unanimemente a legítima defesa de interesses da comunidade, que não se enquadra na expressão direito de terceiros.

3.3.6. Atualidade e iminência

A agressão deve, também, ser atual ou iminente. Atual, se *in fieri*, ou seja, iniciada e transcorrendo, sendo atual enquanto não cessar,[25] pois a ofensa que o agredido pretende impedir ainda não foi debelada. Iminente é o que está para suceder, em vias de ocorrer, devendo o perigo imediato ao bem jurídico ser impedido de se concretizar.

3.3.7. Proporcionalidade entre os bens

Pode-se dizer em legítima defesa o proprietário de uma casa em cujo jardim há uma jaboticabeira visitada por crianças, que invadem a residência, e uma delas vem a ser abatida por um tiro quando se achava no galho da árvore, defendendo-se, assim, a propriedade?

Creio que, malgrado o tipo permissivo da legítima defesa não refira a uma proporcionalidade entre os bens em jogo, ou seja, o bem objeto da agressão e o bem objeto da repulsa, uma relativa proporcionalidade deve-se exigir à configuração da legítima defesa.

É certo que não se pode exigir que o bem atingido ou a ser atingido pela agressão seja igual ou superior ao bem atingido pela resposta, mas a ação defensiva não pode atingir de forma significativamente desproporcional um bem do agressor,[26] pois a proporcionalidade, exigível na resposta penal dada pelo Estado no exercício do poder-dever de punir, também deve presidir a ação do particular que atua em sua própria defesa, levando-se em conta as circunstâncias do fato.

A defesa do patrimônio pode ser legítima, mas a reação defensiva, lesiva ao bem jurídico vida, coloca-se em clara desproporcionalidade se o titular do direito agredido não estava prestes a sofrer qualquer gravame à sua integridade física. Assim, o que não pode haver é manifesta desproporcionalidade, sendo que atingir a vida de quem lesiona com seguidos socos pode ser proporcional para fazer cessar a agressão, mas atingir a tiros a criança que invade o pomar não o é.

3.3.8. Necessidade dos meios

Quando os meios são necessários? A possibilidade de fuga diante da agressão torna a reação desnecessária? O Direito não pode, ao exigir a fuga ao invés da reação, promover a covardia nem pode exigir do agredido que arroste a pecha de covarde, vendo atingida a sua honra ao impedir o reconhecimento da legítima defesa por não fugir o agredido.

---

[25] RODRIGUEZ DEVESA, J. M., op. cit., p. 480, observa que "*uma vez passada já não se pode falar de agressão*".

[26] GROSSO. "Legittima difesa", *in Enciclopedia del Diritto*, vol. XXIV, 1974, STRATEN-WERTH, G., op. cit., p. 145.

A reação é necessária, portanto, quando se apresenta como o modo não desonroso[27] de evitar o prosseguimento ou início da agressão, devendo-se levar em conta as características do agressor e do agredido, pois aos tapas de uma moça é desnecessário que um *boxeur* reaja com facadas.

Não é necessário, também, ao pai ou ao professor reagir com violência às agressões da criança, devendo-se respeitar suas condições particulares e agir com a ponderação de mais velho e de responsável pelo pequeno agressor.

3.3.9. Moderação no uso dos meios

A exigência do uso moderado dos meios necessários tem como primeiro indicativo a cessação da agressão. Se finda a agressão, deve se findar a reação. Mas o uso moderado é difícil de se medir no calor dos fatos, sob o impacto da agressão e no curso de empreender a repulsa impeditiva da continuidade da agressão ou do seu iminente início.

Só quando há uso manifestamente além do necessário é que se pode dizer que seja imoderado, pois o medo e a tensão nervosa, em uma situação de legítima defesa, tornam difícil a medida da moderação na utilização dos meios disponíveis para responder à agressão. Por isso, FREDERICO MARQUES lembra acórdão do Supremo Tribunal Federal, no qual se assevera dever o conceito de moderação ser personalíssimo e subjetivo,[28] examinando-se, no caso concreto, qual a extensão da repulsa suficiente a ser controlada pelo agente.

Quando este uso é imoderado, surge a hipótese de o excesso ser culposo ou doloso. O excesso culposo ocorre, se a imoderação não foi intencional, mas fruto da ausência do devido controle do *quantum* de reação a fazer cessar a agressão. Se não pode haver legítima defesa de ação praticada em legítima defesa, no entanto, entende FREDERICO MARQUES que pode ocorrer legítima defesa contra o ato praticado em excesso culposo.[29]

3.3.10. Elemento subjetivo

O conjunto dos elementos do tipo da legítima defesa é revelador dos valores constitutivos do núcleo da estrutura normativa, destacando-se a necessidade da reação para defesa de um interesse contra um ataque injusto. Assim, da ocorrência de todos os elementos da figura permissiva pode-se inferir a subjetividade do agente,[30] no sentido de ser movido pela intenção de agir para se defender, constituindo-se, a meu ver, uma presunção relativa. Só efetiva prova em contrário, demonstrativa de que o agente atuou para agredir e não para se defender, pode excluir a legítima defesa.

---

[27] FRAGOSO, H. C., op. cit., p. 194, considera que a possibilidade de fuga deve ser a preferida quando não afeta os brios do agente, exemplificando com razão o caso de a agressão partir de um inimputável.

[28] FREDERICO MARQUES, J. *Curso de Direito Penal*, vol. 2, São Paulo, Saraiva, 1956, p. 126.

[29] Idem, p. 128.

[30] CEREZO MIR, J., op. cit., p. 441, considera que o agredido deve agir com o ânimo ou vontade de defender direito próprio ou alheio, opinião esta unânime na doutrina espanhola, sendo, todavia, este ânimo de defesa compatível com outras motivações.

3.3.11. A natureza e os valores da figura permissiva

Resta, por fim, referir ao fundamento, o valor fundante do instituto, que decorre da natureza do homem, no dizer de Cícero, *"est haec non scripta, sed nata lex"*.

Além da necessidade de defesa como natural do homem, *non scripta sede nata lex*,[31] requer-se a quem age em defesa própria, mas subsidiariamente em defesa da lei, que use dos meios necessários com moderação.

A natureza do instituto da legítima defesa é constituída, portanto, pela possibilidade de reação direta do agredido em defesa de um interesse, dada a impossibilidade da intervenção tempestiva do Estado, o qual tem igualmente por fim que interesses dignos de tutela não sejam lesados por agressões injustas.

A legítima defesa, assim, é uma espécie de sanção imposta ao agressor, a sanção que impede que a agressão se consume.

No confronto de bens, entre o bem do agredido e o do agressor, prevalece o bem daquele. Por exemplo, o bem vida do agressor vale menos do que o bem vida do agredido, por ter aquele se posto em desabrigo frente ao ordenamento ao iniciar a agressão.

Se há renúncia livre à proteção da norma por parte do agressor e, no jogo de interesses, prevalece o do agredido, no entanto, o retrocesso da proteção com relação ao agressor não é total. O direito de reação encontra limites que decorrem do reconhecimento do valor de proporção, que compreende a necessidade de relativa correspondência não só entre a potencialidade da agressão e o uso dos meios de repulsa.

Há, portanto, outro valor a ser respeitado, que retira a absolutização do direito de defesa, pois a proporção entre as circunstâncias da agressão e a forma de repulsa é requerida, demonstrando-se que se protege, também, o agressor contra a repulsa desmedida ou desnecessária.

3.3.12 Legítima defesa de terceiro

A figura descrita no art. 25 do Código Penal refere-se à ação praticada na defesa de direito seu ou de outrem. Assim, já vem contemplada a possibilidade de agir justificadamente na repulsa à agressão injusta a direito de terceiro que esteja sendo atingido ou na iminência de ser atingido.

No entanto, de forma contraditória, veio o denominado "pacote anticrime", introduzir parágrafo único ao art. 25 nos seguintes termos:

> Art. 25. (...)
> Parágrafo único. Observados os requisitos previstos no *caput* deste artigo, considera-se também em legítima defesa o agente de segurança pública que repele agressão ou risco de agressão a vítima mantida refém durante a prática de crimes.

---

[31] Por essa razão, entendo possível a legítima defesa do inimputável, pois além de ser uma repulsa natural, a presença dos elementos objetivos faz presumir a intenção de defesa.

Parte II · Capítulo 3 · ANTIJURIDICIDADE: CAUSAS DE EXCLUSÃO | **127**

Assim, o parágrafo único estabelece que, atendidos os requisitos descritos no *caput*, vem-se a considerar também em legítima defesa o agente de segurança que atua em favor de refém. Ora, se estão atendidos os requisitos estampados no *caput*, configurada está a legítima defesa, sendo despicienda qualquer outra disciplina da situação para reconhecimento da causa excludente na ação em favor de terceiro.

Nada explica a criação de uma figura de legítima defesa própria de agente de segurança, pois qualquer pessoa pode vir a agir em defesa de direito de outrem que esteja sendo objeto de agressão injusta, atual ou iminente.

Dessa maneira, o parágrafo único introduzido pela Lei nº 13.964/19 é além de inócuo, tecnicamente eivado de equívoco ao limitar a legitimidade da defesa de direito de terceiro a agente de segurança.

3.4. O ESTADO DE NECESSIDADE

O estado de necessidade, que se configura pela ação de atingir bem jurídico de terceiro inocente para salvar bem próprio ou de outrem de perigo atual, apresenta alguns requisitos que bem delimitam a figura permissiva, quais sejam: 1º) a existência de um perigo certo e atual; 2º) que esse perigo não tenha sido provocado pelo agente: perigo "*que não provocou*"; e 3º) dano inevitável, a não ser pelo comportamento lesivo, ou seja, "*nem podia de outro modo evitar*". Dessa forma, desenha-se uma situação típica, uma situação de necessidade na qual a ação é considerada lícita. Cumpre, então, examinar o primeiro requisito, o perigo atual.

3.4.1. Conceito de perigo

Jescheck[32] conceitua o estado de necessidade como uma situação de perigo atual para legítimo interesse que só pode evitar-se mediante lesão a outra pessoa.

Três são as teorias acerca do conceito de perigo. A teoria subjetiva considera inexistir, objetivamente, perigo. Segundo essa teoria, existem fenômenos necessários ou desnecessários. Se o fenômeno não traz, em si, as condições efetivas para a sua realização, é um fenômeno desnecessário. O perigo é produto de uma falha de nosso conhecimento, é uma hipótese, não uma possibilidade, pois inexiste tal categoria no mundo fenomênico. O perigo não é senão representação mental, fruto do temor.

A teoria objetivista, pelo contrário, entende ser o perigo uma possibilidade de dano que, pela superveniência de condições, não se realiza. Perigo é a objetiva possibilidade de um evento danoso.

ROCCO veio desfazer todas as dúvidas,[33] conciliando o aspecto objetivo com o subjetivo. Para ROCCO, o perigo é a possibilidade de um dano, e dano é a diminuição de um bem ou o sacrifício e restrição de um interesse.

---

[32] JESCHECK, Hans-Heinrich e WEIGEND, Thomas, *Tratado de derecho penal* – parte general, trad. Miguel O. lmedo Cardenete, Granada, Comares, 2002, p. 379.

[33] Ver ROCCO, A. *L'Oggetto del reato*, Turim, 1913, p. 288; PETROCELLI, B. *La pericolosità criminale e la sua posizione giuridica*, Pádua, 1940, p. 4 et seq.; COSTA JR. P. J. *Nexo causal*, São Paulo, 1964, p. 68 et seq.

128 | FUNDAMENTOS DE DIREITO PENAL – *Miguel Reale Júnior*

Cabe, entretanto, determinar o que se entende por *possibilidade*. Possibilidade é a aptidão de um fenômeno para causar determinado outro, conforme as relações de causalidade que a experiência indica, segundo critérios e métodos de base científica.

Perigo é, destarte, a aptidão, a idoneidade ou a potencialidade de um fenômeno de ser causa de um dano, ou seja, é a modificação de um estado verificado no mundo exterior[34] com a potencialidade de produzir a perda ou diminuição de um bem, o sacrifício ou a restrição de um interesse.

A possibilidade é um juízo que se funda no mundo real, é a verificação objetiva de um acontecimento. O perigo não é, como desejam os subjetivistas, um temor, filho de nossa ignorância, mas antes uma conclusão, filha de nosso raciocínio e prudência,[35] pois é inferido a partir da experiência, do conhecimento de um campo determinado de fenômenos. O perigo deve, por outro lado, ser conhecido, pois, como observa ROCCO, ele não se revela por si.

Essa representação causa um temor, mas o mero temor, não fundado em um acontecimento que contenha a possibilidade de dano, não constitui perigo nem com este se identifica.[36] Perigo, portanto, é um complexo subjetivo e objetivo.

O temor é a representação do perigo que, todavia, não se confunde com a mera emoção, que eventualmente podem causar certas circunstâncias. Deve haver um temor legítimo, baseado na experiência.

O perigo não é, portanto, um dado apenas psicologicamente verificável, como causa de temor, mas é possibilidade objetiva de dano, subjetivamente representada.

O Código Penal de 1969 usava a expressão *"perigo certo e atual"*. O Código de 1940, e igualmente a Nova Parte Geral, exige apenas que o perigo seja atual.

O Código de 1940, só se referindo a *"perigo atual"*, não especifica que o perigo deva ser certo, ficando, por conseguinte, em aberto a questão do grau de probabilidade bastante para legitimar a exclusão.

Melhor seria qualificar o perigo como perigo certo, excluindo-se, destarte, a hipótese de mera possibilidade de dano como legitimadora do estado de necessidade.

Desde que haja possibilidade de dano, existe perigo, em grau maior ou menor, podendo, porém, ser juridicamente irrelevante: só atinge a categoria de elemento integrante do estado de necessidade aquela possibilidade que se revela provável por ter certa intensidade, um grau significativo de possibilidade.

O exame do perigo deve ser realizado *ex ante*, por prognose póstuma, refazendo-se a situação concreta em que se encontrava o agente, e não *ex post*, pois a realidade diversa, constatada posteriormente, e desconhecida no momento do comportamento, é *"ignorável necessária e fatalmente"*.[37]

É requisito que o perigo seja atual, isto é, *in fieri, in atto*, subsistente e persistente.[38] Não constitui perigo a possibilidade de dano futuro não iminente nem o perigo

---

[34] ROCCO, A., op. cit., p. 288.
[35] PETROCELLI, B., op. ult. cit., p. 3.
[36] PETROCELLI, idem, p. 10.
[37] ROCCO, A., op. cit., p. 302; COSTA JR., Paulo J., op. ult. cit., p. 71.
[38] CONTIERI. *Estado de necessidade*, São Paulo, 1942, p. 53; GROSSO, C. F., op. ult. cit., p. 77; ROCCO, A., op. cit., p. 302.

passado, ou seja, o fenômeno que já se deu ou cuja potencialidade de causar dano haja desaparecido.

Atual, contudo, não encerra a noção de iminência. Atual é o que é presente, subsiste e persiste. Iminente é o que está prestes a ser atual, mas ainda não o é.

3.4.2. Não provocação do perigo

O art. 24 do Código Penal usa a expressão: "... *que não provocou por sua vontade*".

Com essa expressão, o legislador pretendeu excluir do campo de licitude do estado de necessidade o agente que voluntariamente deu origem ao perigo. A expressão "*por sua vontade*" foi entendida por alguns autores como compreensiva de intencionalidade ou grosseira inadvertência[39] na causação do perigo. Com referência a esta última, entende NELSON HUNGRIA que ao agente devia ser possível não só a previsão do perigo, como da necessidade futura de ter de recorrer ao comportamento necessitado para evitar o dano.

A doutrina brasileira,[40] no comentário à expressão utilizada pelo Código, abraçou a teoria da voluntariedade do perigo, entendendo-a como intencionalidade.

Provocando o perigo, deve o agente arcar com as consequências, pois não é justo que, em detrimento de terceiro inocente, se beneficie quem voluntariamente deu causa ao perigo.

Cumpre indagar: a "*provocação do perigo*" deveria excluir o estado de necessidade, mesmo quando se atue para salvar bem de maior valor? Entende VON HIPPEL que, se houve lesão a bem inferior para salvar um de superior importância, a ação é justa, pois interessa ao Ordenamento a proteção de bem superior.[41] Nesse caso, deveria ser irrelevante o requisito de que o perigo tenha sido causado pelo agente, já que somente interessa que o bem superior venha a ser salvo em prejuízo de um menor. O que importa, diz VON HIPPEL, é como sai o agente da situação de necessidade e não como nela entra.

O requisito da não provocação do perigo constitui uma demonstração de que a salvação do bem de maior valor não deva, em leitura estrita, sempre prevalecer, visto não ser aplicável o estado de necessidade a quem deu causa voluntariamente a um perigo à própria vida e para salvá-la lesa insignificante bem patrimonial de outro.

Mas há por parte do Ordenamento uma depreciação do bem, visto ter sido ele posto voluntariamente em perigo pelo seu titular?

A resposta deve ser negativa, uma vez que no estado de necessidade pode o comportamento necessitado realizar-se em benefício de bem de terceiro, mesmo quando este terceiro tenha sido o causador do perigo.[42]

---

[39] HUNGRIA, N., op. cit., p. 437; FREDERICO MARQUES, J. *Curso*, vol. II, cit., p. 133. Na doutrina italiana, ANTOLISEI, F. *Manuale di Diritto Penale, parte generale*, 5ª ed., Milão, 1963, p. 229.

[40] BRUNO, A. *Direito Penal*, vol. I, p. 383; COSTA E SILVA. *Comentários ao Código Penal Brasileiro*, p. 156; SIQUEIRA, Galdino. *Tratado de Direito Penal, parte geral*, vol. I, p. 357; GARCIA, Basileu, op. cit., p. 295.

[41] HIPPEL, V. *Manuale di Diritto Penale*, trad. Roberto Vozzi, Nápoles, 1936, p. 165. No mesmo sentido, GROSSO, C. F., op. cit., p. 235.

[42] MOLARI. A. *Profili dello stato di necessitá, Pádua*, 1964, p. 67.

Assim sendo, é claro que pelo fato de alguém pôr em perigo o seu bem não é este considerado inferior pelo Ordenamento.

Se o agente que para salvar a própria vida de um perigo, por ele provocado, lesa pequeno bem patrimonial, o bem jurídico "vida" deveria sofrer notável depreciação, a ponto de não ser entendido como superior ao bem jurídico patrimônio, o que não nos parece nem justo nem lógico.

Não se justifica que o bem, por ter sido posto voluntariamente em perigo, seja depreciado. Se sucedesse tal depreciação, seria de se considerar, no exemplo clássico da tábua de salvação, que, quando o perigo tivesse sido provocado pela vítima, o agente estaria em estado de necessidade excludente da ilicitude, pois a "vida" da vítima, por ter sido por ela posta em perigo, deveria, por coerência, sofrer uma desvalorização por parte do Ordenamento.

A meu ver, o requisito da não provocação tem como escopo coibir que, por vontade do agente, bens sejam postos em perigo. Na situação de necessidade, o agente evita o dano, mas deve antes, através da diligência, evitar provocar o perigo.

Se provoca o perigo a direito seu voluntariamente, que apenas pode proteger causando mal a terceiro inocente, mesmo que seja inferior ao mal evitado, não deixou por isso de causar um mal,[43] razão por que entendo na busca de Justiça concreta que se admita, excepcionalmente, a excludente apenas no caso de se salvar bem consideravelmente superior ao prejudicado, mesmo tendo-se criado o perigo voluntariamente.

Assim sendo, não é apenas relevante o modo como se resolve a situação de necessidade, pois cabe ao Ordenamento não só preservar os bens, mas também promover normas de conduta.

Pela não aplicação da excludente, a não ser excepcionalmente, quando o perigo for provocado voluntariamente pelo agente, o Ordenamento exige e propulsiona que se aja com diligência e com previsão.

3.4.3. Inevitabilidade

Outro requisito do tipo permissivo é o da inevitabilidade do meio utilizado, ou seja, no dizer do legislador o perigo que "*nem podia de outro modo evitar*".

No estado de necessidade, o agente, para salvar direito próprio ou de outrem, sacrifica direito de terceiro inocente, desde que não haja outro meio, menos ou não prejudicial, e idôneo a evitar o dano. Se havia outro meio idôneo a evitar o dano, não prejudicial ou menos prejudicial que o utilizado, devia o agente ter pelo mesmo optado. Não fica ao livre-arbítrio do agente, por encontrar-se na iminência de sofrer um dano, a escolha do meio mais conveniente.

O Direito é que determina a escolha: o meio deve ser o não prejudicial e, se apenas houver vários prejudiciais, o que menos o é. Se houver meio não prejudicial, é lógico que a este deve recorrer o agente, deixando de haver, evidentemente, comportamento necessitado.

---

[43] MOLARI, A., idem, p. 71.

Parte II · Capítulo 3 · ANTIJURIDICIDADE: CAUSAS DE EXCLUSÃO | **131**

A inevitabilidade refere-se ao meio, não ao comportamento em si, pelo que a expressão *"nem podia de outro modo evitar"* não se refere ao poder do agente de evitar o comportamento sofrendo do dano, pois esta questão constitui um juízo de valor.[44]

A expressão tem um sentido exclusivamente objetivo: a exigência de ser o único meio ou o meio menos prejudicial[45] para evitar o dano.

Seria preferível usar a expressão "evitar o dano", pois o perigo já existe, não cabendo, portanto, ao agente evitá-lo, mas sim a sua consequência.

De outro vértice, se o agente empreender meios desnecessários e imoderados para afastar o perigo atual, tendo assim agido em virtude de uma avaliação errônea da medida proporcional e certa, restará caracterizado um excesso culposo, sendo assim punido, na hipótese de o tipo penal admitir essa modalidade. Contudo, se o excesso for intencionalmente desejado, afasta-se a incidência da excludente.

3.4.4. Exigência razoável de não sofrer o sacrifício

O estado de necessidade, no nosso Código, é excludente da antijuridicidade ou da tipicidade, mas não fundado no balanceamento de bens, na comparação entre os bens em jogo, podendo o bem sacrificado ser mais valioso que o salvo. O fundamento da figura, pelo art. 24 do Código Penal, está no fato de não ser razoável exigir-se o sacrifício, em construção própria do pensamento de HUNGRIA.

Sendo assim, entendo dever-se compreender ser esta razoabilidade um limite dentro da possibilidade de que seja o bem lesado de valor superior ao salvo. O sacrifício seria, então, exigível com a abstenção do comportamento necessitado. Avalia-se como razoável sofrer o dano diante da manifesta desproporcionalidade entre o direito

---

[44] GROSSO não vê, na inevitabilidade, apenas um requisito objetivo acerca da utilização, por parte do agente, do meio menos prejudicial. Vai além, transformando este requisito na própria fundamentação do estado de necessidade, incorrendo, a nosso ver, em séria contradição.

Para o autor, a inevitabilidade se dá quando, além do meio ser o menos prejudicial, o prejuízo causado ao terceiro inocente é inferior ao prejuízo que se evita. GROSSO relaciona a exigência de que o bem salvo seja superior ao lesado, à exigibilidade do sacrifício do dano, por parte do agente. É exigível o sacrifício do mal menor quando o único meio de o salvar é lesar um mal maior. GROSSO exemplifica: se o agente, para se salvar durante um incêndio, pode matar outrem ou saltar pela janela, ferindo-se, tendo-se em vista o maior valor da vida sobre a integridade física, é de se exigir que salte pela janela, não se enquadrando, portanto, no requisito da inevitabilidade a morte do terceiro, pois o sacrifício da integridade física constitui outro meio disponível e exigível.

A nosso ver, GROSSO incorre em flagrante contradição, pois, primeiramente, o requisito de inevitabilidade não se refere ao poder de o agente de omitir a ação, sofrendo um sacrifício, o que deve ser objeto do juízo de culpabilidade, mas, ao contrário, possui um significado objetivo. Se o requisito da inevitabilidade encerrasse um juízo sobre o poder do agente, o estado de necessidade no Código italiano não teria caráter objetivo, tal como pensa GROSSO (op. cit., p. 304), mas subjetivo, fundado não na exigibilidade. Para a teoria objetiva do estado de necessidade, não importa o poder do agente de sofrer o sacrifício, mas apenas o interesse social, ou seja, que se salve o bem maior com prejuízo do menor.

[45] Neste sentido, é o entendimento da doutrina brasileira, assim como da italiana, em cujo Código há idêntico requisito. CONTIERI assevera que: *"A inevitabilidade do perigo por forma que não seja a prática do fato necessitado deve existir objetivamente. O juízo sobre sua existência deve basear-se nas circunstâncias de fato"*, op. cit., p. 90.

a ser sacrificado e o a ser protegido. A existência de certa proporcionalidade constitui, portanto, uma diretriz acerca da razoabilidade ou de não se sofrer o dano em face da grandeza do direito posto em perigo pela ação necessitada.

Assim, a inexigibilidade encontra seu limite na existência de certa proporcionalidade entre os dois bens, o protegido e o sacrificado. Pode o primeiro ser inferior ao segundo, devendo, porém, manter com o mesmo uma certa proporção, de acordo com o preceituado pelo §2º do art. 24 do Código Penal: se era "razoável exigir-se o sacrifício do direito ameaçado", expressando claramente que a razoabilidade refere-se ao sofrimento do sacrifício.[46] A razoabilidade do sacrifício se impõe, parece claro, quando não há "relação de justa conveniência" entre os bens em conflito.

A necessidade de certa proporcionalidade não constitui a *ratio*, o princípio governativo do estado de necessidade mas, sim, o limite da não exigibilidade. A validez da imposição de limites à não exigibilidade, através da exigência de certa proporcionalidade, deriva de razões de Justiça, pelo que não é incompatível com a fórmula adotada pelo legislador. Certa proporcionalidade é exigida na própria legítima defesa quando o comportamento constitui uma reação a uma injusta agressão. Desse modo, é de se convir que certa proporcionalidade é apenas o limite da não exigibilidade.

Deverá o *quantum* da lesão ser também levado em consideração? Se estiver, por exemplo, em perigo a integridade física, a propriedade, e for diminuto o dano que pode ser gerado por esse perigo, é de se exigir o sacrifício ou, para salvar, poderá o agente ferir direito alheio superior? Tendo em vista a irrelevância do sacrifício, é, a meu ver, o mesmo exigível, a não ser quando, para se salvar, o agente sacrifique ao menos direito igual ou relativamente superior.

O sistema adotado pelo nosso Código incorre em sérias contradições, estatuindo requisitos incompatíveis com o fundamento da não exigibilidade compreendida como causa excludente da antijuridicidade, o que já de *per si* é inexato histórica e logicamente,[47] na hipótese de estado de necessidade em favor de terceiro e na hipótese do § 1º do art. 24, relativa a ter o agente o dever de arrostar o perigo.

3.4.5. Estado de necessidade em favor de terceiro

A não exigibilidade, considerada como causa de exclusão de antijuridicidade, permite que a excludente se estenda à ação do terceiro, mesmo que ele venha a sacrificar bem superior em benefício de bem inferior, pertencente a pessoa estranha, como que interferindo no conflito de bens como árbitro absoluto de sua solução.

A ação de terceiro, estranho ao conflito e aos conflitantes, lesando, com a sua interferência, um bem de maior importância em benefício de bem menor, cabe pon-

---

[46] JESCHECK, op., cit., p. 381, cita como exemplo a defesa de bem pessoal, como a integridade física, perante bem material: matar um cachorro que avança, cortar árvores para impedir o alastramento de um incêndio.

[47] HUNGRIA, N., op. cit., p. 442. HUNGRIA acrescenta que não só o *quantum* da lesão faz o sacrifício exigível, mas também o *quantum* do perigo. Não o segue ANÍBAL BRUNO, que leva em conta apenas o *quantum* da lesão, com o qual concordamos, visto já ser necessário que o perigo seja certo, e, portanto, já sendo exigido para valoração da situação, que seja notável o perigo. BRUNO, A. *Tratado de Direito Penal*, II, Rio de Janeiro, Forense, p. 384.

derar não se coadunar com a não exigibilidade. A subjetividade do terceiro não assume relevância, na situação concreta, por ser elemento alheio ao conflito, sendo exigível a sua omissão em caso de confronto de bens idênticos.

A morte de fulano causada por beltrano para salvar sicrano, se o homicida não tem relação alguma com sicrano, não é desculpável com base na não exigibilidade. Não deixa de ser reprovável a sua ação,[48] pois beltrano é terceiro estranho, ao qual não anima nenhum motivo relevante que o impulsione a optar pela salvação de sicrano e pela morte de fulano.

É justa a interferência do terceiro em socorro do necessitado, quando acode à salvação de um bem maior em detrimento de outro consideravelmente inferior, mas a medida de licitude desse ato é a que decorre da própria lei, que, em função do interesse social, legitima os comportamentos realizados por terceiros, quando causam um mal para evitar outro consideravelmente superior.

O comportamento do terceiro em socorro do necessitado deve ser, portanto, limitado pelo balanço de bens, sob pena de se legitimarem comportamentos injustificados, redundando o terceiro em único juiz de sua própria ação.[49]

A opção realizada pelo terceiro, estranho à situação de necessidade e às pessoas envolvidas no caso, só é válida, tornando legítimo o seu comportamento, quando obedecidos os critérios fixados em benefício de bem minimamente superior ao lesado.

No entanto, a ação em favor de terceiro a quem se é ligado por laços de parentesco ou amizade deve ser justificada, com base na não exigência razoável do sacrifício.

Assim, em um naufrágio, a interferência do pai em benefício de seu filho, na disputa que se trava por uma tábua de salvação entre este e um estranho, é justificável. A vida do estranho não vale menos que a do filho, pois são bens absolutos e idênticos. A apreciação, para desculpar o comportamento do pai, não se funda no cotejo de bens em jogo, mas na "não exigibilidade", eleita por nosso Código como causa excludente da ilicitude.

Não é reprovável, contudo, o comportamento paterno, pois o pai age motivado pelo dever moral de salvar o filho. O dever de salvar o filho é superior ao dever de salvar o estranho.[50]

A positividade dos valores da amizade e do parentesco imposta pelo Direito, valores em função dos quais opta o terceiro, torna irreprovável sua interferência em uma situação de necessidade, em benefício do amigo e do parente.

A positividade dos valores da amizade e do parentesco faz com que seja superior o dever de auxiliar o parente ou o amigo, em detrimento do estranho, assim como faz presumir uma comunhão de interesses.

---

[48]   Este é o exemplo dado por MOLARI, op. cit., p. 101.

[49]   Neste sentido, também WELZEL, H. (op. cit., p. 187), o qual pondera que em uma situação destas, o terceiro toma o seu cargo, de forma inadmissível *"dizer o destino".*

[50]   Neste sentido, SANTOS, B. S. "L'interruption de la grossesse sous l'indication médicale dans le code penal portugais", *in Boletim da Faculdade de Direito de Coimbra*, n° 43, 1967, p. 164.

134 FUNDAMENTOS DE DIREITO PENAL – *Miguel Reale Júnior*

3.4.6. O dever de arrostar o perigo

Quanto ao requisito de ter o agente a obrigação de arrostar o perigo, previsto no § 1º do art. 24 do Código Penal, é de se ponderar ser também incompatível com o fundamento da não exigibilidade. Não nos parece admissível, com efeito, que um juízo sobre a subjetividade do agente possa se fundar, tão somente, na sua obrigação legal de sofrer o dano, mesmo porque a presença daquela obrigatoriedade, no espírito do agente, não seria bastante para a determinação de sua vontade no âmbito de uma situação de necessidade.

Como bem observa BELLAVISTA, não é por vestir farda de bombeiro que alguém se transforma em herói.[51]

Constitui incoerência manifesta considerar como circunstância objetiva para a atuação da não exigibilidade a inexistência de dever legal de sofrer o sacrifício por parte do agente. Um bombeiro, por exemplo, tem o dever legal de expor sua vida durante um incêndio enquanto no exercício de suas funções. Não tem, entretanto, dever legal de sofrer lesões corporais em um tumulto à saída de um estádio prestes a desabar, no qual se encontrava como mero espectador. Não há, nem poderia haver, tendo-se em vista a mesma pessoa, dois critérios de exigibilidade.

Se em ambos os casos viesse a lesar outrem para salvar-se, seria iníquo exigir-lhe o sacrifício da vida por se tratar de um incêndio, e não se exigir que sofra uma lesão à saída do estádio. Seria ilógico reprovar-se a sua opção no primeiro caso, e desculpá-lo, considerando-a válida no segundo.

O comportamento daquele que tem a obrigação de arrostar o perigo deve sofrer um juízo de valor, tendo em vista não o desvalor da obrigação desrespeitada, mas, sim, a opção tomada, a motivação do agir, considerando-se as circunstâncias concretas da situação e as pessoais do agente, sem se levar em conta, entretanto, o seu dever ou não de arrostar o perigo.

Obrigado legalmente a arrostar o perigo, é ilícito que o agente cause dano a outrem para preservar direito seu, pois, ao seu direito, está legalmente imposto o sacrifício, seja por força de letra expressa da lei.

Ocorre, ademais, que o agente voluntariamente aceitou o risco, inserindo-se, por vontade própria, no perigo. Como se salientou pode haver não exigibilidade, mas não estado de necessidade nos termos constitutivos do tipo do estado de necessidade no art. 24, § 1º, do Código Penal.

3.4.7. A minorante do art. 24, § 2º, do Código Penal

O art. 24, § 2º, do Código estatui minorante facultativa, pela qual pode o juiz atenuar a pena, tendo em vista as condições pessoais do agente, mesmo que exigível o sacrifício.

No interior de uma situação de necessidade valorada legalmente, na qual estão presentes os requisitos determinados pela norma, seja pelo *quantum* da lesão a ser

---

[51] BELLAVISTA, G. "Il problema della colpevolezza", *in Annali del seminario giuridico della Università di Palermo*, nº 19, p. 82, 1944.

Parte II · Capítulo 3 · ANTIJURIDICIDADE: CAUSAS DE EXCLUSÃO | **135**

sofrida, seja pelo poder concreto do agente de se adequar ao dever, seja pela manifesta desproporção entre os bens em jogo, se era exigível do agente a omissão do comportamento lesivo, com o consequente sofrimento do dano, pode o juiz atenuar a pena, tendo em vista a pessoa que realizou o ato.

Ora, se no interior de uma situação de necessidade, o agente lesa a outrem, malgrado ser exigível sua omissão, com o sofrimento do sacrifício, e se esse comportamento antijurídico constitui uma fraqueza momentânea, é de se atenuar a pena.

3.4.8. *De lege ferenda*

O estado de necessidade, no Código Penal de 1940, é excludente de antijuridicidade, mas fundado na não exigibilidade por influência de HUNGRIA que entendia que o "não poder" redundava no "não dever". O Código Penal Militar de 1969, editado na mesma data do Código Penal Comum de 1969, não veio a ser revogado como este último e disciplina o estado de necessidade segundo a teoria diferenciadora, tal como o fazia o Código Penal Comum de 1969, revogado.

Pela teoria diferenciadora, há duas figuras de estado de necessidade, uma que exclui a antijuridicidade, fundada no balanceamento de bens, e outra excludente da culpabilidade, fundada na não exigibilidade de outra conduta. É, sem dúvida, a melhor técnica, pois resolve as questões acima expostas do ato necessitado praticado em favor de terceiro e o dever de arrostar o perigo.

Creio que se deva adotar na legislação comum também a teoria diferenciadora, mas não, como se verá, tendo a excludente de culpabilidade fundamento na "não exigibilidade", pois, hoje, considero que se deva mencionar a não reprovabilidade pela opção feita contra o Direito na situação de necessidade.

3.5. ESTRITO CUMPRIMENTO DE DEVER LEGAL

Diferentemente do Código Penal italiano, o nosso não une as figuras do cumprimento do dever à obediência hierárquica, que vem a ser uma dirimente referida ao lado da coação irresistível (art. 22). O código distingue, portanto, o cumprimento de dever legal, decorrente de determinação normativa, da obediência hierárquica consistente no cumprimento de ordem emanada de superior.

Quanto ao cumprimento de um dever imposto pela lei, diz DELITALA ser de intuição evidente que efetivar o comando da lei é lícito e não pode vir a ser ilícito, não sendo possível logicamente que um ordenamento, por um lado, determine a realização de um dever e depois sancione o cumprimento desse dever.[52] No mesmo sentido, MUÑOZ e GARCÍA ARAN[53] entendem quase supérfluo estatuir-se não haver crime caso o ato seja praticado em cumprimento de dever legal, uma vez que não poderia a lei punir, ainda que inexistente esse dispositivo permissivo, o que ela própria determina que seja feito.

---

[52]   DELITALA, G. "Adempimento di un dovere", *in Enciclopedia del Diritto*, p. 567.

[53]   MUÑOZ CONDE e GARCÍA ARAN, *Derecho penal: parte general*, 8ª ed., Valencia, Tirant Lo Blanch, 2010, p. 311.

FUNDAMENTOS DE DIREITO PENAL – *Miguel Reale Júnior*

Se a norma é injusta ou se a sentença é nula, o cumprimento da determinação legal de prender alguém em flagrante ou o condenado permanece sendo lícita, agindo a polícia na execução de um dever que lhe é legalmente imposto e que, se não cumprir, pode constituir prevaricação ou desídia funcional.

Em momentos de crise do Direito, como logo após a segunda guerra mundial, juízes foram condenados na Alemanha por haverem aplicado as leis injustas do III Reich. DELITALA menciona, também, o processo a que foram submetidos alemães e italianos por crime comum praticado em respeito às normas impostas pela Alemanha quando da invasão da Itália, em 1943, sendo absolvidos por terem obedecido, em território ocupado, a normas emanadas pelas autoridades de ocupação.

Cumprir um comando de norma inconstitucional, enquanto não declarada a inconstitucionalidade pelo Supremo Tribunal Federal, constitui efetivar o teor do dever legal, pois, do contrário, cair-se-ia em evidente insegurança jurídica, cada qual se arvorando em órgão de controle da constitucionalidade.

O cumprimento do dever, todavia, diante do possível abuso de autoridade, previsto como crime pela Lei nº 13.869/2019, cabe-se dar nos estritos limites fixados pela lei. Qualquer excesso será ilícito, atingindo a liberdade, a honra, a integridade daquele que submetido à ação lícita da autoridade, em prejuízo de um direito, vê pelo excesso da ação dessa autoridade feridos outros direitos, além do autorizado pela lei que fosse coartado.

Respeitados os limites do estrito dever legal, a ação é destituída de tipicidade ou antijuridicidade,[54] mesmo porque realizada com o ânimo de atender ao comando da lei, cumprir um dever imposto por ela, e não para restringir o bem jurídico de quem deve-se submeter à lei.

3.6. EXERCÍCIO REGULAR DE UM DIREITO

Apesar de o Direito Penal ser constitutivo e não subsidiário,[55] cria direito e não apenas sanciona direito estabelecido em outra disciplina, poderia haver uma antinomia, se o Ordenamento, de um lado, autorizasse a prática de determinada ação no campo de outra disciplina ou no âmbito do próprio Direito Penal e, de outro, configurasse essa ação como crime.

Uma ação não pode ser lícita e ilícita ao mesmo tempo, pois as normas que compõem o Ordenamento devem ter uma relação com o todo e também uma relação de

---

[54] FREDERICO MARQUES, J., op. cit., p. 144, expõe que *"todo o preceito de caráter geral emanado do poder público pode dar causa a um dever legal que exclua a antijuridicidade de um fato típico".*

[55] DELITALA, G. "Diritto Penale", *in Enciclopedia del Diritto*, p. 1.098, entende que o Direito Penal não é apenas sancionatório, com o que concordo, pois a tipificação penal especifica condutas com características próprias, por vezes, descrevendo modos de agir diversos dos descritos em outros ramos. Já FREDERICO MARQUES (op. ult. cit., p. 138) considera não ter o Direito Penal caráter constitutivo, mas apenas sancionatório, razão por que uma ação incriminada pelo Direito Penal consubstancia uma *facultas agendi* decorrente de uma norma não penal, é evidente não ser ela ilícita. *Quem está autorizado a praticar um ato como exercício de um direito está agindo licitamente.* Este conflito de normas pode, contudo, ocorrer independentemente de se ter de reconhecer o caráter sancionatório do Direito Penal.

Parte II · Capítulo 3 · ANTIJURIDICIDADE: CAUSAS DE EXCLUSÃO | 137

coerência entre si.[56] E assim, BOBBIO pondera que se há normas incompatíveis, uma ou as duas devem ser eliminadas.

Mas a excludente do exercício regular de um direito compatibiliza as normas incompatíveis, pois como assevera FROSINI é a justificante uma espécie de válvula de segurança do sistema de normas do Ordenamento, pois desfaz de modo direto os eventuais conflitos internos entre o conteúdo de um direito e o de outros formalmente reconhecidos.[57] Dessa forma, a excludente do exercício regular de direito consente a eliminação automática de um confronto interno.

O Superior Tribunal de Justiça, em decisão da qual foi relator LUIZ VICENTE CERNICCHIARO, considerou que a licitude é aferida no Direito, e não em suas áreas dogmáticas, e o que é lícito não pode ser ilícito.[58]

O atual Código Civil autoriza o detentor do "poder familiar" a exigir dos filhos menores que lhe preste obediência, respeito e os serviços próprios de sua idade e condição (art. 1.634, VII). Não há, portanto, constrangimento ilegal em exigir que a criança de dez anos arrume diariamente sua cama.

Todavia, o *jus puniendi* sofreu alterações substanciais, não sendo mais admissível o tratamento ofensivo à integridade física dos filhos, nem mesmo vias de fato ou pequenas lesões. Deve ser ele limitado ao aspecto pedagógico e moderado, sendo lícito, por exemplo, impor ao filho restrições de acesso à internet ou a aparelhos digitais, exigindo-lhe que estude para uma prova.

Em julho de 2014, foi editada a Lei nº 13.010, conhecida como Lei da Palmada, que introduziu o art. 18-A no Estatuto da Criança e do Adolescente, proibindo o castigo físico de caráter punitivo, que cause sofrimento físico ou lesão. No entanto, entende-se que a palmada com caráter corretivo, de valor simbólico, não foi proibida, mas sim aquela que possui caráter de agressão.

No próprio âmbito do Direito Penal, surge a autorização para o exercício de direito que pode estar, por outro lado, ofendendo bem jurídico de terceiro, como o direito de crítica literária ou artística que era outorgado pela Lei de Imprensa, Lei n. 5.250/1967, em seu art. 27, indevidamente revogada e que deverá ser aplicada como conclusão jurisprudencial, a se mostrar o erro da revogação. Mas o que importa é reconhecer uma causa de exercício regular de um direito consagrado pela jurisprudência e com base na liberdade de pensamento e expressão consagrada na Constituição. De igual modo, não constitui injúria ou difamação a ofensa dirigida contra a parte contrária em peças processuais, como autoriza o art. 142 do Código Penal.[59]

---

[56] BOBBIO, N. *Teoria dell'ordinamento giuridico*, Turim, Giappichelli, 1960, p. 68.

[57] FROSINI, V. "Esercizio del Diritto", *in Novissimo digesto italiano*, vol. VI, p. 823.

[58] Acórdão publicado na *Revista Brasileira de Ciências Criminais*, nº1, p. 206, jan./mar. 1993. Em parecer publicado em nosso livro *Problemas penais concretos*, São Paulo, Malheiros, 1997, p. 43, ponderava acerca de prática autorizada pelo Banco Central e pelo Senado, objeto de denúncia pelo Ministério Público que a autorização pela autoridade administrativa com base em atos normativos da própria Administração gera o exercício regular de um direito na efetivação dessa prática, e só dessa maneira o Ordenamento, que não se torna fragmentário pelo caráter constitutivo do Direito Penal, espanca as antinomias e constrói um todo caracterizado pela compatibilidade entre as normas.

[59] FREDERICO MARQUES, op. cit., p. 140.

Consoante recordei em obra coletiva (*Código Penal comentado*, p. 107), também é exemplo relevante de exercício regular de um direito a realização de um risco permitido, entendida por JESCHECK como causa autônoma de justificação.[60] Nesse caso, são permitidas ações arriscadas, possivelmente lesivas de um bem jurídico, em busca de uma utilidade socialmente válida.

A lesão esportiva, que alguns autores incluem como exercício regular de direito, a meu ver, constitui ação socialmente adequada, pois não há uma autorização normativa para lesionar o jogador do time adversário, mas reconhecimento social da indiferença penal da conduta vista, ao contrário, como própria da prática esportiva, pois sua punição inviabilizaria o jogo.

3.7. O CONSENTIMENTO DO OFENDIDO

O Estado, no exercício de seu poder-dever de punir, constrói os tipos penais na tutela de determinados valores, cuja relevância os faz de interesse da sociedade, de forma a reafirmá-los por meio da pena quando ofendidos pela ação delituosa, pena que instala a segurança jurídica, por se reconhecer que o Direito tem eficácia e cumpre também o seu fim de intimidar pela concreção da sanção.

Dessa forma, não é o interesse do particular que dita a antijuridicidade ou não da conduta. O seu consenso não transforma o valor especificado no seu caso particular em valor socialmente indiferente.

O Código Penal brasileiro não contempla a figura da excludente do consentimento do ofendido, a exemplo do que sucede no Código italiano em seu art. 50, transladado ao Projeto Alcântara Machado de 1938, base do Código de 1940, que prestava maior vassalagem à legislação italiana.

O Projeto Alcântara Machado, em seu art. 14, I, dispunha não ser punível aquele que age com o consentimento de quem possa validamente dispor do direito violado ou ameaçado.

Em favor da relevância do consentimento do ofendido, argumenta-se que o "*interesse estatal se identifica com a conservação dos bens individuais enquanto esta corresponda à vontade do titular.*[61]" Dessa forma, apesar de o bem, ao ser tutelado, transformar-se em interesse do Estado, esse interesse, todavia, cede passo, em determinados casos, ao interesse do titular direto do bem, cujo consentimento de que seja lesado o seu bem desfaz o caráter ilícito da ação, dando-se, no dizer de PETROCELLI, uma tutela do Estado condicionada,[62] pois não terá eficácia, se o ofendido dispuser do bem protegido.

Este condicionamento da tutela do Estado deve ser excepcional, como ressalta BETTIOL,[63] mesmo porque o ato de disposição do titular do bem só pode tornar sem

---

[60] JESCHECK, op., cit., p. 430.

[61] FREDERICO MARQUES, op. cit., p. 148.

[62] PETROCELLI, B. "Consenso dell'avente diritto", *in Enciclopedia del Diritto*, vol. IX, Milão, Giuffrè, p. 141.

[63] BETTIOL, G., op. cit., p. 402, pondera dever ser limitado o consentimento, "*circunscrito a um pequeno número de situações particulares*".

objeto a ação delituosa em hipóteses raras, quando acima do interesse de proteção há um interesse de que a ação delituosa se realize para atender um outro interesse seu.

É preciso destacar que o consentimento não se assemelha à renúncia ao direito de queixa extintiva da punibilidade, pois sucede depois do fato delituoso, repercutindo sobre as consequências do crime,[64] enquanto o consentimento deve ser anterior ou concomitante à prática da ação delituosa.

Doutra parte, o consentimento apenas tem relevo com relação a uma ação específica, ou seja, o consentimento não autoriza terceiro ou mesmo a pessoa consentida a praticar uma nova ação lesiva do bem pertencente ao que dispôs do bem. Nem se gera pelo consentimento um direito ou faculdade por parte da pessoa consentida de praticar o delito.

Para se compor o interesse estatal e da sociedade na eficácia da tutela e o interesse do particular titular direto do bem, há de se estabelecer limites ao relevo do consentimento, quais sejam, o da disponibilidade do bem sem lesão ao interesse de outrem e que a finalidade do ato consentido seja socialmente válida.[65]

A disponibilidade pode recair, portanto, sobre bens exclusivos do titular do bem,[66] não atingindo o interesse geral, como, por exemplo, ocorre com relação à vida que pertence a alguém, mas cuja perda atinge a toda a sociedade e aos que são próximos à vítima.

Os bens de interesse público,[67] portanto, não podem ser disponíveis, inclusive a "fé pública". Ao se autorizar alguém a assinar por si não se está a consentir que se realize uma ofensa ao bem jurídico "fé pública", que será mantida incólume, pois a assinatura a pedido, devidamente autorizada, corresponde a uma procuração tácita.

São disponíveis por excelência, diz PETROCELLI, os bens patrimoniais, podendo, contudo, a disponibilidade recair sobre a honra, a inviolabilidade do domicílio, a liberdade.

Quanto à integridade física, a Corte de Cassação italiana entendeu que o consentimento da lesão pode ser válido, se não constituir uma perda de função, mas apenas uma diminuição que não impeça o consenciente a desenvolver sua existência normal, além de dever ser socialmente aceitável a lesão consentida, ou seja, que não ofenda os bons costumes.[68]

---

[64]   Idem, ibidem.

[65]   PIERANGELLI, J. H. *Do consentimento do ofendido*, São Paulo, RT, 1989, p. 107 e seguintes, elenca quais os bens em face dos quais é relevante o consentimento, como a integridade física, a honra, o patrimônio.

[66]   PAGLIARO, A., op. cit., p. 411, que entende não ser possível o consentimento, por exemplo, nas relações de família, até porque os delitos contra a família decorrem da existência de um dissenso familiar. GALLO, M. (*Appunti...*cit., p. 186) dá exemplo significativo acerca de bem de valor artístico ou arqueológico, que poderá doar o bem, mas não destruí-lo ou alterá-lo, pois constitui, também, patrimônio cultural.

[67]   PETROCELLI, op. cit., p. 142.

[68]   PETROCELLI, B., op. cit., p. 143, nota 10, refere decisão da Corte de Cassação relativa a caso em que atuou como órgão de acusação ele próprio e relativo à aquisição, por uma pessoa de idade, de um testículo de um estudante para, por um método cirúrgico, vir a rejuvenescer. A Cassação italiana absolveu o cirurgião, sendo o episódio relatado por FREDERICO MARQUES, op. cit., p. 152, nota 24; PIERANGELLI, J.H., op. cit., p. 114.

140 | FUNDAMENTOS DE DIREITO PENAL – *Miguel Reale Júnior*

Exemplos de lesão consentida seriam a de autorizar a feitura de uma tatuagem, a doação de sangue, a retirada de um rim para doar gratuitamente a uma pessoa conhecida, a retirada de pele para transplante em pessoa queimada, a aceitação de servir como cobaia humana na experimentação de novos produtos farmacêuticos, sendo que, nas últimas hipóteses, é essencial a leal e exata informação do consenciente sobre os riscos e condições do fato pelos médicos responsáveis.

Creio, todavia, que o interesse do particular em dispor do bem, devendo ter capacidade jurídica para tanto, apenas deve ser considerada válida para excluir o caráter ilícito da ação, se for realizada para atender interesse mais elevado, socialmente valioso, não se podendo admitir a comercialização do corpo, a venda de órgãos, por ofender a dignidade da pessoa humana, sendo considerado delito, conforme o disposto na Lei nº 9.434/97, em seu art. 15, que incrimina tanto a venda como a compra de órgãos, bem como a intermediação. A disposição do órgão pela referida lei deve ser gratuita com consentimento expresso do doador e do receptor.[69]

A finalidade do consentimento é que pode ditar a renúncia do Estado de fazer atuar o seu poder-dever de punir. Exemplifico: o titular de um patrimônio pode consentir que um empregado jovem faça um alcance no caixa, por saber que necessita do dinheiro ou por lhe ter afeto especial, hipótese em que o consentimento é de ser reconhecido como válido socialmente. Pode, contudo, permitir o alcance com o fim de educar o jovem a desrespeitar o patrimônio alheio, formando-o na direção de uma vida de prática delituosa. Neste caso, o consentimento do ofendido não poderá levar o Estado a deixar de agir contra o jovem, pois estar-se-ia a renunciar a todos os fins da pena e ao objetivo do poder-dever de punir.

Reitero, com BETTIOL, que as hipóteses de relevância do consentimento do ofendido devem-se limitar a um círculo pequeno e filtrado, a meu ver, o seu reconhecimento ao valor social do consentimento.

---

[69] PIERANGELLI, J. H., idem, p. 117, considera que o consentimento será válido quando não cria perigo ou dano social, o que entendo suceder na comercialização de órgãos.

Capítulo 4

CULPABILIDADE: CAUSAS DE EXCLUSÃO

4.1. EVOLUÇÃO DO CONCEITO DE CULPABILIDADE

A culpabilidade psicológica, como conceito genérico englobante das duas formas de relação entre o agente e seu ato, ou seja, dolo e culpa, sendo, portanto, apenas uma referibilidade do fato ao agente, deixa, com a concepção normativa, de ser a vontade do fato, para consistir em apreciação dessa vontade: a vontade que não deveria ser em face do Ordenamento.

A culpabilidade psicológica não respondia ao imperativo de individualização e eticização da responsabilidade. A teoria normativa visou estabelecer um juízo de reprovação, referindo a vontade do agente à vontade da lei, valorando o comportamento concretamente individualizado e situado. À essa luz é possível graduar a pena, determinando a censurabilidade e exigibilidade do ato, compreendido este no contexto de sua realização.[1]

Por outro lado, tanto a insuficiência da legislação alemã, no que tange ao estado de necessidade, visto restringir a justificativa à possibilidade de dano ao corpo e à vida, como a meditação acerca do fundamento do estado de necessidade (exclusão da ilicitude ou da culpabilidade) foram pontos de partida dos doutrinadores e da jurisprudência no desenvolvimento da teoria normativa e na busca de compreensão do conteúdo da culpabilidade.[2]

---

[1] SANTAMARIA, D. "Colpevolezza", *in Enciclopedia del Diritto*, p. 652, entende ser uma das origens da concepção normativa a meditação sobre o problema da dosagem da pena pela prática judiciária. PIMENTEL, M. P. *Do crime continuado*, São Paulo, 1968, p. 171, esposa a mesma ideia: *"A teoria da inexigibilidade de outra conduta apareceu como um fenômeno da eticização do direito penal regulando não apenas a necessidade da imposição da pena, mas também a medida desta, proporcionando-a à falta cometida".* Igualmente AMERICANO, O. "Culpabilidade Normativa", *in Estudos em homenagem a Nelson Hungria*, Rio de Janeiro, 1962, p. 344. MAGGIORE. *Prolegomeni al concetto di colpevolezza*, Palermo, 1947, p. 182, expressa-se em sentido contrário.

[2] Sobre o estado de necessidade como objeto de meditação, que teria levado à elaboração da teoria normativa da culpabilidade e exigibilidade, vide GOLDSCHMIDT, J. *La concepción normativa de la culpabilidad*, trad. Ricardo Nuñez, Buenos Aires, 1943, p. 6; SCARANO, L. *La non esigibilità...* p. 123 et seq.; SANTAMARIA, D., op. cit.. p. 653; MAURACH, R. *Tratado de derecho penal*, trad. Juan Cordoba Roda, vol. II, Barcelona, 1962, p. 20; BARATTA. *Antinomie giuridiche e conflitti di coscienza*, Milão, 1963, p. 29.

142 | FUNDAMENTOS DE DIREITO PENAL – *Miguel Reale Júnior*

O primeiro jurista a inserir, na estrutura do delito, a normatividade da culpabilidade foi FRANK,[3] para o qual a culpabilidade não se restringe à verificação da existência de liame psicológico ou de ausência de diligência, mas exige, além desses elementos, o de reprovabilidade.

O comportamento voluntário ou sem diligência pode não ser reprovável, dada a anormalidade das circunstâncias que o cercam, tendo em vista um dado objetivo, qual seja, o das circunstâncias que lhe são concomitantes.

4.1.1. As circunstâncias anormais

Em FRANK, a culpabilidade é um conceito composto de elementos heterogêneos: a imputabilidade (normalidade psíquica), o vínculo psicológico (dolo e culpa) e, ainda, a normalidade das circunstâncias que obriga o agente a omitir a ação (reprovabilidade).

Sob tal enfoque, a excepcional ocorrência de circunstâncias anormais exclui a culpabilidade, pois, inserido em tal situação, não podia o agente se comportar em conformidade com o Direito, sendo exemplo disso o que sucede no estado de necessidade.

A FRANK foi[4] objetado que sendo as circunstâncias anormais um dado objetivo estranho ao agente, não podiam ser consideradas como elemento normativo da culpabilidade, já que constituem elementos de fato, em razão do que reviu a sua concepção, excluindo a normalidade das circunstâncias como elemento da culpabilidade, substituindo-a pela relação entre as circunstâncias e o agente, o efeito delas sobre este, ou seja, a normalidade da motivação.[5]

Uma normal motivação obriga o agente a conduzir-se de conformidade com o Ordenamento; uma anormal motivação, causada por circunstâncias anormais, concomitantes ao comportamento, tornam-no irreprovável.

4.1.2. Culpabilidade e o homem médio

GOLDSCHMIDT desenvolveu o pensamento de FRANK, estabelecendo uma dicotomia: norma de direito – norma de dever. A norma de direito é imperativa relativamente aos comportamentos externamente considerados; implícita à norma de direito, *mas de modo autônomo*, há a norma de dever, consistente na obrigação do agente de conformar-se ao Direito, agindo no âmbito deste, abstendo-se de contrariá-lo.

A norma de dever dirige-se à conduta interior, à motivação, enquanto a norma de direito se refere à conduta exterior, entendida como causalidade. Na norma de direito, há uma proibição, por exemplo: "Não mate". Na norma de dever, há uma ordem: "... a de abster-se de agir ocasionando um resultado proibido", "a de deter a atuação da vontade pela representação de que ela causaria a morte". A norma de dever é determinação

---

[3] GOLDSCHMIDT declara que ele e FREUDENTHAL tomaram como ponto de partida a obra de FRANK, *Concepción normativa de la culpabilidad*, cit., p. 6.

[4] Apud BARATTA, A., op. cit., p. 25.

[5] Sobre essa crítica, vide SCARANO, que considera que as circunstâncias devem ser vistas não no seu objetivo, mas no seu reflexo psicológico. Op. cit., p. 139. Cf., também, SANTAMARIA, D., op. ult. cit., p. 653; GOLDSCHMIDT pondera que o erro de incluir as circunstâncias concomitantes na culpabilidade não foi cometido por FRANK, op. cit., p. 7.

dirigida a cada indivíduo, impondo-lhe a obrigação de motivar-se de conformidade com o Direito.

Entende GOLDSCHMIDT que, assim, a motivação, que era para FRANK um dado psicológico acrescentado aos demais elementos da culpabilidade, passa a ter um cunho normativo, desde que referida à norma de dever.

A reprovação, pelo desrespeito à norma de dever, pressupõe um poder, ou seja, a norma de dever encontra limite na anormalidade da motivação, porquanto em determinadas situações de necessidade é ineficaz a representação do dever, a fim de que por ele se motive o agente. O poder de se conformar ao dever inexiste quando se dá uma anormal motivação. É inexigível o respeito à norma de dever, quando ocorre uma motivação anormal, tendo como critério da exigibilidade o poder do homem médio, "*o poder dos outros que se transforma em dever para o agente*".[6]

O critério do homem médio é, a nosso ver, também inaceitável. Alguns autores, além de GOLDSCHMIDT, defendem que o critério da exigibilidade é o poder do homem médio, o poder de outros transformado em poder individual.[7]

Considero ser impossível a construção de um homem médio, no que concorda a maioria dos autores.[8] O critério do "homem médio" não é necessário nem suficiente. Não é necessário, visto que cada um de nós fabrica o seu tipo de homem médio, cuja figura muitas vezes não será sequer a imagem de nós mesmos.

A média é possível de ser fixada acerca da causalidade material, assim como sobre a normal previsibilidade nos delitos culposos, mas, em termos de reprovação, de juízo de valor, é impossível encontrar a média humana, com o grave perigo de se cair na irrealidade, por meio da soma de qualidades, muitas vezes inconciliáveis, ou de se efetuarem generalizações com base em dados estatísticos.

O homem médio é um homem impossível, formado por qualidades e defeitos desconexos, distante da situação concreta na qual se realizou a ação que se julga. O juiz deveria sair de si mesmo para construir um homem médio, colocá-lo na situação concreta e julgar, paradoxalmente, à luz desse critério, qual o poder de um *ente ideal*, a fim de estabelecer a exigibilidade ou não do *agir concreto* do agente. Tal operação resultaria em um abstracionismo, passando por várias etapas, o que inevitavelmente desfigura o real.

4.1.3. Reprovação pelo poder de agir diversamente

Considera FREUDENTHAL que a culpabilidade é reprovação ao agente, por ter agido contra o Direito, quando poderia não o ter feito. A culpabilidade é a reprovação por ser exigível um comportamento diverso, e é pela análise do poder do agente que

---

[6] GOLDSCHMIDT, op. cit., p. 19 usque 41. Nos próprios termos de GOLDSCHMIDT, "*a culpabilidade como modalidade de um fato antijurídico é a atribuição de tal fato a uma motivação reprovável*". Reprovabilidade é um querer que não devia existir.

[7] MAURACH, R. *Tratado de derecho penal*, vol. II, cit., p. 31; GRISPIGNI, *Diritto penale*, *I*, p. 155.

[8] Neste sentido, M. GALLO, op. cit., p. 146; DELITALA, que considera irreal o homem de rua, cujo conceito é uma soma que não representa uma média, mas uma estatística desprovida de significação (op. cit., p. 146); PETROCELLI, op. cit., p. 151; SCARANO, op. cit., p. 185.

se realiza o juízo de reprovação. Reprova-se o agente por ter podido agir diversamente quando não o fez.[9]

Para FREUDENTHAL, existia um abismo entre a ordem jurídica e a consciência popular, abismo este transponível através da teoria normativa da culpabilidade, que vem atender aos reclamos da vontade popular, pois o exame da exigibilidade, realizada por meio da valoração ético-social, liberta a justiça dos formalismos legais.[10]

É inexigível o que determina a consciência popular: a inexigibilidade não se restringe aos casos de coação, mas seu conteúdo deflui dos imperativos éticos do momento e do ambiente no qual se encontra o agente,[11] sendo extensiva aos crimes dolosos como causa supralegal da exclusão de culpabilidade.

4.1.4. Vontade do ilícito e vontade ilícita

O mestre de Pádua não considera o dolo como elemento integrante da ação, mas sim como nexo psicológico, pressuposto da culpabilidade.

BETTIOL procura uma concepção da culpabilidade como puro juízo de valor, como reprovação da rebelião da vontade humana diante da vontade da lei. Reprovável não é a vontade de um fato ilícito, mas a vontade em si mesma ilícita. Esse juízo sobre a vontade rebelde pressupõe a imputabilidade e a referibilidade ao sujeito, a título de dolo ou culpa.

A reprovabilidade é um juízo sobre uma ação, enquanto contrária à imperatividade da norma. A função imperativa da norma deixa de existir quando a ação se dá em circunstâncias excepcionais, que tornam impossível a formação de um querer imune de defeitos.

A culpabilidade, a seu ver, não está nas circunstâncias, mas na mente do sujeito. A culpabilidade não é valoração das circunstâncias externas, mas sim o reflexo destas sobre o sujeito agente. Assim, a não exigibilidade é o reverso da medalha da concepção normativa da culpabilidade, decorrência lógica da mesma, pois o Direito não pode reprovar, exigindo um comportamento a si adequado, quando as circunstâncias não consentem uma normal motivação.

A consciência do ilícito não é elemento da culpabilidade, que é um juízo de valor: o que se reprova não é a vontade do ilícito, mas a vontade ilícita.[12]

O dolo é um dos elementos sobre o qual incide o juízo de culpabilidade. Dolo e culpa seriam, na verdade, pressupostos ao mesmo tempo que objeto da culpabilidade.

BETTIOL, na intenção de formular uma concepção valorativa da culpabilidade, exclui da mesma a consciência da antijuridicidade. Ocorre, entretanto, como bem observou PETROCELLI, que, ao se censurar um querer que não deve ser, é imposto

---

9   BRUNO, A., op. cit., p. 101, é de opinião que na análise do poder de agir diversamente, na teoria do poder criada por FREUDENTHAL, encontra-se a mais fecunda ideia lançada pela teoria normativa da culpabilidade.

10   Segundo BARATTA, A., op. cit., p. 34, entende-se que a teoria da não exigibilidade em sentido ético foi retomada no segundo após guerra, sob o influxo de nova crise da experiência jurídica. No mesmo sentido também, COSTA, P. J. Jr., op. cit., p. 35.

11   PETROCELLI, B. *Colpevolezza...* p. 109.

12   BETTIOL, G., op. cit., p. 321.

um dever ser da vontade. Só pode existir esse dever ser, se a vontade for consciente ou puder ser consciente desse seu dever, assim como também do antidever.

Considero, todavia, em desacordo com BETTIOL, que a vontade ilícita não é apenas pelo julgamento objetivo realizado pelo juiz, mas porque se pressupõe a possibilidade do conhecimento de sua ilicitude por parte do agente, mesmo porque a imperatividade da norma só pode ser efetiva, se puder ser entendida, a fim de se transformar em motivo no processo de determinação.

O contraste entre as duas vontades, a do agente e a da lei, só pode existir quando há, ao menos, possibilidade da consciência desse contraste.

4.1.5. O pensamento de Aníbal Bruno

Para ANÍBAL BRUNO, a culpabilidade forma-se de três elementos: 1°) imputabilidade, que é a capacidade de conhecer e querer e de se determinar de conformidade com esse conhecimento; 2°) o elemento subjetivo de culpabilidade, que ele denomina elemento psicológico-nomativo; 3°) a exigibilidade.

O elemento psicológico-normativo possui duas formas, que acabam por resultar, consequentemente, em formas da culpabilidade: dolo e culpa, sendo que o aspecto psicológico refere-se à apresentação e à vontade do fato, cuja intensidade se atenua do dolo à culpa; o aspecto normativo refere-se à representação do caráter ilícito do fato e à vontade ilícita.

O dolo e a culpa são, portanto, conceitos complexos, nos quais se somam o elemento psicológico e o normativo; este último consiste na possibilidade de consciência da ilicitude, pois, para ANÍBAL BRUNO, o *"agente deve saber o que faz e o que não deve fazer"*.

Não se exige que o agente saiba ou reprove seu próprio ato, sendo suficiente que lhe seja possível saber da reprovação desse seu ato pela consciência comum. Basta saber, ou poder saber, ser o mesmo reprovável.

Completa-se a culpabilidade com a exigibilidade de um comportamento de acordo com a ordem jurídica, que inexiste quando circunstâncias concomitantes tornam inexigível do homem normal tal adequação.

Consequentemente, a não exigibilidade exclui a culpabilidade, extensiva tanto aos delitos culposos quanto aos dolosos, devendo ter, em relação a estes últimos, apenas aplicação excepcional.

ANÍBAL BRUNO supera a crítica de tantos autores de que a consciência de ilicitude como elemento da culpabilidade faz com que se volte a uma concepção psicológica, pois, para o mestre brasileiro, não é necessária a consciência presente da ilicitude, bastando que o agente possa ter consciência.[13]

Em todas essas teorias acima referidas, de cunho psicológico-normativo, dolo e culpa são espécies, formas ou condições de culpabilidade, às quais se acrescenta o elemento normativo, relativo à referência do fato à norma, o que vem a formar *"um conceito centauresco de culpabilidade"*, consoante observações de MAURACH,[14] misturando-se o fático com o normativo.

---

[13] Confira o pensamento de BRUNO, A. *Direito Penal*, vol. 2, cit., Rio de Janeiro, Forense, p. 32.

[14] MAURACH, R. *Tratado de derecho penal*, vol. II, cit., p. 22.

146 | FUNDAMENTOS DE DIREITO PENAL – *Miguel Reale Júnior*

4.1.6. A culpabilidade como limite da pena

Diante da impossibilidade de demonstração do poder agir diverso, isto é, da exigibilidade de conduta diversa, ROXIN, levado, também, pelo reflexo que pretende dar aos princípios de política criminal, exercendo uma função de critério de interpretação e sistematização dos elementos da estrutura do crime, conclui que a culpabilidade constitui *um limite da pena, e não o seu fundamento,*[15] e uma sanção *jurídico-penal limitada pela culpabilidade se chama pena.*

Deve-se ter na culpabilidade o filtro pelo qual a pena terá como limite o suficiente para atender à finalidade de prevenção geral positiva e de integração, segundo a prevenção especial positiva. A função político-criminal da culpabilidade está em impedir que abusos sejam praticados, na imposição da pena, por motivos de prevenção geral ou especial.[16]

A culpabilidade é a pena adequada segundo o suficiente à prevenção geral, e a pena adequada pode cumprir os fins da prevenção geral, além dos fins de ressocialização, ou seja, de prevenção especial. A culpabilidade é o critério limitador da pena.

O art. 59 do Código Penal estabelece que a individualização da pena será realizada primeiramente em função da culpabilidade, mas tendo em vista o necessário e o suficiente para a reprovação e a prevenção. Já assinalei a função da culpabilidade como limite da graduação da pena, e não por outro motivo foi incluída no anteprojeto que se transformou na Parte Geral de 1984.

Assim, a culpabilidade tem dois significados, de fundamento da pena e de limite da pena, limite este conciliável com uma visão da pena como reprovação e também como prevenção, geral ou especial, segundo o feixe que, a meu ver, compõe a finalidade da pena atrás examinada.

E esse limite é fundamental na aplicação da pena, exatamente para que abusos em nome de qualquer das finalidades atribuídas à pena sejam evitados, por via do limite do necessário e do suficiente, mote presente em todo o sistema de penas da Parte Geral de 1984, e não por acaso.[17]

Mas ROXIN, pelo significado primário da culpabilidade, da qual expurgava qualquer caráter de reprovação e devia fazê-lo em face da existência de **causas de exclusão** da culpabilidade, criou uma nova categoria, a da **responsabilidade.**

Neste conceito, ROXIN reúne a culpabilidade como limite da pena e a carência da pena, com a inclusão de considerações de política criminal no juízo de culpabilidade, como anota FIGUEIREDO DIAS.[18] E isto porque não haverá culpabilidade, se houver carência de pena, se a pena, segundo os fins de prevenção, é desnecessária.

Extrai-se, portanto, da função político-criminal não só a função de limitar a pena, mas a de fundamentar a pena, pois esta teria cabimento segundo a necessidade

---

[15] ROXIN, C. *Culpabilidad y prevención en derecho penal,* Madrid, Reus, 1981, p. 49.

[16] Idem, p. 50.

[17] A parte relativa à aplicação da pena foi por mim redigida no livro conjunto com RENÉ DOTTI, RICARDO ANDREUCCI e SÉRGIO PITOMBO. *Penas e medidas de segurança no novo código,* 2ª ed., Rio de Janeiro, Forense, 1987, p. 160.

[18] FIGUEIREDO DIAS, J. *Questões fundamentais revisitadas,* São Paulo, RT, 1999, p. 129 et seq.

preventiva, geral e especial. Desse modo, pode deixar-se de aplicar a pena não em razão da ausência da culpabilidade como elemento do crime, mas sim em virtude da desnecessidade em face da finalidade preventiva da pena. Na falta de carência de tutela penal ou, como sugere FIGUEIREDO DIAS, de carência punitiva, a pena há de não ser aplicada.

Esvazia-se, dessa maneira, o juízo de culpabilidade de qualquer caráter ético, ultimando-se o receio manifestado no Capítulo V da Primeira Parte acerca da construção da estrutura do crime ao inverso, como mero reflexo da política criminal.

4.1.7. A culpabilidade da pessoa

Reclama FIGUEIREDO DIAS, ao criticar ROXIN, por uma legitimação ética da culpabilidade,[19] de *culpabilidade não da vontade, mas da pessoa*, concreta e situada, que ao escolher, ao decidir por dado comportamento, não decide apenas, e tão somente, por um comportamento, autonomamente considerado, mas através de cada comportamento impõe um sentido à sua própria vida. Em cada comportamento, o agente decide também sobre a direção que pretende imprimir à sua existência.

O comportamento é, consequentemente, tanto uma decisão do agente acerca de sua vida como, também, o reflexo de sua personalidade. O homem é um ser no mundo, "tem que ser", é, na expressão de Ortega y Gasset, o projeto irrenunciável de si mesmo.[20]

JORGE FIGUEIREDO DIAS entende, por isso, que a decisão de um comportamento concreto, fundado na opção por um valor posto como motivo do agir, tem de ser reconduzida a uma decisão prévia, na qual o homem decide sobre si mesmo. Liberdade, assim, é a capacidade de decidir sobre seu próprio ser, pelo sentido de sua vida.[21]

Assim, propõe uma culpabilidade *"como violação do dever de conformar sua existência por tal forma que não lese ou ponha em perigo bens jurídico-penais"*,[22] superando-se desse modo a dificuldade de se ter por base uma autodeterminação indiferente e inverificável.

Entendo que a opção por um comportamento é um momento da opção pelo sentido de vida, de tal modo que ambas as opções estão relacionadas, exigem-se e completam-se, para uma compreensão integral do atuar humano. Não são perspectivas autônomas, a opção pela ação e pelo sentido de vida, porque estão intimamente relacionadas.

O equívoco está em procurar visualizar a opção de um comportamento concreto como opção por um sentido de vida, reduzindo-se a culpabilidade a um juízo sobre a direção imprimida pelo agente sobre seu próprio ser, quando ela deve implicar uma e outra valoração: a do ato em si mesmo e a do que ele significa no sentido total da existência do agente.

---

[19] Idem, p. 2.

[20] ORTEGA Y GASSET, J. *Rebelión de las masas*, 4ª ed., Buenos Aires, 1941, p. 68.

[21] Nosso *Dos estados de necessidade*, São Paulo, Bushatsky, 1971.

[22] FIGUEIREDO DIAS, J. *Questões fundamentais*, cit., p. 239.

4.1.8. Validade ou negatividade da opção: carência de punição

A culpabilidade como um juízo normativo tem por objeto uma vontade situada, para não dizer sitiada, juízo acerca da vontade da ação em confronto com a norma. O ponto de vista da culpabilidade é o do agente em confronto com a norma. Na culpabilidade, avalia-se o conflito entre os dois valores, o que se pôs como motivo do agir e o valor do Direito como dever ser.

A culpabilidade, entendida como reprovabilidade, a meu ver, constitui-se dos seguintes elementos: o conhecimento do tipo, a possibilidade de consciência da ilicitude e o juízo da negatividade da opção contra o Direito nas circunstâncias concretas do fato.

Modifico, neste passo, meu pensamento anterior, expresso desde 1971,[23] reconhecendo a impossibilidade de determinação do poder agir diversamente, malgrado os esforços que empreendi adotando a teoria simpatética,[24] pela qual seria possível viver a experiência do outro pela soma de dados da situação por ele vivida.

A imputabilidade, como já afirmei, é pressuposto da ação, pois o imputável não age, enquanto se compreenda a ação como escolha entre valores. O inimputável pratica fatos. Desse modo, imputável é o homem que é livre, que possui liberdade. Mas liberdade em que sentido? Liberdade não como concebida pelo indeterminismo da escola clássica, para a qual cada fato é considerado isoladamente, desvinculado de seus precedentes, desligado, pois, de suas razões,[25] como que originado do nada. A liberdade se manifesta na situação, envolta e condicionada por ela.

A psique do homem possui dois planos: o plano inferior dos impulsos e instintos e o plano superior do "eu" regulador e doador de sentido a tais impulsos. Liberdade de querer é, então, a capacidade de impor um sentido aos impulsos, "capacidade de determinar-se de acordo com o sentido" próprio do homem e de suas circunstâncias. O homem livre é aquele que pode interferir no processo dos impulsos, impondo-lhe um sentido. É pressuposto da ação e logo, também, da culpabilidade que o agente não seja prisioneiro dos impulsos, que ele possa agir segundo sua autodeterminação racional.

O elemento em virtude do qual se reprova encontra-se na opção contra o Direito, nas circunstâncias daquela situação de fato e pessoal, malgrado sejam elas anormais, ou seja, é uma opção a não ser reconhecida como válida, e, portanto, carente de punição, independentemente de qualquer exame do poder agir diversamente. A culpabilidade

---

[23] Nosso *Dos estados de necessidade*, São Paulo, Bushatsky, 1971 e reproduzido este entendimento em *Teoria do delito*, cit., p. 151 e seguintes.

[24] Pelo processo simpatético, o juiz se põe na situação do agente e julga a sua opção. O critério judicial, mediante o processo simpatético, podemos dizer tratar-se de um critério individualizador do poder de escolha, fulcro caracterizador da exigibilidade.

Através do processo simpatético mediato, o juiz, apreendendo a situação concreta do agente, suas condições pessoais, valora se seria possível exigir dele que omitisse sua ação, assumindo as consequências de omiti-la. A opção é válida quando o agente age em salvação de um bem objetivo ou especialmente valioso, não sendo razoável exigir que ele o sacrifique, que opte pela sua perda só para cumprir o dever jurídico. O limite da razoabilidade está em o agente optar pela salvação de um bem em detrimento de outro relativamente desproporcionado ao objeto da escolha feita.

[25] L. FIGUEIREDO DIAS, J. *O problema da consciência da ilicitude*, p. 158.

é um juízo ético sobre a validade ou não da opção contra o Direito, não importando examinar a inexigibilidade de outra conduta.

Reconhece-se a culpabilidade, também, em vista do potencial conhecimento da ilicitude, pois a norma só pode atuar na medida em que expressa um motivo de comportamento, justificando-se então a reprovação quando o agente a ela não se conforma, embora fosse possível dela ter consciência.

Não refiro à consciência da ilicitude presente no momento de agir, mas sim à possibilidade dessa consciência no contexto de uma situação concreta reconstruída por quem emite o juízo. Se era impossível ao agente conhecer a antijuridicidade de seu atuar, não poderia ele conformar a sua vontade à vontade da norma, inexistindo motivação para tal adequação.

Como bem considera ZAMPETTI,[26] se se prescinde da consciência da ilicitude, a norma, como critério para reprovação, exprime, tão somente, um dever. Realiza-se apenas um juízo objetivo da valoração, juízo de desvalor da ação, esquecendo-se da relação entre os destinatários e a norma e descuidando-se da análise da opção do sujeito agente, o que envolve sempre o exame do seu poder *in concreto*.

Ao se incluir a consciência da ilicitude na culpabilidade não se retorna à concepção psicológica, pois não é necessária a consciência presente da ilicitude: basta que o agente possa ter consciência da ilicitude.

Este juízo da positividade ou negatividade da opção contra o Direito é de se realizar em dois momentos, pois, do contrário, gera-se profunda insegurança. Só cabe este juízo se presentes determinados requisitos próprios de uma situação extraordinária de necessidade.

Assim, primeiramente, a valoração a ser feita é da situação, como uma situação de necessidade ou de coação, caracterizada pela presença de determinados requisitos objetivos e, posteriormente, a avaliação da opção realizada em função de um valor que, naquela situação, assume relevância, perante o valor do Direito como dever ser.

A opção do agente deve ser analisada na situação concreta em que se dá. Se presentes os requisitos objetivos próprios da situação, ganha relevo a subjetividade do agente, devendo-se analisar se foi válida a sua opção; e a ação não carece de pena, ou se é merecedor de pena (não confundir com merecedor de tutela penal, que diz respeito ao fato), e justa é a reprovação.

O Direito impõe valores e se impõe como valor, porém, diante de determinadas situações, pode admitir como positiva uma opção em conflito com ele, considerando-a, excepcionalmente, válida.

Assim sendo, não é reprovável a ação caso tenha-se realizado em uma situação valorada normativamente como de necessidade, cujos requisitos estão fixados em lei ou pela jurisprudência. Dada a situação, cumpre examinar se a opção contra, e não a favor de um direito, é uma opção válida.

Faz-se inicialmente uma análise da situação concreta objetivamente considerada. Inexistindo os requisitos de uma situação de necessidade, não há de falar em exame da reprovabilidade. Uma vez presente, passa-se a um segundo momento, que é o da

---

[26] ZAMPETTI, L. *Il finalismo nel diritto*, cit., p. 88.

150 | FUNDAMENTOS DE DIREITO PENAL – *Miguel Reale Júnior*

determinação da validade da opção contra o Direito no interior de uma situação tipicamente adequada como de necessidade. Apesar de ser a ação ilícita, a opção por sua realização na situação de necessidade é de ser reconhecida como válida, ou seja, não merecedora de pena. Realiza-se uma imputação moral.

Não é necessário arrimar-se no "poder agir diverso", raramente verificável e verificado, para não reprovar uma conduta contra o Direito na circunstância de necessidade, referência que no fundo constituía antes uma designação que se dava ao juízo ético de ser a ação não censurável, que cabe ao juiz alicerçar tendo por base a dignidade da pessoa humana.

A culpabilidade é, portanto, o fundamento da pena como juízo de reprovação, dado o potencial conhecimento da ilicitude, e ser a opção reconhecida como negativa, apesar da anormalidade da situação. A culpabilidade é também limite da pena, em vista de por ela se graduar a justa pena conforme o necessário e suficiente para a reprovação e prevenção.

4.2. CAUSAS DE EXCLUSÃO DA CULPABILIDADE

4.2.1. Coação irresistível

Diz o art. 22 do Código Penal: "*Se o fato é cometido sob coação irresistível... só é punível o autor da coação*". O enunciado limita-se, na verdade, à locução "sob coação irresistível", sem fixar, com contornos precisos, o que seja "coação" e o que vem a ser "irresistível".

Não deixa, todavia, de ter uma estrutura, isto é, um perfil do elementar invariável, pois se exige que o fato seja cometido *sob*, ou seja, *debaixo de*, o que pode interpretar-se como atualidade da coação, imediatidade.

Coação, por sua vez, vem a ser o ato de compelir, de obrigar, de constranger à prática ou não de algum ato. E irresistível significa o que é impossível de resistir, invencível. Age-se contra a sua vontade, em opção forçada em favor do que se é obrigado a fazer, e que não faria, não fosse a ameaça de mal real e sério, prometido em caso de omissão do exigido.

Há um mínimo de tipicidade no instituto, mas fluido, pois não se descrevem os requisitos necessários para se configurar o ato de constranger como coação irresistível, cabendo, então, examinar o instituto na legislação, na doutrina e na jurisprudência para saber como traçaram seus contornos.

O Código Criminal do Império estabelecia no art. 10, 3º, que "*não se julgarão criminosos: os que cometerem crimes violentos por força ou por medo irresistíveis*". O Código Penal de 1890, no art. 27, § 5º, estatuía que não são criminosos: os que forem impelidos a cometer o crime por violência física ou ameaças acompanhadas de perigo atual.

Em sua primeira versão, o Projeto Alcântara Machado, no art. 14, II, estabelecia não ser passível de pena quem houvesse praticado a ação ou omissão, coagido por violência física irresistível ou ameaças acompanhadas de perigo atual. No texto definitivo, exclui a parte referente à coação moral, por entender, a exemplo do Código Penal da

Itália, que tanto lhe serviu de modelo, que a hipótese *"poderia entrar sem grande esforço no estado de necessidade".*[27]

NÉLSON HUNGRIA relata que a Comissão Revisora entendeu adotar, em homenagem à tradição do Direito pátrio, a fórmula do então art. 18. No Anteprojeto de Nélson Hungria e no Código Penal de 1969 mantém-se a dirimente, com a *única* indicação "sob coação irresistível".

Na verdade, o legislador brasileiro refere-se, claramente, às duas formas *vis corporalis* e *vis compulsiva*, nos Códigos do Império e da Primeira República: "força ou medo irresistíveis", "por violência física ou ameaças acompanhadas de perigo atual". O requisito do "perigo atual" consta do Código Republicano, mas, na verdade, pouco se afasta do caráter vago da fórmula do Código de 1940, destacado por COSTA E SILVA.[28]

4.2.2. A coação irresistível na doutrina brasileira

Diante do tratamento que recebeu o instituto na legislação brasileira, é importante examinar como nossa doutrina procurou suprir a deficiência da lei. Qual então o pensamento de alguns dos doutrinadores do Império, da Primeira República e posteriores ao Código Penal de 1940?[29]

Mais larga compreensão da coação irresistível é defendida por TOBIAS BARRETO, que pretende ver aplicada a escusante à hipótese do uxoricídio de ímpeto, quando o marido vem a flagrar o adultério da esposa. Justifica TOBIAS BARRETO por considerar o Direito uma disciplina de forças sociais, havendo paixões irresistíveis, uma força indômita, fato excepcional, mas que é da realidade do homem. TOBIAS BARRETO, no entanto, conclui não poder construir uma teoria de irresistibilidade, diante da excepcionalidade das paixões irresistíveis.[30]

---

[27] ALCÂNTARA MACHADO, J. *O Projeto de Código Criminal perante a crítica*, p. 39.

[28] COSTA E SILVA. *Comentários ao Código Penal brasileiro*, p. 115.

[29] A Jurisprudência, parca sobre coação irresistível, fixa como requisitos da dirimente: a inevitabilidade, a seriedade e a atualidade do perigo (Tribunal de Alçada Criminal de São Paulo, 7ª Câm., Processo 363.795, Rel. CLIMACO GODOY e Tribunal de Justiça de São Paulo, Revisão Criminal 8.603-3, Rel. WEISS DE ANDRADE). A inevitabilidade é destacada em acórdão do Tribunal de Alçada Criminal, 12ª Câm., Processo 362.499, Rel. GONZAGA FRANCESCHINI, sendo que, em outra decisão, da 3ª Câm., Processo 384.195, Rel. JOSÉ LUÍS OLIVEIRA, faz-se referência que a ameaça ou a violência deve ser de tal tipo que impeça o agente de agir de acordo com sua vontade.

A inevitabilidade qualifica a coação quando esta apenas pode ser superada com energia extraordinária, e, portanto, *juridicamente inexigível* (Tribunal de Justiça de São Paulo, Apelação 99.065, Rel. XAVIER HOMRICH). A inexigibilidade de conduta diversa é destacada, em caso semelhante ao decidido pelo Tribunal da Alemanha, relativo ao cocheiro que imprimia excessiva velocidade aos cavalos por ordem do patrão. E ainda: se o acusado, como empregado, não tinha outra escolha senão atender à exigência do empregador, sob pena de perder o emprego, agiu, assim, sob coação moral irresistível, com a consequente exclusão da culpa do fato punível, por ele praticado, aplicando-se a teoria da não exigibilidade de conduta diversa (Tribunal de Alçada Criminal de São Paulo, Rel. Paulo Neves, Apelação 301.343). É irresistível a coação moral quando não pode ser superada senão por uma energia extraordinária e, portanto, juridicamente inexigível (Tribunal de Alçada de São Paulo, Apelação Criminal 47.657, Rel. ISNARD DOS REIS).

[30] BARRETO, T. *Estudos de direito*, II, *Menores e loucos*, cit., p. 82.

Ao ver de TOBIAS BARRETO, há, em parte, semelhança entre os crimes praticados sob medo irresistível e a hipótese do estado de necessidade.

JOAQUIM AUGUSTO DE CAMARGO,[31] na linha de pensamento de ROSSI, considerava que, no constrangimento, o agente fica entre dois males imediatos *"de modo que não pode evitar um ou outro"*, ou prefere o mal da prática do delito, ou o mal ameaçado. Há, portanto, opção em favor do crime, que, no entanto, para ser tolerado exige que a ameaça não seja de um mal justo nem que os males tenham a mesma importância. Qual mal, então, é relevante para escusar: o que decorra do instinto de conservação, estando o agente em *"estado de verdadeiro temor pela própria vida"*.

O mal deve ser *"certo, grave, inevitável, irresistível, inesperado, atual, iminente, indeclinável ou absoluto e vital para o ameaçado"*.

Tais exigências estariam satisfeitas no caso de ameaça de morte certa e indeclinável, ou de mutilações, ou torturas. O mal deve ser atual ou iminente, pois a opção pela prática do crime deve ser uma alternativa urgente e não remota. A ameaça do mal pode recair sobre o próprio agente, ou sobre alguém que lhe seja caro.

Para DIAS DE TOLEDO,[32] a lei não pode exigir a virtude, mas a sombra da virtude, razão por que o critério para avaliar o mal ameaçado não pode ser o que moveria o mais forte dos homens: o medo deve ser tal que possa atemorizar o indivíduo ameaçado, desde que em medida razoável. Ademais, o mal ameaçado é de não se poder resistir: ameaça de mal grave e iminente pois só a iminência do mal pode intimidar. O mal deve, também, ser certo, razão por que o Código da Louisiana exige a presença do coator no momento da prática do delito.

SILVA FERRÃO, em sua *Teoria do direito penal*, aplicado ao Código de Portugal de 1833, em comparação com o nosso Código Criminal do Império, entende que o legislador deve julgar *"humanamente das causas humanas"*[33] e, assim sendo, o direito de punir desaparece nas circunstâncias de força maior: *"A lei releva, mas não louva o ato"*. E para que a força moral seja irresistível, é necessário que a intimidação seja de morte ou de outro mal gravíssimo, e que o perigo seja iminente, de "execução imediata".

CARLOS FREDERICO PERDIGÃO entende infundada a exigência de que o mal ameaçado abrigue a vida ou a integridade física para se reputar irresistível a coação, pois, a seu ver, além da atualidade do perigo é mister analisar *"a proporção entre o mal a evitar e o mal a fazer"*,[34] razão por que seria compreensível que o agente para evitar dano considerável cometesse ligeiro delito.

PAULA PESSOA, em suas anotações ao Código Criminal do Império, apenas ressaltou que cabe ao juiz propor o quesito relativamente ao fato que motivou o medo irresistível.[35]

---

[31]   CAMARGO, J. A. *Direito penal brasileiro*, São Paulo, 1881, p. 295.

[32]   DIAS DE TOLEDO, M. *Lições acadêmicas sobre artigos do Código Criminal*, 2ª ed., Rio de Janeiro, 1878, p. 295.

[33]   SILVA FERRÃO, F. A. *Theoria do direito penal aplicada ao Código Penal portuguez*, Lisboa, 1856, p. 67 et seq.

[34]   PERDIGÃO, C. F. *Manual do Código Penal brasileiro*, vol. 1, Rio de Janeiro, 1882, p. 92.

[35]   PESSOA, P. *Código Criminal do Império*, Rio de Janeiro, 1877, p. 45.

Dos comentadores do Código Penal de 1890, cabe destacar MACEDO SOARES, para quem *"a ameaça acompanhada de perigo atual deve resultar em medo irresistível, não tendo o agente outro meio de livrar-se do adversário".*[36] Para ESCOREL, a ameaça deve parecer séria, podendo o perigo recair sobre o agente ou a pessoa a que esteja ligado por afeição.[37] A ameaça de mal grave, certo e iminente é ressaltada por GALDINO DE SIQUEIRA como necessária à dirimente, devendo a mesma parecer séria. O constrangimento não deve, para ser válido, abalar o homem mais firme, mas, mesmo por isso, é de se admitir a fraqueza.[38] Cabe, no entanto, examinar a intensidade do constrangimento em relação à pessoa ameaçada, sua idade, sexo e condição.

Coação irresistível é a coação invencível de acordo com o *homo medius*, desenvolvendo-se o fato sob motivação anormal, pois a coação só poderia ser superada com energia extraordinária.[39] Essa é a lição de FREDERICO MARQUES.

O medo deve ser aquilatado como insuperável, conforme as condições pessoais e o contexto social em que se dá o fato,[40] sendo insuperável quando há incapacidade de dominar subjetivamente o medo infundido. Andreucci reconhece que a aferição das condições pessoais do agente, que prepõe em substituição ao critério do homem médio, conduz ao casuísmo, mas que, por isso mesmo, atende aos reclamos de superação de conceitos irreais.

A ameaça deve ser de um mal grave, sendo irresistível a que vier acompanhada de perigo sério e atual, que seria *extraordinariamente difícil suportar*. São estas as considerações de NÉLSON HUNGRIA.[41]

Para ARIOSVALDO DE CAMPOS PIRES,[42] deve haver estado supressor da livre-manifestação de vontade, devendo a irresistibilidade ser aferida na perspectiva peculiar a cada espécie de coação.

O dano que se ameaça deve ser grave, iminente e dependente da vontade do coator, diz MAGALHÃES NORONHA, quando, então, há anormalidade do elemento volitivo.[43]

Há, segundo ANÍBAL BRUNO, um vício do querer, temor, decorrente do peso da ameaça, que deve ser ameaça iminente de um dano injusto e grave, que possa atingir o agente ou pessoa que lhe é cara.[44]

A irresistibilidade é de ser avaliada segundo o critério do homem médio, mas sempre levando-se em conta as circunstâncias em que ocorreu a coação, diz SALGADO MARTINS.[45]

---

[36] MACEDO SOARES, O. *Código Penal da República dos Estados Unidos do Brasil*, 5ª ed., Rio de Janeiro, s/d, p. 40.

[37] ESCOREL, M. C. *Código Penal brasileiro*, 3ª ed., vol. 1, São Paulo, 1905, p. 124.

[38] SIQUEIRA, G. *Annotações theorico-práticas ao Código Penal do Brazil*, p. 137.

[39] FREDERICO MARQUES, J. *Curso de direito penal*, vol. II, p. 115.

[40] ANDREUCCI, Ricardo Antunes, *Coação irresistível por coação*, São Paulo, Bushatsky, 1973, p. 48; NAVARRETE, Polaino Navarette, *Lecciones de derecho penal*, Madrid, Tecnos, 2013, p. 175.

[41] HUNGRIA, N. *Comentários ao Código Penal*, vol. 1, cit., p. 259.

[42] CAMPOS PIRES, A. *Coação irresistível*, 2ª ed., Belo Horizonte, 1973, p. 71.

[43] MAGALHÃES NORONHA, E. *Direito penal*, vol. 1, São Paulo, Saraiva, 1978, p. 169.

[44] BRUNO, A., op. cit., p. 169 et seq.

[45] SALGADO MARTINS, J., op. cit., p. 316.

COSTA E SILVA bem expressa que o Código diz vagamente – coação irresistível – o que, a seu ver, constitui o emprego de meios físicos ou morais que tirem ao paciente a capacidade de proceder de modo diferente.[46]

4.2.3. Fundamento da coação irresistível

Há uma certa uniformidade nas indicações dos elementos característicos da situação de coação irresistível. Como já frisamos, a construção típica parte da realidade e ressalta os dados essenciais em função do valor que se põe como catalisador. A situação de coação tem como fato elementar constitutivo o constrangimento à prática de um delito, sob ameaça de um mal. São dois males, restando ao agente a alternativa de sofrer o mal ameaçado ou de praticar o crime. A questão está, todavia, em descrever a situação que torna relevante a preferência em favor do delito diante do mal ameaçado. Trata-se de descrever uma realidade que, no dizer de SILVA FERRÃO, a lei releva, mas não louva.

A doutrina é, hoje, unânime em considerar a coação moral como um caso de "não exigibilidade de outra conduta".[47]

A consideração das causas humanas, das contingências, humaniza o Direito, mas não se pode ter como critério aberto, levando-se em conta, tão só, a condição pessoal do agente, sob pena de se fragilizar o fim de controle social, abrindo-se uma porta à impunidade.

Deve haver uma configuração normativa, ou seja, deve a lei descrever qual situação objetiva, presentes determinados requisitos, torna válida a opção contra o Direito. A preferência, no dizer de ROSSI, pelo mal do delito, evitando o mal ameaçado, é conduta aceitável, se a alternativa ocorre em dada situação, e esta opção se reputa não carente de pena.

O Direito trabalha com modelos, com fórmulas e esquemas e assim delimitam-se os institutos, o que favorece a operacionalidade do Direito e a certeza jurídica.

Porém, constitui, antes, a valoração de uma situação à qual é necessária a presença de determinados requisitos objetivos.[48] Avalia-se, então, se a opção feita contra o Direito, naquela situação, presentes os elementos objetivos, é válida, independentemente de não ser exigível conduta diversa, como juízo ético acerca da carência de punição, por ser reprovável a ação praticada na situação de coação, levando-se em conta as circunstâncias pessoais do agente.

Os autores mais antigos referiam-se ao medo irresistível, irresistibilidade, estado de verdadeiro temor, intimidação por ameaça séria, e este deve ser o ponto de partida para se avaliar se a opção contra o Direito é ou não carente de punição. Deve-se analisar, portanto, inicialmente, de modo objetivo, a existência de uma situação de necessidade por coação e depois ajuizar do merecimento de reprovação ou de necessidade de punição para esta ação praticada nestas circunstâncias.

A experiência legislativa, a doutrina e jurisprudência lembradas, de ontem e de hoje, realçam alguns dados da situação: perigo atual ou iminente, mal grave (morte,

---

[46]   COSTA E SILVA, J., op. cit., p. 115.

[47]   ANDREUCCI, R. A. *Coação irresistível por violência*, São Paulo, Bushatsky, 1973, p. 104.

[48]   Nosso *Dos estados de necessidade*, cit., p. 47.

tortura, mutilação), ameaça de mal certo, ou seja, ameaça de mal gravíssimo e certo de execução imediata.

Faz-se necessário preencher o tipo aberto da coação irresistível do art. 22 do Código Penal e nada obsta a construção de um modelo, visando a dotar de conteúdo uma fórmula vaga e imprecisa.

A meu ver, a opção em favor do delito, contra o Direito, é digna de ser avaliada como escusável, incensurável, se ocorre em situação iminente e de lesão certa, na qual haja ameaça grave à pessoa do agente ou a quem esteja ligado por laços de afeição, ajuizando-se, nestas circunstâncias, particulares do fato e do agente, não ser ele carente de punição.

Destarte, constrói-se o tipo da dirimente com a seguinte estrutura: não é punível o fato cometido sob ameaça de sofrer ofensa certa, iminente e grave a direito seu, ou de alguém ligado por laços de afeição, sendo a ação praticada nestas circunstâncias não reprovável.

A situação de necessidade é bem diversa da situação de coação ou de ameaça, pois há nesta um elemento constitutivo que inexiste naquela: o coator ou autor da ameaça. Doutra parte, a ameaça é sempre de mal futuro, por mais contígua no tempo que seja a execução do mal proposto. A ofensa, se é futura, é de ser, todavia, iminente, jamais distante no tempo, caso em que perderia seu efeito intimidativo.

A ofensa que se ameaça realizar deve ser certa, ou seja, ofensa que se sabe poder o autor da ameaça cumprir, e não hipótese de factibilidade duvidosa. É próprio do conceito de ameaça a seriedade, e esta seriedade completa-se com a exigência de ser certa a ofensa. A ofensa deve, também, ser grave, promessa de prejuízo substancial a direito do agente, a ponto de constituir elemento indicador da preferência em favor da prática do delito. A gravidade da ofensa refere-se não só à grandeza do bem jurídico, do direito ameaçado, mas também à extensão, dimensão do dano a este bem jurídico.

Essas exigências decorrem da verificação da situação real de coação: o coagido deve ficar entre dois males, o ameaçado e a prática do delito, preferindo este último. Analisa-se, então, os requisitos a serem exigidos para a relevância dessa escolha.

4.2.4. Obediência hierárquica

O art. 22 do Código Penal, ao lado da coação irresistível, prevê, também, como não punível o fato cometido *"em estrita obediência a ordem não manifestamente ilegal"*, sendo punível, todavia, o autor da ordem.

Como se viu no exame do estrito cumprimento do dever legal, o Código Penal italiano reúne como excludente de ilicitude o cumprimento de dever legal, decorrente de norma jurídica, e o cumprimento de ordem emanada de superior hierárquico. Entendo correta esta classificação, na esteira de BASILEU GARCIA,[49] pois o agente não resta no impasse criado por uma situação de necessidade, entre cumprir a ordem ou obedecer ao ditame legal, de vez que a ordem não é manifestamente ilegal. Não havendo situação de necessidade, a opção em favor da ação delituosa não é de ser examinada como reprovável ou não.

---

[49]   GARCIA, B. *Instituições*, cit., p. 290.

O Código Penal espanhol, em sua edição anterior, também previa a isenção de responsabilidade penal a quem atuasse em razão de obediência indevida. No novo Código, porém, suprimiu-se esse dispositivo, por se entender que conflitava com a justificativa do cumprimento de um dever, razão pela qual seria ele supérfluo.[50]

Alguns autores[51] entendem que haveria, na hipótese de obediência a ordem não manifestamente ilegal, um erro de proibição, pois se daria um juízo equivocado sobre a licitude do ato a ser cumprido em obediência à ordem do superior hierárquico.

A questão deve ser examinada pelo seguinte ângulo. A ordem manifestamente ilegal não cabe ser cumprida.[52] A ordem é manifestamente ilegal se quem a emite não tem competência para tal ou se não é atribuição do receptor da ordem realizar a ação determinada, se a ordem, quando exigida formalidade essencial, não dela se reveste e por fim quando a ação ordenada constitui claramente crime.

Se o agente não tem condições de desrespeitar este comando ilegal, é de se analisar a configuração de uma situação de necessidade por coação e, nas circunstâncias, se a ação não é reprovável e sim válida, excluindo-se a culpabilidade. Se o cumprimento da ordem for reprovável, respondem pelo crime o executor da ação e o autor da ordem de ser ela executada.

Não sendo a ordem manifestamente ilegal, deve-se atentar para a seguinte caracterização da situação: há uma hierarquia funcional, que subordina o agente ao superior que ordena a prática da ação; como assinala HELENO FRAGOSO, não pode sequer instalar-se qualquer dúvida ou presunção de licitude, pois *"em princípio a ordem não manifestamente ilegal obriga o subordinado"*, e o erro sobre a ilicitude pode sequer existir.

A rubrica lateral espelha o significado da situação: **obediência hierárquica,** e é este o aspecto a ser ressaltado, nas estruturas hierarquizadas de Direito Público, pois o tipo não se refere à subordinação existente nas relações privadas entre patrão e empregado, um automatismo no cumprimento das ordens do superior hierárquico, malgrado possa pairar alguma dúvida no espírito do receptor do comando, diante de uma ordem possivelmente ilegal. O agente não cumpre a ordem por ajuizá-la erroneamente lícita, em razão de derivar de um comando do superior hierárquico, mas sim por emanar desse superior, devendo, então, ser cumprida, pois não se apresenta como manifestamente ilegal.

A ordem, como frisa DELITALA, é um comando de quem tem poder para impor a outrem, seu subordinado, a realização de uma determinada conduta, havendo, no dever de obediência, *"uma presunção de legitimidade da ordem"*.[53]

Dessa forma, mesmo que o inferior hierárquico tenha dúvida e possa questionar a legalidade, prevalece o dever de obediência, em razão do que é ação praticada destituída de ilicitude, pois não é possível impor-se o dever de obediência ao superior

---

[50] POLAINO NAVARRETE, *Lecciones de derecho penal*, cit., p. 156.

[51] VARGAS, J. C. *Instituições*, cit., p. 407; FRAGOSO, H. C., op. cit., p. 222, admite o erro de proibição como fundamento, mas não principal.

[52] A ordem será manifestamente ilegal – é de ser contestada. O temor pode caracterizar uma situação de coação, mas não obediência hierárquica.

[53] DELITALA, *Adempimento di un dovere*, cit., p. 571.

Parte II · Capítulo 4 · CULPABILIDADE: CAUSAS DE EXCLUSÃO | **157**

hierárquico, quando a ordem não for manifestamente ilegal e, doutra parte, reputar a prática da obediência, a realização da ação ordenada, crime.

O inferior hierárquico ao realizar a ação ordenada não o faz por imaginar que não seja proibida, mas sim para obedecer a ordem do superior, sendo, portanto, uma causa de justificação ou excludente de ilicitude.[54]

Se não se trata de erro de proibição, a ser examinado a seguir, nem de não reprovação em uma situação de necessidade é porque, como exposto, configura-se uma causa de exclusão da ilicitude.

Em suma, é mister haver uma ordem emanada de superior hierárquico, no âmbito do Direito Público, competente para impor, dentro de suas atribuições, ao subordinado a realização de uma determinada conduta, subordinado este que tem o dever de cumprir esta determinação e obedecer a ordem,[55] que não se revela manifestamente ilegal.

4.2.5. Legítima defesa frente à ação do subordinado

Resta a saber se a pessoa sobre a qual recai a ação do subordinado no cumprimento de ordem, possivelmente ilegal, pode reagir em legítima defesa. Se a ação do subordinado é lícita, segundo nosso entendimento, pode haver legítima defesa. A resposta é sim. Para quem a ação é dirigida, trata-se de uma agressão injusta.

Ademais, o subordinado está colocado entre o superior hierárquico que ordenou a prática da ação e a vítima da ação. Atua como um *longa manus*, é um executor de uma ordem, que se for ilegal, possivelmente ilegal, responsabiliza o autor da ordem. Atua o subordinado como autor imediato do superior hierárquico, que é o autor mediato.

A ação não deixa, portanto, em sua outra face, de ser antijurídica, vista pela vertente do autor da ordem, o que legitima a ação de defesa de quem sofre a ação do subordinado.

4.2.6. Erro de proibição

O erro constitui uma representação não correspondente à realidade, uma representação falsa da realidade fática ou normativa.

Se o homem atua na e sobre a realidade, a representação equivocada desta pode ter consequências jurídicas. O erro pode incidir sobre um elemento de fato, tomando um homem por um espantalho contra o qual se atira. O erro, todavia, pode incidir sobre o sentido de uma determinada conduta frente ao Direito. O juízo sobre a ilicitude de uma conduta como proibida ou não, também, pode ser objeto de erro, de uma falsa representação.

O agente atua sem representar a ilicitude de seu comportamento: incide em erro quem ignora a proibição existente, dela duvida ou atua com a certeza da licitude de sua ação. A consciência do injusto, portanto, tem o seu reverso no erro de proibição, que

---

[54] Sobre a doutrina que perfilha este entendimento, vide RIVACOBA Y RIVACOBA, M. *La obediência jerarquica em el Derecho Penal*, Valparaiso, Edeval, 1969, p. 66 e seguintes.

[55] RIVACOBA Y RIVACOBA, M., cit., p. 163, segundo o qual, na linha da jurisprudência, a ordem não deve ser uma manifestação de interesse particular do superior e sim incluir-se em suas atribuições funcionais, e esta ordem deve-se incluir nos deveres do receptor do comando.

constitui uma das razões pelas quais não se reprova a conduta prima facie criminosa, com a consequente exclusão de culpabilidade, entendida como juízo de censura.

Se a norma penal visa a impedir a realização de determinadas condutas, é porque há um processo de comunicação, por via do qual os destinatários da norma tomam consciência do proibido, sendo possível a internalização da ordem emanada da lei, sem o que não se poderia falar em conhecimento do injusto.[56]

Para ter capacidade de se comportar em conformidade com a norma, há de ser possível o acesso ao conteúdo dessa norma,[57] tendo-se por pressuposto capacidade de decisão e de atuação, ou seja, liberdade nas circunstâncias, liberdade situada.

De outra parte, também sob a perspectiva de reafirmação pela lei penal do valor afrontado pela conduta, como em vista da reeducação do agente, tem-se por pressuposto o conhecimento do conteúdo da obrigação, pois não se justificaria a punição, senão em vista de fato que expressa reconhecido contraste com os valores sociais consagrados na lei.[58] Mas o essencial é não derivar a exigência da possibilidade de conhecimento do injusto, do atendimento à finalidade atribuída à pena. Ao atender pelo elemento do conhecimento do injusto aos fins da pena, está-se, tão só, a confirmar o relevo desse dado componente da estrutura do delito.

O potencial conhecimento do injusto coloca-se, portanto, como dado integrante da estrutura do delito, sendo não configurada a figura delituosa, em todos os seus elementos, se tiver havido erro quanto à proibição jurídica da conduta, à sua contrariedade ao permitido.

Este conhecimento da ilicitude de uma conduta, ou seja, seu caráter de proibida, é dado que se situa no dolo para os adeptos de uma concepção psicológica de culpabilidade, ou, na culpabilidade, para os finalistas, entendida esta, portanto, como puro juízo de valor, pois o dolo integra a ação, vindo a ser uma das razões em função das quais se reprova o agente.

Além do mais, há de se distinguir a exigência de uma consciência atual da ilicitude da exigência da possibilidade do agente de ter esse conhecimento, realizando-se um juízo normativo e não de realidade. Tal questão se insere na esfera do juízo de evitabilidade do erro, que já se reconhece ocorrido, realizando-se um juiz normativo – não de realidade –, sendo a possibilidade de conhecimento o reconhecimento da evitabilidade do erro; não o reconhecimento da necessidade de sua exclusão. Primeiro, reconhece-se ter havido o erro ou não; depois, cabe perquirir se esse erro era evitável.[59]

Da combinação deste dois critérios, brotam as teorias do dolo e da culpabilidade, com referência ao erro sobre a ilicitude.

---

[56] ROXIN (2018, p. 467) denomina acessibilidade à norma a possibilidade de o agente conhecer a norma e de pautar por esse conhecimento, formando parte da culpabilidade, consistente não só em poder conhecer a norma, questão de relevo quanto ao aspecto ora em exame, mas também em ser o agente dotado da capacidade de livremente se autodeterminar; MUÑOZ CONDE, GARCIA ARÁN, cit., p. 182).

[57] LUZÓN PEÑA, Diego Manuel. *Lecciones de derecho penal: parte general,* 2ª ed., Valencia, Tirant lo Blanch, 2012, p. 496 e ss.

[58] FIORE, Carlo. *Diritto Penale – parte generale,* Turim, Zanichelli, 2008, p. 411.

[59] LEITE, Alaor. *Dúvida e erro sobre proibição no direito penal*: atuação nos limites entre o permitido e o proibido, São Paulo, Atlas, 2013, p. 35 e ss.

4.2.7. Teoria do dolo

Para a teoria do dolo, o dolo é uma das formas da culpabilidade ao lado da culpa, modos de o agente se relacionar com o fato; e a consciência da ilicitude é um dos elementos do dolo. Ausente a consciência da ilicitude desaparece o dolo.[60] A teoria do dolo tem duas vertentes, a que requer a consciência atual da ilicitude, o desvalor da ação frente ao Direito, com conhecimento da realização antijurídica do tipo,[61] denominada teoria extrema.

A outra vertente é a da teoria limitada do dolo, pela qual mesmo que o agente não tenha consciência da ilicitude decorrente de sua cegueira jurídica ou inimizade para com o Direito, igualmente deve-se entender a ação como dolosa, acrescendo-se ao dolo, como diz ASSIS TOLEDO, *"uma particular culpa na condução da vida".*[62] Dessa forma, nem sempre é, para a teoria limitada, necessário ter-se a consciência atual da ilicitude, pois há hipótese em que, malgrado inexista, em razão de "cegueira jurídica", assim mesmo configura-se o dolo.[63]

Se o erro é inevitável, segundo a teoria do dolo, este está excluído. Se evitável, o agente responde por culpa, se houver previsão da forma culposa para o delito. Desse modo, objetava-se à teoria do dolo deixar impune a prática de delitos por erro evitável, se a forma culposa não estivesse prevista. Para enfrentar esta questão, surge a teoria que se denominou teoria modificada do dolo, segundo a qual, na hipótese de erro evitável, aplicar-se-ia a pena atenuada, que PAULO JOSÉ DA COSTA JR. entende ter sido adotada pelo nosso Código ao escusar o erro inevitável e prever a pena atenuada quanto ao erro evitável.[64]

4.2.8. Teoria da culpabilidade

Com a teoria finalista, já acima examinada, a questão passa a ter outro enfoque, pois o dolo vem a integrar a ação e o tipo, sendo a culpabilidade um juízo normativo de censura, e a consciência da ilicitude uma das razões pelas quais se censura, o que vem a constituir a chamada teoria da culpabilidade, pois a consciência da ilicitude diz respeito à culpabilidade e não ao dolo.

A consciência da ilicitude falta se ao agente não era possível formar o juízo de que a ação era proibida, pois se tinha a possibilidade de conhecer a injustiça de sua ação, devia esta ser censurada e punida.

Diz WELZEL que uma ação é reprovável, porque o agente conhecia ou podia conhecer a antijuridicidade de sua ação,[65] sendo o homem responsável pela juridicidade de suas decisões, ou seja, pelo *"conteúdo de suas resoluções desconforme com o ordenamento jurídico".*[66] Se houver a mera possibilidade de conhecer a discordância da ação frente ao ordenamento, é esta reprovável.

---

[60] ASSIS TOLEDO, F. *O erro no Direito Penal*, São Paulo, Saraiva, 1977, p. 12.

[61] WESSELS, J., op. cit., p. 100.

[62] ASSIS TOLEDO, F., op. cit., p. 30, nota 30.

[63] GOMES, L. F., op. cit., p. 55.

[64] COSTA, P. J. Jr. *Direito Penal completo*, cit., p. 91.

[65] WELZEL, H. *El nuevo sistema*, cit., p. 104.

[66] Idem, p. 111.

160 | FUNDAMENTOS DE DIREITO PENAL – *Miguel Reale Júnior*

Dessa forma, o erro de tipo diz respeito à falsa representação dos elementos componentes do tipo penal, o erro de proibição refere-se ao não conhecimento da desconformidade da ação em face do ordenamento. Basta, para que não se configure o erro, a possibilidade de conhecer este contraste e não o conhecimento efetivo e atual, em juízo de evitabilidade do erro, posterior ao reconhecimento de ter o agente agido sob influência de um erro.

A teoria da culpabilidade, todavia, apresenta duas vertentes, que se moldam conforme considerem as descriminantes putativas, por exemplo, a legítima defesa putativa, como erro de tipo ou erro de proibição.[67]

4.2.9. Teoria extrema da culpabilidade

Para a teoria extrema da culpabilidade, adotada por WELZEL[68] e, entre nós, por ALCIDES MUNHOZ NETO,[69] na legítima defesa putativa, a errônea compreensão de um dos elementos da situação, representando-a equivocadamente como situação de defesa, constitui um erro sobre a legitimidade da ação, não se tendo consciência da ilicitude da ação. É um erro sobre uma circunstância que se existisse a ação seria legítima. Se este erro for inevitável, a ação não é reprovável. Se evitável, a pena deve ser atenuada.

4.2.10. Teoria limitada da culpabilidade

A teoria limitada da culpabilidade[70] considera, ao contrário, que o erro sobre circunstância de fato, que se existisse faria a ação ser legítima, é um erro de tipo. Assim, representar falsamente que o desafeto saca de uma arma, o que configura uma situação de legítima defesa, constitui um erro de tipo, e não um erro de proibição sobre a legitimidade da ação. É um erro sobre um fato e exclui o dolo, tem a mesma contextura do erro de tipo, levando à mesma consequência. É um *erro de tipo permisso*.

Se o erro sobre a circunstância da situação de fato, que se existisse a ação seria legítima, é inevitável, há isenção de pena por erro de tipo; se evitável, o fato será punível como culposo, se está admitida essa forma para o tipo de crime.

Adotando a teoria dos elementos negativos do tipo e vendo, na antijuridicidade, apenas a tipicidade negativa, o outro lado da moeda, em uma compreensão global do tipo, é evidente que, integrando o tipo a causa de exclusão, um erro sobre um dos elementos de uma causa de exclusão constitui, a meu ver, um erro de tipo que exclui o dolo.

Mas a teoria da culpabilidade limitada estabelece uma distinção entre o erro sobre circunstância de fato, que faria a ação ser legítima se efetivamente existisse, e o erro sobre a existência e os limites da causa de justificação, quando, então, configura-se um erro de proibição.

---

[67] COSTA, P. J. Jr., op. cit., p. 90.

[68] WELZEL, H., op. ult. cit., p. 117.

[69] MUNHOZ, A., Neto. *A ignorância da antijuridicidade em matéria penal*, Rio de Janeiro, Forense, 1978, p. 115.

[70] MUNHOZ, A., Neto, idem, p. 86; ASSIS TOLEDO, F., op. cit., p. 52; WESSELS, J., op. cit., p. 104; GOMES, L. F., op. cit., p. 86.

Parte II · Capítulo 4 · CULPABILIDADE: CAUSAS DE EXCLUSÃO | **161**

4.2.11. Erro de permissão

Nas descriminantes fáticas, legítima defesa putativa, há um erro sobre uma circunstância de fato da situação. No erro de permissão, sobre a existência ou limites da justificativa, há um erro sobre a qualificação da situação, e, segundo a teoria limitada, trata-se de um erro de proibição e não de tipo.

Se o agente errar, entendendo que a ação está coberta por uma causa de justificação não existente, há um erro sobre a legitimidade que não decorre de uma apreciação equivocada da realidade e sim de um equivocado juízo sobre o reconhecimento da ação como justificada. O erro pode ser, também, acerca dos limites de causa de justificação existente. Pode-se imaginar a hipótese de estagiário de Direito de faculdade de "fim de semana" que se equivoque quanto à extensão do dispositivo do art. 142, I, do Código Penal, e, em petição urgente, venha a atribuir à parte contrária a prática de um crime consciente de que está a exercer um direito, quando, na hipótese, apenas a injúria e a difamação não são puníveis.

Se o erro de permissão for inevitável, exclui-se a culpabilidade, e a ação não é punível. Se o erro era evitável, pune-se com pena atenuada.

Opõe-se à teoria limitada o fato de que o erro vencível de tipo permissivo, erro sobre circunstância de fato da situação, restaria impunido se não prevista a forma culposa do delito. Esse é exatamente o tratamento concedido ao erro de tipo e cumpre indagar: caberia aplicá-lo ao erro de proibição? Creio, contrariamente ao que expusera em edição anterior, que se deve estender ao erro de proibição, prevendo-se, como o faz o art. 21, *in fine*, do CP, uma punição atenuada ao erro evitável, tal como propõe a teoria extrema da culpabilidade.

4.2.12. Posição do Código

Dúvida surge acerca da posição adotada em nosso Código por força da Reforma de 1984. A Exposição de Motivos deixa claro que se adotou a teoria limitada.[71] E parece-me ser esta efetivamente a orientação seguida, pois o dispositivo da descriminante putativa constitui um parágrafo do art. 20, relativo ao erro de tipo. Se o erro é vencível ou evitável, art. 20, § 1º, não há isenção de pena, se o fato é punível como crime culposo. Se o erro de proibição, sobre a ilicitude do fato, for inevitável, há isenção de pena, art. 21; mas se evitável, a pena poderá ser diminuída de um sexto a um terço, parte final do art. 21 do Código Penal. Assim, a meu ver, efetivamente, o Código Penal adota a solução prognosticada pela teoria limitada, tratando diferentemente o erro de tipo permisso e o erro de permissão.

E o art. 21, parágrafo único, do CP, esclarece quando é o erro evitável, ou seja, quando era possível ao agente atingir, nas circunstâncias, a consciência da ilicitude.

---

[71] GOMES, L. F., op. cit., p. 93, entende que o Código está muito próximo da teoria limitada da culpabilidade, com o que concordo, enquanto PAULO JOSÉ DA COSTA Jr. filia o código à teoria modificada do dolo, a exemplo do Código alemão, art. 16, pois prevê a pena atenuada para o erro evitável, que creio é a solução da teoria limitada para o erro de proibição, sendo que para o erro de tipo permisso, o fato será punível, se prevista a forma culposa.

4.2.13. Hipótese de erro de proibição

LEITE reclama,[72] com razão, não se ter ainda, efetivamente aplicado a eximente do erro de proibição. Examina o autor se o estado de dúvida é ou não compatível com o erro, pois, ao se estatuir que não são eles compatíveis, acaba-se por instituir, na prática, o princípio *error guris nocet*. Concorda-se com LEITE, por entender-se que a dúvida é um caso de erro de proibição, pois não se exige que haja convicção de não ser proibido, nem de que é lícita a conduta, sendo relevante a situação de incerteza sobre a ilicitude, para não se exigir que o agente desista da conduta.

O problema que surge é o de avaliar se o agente poderia ou não, por via da informação, sair do estado de dúvida, resultando dessa avaliação concluir se era o erro evitável ou não, e, caso fosse evitável, em que medida, para a dosagem da redução da pena, dentro dos limites estabelecidos em lei de um sexto a um terço.

Contudo, pode-se entender já ter havido reconhecimento de erro de proibição, na hipótese de ter ocorrido orientação das autoridades administrativas ou da jurisprudência acerca da legitimidade da ação, quando a prática da ação se realiza coberta pela boa-fé de que não é a mesma proibida pelo Direito.

ALCIDES MUNHOZ NETO[73] observa que se houve esclarecimento dos funcionários da administração acerca do alcance da lei e pelo fato foi o agente antes absolvido, a ação é incensurável e configura-se erro de proibição.

A Corte de Cassação italiana, em decisão lembrada por PULITANÒ, considerou que atua em boa-fé quando intervém um elemento positivo que faz surgir no agente a convicção razoável da licitude da própria conduta.[74]

Assim, quando o agente é induzido pela autoridade, ou por decisão judicial, para a prática de uma ação, surge no espírito do agente a justa expectativa de não ser a ação proibida.[75]

Outrossim, deve-se reconhecer que o intenso recurso do legislador às figuras de perigo abstrato, consistentes na inobservância de normas regulamentares, conduz à maior incidência de erros de permissão. Como exemplo, cita-se toda a Lei de Crimes de Meio Ambiente, na qual se pode recordar, especificamente, o art. 56, segundo o qual constitui crime ter em depósito substância tóxica em desacordo com as exigências estabelecidas em leis ou regulamentos.

---

[72] LEITE. A. op., cit., p. 132.

[73] MUNHOZ, A. Neto, op. cit., p. 97.

[74] PULITANÒ, D. *Errore di diritto nella teoria del reato*, Milão, Giuffrè, 1976, p. 433.

[75] É o que ocorreu com as empresas de cartão de crédito, induzidas pelo Banco Central, órgão de fiscalização das instituições financeiras, a se associarem a bancos, com vista a dinamizar o mercado, ampliando a rede de clientes, e permitindo pelo banco associado o financiamento do saldo a pagar, quando o cliente não quita todo o débito. O Ministério Público entendeu que havia atuação das empresas de cartão de crédito como instituição financeira sem autorização do Banco Central (vide nosso parecer inserto em *Direito Penal Aplicado*, 3, São Paulo, 1992, p. 9).

Capítulo 5
IMPUTABILIDADE

5.1. PRESSUPOSTO DA AÇÃO

Conforme a Exposição de Motivos do Código Penal de 1940, em seu item 4, a imputabilidade, então designada responsabilidade, pressupunha que contemporaneamente à ação ou à omissão houvesse a capacidade de entendimento, a liberdade de vontade, sendo a autonomia da vontade, em termos kantianos, um postulado de ordem prática, um a *priori* em relação à experiência moral.

Desse modo, de forma coerente, no item 18, ao explicar a adoção do critério misto biopsicológico, entendia ser imputável o agente se, no momento da ação, detém capacidade de entendimento ético-jurídico e de autodeterminação. Será inimputável, então, aquele que ao tempo da ação, em razão de enfermidade mental, não tinha essa capacidade de entendimento e de autodeterminação.

A liberdade não pode ser compreendida como uma liberdade indiferente, indiferenciada, sem situar o homem em suas circunstâncias biológicas, físicas, sociais, pois o homem age no mundo que o circunda e o condiciona, a ponto de ser possível dizer, como acentuei acima, que o homem tem não apenas uma liberdade situada, mas sitiada, não deixando de ter, contudo, nesta situação, uma esfera de decisão por via da qual define a realização da vontade em favor de determinada conduta e, por sua vez, o seu próprio modo de ser e seu destino.

Mas há um pressuposto para que esta ação possa ser reconduzida ao seu autor, como fruto deste processo de decisão, remissão que identifica o autor e o seu ato, como ato que lhe é próprio. FIGUEIREDO DIAS, na angústia de captar este momento de decisão e o ato da pessoa como remissível a esta decisão, termina por concluir que a imputabilidade é um pressuposto da culpabilidade, e a inimputabilidade um obstáculo à determinação da culpabilidade.

Assim, com relação à conduta do inimputável gera-se uma *"incompreensibilidade do fato como ato do agente"*, sendo impossíveis as conexões reais e objetivas de sentido que ligam o fato à pessoa.[1] A meu ver, o processo psíquico de formação da decisão pelo fato por parte do inimputável não é reconstruído ou reconstruível, segundo um encadeamento de significados e, se há motivos, mostram-se eles turvos, nebulosos, e com o fato, por seus motivos e suas razões, não se reencontra o seu autor.

---

[1] FIGUEIREDO DIAS, J. *Questões fundamentais*, cit., p. 272 e seguinte.

164 FUNDAMENTOS DE DIREITO PENAL – *Miguel Reale Júnior*

Dessa forma, se uma das características da pessoa humana é a identificação com seus atos como próprios ou, pelo menos, a possibilidade de remissão dos seus atos a ela como autora destes atos, exatamente porque fruto de um processo de decisão, dotado de sentido, no inimputável, este processo de decisão segue os impulsos ou ocorre em uma bitola diversa da do homem normal.[2]

A liberdade de querer, portanto, significa capacidade de determinar-se de acordo com o sentido próprio do homem e de suas circunstâncias. E a ação humana tem esta nota distintiva, a concretização de um sentido, que espelha uma escolha valorativa. Para SANTAMARIA, só a normalidade e maturidade psíquica possibilitam a capacidade de entender a importância da ação no mundo dos valores sociais e tornam o indivíduo responsável.[3]

Dessa forma, o decidir por agir ou não agir decorre deste processo de valoração, que torna compreensível o ato como próprio do seu autor, ato cuja gestação se faz neste entrechoque de possibilidades, e a escolha de um caminho se funda na maior valia atribuída ao valor que ilumina a ação escolhida. Cada ação brota com a marca da paternidade do seu autor, e por isso só o homem normal tem a capacidade de entender o significado de seu ato no mundo dos valores, como diz SANTAMARIA.

A imputabilidade, portanto, não é pressuposto da culpabilidade nem obstáculo à culpabilidade, mas dado distintivo da pessoa humana, razão pela qual constitui um pressuposto da ação, vista esta como decorrência de uma opção valorativa. O inimputável, neste sentido, não age, pratica fatos.

A norma penal, como todo o Direito, instaura um processo de comunicação, sendo fundamental que, do outro lado, o receptor, o destinatário da norma, possa ter capacidade de motivação.[4] A dessintonia nesta comunicação, em razão de grave transtorno mental do receptor, importa a necessidade de medidas curativas.

A base da inimputabilidade está em características biopsicológicas, que não bastam para o seu reconhecimento, pois é essencial que conduzam o agente a não ter a consciência do caráter criminoso do fato.

5.2. BASE BIOPSICOLÓGICA

Na Exposição de Motivos do Min. FRANCISCO CAMPOS ao Código Penal de 1940, explica-se a opção pelo critério misto, pois o biológico prende-se ao aspecto da saúde mental, à verificação da existência de uma enfermidade mental, sendo necessário juntar-se a este aspecto o de ordem psicológica, ou seja, se faltava a capacidade de, no momento, avaliar a criminalidade do fato. A união dos dois critérios leva a se considerar a enfermidade mental como base em função da qual, no instante do fato, o agente era *"incapaz de entendimento ético-jurídico e autodeterminação"*.

Com a junção dos dois critérios, afasta-se, por um lado, a visão causalista que reduzia o crime à consequência da anormalidade mental e, por outro, limita-se o

---

2   WELZEL, H. *Derecho Penal*, cit., p. 160.

3   SANTAMARIA, D. "Colpevolezza", *in Enciclopedia del Diritto*, vol. VII, p. 647.

4   MUÑOZ CONDE, F. e GARCIA ARAN, E., op. cit., p. 387.

amplo arbítrio judicial, com a exigência de uma base biológica no reconhecimento da inimputabilidade.

Dessa forma, o legislador, primeiramente, fixa que, em razão de doença mental, o agente era incapaz de entender o caráter criminoso do fato. Doença mental é um termo aberto, sendo que MUÑOZ CONDE e GARCIA ARÁN consideram positiva a simples menção no Código espanhol de anomalia ou alteração psíquica, pois engloba diversas formas de enfermidade mental, cuja classificação e denominação têm mudado ao longo do tempo.[5]

Se o texto legal menciona doença mental, a Exposição de Motivos refere-se à enfermidade mental, termo este mais amplo que engloba, conforme SPIROLAZZI, tanto as doenças mentais próprias, as psicoses, formas morbosas de base biológica, como as psicopatias. Explica SPIROLAZZI que a doença mental tem uma base biológica, sendo enfermidades somáticas, não havendo doenças exclusivamente mentais, pois sempre devem ser consequência de processos morbosos somáticos.[6]

São, assim, doenças mentais as alterações orgânicas graves como paralisia progressiva, demência senil, bem como a esquizofrenia e a psicose maníaco-depressiva e algumas formas de oligofrenia, que também apresentam um substrato somático.

Neste verbete sobre enfermidade mental, revela-se a plena razão de não pretender o legislador referir às doenças mentais, pois constata-se a existência de classificações várias de psiquiatras como KURT SCHNEIDER, FERRIO, BIONDI e muitas mais se acresceram ao longo dos anos.

Além da doença mental, o legislador refere-se a desenvolvimento mental incompleto ou retardado, sendo que a menção a desenvolvimento incompleto seria despicienda diante do dispositivo específico relativo aos menores de dezoito anos. Explica FREDERICO MARQUES que a introdução do desenvolvimento incompleto deveu-se a se incluir, na hipótese, os silvícolas, sem fazer-se menção expressa para que a comunidade internacional não pensasse que o Brasil fosse uma terra de índios.[7]

O desenvolvimento retardado diz respeito aos oligofrênicos, ou seja, os idiotas, imbecis e débeis mentais, bem como aos silvícolas não aculturados.

Constatada a base biológica, a doença mental ou o desenvolvimento mental retardado ou incompleto, não há um automatismo no reconhecimento da inimputabilidade. Exige o legislador que o juiz verifique se, em razão da doença, no momento do fato, tinha o agente capacidade de avaliar o caráter criminoso, o que FIGUEIREDO DIAS considera uma "*capacidade do agente de se motivar pela norma*".[8]

Entendo que esta expressão "entender o caráter criminoso do fato" não visa estabelecer uma referência à norma, mas em campo mais próximo da realidade do agente, saber se tinha o mesmo capacidade de avaliação do significado valorativo do fato, sem se pôr a cunha do aspecto normativo, que pode desfigurar a análise, que reside em momento prévio, sobre a capacidade de agir, como escolha do sentido da ação.

---

[5]   Idem, p. 388 e seguinte.

[6]   SPIROLAZZI, G. C. *Dizionario di psicopatologia forense*, Milão, Giuffrè, 1969, p. 134.

[7]   FREDERICO MARQUES, J. *Direito Penal*, 2, cit., p. 182.

[8]   FIGUEIREDO DIAS, J., op. ult. cit., p. 263.

166 | FUNDAMENTOS DE DIREITO PENAL – *Miguel Reale Júnior*

Outra hipótese de inimputabilidade decorre de o agente, tendo consciência do caráter criminoso, deixar de possuir, todavia, capacidade de determinar-se de acordo com esse entendimento. Esta hipótese de ausência de condições de se autodeterminar configura-se na situação do dependente de drogas, que pela legislação especial pode ter reconhecida sua inimputabilidade quando em razão da dependência, malgrado tenha consciência do significado do fato, falte-lhe capacidade, no momento, para agir em consonância com esse entendimento.

Ao inimputável aplica-se medida de segurança, sanção a ser estudada à frente.

5.3. SEMI-IMPUTABILIDADE

No parágrafo único do art. 26, prevê-se a situação do semi-imputável, ou seja, daquele que em virtude de "perturbação mental", ou desenvolvimento mental ou retardado, não possuía plena capacidade de entender o caráter criminoso do fato ou de determinar-se de acordo com esse entendimento.

Não se trata mais de doença mental, mas de perturbação mental, o que compreende as psicopatologias, em especial a falha de caráter do portador de penalidade psicopática, ou anormal, que apresenta grau considerável de inteligência, mas ausência de afetividade, de sentimentos, e logo de arrependimento.[9] São pessoas, na expressão de SCHNEIDER, que "*sofrem e fazem sofrer*" a sociedade e, em especial, os que lhe são mais próximos, em sua loucura moral de fundo constitucional.

É longo o elenco de psicopatias, bastando destacar também os instáveis, que apresentam déficit de inteligência, insuficiência de crítica, mitômanos, próximos da paranoia e os autistas que possuem dificuldade de contato com o mundo externo, em especial de relacionamento humano, sobrevalorando o mundo interno.[10] A perturbação mental[11] deverá, no instante do fato, produzir que o agente não tenha a "plena capacidade de entender o caráter ilícito do fato ou de autodeterminar-se de acordo com esse entendimento".

O desenvolvimento metal incompleto ou retardado pode tanto caracterizar a inimputabilidade como a semi-imputabilidade. O elemento diferencial está no aspecto psicológico, se havia ausência de capacidade de entendimento do caráter criminoso do fato ou de se autodeterminar segundo esse entendimento, ou se tinha esta capacidade, mas não plena.

A Reforma de 1984 alterou o tratamento dado ao semi-imputável, ao qual pelo sistema chamado de duplo binário, ou duplo trilho, aplicava-se pena mais medida de segurança, com prejuízo para o condenado, pois se cumpria antes a medida de segurança curativa, depois desperdiçaria o tratamento com o aprisionamento; se cumpria antes a pena, a periculosidade existente só se agravaria no meio prisional, tornando mais difícil o tratamento posterior.

---

[9] MARANHÃO, Odon Ramos. *Psicologia do crime*, 2ª ed., Malheiros, São Paulo, 1995, p. 77.

[10] SPIROLAZZI, G. C., op. cit., p. 247 e seguintes.

[11] DOTTI, R. A., op. cit., p. 420, inclui na categoria de semi-imputabilidade o surdo-mudo, os epilépticos e os silvícolas.

A Reforma da Parte Geral estabeleceu o sistema vicariante, pelo qual ao semi--imputável aplica-se pena ou medida de segurança, cabendo ao juiz escolher a sanção mais condizente com o réu.

5.4. MENORIDADE

O Código Penal de 1940 presume a inimputabilidade do menor de dezoito anos. A Constituição Federal, em seu art. 228, estabeleceu que a imputabilidade começa aos dezoito anos. A matéria deixou de ser da lei ordinária para passar ao plano constitucional.

Há, em tramitação no Congresso Nacional, diversas propostas de emenda constitucional, propondo de diversas formas, a redução da menoridade penal. Entendo absolutamente inconveniente a alteração, por razões de política criminal, mas não considero as propostas inconstitucionais por ferir regra pétrea da Constituição, consoante o art. 60, § 4º, IV, da Constituição Federal,[12] e por conseguinte insuscetível de ser abolida.

Entendo que não constitui regra pétrea não por não estar o dispositivo incluído no art. 5º da Constituição Federal, referente aos direitos e garantias individuais mencionados no art. 60, § 4º, IV, da Constituição. Não é a regra do art. 228 da Constituição Federal regra pétrea, pois não se trata de um direito fundamental ser reputado penalmente inimputável até completar dezoito anos. A medida foi adotada pelo Código Penal e depois pela Constituição Federal em face do que se avaliou como o necessário e conveniente, tendo em vista atender aos interesses do adolescente e da sociedade.

É sim uma salutar medida de política criminal, sem se enfraquecer a defesa da sociedade, convicção a que se chega pelo exame da realidade e do Estatuto da Criança e do Adolescente, Lei nº 8.069/90.

A Comissão de Diagnóstico do Sistema Criminal, integrada por ALBERTO SILVA FRANCO, EDSON O'DWEIR, IVETTE SENISE FERREIRA, JAIR LEONARDO LOPES, LUIS FERNANDO XIMENEZ, LUIS VICENTE CERNICCHIARO, MAURÍCIO ANTONIO RIBEIRO LOPES, NILO BATISTA, RENÉ ARIEL DOTTI, secretariada por EDUARDO REALE FERRARI e por mim coordenada,[13] com base em dados oriundos do Ministério Público e do Judiciário, constatou que se houve aumento, e não significativo, da participação de adolescentes na prática de crimes, mormente roubo, no entanto, é incomparavelmente menor que o número de crimes de responsabilidade de maiores, entre 18 e 25 anos.

Os adolescentes são muito mais vítimas de crimes do que autores, contribuindo este fato para a queda da expectativa de vida no Brasil, pois se existe um "risco Brasil", este reside na violência da periferia das grandes e médias cidades. Dado impressionante é o de que 65% dos infratores menores vivem em família desorganizada, junto com a mãe abandonada pelo marido que, por vezes, tem filhos de outras uniões também desfeitas, e lutam para dar sobrevivência à sua prole.

---

[12] DOTTI, R. A., op. cit., p. 413, entende que o art. 228 da Constituição Federal constitui regra pétrea e, portanto, imodificável.

[13] O diagnóstico e as propostas de política criminal estão publicados na *Revista Brasileira de Ciências Criminais*, nº 30, 2000, p. 37 e seguintes.

168 | FUNDAMENTOS DE DIREITO PENAL – *Miguel Reale Júnior*

Alardeia-se pela mídia, sem dados, a criminalidade do menor de dezoito anos, dentro de uma visão tacanha da "lei e da ordem", que de má ou boa-fé crê resolver a questão da criminalidade com repressão penal, como se por um passe de mágica a imputabilidade aos dezesseis anos viesse a reduzir comodamente, sem políticas sociais, a criminalidade.

Ignora-se, de outro lado, a disciplina constante do Estatuto da Criança e do Adolescente, no qual medidas socioeducativas são determinadas, conforme o autor da infração seja menor de 12 anos, criança, ou tenha entre 12 e 18 anos, adolescente. A este aplicam-se medidas socioeducativas como prestação de serviços à comunidade, liberdade assistida, semiliberdade e internação. Na hipótese de crime praticado mediante violência, aplica-se a internação, muitas vezes antecipada de recolhimento cautelar, de até três anos.

Não há, portanto, a propalada impunidade, pois com relação ao crime de maior incidência, roubo qualificado, o maior será apenado com reclusão de 5 anos e 4 meses, podendo obter o livramento condicional passado 1/3 da pena, ou seja, em menos de dois anos, enquanto o adolescente poderá permanecer, e em geral permanece, recluso por três anos.

O recolhimento em casa de contenção com adolescentes não deixa de ter conteúdo retributivo, mas pode, se for não de mais de cem menores, realizar uma tarefa educativa facilitadora do enfrentamento dos conflitos no mundo livre no futuro. Daí a absoluta inconveniência da redução da idade da imputabilidade, pois o adolescente submetido ao Estatuto sequer entra como cliente do falido sistema criminal, desde o inquérito policial até a execução da pena, sendo ou devendo ser outra a formação e a perspectiva dos responsáveis por sua custódia.

As legislações, majoritariamente, vêm adotando a imputabilidade aos 18 anos, sendo que, no final do século XIX, muitas a fixavam em 12 anos, como se vê do retrato da questão feito por TOBIAS BARRETO, sendo que o nosso Código Criminal do Império adotava o limite de 14 anos, permitindo, todavia, reconhecê-la ao menor de 14 anos se verificado que havia discernimento. Com toda a razão, TOBIAS BARRETO critica a hipótese da constatação do discernimento ponderando, com sua irreverência, que o conceito de discernimento é de *dificílima apreciação*, podendo ser descoberto até em uma criança de cinco anos.[14] O Código Penal Militar admitia, no art. 50, a figura do discernimento para reconhecimento da imputabilidade do menor de dezoito e maior de dezesseis anos, regra essa revogada em face do art. 228 da Constituição Federal.

5.5. EMOÇÃO E EMBRIAGUEZ

A emoção perturba os sentidos, mas não altera a capacidade de compreensão do significado valorativo dos próprios atos. Se a emoção é momentânea, a paixão pode se constituir em uma emoção contínua que pode levar ao paroxismo, mas, de qualquer forma, não vem a constituir doença mental ou uma psicopatia.

A emoção, se não interfere na imputabilidade, pode, contudo, justificar uma atenuação ou minoração da pena como previsto no art. 65, III, *c* e no art. 121, § 1º,

---

[14] TOBIAS BARRETO. *Estudos de direito, II, Menores e loucos*, cit., p. 49 e seguintes.

quando o fato é praticado logo em seguida à injusta provocação da vítima, em estado de violenta emoção.

A embriaguez pelo álcool ou outra substância de efeito análogo, também, não exclui a imputabilidade, malgrado, sem dúvida, libere os freios inibitórios, pois há uma ficção legal de que o embriagado mantém as funções intelectivas e de vontade, tendo a embriaguez, como ensinam ALMEIDA JR. e COSTA Jr.,[15] fases, sendo a primeira de expansão do comportamento, de alegria, denominada fase do macaco, a segunda de agressividade, chamada de fase do leão, e a terceira de prostração, conhecida como fase do porco.

Esta ficção legal não importa *actio libera in causa*, que se configura em vista da ação antecedente de se colocar em estado de embriaguez para cometer o delito.[16] A lei, por ficção, considera que há uma imputabilidade, não decorrente de atitude anterior voltada para a prática do crime, e sim no instante mesmo da ação, se a embriaguez foi adquirida voluntária ou culposamente.

Apesar de a embriaguez causar a perda do controle dos próprios atos, pode-se vislumbrar, como anota HUNGRIA, pelas circunstâncias do fato, se o fato se enquadra como doloso ou culposo,[17] e, presumida a imputabilidade, o agente responderá por crime doloso ou culposo. Assim um homicídio praticado em estado de embriaguez ao volante, na generalidade dos casos, será homicídio culposo, enquanto atirar no desafeto em meio a uma discussão será, na generalidade das hipóteses, homicídio doloso.

O legislador explicita as formas pelas quais se adquire o estado de embriaguez, que pode ser voluntária, acidental, fortuita ou preordenada.

Na embriaguez voluntária ou culposa, é reconhecida, como se analisou, uma imputabilidade ficta. Todavia, se a embriaguez for completa e redundar de força maior ou de caso fortuito, sendo que ao tempo da ação, em virtude deste estado, não era o agente capaz de entender o caráter criminoso do fato ou de se determinar de acordo com esse entendimento, não se opera a ficção legal e há a isenção de pena.

Dessa forma, a ficção legal não prevalece, pois o agente não contribui de forma alguma para entrar no estado de embriaguez completa, sendo, na verdade, vítima das circunstâncias. Se, por exemplo, o agente alcança o estado de embriaguez completa acidentalmente, ao tomar substância que não poderia saber que levaria a potencializar a pequena quantidade de álcool ingerida, configura-se um caso fortuito, um fato inevitavelmente incognoscível, ou, na expressão da Corte de Cassação italiana, "*um fato acidental não cognoscível e não eliminável com o uso da prudência e que se realiza em um acontecimento excepcional, imprevisível*".[18]

---

[15] ALMEIDA Jr., A. e COSTA Jr., J. B. *Lições de Medicina Legal*, São Paulo, p. 509; SIMONIN, *Medicina Legal*, p. 587, estabelece quadro de graus de embriaguez, de 0,5 a 1,5 de cm³ por litro de sangue, euforia e excitação das funções intelectuais; de 1, 5 a 2 cm³, diminuição da autocrítica, atenção e vontade, lentidão das respostas psicotécnicas; 2 a 3 cm³, perturbações psicosensoriais, incoerência; 4 cm³, coma; 5 cm³, morte possível; 6 cm³, morte certa. A respeito, vide nosso "Crime de embriaguez ao volante", *in Revista de Direito Penal*, n° 6, abril/junho, p. 81 e seguintes, 1972.

[16] FREDERICO MARQUES, J. *Direito Penal*, vol. 2, cit., p. 188.

[17] HUNGRIA, N. *Comentários ao Código Penal*, I, cit., p. 529.

[18] Decisão citada por BETTIOL, G., op. cit., p. 569, nota 409.

170 | FUNDAMENTOS DE DIREITO PENAL – *Miguel Reale Júnior*

A embriaguez acidental pode ocorrer, também, em razão de força maior, quando há um fato externo que domina a vontade, como uma coação física por violência,[19] pela qual o agente é, pela força, constrangido a beber.

Se a embriaguez for completa, o que não se calcula por ser a última fase, na qual agir sequer é possível, isenta-se de pena, art. 28, II, § 1°, do Código Penal. Se a embriaguez não for completa, e não tinha o agente plena capacidade de entendimento ou de autodeterminação, a pena pode ser reduzida de um a dois terços. Dessa forma, a redução facultativa está prevista para a hipótese de não ser plena a capacidade intelectiva, ou de vontade do agente, em razão de embriaguez decorrente de caso fortuito ou força maior.

5.6. *ACTIO LIBERA IN CAUSA*

O legislador institui como circunstância agravante ter o agente cometido o crime em estado de embriaguez preordenada, art. 61, II, *l*, do Código Penal. A embriaguez é preordenada quando o agente se coloca intencionalmente em estado de embriaguez para, nesta situação, vir a praticar o crime, liberando pelo álcool ou outra substância os freios inibitórios.

Se há a ficção de imputabilidade para a embriaguez voluntária ou culposa, não planejada como meio para se alcançar uma situação propulsionadora da prática delitiva, com maior razão esta imputabilidade é presumida, levando-se em conta, para a agravante, a preordenação, ganhando relevo o momento anterior[20] no qual se decide pela prática do crime por meio da embriaguez, acontecendo, na expressão de EDUARDO CORREIA, que o *"agente se serve a si próprio como instrumento".*[21]

Buscando eliminar a presunção, mas sem deixar de fazê-lo, o Código Penal alemão prevê um *crimen culpae* no art. 323-b, punindo aquele que, dolosa ou culposamente, se põe em estado de embriaguez e, nesta situação, pratica um crime.

O Código Penal português traz uma figura típica do delito praticado em estado de embriaguez adquirida dolosa ou culposamente no art. 282, n°1. Punida é a circunstância de se pôr em estado de embriaguez, voluntária ou culposa, e, neste estado, cometer um crime,[22] sendo este uma condição objetiva de punibilidade do ato de se colocar em estado de embriaguez. Se o agente sabia que neste estado cometeria crime, a pena é aumentada de acordo com o art. 282, n° 2.

O Código Penal alemão pune, também, como crime a própria embriaguez, ou seja, o beber ou ingerir substância tóxica imoderadamente, pondo-se em situação de inimputabilidade.

---

[19] De forma ampla, vide sobre coação física por violência ANDREUCCI, R. A., op. ult. cit.

[20] MUÑOZ CONDE, F. e GARCIA ARAN, E., op. cit., p. 395, ressaltam a circunstância de se considerar imputável quem, se não era imputável ao cometer o crime, o era, todavia, no momento em que idealizou cometê-lo.

[21] CORREIA, E. *Direito Criminal*, Coimbra, Almedina, 1968, p. 363.

[22] CAVALEIRO DE FERREIRA, M. *Lições de Direito Penal*, Parte Geral, Lisboa, Verbo, 1992, p. 277.

No Direito brasileiro,[23] pela redação original do art. 306 do Código de Trânsito constitui crime *"conduzir veículo automotor, na via pública, sob influência do álcool ou substância de efeitos análogos, expondo a perigo potencial a incolumidade de outrem"*. Como se verifica, dirigir em estado de embriaguez não constituía crime, e sim, nesta situação, criar um perigo concreto à incolumidade de outrem, o que corresponde à contravenção de direção perigosa de veículo, art. 34 da Lei de Contravenções Penais, estando o condutor sob influência do álcool ou outra substância tóxica. Dessa forma, a direção perigosa de veículo, na via pública, era alçada da condição de contravenção a de crime, se está o condutor sob influência do álcool.

O crime do art. 306 do Código de Trânsito era um crime de direção perigosa de veículo em estado de embriaguez, não de embriaguez ao volante, conduta em si mesma perigosa, como passou a ser pela Lei n. 11.705/2008 e igualmente nos termos da Lei n. 12.760/2012. Esta diferença não é irrelevante, pois antes cabia examinar se a criação de um perigo concreto inclui-se no dolo ou é apenas uma condição objetiva de punibilidade do crime de dirigir embriagado. Agora o crime passou a ser de perigo abstrato, sendo crime dirigir em estado de embriaguez, ou seja, com concentração de álcool por litro de sangue igual ou superior a 6 (seis) decigramas.

A embriaguez constitui contravenção relativa à polícia de bons costumes se, em razão dela, o agente provoca escândalo ou ponha em perigo a sua segurança ou a de outrem, art. 62 da Lei das Contravenções Penais, tendo esta figura contravencional, no regime do Código Penal de 1890, se constituído, em São Paulo e no Rio de Janeiro, na infração penal de maior incidência, penalizando, em especial, as pessoas mais humildes,[24] sendo revelador do processo de etiquetagem da classe social mais baixa, os escravos recentemente libertados, em uma sociedade marcadamente patriarcal.

---

[23] O Código Penal de 1969 estabelecia, no art. 289, o crime de embriaguez ao volante como figura de perigo abstrato. Propus à época, em trabalho já citado, sobre embriaguez ao volante, que se suprimisse o art. 289 e, no art. 290 acerca da direção com desrespeito a regra de trânsito, se estipulasse como circunstância agravante a direção em estado de embriaguez (op. cit., p. 89).

[24] FAUSTO, B. *Crime e cotidiano*, São Paulo, Brasiliense, 1984, p. 37, acentuando a discriminação pela cor, p. 51; SOARES, C. E. L. *A negregada instituição: os capoeiras no Rio de Janeiro*, Secretaria Municipal de Cultura, 1994, p. 129.

Capítulo 6
CRIME COMISSIVO
E OMISSIVO DOLOSO

6.1. DOLO

6.1.1. Vontade e conhecimento

O Direito Penal protege bens jurídicos, valores, contra determinadas ações que venham dominadas por uma vontade, e por vezes coloridas, de uma específica intencionalidade. A vontade, portanto, relevante para o Direito Penal é a vontade da ação típica, pois a lesão ao bem jurídico pode ocorrer e o fato ser indiferente. A morte de alguém que se projeta sob um automóvel produz o resultado previsto no crime de homicídio, porém, como caso fortuito, não é de importância penal.

A vontade, dessa forma, deve cobrir o fim e o significado da ação que se realiza, fim e significado coincidentemente constantes da descrição legal do crime, do tipo penal. A vontade tem o sentido de uma resolução, de pôr em ato determinada ação que compreende o querer da conduta, e se o resultado naturalístico se destacar da ação, como no homicídio, o querer do nexo causal liga a conduta a este resultado, bem como, é lógico, o querer ao resultado.

A ação deve, dessarte, ser a realização da vontade, que se põe como fonte de sua concretização, razão por que a vontade é uma vontade atual, presente no instante do agir e dirigindo este agir à consecução do fim almejado. A vontade antecedente é irrelevante, se não houver a vontade do ato último[1] que provoca a ação típica. Assim, a vontade, no crime de homicídio, deve voltar-se ao ato de puxar o gatilho, ou seja, o ato que torna realidade a ação típica, como fruto de uma decisão do agente. Em preciso exemplo, GALLO demonstra que se o agente pretende matar o inimigo, postando-se à sua espreita com o fuzil apontado, mas tropeça e ao cair, acidentalmente, a arma dispara e mata o desafeto, não há homicídio doloso.[2]

A vontade, portanto, deve abranger a ação no seu todo e, mormente, o último ato quando é este que define o sentido finalístico da ação, podendo-se reconduzir o resultado àquela vontade.

A vontade pressupõe o conhecimento, pois só se pode querer o que se conhece, razão pela qual se diz que o dolo compõe-se de representação e vontade. A represen-

---

[1] FIANDACA, G. e MUSCO, E., op. cit., p. 266.
[2] GALLO, M. "Dolo", *in Enciclopedia del Diritto*, vol. XIII, p. 757.

tação, como assevera CAVALEIRO DE FERREIRA, é termo que em português não expressa tão bem como a palavra conhecimento,[3] o que importa ter o agente ciência de todos os contornos da ação ou omissão, contornos relevantes à configuração típica da ação. Desse modo, o agente deve conhecer todos os elementos da ação previstos como constitutivos do tipo penal.

Este elemento intelectual importa ter o agente apreendido dados da realidade a partir da qual quer agir, ou sobre a qual quer agir, formando sua vontade tendo em vista o conhecimento que possui desta realidade, seja ela naturalística ou normativa.

Se o homem atua em uma realidade preexistente e esta realidade apresenta dados consumados, que não dependem da vontade do agente, sobre os quais atua, verifica-se que muitos elementos da ação típica não postos pelo agente compõem a figura típica, mas dos quais deve ter conhecimento, sendo exemplo a condição de casado da parceira no crime de bigamia. O agente deve conhecer esta condição de casada, que evidentemente não depende ou integra sua vontade, e a partir deste conhecimento atua, realizando por determinação de sua vontade um novo casamento ou tendo relações sexuais com mulher casada.

Indaga-se acerca da necessidade desse conhecimento ser presente ou se basta, com relação a alguns elementos do tipo, que seja apenas potencial,[4] tendo-se como exemplo o crime de sedução (revogado), no qual a vítima deve ser menor de dezoito anos. Caberia, então, saber se é imprescindível que o agente saiba, represente de forma atual, ter a moça que vem a desvirginar menos de dezoito anos, ou se bastaria que de elementos da realidade lhe fosse possível, com um mínimo esforço, adquirir esse conhecimento.

FIANDACA e MUSCO pretendem que se pode entender desnecessário o conhecimento atual, se por uma reflexão de instante se adquire esse conhecimento, mas na hipótese de que esse conhecimento exige uma dedução lógica, a mera potencialidade de vir a conhecer impede a configuração do dolo.

O dolo compreende, como norma, no crime de sedução, o conhecimento de que a ofendida tem menos de dezoito anos e mais de quatorze,[5] e a prova do dolo, como adiante examinarei, é questão crucial e constitui ônus da acusação, sendo de se rejeitar esta ideia de conhecimento potencial, mesmo porque a existência do dolo sempre será uma dedução e jamais uma comprovação absoluta.

Em suma, o dolo pressupõe o conhecimento abrangente de todos os elementos objetivos da ação típica, os descritivos e normativos,[6] e o querer a realização da ação típica, com base nesse conhecimento.

6.1.2. Objeto do dolo

6.1.2.1. Ação e omissão

O art. 18 do Código Penal diz que o crime é "doloso quando o agente quis o resultado ou assumiu o risco de produzi-lo".

---

[3]   CAVALEIRO DE FERREIRA, M., op. cit., p. 285.

[4]   FIANDACA, G., e MUSCO, E., op. cit., p. 265.

[5]   FRAGOSO, H. C. *Lições de Direito Penal*, vol. 3, Rio de Janeiro, Forense, 1981.

[6]   ASSIS TOLEDO, F., op. ult. cit., p. 49.

Parte II · Capítulo 6 · CRIME COMISSIVO E OMISSIVO DOLOSO | **175**

A dicção legislativa diz pouco e pode induzir a uma compreensão naturalística de resultado, que logicamente só pode se referir a resultado jurídico, visto como a maioria dos crimes não é de resultado material, ou seja, em que há uma modificação do mundo exterior que se destaca da ação.

O resultado sob o aspecto jurídico consiste em lesão ou colocação em perigo do bem jurídico protegido, o que pode se dar independentemente de uma alteração material do mundo exterior, como, por exemplo, em um crime de injúria verbal, pelo qual se opera uma ofensa a um interesse sem existir qualquer materialidade. PAULO JOSÉ DA COSTA JR., com razão, concilia a concepção naturalista e a jurídica de resultado, sendo certo que se há crime sem evento naturalista, não o há sem evento jurídico. Todo crime tem evento jurídico, nem todo tem evento naturalístico.[7]

Mas, antes do resultado, segundo GALLO, o dolo, como representação e vontade, deve passar pela conduta,[8] um fazer ou omitir, conhecido e querido, que corresponda ao verbo do tipo penal e às demais características da ação típica, como, por exemplo, no crime de difamação o objeto do dolo é a ação de imputar a alguém um fato, mas não um fato qualquer e sim um fato ofensivo à sua reputação.

É objeto do dolo, como dado da ação, o nexo de causalidade, ou seja, o processo de modificação do mundo exterior que se desenrola a partir da ação vindo a produzir o resultado. Alerta EDUARDO CORREIA que o nexo de causalidade deve ser objeto do conhecimento do agente apenas quando vem ele a se constituir em elemento constitutivo do tipo.[9]

Na ação omissiva, há um dado naturalístico observável ao qual se deve unir um juízo sobre este dado, como um não fazer indevido.[10] A objeção de que o conceito de ação finalista não engloba o comportamento omissivo, parece-me destituída de procedência, pois na omissão verifica-se a ocorrência de um não fazer, em face da obrigação de fazer, sendo, portanto, constatável como uma manifestação de intenção de não cumprir uma determinada ação, em confronto com o comando normativo, que impunha a prática de um comportamento positivo.[11]

Há, portanto, na omissão dolosa, um coeficiente psíquico de vontade,[12] um querer não fazer, que a omissão por esquecimento não desfaz, pois se trata, como à frente se

---

[7] COSTA, P. J. Jr. *Direito Penal completo*, cit., p. 53.

[8] GALLO, M., op. ult. cit., p. 756.

[9] CORREIA, E., op. cit., p. 373.

[10] A conduta omissiva ganha relevo diante do aumento de figuras penais de infração de dever, como quebra de um dever positivo, de que é exemplo na lei dos crimes ambientais, Lei n°9.605/98, o art. 68: *"Deixar aquele que tiver o dever legal ou contratual de fazê-lo, de cumprir obrigação de relevante interesse ambiental"*. Sobre a omissão e quebra do dever positivo, vide JAKOBS, G. "La omisión: estado de la questión", *in Sobre el estado de la teoría del delito*, Madrid, Civitas, 2000, p. 133, para o qual o dever positivo engloba também proibições como a do médico proibido de embriagar-se para não se pôr em situação que o impeça de cumprir o dever.

[11] GALLO, M., op. ult. cit., p. 757. O nosso Código Criminal do Império, em seu art. 2°, §1°, estabelecia ser crime *"toda ação ou omissão voluntária contrária às leis penais"*, dizendo TOBIAS BARRETO que a omissão é deixar de fazer o que a lei prescreve (*Estudos de direito*, II, p. 124); SPASSARI. *L'omissione nella teoria della fattispecie penale*, p. 52 e seguintes.

[12] RODRIGUEZ DEVESA, J. M., op. cit., p. 321, manifesta que a omissão, diferentemente da ação, é independente deste coeficiente psíquico volitivo, sem, no entanto, justificar esta assertiva, a

verá, de um comportamento culposo. Seja a omissão um permanecer imóvel, como um fazer outra coisa do que o devido, *aliud agere*,[13] de todo o modo há uma resolução de não fazer o devido, que encerra como objeto do dolo o conhecer aquilo que deve ser feito e que não se faz com conhecimento e vontade, mantendo-se pela inércia a situação no estado em que se encontra. O agente age com dolo se conhece a situação em razão da qual deveria agir e decide não o fazer, apesar de possível.[14] Assim, se a vítima de um atropelamento jaz ferida no acostamento à noite e o agente não representa esta situação, não há dolo. Se o agente vem a pé e é de idade, sendo-lhe impossível prestar socorro, não quer omitir a ação devida, a omite por não lhe ser possível cumprir o dever positivo, não havendo dolo.

Há um tempo para se fazer o que cumpre ser feito, tempo este que passado é irrelevante tentar realizar aquilo que no momento próprio deveria se ter efetuado. Dessa forma, o não querer fazer deve estender-se até o momento final, no qual ainda se poderia ter agido e não se agiu.[15] A omissão, nos crimes omissivos próprios, se esgota em si mesma,[16] independentemente de um resultado que decorra do não fazer, como nos crimes comissivos por omissão, e, portanto, a vontade de não realizar a ação é relevante até o instante em que se deveria ter agido.

Já nos crimes comissivos por omissão, a ser estudado adiante, em que se materializa um resultado no mundo exterior como consequência da ação devida omitida, o dolo, ou seja, a vontade de descumprir o dever estende-se até o momento em que se poderia interromper o processo causal a que se deu curso, de forma a impedir que sobreviesse o resultado. Nos crimes comissivos por omissão, deve o agente conhecer e querer a omissão, bem como o desencadear do processo causal decorrente deste *non facere*, como propriedade do não agir para ocasionar aquele resultado.[17]

Se o crime é efeito da vontade, ressalta TOBIAS BARRETO, importa para a imputação o nexo entre o fato e essa vontade, sendo secundário que se tenha produzido inativamente o resultado, pois o não fazer isto ou aquilo deu causa ao crime.[18]

Deve o agente representar, também, o objeto material sobre o qual recai a ação, desde o exemplo de saber que se trata de um homem e não de um espantalho em direção ao qual se atira.

---

não ser com relação à omissão por esquecimento. FIANDACA, G. e MUSCO, E., op. cit., p. 459, entendem que mesmo aquele que concebe ação como modificação do mundo exterior há de reconhecer que a omissão com conhecimento de não agir tem um significado de resolução de manter a situação preexistente.

[13] DALL'ORA, A. *Condotta omissiva e condotta permanente*, Milão, Giuffrè, 1950, p. 92, entendendo que há de certa forma *"um certo fazer"* no comportamento omissivo. Para SPASSARI, M. *L'omissione nella teoria della fattispecie penale*, Milão, Giuffrè, 1957, p. 49, para o qual se na omissão não há um elemento físico, há, no entanto, um elemento naturalístico.

[14] FRAGOSO, H. C., op. cit., p. 239; KINDHAUSER, U. *Derecho Penal de la culpabilidad y conducta peligrosa*, trad. Claudia López Díaz, Colômbia, Universidad Externado de Colômbia, 1996, p. 103.

[15] GALLO, M. *Dolo*, cit., p. 760.

[16] WESSELS, J., op. cit., p. 158.

[17] GALLO, M., op. cit., p. 758.

[18] BARRETO, T. *Estudos de direito*, II, cit., p. 124.

6.1.3. Elementos normativos

Já mencionei acima que os elementos normativos podem ser jurídicos ou extra-jurídicos, e os primeiros, penais ou extrapenais. Muitas vezes dados desta natureza integram o tipo penal, e a questão está em saber se para configuração do dolo, deve o agente ter dos mesmos conhecimentos.

Não basta que o agente apenas conheça o substrato material sobre o qual recai a qualificação normativa, é necessário que tenha conhecimento do significado cultural ou jurídico,[19] não sendo suficiente, por exemplo, apenas representar a existência de uma declaração em folha de papel, pois é imprescindível saber que constitui esta declaração um documento no sentido jurídico, ou seja, que tenha força probante para se reconhecer ter havido dolo em um crime de falso.

Dessa forma, no crime de furto, o agente deve saber que a coisa subtraída é alheia, mas além de representar este dado, a condição de ser a coisa alheia, o dolo compreende também o conhecimento da qualificação que recai sobre a coisa ou alguém.[20] No crime de furto, deve o agente saber que a coisa, segundo o Direito, é de outrem, por exemplo, por pertencer ao comprador, visto já se ter operado a tradição.

Mas cumpre ressaltar que o conhecimento dos elementos normativos, especialmente os conceitos jurídicos extrapenais, deve limitar-se a uma noção aproximada e não a um conhecimento técnico,[21] ou na expressão de MEZGER, utilizada por MUÑOZ CONDE e GARCIA ARÁN, exige-se apenas uma valoração paralela na esfera do profano.[22] Na verdade, os conceitos normativos utilizados na lei penal, malgrado tenham referências jurídicas ou culturais, são, em geral, correntes no tráfego social, e seu significado é apreensível pelo cidadão comum.

6.1.4. Conteúdo valorativo da ação

Como já expus ao discorrer sobre o conceito de ação, vem esta carregada de significado valorativo, sendo que integra o dolo a intencionalidade axiológica, ou seja, a compreensão do caráter negativo de um valor, que é o valor imposto pela norma incriminadora.[23]

---

[19] PULITANÒ, D., op. cit., p. 272.

[20] FIANDACA e MUSCO, op. cit., p. 268 e 269. Em sentido contrário, RUGGIERO, G., op. cit., p. 280, para o qual o conhecimento que integra o dolo diz respeito ao objeto da qualificação e não à própria qualificação, com o que não concordo, pois o erro sobre uma qualificação jurídica de um elemento da figura penal é erro de tipo, exclui o dolo.

[21] CORREIA, E., op. cit., p. 374, que lembra o ensinamento de BELEZA DOS SANTOS no sentido de que deve o agente ter conhecimento dos efeitos práticos usuais ligados aos elementos jurídicos empregados.

[22] MUÑOZ CONDE e GARCIA ARAN, op. cit., p. 285.

[23] O Código Criminal do Império trazia fórmula rica de sentido no art. 3º: *"Não haverá criminoso ou delinquente sem má-fé, isto é, sem conhecimento do mal e intenção de o praticar"*, sendo que TOBIAS BARRETO afirmava ser a intenção a *"direção da vontade a um fim, a um alvo que se tem em vista, e a consciência da realizabilidade desse fim"* (*Estudos de direito*, II, cit., p. 129).

Não se trata de conhecer a qualificação jurídica, a consciência da ilicitude, mas sim o significado social da ação, e entende EDUARDO CORREIA que para configuração do dolo, deve exigir-se o conhecimento dos valores que encarnam o delito.[24]

A resolução pela prática de uma ação importa conhecer e querer o seu significado, o conteúdo ofensivo que traz em si, e que coincidentemente é o significado punido pela lei penal. Revela o agente, ao agir dolosamente, na fórmula de WESSELS, ser "*o portador do desvalor do ânimo*",[25] atuando com consciência do desvalor da ação, que em nada se confunde com o conhecimento da qualificação jurídica, pois o agente deve saber que ofende determinado interesse, podendo até imaginar, mesmo que não seja este interesse protegido pelo Direito Penal.[26] Dessa maneira, o agente representa que lesa um valor, que é o valor, penalmente protegido, sendo indiferente que tenha conhecimento de que este valor é juridicamente protegido.

O dolo, portanto, caracteriza-se por ser um querer com conhecimento do significado desse querer no plano dos valores, afirmando PAGLIARO dever a vontade "*estar iluminada do conhecimento do significado humano e social*"[27] que acompanha a ação realizada.

6.1.5. Verificação do dolo

Problema dos mais intrincados diz respeito à verificação do dolo, pois significa penetrar no âmago do agente para captar a sua posição subjetiva. Seria uma prova diabólica, se não se considerasse que a constatação deste acontecimento interno deve-se dar a partir dos acontecimentos externos.

É do conjunto das circunstâncias que se pode deduzir a ocorrência do elemento interior, concluindo que o agente quis a ação e o seu resultado, pois é dos dados apresentados pela própria ação, pela forma como foi realizada, pelas circunstâncias concomitantes e mesmo antecedentes, que se pode, por um processo lógico, baseado no senso comum e nas regras de experiência,[28] alcançar a revelação da subjetividade do agente.

A experiência indica que determinados acontecimentos decorrem de estados anímicos, ou os acompanham, permitindo-se pela regularidade do modo de ser, inferir a subjetividade do outro, aliás o que todos fazemos no cotidiano com relação ao próximo, visando a apreender o significado de seus atos, a intenção com a qual são praticados.

A verificação do dolo consiste, portanto, em uma passagem do extrínseco conhecido ao intrínseco desconhecido, por via da lógica e da experiência comum, com base naquilo que costuma acontecer.

6.1.6. Formas do dolo: dolo eventual

O dolo pode ser direto ou indireto. Direto quando o agente realiza em seu espírito a certeza de que com sua conduta se darão todos os elementos componentes da figura

---

[24] CORREIA, E., op. cit., p. 375.
[25] WESSELS, H., op. cit., p. 37.
[26] GALLO, M., op. cit., p. 789.
[27] PAGLIARO, A., op. cit., p. 290.
[28] GALLO, M., op. cit., p. 751.

Parte II · Capítulo 6 · CRIME COMISSIVO E OMISSIVO DOLOSO | 179

penal. O resultado foi intencionalmente buscado e se reconduz ao autor do fato de modo claro, sendo o dolo direto, como vontade de realização do crime.[29]

O dolo indireto, segundo o legislador, ocorre quando o agente assumiu o risco de produzir o resultado. Dessa forma, a ação não tem o fim direto de cometer crime, que se mostra, no entanto, como eventual. Daí a doutrina ter proposto que se configuraria o dolo, se houvesse a possibilidade de ocorrer o evento, ou, em grau mais acentuado, a probabilidade.

Dessa forma, tendo por critério o grau da representação da ocorrência do crime, se o agente representar o resultado como possível ou provável e mesmo diante deste conhecimento vier a agir, o faz com dolo.

Pela teoria do consentimento, une-se o aspecto da representação ao da vontade, pois ao conhecimento da possibilidade ou da probabilidade de ocorrência do crime deve-se juntar o assentimento, em virtude do qual se inclui o delito possível como objeto do querer, em uma atitude subjetiva de aprovação. Importa verificar se teve o agente vontade de praticar o crime.[30]

Como se verificar se diante da possibilidade ou probabilidade de realização do crime houve por parte do agente a vontade de sua efetivação? FRANK propôs uma fórmula segundo a qual haveria dolo ou não se o agente, diante da hipótese de vir a seguramente ocorrer o delito, tivesse mantido ou alterado sua conduta.[31]

Mas tem procedência a crítica de que se a comprovação do dolo já constitui uma operação delicada, mais difícil torna-se se a sua verificação depende de raciocínios hipotéticos, de como seria o comportamento se o conteúdo da representação fosse outro.[32]

Se é necessário que se avalie a posição do agente nas circunstâncias concretas, e não hipotéticas, qual a régua para se fazer tal comprovação? GALLO considera que só há um raciocínio a ser feito: se o risco implícito da ação vir a constituir um crime, surge à mente do agente, e se este não deixou de agir, é porque consentiu no resultado delituoso. De igual forma, FIANDACA e MUSCO adotam a *teoria da aceitação do risco*, segundo a qual se o agente tiver seriamente tido noção da verificação do resultado e preferiu agir pagando o preço de provocar o crime, há dolo,[33] dolo eventual.

EDUARDO CORREIA busca examinar se o agente sobrepôs o seu interesse em realizar a ação à possibilidade de ocorrência do evento danoso e trilha outro caminho, que não o do assentimento e sim o do risco, cabendo saber se o agente ao saber possível o evento confiou ou não que este se produziria. Haveria dolo se não confiou que o evento não se produziria; não haveria se confiou que não se produziria.

O critério da confiança facilita a distinção entre dolo eventual e culpa consciente, que se confinam, como diz FREDERICO MARQUES, pois permite concluir que se o agente diante das circunstâncias concretas confiava que o resultado não ocorreria, configura-se a culpa consciente, se não confiava que não sucederia e assim mesmo agiu, dolo eventual.

---

[29] CAVALEIRO DE FERREIRA, M., op. cit., p. 295.

[30] CAVALEIRO DE FERREIRA, M., idem, p. 297.

[31] CORREIA, E., op. cit., p. 381; GALLO, M., op. ult. cit., p. 792; FRAGOSO, H. C., op. cit., p. 178; CORREA OSSA, C., *El dolo eventual*, Santiago, Editorial jurídica de Chile, 1969, p. 18.

[32] GALLO, M., idem, ibidem.

[33] FIANDACA e MUSCO, op. cit., p. 272.

180 FUNDAMENTOS DE DIREITO PENAL – *Miguel Reale Júnior*

A meu ver, o assentimento e a não confiança de que não ocorreria o resultado devem caminhar juntos, pois ao aderir à ação quem confia possa eventualmente produzir o resultado, ou dito de outra forma, quem não confia que não produzirá o resultado há, na verdade, um assentimento de que este resultado faça parte da sua intenção. O dolo é eventual quando o agente inclui o resultado possível, de forma indiferente, como resultado da ação que decide realizar, assentindo em sua realização, que confia possa se dar.

Diante de um resultado nocivo possível, o agente arrisca e prefere agir, admitindo e não lhe repugnando, assim, a ocorrência do resultado.

6.1.7. Dolo de perigo

Diante do aumento de figuras penais de perigo concreto ou presumido, também denominado abstrato, em especial com relação aos crimes que constituem a infração de um dever, retorna a questão se há um dolo de perigo distinto do dolo de resultado, de vez que o dolo de perigo se configuraria pela vontade de criação de uma situação de perigo, limitando-se a tal sem incluir a intenção do surgimento de dano,[34] malgrado saiba o agente que expõe a perigo o bem jurídico. O agente buscaria, então, tão só, colocar o bem jurídico em situação de perigo.

Considero que não se justifica a criação de uma forma de dolo diversa em razão do resultado ser uma situação de perigo e não de dano, pois como já afirmei no início deste capítulo, o resultado tanto pode ser material e jurídico ou só jurídico.

Se o perigo é objeto do dolo, nem por isso pode-se admitir que haja um dolo diverso do voltado à prática de uma ação que busque a realização de um resultado danoso, pois, dessa forma, deveria haver um tipo de dolo conforme o seu objeto.

6.1.8. Condições objetivas de punibilidade

Alguns tipos penais, como já assinalei, exigem, para ter relevância, que à ação siga-se um acontecimento incerto, sendo circunstâncias que independem da adesão subjetiva do agente, e, por isso, designadas como objetivas.

Ocorrida a ação antecedente é a mesma impunível se não vier a suceder a consequência exigida pela lei penal para que a mesma seja relevante e punível, constituindo, como diz FRAGOSO, elementos suplementares do tipo e alheias à conduta e à culpabilidade.[35] Desse modo, não constituem objeto do dolo. A declaração da falência é condição objetiva de punibilidade nos crimes falimentares e evidentemente não integra a vontade do agente.

6.2. ERRO DE TIPO

Se o dolo exige conhecimento dos elementos descritivos e normativos do tipo, se não houver conhecimento, mas falso conhecimento, ou seja, erro, não existe dolo.

---

[34] ILHA DA SILVA, A. R. O *problema da legitimidade dos crimes de perigo abstrato em face da Constituição*, tese de doutoramento apresentada à Faculdade de Direito da USP, e defendida em 2001, que defende o reconhecimento do dolo de perigo. Vide também CORREA SOSA C., op. cit., p. 12.

[35] FRAGOSO, H. C., op. cit., p. 274.

A antiga designação erro de fato foi superada, pois o erro relevante ou essencial, que impede que se configure o dolo, pode incidir sobre dado que não seja fático, mas normativo,[36] como, por exemplo, a natureza alheia de uma coisa que se pensa própria por ser idêntica à que se possui.

O erro pode recair sobre o objeto material do crime, seja pessoa ou coisa, por exemplo, tomando um homem no campo por um espantalho que normalmente ficava colocado naquele local e contra o qual se dispara para treinar tiro ao alvo.

Pode-se errar também quanto ao instrumento do crime e sua aptidão para produzir o resultado: imagine-se que alguém tome um revólver cor-de-rosa, e pensando ser de brinquedo o dispare contra um amigo de brincadeira, sendo, todavia, a arma de verdade, disfarçada, pois o seu proprietário não tinha porte de arma e a coloria para não ser flagrado trazendo um revólver.

Questão mais complexa diz respeito ao erro sobre os elementos normativos, pois, como já expus, o falso conhecimento pode versar sobre a natureza da coisa sobre a qual recai a qualificação, ou seja, o caráter de alheia da coisa subtraída que se pensa própria, ou sobre a própria qualificação da coisa,[37] que era alheia por já se ter operado a tradição com desconhecimento do agente.

O erro sobre a qualificação de um dado ou de uma pessoa, em razão da qual corresponde um elemento normativo do tipo penal, exime de dolo. No crime de desacato, errar sobre a condição de quem se desrespeita, pensando ser um guarda particular e não um policial ferroviário também elimina o dolo. Não se configura, todavia, como erro de tipo, relativamente ao elemento normativo, a interpretação errônea que se dê acerca de norma extralegal que disciplina o conceito constante da lei penal, como no exemplo do agente que entende não ser domicílio o quarto de hotel, conforme interpretação que atribui ao termo domicílio.

Assim, o erro pode ocorrer por se desconhecer a ocorrência de fato, que torna a ação delituosa, como, por exemplo, reproduzir sem autorização do titular marca de produto (art. 189 da Lei n° 9.279/96), sem saber que fora registrada no dia anterior, e que, portanto, é marca registrada.

O erro pode incidir até mesmo sobre o conteúdo de portaria que complemente uma lei penal em branco, ignorando que determinado produto se enquadra, também, como substância constante da lista de entorpecentes.

O elemento normativo tem caráter jurídico ou cultural, e o erro pode incidir sobre ambos, de que é exemplo o fato ocorrido de o agente tomar por prostíbulo, em cidade do interior, uma residência cujas portas estavam abertas e possuía, encimando-as, uma lamparina. Foi entrando e ao chegar à sala, em torno da qual estavam sentadas três moças filhas do dono, perguntou alegremente como estava a "féria" e quanto custava uma hora de divertimento. No caso, houve erro por pensar ser um prostíbulo ao qual se pode entrar sem autorização do proprietário, e erro quanto ao decoro das vítimas, não se configurando a injúria por ausência de dolo, pois a pergunta, se fossem prostitutas, era normal e inofensiva, sendo moças honestas foi ofensa praticada por equivocado conhecimento da realidade.

---

[36] ASSIS TOLEDO, F., op. cit., p. 50; GOMES, L. F., p. 103.

[37] GALLO, op. ult. cit., p. 761.

Nestes exemplos, sucede um erro sobre a qualificação que recai sobre a coisa, razão pela qual não constitui um erro de proibição, mas erro de tipo, ou seja, acerca da qualificação de um elemento componente do tipo penal.

Se o erro essencial for inevitável, exclui-se o dolo, porém, se o erro era evitável, sendo possível nas circunstâncias ter o conhecimento correto e não falso, o fato será punido como culposo, se houver a figura culposa (art. 20 do Código Penal).

Se o erro foi determinado por terceiro, prevalece o erro com relação ao agente levado a engano, se o erro for insuperável, mas o terceiro responde pelo crime, como pode ocorrer na hipótese de atirar em um espantalho por indicação de terceiro que sabia tratar-se de uma pessoa sua inimiga (art. 20, § 2°). Se o agente foi levado por terceiro a erro evitável, responde por crime culposo, se admitida a hipótese na lei penal.[38]

6.2.1. Erro não essencial

O erro pode, todavia, ser não essencial, o que não descaracteriza o dolo, como no exemplo do agente que pretendendo matar Caio confunde-se e atira em Semprônio. A hipótese vem regulada pelo art. 20, § 3°, do Código Penal, que determina, na hipótese, não haver isenção de pena, mas aplicando-se as condições ou qualidades da vítima contra a qual se pretendia agir. Dessa maneira, intencionar matar pessoa de mais de 70 anos e por engano atirar em um sexagenário importa a caracterização da circunstância agravante do art. 61, II, *h*, do Código Penal.

6.2.2. Descriminantes putativas

A descriminante putativa pode ocorrer com relação às causas de justificação, quando o agente supõe que esteja presente na situação de fato uma circunstância que, se existisse, tornaria sua ação justificada. Ao estudar a distinção entre a teoria extrema e limitada da culpabilidade, já enfrentei a questão, bastando recordar que o Código Penal filia-se à teoria limitada, reputando esse erro como erro de tipo, pois exclui o dolo se inevitável o erro, e punindo-se como culposo, se evitável, dependendo da admissão da figura culposa.

Repetindo GALLO, posso dizer que as descriminantes são elementos negativos do tipo, razão pela qual o tipo apenas se perfaz, se faltam as circunstâncias em que consistem as descriminantes. Assim, um erro que incida sobre circunstâncias da causa descriminante é um erro de tipo.

As normas incriminadoras e as permissivas formam um todo, cada uma sendo um lado da moeda, e descrevem condutas com valores contraditórios. Presente a ação correspondente a uma descrição típica, a ação é típica. Se presente na ação que se realiza, em uma circunstância integral, uma situação de legítima defesa, não se tipifica a ação. Logo, um engano sobre circunstância que faria ocorrer a situação de legítima defesa é um erro sobre o tipo global.

Mas a situação de legítima defesa, que imagina o defensor putativo, deve apresentar todos os contornos da figura legal permissiva, pois, só assim, se legitima que

---

[38] ASSIS TOLEDO, F., op. cit., p. 57.

Parte II · Capítulo 6 · CRIME COMISSIVO E OMISSIVO DOLOSO | **183**

reaja a uma agressão inexistente, mas que se existisse, seria injusta, atual ou iminente, a direito seu ou alheio, respondendo através dos meios necessários à agressão como se fosse real e de forma moderada.

Como se destaca, na legítima defesa putativa, o bem jurídico não precisa ser defendido, pois não há, na realidade, agressão, nem por consequência defender o ordenamento, parecendo ser agredido quem é agressor, e o aparente agressor sendo, na verdade, o agredido,[39] razão pela qual a situação imaginada deve trazer inteiramente os elementos da figura legal permissiva.

Deve-se equiparar a legítima defesa putativa à real, como se tenha efetivamente existido, para se excluir o dolo, exigindo que os elementos objetivos da justificante estejam presentes, mas sem que a ação seja justificada, pois, na realidade, não havia uma situação de defesa. O que se exclui é o dolo por erro de tipo.

---

[39] MUÑOZ CONDE, F. "Legítima defensa putativa? Un caso límite entre justificación y exculpación", *in Fundamentos de un sistema europeo de Derecho Penal*, cit., p. 186, que entende, no entanto, que não se deva dar o mesmo tratamento da legítima defesa real à legítima defesa putativa, defendendo no caso de erro vencível que caberia a aplicação da pena atenuada, conforme entende a teoria extrema da culpabilidade.

Capítulo 7
COMPORTAMENTO COMISSIVO E OMISSIVO CULPOSO

7.1. A AÇÃO CULPOSA

Na sociedade contemporânea, parafraseando AXEL MOUNT, poder-se-ia dizer que o homem é uma ilha cercado de riscos por todos os lados: sob nossas cabeças os fios de eletricidade, sob nossos pés a rede de gás, à nossa frente o tráfego intenso de veículos, desde as ambulâncias e carros de polícia a alta velocidade, as sempre presentes motos insinuantes, os caminhões de carga pesada ou inflamável, os postos de gasolina, os produtos tóxicos das indústrias, sem esquecer a casa, onde há aparelhos elétricos e o fogão a serem desligados, o botijão de gás. O homem forçosamente aprende a conviver com o risco e a tolerá-lo.

Salienta JUDITH MARTINS-COSTA[1] que a sociedade contemporânea é tanto uma sociedade de risco como programada. Na *sociedade de risco*,[2] que, a seu ver, é, concomitantemente, uma "sociedade programada",[3] impõe-se a "consciência do risco" como forma de vida, como dado verdadeiramente antropológico,[4] de tal forma que na relação entre natureza e sociedade, como diz BECK, "*a natureza já não pode ser pensada sem a sociedade, e a sociedade não pode ser pensada sem a natureza*", pois alcançamos o final da contraposição entre ambas.[5]

Nesta sociedade em que o risco passa a ser um ingrediente necessário do cotidiano, é evidente que assoma importância o comportamento culposo, que se chega a propor que seja substituído por uma antecipação de tutela penal, dando-se relevância, especialmente na circulação de veículos, à criação de situações perigosas, independentemente de qualquer resultado danoso a alguém, transformando o dano em circunstância qualificadora ou condição objetiva de punibilidade.

O Código Criminal do Império, regulando uma sociedade rural, de poucas e desabitadas cidades, sequer previra o crime culposo, introduzido por lei de 1871, e que hoje se transforma no fato mais relevante a ser estudado, de forma a combinar a

---

[1] MARTINS-COSTA, J. *Comentários ao Código Civil*, arts. 294 a 304, Rio de Janeiro, Forense, 2002.

[2] A expressão é de BECK, U. *La Sociedad del Riesgo – hacia una nueva modernidad*, trad. Navarro, Gimenes e Bordás, Barcelona, Paidós, 1998.

[3] DEMASI, D. *A Sociedade Pós-Industrial*, trad. Capovilla, Henriques, Nogueira, Cupertino e Ambrósio, 2ª ed., São Paulo, Senac, 1999, p. 72.

[4] BECK, U. *La Sociedad del Riesgo*, cit., p. 81.

[5] BECK, U. *La Sociedad del Riesgo*, cit., p. 89.

186 | FUNDAMENTOS DE DIREITO PENAL – *Miguel Reale Júnior*

imprescindibilidade dos perigos a serem tolerados com a proteção da pessoa humana, em defesa de sua integridade física e do meio ambiente que a cerca.

O comportamento culposo tem como seu núcleo, assente na doutrina e na jurisprudência, a omissão de necessária diligência no desrespeito ao dever de cuidado objetivo. A evolução do conceito de culpa, *stricto sensu*, é claramente exposta por FRAGOSO, com a passagem do relevo dado anteriormente ao desvalor do resultado para a importância ao desvalor da ação. Com a ênfase quanto ao desvalor do resultado cumpre destacar a forma pela qual a ele se une o agente, ou seja, um dado psicológico: a previsibilidade. A partir de meados do século passado, acentua-se o desvalor da ação, caracterizada pela ausência do devido cuidado, a falta da diligência necessária à vida de relação.[6]

Porém, a apreciação do desrespeito do cuidado devido tem de ter em conta as circunstâncias da situação em que ocorre a ação, pois esta cognoscibilidade é questão prévia que permite relevo à inobservância da diligência necessária.

Este dado de caráter intelectivo, a compor a conduta culposa, é corretamente ressaltado por SAUER, para o qual a culpa é o desconhecimento do injusto no dever de conhecer.[7] Assim sendo, há um dever de conhecer ou de conhecer melhor, cujo desrespeito gera uma reprovação do entendimento.

Na doutrina italiana, FRANCESCO ALIMENA, em monografia do imediato pós-guerra, trazia valioso critério identificador do comportamento culposo consistente *"na inexata interpretação das circunstâncias na qual a conduta se desenrola"*, sendo que estas *"reais condições nas quais se dá a ação devem ser conhecíveis."*[8] Devem, por conseguinte, ser cognoscíveis as condições efetivas nas quais o fato se dá, a fim de que se configure a culpa.

Daí ALIMENA haver denominado *"conoscibilità"* a este caráter da culpa, sendo certo que esta potencialidade de conhecimento refere-se não ao evento, mas sim aos fatores causais dos quais deriva o evento.[9]

Esta cognoscibilidade das circunstâncias é de ser avaliada por uma prognose póstuma, em retorno ao momento em que se deu o fato, e denominada por GALLO como "representabilidade,"[10] devendo ter em conta os conhecimentos que o agente detém, pois a culpa não é prever o que se devia prever, mas praticar a ação apesar de cognoscível na situação o processo causal gerador do evento.

Recentemente, retoma-se esta terminologia de valor explicativo do fenômeno da culpa, em importante monografia, ao se exigir a *"reconoscibilità"*, enquanto possibilidade de reconhecer a verificação de um fato, ou seja, certificar-se de que nas circunstâncias, dada a normal experiência, o que ocorre em determinado número de casos, pode suceder o processo causal produtor do evento.[11]

---

[6]   FRAGOSO, H. C., op. cit., p. 228 e seguinte.

[7]   SAUER, W. *Derecho Penal*, trad. Juan del Rosal e Jose Cerezo, Barcelona, Bosch, 1956, p. 272.

[8]   ALIMENA, F. *La colpa nella teoria generale del reato*, Vicenza, Priulla, 1947, p. 32 e seg.

[9]   CEREZO MIR, J., op. cit., 385, considera que o exame do devido cuidado apenas pode ocorrer após constatar-se que a produção do resultado é objetivamente previsível. A cognoscibilidade a que refiro, no entanto, não diz respeito ao evento, mas à situação em que se desenrola a ação como potencialmente causadora do evento.

[10]   GALLO, M. "Colpa penale", *in Enciclopedia del Diritto*, vol. VII, p. 638.

[11]   FORTI, G. *Colpa e evento nel Diritto Penale*, Milão, Giuffrè, 1990, p. 201 e segs.

Há de se unir, então, em relação necessária, o dever de cuidado para evitar o evento com a possibilidade de reconhecer a verificação deste evento.

Destarte, apenas há o dever de evitar o evento se houver a possibilidade de reconhecer a ocorrência do evento, possibilidade que se põe como condição mesma do dever de evitar, a ponto de GABRIO FORTI indagar se cabe pensar-se em violação do dever de evitar o evento se não se possuía a representação de sua possível verificação.[12]

É certo que essa possibilidade de *"reconoscibilità"* não depende das condições personalíssimas do agente, havendo um dever objetivo de reconhecer o perigo, porém, este dever de reconhecer o perigo, que uma vez reconhecido obrigaria à tomada da devida cautela para se evitar o evento, não paira acima da realidade.

Por isso, GABRIO FORTI conclui que o *"dever de reconhecer"* não pode ir além daquilo que em geral seja possível reconhecer, ou seja, um juízo probabilístico.

JUAREZ TAVARES, que também remete ao dever de reconhecimento do perigo ao bem jurídico como dado integrante dos delitos negligentes, entende, com razão, não ser cabível, por exagerada, a exigência deste reconhecimento quando ultrapassar *"a medida do que pertence à experiência geral da vida diária"*.[13]

Dessa forma, o reconhecimento da situação como potencialmente causadora do evento deve-se dar com base na experiência da vida diária e do curso habitual das coisas, verificando-se o que ordinariamente acontece, *"o que é consequência costumeira do tráfego usual da vida..."*[14]

A violação da obrigação de cuidado para evitar o evento, contudo, há de ser examinada no caso concreto, seja na conduta comissiva como na omissiva, em face das circunstâncias, para saber se esta conduta efetivamente realizada foi ou não cuidadosa, diante do dever de impedir a lesão ao bem jurídico.[15]

Já ANÍBAL BRUNO conceituara a negligência como a falta de observância de deveres exigidos pelas circunstâncias,[16] sendo, neste passo, ainda mais preciso EDUARDO CORREIA, para o qual a ausência de diligência deve ser examinada **segundo as circunstâncias concretas para evitar o evento**,[17] ou seja, na apreciação do caso concreto tendo em vista as suas circunstâncias.[18]

A remissão, portanto, ao fato concreto é obrigatória, seja ao se avaliar a possibilidade de reconhecimento da verificação do evento, em vista do que sucede normalmente segundo a experiência, seja ao se constatar a violação da necessária diligência, a ser realizada "diante das circunstâncias".

---

12   Idem, p. 202.
13   TAVARES, J. *Direito Penal da Negligência*, São Paulo, RT, 1985, p. 139.
14   FREDERICO MARQUES, J. *Curso de Direito Penal*, vol. 2, cit., p. 212. A cognoscibilidade é, por alguns autores, medida segundo o critério do homem médio, o homem inteligente, no dizer de CEREZO MIR (op. cit., p. 382), ou o homem razoável e prudente como quer FRAGOSO (op. cit., p. 230), sendo preferível não se fazer referência a esta categoria tão incerta, e sim àquilo que ordinariamente acontece, segundo a experiência normal, sem, no entanto, ceder, de outro lado, à exigência de uma cognoscibilidade subjetiva, como pretende JAKOBS (op. cit., p. 388).
15   TAVARES, J., op. cit., p. 137.
16   BRUNO, A. *Direito Penal*, tomo II, cit., p. 88.
17   CORREIA, E., op. cit., p. 425.
18   CAVALEIRO DE FERREIRA, M., op. cit., p. 304.

Assim, a referência às circunstâncias fáticas, na análise da omissão do dever de cuidado objetivo, une-se à concretitude requerida, igualmente, quanto à possibilidade de conhecimento de produção do resultado, ou seja, do processo causal que viria a ocasionar o perigo e lesão ao bem jurídico, em face do que em geral sucede.

Mas qual o dever de cuidado exigível nas circunstâncias dadas para evitar o resultado?

Primeiramente, tem procedência a análise de KINDHAUSER no sentido de que não há uma relação de causalidade entre o desrespeito ao dever de cuidado e a produção do evento, pois o que se deve constatar é que o cumprimento do dever de diligência não teria evitado o evento, mas teria possibilitado evitar o evento, constituindo a culpa em se ter criado uma situação perigosa que dificulta impedir o resultado.[19]

Uma ação é perigosa quando conduz a uma situação na qual não se pode com segurança evitar o resultado, sendo o agente responsável por se ter tornado incapaz de impedir o resultado, em razão do desrespeito a uma norma de cuidado. E o que se deve examinar, segundo KINDHAUSER, é a capacidade de evitar do agente concreto se tivesse tomado o cuidado devido.[20]

Dessa maneira, o devido cuidado a ser requerido, a meu ver, deve-se estabelecer segundo um critério objetivo e outro particular em face da situação concreta e das condições do agente. Há regras de trânsito que expressam o cuidado a ser seguido, mas as circunstâncias concretas e as particulares do agente devem ser consideradas, tendo em vista o exigível para não se colocar concretamente em situação que dificulte ou o torne incapaz de evitar o resultado.[21] Dessa forma, no tráfego de veículos, de acordo com as condições do local e as particularidades do motorista, o cuidado, em geral exigido, pode não ser o cuidado necessário nas circunstâncias concretas, por ser um condutor inexperiente em estrada sinuosa, por exemplo.

O Código Penal diz ser o crime culposo, art. 18, quando o resultado tiver sido causado por imprudência, negligência ou imperícia. Na verdade, as três formas poderiam ser englobadas pela negligência, como ausência de cumprimento de norma de cuidado, mas pode-se especificar que a imprudência acentua a falta de cautela na prática da ação, a negligência significa não realizar o que a normal diligência exige, e a imperícia, a realização da ação sem a habilidade que a mesma requer para não se causar dano.

7.1.1. Coeficiente psíquico e resultado

Se é claro que não há uma relação psicológica entre o agente e o resultado, este nexo, todavia, não deixa de existir entre o agente e a ação realizada da qual deriva o resultado, como bem observa GALLO, que avalia ser esta constatação de que a culpa tem por substrato um coeficiente psíquico, "*um ensinamento oficial*".[22]

---

[19] KINDHAUSER, U., op. cit., p. 111.
[20] KINDHAUSER, U., idem, p. 120.
[21] FRAGOSO, H. C., op. cit., p. 232, fala que o cuidado exigível deve ter em conta não só as características gerais de uma pessoa prudente, mas também as específicas do agente.
[22] GALLO. *Colpa penale*, cit., p. 635.

Na verdade, o agente, em geral, pratica uma ação lícita de forma ilícita, e admite fazê-la de modo indevido, com desprezo ao cuidado devido nas circunstâncias da situação e pessoais. O motorista que sente sono e prefere continuar viagem, em vez de parar no acostamento, deu mais valor à continuidade do percurso do que ao cuidado devido que a situação impunha.

Há, portanto, no comportamento comissivo culposo, um coeficiente psíquico e uma posição valorativa, de menosprezo à diligência necessária, conforme o conhecimento que possuía do processo causal possível de se desencadear, colocando-se o agente em situação de incapacidade para evitar o resultado.

O resultado, malgrado a importância que se dá à ação, é essencial não apenas como pretende WELZEL, por ser um critério seletivo das ações penalmente relevantes, pois o resultado é um dado naturalista a ser reconhecido como um indício do descuido praticado. Além do mais, tem, como diz LUIZ LUISI, uma função constitutiva, em razão da qual a ação, sem o devido cuidado, passa a ter alçada penal por ferir, de forma mais grave que a mera ação descuidada, o interesse da sociedade.

Desse modo, se dois carros em alta velocidade correm paralelamente e ao atravessarem o sinal vermelho um deles vem a atropelar um transeunte, a ação dos dois motoristas é, em essência, igual, como desrespeito ao dever de cuidado, mas crime só ocorre com relação ao motorista cujo carro alcançou a vítima. A ação de ambos foi realizada conscientemente com inobservância da diligência devida, mas a sociedade é mais ofendida pela ação da qual resultou na morte de uma pessoa.

7.1.2. Risco permitido e princípio da confiança

Certas ações trazem ínsito ao seu desenrolar a potencialidade de dano, mas é admitida a sua realização pela sociedade, reconhecida sua validade para o tráfego social, constituindo-se um risco permitido, socialmente adequado.

Sucede um balanceamento de bens, como bem indica JAKOBS, em que se põe o interesse atendido pela ação arriscada acima do interesse de não se produzir o risco próprio daquela ação, que é tolerada.[23] O exemplo da ambulância é significativo, permitindo-se que, no atendimento aos doentes, sejam desrespeitadas as normas de trânsito,[24] malgrado o risco inerente à velocidade que se imprime e à ultrapassagem pela direita.

Haveria, também, uma legitimação histórica, um consenso produzido no decorrer do tempo, em função do qual se admite o fluir dos carros, a circulação de veículos, malgrado estatísticas indiquem, por exemplo, o número de mortes nas estradas nos feriados do carnaval. A sociedade prefere dirigir-se às estradas do litoral, a proibir o trânsito de veículos, evitando as duzentas mortes que normalmente ocorrem por acidente automobilístico, nessa época, nas vias em direção à praia.

Não se faz, contudo, uma análise de custo-benefício, liberdade de ir à praia contra duzentas mortes. Nem se poderia proibir a liberdade de ir e vir diante da possibilidade de acidentes automobilísticos.

---

[23]   JAKOBS, G., op. cit., p. 244.
[24]   JAKOBS, G., idem, p. 246.

Os membros da sociedade pretendem transitar nas estradas com o respeito à devida diligência e contam que não lhes ocorrerá nada, seja em razão de sua observância do cuidado necessário, seja por confiar que os demais também agirão com cuidado. Desse modo, em especial com relação à circulação de veículos,[25] prevalece o princípio da confiança, sem o qual seria impossível trafegar, pois cada qual cuida do seu cuidado e conta que o outro também o faça. Assim, se não houvesse esta confiança, ninguém sairia de carro. Não é necessário cuidar do cuidado alheio, o que não deixa de ser preciso na madrugada ou no final dos dias festivos, por exemplo.

JAKOBS dá o exemplo do ciclista que conta que os carros não irão andar próximos demais a ponto de não poder acontecer uma pequena oscilação própria do rodar da bicicleta, e o motorista do carro conta que o ciclista oscile, mas o normal do andar da bicicleta é não acentuadamente à esquerda. O certo, todavia, é que só pode alegar o princípio da confiança aquele que agiu com respeito à diligência devida,[26] pois só é legítimo para contar com o cuidado alheio quem cuida do próprio cuidado.

7.1.3. Imputação objetiva

Segundo a teoria da imputação objetiva, o fato só será atribuído ao agente, se constituir uma elevação do risco permitido, um risco, portanto, desaprovado diante de uma sociedade caracterizada por inúmeros riscos permitidos.

Argumenta-se que a ação que não atende ao devido cuidado já supõe um aumento do risco,[27] indo, portanto, além do risco permitido, sendo assim o risco desaprovado uma inobservância da diligência necessária.[28]

Entendo, todavia, que com relação a riscos especiais e a riscos de pequena monta, corriqueiramente sucedidos, a ideia de um critério do risco desaprovado, em face do permitido, pode ser um dado auxiliar à tarefa de preenchimento da cláusula aberta do comportamento culposo como infração a um dever de cuidado.

O segundo requisito da teoria da imputação objetiva diz respeito a que o resultado seja aquele pretendido pela norma penal como objeto de tutela. Desse modo, o objeto de tutela do homicídio culposo reside em proibir que se coloque o agente em uma situação decorrente da inobservância do devido cuidado, de forma a dificultar ou impedir o resultado.

O exemplo de CEREZO MIR ilustra a pertinência deste critério, segundo o qual não há adequação do objeto da norma incriminadora do homicídio culposo na hipótese de um carro que, transitando com descuido pela esquerda, vem a matar um suicida que se joga sob suas rodas. Apesar da falta de cuidado, o fato não pode ser objetivamente imputado, por não ser o resultado a consequência específica da ação descuidada.[29]

---

[25] Há, como lembra JAKOBS, a prevalência do princípio da confiança, também, no trabalho em equipe, por exemplo, o cirurgião confia no anestesista e na instrumentadora, podendo cuidar despreocupado da sua específica tarefa (op. cit., p. 255).

[26] CEREZO MIR, J., op. cit., p. 388.

[27] CEREZO MIR, J., op. cit., p. 398.

[28] FRISCH, W., op. cit., p. 44, que responde a esta objeção entendendo ser válida a exigência da criação de um perigo especial desaprovado para se realizar a imputação.

[29] FRISCH, W., op. cit., p. 49.

Parte II · Capítulo 7 · COMPORTAMENTO COMISSIVO E OMISSIVO CULPOSO | **191**

Neste sentido, também, a contribuição de GIMBERNAT ORDEIG, ao entender que deve ser examinado, se o resultado é o que se quer evitar com a exigência do dever de diligência, devendo haver absolvição quando não foi alcançado aquele resultado que se pretendia que não ocorresse por via do cumprimento do dever,[30] no exemplo do guarda de cruzamento de trens que deixa negligentemente de baixar a cancela e um suicida atira-se debaixo das rodas. A norma de diligência, baixar as cancelas, visa impedir que pessoas que queiram viver não sejam atropeladas pelo trem e não impedir atos suicidas.

7.2. CRIME OMISSIVO CULPOSO

Também na hipótese de omitir-se o dever positivo, pode ocorrer que tal se dê por culpa, por ausência do devido cuidado, como, por exemplo, se o agente ao fazer funcionar determinado aparelho, um cortador de grama, deixa de ler atentamente as instruções e, por não seguir as instruções como devia, faz com que uma lâmina se desprenda vindo a ferir alguém.

Como ensinam FIANDACA e MUSCO,[31] deve, na omissão culposa, haver a cognoscibilidade da situação, o conhecimento do dever positivo, no caso, ler o manual, o poder fazê-lo, e o desprezo ao dever de cuidado, na hipótese, bem montar corretamente a máquina cortadeira, produzindo o resultado.

Há, portanto, na forma omissiva, um substrato de cunho psíquico, o deixar de fazer por descuido, com conhecimento do desprezo à observância do cuidado, quebrando o dever positivo por negligência.

Na omissão culposa por esquecimento, é difícil, como reconhece GALLO, que mudou de opinião, reconhecer um suporte de coeficiente psíquico. LUIZ LUISI procura estabelecer um coeficiente psíquico consistente no querer outra coisa que não a devida,[32] a vontade de realizar a coisa efetivada no lugar da esperada. A solução aponta, portanto, na direção de uma vontade não da conduta omissiva, mas da outra conduta realizada em vez da omitida, o que foge do âmbito da conduta incriminada.

Imagine-se o exemplo de que por esquecimento, deixa ligado em um escritório, sexta-feira à noite, um aparelho ventilador, que na noite de domingo, por superaquecimento, vem a pegar fogo, queimando parte do imóvel, ou a dona de casa que apressada para ir às compras esquece um dos bicos do fogão ligado sem fogo e ao voltar acende um cigarro dando causa a uma explosão.

Pode-se verificar que se realiza uma atividade de risco permitido e assume-se o dever de cuidado de não permitir, com a devida atenção, que o risco aumente a ponto de não se evitar o dano. O dado psicológico está na perda da atenção devida e não na vontade voltada a uma outra ação. É tênue a posição psicológica de perda da atenção, que efetivamente não se identifica com a vontade de perda da atenção, razão por que realça, nos crimes omissivos por esquecimento, o aspecto normativo.

---

[30] GIMBERNAT ORDEIG, E. *Delitos cualificados por el resultado*, Madrid, Reus, 1966, p. 136.
[31] FIANDACA, G. e MUSCO, E., op. cit., p. 460.
[32] LUISI, L., op. cit., p. 109.

FUNDAMENTOS DE DIREITO PENAL – *Miguel Reale Júnior*

Tal conclusão não invalida a teoria finalista da ação, pois esta hipótese essencial não tem o condão de transformar a ação em uma atividade não final, da mesma forma como o caráter finalista da grande maioria das ações, por si só, não faz da omissão culposa por esquecimento uma conduta dotada de finalidade.

Nos crimes comissivos por omissão, é bem possível deixar de cumprir o dever devido por negligência, dando causa a um determinado resultado nocivo, bem como é também admissível que, por falta de cuidado, não se tenha conhecimento da assunção da posição de garante. A cautela, no entanto, deve ser grande em não se pretender em retorno *ad infinitum* atribuir àquele que se encontra longe da ocorrência do resultado a participação em crime comissivo por omissão culposa.[33]

7.3. ESTADO DE NECESSIDADE E CULPABILIDADE

É viável a hipótese de estando uma pessoa à direção de um veículo sofrer a ameaça de um sequestro e em desabalada carreira fugir praticando inúmeras infrações de trânsito, vindo a ferir terceiro inocente em uma situação de necessidade justificante do descumprimento do dever de cuidado.

O juízo de culpabilidade prende-se a examinar, se nas circunstâncias dadas, havendo uma situação de anormalidade, era reprovável ou não a opção por realizar a ação, mesmo conhecendo a possibilidade de desencadear o processo causal produtor do dano. É possível vir o agente a cometer uma ação sem o devido cuidado, constrangido por uma situação de necessidade por coação, hipótese em que não cabe a censura, a imputação moral em que consiste a culpabilidade.

7.4. CULPA CONSCIENTE

Ao examinar o coeficiente psíquico no comportamento culposo, registrei que não há o liame entre o agente e o resultado, mas apenas entre o agente e sua ação. Sucede, todavia, que, na culpa consciente, tem o agente conhecimento de que o resultado pode ocorrer, no que não dá seu assentimento próprio do dolo eventual.

No dolo eventual, une-se o assentimento à assunção do risco, a partir da posição do agente que confia que pode ocorrer o resultado e assim mesmo age. Na culpa consciente, assoma ao espírito do agente a possibilidade de causação do resultado, mas confia ele que este resultado não sucederá. Limítrofes, na culpa consciente, confia que não se produzirá o resultado possível, no dolo eventual, não se confia que não se produzirá esse resultado. Na culpa consciente, o agente considera que "tudo andará bem",[34] tudo vai dar certo.

---

[33]   Nosso *Direito aplicado,* 1, São Paulo, RT, 1990, parecer acerca do incêndio de Vila Socó.

[34]   MAIWALD, M. *L'évoluzione del diritto penale tedesco in un confronto com il sistema italiano,* Turim, Giappichelli, 1993, p. 93.

Capítulo 8
CRIME DE RESULTADO MATERIAL E NEXO DE CAUSALIDADE

8.1. CRIME DE AÇÃO E DE EVENTO

No crime material ou de ação e evento, o fato praticado tem relevância penal se, à ação praticada, une-se, por nexo de causalidade, um resultado exterior destacado da ação[1] e considerado consequência essencial à configuração típica.

Vários resultados podem decorrer da prática de uma ação, mas apenas é de se considerar aquele que constitui uma consequência relevante para o Direito Penal.[2] Só o efeito natural relevante para o Direito Penal deve, portanto, ser reputado como resultado,[3] integrando a noção de evento não apenas a consequência tida pela norma incriminadora como constitutiva do crime, mas, também, aquela que importa um agravamento da pena.

Há ações humanas que produzem, por exemplo, sob o ângulo da vítima, um determinado resultado, sem que, todavia, na descrição típica destas condutas, tais consequências (isto é, o resultado que a ação teve para a vítima) sejam referidas, como sucede, exemplificativamente, na apropriação indébita.[4] Quem sofreu uma apropriação não mais vai dispor da coisa apropriada. Porém, mesmo assim, esta indisponibilidade, consequência natural, não consta da dicção típica do art. 168 do Código Penal. Isto significa dizer que algumas consequências ligadas à ação por nexo de causalidade não são consideradas pelo tipo incriminador.[5] Daí que só se deve, portanto, reputar como resultado relevante **o efeito natural que faz parte do tipo penal**, como é exemplo a violação à integridade física no crime de lesão corporal.

No crime de ação e evento, ou material, o momento consumativo ocorre sempre no instante da prática da ação e do surgimento do resultado ligado àquela por nexo de causalidade, sendo instantâneo, pois, como se ensina, não há crime material permanente,[6] espécies a serem analisadas no próximo capítulo, até porque a ação se

---

[1]   WESSELS, J. *Derecho Penal, parte geral*, cit., p. 8.
[2]   BETTIOL, G. *Diritto Penale*, cit., p. 254.
[3]   ANTOLISEI, F. *Manuale di Dirittto Penale*, 5ª ed., Milão, Giuffrè, 1963, p. 167. No mesmo sentido, LUNA, E. C. *O resultado no Direito Penal*, São Paulo, Bushatsky, 1976, p. 16.
[4]   GALLO, M. *Appunti di Diritto Penale*, Turim, Giappichelli, vol. II, 2000, p. 90.
[5]   VARGAS, José Cirilo de. *Instituições de Direito Penal*, Parte Geral, tomo I, cit., p. 224.
[6]   DALL'ORA, A., op. cit., p. 175 e seguinte, para o qual o crime material é essencialmente incompatível com a permanência.

194 FUNDAMENTOS DE DIREITO PENAL – *Miguel Reale Júnior*

esgota com a produção do processo causal que gera o resultado, além deste resultado sempre constituir a destruição ou diminuição do bem jurídico.

É importante, então, o estudo do nexo de causalidade, que só tem relevo, todavia, com relação aos crimes de ação e de evento ou de resultado material.

8.2. NEXO DE CAUSALIDADE

Pelo nexo causal, é estabelecido se uma determinada ação pode ser considerada causa de determinado resultado. Em outras palavras, trata-se de saber da existência de um vínculo entre duas realidades, de forma a que se reconheça que um dano é consequência de uma atividade.[7]

Adota o Código a teoria da **equivalência das condições**, minimizado o âmbito da relevância causal pelo disposto no § 1º do art. 13, que introduziu, como adiante se verá com mais vagar, alteração essencial não só em atendimento ao que a doutrina e a jurisprudência vinham consagrando, mas como consequência da construção típica da causalidade, ou seja, da causalidade relevante ao Direito Penal, segundo o perfil normativamente desenhado.

O nexo causal é matéria que apresenta dificuldades teóricas, mas certa facilidade prática, mesmo porque a relação da causalidade tem realce apenas em alguns delitos, por exemplo, homicídios, lesões corporais, incêndio.[8] Na verdade, tem relevância a relação da causalidade, tão somente, para aqueles delitos cujo resultado é naturalístico, como, aliás, já assinalava a Exposição de Motivos do Ministro Gama e Silva ao Código Penal de 1969.

Porém, com referência a esses delitos, o nexo de causalidade é questão primordial. É imprescindível que se determine quando o resultado é materialmente consequência da ação humana.

A primeira questão é a de saber se deve haver, ou não, separação absoluta entre a *imputatio facti* e a *imputatio delicti*, como relações diversas, cuja verificação se deve realizar de modo autônomo. A relação física de causalidade, por meio da qual se atribui a qualidade de causa de um evento à determinada ação, constitui a *imputatio facti*, que, a nosso ver, não pode, no campo penal, estar totalmente desvinculada da *imputatio delicti*. A verificação da alteração do mundo exterior produzida pelo homem, com a causação de um resultado, é questão prévia, mas que não pode, todavia, deixar de se relacionar com o momento psicológico da ação, uma vez que o comportamento humano constitui um todo irredutível, cujos aspectos se inter-relacionam e se complementam.

A ação relevante é a congruente com um **todo típico** formado por elementos subjetivos e objetivos, o que vem a ser um conceito-fonte, que estende seu significado a todas as demais construções típicas do Direito Penal.

---

[7]   PERALES, C. M., op. cit., p. 147; SANTAMARIA, D. "Evento", *in Enciclopedia del Diritto*, vol. XVI, 1967, p. 119.

[8]   FREDERICO MARQUES, J. *Curso de direito penal*, vol. II, p. 94 et seq.; FRAGOSO, H. C. *A reforma da legislação penal – I. Revista Brasileira de Criminologia e Direito Penal*, n. 2, p. 59; COSTA E SILVA, J. *Comentários ao Código Penal*, p. 54; PUNZO, M. *Il problema della causalità materiale*, Pádua, Cedam, 1951.

Parte II · Capítulo 8 · CRIME DE RESULTADO MATERIAL E NEXO DE CAUSALIDADE | **195**

Das inúmeras teorias que buscam definir quando ocorre o nexo de causalidade entre uma atividade e um dano, de forma a que este venha a ser considerado como causado por aquela, destacam-se dois troncos, dos quais derivam teorias que pretendem aprimorar a noção de causalidade. Assim, as duas grandes linhas de ideias a serem ressaltadas são a da causalidade adequada e a da equivalência das condições.[9]

8.2.1. A causalidade adequada

Para a teoria da causalidade adequada, cuja formulação atribui-se ao fisiólogo VON KRIES, um determinado evento será produto de uma ação humana quando esta tiver sido idônea à sua produção.[10]

A teoria da causalidade adequada, adotada pela maioria da doutrina, seja no âmbito do Direito Penal,[11] seja no campo do Direito Civil,[12] considera que o antecedente necessário alcança a qualidade de causa do evento se, em abstrato, possui idoneidade para o provocar.

A condição, antecedente necessário, reconhece-se apenas como a causa se possui, em abstrato, idoneidade à realização do evento, qualificação que será aferida mediante um juízo *ex ante*. Essa idoneidade é aferida da experiência comum *id quod plerumque accidit* decorrente das relações de causalidade próprias do mundo natural.

A verificação dessa idoneidade causal da ação deve ser feita posteriormente, porém, através de um juízo *ex ante*, com base no conhecimento comum das leis da causalidade natural e, conforme alguns autores, de acordo com as circunstâncias concretas da situação em que ocorreu a ação e inclusive segundo o conhecimento que delas possuía o agente. O juízo da adequação causal realiza-se, por conseguinte, mediante um retorno à situação em que se deu a ação, a partir da qual se examinam, em abstrato, a probabilidade e a idoneidade da ação, segundo as leis de causalidade.

Segundo o pensamento de VON KRIES, denominado subjetivista, deve-se realizar a prognose de acordo com o conhecimento da situação que possuía o agente. Tal corrente sofreu críticas no sentido de que se estabelecia íntima vinculação entre culpabilidade e causalidade, chegando-se a reduzir esta àquela. Diante destas críticas, para alguns autores, o conhecimento da atuação das forças da causalidade, na situação concreta,

---

[9] COSTA, P. J. Jr. *Do nexo causal*, São Paulo, Saraiva, 1964, p. 111; MARTINS DA CRUZ, B., op. cit., p. 31. PUNZO, M. *Il problema della causalità materiale*, cit., p. 9. Veja-se, também, nosso *Teoria do delito*, cit., p. 175.

[10] Sobre a teoria da causalidade adequada, vide principalmente RANIERI, S. *La causalità del diritto penale*, p. 25 et seq.; COSTA, P. J. Jr. *Nexo causal*, cit. p. 98 et seq.; PUNZO, M. op. cit., p. 17; CABALLO, V. *Il principio della causalità nel Codice Penale*, p. 33 et seq.; DÍAZ PALOS, F. *La causalidad material en el delito*, Barcelona, Bosch, 1954, p. 58.

[11] COSTA, P. J. Jr., op. cit., p. 100; DIAZ PALOS, F., idem, 60.

[12] CALVÃO DA SILVA, João, op. cit., p. 712. Na doutrina brasileira, afirma PAULO DE TARSO VIEIRA SANSEVERINO, predomina o entendimento de que, no plano da responsabilidade civil, a teoria da causalidade adequada é a que melhor se aplica. (*Os pressupostos da responsabilidade civil por acidentes de consumo e defesa do fornecedor*, dissertação de mestrado apresentada à Faculdade de Direito da UFRGS, em março de 2000, p. 211.) Anota o autor que a jurisprudência tem adotado, ora uma, ora outra teoria, a da causalidade adequada e a da equivalência das condições.

deve realizar-se por meio de um prognóstico póstumo, sob a perspectiva objetiva do juiz, terceiro observador.

Dessa forma, incluem-se na relação de causalidade, as condições adequadas existentes e ocorridas na realidade, mesmo que desconhecidas, desde que abstratamente, segundo as leis da causalidade natural, fossem previsíveis e posteriormente reconhecíveis pelo julgador.

Prevalece um juízo de probabilidade, mas a ser realizado mediante um retorno à situação em que ocorreu a ação, para a partir dessa situação examinar o juiz se, em abstrato, estava dotada a ação de idoneidade a provocar o evento danoso. Realiza-se, então, uma **prognose póstuma**. Dessa forma, como explicita PAULO JOSÉ DA COSTA JÚNIOR, determina-se a *"idoneidade da conduta (humana e concreta) ex post, ou seja, depois que os fatores causais tenham operado, mas através de um juízo ex ante"*.[13]

Na análise da relação antecedente-consequente, deve-se realizar uma seleção, a fim de saber se o antecedente guarda congruência com o evento, se há adequação entre a atividade pretendida, como causa e o resultado, se a passagem da atividade como antecedente ao resultado como consequente sucede de forma congruente. A adequação é, então, *"um requisito interno da relação causal"*, como afirma PATERNITI,[14] devendo a ação como causa ser adequada a produzir o resultado, sempre tendo em vista a descrição típica constante da lei.

Assim, deve-se, na seleção das condições, buscar identificar aquela ou aquelas que *"numa perspectiva de normalidade e adequação"* apresentam **séria probabilidade**[15] de concretizar o resultado danoso.

Este "juízo de probabilidade séria", apontado pela jurisprudência francesa e enfatizado, na doutrina portuguesa, por BRANCA MARTINS DA CRUZ, já se poderia encontrar no pensamento de GRISPIGNI e de SOLER, em suas teorias filiadas à concepção da causalidade adequada. Para GRISPIGNI, a ação constitui uma condição qualificada, isto é, constitui causa do evento se, no conjunto das circunstâncias concretas, está dotada de uma relevante possibilidade de produzir o resultado, ou seja, representa um perigo de que este se verifique.[16]

SOLER, também preocupado em ancorar a teoria da causalidade adequada à realidade concreta, formula a teoria da **causalidade racional**,[17] deduzindo-se o nexo causal mediante um juízo de **razoabilidade** de ocorrência do resultado, juízo este que

---

[13] COSTA, P. J. Jr., op. cit., p. 98.

[14] PATERNITI, C. *La causa del fatto-reato*, Milão, Giuffrè, 1994, p. 66 e seguintes.

[15] MARTINS DA CRUZ, B., op. cit., p. 31.

[16] GRISPIGNI, F. *Diritto penale italiano*, vol. II, p. 95 e seguintes. Sobre a concepção da teoria da condição perigosa de GRISPIGNI, veja-se PUNZO, cit., p. 30 e seguintes.

[17] A denominada Causalidade Racional é construção do penalista argentino SEBASTIAN SOLER, *Derecho Penal Argentino*, vol. 2, Buenos Aires, 1953, p. 302, segundo o qual o nexo de causalidade deve ser deduzido mediante um juízo de razoabilidade da ocorrência do resultado. A condição é causa do resultado quando devia razoavelmente produzi-lo, de modo que sua força causal é inteligível pelo homem. O juízo de razoabilidade deve ser feito com vistas às circunstâncias concretas em que a ação se realizou, e segundo o cálculo feito e exigível do agente, cabendo analisar, também, a ocorrência de fatos excepcionais. A posição de SOLER difere da teoria da condição adequada, pois, a seu ver, deve-se atender ao exame real das consequências prováveis, captáveis pelo agente.

deve ser feito com vistas a circunstâncias concretas em que a ação se realizou. Desse modo, a força causal razoável é inteligível e captável pelo agente, enquanto provável produtora das consequências típicas.

A jurisprudência espanhola[18] considera adequada a causação quando o resultado vem a ser uma consequência natural e suficiente, considerando como consequência natural *"aquela que propicia entre o ato inicial e o evento danoso uma relação de necessidade"*.[19]

Causa, portanto, dentre todas as condições postas, constitui a condição qualificada, ou seja, da qual se pode, com probabilidade ou razoável regularidade, esperar a produção do resultado. Adequada seria, então, conforme LACRUZ, lembrado por MARIA DEL CARMEM SÁNCHEZ-FRIEIRA GONZÁLEZ, *"a causa que traz consigo sempre um dano da espécie considerada"*.[20]

Em suma, segundo a teoria da causalidade adequada, a condição é de ser considerada como causa, se constitui uma probabilidade séria de produzir o evento, havendo internamente, na relação causal, uma congruência na passagem de antecedente a consequente, pois com razoável regularidade a atividade traz em si o resultado, constituindo uma condição perigosa de sua ocorrência, revelada pela experiência social.

Faz-se, então, dentre todas as condições ocorridas na realidade, uma seleção, definindo-se como causa aquelas que têm influência provável na produção do resultado, tendo em vista o que a experiência revela que, em geral e nas circunstâncias concretas, constitui o adequado, o regular, o normal para a sua causação.

8.2.2. Equivalência das condições

Segundo a teoria da equivalência das condições ou da *conditio sine qua non*, constitui causa de determinado evento qualquer fator que, se imaginado inexistente, o resultado deixaria de se verificar.[21]

A concepção de STUART MILL, de que causa é a totalidade das condições, levou VON BURI a concluir, raciocinando ao contrário, que quaisquer das condições que compõem a totalidade dos antecedentes é causa do resultado, pois a sua inocorrência impediria a realização do evento.

Todas as condições consideram-se causa do resultado, desde que imprescindíveis à sua produção. Se, hipoteticamente, suprimindo-se uma condição suprime-se o resultado, essa *conditio sine qua non* é causa desse resultado.

Assim, qualquer das condições que compõe a totalidade dos antecedentes é causa do resultado, se a sua inocorrência impedir a realização do evento. São equivalentemente causa todas as condições imprescindíveis à sua produção, imprescindibilidade que se afere ao mentalmente se verificar que, com a supressão da condição, suprime-se o resultado.[22]

---

[18]   SANCHEZ-FRIEIRA GONZÁLEZ, M. C. *La responsabilidad civil del empresario por deterioro del medio ambiente*, Barcelona, Bosch, 1994, p. 209.

[19]   Idem, ibidem.

[20]   SANCHEZ-FRIEIRA GONZÁLEZ, M. C., cit., p. 240.

[21]   PUNZO, M., cit., p. 37.

[22]   Nosso *Teoria do delito*, cit., p. 178.

FUNDAMENTOS DE DIREITO PENAL – *Miguel Reale Júnior*

É evidente que esta questão de fato, qual seja, a da verificação de uma relação de causalidade, deve ser submetida a uma consideração jurídica, pois a imputação objetiva, como imputação do dano a alguém, é questão claramente de direito. Assim, assinala PANTALEÓN, citado por PERALDES, visando evitar que se ponha "*a cargo del responsable todas las consecuencias de las que su conducta es causal*".[23] Se assim não fosse, e se aplicada a teoria da equivalência das condições sem qualquer limite ou tempero, poder-se-ia alcançar a mais remota das condições pela simples circunstância de ser, mesmo que longinquamente, necessária igualmente à realização do resultado.

Cumpre ainda lembrar, como teoria derivada da teoria da equivalência das condições, a formulação feita por PUNZO, para o qual, de todos os antecedentes lógicos e naturais do evento, uns têm valor diverso dos outros, pois difere o que é simples antecedente do que intervém de modo imediato e efetivo na produção do resultado. Assim, a seu ver, condições imediatamente efetivas são aquelas que "*determinam a ruptura de equilíbrio de uma situação garantida pelo direito e a consequente passagem à situação vetada pelo direito*".[24]

Desse modo, podem ocorrer condições que são mera ocasião e condições que constituem causa, sendo **ocasião** a condição que não quebra o equilíbrio da situação levando a outra situação, ou seja, àquela vedada pelo Direito, apesar de não poder ser eliminada mentalmente do infinito processo causal.[25]

Esta qualificação de condição como ocasião corresponde à qualificação que recebe a condição inicial de processo causal no qual, após um fato primeiro indiferente ao resultado ocorrido, dá-se fato superveniente que, por si só, produz o evento danoso, o que passo a examinar.

8.2.3. Análise das duas teorias

A crítica que se faz à teoria da equivalência das condições reside no fato de que, pelo método eliminatório, terminar-se-ia por alcançar a mais remota das condições, à qual se atribuiria a qualidade de causa, pela circunstância de ser, mesmo que longinquamente, necessária igualmente à realização do resultado.

Um dos exemplos formulados é o seguinte: "A" fere levemente "B", que deve, contudo, ser atendido em um pronto-socorro, onde ocorre um incêndio, em razão do qual "B" vem a falecer. Pela teoria da equivalência das condições, a lesão produzida em "B" é causa de sua morte, pois com a eliminação hipotética do ferimento, "B" não teria de ser atendido no pronto-socorro, onde ocorreu o incêndio.

A fim de se impedir essa regressão *ad infinitum*, estabelecem-se dois momentos, a saber: a verificação da ação como *conditio sine qua non* do resultado e a redução do âmbito de relevância causal, pelo exame do aspecto psicológico, que atua como fator limitativo da imputação estritamente causal.

Na verdade, o legislador não adota, de forma bruta, a teoria da equivalência das condições, pois estabelece uma descrição típica que, como veremos, conduz à **teoria da**

---

[23]   PERALDES, C. M., op. cit., 167, nota 270.
[24]   PUNZO, M., op. cit., p. 44.
[25]   PUNZO, M., op. cit., p. 46.

condicionalidade adequada. Destarte, a crítica à teoria da equivalência das condições indica a exigência da construção de um tipo da causalidade, afastando-se a adoção pura e simples, no âmbito do construído normativo, do suceder no real, sem fixação de limites.

Critica-se a teoria da causalidade adequada, no sentido de que se assenta em uma *abstração*, ou seja, na prognose póstuma da normal eficácia causal apreensível ao homem médio, e não na verificação das forças, que atuaram no fato concreto e de sua percepção pelo agente.

A teoria de SOLER, por exemplo, como variação da teoria da causalidade adequada, procura atender às críticas acima, no que respeita à necessidade do juízo de causalidade ser realizado de acordo com as relações concretas e o conhecimento que delas possuía o agente.

A essa teoria se opõe, no entanto, a crítica de que estabelecem uma conexão entre os aspectos causal e psicológico da ação, que constituem questões diversas, dois âmbitos de imputação distintos.

Critica-se, portanto, a teoria da causalidade adequada por situar o nexo de causalidade em um plano abstrato e objetivo. Criticam-se, de outra parte, também as teorias que tentam superar esse abstracionismo pela circunstância de se procurar vincular a relação de causalidade ao elemento psicológico.

A meu ver, nenhuma das teorias resolve a contento e de forma absoluta a questão do nexo causal, e nem por isso grandes dúvidas sucedem no plano prático. Tal ocorre porque as teorias desconhecem que o intérprete, na aplicação do Direito, apreende por **imposição do real** e constrói, a partir da estrutura da ação, a regra descritiva do válido no âmbito do Direito.

No plano concreto, a ação apresenta-se como um todo irredutível composto de dois aspectos inseparáveis, um *objetivo*, outro *subjetivo*. Não pode, por conseguinte, deixar de se realizar o exame do nexo de causalidade independentemente da posição pessoal do agente, que é o "condutor da ação". A referência ao elemento subjetivo não é decorrente da necessidade de um "corretivo à excessiva amplitude de causa", mas do fato de ser integrante da estrutura do real, o que torna obrigatória sua correlação direta com o aspecto material da ação.

Nem por isso concordo com a extremada posição de HELENO CLÁUDIO FRAGOSO, segundo a qual "*a questão da causalidade não deve ser objeto de disciplina normativa*".[26] Pelo contrário. O real é o **ponto de partida**, impondo dados inafastáveis, mas não imperando sobre o Direito e o legislador como se um ditador fosse. O Direito não reproduz o real, mas parte dele em suas construções normativas.

Por essa razão, o Código deve estatuir, de forma autônoma, critérios de apreciação do nexo de causalidade, ao regular o que PAULO JOSÉ DA COSTA JR. denomina "*os dois primeiros momentos da atividade do julgador*": verificação do elo causal entre conduta-evento e *valoração desse nexo em relação ao Direito*. A terceira e última tarefa diz respeito ao elemento subjetivo.[27]

O legislador brasileiro regula, a nosso ver, com acerto, esses dois primeiros momentos.

---

[26] Op. cit., p. 59.
[27] Op. cit., p. 102 et seq.

8.2.4. Causa superveniente e a condicionalidade adequada

Ao adotar a teoria da equivalência das condições, o legislador reproduz no art. 13, *caput*, o que já estava estatuído anteriormente no art. 11, *caput*. Estabelece-se uma identidade entre causa e condição.

A verificação da *conditio sine qua non* constitui o primeiro momento da tarefa do juiz, que é facilitada pelo método eliminatório, graças ao qual se deduz que é "causa a ação ou omissão sem a qual o resultado não teria ocorrido", mas sujeita a um enfoque da causalidade típica, relevante para o Direito a partir, no entanto, do real.

O segundo momento da tarefa judicial consiste na *valoração da condição* como relevante para o Direito, questão que vem regulada no art. 13, § 1º.

A Parte Geral do Código Penal de 1940 dispunha, em seu art. 11, parágrafo único, que a superveniência de causa *independente* exclui a imputação quando, *por si só*, produziu o resultado. Tanto a doutrina como a jurisprudência consideram que esse dispositivo referia-se à causa relativamente independente, apesar do texto não ser expresso a esse respeito.

Se assim não fora, seria a norma totalmente despicienda, pois constitui uma obviedade que a interferência da causa *absolutamente* independente, que por si só, produz o resultado, transforma toda a condição anterior em uma "não causa".

Tome-se o seguinte exemplo:

Se "A" fere "B" com um soco no rosto e este, ao ser levado para o pronto-socorro, falece de peritonite, inexiste entre a ação de "A" e a morte de "B" qualquer vínculo causal, pois o evento morte deveu-se à interferência de causa absolutamente independente, de molde a ser excluída a ação de "A", como causa da morte, pelo método eliminatório da *conditio sine qua non*.

Assim sendo, era forçoso concluir, como aliás considerava NÉLSON HUNGRIA, que o parágrafo único do art. 11 referia-se à causa relativamente independente.[28]

O legislador de 1969 e o de 1984, no entanto, preferiu tornar explícito o que se deduzia como implícito pela análise conjunta do art. 11 e de seu parágrafo único. Desse modo, o art. 13, § 1º, é expresso: "A superveniência de causa *relativamente* independente exclui a imputação quando por si só produziu o resultado".

Andou bem o legislador em tornar claro o dispositivo não só impedindo, assim, equívocos por parte de intérpretes menos avisados, mas por realizar a sua exata tarefa que é a de dar os contornos típicos da causalidade.

O § 1º do art. 13 regula o segundo momento da tarefa do julgador, que consiste na valoração da condição como relevante para o Direito, segundo o critério de que fato superveniente, causador de um evento e relativamente independente das condições anteriores, afasta-as como geradoras desse resultado.

Cabe razão, por conseguinte, a PAULO JOSÉ DA COSTA JR., para o qual o nosso Código perfilha a teoria da *condicionalidade* adequada, graças à qual é necessário que a condição, para ser considerada como causa do evento, seja concretamente reconhecida como idônea à sua consecução através de uma "*valoração póstuma*".[29]

---

[28] HUNGRIA, N., op. cit., p. 67.
[29] COSTA, P. J. Jr., op. cit., p. 118.

Por sua preponderância sobre as condições anteriores, às quais está ligada de modo relativo, a nova condição absorve o processo de causalidade no qual interfere. Se a ação subsequente, mesmo que relativamente relacionada com as condições anteriores, por si só, apresenta-se como causadora do evento, esse apenas a ela é atribuído com a ressalva de que *"os fatos anteriores, entretanto, imputam-se a quem os praticou".*

Exemplo formulado por NÉLSON HUNGRIA é bastante explicativo:[30] "A" fere "B", que, ao ser atendido, ingere por descuido da enfermeira substância tóxica em vez do medicamento, vindo, por essa razão, a falecer.

A ação de "A" não pode ser considerada causa morte de "B", malgrado ser possível, através do retorno às condições antecedentes, concluir-se que se não fosse o ferimento causado por "A", "B" não seria medicado e não morreria ao ingerir por engano substância tóxica.

Se a ação de "A" é condição do evento, mas não *condição adequada*,[31] e a morte de "B" deveu-se a fato superveniente, *apto, por si, só à sua produção*, não se pode falar da ação de "A" como causa típica deste resultado.[32]

A ação de "A", sendo condição do evento, mas não condição adequada, pois o resultado decorreu de fato superveniente, apto por si só à sua produção, conduz a se concluir que a ação de "A" não constitui causa desse resultado.

No exemplo acima lembrado, a "A" é atribuída, no entanto, a prática de lesões corporais, pois, como já foi ressaltado, o legislador, se reconhece a interrupção da causalidade, não exclui, todavia, a imputação pelos resultados causados, por si só, pelos fatos anteriores.

A ocorrência de fato superveniente, relativamente independente, exclui, dessa forma, a imputação da relação de causalidade, limitando a pura e simples responsabilidade pelo resultado, especialmente frente a fato relevante praticado por terceiro ou pela própria vítima.

Sem a ação superveniente, que toma direção totalmente diversa da ação inicial, jamais se produziria aquele resultado. Forma-se, então, como assinala ANDREA ANTONIO DALLA, **uma outra série causal**,[33] pois entre a conduta inicial e o resultado se insere uma causa nova, adequada e idônea a causar o evento danoso.

A ação superveniente é autônoma, mas sem deixar de guardar relação com a ação inicial, pois, do contrário, se fosse absolutamente independente, desnecessário seria pensar-se em interrupção do nexo causal, por ter esta ação eficácia causal exclusiva.

Assim, a suficiência do fato novo superveniente à ação inicial faz desta mera ocasião para que se realize a ação subsequente, que toma direção autônoma e diferente, a partir da ação inicial, mas a ela estranha.[34]

---

[30] HUNGRIA, Nélson, op. cit., p. 69.

[31] A esse respeito veja-se, entre outros, PUNZO, M., op. cit., p. 70 et seq.; COSTA, P. J., Jr., *Nexo causal*, cit., p. 125 et seq.

[32] HUNGRIA, N., op. cit., p. 69.

[33] DALLA, A. A. *Le cause sopravvenute interruttive del nesso causale*, Nápoles, Jovene, 1975, p. 116 e seguintes.

[34] DALLA, A. A., op. cit., p. 134, nota 28.

Concluindo: mesmo constituindo um precedente causal do evento, a ocasião não é adequada a produzir o resultado, sendo apenas o ponto de partida, se um novo processo causal surge com autonomia e relevo próprio. ANDREA ANTONIO DALLA refere decisão da Cassação italiana segundo a qual se exclui o nexo causal quando se desenvolve uma relação causal independente da ação inicial, mesmo que desta ocasionada, e na qual encontra impulso ou oportunidade de se manifestar.[35]

Quando a ação inicial, segundo as circunstâncias do caso concreto e com base na experiência, não é apropriada a causar o resultado, mas ao contrário desta, a superveniente o é, apenas a esta última, diz RANIERI, pode-se atribuir o resultado,[36] seja adotando-se a teoria da equivalência das condições, seja a da causalidade adequada.

Especificamente com relação à ação de terceiro, PERALES observa que se aplica à responsabilidade objetiva a teoria geral da responsabilidade, razão por que a intervenção de terceiro, no *iter* causal que une a atividade a determinado dano, pode excluir a responsabilidade do agente.[37] Para PANTALEÓN, citado por PERALES, descabe a imputação objetiva, se, no processo causal, "*sucede supervenientemente a conduta dolosa ou gravemente imprudente de um terceiro*".[38]

8.3. CRIME COMISSIVO POR OMISSÃO

8.3.1. Omissão

O Projeto Alcântara Machado, a exemplo do Código Penal italiano, estabelecia o seguinte em seu art. 11, § 1º: "Não impedir um evento que se tem o dever jurídico de evitar equivale a causá-lo". Em nova redação, se estatuía: "... faltar à obrigação jurídica de impedir o evento equivale a causá-lo".

A Comissão Revisora entendeu, no entanto, dispensável esse dispositivo, sendo, a seu ver, suficiente o art. 11, *caput*, referir-se tanto à ação como à omissão.

Justificando a supressão da norma específica sobre a relevância causal da omissão, NÉLSON HUNGRIA ponderava que é suficiente admitir, do ponto de vista lógico, que a omissão pode ser causa, sendo desnecessária a exigência de que constitua o "*descumprimento de um dever jurídico*", mesmo porque, também a ação só é penalmente relevante se "*contrária ao dever jurídico*".

Sucede, entretanto, que se a omissão possui um substrato naturalístico, a sua relevância penal, no entanto, está sujeita a um **enfoque normativo**, graças ao qual se ressaltam e se sobressaem, dentre as tantas omissões que se praticam na vida cotidiana, aquelas que se enquadram como *típicas*.

A causalidade tem relevo nos crimes comissivos por omissão visando à determinação da omissão como causa do resultado e ao reconhecimento desse comportamento omissivo como penalmente significativo.

---

[35] DALLA, A. A., op. cit., p. 138.
[36] RANIERI, S. *La causalità nel Diritto Penale*, Milão, 1936, p. 230 e seguinte.
[37] PERALES, C. M., op. cit., p. 186.
[38] PERALES, C. M., op. cit., p. 162, nota 261.

Parte II · Capítulo 8 · CRIME DE RESULTADO MATERIAL E NEXO DE CAUSALIDADE | **203**

A questão de relevância penal da omissão é, destarte, tanto uma matéria referente à causalidade como de *tipificação da omissão*, estabelecendo quando é a mesma relevante. Daí haver dois planos distintos, situados a partir dos seguintes questionamentos: 1) quando é que, naturalisticamente, se pode falar que a omissão seja causa? 2) quando é que a omissão, como causa, é penalmente relevante?

Inúmeras teorias procuram solucionar o problema da causalidade da omissão,[39] cada qual estando relacionada, obrigatoriamente, com uma concepção de omissão, seja naturalística ou normativa. A nosso ver, a compreensão devida que vislumbra, na omissão, um dado naturalístico, sujeito a um enfoque normativo, como já examinado anteriormente, atende à realidade, em razão do que a posição ora assumida, quanto ao nexo de causalidade na omissão, prende-se a uma concepção naturalista-normativa.

8.3.2. A omissão como causa

Na verdade, a omissão é uma não interferência no curso causal, deixando-se que as condições presentes atuem, livremente, produzindo o resultado negativo.

O entendimento de que é impossível admitir-se a omissão como causa, posto que do nada, nada pode provir, não merece acolhida, pois o não impedimento do processo causal assume caráter de causa do evento, como fenômeno de ausência, se a quebra omitida deste processo causal teria evitado o evento.

O acolhimento da teoria da equivalência das condições permite que se examine a força causal da omissão, à luz do seguinte critério: a interferência da ação omissiva teria alterado o curso causal, evitando-se dessa forma o resultado?

A análise, todavia, apresenta, na realidade, dificuldades, pois se trabalha com uma hipótese, a de que a ação devida e omitida teria podido evitar o resultado, questão esta a ser respondida com base em uma probabilidade.[40]

Se no escolar exemplo da mãe que mata o filho de inanição é mais simples responder que a ação omitida de alimentar o bebê teria evitado a sua morte, a mesma segurança não existe na hipótese do médico que deixou de atender a um paciente, pois a omissão como causa só pode ser relevante se constitui uma **condição necessária** à realização do evento. Assim, se mesmo não omitida a ação, o evento teria ocorrido, a omissão não é causa.

Para se saber o que teria havido se a ação omitida tivesse sido realizada – caminho obrigatório de exame da omissão como causa –, é necessário recorrer à análise do caso concreto com base na experiência normal e nos dados técnicos específicos que

---

[39] A esse respeito vide, entre outros, PUNZO, M. *Il problema della causalità materiale*, cit., p. 70 et seq.; ANTOLISEI. *Il rapporto di causalità nel diritto penale*, p. 133 et seq.; COSTA, P. J. Jr. *Nexo causal*, cit., p. 125 et seq.; MOURULLO. *La omisión de socorro en el Código Penal*, Madrid, 1966, p. 114 et seq.; BAGIGALUPO. *Delitos impropios de omisión*, Buenos Aires, 1963; DALL'ORA. *Condotta omissiva e condotta permanente*, cit., p. 71 et seq.; BONINI, G. *L'Omissione nel reato*, Milão, 1947, p. 7 et seq. Cabe destacar a *Revista de Direito Penal*, vol. 33, que reúne trabalhos acerca dos crimes comissivos por omissão de ALCIDES MUNHOZ NETO, HELENO CLÁUDIO FRAGOSO, EVERARDO DA CUNHA LUNA E HEITOR COSTA JR.

[40] MAIWALD, M., op. cit., p. 77.

compõem a situação, formando-se um juízo de probabilidade que MAIWALD reclama seja *"uma probabilidade ao limite da segurança"*.[41]

No exemplo do médico, pode-se ter verificado uma omissão de socorro, se a interferência, com os meios disponíveis em face do quadro clínico apresentado pelo paciente, não poderia ter evitado a morte. Porém, não se configuraria homicídio pela forma comissiva por omissão, dado esta não se ter constituído em causa da morte, que se daria mesmo com a imediata intervenção do médico.

A necessidade de se recorrer a uma análise hipotética conduz a situações de dúvida, ao se pretender saber se o resultado probabilisticamente teria ocorrido. Dessa forma, a teoria da imputação objetiva, buscando fugir do recurso ao princípio do *in dubio pro reo*, decorrente do raciocínio hipotético, entende que a omissão é causa se constituiu um aumento do perigo permitido nas circunstâncias concretas, o que é difícil de se avaliar, e se o resultado corresponde àquele pretendido evitar pela diligência exigida nos crimes culposos.

Entendo que, em relação aos crimes culposos e aos omissivos, o critério de correlação entre o resultado ocorrido e o pretendido evitar pela norma é de ser aplicado, para superar, por via da imputação objetiva, a indagação acerca de como as coisas teriam sucedido se a ação omitida por negligência tivesse sido realizada.

Além da hipótese provável de ter ocorrido o resultado, cumpre saber se efetivamente houve um aumento do risco, em razão da omissão, o que muitas vezes exigiria uma análise *ex post*, a ser rejeitada, e se o resultado é pertinente àquele protegido pela norma, como no exemplo citado por GIMBERNAT ORDEIG, do motorista que passa em velocidade elevada na frente de uma escola, jogando-se um suicida sob as rodas do veículo, sendo que se estivesse a trinta quilômetros por hora a morte não teria ocorrido,[42] descabendo, então, a imputação objetiva em razão do resultado, morte do suicida, por não ser o objetivado com a determinação de baixa velocidade na frente de escolas.

8.3.3. A omissão relevante

O segundo problema refere-se à qualificação da relevância penal da omissão.

Tome-se, por exemplo, o crime de homicídio. O art. 121 do Código Penal descreve uma forma *comissiva*, uma ação. A exceção, o tipo comissivo por omissão, é descrito de forma conjugada, pelo acréscimo do elemento normativo, próprio de toda figura comissiva por omissão. Sendo o elemento normativo próprio da forma comissiva por omissão, a ser adicionado aos tipos comissivos, era necessário que esse elemento normativo viesse estatuído na Parte Geral, como exigência do princípio da reserva legal, exatamente como o faz o § 2º do art. 13 do Código Penal.

E tem o § 2º do art. 13 da nova Parte Geral a seguinte rubrica lateral: *Relevância da omissão*.

Em suma, o disposto no § 2º do art. 13 da nova Parte Geral de 1984 é elemento *tipificante, dado constitutivo do tipo penal da comissão por omissão*, adicionável a todos

---

[41]   MAIWALD, M., idem, ibidem.
[42]   GIMBERNAT ORDEIG, E., op. cit., p. 136 e seguintes.

Parte II · Capítulo 8 · CRIME DE RESULTADO MATERIAL E NEXO DE CAUSALIDADE | 205

os tipos comissivos, quando se trata da forma de comissão por omissão, e a relevância da omissão depende da soma de duas exigências, *do dever e do poder de agir*.

8.3.4. O dever de agir

Segundo o art. 13, § 2°, do Código Penal, introduzido pela Reforma da Parte Geral de 1984, o dever de agir incumbe a quem:

a) tenha por lei obrigação de cuidado, proteção ou vigilância;
b) tenha assumido de qualquer forma a responsabilidade de impedir o resultado; e
c) tenha dado origem ao risco da superveniência do resultado.

O imperativo legal de se evitar o resultado, graças ao qual a omissão se faz relevante, não se estende genericamente, mas possui *destinatário próprio, aquele ao qual cabe juridicamente impedir o evento*.[43]

Os elementos normativos que integram o tipo penal comissivo por omissão constituem, portanto, a meu ver, a designação de um sujeito ativo próprio, pois autor só será aquele que possua o dever de agir, oriundo das três situações acima mencionadas. EVERARDO DA CUNHA LUNA estende o elenco de hipóteses, ampliando, em demasia, o âmbito do dever de agir, ao propor que seja estatuído *"o dever de comunidade de vida e de perigo".*[44]

MAURACH, lembrado por EVERARDO DA CUNHA LUNA, anota que tal amplitude é perigosa, atribuindo-se força vinculatória a deveres penalmente relevantes fundados na solidariedade humana,[45] tendo-se, por consequência, uma enorme extensão do tipo penal. EVERARDO DA CUNHA LUNA entende que, menos perigosa, é a exigência verdadeiramente *"salutar"*, na medida em que propulsiona o sentimento de solidariedade social.

Nesse ponto, reside o fulcro da questão. Se o moderno Direito Penal, enquanto instrumento de controle social, pretende estender o seu âmbito à defesa dos interesses difusos, consolidando a solidariedade social constitucionalmente prevista como "diretriz"ou "princípio fundamental" da República, por meio de normas pedagógicas, nem por isso se deve recorrer, no Direito Penal, a tipos abertos".[46]

---

[43] LUNA, E. C., O crime de omissão e a responsabilidade penal por omissão. *Revista de Direito Penal e Criminologia* 33/53; NOVOA MONREAL considera que o delito impróprio de omissão supõe, além do tipo penal que contempla um resultado lesivo e a não realização da ação, que teria impedido o resultado, a existência de um omitente obrigado a proteger ativamente o bem jurídico atingido (*Fundamento de los delitos de omisión*, p. 121). Para BACIGALUPO, op. cit., p. 170, o dever de agir decorre da relação concreta do sujeito com o bem jurídico lesado, e só pode ser autor do delito impróprio de omissão quem é responsável perante o ordenamento jurídico pela não produção do resultado. Igualmente JOSÉ LUÍS OLIVEIRA, op. cit., p. 264; MAIWALD, M., op. cit., p. 75, para o qual culpado da omissão é apenas aquele que deve garantir juridicamente a não verificação do evento.

[44] CUNHA, E. C. *Estrutura jurídica do crime*, p. 223 e seguinte.

[45] MAURACH, R. *Tratado de derecho penal*, vol. II, cit., § 46, III, *c*, 3, p. 288. MAURACH pondera que o dever decorrente da *comunidade da vida ou do perigo* "amplia perigosamente a responsabilidade".

[46] WESSELS, J. *Direito penal, parte geral*, p. 161 et seq.

Por isto entendemos que a simples referência a um genérico "dever de comunidade" não pode ser elemento integrador do tipo penal comissivo por omissão. O "dever de comunidade" tem indiscutível validade no plano ético, tendo também indiscutível relevância jurídica como **critério informador no plano hermenêutico,** mas não como **dado integrante do tipo.** Quando se passa à perspectiva de que o dever de agir é dado constitutivo do tipo, a conclusão apenas pode ser no sentido de que seu significado amplo e aberto contraria a exigência, também constitucional, da reserva legal. Outras soluções podem ser encontradas, todavia, na dogmática penal, para concretizar ou dar efetividade à diretriz da solidariedade social, como logo apontaremos.

De outra parte, as três hipóteses de "dever de agir" compreendem larga margem de situações, sendo "despiciendo" o recurso a uma locução genérica.

MAIWALD, por exemplo, sugere que pode haver o **dever de agir em uma comunidade de perigo,** em que uns dependem dos outros, como em uma expedição de alpinismo. Entendo, todavia, que a hipótese é dogmaticamente diversa: aí há uma **assunção tácita do dever de auxílio.** Em um grupo que, conjuntamente, enfrenta situações de risco, o dever de auxílio mútuo é inerente, sendo tacitamente assumido, enquadrando-se na alínea *b* do § 2º do art. 13 do Código Penal.

EVERARDO DA CUNHA LUNA, no entanto, em defesa de seu ponto de vista, argumenta: quem vê um cego caminhando para um despenhadeiro não se enquadra nas hipóteses fixadas pelo art. 13, § 2º, da Parte Geral. No entanto, é inegável o seu dever de agir.

A meu ver, cabe estabelecer distinção: o disposto no art. 13, § 2º, da Parte Geral refere-se à relevância da omissão com relação ao resultado, oriundo do curso causal em desenvolvimento, tornando a omissão **causa** desse resultado, e o omitente seu *autor.* Assim, a norma faz da omissão um elemento do tipo penal.

Porém, ao lado dessa integração da omissão, a ponto de a transformar em causa típica, e o omitente em autor de um processo naturalístico atuante, há uma outra norma *genérica* que impõe a todos, indistintamente, um dever de agir fundado no valor de solidariedade humana: o crime de omissão de socorro (art. 135). É precisamente esse dever, que se estende a todos os membros da sociedade, que constitui, em nosso juízo, o preconizado dever genérico de comunidade de vida e perigo.

Ocorre, no entanto, que o omitente pratica um crime omissivo puro (omissão de socorro), sem que a sua omissão alcance a relevância exigida para se transformar em elemento causal e formador do tipo penal, integrado pelo resultado não evitado, mesmo porque, à tipificação da omissão de socorro, é dispensável a ocorrência de qualquer resultado, tratando-se de crime de perigo.

Assim sendo, é indiscutível terem todos o dever de agir, para atender, exemplificativamente, a uma criança abandonada, a um inválido ou a alguém na iminência de grave perigo. Porém, a omissão não torna o omitente **autor** do resultado oriundo da situação perigosa nem a omissão a sua **causa.** A relevância penal da conduta limita-se à omissão, salvo nas hipóteses em que há o *dever de agir específico,* de acordo com o estatuído no art. 13, § 2º, da nova Parte Geral.[47]

---

[47] Neste sentido, FRAGOSO, H. C. "Crimes omissivos no direito brasileiro", *in Revista de Direito Penal e Criminologia* 33/46; MUNHOZ NETO, A. "Os crimes omissivos no Brasil", *in Revista de*

8.3.5. O poder agir

O tipo penal da omissão de socorro traz, por sua estrutura, o elemento da não reprovabilidade, ao fixar que a omissão só se configura se a ação omissiva não constituir risco pessoal para o omitente. Com tal destaque, a culpabilidade deixa, na omissão de socorro, de ser momento do modelo dogmático do crime para ser elemento configurador do tipo. Justifica-se essa inclusão da culpabilidade no tipo penal, como modo de se contrapor, ao dever de solidariedade, o direito de se autopreservar, mesmo porque o dever de socorrer não deriva de norma extrapenal, mas é disposição deduzida da própria norma penal.

Cumpre indagar se "o poder agir" deve constituir um dos elementos normativos integrantes, de modo geral, da forma comissiva por omissão. Essa inclusão era, a meu ver, dispensável, conforme opinião expressa em tese de titularidade,[48] pois entendíamos que o exame do *poder agir* é de ser feito tendo-se por parâmetro os requisitos próprios do estado de necessidade; caso contrário, estar-se-ia criando uma causa mais ampla de exculpação para a forma comissiva por omissão, não aplicável à modalidade comissiva.

Por isto o entendimento, então, de ser a referência ao poder agir do omitente desnecessária, sendo questão a ser enquadrada nos limites fixados pelo estado de necessidade, sendo antes uma questão de não reprovabilidade, atinente à culpabilidade.[49] De outra parte, o "poder agir", enquanto referência ao "real e fisicamente possível", parecia-me, também, *despiciendo*, por ser de evidência que não há exigência da ação esperada quando o omitente deixou de agir porque sofreu desmaio, ou por estar consideravelmente distante do local do perigo, como quem, estando em Niterói, deixa de salvar quem se afoga no Rio de Janeiro, pois *ad impossibilia nemo tenetur*. A norma jurídica seria inócua diante da imperatividade da natureza.

Refletindo novamente sobre a questão, considero hoje, todavia, que o "poder agir" deve ser elemento da tipicidade, pois não há dolo se o agente conhecendo do dever, por qualquer razão não pode efetivamente cumpri-lo. Assim, o exemplo do motorista de idade avançada que dá causa a um acidente e tem, ao seu lado, a esposa ferida, mas se encontra sem condições de poder atendê-la, que vem a falecer por falta de socorro imediato. Causador do perigo, o motorista velho não cumpre o dever de agir como garante, não porque queira omitir-se, mas porque não pode.

Como se vê, o poder agir é de ser **dado integrante da relevância do não agir doloso**, praticado com conhecimento de afrontar o dever positivo.

Direito Penal, 33/22 et seq., considera que, "*em termos de segurança jurídica, muito se lucraria limitando-se, legislativamente, a punibilidade das omissões impróprias mediante introdução, na Parte Geral dos Códigos Penais, de cláusula de que a omissão imprópria só será punida em casos expressos na Parte Especial*". A nosso ver, é suficiente a fixação do vínculo que cria a condição de garante, a especificação das fontes do dever de agir na Parte Geral, sendo que o cabimento da forma comissiva por omissão decorre dos diversos tipos incriminadores, da natureza das coisas, sendo dispensável a referência em cada tipo.

[48] Nosso *Parte geral, nova interpretação*, São Paulo, RT, 1988, p. 48 e depois em *Teoria do delito*, cit., p. 188.

[49] Neste sentido, é a opinião de MAIWALD, M., op. cit., p. 76.

208 | FUNDAMENTOS DE DIREITO PENAL – *Miguel Reale Júnior*

Não é necessário remeter ao exame da culpabilidade o que se revela, *ab initio*, um não descumprimento do dever, pois só tem dever de agir quem pode agir.

O "dever de agir" e o "poder de agir" são dados tipificadores, elementos normativos do tipo comissivo por omissão, refazendo, dessa forma, meu entendimento anterior acerca do descabimento do "poder de agir" como elemento integrante da tipicidade.

A forma dolosa e culposa no crime comissivo por omissão já foi anteriormente analisada nos Capítulos VI e VII desta parte, sendo que a tentativa será apreciada posteriormente.

8.4. CRIME QUALIFICADO PELO RESULTADO

Não se confundem o crime preterdoloso e o crime qualificado pelo resultado. No preterdoloso, há um crime doloso básico, inicial, a que se segue de forma homogênea o agravamento do mesmo bem jurídico que não se queria causar, mas que se causa culposamente, ultrapassando-se, desse modo, a intenção.[50] Pela reforma da Parte Geral de 1984, foi introduzida a disciplina constante do art. 19, segundo a qual pelo resultado mais grave só responde o agente, se o houver causado "*ao menos culposamente*", expurgando-se a responsabilidade objetiva decorrente do princípio *versari in re illicita*.

Exemplo de crime preterdoloso é a lesão corporal seguida de morte, prevista no art. 129, § 3°, que se caracteriza quando o resultado morte não constituiu objeto do dolo, não tendo o agente querido ou assumido o risco de produzi-lo.

Já sob a denominação crime qualificado pelo resultado, reúnem-se outras construções típicas que têm em comum, como anota ESTHER FIGUEIREDO FERRAZ, a existência de um delito-base do qual se gera um evento que o qualifica e aumenta a pena,[51] compreendendo toda forma de crime agravado pelo resultado.

Deve, então, a partir do delito-base, que pode ser doloso ou culposo, produzir-se, por um nexo de causalidade, uma consequência, que agrava o resultado pretendido originalmente, transformando o perigo em dano efetivo, ou lesionando de modo mais grave o mesmo bem jurídico, ou ferindo bem jurídico diverso.[52]

Em qualquer das hipóteses, o delito-base coloca em perigo o bem jurídico que redunda lesado como consequência do delito-base, havendo, como afirma GIMBERNAT ORDEIG, uma relação especial entre ambos, pois "*na ação base sempre se encerra um certo perigo com respeito ao resultado*",[53] aspecto este também posto por FIGUEIREDO FERRAZ, que vê no delito-base a criação de uma situação de perigo, como sucede no

---

[50] FIANDACA, G. e MUSCO, E., op. cit., p. 478 e seguinte, devendo-se anotar que, no Código Penal italiano, apenas faz-se referência a que o segundo evento mais grave deve ser consequência do primeiro, sem menção a que este segundo seja realizado com culpa; FIGUEIREDO FERRAZ, E. *Os delitos qualificados pelo resultado*, São Paulo, 1948, tese de livre-docência à Faculdade de Direito da USP, p. 10, que realça que, nos crimes preterdolosos, a lesão jurídica segue na mesma linha, na mesma espécie de interesse. Igualmente, SCHURMANN PACHECO, R. *El delito ultra o preterintencional*, Montevidéu, Amalio Fernandez, 1968, p. 60.

[51] FIGUEIREDO FERRAZ, E., op. cit., p. 131.

[52] FIGUEIREDO FERRAZ, idem, p. 40.

[53] GIMBERNAT ORDEIG, E., op. cit., p. 168.

Parte II · Capítulo 8 · CRIME DE RESULTADO MATERIAL E NEXO DE CAUSALIDADE | 209

estupro, do qual pode resultar a morte na prática da violência, trazendo ínsito um risco ao bem jurídico vida.[54]

Tanto é assim que o crime de estupro absorve eventuais lesões corporais leves, reconhecidas como consequências próprias da ação delituosa, agravando o crime a lesão grave e a morte. O resultado, todavia, deve ter sido causado pela ação praticada na realização do delito-base. Não há, tão só, sucessão de lesões a bens jurídicos diversos ou ao mesmo bem jurídico. A ação é uma, uma só, da qual deriva, por exemplo, no estupro, a violência à liberdade sexual e também a lesão grave à integridade física. Se o agente estupra e depois mata a vítima, não ocorre um crime qualificado pelo resultado, mas dois crimes, estupro e homicídio.

A ação do delito-base pode ser culposa, vindo a dar causa, além do resultado que lhe é próprio, a um outro resultado, diretamente relacionado com a ação culposa, de que é exemplo o crime de explosão culposo,[55] do qual resulta a morte ou lesão corporal de alguém (art. 251, § 3º, combinado com o art. 258, *in fine*, do Código Penal).

O agente pode ter assumido o risco da ocorrência do resultado mais grave, na prática de um estupro, por exemplo, sendo indiferente à morte da vítima como decorrência da violência aplicada para realizar o ato sexual. No entanto, só responde o agente pelo resultado mais grave, conforme dicção do art. 19 do Código Penal se for este pelo menos previsível, ou seja, se houver culpa. Com relação ao evento qualificador, o dolo, a meu ver, apenas é admissível como eventual.

Dessa forma, o crime qualificado pelo resultado decorre de uma relação de causalidade entre o delito-base e a consequência mais grave que lhe é oriunda, podendo o delito-base ser doloso ou culposo, sendo o resultado mais grave um risco assumido, dolo eventual, ou previsível pelo agente, culpa. Se o delito-base, no entanto, for culposo, evidentemente o resultado mais grave não pode ter sido consentido pelo agente.

Se houver um fato superveniente que, por si só, produz o resultado mais grave, pondo-se este fato superveniente entre o delito-base e o resultado qualificador, desfaz-se o elo fundamental de ligação entre ambos, não respondendo o agente pelo evento mais grave em razão da ausência de nexo de causalidade.[56]

---

[54] FIGUEIREDO FERRAZ, E., op. cit., p. 42.

[55] Sobre o crime de explosão culposa agravado pelo resultado, vide nosso parecer publicado em *Problemas penais concretos*, cit., p. 124. Neste caso, a explosão culposa deu causa a diversas mortes e a lesão corporal em várias pessoas, tendo o juiz entendido terem ocorrido dois crimes de explosão, um com resultado morte, outro com resultado lesão corporal, somando as penas, chegando-se ao absurdo de que teria sido melhor para o réu se todas as vítimas tivessem falecido, pois haveria um só crime, de explosão seguida de morte.

[56] FREDERICO MARQUES, J., op. ult., cit., p. 372.

Capítulo 9
OUTRAS FORMAS DE CRIME

9.1. CRIME FORMAL

Diverso do crime de ação e evento é o crime de ação, ou crime formal. Em FREDERICO MARQUES, lê-se que *"a distinção entre os crimes formais e materiais está no tipo"*,[1] pois há tipos que não mencionam o resultado, como os formais, ao contrário de outros que o fazem, como os materiais, de ação e evento.

São, portanto, crimes formais, ou de ação, os crimes cujo tipo proibitivo **contenta-se em descrever a conduta, sem mencionar o resultado natural que se liga a esta conduta** por nexo de causalidade. Por esta razão, não há evento destacado da ação nos crimes formais, pois a descrição da proibição incriminada cinge-se à conduta, sendo que o resultado coincide com esta, sem menção, no tipo penal, dos eventuais resultados decorrentes da ação praticada ou omitida.

Nestes casos, o legislador, ao criar a norma incriminadora, só toma em consideração a conduta, *"independentemente dos efeitos que essa poderá ter produzido"*.[2] Basta a simples ação para se efetivar a relevância penal, em consumação antecipada, na hipótese da ação eventualmente ter um resultado destacável que venha a ocorrer mas que é indiferente na economia do tipo penal.

MANOEL PEDRO PIMENTEL vislumbrava uma diferenciação entre crimes formais e de mera conduta, entendendo que, nos formais, haveria um resultado que coincidiria com a ação, resultado relevante que *"já se completa com a própria conduta"*, enquanto, nos crimes de mera conduta, não há qualquer resultado, e a *"ação e a omissão bastam para constituir o elemento material"* do tipo.[3]

Exemplifica MANOEL PEDRO PIMENTEL que, no crime de falso, crime formal, haveria um resultado consistente no uso de documento falso, pois o documento pode ser falsificado em São Paulo e vir a ser usado em Belo Horizonte.

Assim, para MANOEL PEDRO PIMENTEL, no crime formal, visa-se a um resultado que pode ou não existir e, no de mera conduta, não se põe, de forma alguma, qualquer resultado. Seriam crimes de mera conduta o porte de arma, o porte de entorpecentes para uso próprio, a invasão de domicílio.

---

[1] *Tratado de Direito Penal*, Campinas, Millenium, 1997, edição atualizada, p. 433.

[2] GALLO, M., op. cit., p. 89.

[3] PIMENTEL, M. P. *Crimes de mera conduta*, São Paulo, 1959, tese de livre-docência apresentada à Faculdade de Direito da USP, p. 79, 127, 170 e 214.

Primeiramente, entendo que o exemplo do crime de falso como crime formal não é procedente, pois o uso do documento só constitui crime se for realizado por terceiro que não aquele que falsificou. Se usado pelo próprio falsificador, o crime de uso de documento falso se subsume no de falso. Por outro lado, considero que para se perfazer o crime de falso é imprescindível a colocação do documento falso em circulação, pois só dessa maneira se ofende o bem jurídico. Falsificar uma carteira de identidade e mantê-la fechada em uma gaveta não tipifica o falso.

Desse modo, há sempre um resultado, entendido como manifestação no mundo exterior, verificável concretamente, independentemente de se haver um evento material destacado da conduta. Logo, seja na concussão em que o crime se perfaz com a exigência de vantagem indevida, seja na invasão de domicílio, com a entrada na casa alheia, seja no porte de arma que se consuma com o ato de trazer uma arma sem a devida autorização.

Exemplo da superfluidade da distinção entre crime formal e crime de mera conduta encontra-se na figura penal do crime de corrupção passiva. Diz o art. 317 do Código Penal: "... *solicitar ou receber para si ou para outrem, direta ou indiretamente, ainda que fora da função ou antes de assumi-la, mas em razão dela, vantagem indevida, ou aceitar promessa de tal vantagem*".

O crime, portanto, prevê três formas de realização, solicitar, receber vantagem indevida ou aceitar promessa de tal vantagem. São os denominados tipos em cascata, que descrevem vários modos de execução do crime, mas se o agente praticar, por exemplo, duas das formas, solicitar e depois receber, a ação delituosa é uma só. Pois bem, nesta hipótese, ao solicitar a vantagem indevida o crime se consumou com a mera solicitação, sendo que poderá o agente receber ou não a vantagem indevida, o que é indiferente na economia do tipo.

Se ocorrer o recebimento, resultado que pode ou não existir, mas, repita-se, desimportante para a tipificação, que se deu no ato de solicitar, o crime seria, segundo a classificação de MANOEL PEDRO PIMENTEL, formal, pois viável a ocorrência de um resultado posterior totalmente irrelevante à configuração típica. Se não houver o recebimento, limitando-se à solicitação, o crime seria de mera conduta.

Como se viu, havendo a solicitação, o recebimento é indiferente, o que mostra ser supérflua a distinção entre crime formal e de mera conduta, não se justificando que a corrupção passiva seja, ora crime de mera conduta, se se limitou à solicitação, ora formal, se além da solicitação ocorreu o recebimento, que é desimportante à tipificação.

Dessarte, não visualizo uma distinção entre crime formal e de mera conduta, pois como reconhece MANOEL PEDRO PIMENTEL, também, no crime formal, importa apenas a conduta, de tal modo que não é possível a configuração da tentativa, nesta forma de crime.

9.2. CRIME INSTANTÂNEO, PERMANENTE, INSTANTÂNEO DE EFEITO PERMANENTE E O MOMENTO CONSUMATIVO

O crime é instantâneo ou permanente conforme o enunciado constante do tipo penal. Assim se verifica, no ensinamento de PAGLIARO, no sentido de que o decisivo para determinar se um crime é permanente ou não está na norma proibitiva.[4] O crime

---

[4]   PAGLIARO, A. *Principi di Diritto Penale*, Milão, Giuffrè, 1972, p. 477.

será instantâneo, se o tipo penal incrimina apenas a conduta que instaura uma determinada situação. Permanente, se incrimina esta conduta e também a conduta sucessiva que mantém presente esta situação.

Se se perfaz o tipo penal, nos crimes formais, com a prática ou a omissão da conduta, e nos crimes materiais com a conduta e a produção do resultado, o crime é instantâneo.

De outro modo, pode-se afirmar que se ao ocorrer a conduta, nos crimes formais, ou a ação e o seu resultado, nos materiais, opera-se a consumação do tipo penal, presentes todos os elementos de sua definição legal, com lesão efetiva ou potencial do interesse protegido,[5] o crime é instantâneo.

Nos crimes permanentes, por meio do comportamento humano[6] omissivo, a situação lesiva inicial perdura no tempo, *"protraindo-se a situação antijurídica"*,[7] com aumento do prejuízo originado pelo fato. O que perdura no tempo é o comportamento, mantendo viva a situação lesiva,[8] pela omissão de ação que a faça cessar.

O tipo penal incrimina, nos crimes permanentes, não só a conduta inicial, mas, também, a conduta sucessiva de manutenção da situação lesiva, que se dá, como já assinalei, pela forma omissiva. Por isso, diz que para se reconhecer que o crime é permanente, o elemento decisivo deve estar na incriminação da conduta criadora da situação antijurídica e também **da conduta que a mantém:** *"... por isso o sequestro de uma pessoa é crime permanente e o furto de um cão não o é"*.[9]

A doutrina busca, desde os primórdios do século passado, com CAMPUS, estabelecer o sinal distintivo do crime permanente. Na esteira desse autor, LEONE e BETTIOL entendem que, no crime permanente, o bem jurídico lesado não pode ser destruído ou diminuído, apenas sendo possível ser comprimível, pois finda a permanência retorna à sua integralidade.[10]

Desse modo, ocorre, no crime permanente, *"um estado de compressão que perdura"*,[11] no qual ganha relevo a conduta omissiva que comprime, a ponto de DALL'ORA chegar a considerar o fato comissivo inicial como antefato irrelevante, constituindo apenas o início da compressão, opinião que não se pode acolher, pois o fato comissivo inicial integra o tipo, e nenhum obstáculo há em se verificar o delito em dois momentos, cada qual em confronto com um comando do preceito penal: o de não criar a situação antijurídica e o de fazer cessar esta situação.

Cabe razão, todavia, a PAGLIARO e a ADORNATO[12] no sentido de que o caráter imaterial e comprimível do bem jurídico submetido ao prolongamento do estado lesivo não torna todo crime contra bem imaterial permanente, pois se é certo que o bem que

---

5   BETTIOL, G., op. cit., p. 506.

6   MESTIERI, J. *Teoria elementar do Direito Criminal,* Rio de Janeiro, 1990, p. 301.

7   ANTOLISEI, F. *Manuale,* cit., p. 195.

8   DALL'ORA, A. *Condotta omissiva e condotta permanente,* Milão, Giuffrè, 1950, p. 172. Igualmente ADORNATO, C. *Il momento consumativo del reato,* Milão, Giuffrè, 1966, p. 115.

9   Op. cit., p. 478.

10   LEONE G. *Del reato abituale, continuato e permanente,* Nápoles, 1933, p. 379.

11   DALL'ORA, A., op. cit., p. 188; ADORNATO, C., op. cit., p. 116.

12   PAGLIARO, A., op. cit., p. 479; ADORNATO, C., op. cit., p. 114.

214 | FUNDAMENTOS DE DIREITO PENAL – *Miguel Reale Júnior*

é destruído ou diminuído não pode ser objeto da situação perdurante de lesividade, não menos certa é a existência de crimes, como o furto, cujo bem protegido é a posse, suscetível de compressão, que não constitui crime permanente, porque assim não o figurou o legislador, ao não dar relevo ao momento subsequente à subtração. Assim, não basta que o bem seja suscetível de compressão, é necessário que venha configurado como permanente pelo legislador.

Doutra parte, autores consideram que pode suceder, excepcionalmente, a configuração de crime permanente que atinja bem material, como ocorre no crime previsto no art. 164 do Código Penal, referente à introdução de animais em propriedade alheia.[13] Não parece aceitável, todavia, o exemplo citado, pois é crime, a nosso ver, instantâneo, que exige resultado, o prejuízo, como condição objetiva de punibilidade.

Importa destacar, no entanto, que a regra é que o bem seja imaterial e, portanto, sujeito à compressão, apenas excepcionalmente, podendo suceder a permanência delituosa em delito que atinja bem material, o que, a meu ver, é altamente duvidoso com relação ao exemplo dado por FREDERICO MARQUES.

Outro dado indicado como característico do crime permanente está na realização bifásica, havendo um momento inicial comissivo, instantâneo, e toda conduta comissiva é instantânea,[14] a que se segue um comportamento omissivo que é essencialmente permanente. A conduta omissiva consiste em não fazer cessar a situação antijurídica criada, deixando perdurar a compressão sobre o bem jurídico tutelado, havendo preceito com dois comandos: o primeiro, que determina a não realização da conduta que dá início à situação de compressão do bem jurídico, o segundo, de remover esta situação antijurídica.[15]

Cabe razão, no entanto, a FREDERICO MARQUES, na esteira de ANTOLISEI, quando lembra hipótese em que a ação inicial é também omissiva, como sucede se um hospital já tem a custódia de pessoa doente e o impede de sair. Mas, na generalidade dos casos, a ação inicial é comissiva. O segundo momento da realização bifásica, todavia, é sempre omissivo: não remoção do estado lesivo criado, fazendo perdurar a compressão sobre o bem tutelado.

O crime instantâneo pode, no entanto, produzir efeitos permanentes, como é exemplo óbvio o crime de homicídio. Tanto o crime de ação, a apropriação indébita ou o furto, pode ter efeitos permanentes como o crime de ação e evento, o homicídio e a lesão corporal. O que perdura no tempo é o efeito do crime que se consuma com a realização da ação, ou com a produção do resultado ligado à ação, nos crimes materiais.

Os efeitos que decorrem da ação, e podem perdurar no tempo, não transformam o crime em permanente,[16] pois a consumação se deu de modo instantâneo quando da prática da ação ou da ocorrência do resultado.

Não há, na hipótese, uma conduta omissiva posterior à ação que alcance relevo na descrição típica, sendo os efeitos permanentes extratípicos, na expressão de JOÃO

---

[13] FREDERICO MARQUES, J., op. cit., p. 366 e ANTOLISEI, F., op. cit., p. 196, com relação ao crime de invasão de fazendas agrícolas e industriais.

[14] FREDERICO MARQUES, J., op. cit., p. 363.

[15] LEONE, G., op. cit., p. 392.

[16] BETTIOL, G., op. cit., p. 509.

MESTIERI. No crime de furto, que é de consumação instantânea, a perda da posse perdura no tempo para o legítimo possuidor, no entanto, o momento consumativo, de acordo com a descrição típica, dá-se no momento da subtração, com a posse pacífica da coisa subtraída em mãos do ladrão. O crime se consuma em um instante.

O crime permanente tem seu momento consumativo no instante em que cessa a compressão sobre o bem jurídico.[17] O momento consumativo constitui o *dies a quo* do prazo prescricional, que começa a correr do dia em que se consumou o crime (art. 111, I, do Código Penal) e na hipótese do crime permanente, do dia em que cessa a permanência (art. 111, III, do Código Penal), ou seja, também do dia em que se consumou.

9.3. CRIME COMPLEXO

O crime é complexo quando, segundo o art. 101 do Código Penal, elemento ou circunstância do tipo legal, por si mesmo, constituir crime. Dessa forma, pode haver crime complexo essencial, no qual elemento do tipo é, por si só, correspondente a uma figura penal, e acidental quando houver circunstância agravante ou qualificadora do crime que, por si só, constitua crime.

O crime qualificado ou agravado pelo resultado já foi antes estudado, e difere, como assinala RICARDO ANDREUCCI, do crime complexo essencial. Neste, não há apenas um resultado que pode ou não se agregar ao tipo básico por um nexo de causalidade, podendo ser atribuído ao agente, se previsível sua ocorrência, ou se tiver o agente assumido o risco de produzi-lo, sem que exista uma relação dos elementos essenciais.[18]

No crime complexo essencial, há dois elementos do tipo, cada qual configurando, por si, uma figura penal, que se unem em uma relação essencial à configuração do tipo complexo, realizando-se uma unidade real, que brota da forma inafastável de sua efetivação concreta, *"obediente o legislador às pressões do real, que exigem uma unidade jurídica daquilo que surge unitariamente na vida".*[19]

Fundamenta-se, portanto, na realidade, a construção do crime complexo, como o do roubo, art. 157 do Código Penal, formado pela descrição típica de dois delitos, o de constrangimento ilegal, art. 146, consistente em impor a alguém, mediante grave ameaça ou violência, a fazer algo, e o de furto, art. 155, referente à subtração de coisa alheia móvel. São dois delitos que se juntam na realidade e que formam um todo no qual as partes têm uma relação teleológica, sem que os crimes componentes percam sua individualidade, como assinala RICARDO ANDREUCCI.[20]

---

[17] ADORNATO, C., op. cit., p. 122.

[18] ANDREUCCI, R. A. "Apontamentos sobre o crime complexo", *in Estudos e pareceres*, São Paulo, RT, 1982, p. 44; FIGUEIREDO FERRAZ, E., op. cit., p. 104; VASSALLI, G. "Reato complesso", *in Enciclopedia del Diritto*, vol. XXXVIII, Milão, Giuffrè, 1987, p. 830.

[19] ANDREUCCI, R. A., idem, p. 50, demonstrando o autor que, no crime complexo, se existe uma derrogação das regras do concurso de crimes, o essencial é que o crime complexo é uma forma de crimes conexos, caracterizada pela conexão teleológica e consequencial, havendo uma unidade natural.

[20] ANDREUCCI, R. A., op., cit., p. 53.

216 | FUNDAMENTOS DE DIREITO PENAL – *Miguel Reale Júnior*

É admissível, ademais, a existência de crimes eventualmente complexos, ou seja, que em sua realização concreta possivelmente componham-se de dois crimes,[21] como ocorre no crime de estelionato, no qual o meio ardiloso pode vir a ser um crime de falso. Se o uso de um documento falso é o meio por via do qual o agente induz em erro a vítima, há um crime meio, o falso ou uso do documento falso, e um crime fim, a obtenção de vantagem indevida causando prejuízo a alguém, enquadrando-se a hipótese como configuração de um crime complexo eventual,[22] pois o estelionato pode suceder por via de qualquer ardil, que, por si só, não seja crime.

9.4. CRIME PROGRESSIVO

O crime progressivo configura-se quando na realização do crime passa-se, no caminho, pela execução de outro de menor gravidade, indo-se do menos grave ao mais grave, ou quando este, pelo grau da ofensa, compreende o de menor relevo ofensivo ao mesmo bem jurídico.

No crime progressivo, portanto, o crime mais grave engloba o menos grave, que não é senão um momento a ser ultrapassado, uma passagem obrigatória para se alcançar a realização do mais grave. Conforme RANIERI, há duas formas de crime progressivo:[23] a primeira, com ofensa ao mesmo bem jurídico com gravidade crescente, havendo duas ações que recaem sobre o mesmo bem jurídico da mesma pessoa; a segunda, quando uma única conduta produz uma ofensa ao bem jurídico que contém a ofensa menor.

A primeira hipótese, a meu ver, pode ser vislumbrada no caso de ofensa à honra em manifestação verbal diante de poucas pessoas, a que se segue a mesma ofensa em entrevista coletiva divulgada pela imprensa.[24] O crime contra honra, por via de imprensa, por atingir um número indeterminado de pessoas, é mais grave do que o crime comum contra honra. Conforme salientei anteriormente com base em EDUARDO CORREIA, há, na hipótese, um grau diferente de violação, em que uma *"fase mais grave de lesão ao bem jurídico supõe necessariamente a transição por uma menos grave: onde está o mais está o menos"*,[25] prevalecendo, pelo critério da consunção, o delito mais grave sobre o menos grave.[26]

---

[21] VASSALLI, G., op. cit., p. 829.

[22] ANDREUCCI, R. A., idem, p. 45.

[23] RANIERI, S. *Manuale di Diritto Penale, parte generale,* Milão, Cedam, 1968, p. 100.

[24] Nosso "Crime progressivo", *in Ciência Penal,* n° 2, 1979, p. 140.

[25] CORREIA, E. *A teoria do concurso em Direito Criminal,* Coimbra, 1963, p. 147.

[26] Cabe, de forma sintética neste passo, mencionar o concurso de normas. No concurso de normas, o mesmo fato resta sujeito a ser qualificado por duas normas, chamando-se de concurso aparente; há critérios em razão dos quais este concurso resolve-se, com a aplicação de uma delas. O primeiro critério é o da especialidade, objeto de dispositivo do Código Penal que estabelece no art. 12 que as regras da Parte Geral do Código aplicam-se aos fatos incriminados por lei especial, **salvo disposição em contrário.** Assim, se a lei especial compreende além dos elementos de uma norma incriminadora do Código Penal outros dados especificadores, prevalecerá a lei especial, por exemplo, a norma relativa ao crime de agente fiscal que exige vantagem indevida no exercício da função, art. 3° da Lei n° 8.137/90, prevalece sobre a figura geral da concussão do art. 316 do Código Penal. *Lex speciali derogat lex generali.* Outro critério é o da subsunção, que estabelece a prevalência da norma que, ao dispor sobre crime mais grave que ofende o mesmo

Parte II · Capítulo 9 · OUTRAS FORMAS DE CRIME | **217**

A segunda hipótese, quando a ofensa de um bem jurídico de importância maior implica a ofensa de um de menor relevo, se dá no exemplo do porte de parcela da quantia de substância entorpecente para uso próprio, destinando-se o restante da quantia a ser vendida, configurando-se o crime de tráfico de entorpecentes, que abrange e consome o de portar para uso próprio.

O mesmo se verifica entre o crime de possuir petrechos para falsificação de moeda, art. 291 do Código Penal, e o crime de falsificação de moeda, art. 289 do Código Penal, sendo o primeiro passagem para o segundo, que ofende mais gravemente o bem jurídico, absorvendo o crime menos grave.

9.5. CRIME DE PERIGO

O tipo penal pode estatuir que o crime se perfaz com a efetiva lesão ao bem jurídico, que vem a ser ofendido pela eliminação ou diminuição em face da ação delituosa. Desse modo, atinge-se o bem jurídico vida no homicídio, que destrói a vida da vítima, ou no furto, pelo qual se lesa o patrimônio pela redução do patrimônio do sujeito passivo.

Em outras figuras penais, o relevo típico não exige a efetiva lesão, mas a colocação em perigo do bem jurídico, que resta sujeito à possibilidade de vir a ser lesado em decorrência da ação delituosa. A noção de perigo já foi anteriormente estudada quando da análise das causas de exclusão, em especial, o estado de necessidade.

A criação de uma situação perigosa deve, portanto, ser elemento integrante da descrição legal do crime, como acentua ANGELO ILHA DA SILVA,[27] havendo crimes de perigo concreto e crimes de perigo abstrato ou presumido.

O crime é de perigo concreto quando efetivamente da ação realizada decorre uma colocação do bem jurídico em situação de perigo,[28] como sucede no crime de incêndio. Pôr fogo em uma casa de sua propriedade, no meio do campo, sem que a vida, integridade física ou patrimônio de outrem reste sujeito a qualquer perigo de dano, não constitui crime de incêndio. Este exige, conforme a dicção do art. 250 do Código Penal, que o fogo causado exponha a perigo a vida, a integridade física ou o patrimônio de qualquer pessoa. O antigo crime de embriaguez ao volante, já examinado (Código de Trânsito Nacional, art. 306), consistente em dirigir sob influência do álcool ou outra

---

bem jurídico, absorve a norma de proteção deste bem em grau menor. A norma relativa ao crime de sequestro (art. 148 do Código Penal) prevalece, por ser mais grave, sobre a do crime de subtração de incapaz (art. 249 do Código Penal). O crime de dano prevalece sobre o de perigo, assim a norma da lesão corporal decorrente da transmissão de doença venérea, art. 129 do Código Penal, prevalece sobre a norma do art. 130 do Código Penal referente à exposição da saúde a perigo decorrente de relações sexuais. *Lex primaria derogat legi subsidiariae*. Pelo critério da consunção, se no desenrolar da ação se vem a violar uma pluralidade de normas passando-se de uma violação menos grave para outra mais grave, que é o que sucede no crime progressivo, prevalece a norma relativa ao crime em estágio mais grave, como ocorre na hipótese de antes ferir a vítima, para depois no mesmo contexto, instantes depois, avançar sobre a mesma matando-a. De igual forma, passar da prática do crime contra honra comum para o crime contra honra por meio de imprensa. A norma do crime que mais intensamente fere o bem jurídico no desenvolvimento da ação prevalece. *Lex consumens derogat legi consumptae*.

27 ILHA DA SILVA, A. R., op. cit., p. 88.

28 Nosso *Problemas penais concretos*, cit., p. 21; *Crime de embriaguez ao volante*, cit., p. 84.

substância, também se tipificaria caso desta situação se decorresse dano potencial à incolumidade de outrem (modificado pela Lei nº 11.705/08).

A situação perigosa pode, como sucede nos crimes contra a incolumidade pública, colocar em risco de dano um número indeterminado de pessoas, sendo idônea a lesar a segurança geral, de que é exemplo o crime de incêndio, ou de sujeitar a perigo de dano uma pessoa determinada, como no crime de perigo de contágio de moléstia grave, art. 131 do Código Penal.

Em certos tipos penais, o legislador presume a periculosidade da situação, mesmo que efetivamente nenhuma periculosidade tenha concretamente derivado a algum bem jurídico, bastando a realização da ação, considerando-se inerente a esta a periculosidade, tendo em vista aquilo que em geral decorre da experiência normal.[29]

No crime de perigo abstrato, o legislador, adstrito à realidade e à experiência, torna puníveis ações que atendidam a natureza das coisas; trazem ínsito um perigo ao objeto da tutela.

O desafio do Direito Penal hodierno está em limitar as figuras de perigo abstrato, que beiram a inconstitucionalidade por ausência de lesividade, sendo compreensível que a impossibilidade inafastável de descer à discriminação taxativa de todas as situações de perigo e à impossibilidade de prova do perigo, como no crime de tráfico de entorpecentes,[30] conduza à criação de figuras de perigo abstrato ou presumido.

A inconstitucionalidade, todavia, é patente quando o comodismo do legislador leva à utilização de cláusulas gerais, como no crime de gestão temerária do art. 4º da Lei nº 7.492/86, sendo possível determinar quais as condutas perigosas ao sistema financeiro, a exemplo do constante dos Anteprojetos de Parte Especial do Código Penal.[31]

Alguns autores pretendem que haja apenas crimes de perigo presumido,[32] pois não há perigo abstrato, mas apenas perigo que o legislador presume, sujeito à prova em contrário. Outros diferenciam o crime de perigo abstrato do presumido, sendo este apenas uma presunção do legislador, enquanto o abstrato decorre de uma periculosidade ínsita à ação.

Concordo com ANGELO ILHA DA SILVA no sentido de que o perigo deve estar ínsito na conduta, segundo o revelado pela experiência, e não ser considerado presumido pelo legislador,[33] mas adotando a sinonímia abstrato ou presumido, pois entendo que o perigo é presumido no sentido de que pode haver prova em contrário da inexistência do perigo, dando-se uma presunção *iuris tantum*, sujeita à prova em contrário, pois só dessa forma se adequa a figura do perigo abstrato à exigência da lesividade, dentro de

---

[29]   Nosso *Crime de embriaguez ao volante*, cit., p. 85.

[30]   ILHA DA SILVA, A., R., op. cit., p. 94, que a exemplo de VICENTE GRECO FILHO, vê no tráfico de entorpecentes um perigo abstrato presumido de forma absoluta, que pode causar dano à coletividade. Entendo que há no crime de tráfico de entorpecentes uma periculosidade ínsita à ação, mas admitida a prova em contrário, havendo, destarte, uma presunção *iuris tantum*.

[31]   A respeito vide nosso *Problemas penais concretos*, cit., p. 22.

[32]   COSTA, P. J. Jr., *Comentários ao Código Penal, parte geral*, vol. 1, São Paulo, Saraiva, 1986, p. 73; ZAFFARONI, E. *Manual de Derecho Penal*, parte general, Buenos Aires, Ediar, 1977, p. 405.

[33]   ILHA DA SILVA, Angelo, R., op. cit., p. 97 e seguinte. ILHA DA SILVA. Angelo R., *Curso de Direito Penal – parte geral*. Porto Alegre, Livraria do advogado, 2020, p. 197 e seguinte.

um Direito Penal garantista, quando se expande a criação de figuras de perigo abstrato na proteção de bens jurídicos universais, como o meio ambiente.[34]

9.6. CRIME HABITUAL

O legislador estabelece, nos crimes de exercício ilegal da medicina, art. 282 do Código Penal e de curandeirismo, art. 284 do Código Penal, que o crime não se limita à prática de uma ação, mas que se perfaz pelo exercício, ou seja, pela prática reiterada, considerada uma única ação composta de vários atos repetidos no tempo.

Deve o agente estar imbuído da intenção de realizar uma série de ações que revelam o exercício da atividade ilegal, pois só pela reiteração põe-se em risco o bem jurídico tutelado, a saúde pública, nos crimes acima mencionados, e não por uma atitude ocasional.[35]

Desse modo, o verbo indica que a tipicidade apenas ocorre pela habitualidade, a ser verificada pela reiteração de uma determinada atividade considerada ilegal e que cria uma situação perigosa ao bem jurídico. No crime habitual, a reiteração é um elemento constitutivo do tipo.[36]

---

[34] SCHUNEMANN, B. *Consideraciones,* cit., p. 19; KINDHAUSER, U., op. cit., p. 77, que diz ser o crime de perigo abstrato o *"tipo estandardizado da legislação moderna"*.

[35] MAGALHÃES NORONHA, E. *Direito Penal,* vol. 4, São Paulo, Saraiva, 1962, p. 119.

[36] BETTIOL, G., op., cit., p. 701.

Capítulo 10
TENTATIVA

10.1. CRIME CONSUMADO E TENTADO:[1] TODO E PARTE

Nos crimes em que o dano se destaca da ação, e esta se desenrola por uma trilha conduzente à produção do resultado danoso (crime de resultado material), o legislador pune esta ação, mesmo que não venha a efetivamente a atingir o resultado, criando-se, todavia, uma situação perigosa ao bem jurídico, que não foi lesado apenas por razões independentes da vontade do agente, pois a ação era potencialmente lesiva.

A proteção ao bem jurídico, destarte, se antecipa, e é relevante o perigo criado em razão da intenção de lesar ter sido posta em atividade, combinando-se um dado objetivo consistente no perigo a que resta submetido o bem jurídico com a vontade de dar causa a um delito perfeito, cujo ponto final seria o efetivo dano. Há na tentativa, como assevera MONTANATA, o perigo de realização do delito consumado e a intenção de o consumar por meio de uma conduta idônea à realização concreta da consumação.[2]

Apesar de entender que há uma tipicidade do delito tentado, pois forma-se o tipo pela soma da descrição típica do art. 14, II, do Código Penal com a figura típica das normas incriminadoras, não considero que a tentativa tenha, como pretende MONTANATA, uma autonomia normativa, seja quanto ao tipo, seja quanto à sanção. E isto porque a tentativa, malgrado represente uma tipologia diversa, guarda, como se verá, íntima relação com o crime consumado, pois tentativa sempre é tentativa de um determinado tipo de crime.

Desse modo, consumação e tentativa são conceitos que se interdependem e se exigem em uma relação de todo e parte, apenas sendo possível pensar-se em tentativa com referência à figura típica de um crime, mesmo porque essa relação de todo e parte não deflui, também, da própria realidade.

No art. 14, I, o legislador conceitua crime consumado como aquele no qual há plena correspondência da ação concreta à ação descrita na definição legal, ou seja, a ação é inteiramente adequada ao tipo penal, em todos os seus aspectos, objetivo e subjetivo. O consumado é o típico.

A tipicidade encontra, neste passo, sua *consagração legislativa*. Fato consumado é o fato típico, por ocorrer a congruência com todos os elementos constitutivos da *definição legal*, ou seja, da descrição típica.

---

[1] A respeito, vide nosso *Teoria do delito*, cit., p. 191 e seguintes.

[2] MONTANATA, G. "Tentativo", *in Enciclopedia del Diritto*, vol. XLIV, p. 120.

Crime tentado, em contrapartida, é a ação parcialmente adequada ao tipo penal no pertinente ao aspecto objetivo, uma vez que está presente, na ação, a intenção da consumação do delito, colorindo e dando significado à ação delituosa malsucedida.

Assim, é da figura consumada de um determinado crime que se extrairá sua figura tentada. Da descrição típica do crime de resultado material, elabora-se o tipo da forma tentada, apenas parcialmente típica por faltar o resultado danoso previsto na norma incriminadora.

No crime consumado, o agente alcança o resultado próprio da conduta delituosa descrita no tipo penal. No crime tentado, o agente não alcança esse resultado. Difere o crime consumado do tentado quanto às consequências decorrentes da execução da ação delituosa: há uma diferença quantitativa, sem que, no entanto, a tentativa se constitua em entidade autônoma, como acima assinalei.[3]

Esta inter-relação entre tentativa e consumação, entre todo típico e parcela típica, torna-se mais evidente examinando-se como se desenvolve, na realidade, o processo executório de uma ação delituosa.

O agente, ao vislumbrar um determinado fim que se põe como motivo do agir, equaciona os meios adequados e idôneos à sua consecução. Ao traduzir em atos a sua intenção, através da utilização dos meios idôneos, o processo executivo é potencialmente causa perfeita do fim que se busca. Se não se alcança a meta proposta, por qualquer razão fortuita, verifica-se, entretanto, na realidade, o desenvolvimento de um processo que almeja a consumação de uma ação típica, da qual apenas parte ou partes se produzem.

A tentativa é, portanto, ressalte-se novamente, *"sempre relativa a uma determinada espécie de crime que se pretendia cometer"*,[4] mas cuja tipificação deixa de ocorrer pela não efetividade de algum elemento objetivo componente do tipo penal.

O art. 14, item I, do CP, ao definir crime consumado, constitui a *normatização da tipicidade*, como técnica do Direito, e o reconhecimento de que o modelo jurídico se compõe, de modo integrado, de diversos elementos, aos quais a ação delituosa deve atender a fim de se considerar consumado o crime, isto é, típica à ação.

A subsunção da forma tentada de um determinado crime realiza-se a partir da figura do crime consumado, pela verificação da ausência de um elemento, ou seja, um dado negativo,[5] por ter sido interrompida a ação ou não ter se realizado o resultado.

10.2. A FIGURA TÍPICA DA TENTATIVA E O ELEMENTO SUBJETIVO

Há, como mencionei, uma descrição típica da tentativa e o *processo de tipificação* do crime tentado, portanto, é realizado mediante confronto entre as notas características da ação concreta e a figura do crime que se visava a consumar, pelo que se constata a ausência de um dos elementos da definição legal. Cabe, então, ao intérprete, indagar:

---

[3] CURY URZÚA, E. *Tentativa y delito frustrado*, p. 27, chega a considerar que a tentativa tem autonomia substancial diante do crime consumado, apesar de sua tipicidade basear-se na tipicidade do crime consumado. ZAFFARONI, E. R. e PIERANGELI, J. H. *Da tentativa*, p. 59, com razão, opõem-se a essa autonomia substancial, pois o bem jurídico é o mesmo do delito consumado.

[4] BRICHETTI. *Il delitto tentato*, p. 16.

[5] MONTANATA, G., op. cit., p. 122.

é penalmente relevante esta conduta que corresponde, apenas em parte, ao conceito daquele determinado tipo de crime? A ação, em exame, tipifica-se, enquadra-se, como tentativa? É tentativa de determinado crime?

A tentativa tem elementos essenciais e cumpre ressaltar qual aspecto do crime consumado deve igual e obrigatoriamente integrar a ação parcialmente inadequada ao tipo penal. Esse elemento é a *intenção de consumação*, é o aspecto subjetivo da conduta, abrangente de todos os elementos da definição legal. O resultado delituoso deve ser o fim que anima a atuação do agente.

O elemento subjetivo integra a ação tanto no crime consumado como no tentado, sucedendo, todavia, que, no crime consumado, a realidade da consecução do resultado encerra e traduz a intenção delituosa, de tal forma que a faceta interna da conduta não se sobressai, mesmo porque há efetiva coincidência entre as consequências externas do comportamento e o substrato intencional, que dá significado a essa conduta.

Na forma tentada, há uma disparidade entre o crime que se pretendia cometer e as consequências do que se executou. A intenção permanece, contudo, íntegra como referência ao fim último que se busca alcançar. TOBIAS BARRETO bem ilustra esta incongruência: "... *se o fenômeno que se quis é mais do que o fenômeno que se deu, aí temos a tentativa*",[6] ressaltando ser o dolo essencial na tentativa.

Por esta razão, VANNINI considera que o dolo na tentativa é o dolo de consumação.[7] Em vista disso, o problema do dolo na tentativa constitui um argumento central da teoria finalista, pois a compreensão causal-mecanicista da ação e a teoria psicológica não explicariam o instituto da tentativa, pois, se é a intencionalidade que permite a adequação típica indireta, o dolo, por conseguinte, não é dado a ser posteriormente atribuível ao comportamento, mas constitui o próprio conteúdo da vontade pertencente à ação. Os finalistas argumentam, portanto, e com razão, que, se na tentativa o dolo integra a ação, seria contraditório não a integrar no caso do crime consumado.[8]

Há vários atos que podem constituir meios de execução de diversos crimes. A intenção que preside à atuação do agente é definidora do crime que se pretendia perpetrar. Se alguém pula o muro para penetrar na residência de outrem, e foge por ter sido visto, é admissível que o agente poderia estar pretendendo matar o proprietário, estuprar sua filha ou furtar seu dinheiro.[9]

O dolo infere-se de todas as circunstâncias objetivas conhecidas, com a passagem do extrínseco conhecido para o intrínseco desconhecido,[10] como acima analisei.

Acrescente-se, no entanto, que deve haver um grau de certeza na inferência da intenção do agente, grau este que apenas se tem com a apreensão da *execução de atos idôneos e inequívocos*.

---

[6]   BARRETO, T. *Estudos de direito II,* cit., p. 232.

[7]   VANNINI, O. *Il problema giuridico del tentativo,* p. 41; ZAFFARONI, E. R., e PIERANGELI, J. H., op. cit., p. 58, consideram que idêntico não é apenas o dolo, mas todo o tipo subjetivo.

[8]   WELZEL, H. *Derecho penal,* p. 45; ZAMPETTI, *Il finalismo nel diritto,* p. 33; CAMPISI, Nicola. *Riflessioni sulla teoria finalista,* p. 23.

[9]   Dúvidas idênticas são suscitadas por GARCIA, B. *Instituições,* vol. I, p. 231.

[10]   BRICOLA, F. *Dolus in re ipsa,* p. 12; GALLO, M. "Dolo", *in Enciclopedia, del Diritto,* cit., p. 802.

Se não houver possibilidade de fixação da efetiva intenção do agente, é obrigatório que o intérprete opte pelo enquadramento mais favorável ao réu, ou seja, no caso acima mencionado, pela persecução penal por violação de domicílio.

Como se vê, há uma relação necessária entre a intenção de consumação e os atos de execução praticados, sem descuido das demais circunstâncias objetivas, pois se a inferência da intenção delituosa, no caso do crime ser consumado é mais simples, em razão de o resultado decorrente da execução da ação revelar com maior clareza o aspecto interno da conduta, na forma tentada, é mister que esta intenção de consumação, por ausência de resultado, seja deduzida por via da análise dos meios utilizados, sendo lógico que o intrínseco desconhecido se fará mais preciso conforme a idoneidade e univocidade dos meios postos em execução.

Outra circunstância que indicará indiretamente a intenção será o fato de o agente procurar contornar ou impedir que atue a causa fortuita que se interpõe e impossibilita a consumação do crime.

O Código italiano, afastando a distinção entre atos preparatórios e atos de execução, define tentativa como a realização de atos idôneos, destinados de modo não equívoco à prática de um delito, quando a ação não se completa ou o evento não se realiza.[11]

Dois dados, por conseguinte, destacam-se como características da tentativa para o legislador italiano: a idoneidade e a univocidade dos meios.

Uma veemente crítica formulada à solução adotada pelo Código italiano é no sentido de que a análise da idoneidade ou não de um ato encontra um limite no fim, objetivamente verificável, próprio daquele ato em si considerado.

Desse modo, PETROCELLI argumenta que o ato de bem limpar um fuzil constitui uma limpeza idônea,[12] mas não tem o condão de ser isoladamente considerado como idôneo à comissão de um homicídio. A idoneidade, por conseguinte, deve ser referida aos atos de execução, como potencialidade real dos meios utilizados de lesar o bem jurídico protegido, mas cujo processo de execução é interrompido por fato fortuito.

A nosso ver, ambas as qualidades de que devem esses atos se revestir, para que se reconheça a prática de tentativa de um crime, são elementos reveladores da intenção de consumação do crime, que se pretendia cometer.

Não são, todavia, suficientes essas qualidades para se determinar a relevância penal dos atos praticados, tipificando-se como tentativa de crime, uma vez que é necessário que idôneos e unívocos sejam os atos de execução e não apenas os preparatórios, como decorrência da natureza das coisas e em função da tutela da garantia individual, como adiante será abordado.

10.3. IDONEIDADE E UNIVOCIDADE DOS MEIOS

O Anteprojeto Hungria estatuía, com razão, que se caracterizaria a tentativa *"quando alguém cometesse atos de execução idôneos e unívocos"*, exigindo a idoneidade

---

[11] O Código italiano em seu art. 56 diz o seguinte: *"Aquele que realiza atos idôneos, destinados de modo inequívoco a cometer um delito, responde por delito tentado, se a ação não se finda ou se o resultado não se realiza."*

[12] PETROCELLI, B. *Il delitto tentato*, p. 62.

Parte II · Capítulo 10 · TENTATIVA | **225**

e a univocidade como qualidades dos atos executórios, pois se não há idoneidade, não há o perigo que caracteriza a tentativa.[13]

Se o meio for inidôneo, nenhuma relevância penal possui o caso fortuito, que, eventualmente, concorre para a não consumação do delito.

O legislador, no entanto, entendeu *despicienda* a cláusula referente à idoneidade dos meios, pois a exige de forma negativa, ao dispor sobre o crime impossível, segundo a qual inocorre tentativa, quando inidôneos são os meios utilizados.

Parece-me, todavia, que seria de se acolher a referência à idoneidade dos meios de execução, como indicação ao intérprete do processo de aferição da intenção delituosa, dado essencial para a caracterização de uma ação como tentativa de um determinado crime. A referência "meios idôneos e unívocos" desnudaria, com precisão, os elementos constitutivos da figura da tentativa.

A direção clara dos atos para um determinado fim é sintoma da intenção do agente. Atos inequívocos apenas podem ser os atos de execução, apesar de que nem todos o sejam.

A univocidade, todavia, não deve restringir a tentativa, tão somente, àqueles atos de execução que, por si, sem auxílio de qualquer outra prova, revelem a intenção de cometer um determinado crime. A inferência da intencionalidade realiza-se tendo em vista o conjunto de todas as circunstâncias, a partir, evidentemente, dos atos de execução, mas que nesse conjunto revelem, e de modo inequívoco, o objetivo do agente.

Inequívocos não devem ser em si, e *de per si*, os atos de execução, mas sim a prova da intenção a partir dos atos de execução, com o auxílio dos atos preparatórios e de outras circunstâncias.[14]

Desse modo, deve ser entendida a cláusula do Anteprojeto Hungria: "... *começa sua execução com atos idôneos e inequívocos*", ou seja, refere-se ao conjunto de atos preparatórios e executórios que tornam inequívoca a direção da execução de um crime e que, malgrado não esteja prevista no art. 14, II, do Código Penal, constitui critério orientador no processo de verificação da configuração típica da tentativa.

Assim, se o legislador preferiu eliminar a referência à idoneidade e univocidade dos meios utilizados, não significa que tais qualidades *não devam ser levadas em conta pelo intérprete*, como critério seguro para se apreender o aspecto interno da conduta, dado relevante, como já afirmamos, na figura da tentativa.

O reconhecimento das relações de todo e parte, existentes entre consumação e tentativa, torna obrigatória a aceitação da distinção entre atos preparatórios e atos de execução, como elemento de relevância penal da ação tentada, assim como gera posicionamentos próprios acerca dos fundamentos da incriminação e da natureza da norma da tentativa.

10.4. ATOS PREPARATÓRIOS E DE EXECUÇÃO

A distinção entre atos preparatórios e atos de execução deriva da própria natureza das coisas,[15] como bem ressalta Petrocelli, que observa que o legislador pode desprezar,

---

[13]   MONTANATA, G., op. cit., p. 123.

[14]   PETROCELLI, op. cit., p. 68. Igualmente, CAMACHO, G. *Tentativa del delito*, p. 81.

[15]   PETROCELLI, B., op. cit., p. 58; BRICHETTI, op. cit., p. 35.

no plano jurídico, esta distinção, adotando outro critério qualquer para fixar o limite da relevância penal, sucedendo, todavia, que tal diferença entre ato preparatório e ato de execução perdurará, como decorrência da própria realidade em que se manifesta e se reconhecem estes dois momentos diversos da conduta humana.

O Direito não pode violentar a realidade empírica, dotada de uma ordem imanente, mesmo porque, para sua possibilidade de realização, deve adaptar-se à natureza das coisas e às relações de vida. É próprio da ação humana o momento de deliberação, a preparação para dar início à execução da deliberação e o início da execução.

10.5. RESERVA LEGAL E LIMITES DE RELEVÂNCIA

SCARANO assevera que a distinção entre atos de execução nada tem a ver com a questão técnico-jurídica da tentativa, mas é de origem política,[16] pois essa diferença é própria do Estado liberal, visando-se a defender o cidadão contra o arbítrio estatal, *"como sistema de certeza e como garantia de limites".*

O que SCARANO considera como crítica, na nossa opinião, é o mais válido fundamento para o reconhecimento da distinção entre atos preparatórios e de execução, já que ao se abandonar este critério, a fim de se estender o âmbito de incriminação, que poderá alcançar o mais remoto ato preparatório, está-se, também, adotando uma posição de cunho marcadamente político.

BETTIOL esclareceu, definitivamente, o alto grau de inter-relacionamento existente entre Direito Penal e política,[17] não constituindo nenhuma *capitis diminutio* que um determinado instituto jurídico-penal possua pressupostos de ordem política.

Dessa forma, a distinção entre atos preparatórios e atos de execução é efetivamente um limite de relevância penal, que assegura ao indivíduo a incriminação apenas de atos de comissão de um delito, ao exteriorizar, no mundo real, uma vontade de modo irreversível, com ataque a um bem jurídico.

Até quando exista uma esfera de liberdade de atuar ou não os meios que se têm à disposição, para a execução do delito, é claro que não poderá haver incidência da repressão penal.

Recorde-se o exemplo, semelhante ao fornecido por NÉLSON HUNGRIA: um desafeto espera de tocaia um inimigo, que há pouco ameaçara de morte, após ter comprado um revólver, tê-lo municiado com balas especialmente preparadas para destruir o alvo, e não chega a realizar seu intento, pois a possível vítima efetua caminho diverso.

Ora, não se pode assegurar, como lembra HUNGRIA, que ao vislumbrar seu desafeto, o agente não desista de o matar, deixando de acionar o gatilho.[18]

Todos os atos anteriores ao de acionar a arma em direção da vítima são atos preparatórios que podem revelar a intenção do agente, sem que, no entanto, esta se materialize em um ato irreversivelmente dirigido à consecução do objetivo.

---

[16] SCARANO, L. *La tentativa*, p. 61.

[17] BETTIOL, G. "Il problema penale", *in S. Giuridici*, vol. II, p. 638 et seq.

[18] HUNGRIA, N. *Comentários ao Código Penal*, vol. I, cit., p. 7.

Os atos preparatórios revelam a intenção de vir a cometer um determinado delito, ficando, no entanto, suspensa essa intenção, que apenas se corporifica quando o agente utiliza os meios próprios a alcançar o seu objetivo, ou seja, a lesão ao bem jurídico tutelado.

Inúmeros critérios a doutrina formulou quanto à demarcação de limites entre atos preparatórios e atos de execução.

Na verdade, os critérios estabelecidos no século XIX, por CARMIGNANI e por CARRARA, constituem formulações básicas, a partir das quais a doutrina elaborou interpretações, mas que devem ser tomadas como luz esclarecedora do tipo da tentativa.

Para CARMIGNANI, enquanto possa ser entendido, seja como início da execução de um crime, ou como um fato inocente, o ato é preparatório. A univocidade de direção para o crime caracteriza o ato de execução.[19]

Para CARRARA, os atos são preparatórios quando permanecem no âmbito de ação do agente e executivos quando intervêm na esfera jurídica do sujeito passivo.[20]

A compreensão substancial do crime, cerne valorativo do tipo penal, impõe que o elemento distintivo entre atos preparatórios e de execução resida na circunstância de ocorrer ou não perigo real ao bem jurídico tutelado.

Os dois aspectos já ressaltados devem ser lembrados: a relação de todo e parte existente entre tentativa e consumação, e o caráter de limite de relevância penal da distinção de atos preparatórios e de execução.

Se, como vimos, na tentativa realiza-se parcialmente uma ação típica pela *indeseja-da inocorrência do resultado visado*, é mister convir que apenas será relevante a utilização idônea de meios capazes de consumar o crime e que, no conjunto das circunstâncias, se revelam convergentes à consecução do resultado delituoso.

Desse modo, o ato é de execução quando é parte do processo de desenvolvimento de uma ação típica, de modo a se criar, *de forma irreversível*, uma situação de perigo ao bem jurídico, que se pretendia lesar pelo correto desenrolar da ação que se pratica.

Na tentativa, dois aspectos se destacam:

- *a não consumação devida*; e
- a interferência de causa impeditiva, independente da vontade do agente, que obstaculiza a idoneidade da ação à produção do resultado.

O ato é preparatório quando não chega a ser criada situação de perigo ao bem jurídico, que é sempre o núcleo do tipo, pois, nessa circunstância, não é possível se distinguir se a não utilização dos meios idôneos à consumação do crime *deveu-se à interferência da causa independente da vontade do agente* ou à sua prévia desistência de dar execução ao crime.

Elemento constitutivo e característico da figura típica da tentativa está na *interferência de causa independente da vontade do agente*, que corta o processo causal e impede a consumação.

---

[19]   CARMIGNANI. *Teoria delle leggi sicurezza sociale*, vol. II, p. 181.
[20]   CARRARA, F. *Programma – parte generale*, vol. 1, § 398.

Não há tipificação de tentativa, portanto, quando, não tendo o bem jurídico sido posto em perigo, é impossível afirmar se o resultado deixou de ocorrer por desistência *ab initio* do agente ou em razão de causa independente de sua vontade. Quando posto o bem jurídico em perigo, de modo irreversível, tem-se a configuração concreta de elemento integrador da tentativa, qual seja, a presença de causa independente da vontade do agente, que inviabiliza a consumação do resultado desejado.

10.6. FUNDAMENTO

Incrimina-se a ação de tentar consumar um crime, pois, por meio de atitudes univocamente dirigidas a um resultado delituoso, revela-se o desrespeito ao valor que dá fundamento ao tipo penal, criando-se situação de perigo a um bem jurídico.

A escola positiva postulava a incriminação da tentativa por ver, na forma tentada, um sintoma da periculosidade do agente, de sua capacidade de delinquir e igualmente, como já mencionado, a Nova Defesa Social em sua linha mais extremada, de FILIPPO GRAMMATICA.

Se a forma tentada revela uma intenção delituosa, no entanto, a razão de incriminação não pode ser atribuída, seja no crime consumado como no tentado, à periculosidade do agente, o que importaria punir os atos preparatórios e o crime impossível, cabendo, de novo, razão a TOBIAS BARRETO quando ironiza que, então, dever-se-ia punir o feiticeiro, que pratica mágicas para matar alguém, punindo-o não mais em nome da religião, mas em nome da ciência.

O Código Penal alemão de 1975, sob influência da corrente, pune a tentativa inidônea ou crime impossível, mas busca o legislador alemão evitar que se dê relevância a atos supersticiosos, razão por que dispõe o art. 23, 3°, que se o agente de modo não totalmente irracional, não se apercebeu que em vista do objeto e dos meios não poderia alcançar a consumação, o juiz poderá isentar de pena ou aplicá-la diminuída.[21] Ora, excluída a hipótese de casos de todo irracionais, resta a prevalência do aspecto subjetivo, admitindo-se a punição de ações destituídas de ofensividade.

Na forma tentada, no entanto, a ação, para ser relevante, deve atingir o sujeito passivo, gerando uma situação de perigo ao bem jurídico tutelado, em virtude do que produz, igualmente, alarma no meio social.

SCARANO procura contestar que essa situação de perigo a um bem jurídico constitua um dos fundamentos da incriminação da forma tentada, alegando que se o perigo *"fosse a essência da tentativa, deveria haver um preceito acerca da obrigação de não produzir tal perigo"*.

Como instituto da Parte Geral, a figura da tentativa constitui uma *regra operante*, que se soma aos tipos da Parte Especial, construindo-se uma nova forma típica, a forma tentada. A razão da incriminação da tentativa, no entanto, reside igualmente na tutela ao valor expresso no tipo penal ao qual se acopla. Forma-se um novo *modelo*, por exemplo, tentativa de homicídio, mas iluminado pelo valor vida, enquanto digno de tutela, protegida sua inviolabilidade com relação ao dano efetivo e total ou a perigo de dano.

---

[21]   MAIWALD, M., op. cit., p. 113.

10.7. TENTATIVA E AS FORMAS DE CRIME

O dolo é essencial à tentativa. Assim, não há tentativa em crime culposo.

Nos crimes formais, em que o resultado coincide com a ação, também é impossível a tentativa. Eventualmente, um crime formal pode realizar-se por meio de um *iter*, por exemplo, na hipótese do crime de concussão executado por exigência feita por escrito que venha a ser interceptada antes de chegar ao destinatário, no qual deveria provocar o medo da autoridade. Neste caso, difícil de ocorrer, pois dificilmente o agente documentaria a exigência; o crime deixa de ser formal para ser material o resultado destaca-se da ação.

Nos crimes omissivos próprios, também é dificilmente pensável a tentativa, pois se há um limite de tempo dentro do qual deve a ação devida ser cumprida, enquanto tal limite não transcorreu, ainda não ocorreu o descumprimento do dever.[22] Levanta-se a hipótese da tentativa em crime omissivo próprio, no caso em que, antes do prazo para cumprir o dever, o sujeito coloca-se em situação que torne impossível cumpri-lo.[23]

FIANDACA e MUSCO sugerem que haveria tentativa, se o agente pré-constitui, antes do momento final do cumprimento do dever, uma situação inviabilizadora deste,[24] que vem a ser efetuado por terceiro. Entendo que se postar o sujeito em situação de não poder agir no prazo exigível já configura a tentativa, pois, inequivocamente, a intenção é a de não cumprir a ação devida.

Já nos crimes comissivos por omissão, é cabível a tentativa, como no exemplo da mãe que deixa de alimentar o filho, e não tem mais chance de fazê-lo, sendo o processo causal da inanição, que levaria à morte, cortado pela assistência promovida por terceiro que surpreende a criança esfomeada. JUAREZ TAVARES adota, com razão, a solução de captar a tentativa na não utilização da última chance para cumprimento do dever, que venha a ser realizado por terceiro, o que condiz com a hipótese acima da tentativa em crime omissivo próprio, de estar o omitente em situação inviabilizadora da prática do dever.[25]

No crime de perigo concreto, conforme assinalei (REALE JÚNIOR, 2017), não se admite a tentativa, pois, se o crime se consuma com a mera criação de uma situação efetiva de perigo, a tentativa não poderia consistir senão na presunção de que, no comum dos casos, os atos praticados levariam a um perigo, o que consistiria em uma insegurança jurídica por ser "antecipação da intervenção penal para controlar a probabilidade de perigo futuro". Se há criação de perigo e esta corresponde à consumação do delito, não se pode reconhecer a ocorrência da tentativa em crime de perigo concreto, como o de incêndio. Inadmissível, pois, se considerar tentativa uma situação **de perigo de perigo**.

No crime habitual, é difícil a hipótese de tentativa, visto que, ou a reiteração ocorreu, verificando-se o exercício da atividade ilegal, ou não se deu, e o fato é indiferente, não se

---

[22] TAVARES, J. *Crimes omissivos*, cit., p. 89.

[23] GALLO, M., *Dolo*, cit., p. 757; ZAFFARONI, E. R., e PIERANGELLI, J. H., op. cit., p. 126, admitem a tentativa em crime omissivo próprio na hipótese de não haver um momento a ser prestado o socorro, pois a vítima encontra-se ferida, mas não a exigir imediata interferência, sem que com isso se aumente o perigo à sua integridade física.

[24] FIANDACA, G. e MUSCO, E., op. cit., p. 463.

[25] TAVARES, J., op. cit., p. 93.

corporificando uma tentativa. ZAFFARONI e PIERANGELLI admitem a tentativa, considerando que, no crime habitual, há um *animus* do agente que instala um consultório sem ter diploma de médico e ao iniciar a primeira consulta é flagrado, estando a sala de espera com vários clientes a serem atendidos. A intencionalidade manifesta de praticar o exercício ilegal da medicina, neste exemplo, importa se poder reconhecer, excepcionalmente, a tentativa em crime habitual dada a inequivocidade defluente do conjunto das circunstâncias.

No crime progressivo, pode haver uma tentativa de consumação do crime mais grave que absorve o menos grave, passando o agente, por exemplo, do ato de lesionar a vítima para, momentos depois, pretender matá-la sem o conseguir; há uma tentativa de homicídio que absorve o crime anterior de lesão corporal, o mesmo podendo-se dizer do crime de portar petrechos para falsificar moedas, restando o crime de falsificação na fase tentada, que absorve o crime de portar petrechos.

No crime complexo, a questão da tentativa tem provocado dissensões doutrinárias, como a respeito da tentativa de latrocínio quando a vítima vem a ser morta, mas não se consuma a subtração da coisa.

RICARDO ANDREUCCI propõe que, havendo o elemento subjetivo do crime complexo, o início de execução dotado de idoneidade de qualquer dos crimes, o crime-meio ou o crime-fim, configura a tentativa do crime complexo. A seu ver, "*pouco importa que os delitos membros tenham sido todos tentados, o delito-meio tentado ou mesmo não iniciado e o delito-fim consumado, e o delito-meio consumado e o delito fim tentado ou não consumado*",[26] *haverá tentativa do crime complexo se os atos forem idôneos e houver o elemento subjetivo.*

Sem dúvida, é o elemento subjetivo que doa sentido à ação e que faz o amálgama das condutas correspondentes a dois tipos penais, constituindo um todo em que as partes se relacionam teleologicamente. Assim, o fim almejado revela se houve tentativa do crime complexo, ou consumação, ou tentativa de um dos delitos-membros.

10.8. PENA NA TENTATIVA

A pena é cominada pelo legislador tendo em vista o desprezo a um valor digno de tutela que vem a ser efetivamente ferido com o dano imposto ao bem jurídico, em prejuízo da sociedade e da vítima. Dessa maneira, há uma proporcionalidade entre a lesão causada e a sanção abstratamente imposta. Se, na tentativa, o dano não se concretiza, pairando a conduta na fase de criação de uma situação perigosa, a pena, para ser proporcional, não poderia deixar de sofrer uma diminuição.

Assim, não se justifica punir o crime tentado como se consumado fosse nem levar em conta a "periculosidade do agente", manifestada com o início de execução, revestida da intenção delituosa, para se punir a tentativa em face do aspecto subjetivo tão somente.

Dessa forma, está certo o legislador[27] em prever que a tentativa será punida com a pena do crime consumado diminuída de um terço a dois terços, atribuindo-se ao

---

[26] ANDREUCCI, R. A., op. ult. cit., p. 57.

[27] Na Exposição de Motivos ao Código Penal de 1969, dizia-se: *"... a vontade do agente não pode sobrepor-se ao resultado, porque é a maior ou menor gravidade da ameaça ou lesão ao bem jurídico que inspira o legislador na fixação da pena".*

juiz, em conformidade com as circunstâncias do ato tentado, individualizar a pena, usando de sua discricionariedade técnica.

Esta individualização não se confunde com a prevista no art. 59 do Código Penal, visando à fixação da pena-base, mas deve cingir-se ao fato tentado, como causa de diminuição de pena a incidir sobre a pena-base. Desse modo, a fixação da pena pode levar em conta as consequências da ação, o grau de perigo a que foi submetido o bem jurídico, e se, na realização da ação, o agente fez uso de todos os meios, falhando, assim mesmo, a consumação do crime, ou se o processo executório foi logo interrompido, com menor risco para o bem jurídico.

Capítulo 11
DESISTÊNCIA VOLUNTÁRIA
E ARREPENDIMENTO EFICAZ

11.1. NÃO CONSUMAÇÃO PELA PRÓPRIA VONTADE

A tentativa ocorre, como se viu, seja porque o agente, devido à interferência de causa independente de sua vontade, deixa de dar continuidade ao já iniciado processo de execução da ação típica (tentativa imperfeita), seja, também, porque, apesar de a ação executiva ter se esgotado, por meios idôneos, não se alcançou, todavia, o resultado proposto (tentativa perfeita ou crime falho).

Caracteriza a tentativa (imperfeita e perfeita) a circunstância do processo de execução se *interromper ou falhar*, por razão alheia à vontade do agente.

Quais as consequências jurídicas, entretanto, caso iniciado ou findo o processo de execução não se dê o evento graças à interferência voluntária do agente?

Se o agente interrompe voluntariamente o processo de execução a que dera início, mas que não se esgotara, ocorre a desistência voluntária; se o agente após dar completo desenvolvimento ao processo de execução evita eficazmente que se consume o resultado, verifica-se o arrependimento eficaz. Em suma, a desistência voluntária apenas pode ocorrer com relação à tentativa imperfeita e o arrependimento eficaz, tão somente, com referência ao crime falho.

Tanto a desistência voluntária como o arrependimento eficaz fazem desaparecer *a tentativa*, pois o agente apenas responderá pelos atos já praticados, caso, independentemente da circunstância de serem meios de execução do delito que se pretendia cometer, constituam, *de per si*, alguma infração penal. Não há, em ambos os casos, *tipificação* da tentativa.

Inúmeras legislações não atribuem ao arrependimento eficaz a consequência de desfazer a tentativa, considerando-o apenas circunstância atenuante da forma tentada,[1] considerando que apenas a desistência voluntária elimina a tentativa.

O Código Penal, art. 13, identifica ambas as situações, asseverando o Ministro Francisco Campos na Exposição de Motivos que: "A concessão da imunidade penal

---

[1]   Código Penal italiano, art. 56. Outros Códigos não reconhecem expressamente o arrependimento eficaz, como, por exemplo, o Código Penal espanhol em seu art. 3º. Mas, na verdade, o seu reconhecimento está implícito, como ressaltam, CÓRDOBA RODA e RODRÍGUEZ MOURULLO. *Comentarios al Código Penal*, Barcelona, 1972, vol. I, p. 97.

parece-nos mais aconselhável do ponto de vista político que o critério de simples atenuação da pena."

Há coerência do legislador, pois, se não se distingue a tentativa perfeita da imperfeita, sujeitas ambas às mesmas consequências penais, deve-se considerar eliminada a tentativa, se o agente voluntariamente impedir a consumação do crime, seja durante ou após o processo de execução.

Três questões são suscitadas acerca da desistência voluntária e do arrependimento eficaz: fundamento, natureza jurídica, critérios para determinação da "voluntariedade", e que importa analisar, pois a sua análise irá desvendar se os institutos dizem ou não respeito ao processo de adequação típica da tentativa.

11.2. FUNDAMENTO

MUÑOZ CONDE divide as diversas teorias quanto ao fundamento em quatro classes: "*jurídica*", "*político-criminal*", "*premial*", "*menor intensidade da vontade delituosa*".[2]

Na primeira categoria enquadram-se:

1. A *teoria da anulação*: o delito é anulado pela voluntária manifestação de que não se desejava o resultado. Ao dolo sucede a vontade boa.

2. A *teoria da nulidade*: ao se desistir voluntariamente de consumar o crime, revela-se que jamais existiu o dolo.

3. A *teoria da presunção*: pune-se a tentativa pela presunção de uma vontade delituosa dirigida à consumação do delito. A desistência voluntária impede essa presunção.

4. *Inocorrência de perigo e de turbação de paz pública*: a tentativa consiste na criação de uma situação de perigo a um bem jurídico, com alteração da paz jurídica. Com a desistência desfaz-se, por iniciativa do próprio agente, a situação perigosa, não ocorrendo, por conseguinte, efetiva turbação da paz pública.

A teoria político-criminal é defendida por FEUERBACH, para o qual é finalidade da pena a prevenção geral,[3] pois quando o agente abandona o processo de execução de um crime, surtiu efeito o caráter intimidativo da pena, alcançando-se o objetivo do Direito Penal, que é o de se evitar a prática de delitos, malgrado já tenha se iniciado ou falhado sua execução.

Cumpre, portanto, ao Direito estabelecer uma "ponte de ouro" que estimule o agente a retornar do âmbito do ilícito para o campo da justiça, com a renúncia do Estado de aplicar a sanção penal. Caso contrário, estaria constrangido o agente a prosseguir em seu desígnio criminoso, posto que nenhuma vantagem viria auferir, por fazer cessar ou impedir as consequências do processo de execução.

---

[2]   MUÑOZ CONDE, F. *El desistimiento voluntario de consumar el delito*, Barcelona, 1972, p. 14 et seq.

[3]   LISZT. F. *Tratado de direito penal alemão*, cit., v. I, § 48.

Desse modo, para FEUERBACH, não se deve punir a tentativa abandonada por razão de política criminal como estímulo a que se desista de prosseguir na realização do delito.

Critica-se FEUERBACH, pois se o efeito intimidatório da pena já é questionável, certo é, no entanto, que nos casos concretos de desistência ou arrependimento eficaz, raras vezes, tal ocorre por temor da sanção penal, mas sim pelos motivos mais variados.

A teoria premial decorre da moderna doutrina alemã, que justifica a desistência voluntária através de fundamento de caráter político-criminal, porém, diverso do pensamento de FEUERBACH, na medida em que não se lastreia na ideia da pena como prevenção geral. Segundo recentes autores, a impunidade da tentativa abandonada consiste em um prêmio, que se atribui ao agente por não ter consumado o delito. Seria, por conseguinte, um ato de graça, pelo qual o Estado renuncia ao seu direito de punir, pois há uma prestação positiva que o Estado deve prestigiar.[4]

Não haveria, desse modo, razões, em vista da finalidade de prevenção geral ou especial, para punir o agente, pois a ausência de punição não estimularia a prática delituosa nem teria cabimento a pena para fins de reeducação, pois foi o próprio agente que se autocorrigiu.

A teoria da menor intensidade delituosa é proposta por MAURACH, segundo o qual o fundamento da desistência voluntária e do arrependimento eficaz é de cunho político-criminal, tendo em vista uma redução do dolo, porque ao desistir voluntariamente o agente revela *"uma vontade delituosa menos intensa"*[5] e merece um prêmio.

A meu ver, contudo, o fundamento está na destipificação da tentativa.

A desistência voluntária e o arrependimento eficaz devem ser vistos sob a perspectiva do agente, pois, tão somente, uma subjetivação dos pressupostos da tentativa explica todos os problemas a ela relativos.

Como já salientei, a razão da incriminação do delito tentado é a mesma que a do consumado: imposição da positividade de um valor que se nega por meio de uma ação típica lesiva ou perigosa ao bem jurídico, que encerra esse valor.

Na tentativa, como já foi destacado, a intenção delituosa revela a negatividade e a direção da ação que se executa parcialmente ou sem sucesso. O traço característico, por conseguinte, da forma tentada é a intenção de praticar o crime em sua forma integral, tanto que apenas deixa de se consumar por razão alheia à vontade do agente.

Pois bem, na desistência voluntária e no arrependimento eficaz há, durante a execução do delito, ou após, mas antes de sua consumação, manifestação inequívoca da intenção de que não ocorra o resultado antes almejado. Passa a atuar o agente dominado por novo e diverso objetivo. Há uma relevante alteração da vontade, que torna atípica a ação realizada, deixando de se configurar como tentativa.

A atuação do agente, no sentido de que não ocorra o resultado, não permite que se tipifique a forma tentada. Apenas a paralisação voluntária do *iter criminis* ou a atuação livre e eficaz para impedir o resultado, findo o processo de execução, são inequívocas

---

4   WELZEL. *Derecho penal*, parte general, cit., p. 200 et seq.
5   MAURACH, R. *Tratado de derecho penal*, v. II, cit., p. 201.

para demonstrar que o crime deixou de se consumar em razão da própria vontade, e não por razão alheia à vontade do agente.

Dessa maneira, inocorre um dos elementos constitutivos da forma tentada típica: inexistência do resultado por razão alheia à vontade do agente. Em suma: há uma alteração relevante da vontade, que torna atípica a ação praticada e a descaracteriza como tentativa de um determinado crime.

11.3. NATUREZA JURÍDICA

Inúmeros são os enquadramentos sistemáticos que se atribuem à desistência voluntária e ao arrependimento eficaz: elemento negativo do tipo; incensurabilidade; causa de extinção da punibilidade.

Se típica é a tentativa quando o resultado deixa de ocorrer por razão alheia à vontade do agente, atípica é a tentativa quando o evento deixa de se efetivar, não por causa alheia à vontade do agente, mas graças à sua própria vontade.

LATAGLIATA, sob influência da teoria finalista, entende que a atipicidade deriva da própria estrutura ontológica da tentativa abandonada,[6] pois, no mundo real, verifica-se que é o último ato que atribui significado à ação, antes que ela assuma seu livre curso causal. Enquanto a ação e a produção de suas consequências estão sob o controle do agente, o seu significado e o conteúdo da vontade, que lhes são próprios, podem ser alterados, desconstituindo-se, então, a ação típica em curso.

Não se justifica, dessarte, o entendimento de que se exclui a culpabilidade, com o raciocínio de que até o último ato não se perfaz a ação que mereça ser valorada negativamente como reprovável: o mérito da desistência tornaria a ação irreprovável. Com esta compreensão, remete-se à culpabilidade uma questão antes resolvida no âmbito da tipicidade.

Para alguns autores, a impunidade é decorrência de uma medida político-criminal, em razão do que a desistência voluntária e o arrependimento eficaz são causas pessoais de exclusão da punibilidade, não descriminadas no art. 107 do CP.[7]

A meu ver, a natureza jurídica deve ser extraída da razão que, prevalecentemente, determina a impunidade da tentativa abandonada. Desse modo, é mister concluir que não se trata de causa de exclusão da punibilidade, fundada em critério político-criminal de oportunidade, uma vez que independentemente do aspecto político-criminal, a não punição da desistência voluntária e do arrependimento eficaz decorre da atipicidade da conduta como forma tentada.

11.4. VOLUNTARIEDADE

São impuníveis a desistência e o arrependimento eficaz quando voluntários. Se involuntários, não há relevância penal.

Cumpre saber, no entanto, quando se deve considerar a desistência ou o arrependimento voluntários.

---

[6] LATAGLIATA, A. *La desistenza volontaria*, p. 157.
[7] HUNGRIA, N. *Comentários ao Código Penal*, v. I, cit., p. 93. PAGLIARO. *Principi*, cit., p. 673.

Parte II · Capítulo 11 · DESISTÊNCIA VOLUNTÁRIA E ARREPENDIMENTO EFICAZ | 237

Deve influir, na valoração da voluntariedade, o aspecto ético dos motivos que a determinaram ou sua verificação se faz independentemente de um ajuizamento de valor dos fatores condicionantes?

FRANK formulou a seguinte explicação: a desistência é voluntária quando o agente poderia prosseguir no processo de execução, mas deixa de o fazer porque não quer; involuntária, se o agente quer prosseguir, mas deixa de o fazer porque não pode.[8]

SCHROEDER formulou a partir da ideia de FRANK o seguinte critério: se a situação em que se inicia a execução do crime modifica-se desfavoravelmente para o agente, a desistência não pode ser considerada voluntária; se, no entanto, a situação permanece inalterada, é de se reconhecer a voluntariedade.[9]

Para NÉLSON HUNGRIA, há voluntariedade quando o agente não é coagido moral ou materialmente, pouco importando a natureza dos motivos determinantes (piedade, remorso, medo, covardia, decepção com o escasso proveito que poderia auferir). A seu ver, há voluntariedade mesmo quando ocorreu resistência por parte da vítima, vencível pelo agente, que, no entanto, desiste, então, de dar continuidade à ação delituosa.

Voluntária, também a seu ver, é a desistência quando o agente deixa de prosseguir na ação delituosa, com o propósito de vir a realizá-la posteriormente.

Segundo MUÑOZ CONDE, o exame da voluntariedade da desistência não pode deixar de ser feito sob a perspectiva do fundamento da impunidade: a inconveniência e a inutilidade da aplicação da pena.[10]

A pena sob o aspecto preventivo ou retributivo somente deve deixar de ser aplicada se houve, por parte do agente, uma paralisação do *iter criminis* ou uma atuação eficiente para evitar a consumação do delito, fundadas em uma posição axiológico-positiva.

A função do Direito Penal é impor a positividade de determinados valores. Dessa forma, seria inadmissível a posição assumida por aqueles que entendem que não se deve indagar da natureza dos motivos determinantes da desistência, pois, assim, estaria o Direito Penal destituído de sentido ético para assumir uma coloração estritamente utilitarista, determinando-se a aplicação da pena, tão somente, em vista da ocorrência ou não de um resultado nocivo.

A relevância penal da desistência dever-se-ia defluir não só da circunstância de se manifestar livre de qualquer coação moral ou material, mas também da positividade dos motivos condicionantes, de acordo com os valores que visa o Direito Penal tutelar.

O exame de casos-limites, no entanto, impõe solução diversa, de acordo com a exigência legal de que a tentativa consista na não consumação por razão alheia à vontade do agente.

Assim, se o estuprador desiste de consumar o delito com a promessa da vítima de a ele se entregar horas depois em local mais propício, nem por ser o motivo sob o aspecto ético negativo, deixa de se caracterizar a desistência voluntária.

---

[8]   *Kommentar,* § 46, 55, *apud* BRUNO, A. *Direito penal,* Parte Geral, t. II, cit., p. 246.
[9]   A esse respeito vide MAURACH, R., op. cit. p. 204 *et seq.* e MUÑOZ CONDE, F., op. cit. p. 92.
[10]   MUÑOZ CONDE, F., op. cit., p. 98. No mesmo sentido, SOLER, S., *Derecho penal argentino,* tomo III, cit., p. 294.

De igual forma, interromper o processo de execução de um aborto em virtude do avançado estado de gravidez da gestante, que conduziria a um resultado indesejado, e não consumar o estupro ao verificar que a vítima está menstruada são casos em que se deve reconhecer a desistência, pois a execução do crime foi interrompida quando se poderia dar prosseguimento à sua realização, mesmo que tal tenha ocorrido sem que o respeito ao valor tutelado tenha iluminado a alteração da vontade. Não se trata de renúncia do direito de punir, mas de ausência da tipicidade da forma tentada.[11]

O agente deverá, todavia, como consta da parte final do art. 15 do Código Penal, responder pelos atos praticados, sendo-lhe imputado, por exemplo, o crime de lesão corporal em razão do único tiro dado no pé da vítima, desistindo de prosseguir na prática do homicídio que se propusera a realizar.

Por fim, conforme ponderei em nosso *Código Penal comentado* (REALE JÚNIOR, 2017), a desistência ou arrependimento de um dos coautores, se capaz de eliminar a idoneidade dos atos praticados até então pelos agentes em concurso, torna a conduta atípica, a que aproveita a todos os coautores. Não há coautoria relevante na prática de fato atípico.

11.5. ARREPENDIMENTO POSTERIOR

O disposto no art. 16 do Código Penal, de que a reparação do dano ou a restituição da coisa antes do recebimento da denúncia ou da queixa leva a se reduzir a pena de um a dois terços, constitui, a meu ver, e assim me manifestei na Comissão Revisora da nova Parte Geral, antes uma matéria de aplicação de pena do que relativa ao tipo penal, pois a ação já se consumou, e os atos posteriores podem indicar uma menor reprovabilidade.

O arrependimento posterior passou, todavia, a ter relevo diante da súmula do Supremo Tribunal Federal, no sentido de não configurar o crime de emissão de cheque sem provisão de fundos se não houve fraude ou se houve pagamento antes da denúncia (Súmulas 246 e 554), bem como diante do reconhecimento jurisprudencial de não se perfazer a apropriação indébita, se a coisa apropriada é restituída antes do recebimento da denúncia.

Manter-se-ia, diante do disposto no art. 16 do Código Penal, o entendimento da destipificação dos crimes de estelionato e apropriação indébita ou a matéria passou a ser de mera incidência da causa de diminuição de pena, cabendo, nas hipóteses, a suspensão do processo previsto no art. 89 da Lei nº 9.099/95?

Cabe lembrar duas decisões do Supremo Tribunal Federal. A primeira, relativa ao crime de emissão de cheque sem fundos, no sentido de que com o pagamento antes da denúncia fica descaracterizado o crime por ausência de fraude, inexistente, portanto, o elemento subjetivo do tipo penal do estelionato.[12] A segunda decisão, referente à restituição da coisa antes da denúncia na apropriação indébita, considera que a restituição descaracteriza a apropriação indébita, pois a vontade de restituir confronta com a de se apropriar, não havendo, portanto, dolo.[13]

---

[11] Nesse sentido, CORDOBA RODA e MOURULLO, op. cit., p. 98; contrariamente, com crítica a essa opinião, vide URZÚA, E. C., *Orientación para el estudio de la teoria del delito*, cit., p. 248.

[12] Decisão relatada pelo Ministro FRANCISCO REZEK, *in* SILVA FRANCO, A., op. cit., p. 2.768.

[13] Decisão relatada pelo Ministro SYDNEY SANCHEZ, *in* SILVA FRANCO, A., op. cit., p. 2.648.

Parte II · Capítulo 11 · DESISTÊNCIA VOLUNTÁRIA E ARREPENDIMENTO EFICAZ | 239

A jurisprudência vacila, no entanto, se haveria, nas hipóteses, descaracterização do estelionato e da apropriação indébita ou incidência de uma causa de diminuição de pena. Entendo que não se pode vislumbrar uma ausência de dolo por ato posterior à consumação.

A orientação do Supremo Tribunal Federal firmou-se quando vigorante o Código Penal de 1940, que mantinha o monopólio da pena privativa de liberdade como única sanção com diminuta flexibilização, pois a suspensão condicional da pena era aplicável apenas aos crimes punidos com detenção. Desse modo, por via oblíqua se buscou evitar mandar para a prisão autores de emissão de cheques sem fundos e apropriações indébitas de quantia reduzida. Foi, portanto, antes uma medida de política criminal, tomada com base em considerações de ordem dogmática.

Hoje, com a regra do art. 16 do Código Penal, com a previsão de penas substitutivas e com a suspensão do processo, que tem por requisito a reparação do dano, não se justifica mais, como medida de política criminal, forçar o reconhecimento de uma inexistência de dolo ou de fraude já ocorridos na realidade, e que a restituição ou a reparação posterior não desmancham.

Assim sendo, concluo que é adequado às hipóteses acima estudadas a aplicação do art. 16 do Código Penal, sendo injustificada a ideia de descaracterização dos delitos de estelionato, por emissão de cheque sem fundos e de apropriação indébita, em virtude da reparação do dano ou restituição da coisa antes da denúncia.

Capítulo 12
CRIME IMPOSSÍVEL

12.1. NÃO TIPIFICAÇÃO DA TENTATIVA

Duas hipóteses há para que se configure o crime impossível: inidoneidade dos meios e inexistência do objeto.

Enquanto no crime tentado a consumação deixa de ocorrer pela interferência de causa alheia à vontade do agente, no crime impossível, a consumação jamais ocorrerá, e, assim sendo, a ação não se configura como tentativa do crime, que se pretendia cometer, por ausência de tipicidade.[1]

Dessa forma, equivoca-se o legislador ao editar: *"Não se pune a tentativa,"* como se tratasse de causa de impunibilidade de um crime tentado configurado. A rubrica, no entanto, está certa, "Crime impossível", corrigindo-se o que estatuía o Anteprojeto Hungria, do qual constava "Tentativa de crime impossível".

A tentativa constitui, como se analisou, a utilização efetiva de meios aptos à consumação de um resultado que não se alcança não por inidoneidade do meio ou do objeto, mas sim pela interferência indesejada de algum fato, que interrompe o quase certo bom desenvolvimento do processo de execução.

No crime impossível, são os próprios meios de que se serve o agente ou o objeto material sobre o qual faz recair sua ação que tornam impossível o crime. Não chega a haver tentativa de crime, pois esta pressupõe a utilização de meios idôneos e obviamente, também, a existência de objeto material.

Doutra parte, cabe ver que se a tentativa se caracteriza pela criação de uma situação perigosa a um bem jurídico, no crime impossível, não surge tal situação, seja pela inidoneidade do meio de vir a atingir o bem protegido, seja porque o objeto material, que corporifica o bem tutelado, inexiste.

NEPPI MODONA entende que a norma sobre crime impossível procura fixar *a contrario sensu* um princípio geral acerca da caracterização do delito como ofensa ou potencialidade ofensiva a um interesse tutelado, o que inocorre no crime impossível.[2]

Entendo que realmente não se revela a presença da ofensividade a um bem jurídico, que deve estar presente na ação delituosa, razão por que também não se dá a configuração típica da *ação malsucedida como tentativa.*

---

[1] Vide nosso *Teoria do delito*, cit., p. 212.

[2] MODONA, G. N. *Il reato impossibile*, Milão, 1965, *passim*.

242 | FUNDAMENTOS DE DIREITO PENAL – *Miguel Reale Júnior*

A compreensão de que há uma identificação entre tipicidade e antijuridicidade importa o reconhecimento de que ambos os aspectos inexistem na hipótese do crime impossível, o que vem a confirmar que, constatada a adequação típica de uma ação, revela-se, também, a sua antijuridicidade, como lesão e menosprezo ao bem jurídico tutelado. No crime impossível, não há tipicidade por falta de potencialidade do meio ou de propriedade do objeto, razão por que a ação é inócua, e assim também desconstituída de ofensividade.

Resta saber, então, qual deve ser o critério para se determinar quando a ação malsucedida não constitui tentativa do delito que se pretendia cometer, seja por inidoneidade dos meios ou por inexistência do objeto.

Primeiramente, cumpre notar que a inidoneidade não deve ser examinada *ex ante*, por prognose póstuma, pois se o agente conhece a insuficiência dos meios de que se utiliza tem-se, por força de consequência, que concluir pela inexistência da intenção de cometer o delito.[3] Na tentativa, o agente escolhe meios *idôneos, os sabe idôneos e efetivamente eles o são*. No crime impossível, o agente escolhe meios inidôneos *que pensa idôneos, mas que realmente não o são*. No crime impossível, portanto, de acordo com as observações de NEPPI MODONA, o juízo de inidoneidade é de caráter objetivo e realizado *ex post*.

Há, de conseguinte, a necessidade de se recorrer a um critério para a determinação de quando é relevante a inidoneidade do meio ou a inexistência do objeto, a fim de se concluir pela não configuração típica da ação tentada. E isso porque a inidoneidade ou inexistência que ocorram concomitantemente ou após o início da execução *não tornam atípica a tentativa*, como a seguir veremos.

12.2. INIDONEIDADE DO MEIO E IMPROPRIEDADE DO OBJETO

A clássica distinção entre inidoneidade absoluta e relativa, adotada por nosso Código, parece-nos insatisfatória, pois o ajuizamento, a nosso ver, deve ser feito de conformidade com as circunstâncias concretas em que se realiza a ação. O Anteprojeto Hungria eliminava a distinção entre inidoneidade absoluta e relativa dos meios ao editar, tão somente, em seu art. 15, § 2º, que nenhuma pena é aplicável quando por ineficácia do meio empregado, é impossível consumar-se o crime. Mantinha, no entanto, esta distinção no que respeita à impropriedade do objeto, pois exige que esta seja absoluta.

O critério preconizado por CARRARA é de caráter abstrato e não torna possível a referência à atipicidade da ação, pois estende a incriminação a casos, por exemplo, em que a inexistência do objeto preexiste ao início da execução.

A inidoneidade, segundo CARRARA, é absoluta quando os meios, por sua natureza, não poderiam produzir o resultado; relativa, se os meios, em si mesmos e de modo geral, são eficazes, mas se tornam inidôneos na circunstância concreta pela forma como são utilizados.[4]

Há impropriedade absoluta do objeto quando este não existe ou não tem as condições necessárias para que ocorra o resultado; e relativa, se existe ou poderia existir, mas temporariamente não estava ao alcance da ação realizada.

---

[3]   MODONA, G. N., op. cit., p. 203.
[4]   CARRARA, F. *Programma*, cit., p. 413 et seq. e p. 365 et seq.

Dessa forma, tomem-se os seguintes exemplos de inidoneidade absoluta: pretender envenenar alguém, fazendo-o, por equívoco, ingerir açúcar em vez de arsênico; desferir tiros em um homem já morto. Seriam de outra parte casos de inidoneidade relativa: ter tentado atirar sobre alguém com arma que não se soube manejar; insinuar a mão no bolso da vítima que se encontra vazio, pretendendo furtar uma carteira ocasionalmente inexistente.

A distinção clássica baseia-se em um critério *abstrato*. A meu ver, seguindo as ideias de NUÑEZ BARBERO,[5] dá-se o crime impossível quando há impossibilidade de o resultado, relativamente a uma concreta atividade executiva, inidônea, colocar em perigo o bem jurídico, independentemente da circunstância de se *"qualificar' esta ação abstratamente como capaz de ocasionar o resultado"*.

A tipicidade que se atribui à ação praticada por meios considerados relativamente inidôneos é fundada em critério abstrato. Ora, a tipicidade apenas pode ser qualidade de uma ação concreta, sem referência ao que poderia ter sido em outra circunstância ou à eficácia causal genericamente considerada.

Desse modo, de acordo com a exigência de uma inidoneidade real, o único critério satisfatório é o seguinte: se concretamente os meios ou o objeto eram inidôneos à consecução do resultado antes de se iniciar a ação executória, o crime é impossível; se os meios ou o objeto tornam-se inidôneos concomitantemente ou após o início da execução, tipifica-se uma tentativa do crime que se pretendia cometer, pois essa inidoneidade posterior ao princípio da execução atua como obstáculo que interfere no processo de execução, impedindo que consume a ação delituosa.[6]

Trata-se de um corolário do conceito de tentativa como não consumação de um delito, que se inicia por meio da utilização de meios idôneos voltados a objeto material próprio, em virtude de razão alheia à vontade do agente. Esta causa independente do querer do agente, para que se configure a tentativa, deve ser posterior ao início da execução, transformando o meio que era idôneo em inidôneo, ou o objeto que era próprio em impróprio.

A alteração da idoneidade em inidoneidade, de propriedade em impropriedade após iniciado o processo de execução é a razão alheia à vontade do agente que constitui dado integrante da forma tentada típica.[7]

Se anteriormente ao início do processo de execução o meio era inidôneo, ou impróprio o objeto, não ocorre tentativa típica, pois a razão que impossibilita a consumação é preexistente, não havendo, como é de se exigir, a interferência de um caso fortuito que evite a consumação de uma ação capaz de consumar o delito.

Concilia-se, portanto, a compreensão do crime impossível como ausência de tipo, com um critério para determinação de quando a inidoneidade é relevante para se configurar a atipicidade como tentativa da ação malsucedida.

Parece-me correta, pelas ideias acima expostas, a teoria objetiva, dando-se relevância à adequação típica e à exposição do bem jurídico a perigo, para a conceituação do crime impossível, em correspondência ao necessário à tipificação de uma ação como tentativa de um determinado crime, atendendo à exigência de idoneidade do meio ou de propriedade do objeto.

---

[5]   NUÑEZ BARBERO, R. *El delito imposible,* Salamanca, 1963, p. 18-113.
[6]   Idem, p. 122. Acerca das diversas teorias de caráter objetivo, vide a obra supracitada, p. 79 et seq.
[7]   FIORE, C. *Il reato impossibile,* Nápoles, 1959, p. 77.

12.3. TEORIA SUBJETIVA

Há parte da doutrina, no entanto, que dá prevalência ao aspecto intencional, entendendo que as hipóteses de crime impossível devem ser punidas, tendo-se em vista a vontade delituosa manifestada.

Cabe, por conseguinte, examinar, mesmo que sucintamente, as teorias subjetivas.

Na doutrina alemã do século passado, VON BURI destaca-se como defensor da teoria subjetiva, entendendo que pouco importa a idoneidade ou não do meio utilizado, desde que se manifeste a vontade dirigida ao delito, razão primacial da punição da tentativa.[8]

Segundo o autor, na tentativa, não se cria uma situação de perigo, revelando-se, ao contrário, que o meio era mesmo inidôneo, pois a idoneidade, se houvesse, teria conduzido à consumação do crime.

Desse modo, na tentativa, o que se pune, é a vontade delituosa do agente, independentemente da idoneidade ou não dos meios. A posição de VON BURI teve repercussão na jurisprudência alemã, determinando, entre outras, a decisão do Tribunal Supremo no sentido de que havia tentativa de aborto ao se procurar praticá-lo em mulher não grávida.

Na França, GARRAUD adota a teoria subjetiva, pois se há idêntica punição ao delito consumado e à tentativa, deve-se concluir que para o Código francês, relevante é a atuação do agente.[9]

A manifestação da intenção delituosa por via de atos executivos é, por conseguinte, o que importa, sendo então erigida em fundamento da punição, razão por que se torna indiferente a inidoneidade dos meios de que se utiliza o agente.

Segundo a escola positiva,[10] cumpre à sociedade se defender de ataques à sã convivência, afastando do meio social aqueles que se mostram perigosos e terríveis. O delito, por conseguinte, revela sintomaticamente a periculosidade do agente. Desse modo, pouco importa a inidoneidade dos meios, desde que a ação realizada constitua indício da periculosidade do agente.

Entre nós, SOARES DE MELLO, considerando o crime impossível um *delictum sui generis*,[11] entendia que devia ser punido diferentemente da tentativa, com menor rigor, mas punido.

As ideias preconizadas pelos partidários da escola positiva foram reiteradas pelo movimento da *Nouvelle Defense Sociale*, que recolocou a questão de punibilidade do crime impossível, como preconiza o seu mais ortodoxo representante que é FILIPPO GRAMMATICA.[12]

O finalismo welzeliano[13] também adota, extremando a dicotomia – desvalor da ação e desvalor do resultado –, a punibilidade da tentativa inidônea, entendendo que a vontade de delinquir, manifestada por atos executórios, é em si perigosa, mesmo porque

---

[8]   A esse respeito, vide MEZGER, op. cit., p. 406.
[9]   *Traité théorique et pratique de droit penal français,* p. 514 et seq.
[10]   GAROFALO, R. *Criminologia,* cit., p. 371.
[11]   SOARES DE MELLO, J. *O delito impossível,* p. 178.
[12]   GRAMMATICA, F. *Principi di difesa sociale,* cit., p. 70.
[13]   WELZEL, H., op. cit., p. 197.

Parte II · Capítulo 12 · CRIME IMPOSSÍVEL | **245**

levou o agente a iniciar a execução de um crime. A ordem jurídica já é ferida por essa vontade atualizada. O Código Penal alemão de 1975, como já assinalei anteriormente, prevê a punição da tentativa inidônea, desde que o agente não parta de atos irracionais.[14]

Como ressalta a Exposição de Motivos do Min. Francisco Campos, o legislador de 1940 fez uma concessão à teoria subjetiva, mais propriamente sob influência da escola positiva, ao adotar, em parte, a teoria sintomática, pois possibilitou a aplicação da medida de segurança (liberdade vigiada) aos perigosos, que venham a praticar um crime impossível (arts. 76, parágrafo único e 94, III).

O Anteprojeto Hungria e a nova Parte Geral eliminaram, a nosso ver, com razão, a exceção estabelecida anteriormente para aplicação da medida de segurança independentemente de configuração do fato como crime.

Inexistindo, no novo diploma penal, presunção de periculosidade, e adotado o sistema vicariante, o disposto nos arts. 97 e 98 do Código Penal regulam a matéria de aplicação da medida de segurança aos inimputáveis. O art. 97 do Código Penal estipula que ao inimputável será determinada a internação em manicômio judiciário quando suas condições pessoais e o fato revelarem que ele oferece perigo à incolumidade. Por força de respeito ao princípio geral de que não haverá aplicação de medida de segurança, a não ser por fato previsto como crime, é de se concluir, obrigatoriamente, que se exige a prática de um crime, o que inocorre na hipótese de tentativa inidônea.

---

[14] JAKOBS, G., op. cit., p. 873, segundo o qual a concepção objetiva de idoneidade apenas vigora no caso limite da tentativa insensata.

Capítulo 13
CONCURSO DE PESSOAS

13.1. AUTORIA E PARTICIPAÇÃO

O crime pode ser realizado de forma singular, por uma única pessoa, ou de forma coletiva, por duas ou mais. O Código Penal, em seu art. 29, diz que *"quem, de qualquer modo, concorre para o crime incide nas penas a este cominadas na medida de sua culpabilidade"*, identificando autor e cúmplice.

Excluindo a parte final do artigo, "na medida de sua culpabilidade", era esta a dicção constante do Código Penal de 1940, neste e em outros pontos modificados pela Nova Parte Geral de 1984. Reproduzia o nosso Código o disposto no Código Penal italiano, que atendia a uma concepção naturalista, visualizando a ação sob o aspecto material, no qual ressalta o aspecto causal, estabelecendo-se dois momentos separados, o objetivo e o subjetivo, este a ser examinado após a verificação do dado objetivo.

A Exposição de Motivos do Ministro FRANCISCO CAMPOS, ao se referir à coautoria, fazia remissão ao nexo de causalidade baseado na equivalência das condições, então prevista no art. 11: *"... o projeto aboliu a distinção entre autores e cúmplices, todos que tomam parte no crime são autores... Não há nesse critério senão um corolário da teoria da equivalência das condições adotada no art. 11".*

Sob este viés, se toda a condição é causa, qualquer conduta de cooperação à pratica do delito era obrigatoriamente essencial, pois se toda ação é causal jamais pode ser acessória, mas sempre principal,[1] não sendo possível distinguir entre autor e cúmplice.

Desse modo, as condutas do autor do fato e do cúmplice são equivalentes, segundo a régua do nexo de causalidade, a ambas se aplica a mesma pena mínima prevista no tipo legal de crime. Pelo nexo de causalidade, nivelam-se as condutas e restam identificadas por sua importância na produção do evento.

Esta busca de simplificação do fenômeno do concurso de pessoas contraria a natureza das coisas, pois há uma diferença nas condutas de autor e cúmplice que a realidade impõe como dado fático presente na experiência cotidiana, como assinalam BETTIOL e FRAGOSO.[2]

---

[1] LATAGLIATA, A. R. "Concorso di persone nel reato", *in Enciclopedia del diritto,* vol. VIII, Milão, Giuffrè, p. 572.

[2] BETTIOL, G. *Diritto Penale,* cit., p. 508; FRAGOSO, H. C., op. cit., p. 263; BATISTA, N. *Concurso de agentes,* Rio de Janeiro, Liber Iuris, 1.979, p. 44, que lembra ASÚA para o qual o legislador pode regular ou modificar os conceitos de autor e cúmplice, mas não pode desconhecê-los.

248 | FUNDAMENTOS DE DIREITO PENAL – *Miguel Reale Júnior*

Doutra parte, é de se reconhecer a insuficiência do nexo de causalidade, voltado para o resultado, para explicar o concurso de pessoas, pois se é o mesmo um dado relevante, no entanto, muitas vezes a ação ou omissão praticadas não guardam nenhuma força na corrente produção do resultado, além de se dar o concurso em formas de crime sem evento naturalista, como no caso da concussão em que a exigência pode ser feita por dois funcionários, sem que de forma estrita possa-se falar em nexo de causalidade em crime formal.

Da mesma maneira, a presença de um dos autores no local do crime, por exemplo, de um policial, que com sua permanência no recinto onde o fato se realiza, dá tranquilidade ao executor da ação delituosa, e, que pode ser compreendida como coautoria, não se insere no aspecto material de produção do evento.

Assim, a causalidade deveria mudar de natureza quando se trata de "causalidade moral ou psíquica", não tendo referência com o disposto no antigo art. 11, hoje art. 13 do Código Penal.

A nossa legislação anterior, o Código Criminal do Império e o Republicano de 1890 estabeleciam a diferenciação entre autor e cúmplice. O Código Penal de 1830, em seu art. 4°, definia autor como o que comete, constrange ou manda alguém a cometer crime, e, no art. 5°, estatuía que é cúmplice todos os mais que diretamente concorrem para se cometer crime. Autor, dizia TOBIAS BARRETO, é aquele *"cujo fato resultante é obra sua"*, e cúmplice, aquele que contribui para acelerar ou facilitar o delito do autor principal, praticando um *"simples ato de apoio e coadjuvação"*, dividindo-se a codelinquência em igual ou desigual, conforme se trate de autores entre si ou de autores de um lado e cúmplices de outro, caracterizando-se a codelinquência pela *"comunhão de vontades dirigida para o mesmo alvo criminoso"*.[3]

O Código Penal de 1890 também distinguia entre autores e cúmplices, sendo autores (art. 18) os que diretamente resolverem ou executarem o crime, e cúmplices (art. 21) os que, não tendo resolvido ou provocado de qualquer modo o crime, fornecerem instruções e prestarem auxílio à sua execução. BENTO DE FARIA anotava que não existe cúmplice sem a verificação de um fato principal, tendo a cumplicidade duas formas, instigação ou assistência, devendo haver um laço que una os agentes para conseguir um fim comum.[4]

Esta remissão à legislação e aos doutrinadores do passado justifica-se, pois, por essa via, demonstra-se que quando se atende ao real, acolhendo a distinção entre autores e cúmplices, sem a amarra identificadora da equivalência das condições, transplantada do nexo de causalidade para a relação entre os agentes e a ação coletiva, passa-se a ter como dado fundador da codelinquência o acordo de vontades visando a um fim comum, do qual participam autor e cúmplice, devendo cada qual responder na medida de sua culpabilidade.

Assim sendo, a responsabilidade pelo concurso de pessoas deixa de seguir a trilha objetiva para se estribar em uma visão objetivo-subjetiva, sendo que é o aspecto subjetivo que enlaça os participantes e não a constatação de uma causalidade material,

---

[3]   BARRETO, T., op. cit., p. 147 e seguintes.

[4]   FARIA, B. A. *Anotações theorico-práticas ao Código Penal do Brazil*, vol. 1, São Paulo, Francisco Alves, 1913, p. 61 e seguintes.

Parte II · Capítulo 13 · CONCURSO DE PESSOAS | **249**

pois o aspecto subjetivo é, como diz LATAGLIATA, *"um fator constitutivo da tipicidade dos atos de participação".*[5]

A meu ver, como defendi em anterior trabalho,[6] as normas da Parte Geral também são dotadas de tipicidade, e o concurso de pessoas tipifica-se graças ao dado psicológico que une os participantes com vistas à prática da ação delituosa comum. Se o dolo integra a ação, a intenção de atuar em conjunto é elemento integrante e definidor do concurso de pessoas, pois é a convergência de vontades, na realização do ilícito penal, que marca a ocorrência do concurso.

Autor, portanto, será aquele que, como figura central da prática da ação típica, tem o domínio do fato, ou seja, é a quem pertence a obra realizada, a quem se atribui a ação, visto exercer de modo efetivo e atual a soberania de configuração da ação, no dizer de BOTTKE.[7]

De acordo com WELZEL, a distinção entre autor e cúmplice não reside no aspecto exterior, e sim na circunstância de que o autor tem o domínio finalístico sobre o fato delituoso, participando de um plano comum a ser realizado, mas com governo que pode exercer sobre o fato mais do que qualquer outro.[8]

Autor, portanto, é aquele que diretamente executa a ação típica, tendo o domínio da configuração por meio da atuação corporal, como diz BOTTKE, tendo o domínio da ação. O autor mediato,[9] o autor atrás de outro autor, também tem o domínio superior de configuração da ação típica, o domínio da vontade, e o coautor tem o domínio de configuração acordado e equivalente à de outro coautor, um domínio funcional sobre o fato.[10]

DIAZ Y GARCIA defende que autor é apenas quem tem o domínio positivo do fato e não quem tem o domínio negativo, o que se explica pelo exemplo do participante que segura a vítima enquanto o outro a esfaqueia, tendo o primeiro apenas o domínio

---

[5]   LATAGLIATA, A. R., op. cit., p. 583.

[6]   Nosso *Teoria do delito,* cit.

[7]   BOTTKE, W. "Estructura de la autoría en la comisión", *in Fundamentos de un sistema europeo del Derecho Penal,* cit., p. 317. Sobre a teoria do domínio do fato na jurisprudência e doutrina alemã, vide ROXIN, C. "Las formas de intervención em el delito; estado de la questión", *in Sobre el estado de la teoría del delito,* cit., p. 157 e seguintes; CUERDA RIEZU, C. "Estructura de la autoría en los delitos dolosos, imprudentes y de omisión en el derecho penal español", *in Fundamentos de un sistema europeo,* cit., p. 288; BATISTA, N., op. cit., p. 53 e seguinte; FIGUEIREDO DIAS, J. *Questões fundamentais,* cit., p. 362, que define a autoria como o domínio do acontecimento de tal modo que a iniciativa e a execução dependam decisivamente da sua vontade; REGIS PRADO, L., op. cit., p. 317.

[8]   WELZEL, H. *Derecho Penal,* cit., p. 104; LATAGLIATA, A. R. *El concurso de personas en el delito,* Buenos Aires, trad. Carlos Tozzini, 1967, p. 261; PEDRAZZI, C. *Il concorso di persone nel reato,* Palermo, G. Priulla, 1952, p. 106.

[9]   O autor mediato vem erroneamente previsto no art. 62 do Código Penal, relativo às circunstâncias agravantes do concurso de pessoas, e configura-se a autoria mediata quando alguém se vale para a prática do crime de alguém não punível em virtude de sua condição pessoal, valendo-se deste alguém como instrumento, exercendo um domínio da vontade. Como ressalta NILO BATISTA há *"uma forma de autoria e não de participação"* (op. cit., p. 98 e seguintes) dada a inimputabilidade do autor imediato.

[10]   CUERDA RIEZU, C., op. cit., p. 288.

negativo sobre o fato e o segundo, que pratica diretamente a ação típica de lesionar, o domínio positivo. Este será autor, o outro partícipe.[11]

ROXIN, com razão, critica esta redução do conceito de coautor, pois a limita à realização da ação típica, quando o ato de segurar a vítima era relevante e necessário de tal forma que a lesão, sem esta contribuição, não se efetuaria. Se o coautor segura a vítima ou lhe aplica ele também uma punhalada, em ambos os casos, diz ROXIN, os participantes dependem uns dos outros e *"codominam o acontecimento com seu fazer positivo"*.[12]

O coautor participa da decisão de cometer o crime e o tem como próprio, co-possuindo o domínio do fato e agindo como tal por controlar, ao lado dos demais, a prática da ação avençada em conjunto. Não basta, como alerta LATAGLIATA, que o agente deseje ser coautor, sendo necessário atuar objetivamente como tal, dirigido pela vontade de participar de uma ação que tem por própria e não terceiro.

O coautor participa ao lado dos demais da realização comum do fato, fruto da vontade convergente, contribuindo cada qual de maneira direta para a consecução dessa vontade, seja na fase preparatória, seja na fase executória, havendo, como assevera JAKOBS, uma divisão de trabalho.[13] Ao coautor pode-se remeter a ação efetuada como sua, por ter o domínio de sua configuração, por a ter engendrado ou compartilhado da decisão comum de realizar, organizando a ação ou participando diretamente de sua execução.

Já o cúmplice não tem o domínio sobre o fato nem participa da formação da vontade comum de realizá-lo, malgrado o deseje, ou tenha mesmo interesse pelo fato.[14] Participa do fato de terceiro, cuja definição de decisão por agir lhe é superior, aderindo à resolução finalística de outrem, auxiliando ou assistindo. Se deseja igualmente o fim delituoso, no entanto, depende daquele que é o senhor da atuação delituosa à qual adere, sem ser sua a decisão de agir.[15]

O conteúdo imediato de sua vontade, como afirma LATAGLIATA, é solicitar ao autor ou coautores a tomada da resolução da atividade delituosa ou auxiliar na realização da ação já decidida,[16] sem ter governo ou forma de interferir na prática do crime. Participa do fato de outrem, e como tal o deseja.

---

[11] DIAZ Y GARCIA, M. C. "Dominio funcional, determinación positiva y objetiva del hecho y coautoría", *in "Fundamentos de un sistema europeo*, cit., p. 305.

[12] ROXIN, C., op. ult. cit., p. 173.

[13] JAKOBS, G., op. cit., p. 745.

[14] ROXIN, C., op. ult. cit., p. 162, contesta a orientação de parcela da jurisprudência alemã que reputa autor mesmo quem não tenha domínio sobre o fato, mas apenas interesse pelo fato, o que pode levar a que colaborações preparatórias insignificantes sejam consideradas como próprias de coautoria.

[15] Nosso "Concurso de pessoas", *in Enciclopédia Saraiva,* vol. 17, São Paulo, 1978, p. 342.

[16] LATAGLIATA, A. R. *Concorso di persone,* cit., p. 594. BOSCARELLI, M. *Contributo a la teoria del concorso di persone nel reato,* Pádua, Cedam, 1958, p. 113, considera que a distinção entre vontade de autor e de partícipe reduz-se a uma superestrutura conceitual sem fundamento. Igualmente crítico BOCKELMANN, P., *Relaciones entre autoría y participación,* trad. Fontan Balestra, Buenos Aires, 1960, p. 36 e seguintes. Entendo que sendo dados da realidade, a autoria e a cumplicidade não apresentam apenas diferenças de grau objetivamente verificáveis, mas reflexos obrigatórios sob o ângulo psicológico, graus de pertinência da ação.

13.2. A POSIÇÃO DO CÓDIGO PENAL COM A REFORMA DE 1984

Com as modificações introduzidas em 1984 com relação ao concurso de pessoas, quebrou-se a rígida perspectiva objetiva, temperando-se a referência ao nexo de causalidade como critério indicativo da realização da coautoria.

Acrescentou-se ao final do art. 29 a expressão *"na medida de sua culpabilidade"*, que já fora sugerido por FRAGOSO em suas críticas ao Anteprojeto Nelson Hungria. Se a norma do concurso de pessoas é uma norma integrativa, extensiva, em que ações atípicas ganham relevo típico, por se incluírem em um todo unitário doador de sentido para cada uma das ações, há diferenças de atuação, sendo que quanto mais emerge a posição de autor, mais se atenua a dos demais, e, por comparação, verifica-se a contribuição de cada um dos participantes.[17] Assim, conforme o grau de participação, maior ou menor será a reprovação, com o que a dicção legislativa adequa-se à teoria do domínio do fato.

O legislador, por outro lado, cedeu passo à admissão da cumplicidade ao transformar a circunstância atenuante, prevista no art. 48, II, do Código Penal, relativa à participação de somenos importância, em causa de diminuição de pena, constante do § 1º do art. 29 do Código Penal, cominando, portanto, à cumplicidade pena inferior ao mínimo legal, podendo ser reduzida de um sexto a um terço.

Mantiveram-se, por outro lado, as circunstâncias agravantes do concurso de pessoas previstas no art. 62 do Código Penal e relativas àqueles que detêm superior domínio do fato, como domínio da vontade, por promover ou organizar a cooperação delituosa, por coagir ou valer-se de pessoa sob sua autoridade ou não punível, hipóteses estas últimas de autoria mediata e não de coautoria, bem como por executar ou participar em vista de paga ou promessa de pagamento.

Por essa razão, antes da Reforma de 1984, afirmava que já era possível encontrar, em nosso estatuto, apesar da igualização decorrente da referência à causalidade, uma diferenciação entre autor e cúmplice, pois as circunstâncias agravantes diziam respeito ao agente que possui absoluto domínio do fato, cuja execução resta em suas mãos ou determinações.

O Código Penal de 1940 admitia as formas do auxílio, da instigação, no art. 30, considerando-as não puníveis, se o crime não chega a ser sequer tentado, com o que reconhece que há por parte do autor um domínio do fato.

O projeto ora em tramitação no Congresso Nacional, de cuja elaboração participei, propõe que as circunstâncias agravantes do concurso de pessoas do art. 62 passem a ser causas de aumento de pena, como parágrafo do art. 29, retirando-se, todavia, a menção a induzimento no inciso II, que é uma forma de cumplicidade.

O nexo de causalidade, nem por isso, deixa de ter relevo, mas não guarda o monopólio da definição da ocorrência do concurso de pessoas, que reside antes no acordo de vontades. O nexo de causalidade é importante, mas sem a bitola da equivalência das condições, pois pode a ação não ser necessária, mas incluir-se no processo de realização da ação, havendo um nexo entre as cooperações, mais do que entre cada parcela e o resultado.

---

17   PEDRAZZI, C., op. cit., p. 106.

13.3. ACORDO DE VONTADES

A decisão comum é o dado característico do concurso de pessoas, constituindo, no dizer de ESTHER FIGUEIREDO FERRAZ, "*no lastro sobre o qual se apoia a figura criminosa do concurso*", dando-se uma convergência objetiva e subjetiva de todos os atos na direção do resultado comum.[18]

É o acordo de vontades o elemento definidor do concurso de pessoas, o fator que tipifica a participação de duas ou mais pessoas na prática de uma ação delituosa como concurso de pessoas,[19] pois se cada um realiza uma fração do crime, é o elemento psicológico que permite a tipificação dos atos parciais e o reconhecimento da estrutura do concurso de pessoas, formado não pela soma destes atos parciais, mas por sua integração em uma unidade alicerçada no fim comum.

O crime realizado por meio de ações não típicas em si mesmas, mas que ganham relevo típico na unidade que integram, forma um conjunto unitário em que a vontade comum da ação, a decisão conjunta de agir, constitui o amálgama que une as partes no todo, dotado de um sentido voltado à consecução do delito.

Assim, exemplifica LATAGLIATA que em um furto de automóvel, enquanto um concorrente força a fechadura, outro vem a fazer a ligação direta e um terceiro dirige o veículo. Cada ação é uma parcela do furto do automóvel, e abrir o veículo ou acioná-lo passam a ser condutas típicas do furto, não decorrendo sua qualificação como furto do aspecto subjetivo, mas apenas quando "*se leva em conta o conteúdo da vontade dos concorrentes*".[20]

JAKOBS propõe que se reconheça a coautoria sem que haja uma decisão comum do fato, como um acordo recíproco, bastando uma *decisão de ajustar-se*, por via da qual o partícipe, que não realiza diretamente a ação, coopera para sua configuração, mesmo que o autor desconheça esta contribuição. Exemplifica JAKOBS com a hipótese de quem dá um sonífero à vítima que se vai matar a facadas, sem que o executor o saiba.[21]

ROXIN considera, com procedência, que uma atuação unilateral, ignorada pelo outro, dificilmente pode-se entender como ação conjunta, além de se estender em demasia o conceito de coautoria.[22]

De igual forma, a convergência acidental de vontades, que fortuitamente se somam, sem ser fruto de um acerto prévio ou concomitante à atuação de cada um, não configura o concurso de pessoas, conforme já afirmei em trabalho anterior.[23]

Exemplificava, então, que se "A" desfere um soco em "B", que vem a desmaiar, e "C" subtrai-lhe a carteira, podem se dar duas hipóteses:

1) se "A" e "C" tinham um plano de furtar "B", mediante violência, há um concurso de pessoas no crime de roubo. Cada ação é uma fração de um todo, cada agente dominado pelo mesmo fim último comumente estabelecido;

---

[18] FIGUEREDO FERRAZ, E. *A codelinquência no moderno direito penal brasileiro*, São Paulo, 1947, p. 29.

[19] LATAGLIATA, A. R., op. ult. cit., p. 581.

[20] LATAGLIATA, A. R., op. ult. cit., p. 581.

[21] JAKOBS, G., op. cit., p. 747.

[22] ROXIN, C., op. ult. cit., p. 174.

[23] Nosso *Concurso de pessoas*, cit., p. 343.

2) se, todavia, "A" desconhece a ação futura de "C" de furtar "B", inexistindo uma vontade comum, uma decisão conjunta, cada qual responderá pela ação que praticou em sua autônoma configuração típica. No caso, "A" cometeu uma lesão corporal, e "C" pratica, tão somente, furto.

Propunha um outro exemplo: se "A" atrai a vítima para fora de um veículo para facilitar a subtração do carro por parte de "B", que desconhece a cooperação de "A", não sucede um concurso de pessoas, mas, tão somente, uma contribuição à ação de terceiro totalmente alheio do auxílio dado à prática do crime. Não havendo uma vontade única, decorrente de um acordo, cada ação é independente e não fração de um todo. Assim, "B" realizou um furto simples e não qualificado pelo concurso de agentes ou pelo meio fraudulento. A conduta de "A", todavia, tipifica-se, ciente que estava da ação de "B", para a qual prestou auxílio de atrair a vítima para fora do veículo, configurando-se um furto qualificado mediante fraude. O certo é que não se perfaz o tipo do concurso de pessoas.

Não se tipifica, também, o concurso de pessoas, por falta do elemento central da vontade comum, se um dos agentes atua com culpa em ação dolosa de outrem, mesmo que as ações integrem a mesma corrente causal. Portanto, diferindo o elemento subjetivo, não há concurso de pessoas, como se vê no exemplo seguinte: um médico, desejando matar o paciente, determina a administração de medicamento em quantidade excessiva e marca no receituário do hospital essa dosagem elevada, que mataria o cliente; a enfermeira, inadvertidamente, aplica a dose recomendada pelo médico, sem cuidar de verificar a quantidade elevada receitada, e o paciente vem a morrer. O médico comete homicídio doloso e a enfermeira culposo.

Constata-se, de conseguinte, ser insuficiente o aspecto objetivo, causal, para formar a tipificação do concurso de pessoas, sendo essencial o acordo de vontades, não bastando a vontade do delito, pois é preciso a vontade de se unirem duas ou mais pessoas para o fim de concorrerem na consecução desse delito.

13.4. NORMA EXTENSIVA

Como já assinalei, a norma do concurso de pessoas, unindo-se a uma norma incriminadora, forma a figura típica do concurso de pessoas de um determinado tipo de crime, colorindo de tipicidade a ação, por si só, atípica, permitindo a subsunção indireta no tipo penal.[24]

A norma integrativa, como afirma PEDRAZZI, nivela as condutas, supera as distinções, fazendo com que se atribua a ação típica a quem praticou apenas uma conduta acessória, sem, contudo, dar vida a um novo tipo de crime, mas a um novo tipo de aplicação do tipo existente,[25] tendo a atuação acessória relevo jurídico similar ao da ação típica à qual está unida.

---

[24] FREDERICO MARQUES, J., op. cit., p. 308; RANIERI, S. *Il concorso di più persone in um reato*, Milão, 1949, p. 28.

[25] PEDRAZZI, C., op. cit., p. 86 e seguintes, que formula uma compreensão interme-diária entre a unitária e a pluralista de ação, pois parte da unidade do fato, mas considera uma nova forma de aplicação da norma incriminadora quando reunida à norma integrativa do concurso de pessoas, alcançando a norma incriminadora ações atípicas coligadas a uma ofensa típica.

FUNDAMENTOS DE DIREITO PENAL – *Miguel Reale Júnior*

Desse modo, quem pratica uma ação secundária, acessória, vem a ser responsável pela ação típica à qual está ligada, especialmente graças ao dado subjetivo da vontade comum de realizar o delito, e para o qual coopera, aplicando-se de uma forma extensiva a norma incriminadora existente.[26]

13.5. AÇÕES NEUTRAS OU COTIDIANAS

Se um comerciante vende uma gazua a pessoa que sabe que a utilizará na comissão de furtos, pretende ROXIN que seja punido como cúmplice. JAKOBS contesta que se puna como cúmplice o padeiro que vende o pão a quem sabe que o utilizará para dar veneno a um convidado para jantar.[27] Exemplo mais difícil é o do comerciante que vende um canivete a um dos contendores que em frente à sua loja digladiam, sendo previsível que o utilizará na contenda para ferir o adversário.[28] ROXIN considera que o fim delitivo apresenta-se em primeiro plano, cumprindo não deixar impunes estes comerciantes.

Se há a adesão ao fato futuro, incerto no caso do padeiro e do vendedor da gazua, e provável no exemplo do comerciante de canivetes, creio, todavia, que em todas as hipóteses não se pode punir a título de cumplicidade, pois não há a vontade comum, e nem mesmo conhecimento pelo autor da adesão do fornecedor, dos meios para a prática do delito, sendo antes um ato unilateral, que, na corrente causal, importa a um regresso ilimitado, distante de qualquer mínima interferência por parte do pretenso cúmplice. Punir como cúmplice seria desfigurar o tipo da coautoria e efetuar uma imputação objetiva sujeita aos azares da vida.

Diversa seria a situação se o anfitrião do jantar indagasse do padeiro qual o pão que a vítima gosta para oferecer-lhe, com segurança, uma porção de veneno, que seria, sem dúvida, ingerida pela vítima, hipótese em que efetivamente o padeiro atua com dolo eventual, prestando uma assistência à comissão do delito sem ter domínio do fato, razão por que se enquadra sua ação como participação na morte do convidado.

13.6. CONCURSO EM CRIME CULPOSO

O comportamento culposo, como já analisei, constitui, com conhecimento da situação, a prática de uma ação sem o devido cuidado, sendo possível um acordo de vontades, de duas ou mais pessoas, no sentido de, nas circunstâncias concretas, deixar de respeitar a diligência que a experiência normal recomenda, em desprezo a este dever.

---

[26] BOSCARELLI, M., op. cit., p.142, critica a posição de PEDRAZZI, considerando desnecessária a distinção entre tipo de crime e título de aplicação do tipo, pois não se trata de aplicar com diverso título a norma incriminadora a fatos diversos. Creio que a formulação de PEDRAZZI é válida por levar em conta a formação de um novo tipo, composto da norma incriminadora e da norma do concurso, que permita uma aplicação ampliativa da norma incriminadora, desde que a ação atípica esteja unida a uma ação típica ou compondo uma ação única típica, para se evitar qualquer fragilização do princípio da legalidade.

[27] ROXIN, C., op. ult. cit., p. 177 e seguinte; JAKOBS, G., op. cit., p. 845, caso que, a seu ver se enquadram nos negócios comuns de intercâmbio da vida cotidiana, não chegando a ter um sentido conjunto de ação.

[28] SILVA SANCHEZ, J. M. "Informes sobre las discusiones", *in Sobre el estado de la teoría del delito*, cit., p. 205.

Como este dever de diligência é geral, exigível de toda e qualquer pessoa naquela situação, parte da doutrina entende que não há diferenciação entre autor e partícipe, pois não cumpre, por exemplo, apenas ao motorista do carro o respeito ao necessário cuidado, mas também ao acompanhante, que, se instiga, nem por isso é apenas cúmplice, mas também autor, coautor.

Acentua CUERDA RIEZU que a doutrina alemã não admite a distinção entre autoria e participação nos crimes culposos,[29] diferenciação que é aceita por DIAZ Y GARCIA em sua compreensão restrita de autoria como domínio positivo sobre o fato, restando o instigador como partícipe.

Igualmente SPASARI anota que a participação é contestada por vários autores italianos,[30] cujo Código Penal, em seu art. 113, prevê especificamente o concurso de pessoas no crime culposo, sendo, no entanto, admitida por SPASARI.[31]

Considero que cabe razão a SPASARI, pois a existência de um dever de cuidado geral não exclui a existência de um domínio do fato, como o poder de fazer ou deixar de fazer a conduta instigada pelo cúmplice. Desse modo, pode o motorista ceder ou não às instâncias do acompanhante, pois *"uma coisa é instigar a corrida imprudente e uma outra dar causa ao evento danoso"*.[32]

Creio que o disposto no art. 30 do Código Penal comprova a admissão da participação em crime culposo, ao dispor que o auxílio, o ajuste, a determinação ou instigação são impuníveis, se o crime não chega a ser tentado, reconhecendo-se que há um autor principal que tem o domínio do fato e que pode não cumprir a ação para a qual se instigou ou prestou auxílio, exatamente por exercer um poder sobre o fato, orientando-o, dando-lhe vida ou não.

Se o motorista imprime alta velocidade em acordo de vontade com o acompanhante, configura-se o concurso de pessoas em crime culposo, bastando para tanto que haja uma vontade consciente de concorrer para a ação imprudente.[33]

A contemporaneidade da participação é necessária, devendo o partícipe ter o conhecimento atual da conduta do autor,[34] devendo ser simultâneas as condutas que se inserem em um processo causal produtor do evento.[35]

Mas destaca decisão do Supremo Tribunal Federal que a mera presença, mesmo de superior hierárquico, não configura o concurso de pessoas na prática de ação imprudente,[36] pois o acordo de vontades, a adesão a um desrespeito à necessária diligência, não se pode presumir a partir do silêncio.

---

[29] CUERDA RIEZU, C., op. cit., p. 292.

[30] PAGLIARO, A., op. cit., p. 518, considera que nos crimes culposos o coautor assume como própria a *"realização comum"*.

[31] SPASARI, M. *Profili di teoria generale del reato in relazione al concorso di persone nel reato colposo*, Milão, Giuffrè, 1956, p. 80 e seguintes.

[32] SPASARI, M., op. cit., p. 82.

[33] RICCIO, S. *Il reato colposo*, Milão, 1952, p. 462.

[34] LATAGLIATA, A. R., op. cit., p. 581.

[35] Nesse sentido decisões do Supremo Tribunal Federal, publicadas nas *Revistas Trimestrais de Jurisprudência*, nos 34/ 645 e 44/ 311.

[36] Acórdão relatado pelo Ministro BARROS MONTEIRO, *in Revista trimestral de jurisprudência*, n° 50/319.

256 | FUNDAMENTOS DE DIREITO PENAL – *Miguel Reale Júnior*

13.7. CONCURSO DE PESSOAS NO CRIME OMISSIVO

Nos crimes omissivos próprios, pode-se dar um acordo de vontades para deixar de cumprir com a ação esperada, na hipótese, por exemplo, de duas pessoas decidirem não prestar socorro a uma pessoa ferida em um acidente de carro à sua frente. Pode haver até mesmo instigação por parte de uma das pessoas que, na situação, não poderia agir, mas que açula o outro a não atender a necessidade de socorro da vítima. Nesta hipótese, haverá concurso entre autor e cúmplice.

Pressuposto do concurso é que os omitentes tenham conhecimento da ocorrência da situação que exige a prática da ação devida e, decididamente, a omitem.

Nos crimes comissivos por omissão, o dever de agir pode incumbir a ambos os coautores, como na hipótese de pai e mãe deixarem de alimentar o filho para lhe causar a morte por inanição. No entanto, se o dever de agir couber a apenas um dos agentes, esta circunstância, por ser elementar do crime, integrando, como já afirmei, o tipo penal comissivo por omissão, comunica-se ao outro concorrente.

13.8. COMUNICABILIDADE DAS CIRCUNSTÂNCIAS

O caráter extensivo da norma do concurso de pessoas torna-se evidente com o disposto no art. 30 do Código Penal, que dispõe estenderem-se, ao concorrente, as circunstâncias elementares do crime e não as pessoais. Assim, a qualificação do sujeito ativo como sujeito ativo próprio, por exemplo, sua condição de funcionário público no crime de peculato, por ser elementar do tipo penal, elemento normativo constitutivo, comunica-se ao coautor ou cúmplice.

O mesmo ocorre no crime comissivo por omissão acima estudado, pois a posição de garante, como dado elementar do crime na forma comissiva por omissão, comunica-se ao concorrente, que responderá pelo crime apesar de não ter a condição de garante, que de modo reflexo o abraça por força das normas do concurso de pessoas, que, na realidade e no plano normativo, constitui um todo unitário. Todos os coautores e cúmplices responderão por crime de peculato, mesmo sem que possuam a condição de funcionário público.

As condições pessoais, no entanto, não se comunicam, por exemplo: se um dos agentes for filho da vítima, pois a circunstância agravante do art. 61, II, *e*, consistente em ter sido o crime praticado contra ascendente, não se estende aos demais coautores.

Se o concorrente desconhece a condição de funcionário público do coautor, incorre em erro de tipo, e não responderá pelo crime capitulado em face desta qualificação especial, que torna o concorrente um sujeito ativo próprio. Haverá erro sobre elemento normativo do tipo.

13.9. PARTICIPAÇÃO EM CRIME MENOS GRAVE

Estabelece o § 2º do art. 29 do Código Penal que "*se algum dos concorrentes quis participar de crime menos grave, ser-lhe-á aplicada a pena deste*". Trata-se de disciplina introduzida pela reforma da Parte Geral de 1984, visando expurgar, de nossa legislação, a responsabilidade objetiva e o princípio do *versari in re illicita*, segundo o qual o agente respondia por todas as consequências decorrentes da prática do delito, independentemente de dolo.

Esta disciplina, de que o agente apenas responde pelo crime que quis praticar e não pelo realizado sem acordo de vontades pelo coautor, não apenas consagra o princípio da responsabilidade subjetiva, como quebra a rigidez monolítica da concepção unitária do concurso de pessoas fundado no nexo de causalidade.

Se ao adentrar a casa da vítima pretendiam dois concorrentes cometer um crime de furto, mas o primeiro dos coautores vem a praticar um estupro, tendo por vítima a filha do proprietário da residência, não houve acordo de vontades acerca deste segundo fato, de responsabilidade pessoal de seu autor, não se comunicando a comissão do delito ao outro concorrente, totalmente alheio a este desiderato, decidido e realizado exclusivamente pelo primeiro concorrente.

Igualmente se um dos concorrentes vem a usar chave falsa, circunstância material que qualifica o crime de furto, sem conhecimento do outro concorrente, não responderá este pela qualificadora, pois pretendia cometer crime menos grave, ou seja, furto simples.

A parte final do § 2º do art. 29 do Código Penal estatui, no entanto, que a pena do crime menos grave que pretendia cometer será aumentada até a metade, se o resultado mais grave for previsível. Esta previsibilidade, difícil de ser aquilatada, pressupõe que o agente tenha pleno conhecimento da situação propiciadora da comissão de crime mais grave pelo concorrente, viabilizando o juízo de possibilidade de uma decisão e execução da forma mais grave ou de outro crime pelo outro coautor.

O crime mais grave não passa a ter a forma culposa, pois não responde o concorrente que pretendia crime menos grave pelo de maior gravidade na forma culposa. A responsabilidade decorre de o agente ter aceitado participar da comissão de um crime, sendo-lhe, nas circunstâncias, possível prever que o outro concorrente viria a exceder ao desiderato comumente estabelecido para executar uma ação não querida. Não se trata de dolo eventual, mas aproxima-se da culpa consciente, pois o agente, apesar de previsível, confia que o fato mais grave não ocorrerá.

13.10. CONCURSO NECESSÁRIO

Há tipos penais que descrevem uma ação obrigatoriamente praticada por dois ou mais agentes como dado elementar da figura penal. Não se trata de concurso para realização de um crime que poderia ser singularmente cometido, pois não há adultério (era previsto no art. 240 do Código Penal, tendo sido revogado pela Lei nº 11.106/05) sem um homem e uma mulher, sendo pelo menos um deles casado.

A ação típica é uma só, mas cada participante realiza uma conduta que pode ou não ser convergente com a do outro ou dos outros, com vista à prática desta ação típica forçosamente coletiva. No crime de quadrilha ou bando, previsto no art. 288 do Código Penal, há as ações paralelas de cada participante com o fim de cometer crimes, sendo cada um autor e não coautor. No adultério, havia convergência de vontades.

Já no crime de bigamia, art. 235 do Código Penal, o crime se perfaz com a participação dos nubentes em três situações: a) os dois podem ser igualmente autores em idêntica situação, pois ambos casados, conhecendo ou desconhecendo a situação de casado do outro; b) um é casado e o outro não, mas sabe desta condição do parceiro; c) um é casado e o outro não, desconhecendo esta condição do parceiro. Verifica-se, portanto, que a vontade comum de praticar a ação delituosa, característica do concurso eventual, não ocorre no necessário. É uma questão da estrutura do tipo e não de concurso de pessoas.

Pode ocorrer que o sujeito ativo do fato, como lembra NILO BATISTA,[37] seja sujeito passivo do crime, em distinção que se aplicava ao crime de rapto consensual (era previsto no art. 220 do Código Penal, tendo sido revogado pela Lei nº 11.106/05). Em síntese, pode-se dizer, com RENÉ DOTTI, que, no concurso necessário, pode haver ações paralelas, quadrilha ou bando, convergentes, adultério (era previsto no art. 40 do Código Penal, tendo sido revogado pela Lei nº 11.106/05), ou contrapostas, rixa.[38]

---

[37] BATISTA, N., op. cit., p. 138.
[38] DOTTI, R., op. cit., p. 362.

PARTE III

TEORIA DAS SANÇÕES

Capítulo 1
PENA PRIVATIVA DE LIBERDADE

1.1. O MUNDO PRISIONAL

Diz-se que a história do Direito Penal é a história de contínuas abolições.[1] Sem recair no abolicionismo, que engendra perigos, podendo levar às ações vindicativas e à exigência de internalização de controles e de autocensura,[2] posso afirmar que a História do Direito Penal é a história de um largo processo de *humanização da repressão*.

As penas cruéis, desde a pena de morte pelos métodos mais doloridos, como as penas corporais de mutilação, constituem hoje, em boa parte do planeta, material para museu dos horrores. A roda, o empalamento, o garrote vil são expostos como se tivessem sido aplicados por pessoas de um outro planeta, quando, na verdade, poucos séculos nos separam dessas práticas, então admitidas sem maiores reclamos.[3] Mesmo em perspectiva sincrônica, e não apenas diacrônica, ainda hoje, em alguns lugares do mundo, as penas cruéis, como as chibatadas, a mutilação ainda em alguns países islâmicos, têm largo curso.

No mundo ocidental, porém, de regra, a situação é diversa. BROSSAT faz o prognóstico de que, em pouco tempo, aos olhos dos homens, também a prisão parecerá uma brutalidade e um anacronismo: a coabitação entre o discurso dos direitos humanos

---

[1]   Há movimentos abolicionistas, que visam à supressão do sistema penal, entendido como gerador de maior violência com o processo estigmatizador e maniqueísta que instaura com a divisão na sociedade entre criminosos e não criminosos. A proposta da abolição do sistema penal exige que se proponha uma sociedade autorregulada, que busque resolver os conflitos pela mediação, em uma compreensão utópica e generosa. A respeito, vide CRESPO, E. D., "El pensamiento abolicionista", *in Reflexiones sobre las consecuencias jurídicas del delito*, DÍAZ-SANTOS e FABI-ÁN CAPARRÓS, organizadores, Madrid, 1995, p. 35; GARCIA MENDES, E., "La dimensione politica dell'abolizionismo. Un punto di vista periferico", *in Dei delitti e delle pene*, ano III, n° 3, set./dic., 1985; GÓMEZ DE LA TORRE, I. B., e outros, *Manual de Derecho Penal, parte general*, III, *consecuencias jurídicas del delito*, Barcelona, 1994, p. 38, considerando utópicas as propostas abolicionistas, mas válidas como crítica ao deficiente sistema carcerário; ZAFFARONI, E. R., *En busca de las penas perdidas, desligitimación y dogmática jurídico-penal*, 2ª ed., Bogotá, 1990, p. 80 e seguintes, procurando aproximar o Direito Penal Mínimo do abolicionismo, com o que discorda FERRAJOLI, e com razão, para o qual o abolicionismo engendra perigos piores do que o Direito Penal, podendo levar às ações vindicativas e à exigência de internalização de controles e de autocensura.

[2]   Vide a lição de FERRAJOLI, nota supra.

[3]   BROSSAT, A., *Pour en finir avec la prison*, Paris, 2001, p. 8.

e a realidade do mundo prisional gerará um sentimento de indignação moral,[4] especialmente com a descoberta, pela classe política, da situação deplorável do universo real das prisões.

Desde que a pena de prisão foi alçada à sanção principal deixando de ser, tão só, medida de ordem processual, impeditiva da fuga do réu para garantir sua submissão ao processo, ocorrem movimentos visando à humanização do cárcere e à flexibilização do cumprimento da pena privativa de liberdade. Já em 1774, o filantropo JOHN HOWARD, após ter vivido na prisão de Brest, e tendo visitado diversos estabelecimentos prisionais da Europa, passou a propagar a ideia de "humanização do cárcere", a ser obtida pela eliminação da promiscuidade e da ociosidade.

Estas ideias, como assinala ROBERTO LYRA, frutificaram nos Estados Unidos, onde se criou, na Pensilvânia, o sistema do isolamento completo, dia e noite, dedicando-se o condenado à penitência, ocupando-se da leitura de livros religiosos e da meditação.[5] Em Auburn, no Estado de Nova Iorque, mantinha-se o isolamento celular noturno, com o trabalho em comum durante o dia, mas imposto o silêncio, proibida qualquer comunicação entre os reclusos, o que levava a um sofrimento intenso por contrariar a natureza humana, muitas vezes conduzindo à demência.[6]

O sistema progressivo, no cumprimento da pena, foi introduzido na Inglaterra, constituído de um primeiro momento de isolamento celular propício à observação do condenado, após o qual a pena é cumprida com trabalho em comum durante o dia, sendo possível ao condenado obter o livramento condicional, se oferece condições de viver em liberdade. CROFTON, na Irlanda, introduziu, no sistema progressivo, a fase de trabalho ao ar livre, em colônias penais, anteriormente à concessão do livramento condicional.[7]

Após a Segunda Guerra Mundial, como já analisei, a Nova Escola da Defesa Social passou a propugnar em favor da prevenção especial como finalidade da pena a ser alcançada por meio do tratamento, visando a promover a reinserção social do condenado. Assim, tomou foro de verdade a ideia de tratamento e, sob os auspícios da ONU, foram realizados Congressos Internacionais tendo por tema a prevenção do crime e o tratamento do delinquente.

Pouco antes, já denunciava BETTIOL o *"mito da reeducação"*,[8] finalidade que se fez constar do texto da Constituição italiana de 1947, em seu art. 27.3, bem como do

---

4   BROSSAT, A., idem, p. 22.

5   LYRA, R., *Comentários ao Código Penal*, Rio de Janeiro, 1942, vol. 2, p. 88; GARCIA, B., *Instituições de Direito Penal*, 5ª ed., tomo II, São Paulo, 1980, p. 451 e 460.

6   GARCIA, B., idem, p. 461.

7   GARCIA, B., op. cit., p. 461. A respeito dos três sistemas clássicos, vide ANDREUCCI, R. A. e PITOMBO, S. M. M., *in Penas e medidas de segurança*, Rio de Janeiro, 1985, p. 91, sendo a parte relativa à pena privativa de liberdade e de multa de autoria dos mesmos no livro em conjunto com DOTTI, R. e REALE Jr; vide, também, PIMENTEL, M. P., *O crime e a pena na atualidade*, São Paulo, 1983, p. 134 e seguintes, que destaca o aspecto desumano do silêncio imposto pelo sistema aubarniano e que levou à criação de uma comunicação por gestos ou por batidas nas paredes e encanamentos.

8   BETTIOL, G., "Il mito della rieducazione", *in Scritti Giuridici*, Pádua, 1966, vol. II, p. 999.

Ordenamento Penitenciário (Lei n° 354, de 26 de julho de 1975).[9] As "Regras Mínimas" da ONU de 1955 denominam-se "Regras Mínimas para o Tratamento do Preso" e têm por objetivo permitir que, quando em liberdade, venha o liberado a respeitar as leis.[10]

Os ecos destes movimentos repercutiram entre nós. Em 1957, atendendo recomendação da ONU, são editadas, no Brasil, as "Normas Gerais do Regime Penitenciário", Lei n° 3.274/57, consagrando direitos dos presos, mas buscando dirigir o encarceramento à promoção da reintegração social do condenado.

Nos anos 1980, o Anteprojeto de Lei de Execução Penal, de cuja comissão elaboradora fiz parte, trazia, em seu art. 1°, disposição em que se estabelecia ser a finalidade da pena facilitar ao condenado o enfrentamento, com harmonia, das dificuldades da convivência social. Na comissão revisora, por sugestão de JASON ALBERGARIA, modificou-se o texto para acentuar a finalidade de tratamento e de reinserção social, ao se editar, tal como consta da Lei de Execução Penal, que especifica ter a execução penal o objetivo de "*proporcionar condições para harmônica integração social do condenado*".

Cumpre destacar, no entanto, que ALBERGARIA considera ser a pena, em sua essência, retributiva, conquanto, à luz de uma teoria conciliatória vise também à ressocialização do preso, a sua reinserção social a ser obtida por via da reeducação.[11]

Todas estas tentativas de perspectivar a prisão como um meio de reeducação para proporcionar a reinserção social do condenado constituem a busca de conciliação entre o dever de tutelar e resguardar o respeito à dignidade da pessoa humana e à imposição de medida draconiana de privação da liberdade.

Força é reconhecer, contudo, que essas tentativas são, em larga medida frustrantes, pois a prisão revelou-se, com todos os esforços e toda a boa vontade dos penitenciaristas e penalistas, absolutamente imprópria para preparar o apenado para o mundo livre. É que o cárcere não reproduz em tamanho pequeno a vida em sociedade, mas configura um *mundo próprio*, levando, inexoravelmente, ao esgarçamento da personalidade. Ao ser submetido o encarcerado ao processo de prisionização, a um código de conduta ditado não pela Administração Penitenciária, e sim pelo *poder real da cadeia*,[12] exercido pelos líderes deste universo isolado, composto por pessoas estigmatizadas em face dos "homens bons" que vivem em liberdade, dificilmente sua personalidade se manterá íntegra, dificilmente sua individualidade, condição de saúde mental, será resguardada. O mundo real da cadeia deixará, inevitavelmente, suas danosas marcas.

---

9   Sobre a lei penitenciária italiana, vide GENNARO, G., BONOMIO, M. e BREDA, R., *Ordinamento penitenziario e misure alternative alla detenzione*, Milão, 1976. No prefácio, VASSALLI destaca a análise do problema do tratamento, consistente este em intervenções realizadas em favor do indivíduo para ajudar a imprimir uma nova orientação à sua vida. Como assinala o art. 1° do Ordenamento, o tratamento reeducativo visa à reinserção social do condenado.

10 FERNÁNDEZ GARCIA, J., "El tratamiento penitenciario resocializador", *in Reflexiones sobre las consecuencias*, cit., p. 97.

11 ALBERGARIA, J., *Comentários à Lei de Execução Penal,* Rio de Janeiro, 1987, p. 9.

12 RAMALHO, J. R., *O mundo do crime, a ordem pelo avesso,* São Paulo, 2002, p. 51, revela que "*as regras da cadeia, assim como as leis da justiça de um país, tinham autoridades reconhecidas como tais às quais era atribuído o poder de aplicá-las... Os presos referiam-se a tais regras como as leis da massa. São elas que regulavam a ordem na vida do crime*". Sobre a vida na Casa de Detenção, vide o trabalho de DRAUZIO VARELA, *Estação Carandiru*, São Paulo, Companhia das Letras.

A prisão vem a constituir uma estrutura social diversa da existente na sociedade livre. Tem, portanto, regras próprias, códigos de honra específicos do meio carcerário, formas de assunção de poder real caracteristicamente suas, construindo-se uma subcultura carcerária, como anotam MUÑOZ CONDE e GARCIA ÁRAN, que facilita o surgimento de "máfias carcerárias", em tudo se contrapondo a qualquer processo de acomodação às normas prevalecentes na vida social.[13]

Ademais, sofre o condenado o choque da prisionização, destacado por AUGUSTO THOMPSON,[14] que se dá na sua entrada naquele mundo, sendo submetido abruptamente à perda da individualidade de sua identidade, seja pelo corte do cabelo, seja pela roupa de brim, uniforme idêntico para todos, sendo destituído de todos os sinais particulares voluntariamente escolhidos e de todos os papéis sociais que representava no mundo social.

É sabido que cada um de nós representa, na vida social, diversos e simultâneos papéis, como filho, irmão, pai, trabalhador, amigo, vizinho, membro de entidades associativas, líder ou liderado de grupos, formais ou informais etc. Com a prisão, rompem-se os liames sociais, perdem-se os referenciais construídos durante a vida, pois passa-se a integrar um novo universo, distante, muito distante, daquele em que se viveu. Assim, as funções até então representadas pelo indivíduo na sociedade tornam-se sem sentido. Nesta perspectiva, a prisionização significa uma dupla clivagem, paradoxalmente tecida por ruptura, ou exclusão, e construção de vínculo, ou inclusão: de um lado, a ruptura com a sociedade e, de outro, a inclusão forçada em uma nova sociedade formada pelos excluídos do meio social, grupo de diferentes, estigmatizados como criminosos.[15]

BROSSAT lembra depoimentos de presos acerca do sentimento de perda total com a privação da liberdade, pois *"aprisionar uma pessoa é lhe retirar tudo, não lhe resta nada"*. Esse sentimento vem paulatinamente a enfraquecer o condenado, uma destruição lenta que atinge a alma, chegando a se definir o aprisionamento como uma "guilhotina seca", sem sangue, mas igualmente aniquiladora.[16]

A vida na prisão é *a vida do tempo perdido*.[17] A maior tarefa está em se acostumar à falta de liberdade, longe da realização profissional, da convivência com a família, da vida sexual, do encontro com os amigos, dos divertimentos, da perspectiva do futuro, e da sensação de ser dono de sua própria vida. O preso é o homem jurídico por excelência, que acorda à hora que a lei quer, come o que a lei quer, faz o que a lei manda, dorme à hora que a lei quer. O mais importante na prisão é a manutenção da

---

13 MUÑOZ CONDE, F., e GARCÍA ÁRAN, M., *Derecho Penal, parte general*, 2ª ed., Valencia, 1996, p. 529; GÓMEZ DE LA TORRE e outros, cit., p. 38.

14 THOMPSON, A., *A questão penitenciária*, Petrópolis, 1976, p. 36.

15 PIMENTEL, M. P., op. cit., p. 158, destaca que a *massa*, ou seja, o mundo dos criminosos reconhece sua marginalização e vivem em uma sociedade peculiar.

16 BROSSAT, A., op. cit., p. 33 e 76.

17 GOFFMAN, E. *Manicômios, prisões e conventos,* trad. Dante Moreira Leite, São Paulo, 1974, p. 64, revela como o tempo na prisão é diverso do tempo na vida livre, o tempo a ser arrastado com a sensação do tempo perdido, sentindo-se o preso como um *"exilado da vida"*. O tempo tem significados diferentes, diversas dimensões subjetivas. É evidente que passar duas horas no cinema, assistindo a um bom filme, é bem diferente de passar duas horas em pé numa fila para comprar entrada para o cinema. O tempo na prisão é bem mais longo do que o vivido em liberdade (a respeito das diferentes dimensões subjetivas do tempo, vide nosso "Miguel Reale, humanista", *in Revista da Associação dos Advogados*, dez. 2000).

Parte III · Capítulo 1 · PENA PRIVATIVA DE LIBERDADE | **265**

segurança e da disciplina,[18] e, assim, a perda da liberdade acentua-se ainda mais como supressão da responsabilidade pessoal, pois, na estrutura de controle rígido de todos os atos, desaparece a capacidade de iniciativa e o autodiscernimento.[19]

Por estas razões, se a vida prisional antes corrompe do que educa, havendo não uma ressocialização, mas uma socialização no sentido de ser o preso *"socializado para viver na prisão"*,[20] a pretensão de submeter o condenado a tratamento não passa de uma ilusão desfeita pela realidade e de forma a mais gritante.

A ideologia do tratamento sofre, além do mais, diversas críticas não só em razão das condições da vida carcerária, inviabilizadoras do ideário regenerador, mas também por se indagar se essa regeneração deve ser perante as regras morais ou perante as normas legais. A ressocialização, no plano moral, constituiria uma transformação do cárcere em prática confessional, sem se saber a qual sistema de valores morais se deva pretender submeter o recluso. Se a ressocialização tem por objetivo adequar o condenado à legalidade, cumpre saber se é de ser incutido o respeito à norma penal infringida pelo delito ou com relação a todo o ordenamento, o que passa a ser muito vago em uma sociedade plural e complexa como a sociedade pós-industrial.[21]

Por outro lado, há uma pretensa sabedoria dos engenheiros sociais, que se arvoraram em manipuladores das consciências alheias, transformando o Direito Penal em instrumento de medicinização, sem indagar, de forma crítica, o que constituiria efetivamente essa pretendida ressocialização.[22]

É certo e possível utilizar todo um cabedal de conhecimentos científicos para impingir ao condenado um meio inatural, que lhe desvirtua a personalidade, padrões de comportamento amoldados, adequados à convivência social para que ele seja útil e acomodado ao mundo livre. Mas ao se admitir que ele deve ser cientificamente transformado, para se amoldar ao mundo livre e à sociedade, está-se assumindo um papel muito pouco crítico e muito mais totalitário do que se imagina;[23] totalitário na medida em que se vê o delinquente como patológico, em que se vê o delito como anormal, em que se atribui ao condenado a posição irremediável de errado; mas o errado que

---

[18]   PIMENTEL, M. P., op. cit., p. 130.

[19]   THOMPSON, Augusto, op. cit., p. 41.

[20]   PIMENTEL, M. P., op. cit., p. 158; BROSSAT, A., op. cit., p. 121, nota 1; ANDREUCCI, R. A., "Fundamentos da reforma penal", *in Ciência Penal*, 1981, n° 1, p. 118, para o qual a corrupção do cárcere superaria o castigo justo, no que tem absoluta razão, especialmente quando se verifica a violência sofrida no cárcere, não prevista na sentença, tal como o atentado violento ao pudor, as humilhações de toda sorte, a submissão ao poder real do velho cão de cadeia, o chefete sem limites.

[21]   MORILLAS CUEVA, L., *Teoria de las consecuencias jurídicas del delito*, Madrid, Tecnos, 1991, p. 40 e seguinte.

[22]   Sobre uma crítica à ideologia do tratamento e à pretensão de científica ressocialização, *vide*: MUÑOZ CONDE, "La resocialización del delincuente", na coletânea, *La Reforma Penal*, Bollatera, 1980, p. 66; JORGE DE FIGUEIREDO DIAS, *Os Novos Rumos de Política Criminal e o Direito Penal Português do Futuro*, Lisboa, 1983; H. ZIPF, *Introducción a la Política Criminal*, trad. Miguel Raciá Picavea, 1979, p. 73 e segs.; RODA, JUAN CORDOBA, *Culpabilidad y Pena*, n° 59 e segs.; I, MUÑAGORRI, *Sanción Penal y Política Criminal*, Madrid, 1977, p. 150 e segs.

[23]   MUÑAGORRI, op. cit., p. 153, bem mostra que é ilusória a pretendida neutralidade da Ciência, que, na verdade, coloca-se como instrumento de domínio. Importa, antes de tudo, saber quem toma a decisão do que seja a "socialização".

filantropicamente o Estado recolhe e retira a liberdade, para lhe devolver depois ao seio social acomodado, transformado no bom moço que será útil a todos nós que vivemos numa sociedade homogênea, perfeita, coerente, desfeita de males, porque o mal está sendo desfeito ao se transformar o condenado, que é o único mal.

Não é, todavia, por se acautelar contra a visão totalitária que preside a ideologia do tratamento, que a lei penal afasta da função da pena a possibilidade de promover a *educação* do condenado, por meio da assistência educacional, social e do trabalho. *Educação*, no sentido de suscitar novos comportamentos, de aumentar o repertório de respostas do condenado às dificuldades naturais da vida, e cuja limitação se constituiu em favor da prática delituosa. Não se visa transformar cientificamente o criminoso em não criminoso, mas em facilitar a vida futura, criando a possibilidade de adesão a novas atitudes, com respeito à livre autonomia individual, para que a execução da pena não *"desatenda as opiniões do condenado, substituindo o seu mundo de valores pelo dominante na sociedade".*[24]

Deve-se atentar, também, que qualquer tratamento pressupõe o interesse e a adesão espontânea do paciente, sendo, no mínimo, infrutífera qualquer tentativa de inculcar forçadamente valores a um adulto em um meio prisional. Ressalta-se, também, que o poder discricionário outorgado aos *experts* contrasta com a justiça,[25] na pretensão do técnico de, por meio das ciências comportamentais, arvorar-se em transformador do criminoso no não criminoso.

Para além de consistir, como apontei, nada mais do que um mito, uma ilusão cultivada pela "boa sociedade", a ressocialização possui ainda aspectos negativos, destacados por JASON ALBERGARIA, como o desrespeito aos direitos do preso pelo poder discricionário dos técnicos; a imposição coercitiva do tratamento que resulta muitas vezes em constar apenas do papel, com prevalência da segurança sobre a reeducação; a ausência de pessoal especializado; a falta de exame inicial de classificação.[26]

Porém, é de se questionar: a compreensão da realidade prisional, sem sobrepor-se a utopia ao concreto, e a visão crítica da ideologia do tratamento importariam desfazer-se de qualquer pretensão de viabilizar uma vida sem prática de delito no retorno à liberdade? Seria possível, como pretende MORILLAS CUEVA, uma posição conciliatória,[27] que não antepõe rigidamente a admissão da ressocialização ou sua não admissão?

Como afirmei, ao estudar a finalidade da pena no Capítulo IV da Parte I, a pena, qualquer que seja, mas, em especial, a privativa da liberdade, tem cunho retributivo, de uma retribuição proporcionada, como asseveram ANDREUCCI e PITOMBO,[28] tendo a finalidade de revalidar os valores positivos impostos pela lei penal e desrespeitados pelo ato delituoso. A perda da liberdade, todavia, não pode levar à perda da dignidade, e para tanto, a fim de não acrescentar à privação da liberdade ainda maiores gravames, é necessário minimizar ao máximo os malefícios próprios da vida prisional, abrindo-se janelas para a vida livre.

Parafraseando o título da obra célebre de FOUCAULT, entendo dever-se perseguir a finalidade de *humanizar e punir*. Esta é tarefa repleta de contradições e de percalços,

---

[24] MIR PUIG, *Introducción a las bases del derecho penal*, p. 109.

[25] MORILLAS CUEVAS, L., *Concepto y Metodo*, Barcelona, Bosch, 1976.

[26] ALBERGARIA, J., op. cit., p. 10.

[27] MORILLAS CUEVA, L., op. cit., p. 42.

[28] ANDREUCCI, R. A., e PITOMBO, S. M. M., *Penas e medidas de segurança*, cit., p. 37.

mas ainda assim é de ser tentada não só pela substituição da pena de prisão por penas alternativas, mas também por uma série de prescrições na Lei Penal e na Lei de Execução Penal com os olhos voltados a manter a higidez física e mental do recluso, de forma a ensejar-lhe a visualização de *um horizonte, de uma perspectiva*, apesar dos muros da prisão que antes impedem a entrada de valores positivos do que a fuga dos presos.

Para garantir o sucesso dessa tentativa, deve-se, todavia, abandonar a ideia-mito da ressocialização, como se o único responsável pelo delito fosse o condenado, considerado um dissidente em uma sociedade perfeita e harmônica, quando o delito é obra de um conjunto de circunstâncias, de uma sociedade de competição-hostilidade e de fruição com caráter criminógeno, criadora de desejos artificiais e de baixa solidariedade, na qual o que mais importa é o sucesso e a fama, alcançáveis com a riqueza e não com virtudes de cunho moral.

Desse modo, reconhecendo que a vida social é árdua e desarmônica, deve-se preparar o condenado por meio do trabalho e das diversas assistências a lhe serem prestadas no cárcere, bem como por uma progressiva aproximação com a vida livre, a enfrentar os desafios da liberdade, podendo superar o que denomino *"choque da liberdade"*, apesar de carregar o estigma da condenação e da reclusão prisional. Não se deve ter a pretensão da transformação do criminoso no não criminoso nem deixar aos técnicos, com seus preconceitos e juízos peremptórios, dizer se tem o condenado, após ser minado em sua alma no mundo da prisão, condições de viver em liberdade.

Cumpre, portanto, buscar dar efetividade ao programa de minimização dos malefícios da prisão constante do Código Penal e da Lei de Execução Penal, dando-se ênfase à assistência ao liberando condicional e ao egresso, para ajudá-lo a não reincidir, questão a que se deu o maior destaque no Anteprojeto de Lei de Execução Penal, cuja comissão foi por mim presidida, composta pelos Professores Rogério Lauria Tucci, Sérgio Marcos de Moraes Pitombo, Maria Tereza de Assis Moura e Maurício Antonio Ribeiro Lopes, transformado em Projeto de Lei sob o n° 5.075/2001, ora em tramitação no Congresso Nacional.

É este programa que passo a examinar, antes detendo-me na análise da distinção entre pena de reclusão e detenção.

1.2. RECLUSÃO E DETENÇÃO

Intenso debate estabeleceu-se acerca da unificação da pena privativa de liberdade, eliminando-se a distinção entre pena de reclusão e de detenção, que se visualizava como decorrente de uma diferença originada da natureza das coisas, posição esta adotada mesmo em face da Nova Parte Geral de 1984, como expressam, com minha anuência, ANDREUCCI e PITOMBO.[29]

Assim, justificava-se a manutenção do dualismo, reclusão e detenção, com base dogmática e prática, cabendo a pena de detenção aos crimes de menor reprovabilidade e a reclusão aos crimes mais graves,[30] recebendo, no plano prático, tratamento diverso.

Esta diversidade era mais acentuada no Código Penal de 1940, pois determinava o art. 31 que os condenados à detenção deveriam permanecer separados dos condenados à reclusão, sujeitos estes a isolamento inicial diurno para fins de observação. O detento

---

[29]   ANDREUCCI, R. A., e PITOMBO, S. M. M., op. cit., p. 36 e seguintes.

[30]   LYRA, R., op. cit., p. 101.

268 | FUNDAMENTOS DE DIREITO PENAL – *Miguel Reale Júnior*

poderia escolher o trabalho conforme suas aptidões e ocupações anteriores, enquanto o recluso deveria cumprir o trabalho que lhe fosse ordenado. Diferença fundamental estava na possibilidade de concessão da suspensão condicional da pena para os crimes apenados com detenção, proibida, no entanto, aos crimes sujeitos à pena de reclusão.

Com a nova Parte Geral de 1984, a diversidade, que se amainara já com a disciplina criada pela Lei n° 6.416/77, tornou-se ainda menor, pois duas únicas diferenças estão na indicação de que a pena de detenção não é de ser cumprida em regime fechado, salvo necessidade de transferência, art. 33, e na possibilidade de ser o inimputável submetido a tratamento ambulatorial, art. 97 do Código Penal, se o fato praticado for previsto como crime ao qual se aplica pena de detenção.

Com o advento da Lei n° 9.099/95, que instituiu o acordo e a transação penal para os crimes cuja pena máxima não for superior a um ano, critério este elevado para pena não superior a dois anos pela Lei n° 11.313/06, tornou-se menor a distinção, no plano prático, entre pena de reclusão e de detenção, com reflexos apenas processuais.

O tempo da pena cominada, e não a natureza do crime, passou a ser o critério fundamental, motivo pelo qual considero não mais razoável manter a distinção, que, a meu ver, sempre teve maior relevo processual, pois a natureza da pena, detenção ou reclusão, determinava o procedimento a ser aplicado.[31]

Por estas razões, o Projeto Modificativo da Parte Geral adota a unificação das penas de detenção e reclusão, unitariamente, mencionando-se, tão só, pena de prisão.[32] Nas disposições finais do Projeto, estabelece-se que os procedimentos sumário e ordinário serão aplicados conforme o *quantum* de pena cominado ao crime. Ademais, pelo Projeto, a adoção do tratamento ambulatorial para o inimputável é estendida aos crimes cuja pena máxima não for superior a quatro anos. Não restavam motivos, portanto, para a manutenção do dualismo.

1.3. OS REGIMES DE EXECUÇÃO PENAL E O SISTEMA PROGRESSIVO

1.3.1. O regime fechado

Segundo ROBERTO LYRA, o Código Penal de 1940 instituía um sistema progressivo próprio e não o sistema progressivo, dividindo o cumprimento da pena nas seguintes fases: 1) período inicial de recolhimento celular durante o dia, salvo para as penas de detenção; 2) trabalho em comum durante o dia e isolamento noturno; 3) transferência para colônia agrícola ou estabelecimento similar, se cumprida metade do tempo sendo a pena inferior a três anos, ou se cumprido um terço, se a pena for superior a três anos; 4) livramento condicional, cumprida metade da pena superior a três anos, se o condenado for primário e três quartos da pena, se for reincidente.

---

[31] Segundo o Código de Processo Penal, art. 322, de acordo com a redação dada pela Lei n. 12.403/2011, "A autoridade policial somente poderá conceder fiança **nos casos de infração cuja pena privativa de liberdade máxima não seja superior a 4 (quatro) anos.**"

[32] DOTTI, R. A., *Curso de Direito Penal*, Rio de Janeiro, 2001, p. 449, lembra que a unificação sob a denominação prisão foi proposta anteriormente pelos Congressos de Direito Penal e Ciências Afins, de 1970 e 1975, bem como em anteprojeto elaborado pela Associação do Ministério Público em 1972.

Parte III · Capítulo 1 · PENA PRIVATIVA DE LIBERDADE | **269**

A Lei nº 6.416/77 estabelecia o sistema progressivo, reconhecendo a existência de três regimes de execução da pena, o fechado, semiaberto e aberto, mas outorgava à lei estadual ou local a definição de cada um dos regimes, e o condenado seria destinado ao regime fechado, semiaberto ou aberto de acordo com sua periculosidade.[33]

A nova Parte Geral de 1984 e a Lei de Execução Penal, no entanto, declaram que a pena privativa de liberdade será cumprida de forma progressiva, art. 33, § 2º, do Código Penal e art. 112 da Lei de Execução Penal, passando o condenado para regime menos rigoroso, segundo o seu mérito, e define o Código Penal as características de cada um dos regimes de execução de pena, bem como suas regras, arts. 34 *usque* 36.[34]

O regime, entendido como as características da forma de execução da pena privativa de liberdade, ou, como dizem ANDREUCCI e PITOMBO, um conjunto de situações e de regras de uma modalidade de cumprimento de pena,[35] tem como primeira referência o tipo de estabelecimento em que se executa a privação de liberdade, mas não só.

Dessa maneira, a primeira característica diz respeito à natureza do estabelecimento prisional, definido pela segurança de que se reveste, pois, no regime fechado, a pena é executada em edifício de segurança máxima ou média, denominando na Lei de Execução Penal como penitenciária, art. 87, e caracterizado por ter cela individual, dotada de salubridade e área mínima de seis metros quadrados.

1.4. TRABALHO DO PRESO

Deve o condenado trabalhar durante o dia, de conformidade com suas aptidões e ocupações anteriores, desde que compatíveis com a execução. Caracteriza o regime fechado a maior preocupação com a segurança e a disciplina,[36] pois a segurança média ou máxima não conta com o senso de responsabilidade do condenado para impedir a fuga, permitindo-se, tão só, o trabalho externo em serviços e obras públicas. O contato com o mundo externo, destarte, é reduzido a essa possibilidade de trabalho, sob vigilância, além das hipóteses excepcionais da permissão de saída em caso de falecimento ou doença grave de cônjuge, ascendente ou descendente, e se houver necessidade de tratamento decorrente de doença grave.

O trabalho constitui a espinha dorsal da execução da pena privativa de liberdade. A valorização do trabalho[37] justifica-se, pois, se a ociosidade do desempregado constitui um desespero, não só por falta do salário essencial, mas também por não se ter o que fazer, mal do qual sofrem os aposentados, maior ainda é a aflição do preso, já destituído de todos os demais papéis sociais. Por essa razão, a Lei de Execução Penal institui o tra-

---

[33] PRADO, L. R., *Curso de Direito Penal brasileiro, parte geral*, 2ª ed., São Paulo, 2000, p. 353.

[34] Súmula n. 471 do STJ: "Os condenados por crimes hediondos ou assemelhados cometidos antes da vigência da Lei n. 11.464/2007 sujeitam-se ao disposto no artigo 112 da Lei n. 7.210/1984 (Lei de Execução Penal) para a progressão de regime prisional".

[35] ANDREUCCI, R. A. e PITOMBO, S. M. M., op. cit., p. 45.

[36] ANDREUCCI, R. A. e PITOMBO, S. M. M., op. cit., p. 47, destacam que, segundo ARMIDA BERGAMINI MIOTO, o estabelecimento fechado, em face das preocupações com a fuga, deve ter grades, muralhas ou fosso, guarda militar armada, sistema de alarme.

[37] RODRÍGUEZ PEIRALLO, M., "Consecuencia de la sanción de privación de libertad en la mujer", *in Revista Brasileira de Ciência Criminais*, ano 5, nº 18, 1997, p. 49, assevera que "*o trabalho é a atividade humana mais importante, é a fonte do desenvolvimento individual e social*".

balho como um dever e um direito do preso, arts. 31, 39, V, e art. 41, II, garantindo-se que seja o trabalho remunerado, art. 39 do Código Penal e art. 29 da Lei de Execução Penal.

O homem constitui um feixe de sentimentos, pensamentos e ações, na verdade, define-se por aquilo que faz. A primeira coisa que se pergunta a um desconhecido é sobre o que ele faz, como forma essencial de passar a conhecê-lo, cientificando-se do seu universo. O trabalho indica quem e como é a pessoa, que, em geral, se orgulha do que faz. O trabalho fixa o horizonte da pessoa, a coloca no mundo social, a situa na sociedade. O trabalho para o homem preso é tanto ou mais importante do que para o homem livre, pois é necessário para sua higidez mental e condição de dignidade humana, art. 28 da Lei de Execução Penal, imprescindível para fazer o tempo perdido passar e assim não ser tão perdido. Ademais, o trabalho, sendo remunerado, ajuda a formar um pecúlio, a auxiliar a família, e a obter uma colocação ao ganhar a liberdade condicional.

O trabalho é instrumento de disciplina prisional e a dedicação ao mesmo é estimulada não só pela punição como falta grave, na hipótese de descumprimento injustificado do dever de executar o trabalho, art. 50, VI, da Lei de Execução Penal, como pela possibilidade da remição da pena, consistente em se remir a pena à razão de um dia de pena por três de trabalho ou estudo, art. 126 da Lei de Execução Penal. Outorga-se um prêmio ao trabalho, tal o relevo que possui o exercício de tarefas, seja para o presente, como condição de higidez mental e sustento da família, que não pode ser em atividades sem expressão econômica, visando ao futuro ao viabilizar a obtenção de emprego, com o aprendizado recebido.

É obrigação do Estado dar ao condenado meios para trabalhar. Se não há condições materiais no estabelecimento para realização do trabalho e o condenado requer que este lhe seja outorgado, cabe saber se terá direito ou não à remição. Creio que se deve considerar como cumprido o trabalho requerido, mas não cumprido por exclusiva responsabilidade do Estado, que não provê o estabelecimento prisional de instrumentos indispensáveis à efetividade de um dever e um direito do condenado. Neste sentido, manifesta-se ROGÉRIO GRECO, para o qual a culpa exclusiva do Estado não pode impedir a remição.[38] No caso, aplica-se analogicamente o disposto no art. 126, § 4°, da Lei de Execução Penal, segundo o qual o preso impossibilitado, por motivo de acidente, de prosseguir no trabalho, "continuará a beneficiar-se com a remição", pois igualmente há um motivo de força maior, independente da vontade do recluso impeditivo do cumprimento do trabalho.

O trabalho há de ser realizado em comum, pois dessa forma desenvolve-se a socialidade, constituindo, como ressaltam ANDREUCCI e PITOMBO, não só um ponto de encontro, mas um ponto de apoio, de troca de experiências com sentido comunitário. O recolhimento noturno, no entanto, deve ser isolado, o que a realidade tem revelado ser inaplicável, apesar da necessidade de se estar só.

O trabalho externo é admitido excepcionalmente, devendo limitar-se o número de presos, para que não haja concorrência com o trabalho livre, a não mais que 10% do número dos empregados na obra, tomadas as cautelas contra fuga e desde que o condenado tenha já cumprido um sexto da pena. As dificuldades e a não efetividade do trabalho externo levaram a se eliminar esta hipótese no Projeto Modificativo da Lei de Execução Penal.

---

[38] GRECO, R., *Curso de Direito Penal, parte geral*, Rio de Janeiro, 2002, p. 497.

Parte III · Capítulo 1 · PENA PRIVATIVA DE LIBERDADE | **271**

1.5. EXAME CRIMINOLÓGICO INICIAL

Para que a execução da pena seja a menos prejudicial possível, prevê-se que seja o condenado submetido a exame criminológico, que nada tem de semelhante ao exigido para progressão de regime e para o livramento condicional, pois não tem por objetivo analisar a periculosidade, mas visa a realizar uma classificação que permita a individualização da pena nesta fase executória.

O exame criminológico há de ser realizado após a sentença condenatória com trânsito em julgado. ANDREUCCI e PITOMBO entendem que possa ocorrer antes mesmo do trânsito em julgado da sentença condenatória submetida à apelação, pois não significa tal exame um desrespeito ao princípio da presunção de inocência. Considero, todavia, que por buscar prover de dados à Administração acerca da personalidade, conforme dispõe o art. 9º da Lei de Execução Penal, com averiguações diversas, esta invasão só se justifica e deve ser imposta, se definitiva a condenação.[39]

Estabelece o art. 8º da Lei de Execução Penal que o condenado a regime fechado será submetido a exame criminológico, com o fim de colher elementos que viabilizem a individualização da execução da pena, exame este a ser realizado por Comissão Técnica de Classificação, à qual incumbe elaborar um programa individualizador para cada recluso, em especial, indicando o trabalho a ser realizado e acompanhando a evolução do cumprimento da pena.[40]

Sobre a matéria, menciona-se a Lei n. 12.037/2009, que regulamenta o art. 5º, inc. LVIII, da Constituição Federal de 1988, dispondo sobre a identificação criminal do civilmente identificado, e a Lei n. 12.654, de 28.05.2012, que alterou a referida lei e introduziu o art. 9º-A[41] à Lei de Execução Penal para prever a coleta de perfil genético como forma de

---

[39] Em sentido contrário, ANDREUCCI e PITOMBO, S. M. M., *Penas e medidas de segurança*, cit., p. 70.

[40] Na Espanha, o Regulamento Penitenciário fixa que a classificação inicial deve ter em conta a personalidade, a história individual, familiar, social, a duração da pena, o meio social do recluso e as facilidades e dificuldades de cada caso. A respeito, consulte-se RACIONERO CARMONA, F., *Derecho Penitenciario y privación de libertad, una perspectiva judicial*, Madrid, 1999, p. 141. A Lei de Execução Penal, art. 9º, estabelece que a Comissão Técnica de Classificação pode, para levantar dados sobre a personalidade do condenado, entrevistar pessoas, solicitar elementos de repartições públicas e de empresas privadas, bem como realizar exame que entenda necessário.

[41] Parágrafos ao art. 9º-A da Lei de Execução Penal foram introduzidos pela Lei n. 13.964/19, estabelecendo direitos do condenado acerca dos dados genéticos colhidos, bem como a obrigatoriedade de concessão destes dados, constituindo falta grave sua recusa. Os parágrafos introduzidos são os seguintes:
§ 1º-A. A regulamentação deverá fazer constar garantias mínimas de proteção de dados genéticos, observando as melhores práticas da genética forense.
(...)
§ 3º Deve ser viabilizado ao titular de dados genéticos o acesso aos seus dados constantes nos bancos de perfis genéticos, bem como a todos os documentos da cadeia de custódia que gerou esse dado, de maneira que possa ser contraditado pela defesa.
§ 4º O condenado pelos crimes previstos no *caput* deste artigo que não tiver sido submetido à identificação do perfil genético por ocasião do ingresso no estabelecimento prisional deverá ser submetido ao procedimento durante o cumprimento da pena.
(...)

272 | FUNDAMENTOS DE DIREITO PENAL – *Miguel Reale Júnior*

identificação criminal. Dispõe o artigo que os condenados por crime praticado, dolosamente, com violência de natureza grave contra pessoa, ou por qualquer dos crimes previstos no art. 1º da Lei n. 8.072/1990, serão submetidos, obrigatoriamente, à identificação do perfil genético, mediante extração de DNA – ácido desoxirribonucleico, por técnica adequada e indolor. A identificação do perfil genético será armazenada em banco de dados sigiloso, conforme regulamento a ser expedido pelo Poder Executivo. A autoridade policial, federal ou estadual, poderá requerer ao juiz competente, no caso de inquérito instaurado, o acesso ao banco de dados de identificação de perfil genético (§§ 1º e 2º).

1.6. PARTICIPAÇÃO DA COMUNIDADE

O regime fechado tem produzido em estabelecimentos de população carcerária superior a 300 reclusos problemas disciplinares e a formação de máfias carcerárias, mormente pela ausência da participação da comunidade e da falta da prevista visita e fiscalização por parte da Magistratura e do Ministério Público.

A participação da comunidade é acentuada na Lei de Execução Penal, em seu art. 4º, que dispõe dever do Estado recorrer à cooperação da comunidade, em especial constituindo-se os Conselhos da Comunidade, art. 80 da Lei de Execução Penal, como forma de arejar o mundo fechado do presídio e de permitir que reivindicações dos presos sejam levadas em consideração. São, todavia, poucas as comarcas que instalaram Conselho de Comunidade. O Projeto Modificativo da Lei de Execução Penal reforça o papel dos Conselhos de Comunidade, impondo sua instalação, outorgando-lhe, em especial, a tarefa de assistência ao egresso e liberando.

Fundamental é a experiência vivida em São Paulo, com os Centros de Ressocialização, idealizados pelo Secretário da Administração Penitenciária, NAGASHI FURUKAWA, com a criação de presídios para no máximo 210 presos, com salas para o Conselho da Comunidade, oficinas de trabalho, espaço para atividades esportivas. O dado mais relevante está no gerenciamento realizado em parceria com Organizações não Governamentais sem fins lucrativos, cabendo às entidades conveniadas prover a assistência jurídica, educacional, à saúde, ao trabalho, psicológica e religiosa. Humaniza-se o espaço, modificando-se a arquitetura prisional opressiva, por meio de cores e formas.

A assistência aos presos, seja no plano material, educacional, jurídico, religioso e de saúde, essencial à humanização do cumprimento da pena privativa de liberdade e prevista na Lei de Execução Penal, arts. 10 *usque* 24, torna-se uma realidade graças à participação da comunidade, única maneira de se sair da rigidez e dos vícios do sistema prisional, no qual também os agentes do Estado sofrem o processo de prisionização, como destaca MANOEL PEDRO PIMENTEL.[42]

Em presídios menores e com a fundamental participação da comunidade, desfaz-se, em boa parte, a subcultura carcerária, apresentando os chamados Centros de Recuperação resultados extraordinários, especialmente, por evitar a criação das máfias dentro dos presídios e arejando-se a administração graças ao contato com organizações

---

§ 8º Constitui falta grave a recusa do condenado em submeter-se ao procedimento de identificação do perfil genético.

[42] PIMENTEL, M. P., op. cit., p. 159.

Parte III · Capítulo 1 · PENA PRIVATIVA DE LIBERDADE | **273**

da sociedade civil, que se propõem a prover as diversas assistências aos presos, sem falar da colaboração sempre imprescindível da magistratura e do Ministério Público, isentos da mentalidade puramente repressiva da execução penal.

1.7. DIREITO DO PRESO

O preso tem deveres, cujo descumprimento tipifica falta grave, indisciplina sancionada com a perda de direitos e até mesmo com a prisão dentro da prisão, consistente em isolamento em solitária. Mas o preso tem, também, direitos, a começar pela preservação da integridade física e moral, como dispõe o art. 38 do Código Penal, depois reproduzido no inciso XLIX do art. 5º da Constituição Federal.

Além desta proteção à integridade, tem o preso, segundo o art. 41 da Lei de Execução Penal, direitos que visam à preservação de sua dignidade como pessoa humana, como, por exemplo, direito a chamamento nominal, entrevista pessoal e reservada com advogado, assistência jurídica, social, religiosa, visita do cônjuge e de parentes e amigos. Possui o preso, também, direito ao trabalho remunerado e ao contato com o mundo exterior por meio de correspondência e da leitura.

Estas prescrições buscam impor à Administração o reconhecimento de que a perda da liberdade não significa a perda da dignidade como pessoa humana, mesmo dentro do mundo do cárcere. Desse modo, trata-se como pessoa o recluso, malgrado estigmatizado pela condenação e fazendo parte de um universo inatural de cunho marcadamente repressivo.

Desse modo, há um programa na legislação penal e de execução penal a ser cumprido para minimizar os malefícios próprios do cárcere, em especial, do regime fechado, em uma tentativa de humanizar e punir, tendo sempre por diretriz maior a dignidade da pessoa humana.

1.8. O REGIME SEMIABERTO

No regime semiaberto, equilibram-se as preocupações com a segurança e a confiança outorgada ao condenado,[43] pois caracteriza-se o regime exatamente por um espaço de liberdade despreocupado com medidas físicas impeditivas da fuga, seja em razão do tipo de estabelecimento em que se cumpre a pena, seja pelo direito de saída possível de ser concedido.

No regime semiaberto, a pena é cumprida em colônia agrícola, industrial ou estabelecimento similar, devendo o condenado trabalhar durante o dia e podendo recolher-se em alojamento coletivo, art. 92 da Lei de Execução Penal. O trabalho realiza-se em espaço livre, *all'aperto*, em tarefa agrícola, industrial, agroindustrial ou até mesmo na prestação de serviços.

Desse modo, o trabalho se dá, via de regra, no estabelecimento prisional, que se reveste de cuidados para impedir a fuga, mas não de muralhas ou grades como no

---

[43] SCHMELCK, R. e PICCA, G., *Penologie et Droit Penitentiaire,* Paris, 1967, p. 247, destacam os regimes de confiança, nos quais a liberdade parcial substitui o cuidado tradicional com segurança por um apelo à confiança dos detentos.

274 | FUNDAMENTOS DE DIREITO PENAL – *Miguel Reale Júnior*

regime fechado, contando-se com a responsabilidade do condenado. O trabalho pode, contudo, ser externo até mesmo em atividade privada, desde que haja consentimento do condenado, cabendo à entidade particular arcar com a remuneração.

Traço característico do regime semiaberto reside na possibilidade de saída temporária, art. 122 da Lei de Execução Penal, voltando momentaneamente à vida livre,[44] sem vigilância direta para visitar a família, frequentar curso profissionalizante, bem como curso de segundo grau ou superior na própria Comarca. A saída pode ser concedida, também, para participar de atividade que colabore para o retorno ao convívio social. Todavia, de acordo com o § 1º do dispositivo sob comento, a ausência de vigilância direta não impede a utilização de equipamento de monitoração eletrônica[45] pelo condenado, quando assim determinar o juiz da execução.[46]

Conta-se, de forma evidente, com a responsabilidade do condenado, valorizando-se sobremaneira o estudo,[47] pois a frequência a cursos constituirá uma autorização de saída contínua, sendo mesmo um prêmio para o bom comportamento e uma janela aberta para a vida em sociedade, cujas condições impostas pelo juízo da execução devem ser respeitadas, bem como o efetivo proveito do ensino, uma vez que o baixo aproveitamento conduz à revogação do benefício, como dispõe o art. 125 da Lei de Execução Penal.

O grande déficit do sistema prisional brasileiro está na falta inexplicável da construção de estabelecimentos semiabertos,[48] mesmo porque com alojamentos coletivos e sem as exigências de medidas de segurança, como muralhas e grades, a criação destes estabelecimentos é grandemente mais barata e a sua inexistência dificulta a aplicação da forma progressiva. Assim é que há, por exemplo, em São Paulo, cerca de 70.000 vagas no regime fechado e apenas 7.000 no regime semiaberto, sendo, portanto, impossível o trânsito do regime mais rigoroso, fechado, para o menos rigoroso, semiaberto, inviabilizando-se a individualização da pena na fase executória.

---

[44] Assim também na Itália, pois, segundo o art. 48 do Ordenamento Penitenciário, o regime de semiliberdade consiste na concessão de passar parte do dia fora do instituto para participar de atividades laborativas, instrutivas, úteis à reinserção social. Há, como destaca GRILLI, L, *I benefici penali e penitenziari*, Milão, 1994, p. 202, vantagens no regime de semiliberdade, pois, se de um lado perdura o contato cotidiano com a instituição carcerária, de outro, passa o condenado a uma seção especial e, efetivamente, realiza-se uma saída temporária para a vida social, o que, a seu ver, já constitui um notável benefício.

[45] A matéria encontra-se regulamentada pelo Decreto n. 7.627, de 24.11.2011.

[46] Houve proibição de saída temporária aos crimes hediondos, introduzida pela Lei n. 13.964/19.

[47] ANDREUCCI, R. A. e PITOMBO, S. M. M., op. cit., p. 77, assinalam que o estudo constitui um direito do condenado não afetado pela sentença, constituindo o trabalho externo e a frequência a cursos profissionalizantes formas de proporcionar uma gradual recuperação da liberdade.

[48] Segundo dados de fevereiro de 2020, conforme publicação da EBC – Agência Brasileira de Comunicação do Governo – havia, em junho de 2019, no Brasil, mais de 773 mil presos em unidades prisionais e nas carceragens das delegacias, conforme verificado junto ao Departamento Penitenciário Nacional (DEPEN), órgão acima citado, ligado ao Ministério da Justiça e Segurança Pública. O número de presos nas unidades carcerárias soma 758.676, a maioria, 348.371, no regime fechado, quase a metade do total de aprisionados, 45,92%. Os presos provisoriamente – que ainda não foram condenados – constituem o segundo maior contingente, com 253.963, representando 33,47% do total. Os presos no semiaberto, 16,63%, somam 126.146, e os no regime aberto são 27.069, representando 3,57% do total. Já os que estão em medida de segurança ou em tratamento ambulatorial somam 3.127 pessoas. Disponível em: <http://depen.gov.br/DEPEN/depen/sisdepen/infopen>. Acesso em 10.05.2020.

Considerando as vantagens de toda sorte do regime semiaberto, torna-se, sem dúvida, uma grande falha da política nacional penitenciária, havendo igual responsabilidade dos Estados, com relação à falta de colônias agrícolas e hoje, com o avassalador processo de urbanização, mais ainda de estabelecimentos industriais ou de prestação de serviços, pois o regime semiaberto reduz a subcultura carcerária, viabiliza maior participação da comunidade e facilita a humanização da privação da liberdade.

1.9. REGIME ABERTO

Cumpre inicialmente sublinhar que o regime aberto,[49] caracterizado pelo cumprimento da pena, não em meio livre,[50] mas com trabalho livre durante o dia, recolhendo-se o condenado à noite em casa de albergado, passou a ter a efetiva concretização, de meados dos anos 60 até 1977, por um modo especial de normação jurídica.

Com efeito, **a prisão albergue nasce de baixo para cima, fruto da solução viabilizada pelos juízes** em Comarcas do interior do Estado, sendo após normatizada em Provimentos do Conselho Superior da Magistratura, o primeiro de número XVI, de 1965, seguido pelo de número XXV, de 1966, culminando com o Provimento número XCII, de 1975. Em outras palavras, foi graças à criação pretoriana que se encontrou, em 1965, o primeiro caminho para se evitar o malefício do cárcere rigorosamente previsto aos réus primários, em crimes praticados sem violência, punidos com reclusão a penas de média duração, rompendo-se mais de setenta anos de estagnação e inovando-se diante de uma proposta legislativa igualmente cristalizada que era o Anteprojeto Nelson Hungria.

Para bem compreender a ousadia e a sensibilidade desta construção judicial, vale lembrar que o art. 30, § 1º, do Código Penal de 1940 estatuía que o recluso, após o isolamento celular de três meses, passaria a trabalhar dentro ou fora do estabelecimento. Em interpretação extensiva deste artigo, o Tribunal de Justiça de São Paulo, mediante os provimentos do Conselho Superior da Magistratura, considerou que a pena poderia ser cumprida com o condenado trabalhando fora da prisão, em seus misteres normais, recolhendo-se à noite à cadeia. Não passava de um recurso hermenêutico para justificar a adoção de medida de Política Criminal necessária para arejar um sistema estagnado.

A prisão albergue, fruto do "Direito Legal vivente", na expressão de GIOVANNI ORRÚ,[51] teve antes efetividade do que legalidade, eis que aplicada pelos juízes das Comarcas do interior, em clara criação de uma forma de execução de pena não prevista pela lei. Portanto, a prisão albergue vem a se constituir no mais significativo exemplo de criação do direito pela magistratura, caracterizando um *Direito dos Juízes*, norma geral estatuída pelo Conselho Superior da Magistratura, o que é diverso do *Direito Jurisprudencial*, como criação do Direito em cada sentença, e orientação que se consolida no conjunto das decisões.[52]

---

[49]   A respeito, vide nosso "Mens legis insana, corpo estranho", *in Penas restritivas de direitos,* São Paulo, 1999, p. 23 e seguintes.

[50]   ANDREUCCI R. A. e PITOMBO, S. M. M., op. cit., p. 80, ponderam, com razão, que o regime aberto distingue-se do cumprimento da pena em meio livre, como sucede nas penas restritivas de direitos. No regime aberto, a pena se cumpre na casa de albergado à noite e nos dias de folga.

[51]   ORRÚ, G., *Richterrecht – Il problema della libertà e autorità giudiziale nella dottrina tedesca contemporanea,* Giuffrè, Milão, 1988, p. 97.

[52]   ORRÚ, G., *Richterrecht,* Milão, 1988, Giuffrè, p. 96 observa que em sua atividade realmente criativa o juiz dá vida a novas proposições jurídicas: o *Richterrecht,* "Direito Legal Vivente", "*vere e proprie norme generali destinadas a se tornar direito efetivo*" (p. 102).

276 | FUNDAMENTOS DE DIREITO PENAL – *Miguel Reale Júnior*

MIGUEL REALE[53] esclarece que a jurisdição, como poder decisório de explicitar normas jurídicas, pode-se desenvolver de duas formas: a primeira, normalmente, adequando as normas legais aos casos concretos, a segunda, excepcionalmente, editando criadoramente regras de Direito, em havendo lacunas no ordenamento. Essa última hipótese ocorreu com a instituição da prisão albergue.

A magistratura, portanto, por meio de decisões inovadoras, rompeu a cristalização e estagnação do Direito Legal, progrediu para atender aos reclamos de realização concreta de valores fundamentais, como, por exemplo, a dignidade humana, com a criação da prisão albergue. Esclarece GIOVANNI ORRÚ ser papel do juiz garantir a abertura do Direito ao espírito do tempo, promovendo a aplicação crítica do Direito.[54] E, na realidade, são riquíssimas as indagações que podem derivar da normatização da prisão albergue por via de provimentos do Judiciário, ou seja, do processo de positivação do Direito pela magistratura que, ao inovar, não constitui apenas fonte material, mas atua como fonte formal do Direito, em concorrência[55] com a lei emanada do Legislativo.

Este específico papel criador da magistratura foi reconhecido e acolhido em várias decisões, mencionadas por SÉRGIO MÉDICI, nas quais se assentou a constitucionalidade[56] dos provimentos do Conselho Superior da Magistratura, que, em interpretação literal, estavam em concorrência e em confronto com o Direito legal produzido pelo Legislativo.

SABINO CASSESE,[57] na Itália, lembra o imenso "papel criador" do Conselho de Estado, a ponto de considerar, por exemplo, tal como RIVERO acerca do Conseil d'État na França, que a ciência do Direito Administrativo cresceu *"sulle ginocchia della giurisprudenza"*. No Direito Privado, é exemplo sempre citado o papel criador, inovativo, inteligente da jurisprudência alemã. Diante da evolução lenta e conservadora do Direito Penal até 1965, data do primeiro provimento do Conselho Superior da Magistratura, pode-se dizer que, no Brasil, o Direito Penal cresceu até 1977 **sobre os joelhos do Judiciário**.

Nos "considerandos" do Provimento XXV, de 1966, o Conselho Superior da Magistratura ponderava que, para os sentenciados de menor periculosidade, com penas não muito longas, o *"regime de prisão albergue praticado nas cadeias do interior* (grifamos) *em qualquer estágio, é muito recomendável"*. Assim, autorizava o Provimento a aplicação do regime de prisão albergue em qualquer estágio, desde que a pena não fosse superior a cinco anos, tendo-se cumprido ao menos seis meses de recolhimento prisional. Realizada sindicância acerca do sentenciado e de sua família, para se examinar o grau de periculosidade, caberia ao Juízo da 2ª Vara das Execuções Criminais decidir da concessão do benefício aplicável aos apenados de escassa periculosidade.

---

[53]   REALE, M., *Fontes e modelos do direito*, São Paulo, Saraiva, 1994, p. 69 e seguinte.

[54]   Op. cit., p. 102.

[55]   ZACCARIA, G., *Ermeneutica e giurisprudenza*, Milão, Giuffrè, 1984, p. 116.

[56]   MEDICI, S., *Prisão Albergue*, São Paulo, Jalovi, 1979, pp. 120 e segs. Decisão relatada pelo Juiz Carlos Ortiz bem elucida: *"Vazia a alegação de inconstitucionalidade dos provimentos do Conselho Superior da Magistratura que estabeleceram o benefício da prisão albergue em nosso estado. Trata-se de medida de grande alcance no regime de execução de pena, pois concorre para a recuperação dos condenados pelo trabalho e evita os conhecidos efeitos negativos do contágio com delinquentes corrompidos."*

[57]   CASSESE, S., "Problemi delle ideologie dei giudici", *in Rivista trimestrale di diritto e procedura civile*, 1969, p. 432.

Parte III · Capítulo 1 · PENA PRIVATIVA DE LIBERDADE | **277**

Relevante anotar o papel social que o Provimento atribuía ao magistrado, pois acolhido o benefício, *"cumpriria ao juiz do processo providenciar a obtenção de emprego para o sentenciado"*, devendo o albergado dormir em cela separada dos demais presos.

Já na época, escrevendo sobre o tema, ALÍPIO SILVEIRA[58] destacava as vantagens da prisão albergue, em face do recolhimento a estabelecimentos penais abertos, tais como os IPAs (Institutos Penais Abertos): 1) o sentenciado recebe ordenado normal; 2) não se desprofissionaliza; 3) permite maior contato com a família; 4) exige determinação do sentenciado, com ida diária à prisão; 5) é de menor custo.

A prisão albergue passou posteriormente a ser adotada em outros Estados do sul do país, como revela ALÍPIO SILVEIRA. Uma das conclusões do I Congresso do Ministério Público, em 1971, afirmava que o regime de prisão albergue deveria ser estendido de imediato a todo o Brasil. Naquele ano, com a presença do governador do Estado, inaugurou-se o Centro do Albergado da Comarca de Jundiaí, o que indicava o interesse e importância atribuída pela Administração e pelo agente político à criação de casas para cumprimento de prisão albergue.

Em 1975, o Conselho Superior da Magistratura, pelo Provimento XCII, consolidou a matéria constante dos cinco anteriores provimentos. Em seus "considerandos", o Provimento XCII ressalta que o regime da prisão albergue *"tem sido aplicado com sucesso em vários países"*, estatuindo que poderia o benefício ser concedido na própria sentença condenatória, se a pena não fosse superior a três anos e um dia, sendo o condenado de nenhuma ou escassa periculosidade.

No mesmo ano, a Secretaria da Justiça de São Paulo iniciava campanha, convocando "todas as forças da comunidade" para a construção e manutenção das Casas de Albergado. Sob a condução do saudoso Manoel Pedro Pimentel, cerca de cem Casas foram instaladas em São Paulo e, como lembra Sérgio Medici, a prisão albergue, neste Estado, foi aplicada com sucesso, sendo percebidos intensamente os benefícios que trouxe para todos.

Em 1977, edita-se a Lei nº 6.416, que alterou fundamentalmente o sistema de penas do Código Penal de 1940 e, concomitantemente, revoga o Código Penal de 1969, cuja vigência fora adiada por oito anos.

A Lei nº 6.416/77 cria três regimes penitenciários – o fechado, o semiaberto e o aberto – sendo a prisão albergue uma espécie deste último, a ser disciplinada por lei local. O condenado não perigoso pode cumprir pena em regime aberto, desde que a sanção não seja superior a quatro anos.

A lei remetia à legislação estadual a disciplina dos regimes penitenciários, matéria acerca da qual a Constituição determinava ser da União a competência para legislar. Mas poucos Estados editaram leis sobre os regimes penitenciários, destacando-se a Lei estadual de São Paulo nº 1.819/78.

Além do dado objetivo do *quantum* da pena, era a periculosidade do agente (nenhuma, escassa ou acentuada) que determinaria a aplicação desta ou daquela sanção. Permite-se, por exemplo, a concessão da suspensão condicional à pena privativa de liberdade, reclusão ou detenção, não superior a dois anos, se a análise das circunstâncias autorizava a presunção de que não iria o sentenciado delinquir no futuro.

---

[58] SILVEIRA, A., *Prisão albergue, teoria e prática*, 3ª ed., São Paulo, Eud, 1973, p. 146. No mesmo sentido Sérgio de Oliveira Médici, op. cit., p. 32.

O regime da prisão albergue, como acima destaquei, teve **efetividade**, foi concretamente aplicado, ou, como assinala FRANÇOIS RANGEON,[59] na linguagem dos sociólogos, foi implementado pelos operadores do Direito, desde os magistrados, promotores, administradores públicos e pela própria comunidade que acolhia com respeito a iniciativa, antes de ser instituída pela lei.

Assim, grande era a expectativa de que a prisão albergue, como solução justa para punir e prevenir o delito, afastando o mal do encarceramento, viesse cada vez mais a ter **efetividade**, a partir de sua institucionalização legal, e penetrasse ainda mais na consciência de todos, com plena aceitação da população e dos operadores do Direito, como uma das formas mais corretas e convenientes de resposta penal.

A prisão albergue, nas comarcas em que era aplicada, revelava-se dotada de **eficácia**, isto é, produzia os efeitos desejados, tinha efeitos concretos positivos, os efeitos pretendidos pelo legislador,[60] pois reprimia de forma visível, constituía um modo rigoroso de cumprimento de pena, sem exigir a presença nas prisões de condenados a penas de média duração, não reincidentes e de reduzida culpabilidade.

Por fim, atendia, também, à **eficiência**,[61] considerada como balanço positivo entre os meios humanos e financeiros despendidos e os resultados alcançados.

Dessa maneira, a prisão albergue na Nova Parte Geral de 1984 constituía, tal como na Lei nº 6.416/77, **uma das pedras angulares do sistema**, núcleo do regime aberto, previsto como forma inicial de cumprimento das penas não superiores a quatro anos, se o condenado não fosse reincidente e se a justa retribuição e prevenção indicassem como medida necessária e suficiente. Era também a última fase da progressão, estágio menos rigoroso do cumprimento da pena privativa de liberdade.

Estava ciente o legislador de que se poderia, por inércia, buscar um caminho cômodo para a Administração Pública e para a própria magistratura e o Ministério Público, concedendo-se a prisão domiciliar. Ficariam assim todos livres de trabalhar pela instalação na Comarca da Casa do Albergado. Buscou, então, o legislador, com ingênua pretensão, impor a criação de Casas do Albergado proibindo, expressamente, na Lei das Execuções Penais, a concessão da prisão domiciliar.

Mas se a prisão albergue nasceu pelas mãos da magistratura, veio a morrer nas suas mãos, tendo por coautores, na grave omissão de lhe dar efetividade, o Ministério Público, e principalmente a Administração Pública. Implementada por ação criadora do Judiciário, encampada pelos agentes políticos e administradores, cai em desuso, já em meados da década de 1980, rejeitada por todos os operadores que restam destituídos da menor vontade política de concretizar esta resposta penal que brotara da vivência do Direito Penal.

A inesperada não efetividade está a merecer estudo de campo pela Sociologia Jurídica, para se detectar os motivos determinantes do desuso do instituto da prisão

---

[59] RANGEON, F., *Reflexions sur l'effectivité du droit*, na coletânea, "Les usages sociaux du droit", Paris, PUF, 1989, p. 128.

[60] Op. cit., p. 131.

[61] François Rangeon, idem, p. 133.

albergue,[62] analisando as contingências próprias do instante posterior à vigência da Nova Parte Geral de 1984 que levaram à opção pela impunidade, resultante da inércia de administradores, em especial, do Conselho Nacional de Política Criminal e Penitenciária, de autoridades estaduais, juízes e promotores, que não mexeram uma palha, e se omitiram condescendendo com o desrespeito à lei, o que só fragiliza a repressão penal. Hoje, pela interpretação dada às regras do sistema semiaberto, termina-se por admitir que o condenado a cumprir pena neste regime possa sair para trabalhar, voltando à noite para a prisão. O sistema de penas mostra-se, portanto, confuso, misturando-se sistema aberto com semiaberto.

Por certo, não seria a ineficácia a causa da não efetividade, pois os resultados desejados continuariam a surgir com a aplicação da prisão albergue. Também não seria a ineficiência, pois é positiva a relação custo-benefício: o que se despende de dinheiro e de meios, em geral, é compensador frente aos efeitos positivos que possam decorrer da implementação do benefício.

Explicação plausível pode surgir de meditação de FRANÇOIS RANGEON, segundo o qual a rede de alianças, que estrutura o poder periférico, constitui, para a Administração, um apoio precioso, permitindo aplicar ou, ao contrário, bloquear uma nova regulamentação. Assim, a não efetividade da prisão albergue pode resultar das relações entre setores da Administração e setores da sociedade civil, que rejeitam a criação de Casas de Albergado nas vizinhanças de suas moradias, sendo responsabilizado pelo crime eventualmente praticado por albergado não o seu autor, mas o instituto da prisão albergue.

A soma de interesses econômicos públicos e privados que privilegiam gastos com construção de presídios e recusam-se em gastar, e pouco, na locação de casas para sentenciados cumprirem prisão albergue, também poderia ser outra explicação para o fenômeno da não efetividade do instituto. Pode-se, doutra parte, lembrar o desinteresse da Administração e da sociedade civil, que, malgrado tenha sido em 1975, com relação à criação de Casas de Albergado, positivamente motivada por MANOEL PEDRO PIMENTEL, quando Secretário da Justiça, hoje rejeita a ideia. Atualmente, há a mais absoluta falta de vontade política decorrente, seja da preguiça, seja da exclusiva preocupação em recolher à prisão e punir, tão só, os agentes de crimes violentos.

Cabe, a propósito, lembrar a observação de RANGEON, para o qual, *"em certas circunstâncias, a administração será levada a não aplicar algumas regulamentações e não sancionar esta violação".* Entre estas circunstâncias, que podem igualmente deixar entrever as razões da não efetividade, está o peso dos fatores culturais que são, no mais das vezes, relevantes para explicar a reação de desconfiança ou de temor frente à determinada regra jurídica.[63]

Diante da inefetividade do regime aberto, transformado em prisão domiciliar, tentou-se, com críticas daqueles que temiam, não sem razão, a contaminação com a prisão, ampliar a criação de casas de albergados ao se permitir que viessem a constituir

---

[62] Segundo dados de fevereiro de 2020, os presos no regime aberto são 27.069, representando 3,57% do total. Disponível em: <http://depen.gov.br/DEPEN/depen/sisdepen/infopen>. Acesso em 10.05.2020.

[63] RANGEON, F., op. cit., p. 141 e seguinte.

280 | FUNDAMENTOS DE DIREITO PENAL – *Miguel Reale Júnior*

um anexo do estabelecimento prisional, tal como proposto pela Comissão de Modernização da Legislação Penal, e transformada em lei em 1996.

Todavia, de nada valeu esta tentativa, pois a resistência ao regime aberto perdurou, havendo no País, quando muito, uma dezena de casa de albergado, decidindo com razão o Superior Tribunal de Justiça em conceder, apesar da expressa proibição legal, a prisão domiciliar,[64] o que torna inexistente a pena, cujo núcleo está exatamente no recolhimento noturno e nos dias de folga à casa de albergado, fragilizando-se a resposta penal e gerando à população o sentimento de impunidade e de insegurança.

Tais considerações não afastam, no entanto, a necessidade de se examinar o regime aberto que, como anotam ANDREUCCI e PITOMBO, baseia-se na autodisciplina e na responsabilidade do condenado, a partir de uma adesão[65] ao rígido modo de cumprir pena, pois, significa ir para a prisão todo dia.

Desse modo, a Lei de Execução Penal, art. 113, determina que cabe haver a aceitação, por parte do condenado, com relação a esta forma de cumprimento de pena, consistente em trabalhar o condenado durante o dia com recolhimento noturno e nos dias de folga, bem como concordar com as demais condições fixadas pelo juiz e elencadas no art. 115 da Lei de Execução Penal.

O regime aberto apresenta inúmeras vantagens para o condenado, para a sociedade e para a administração. Ao condenado não retira o contato cotidiano com a vida social, não o afastando de seu trabalho, dos amigos e da família, limitando, desse modo, enormemente, a submissão à subcultura carcerária. À sociedade há o benefício de visualizar diariamente o cumprimento da pena, respondendo, assim, à necessidade de se dar efetividade à revalidação do valor ofendido pelo ato delituoso. A administração passa a ter menor custo e menor aparato, pois basta locar um imóvel e ter dois ou três funcionários fiscalizando e ordenando a vida diária na casa de albergado.

A experiência positiva nos anos 60 e 70, no entanto, não vingou, e o regime aberto aplicável, desde o início, às penas até quatro anos, perdeu sentido com o advento da Lei n° 9.714/98, que estendeu as penas restritivas como substituição às penas não superiores a quatro anos. Diante desse quadro, o único caminho possível, pois de nada serve a lei penal consagrar uma letra morta, estava em se abolir o regime aberto e as casas de albergado, tal como consta do Projeto Modificativo da Parte Geral do Código Penal, adotando-se, como única via, impeditiva do recolhimento à prisão, a das penas restritivas.

1.10. REGIME INICIAL DE CUMPRIMENTO DE PENA

Caberá ao juiz, com base nas circunstâncias judiciais do art. 59 do Código Penal, ao fixar a pena, indicar o regime inicial de cumprimento da pena. O art. 33, § 2°, estatui limites a serem respeitados obrigatoriamente, ao dispor que as penas superiores a oito anos deverão começar no regime fechado. As penas ao não reincidente, superiores a

---

[64] A Lei de Execução Penal permite apenas em circunstâncias excepcionalíssimas a possibilidade de cumprimento da pena em prisão domiciliar, art. 117, ou seja, ao maior de setenta anos, ao acometido de doença grave, à condenada gestante ou à com filho menor ou deficiente físico ou mental. No sentido da aprovação da orientação fixada pelo Superior Tribunal de Justiça. Ver GRECO, R., op. cit., p. 495.

[65] ANDREUCCI R. A., e PITOMBO, S. M. M., op. cit., p. 80.

quatro, mas que não excedam a oito, poderão iniciar-se no regime semiaberto, o que não proíbe que o aplicador determine o seu início no regime fechado. Proibido está, todavia, que comece no regime aberto. As penas ao não reincidente iguais ou inferiores a quatro anos poderão ter seu início no regime aberto, o que não impede que o juiz decida determinar que o início se dê no regime semiaberto, ou mesmo no fechado.

Conforme preceitua o art. 111 da Lei de Execução Penal, se houver condenação em virtude de duas ou mais infrações penais no mesmo processo ou em processos diversos, a determinação do regime inicial far-se-á pela soma das penas cominadas, total que constituirá o referencial a ser levado em conta tendo em vista o disposto no art. 33 do Código Penal. Se se encontrar o condenado cumprindo pena e sobrevier uma nova condenação, soma--se esta quantidade de pena à que remanesce ser cumprida, mas descontando-se o tempo remido pelo trabalho, como dispõe o parágrafo único do art. 111 da Lei de Execução Penal.

Desse modo, a única imposição determinante ao juiz na indicação do regime inicial está na necessidade de a pena superior a oito anos começar obrigatoriamente no regime fechado. O amplo poder discricionário outorgado pela Parte Geral de 1984, a ser melhor estudado quando da análise do art. 59 do Código, também se configura na fixação do regime inicial, sempre tendo em vista o mote que rege esta discricionarie-dade, ou seja, o que é necessário e suficiente para a reprovação e a prevenção do crime.

É importante salientar o critério da não reincidência, o que difere do réu primário, pois o não reincidente pode ser o réu anteriormente condenado, portanto, não mais primário, mas não reincidente, pois cometeu o novo crime após cinco anos da data do cumprimento da pena ou da extinção desta, conforme preceitua o art. 64, I, do Código Penal. O réu pode, destarte, não ser primário e não ser reincidente em virtude da chamada prescrição da reincidência.

A reincidência é limitativa de uma série de benefícios e, no que tange ao regime inicial de cumprimento de pena, conduz a que, nas penas inferiores a quatro anos, o regime inicial seja o semiaberto ou o fechado. Nas penas entre quatro anos e oito, o regime inicial será obrigatoriamente o fechado.[66]

Creio que se deva rever o rigorismo que engessa o poder discricionário em vista da reincidência, seja em razão da confusa flexibilização já estabelecida pela Lei nº 9.714/98, seja porque pode ocorrer uma reincidência, mesmo específica, que não exija a proibição da concessão do regime inicial aberto ou semiaberto. Figure-se, por exem-plo, a hipótese de duas condenações por crime contra a honra por meio de imprensa, ou por dois crimes de furto que não exigem, muitas vezes, reprimenda mais rígida.

1.11. O SISTEMA PROGRESSIVO

No que tange ao sistema de penas, as acerbas críticas lançadas ao Código Penal de 1890 tão só em parte se justificavam, pois inovava-se ao se adotar, para o cumprimento

---

[66] PRADO, L. R. *Curso de Direito Penal brasileiro, parte geral*, 2ª ed., São Paulo, Revista dos Tri-bunais, 2000, p. 156, que considera dever prevalecer a regra do art. 33, *caput*, quanto à pena de detenção, mesmo que seja o condenado reincidente, entendimento este que considero certo, pois efetivamente, independentemente de qualquer critério objetivo ou subjetivo, deve iniciar o condenado a pena de detenção no regime semiaberto.

das penas privativas de liberdade, uma progressão, iniciando o preso cumprimento da pena em regime de isolamento celular, para em seguida passar a ter trabalho diário conjunto. Com relação às penas superiores a seis anos de reclusão, estabelecia-se uma passagem do aprisionamento celular para a penitenciária agrícola[67] (art. 50). Se perseverasse o condenado no bom comportamento, poderia ser beneficiado com o livramento condicional (art. 50, § 2º).

Sem dúvida, restrita a progressão às penas longas – ou seja, superiores a seis anos –, o sistema mostrava-se inflexível referentemente às penas de pequena e média duração. Era, ainda, extremamente limitada a hipótese de aplicação da pena de prisão com trabalho forçado a ser cumprida desde o início em penitenciária agrícola, exclusiva, esta, para os casos de vadiagem, destacando-se, portanto, tão só, como fase progressiva do cumprimento da prisão celular, nas penas longas.

Mediante a edição de dois decretos de 1924, flexibilizou-se o sistema de penas, seja ampliando-se a hipótese do livramento condicional, seja instituindo-se a suspensão condicional da pena. O livramento condicional pela nova redação do art. 50 (Consolidação das Leis Penais) poderia ser concedido às penas de quatro ou mais anos de prisão celular, desde que cumprida metade da pena, independentemente de haver o condenado sido antes transferido para penitenciária agrícola.

Sem dúvida que com maior rigor técnico, o Código de 1940 adotava igualmente o sistema progressivo, como acima já frisei, com período inicial de três meses de isolamento do condenado que passava, em seguida, a ter trabalho em conjunto. Na hipótese de pena inferior a três anos, o cumprimento de metade do tempo permitiria a transferência do recluso de bom comportamento para colônia agrícola. No caso de penas superiores a três anos, o cumprimento de um terço era o bastante para operar-se a transferência. A última fase do sistema progressivo, de forma similar ao previsto no Código de 1890, consistia no livramento condicional, aplicável às penas superiores a três anos, se cumprida metade da reprimenda na hipótese de ser primário o criminoso e três quartos, se reincidente.

Com a Parte Geral de 1984, o sistema progressivo torna-se nítido, pois havendo definição dos regimes de execução de pena a progressão realiza-se com a passagem de um regime mais rigoroso para outro menos rigoroso, entendendo-se o rigor não só em vista da maior ou menor preocupação com a segurança, mas especialmente com o maior contato com o mundo livre.

O sistema progressivo é uma tentativa de reorganizar o "eu" mortificado pelo encarceramento,[68] por via da paulatina atribuição de responsabilidades, para deixar de ser o autômato cumpridor de ordens do mundo prisional, aprendendo aos poucos a voltar a viver com capacidade de iniciativa.

Desse modo, o regime semiaberto e o aberto podem ser regimes iniciais de cumprimento da pena privativa e, também, regimes aos quais é o condenado transferido,

---

[67] Tenha-se presente que o Brasil era ainda um país iminentemente agrícola, com a maioria de seus habitantes residindo no campo.

[68] ELLENBERGER, H., "Reflexão sobre o estudo científico das prisões", *in Ciência Penal*, nº 2, 1974, p. 15 e seguintes.

Parte III · Capítulo 1 · PENA PRIVATIVA DE LIBERDADE | **283**

sendo certo, contudo, que o condenado, em regime fechado, não pode ser mandado diretamente para o regime aberto, devendo antes passar pelo semiaberto.[69]

Estabelecem-se, então, critérios objetivo e subjetivo para a progressão de regime. O objetivo consiste no tempo já passado de execução da pena. Assim, na redação original da Lei de Execução Penal de 1984, exigia-se, segundo o art. 112, que o condenado tivesse cumprido um sexto da pena para poder ser transferido de um regime mais rigoroso para outro menos rigoroso. O livramento condicional, último momento da progressão, poderia ser concedido ao não reincidente passado um terço da pena, e metade, se reincidente o condenado (art. 83 do Código Penal).

Com a Lei n. 13.964/19, o chamado "pacote anticrime" estabeleceu-se significativa alteração do art. 112 da Lei de Execução Penal, com a introdução de tabela de percentagens para evolução no sistema progressivo.

Assim, ficou, então, catalogada a seguinte escala para progressão de regime no cumprimento da pena privativa de liberdade:

"Art. 112. A pena privativa de liberdade será executada em forma progressiva com a transferência para regime menos rigoroso, a ser determinada pelo juiz, quando o preso tiver cumprido ao menos:

I – 16% (dezesseis por cento) da pena, se o apenado for primário e o crime tiver sido cometido sem violência à pessoa ou grave ameaça;

II – 20% (vinte por cento) da pena, se o apenado for reincidente em crime cometido sem violência à pessoa ou grave ameaça;

III – 25% (vinte e cinco por cento) da pena, se o apenado for primário e o crime tiver sido cometido com violência à pessoa ou grave ameaça;

IV – 30% (trinta por cento) da pena, se o apenado for reincidente em crime cometido com violência à pessoa ou grave ameaça;

V – 40% (quarenta por cento) da pena, se o apenado for condenado pela prática de crime hediondo ou equiparado, se for primário;

VI – 50% (cinquenta por cento) da pena, se o apenado for:

a) condenado pela prática de crime hediondo ou equiparado, com resultado morte, se for primário, vedado o livramento condicional;

b) condenado por exercer o comando, individual ou coletivo, de organização criminosa estruturada para a prática de crime hediondo ou equiparado; ou

c) condenado pela prática do crime de constituição de milícia privada;

VII – 60% (sessenta por cento) da pena, se o apenado for reincidente na prática de crime hediondo ou equiparado;

VIII – 70% (setenta por cento) da pena, se o apenado for reincidente em crime hediondo ou equiparado com resultado morte, vedado o livramento condicional.

§ 1º Em todos os casos, o apenado só terá direito à progressão de regime se ostentar boa conduta carcerária, comprovada pelo diretor do estabelecimento, respeitadas as normas que vedam a progressão. (...)

---

[69] Conforme a Súmula n. 491 do STJ, que consolidou o entendimento: "É inadmissível a chamada progressão *per saltum* de regime prisional".

§ 5º Não se considera hediondo ou equiparado, para os fins deste artigo, o crime de tráfico de drogas previsto no § 4º do art. 33 da Lei nº 11.343, de 23 de agosto de 2006."

Em face destas novas disposições do art. 112 da Lei de Execução Penal, cumpre observar que as percentagens de cumprimento da pena para passagem de um regime mais rigoroso para outro menos rigoroso seguem principalmente dois critérios: ser o crime praticado sem violência ou grave ameaça ou não e ser o apenado reincidente.

Outro critério adotado diz respeito a ser o crime considerado hediondo, hipótese em que o rigor penal se acentua. A condição para evoluir para regime menos rigoroso é de 40% da pena se o apenado for primário (conceito abandonado no Código Penal, por não reincidente) e 60% se for reincidente.

Outro critério por via do qual se exaspera o cumprimento de pena para passagem a regime menos rigoroso está na circunstância de o apenado integrar organização criminosa ou milícia privada.

Assim, verifica-se pretender guardar o maior tempo possível não só os autores de crimes hediondos (salvo o tráfico de drogas), como principalmente os integrantes e líderes de organizações criminosas, cujo desenho é dado pela Lei n. 12.850/13, e da mesma forma partícipes de milícia privada, que tem se alastrado em muitos estados, principalmente no Rio de Janeiro.

Importante realçar o constante do § 5º no sentido de não se considerar hediondo ou equiparado, para os fins deste artigo, o crime de tráfico de drogas previsto no § 4º do art. 33 da Lei nº 11.343, de 23 de agosto de 2006.

Cumpre saber a razão pela qual se exclui da progressão de regime a caracterização do tráfico de drogas como crime hediondo. Ora, se a progressão visa a dar vazão ao elevado número de presos no regime fechado, ao viabilizar a passagem para o semiaberto, o rigor aplicado aos agentes de crimes hediondos tornaria inviável a progressão em número significativo, de vez que hoje 40% dos presos foram condenados por tráfico de drogas.

A maioria dos condenados por tráfico de drogas não são os responsáveis pelas organizações criminosas, mas portadores de quantidades apenas indicativas de se destinar a droga ao comércio. São, contudo, partícipes secundários na distribuição de estupefacientes, que, em geral, são presos em flagrante carregando a droga a ser comercializada.

Hoje, lotam as prisões, mesmo porque é pequena a investigação para descoberta da autoria do delito que mais assusta a população, o roubo à mão armada. De mais de 300 mil boletins de ocorrência registrados no Estado de São Paulo em 2019, apenas houve a instauração de 20 mil inquéritos, pois não houve qualquer apuração mínima da autoria. Por isso, em vista das prisões em flagrante de traficantes de pequeno e médio porte, a população carcerária é composta principalmente graças ao crime de tráfico de drogas, crime hediondo, mas a não ser assim considerado em face da imensa quantidade de apenados por este delito.

É dessa forma contraditória que se pretende valer da progressão de regime para reduzir o número de condenados em regime fechado, excluindo o tráfico de drogas da disciplina geral aplicável ao regime progressivo nos crimes hediondos.

Parte III · Capítulo 1 · PENA PRIVATIVA DE LIBERDADE | **285**

O critério subjetivo consiste em avaliar o mérito do condenado.[70] Expressão ampla e genérica não se limita, todavia, à análise do comportamento do condenado. O art. 55 da Lei de Execução Penal fixa um referencial para se avaliar o mérito ao estabelecer que merece recompensa o bom comportamento, a colaboração com a disciplina e a dedicação ao trabalho. Estes devem ser os critérios para se conceder a progressão, que nada mais é do que uma recompensa, baseada em dados reais verificáveis.

No entanto, busca-se, com lesão à segurança jurídica, penetrar na alma do condenado para, com base no perigoso conceito da periculosidade, fazerem os técnicos juízos aleatórios sobre condutas futuras possíveis, lastreadas, no mais das vezes, tão só, nos fatos relatados no processo, pelos quais já foi o condenado julgado. Dessa forma, discordo inteiramente de JASON ALBERGARIA, que defende deva o juiz, até mesmo na individualização judicial da pena, recorrer aos técnicos, e depois, na fase executória, fundamentar-se em seus prognósticos para conceder ou não a progressão.[71]

A Lei de Execução Penal, art. 112, § 2º, estatui que a decisão do juiz acerca da progressão de regime será motivada, como aliás devem ser todas as decisões por imperativo constitucional, e precedida de manifestação do Ministério Público e do defensor. Em todos os casos, o apenado só terá direito à progressão de regime se ostentar boa conduta carcerária, comprovada pelo diretor do estabelecimento, respeitadas as normas que vedam a progressão (§ 1º).

O mérito deve ser avaliado pelo aproveitamento positivo e pelo comportamento do recluso e não com base em formulações, muitas vezes estereotipadas de periculosidade, em juízos temerários sobre o futuro. Mérito avalia-se, e recompensa concede-se em razão das atitudes passadas e não em face de possíveis atitudes futuras.

Se o juiz ao escolher o regime inicial de cumprimento de pena, com base no art. 59 do Código Penal, vale-se de sua exclusiva avaliação e dos dados do processo, não pode o juiz da execução tornar-se um escravo dos técnicos, que em poucos minutos de entrevista se sentem seguros para definir a personalidade do condenado, em geral tendo por base o fato praticado, em um novo e inadmissível julgamento. Por estas razões, o Projeto de Lei de Execução Penal estabelece que a transferência será determinada, se o condenado tiver boa conduta, aumentando-se, todavia, o tempo para a progressão de um sexto para um terço, passando o livramento condicional a ser concedido após metade do cumprimento da pena.

Mas se há a progressão como forma de dar corpo à individualização da pena na fase executória,[72] como acentuam BASILEU GARCIA e JOSÉ EDUARDO GOULART,

---

[70] ANDREUCCI, R. A. e PITOMBO, S. M. M., op. cit., p. 97, entendem que o mérito é de ser aferido pelos valores morais e intelectuais, tornando-se o condenado digno de recompensa, portador por suas virtudes na vida carcerária de um título justificador do elogio e da recompensa.

[71] ALBERGARIA, J., op. cit., p. 228 e seguintes.

[72] GARCIA, B., op. cit., p. 502 assevera que há três aspectos da individualização: a legal, a judicial e a executória a acontecer no cárcere mediante observação do condenado. GOULART, J. E., *Princípios informadores do direito da execução penal*, São Paulo, 1994, p. 97, menciona apenas dois momentos da individualização da pena: a judicial e a executória. Sendo a individualização da pena um dos princípios penais constitucionais, art. 5º, XLVI, e desdobrando-se a individualização em três ou dois momentos, mas sempre se reconhecendo a individualização na fase executória, e a se corporificar pela progressão de regime, entendo que a supressão da progressão, como

286 | FUNDAMENTOS DE DIREITO PENAL – *Miguel Reale Júnior*

pode ocorrer, também, a regressão, conforme dispõe o art. 118 da Lei de Execução Penal, se praticar fato definido como crime ou falta grave, bem como se sobrevier condenação por crime anterior, e a soma das penas for incompatível em sua quantidade com o regime em que se encontra o condenado.

Entendo que a prática de fato definido como crime, independentemente da apuração no processo criminal, se recebida a denúncia, configura falta grave, de acordo com o art. 52 da Lei de Execução Penal, e não consistirá violação da presunção de inocência a responsabilização no âmbito administrativo, observado o devido processo legal, art. 59 da Lei de Execução Penal, antes mesmo do trânsito em julgado de decisão condenatória no processo penal. A falta grave pode levar o juiz a impor a regressão de regime.

A regressão pode ser determinada, também, na hipótese do regime aberto, se o condenado frustrar os fins da execução ou deixar de pagar a multa imposta, podendo saldá-la. O fim almejado, na execução do regime aberto, consiste na autodisciplina por via da qual o condenado diariamente recolhe-se à casa do albergado. O não retorno injustificado frustra a execução e autoriza a regressão para o regime semiaberto. Na verdade, estas disposições têm o sabor de anacronismo, pois não se aplica o regime aberto com recolhimento à casa de albergado, visto que quando imposto o regime aberto é o mesmo cumprido no domicílio.

Desse modo, o mérito faz progredir em direção da liberdade, o demérito, consistente na prática de falta grave, conduz a distanciar-se da liberdade, impondo o retorno para regime mais gravoso. Constitui, assim, uma contradição que a falta grave leve à regressão, e o não cometimento não baste para a progressão, ficando o condenado de bom comportamento na dependência de parecer favorável do diretor do estabelecimento.

1.12. REGIME ESPECIAL

A Constituição Federal, no art. 5°, XLVIII, estatui que os condenados cumprirão pena em estabelecimentos diversos conforme o sexo, garantindo-se, no inciso L do mesmo artigo, que as presidiárias devem ter condições de permanecer com seus filhos durante a amamentação. O Código Penal, art. 37, estabelece, também, que as mulheres cumprem pena em estabelecimento próprio, observando-se quanto aos deveres e aos direitos as suas condições pessoais.

A criminalidade feminina[73] cresceu com a afirmação da mulher no mundo social, uma revolução copernicana nos usos e costumes que equiparam o homem e a mulher

---

dispõe a lei dos crimes hediondos é inconstitucional. Neste sentido opinam SILVA FRANCO, A., "Leis dos crimes hediondos. Na perspectiva do legislador penal e do juiz", *in Fascículos de ciências penais*, 5, São Paulo, 1992, p. 52, e TORON, A. Z., *Crimes hediondos, o mito da repressão penal*, São Paulo, 1996, p. 63. Como anota TORON, o sistema progressivo não representa apenas um compromisso com o princípio da humanidade mas tem um profundo sentido de prevenção especial, gerando a esperança da liberdade (op. cit., p. 67). Recente decisão do Supremo Tribunal Federal reconheceu esta inconstitucionalidade.

[73] Sobre a criminalidade feminina, vide ANDREUCCI, R. A. e PITOMBO, S. M. M., op. cit., p. 84.; RODRÍGUEZ PEIRALLO, M., op. cit., p. 45, examina a criminalidade feminina e, em especial, a obtenção de emprego pelas ex-detentas em Cuba, sendo diminuto o número daquelas que conseguem trabalho após saírem da prisão.

nos campos econômico e político, mas, assim mesmo, é, na maioria dos países, significativamente inferior à criminalidade masculina. Cresce hoje o número de mulheres que se dispõem a transportar tóxicos dos centros produtores aos consumidores, e que, por ser crime hediondo, acabam por sofrer condenações longas, tendo direito à progressão de regime somente após o cumprimento de 40% da pena, se primário, e 60%, se reincidente, conforme alteração efetuada pela Lei n. 13.964/19.

É necessário, portanto, dotar o sistema prisional de estabelecimentos femininos que permitam o cumprimento do regime fechado e do regime semiaberto, havendo, em ambos, condições de receber as mães grávidas e os filhos de tenra idade, para permitir a amamentação e a permanência de crianças até a idade pré-escolar ao lado da mãe. O trabalho a ser oferecido também difere do proporcionado aos homens, mas sempre cumpre anotar que não pode limitar-se ao artesanato sem expressão econômica.

O presídio feminino não deve constituir seção ou anexo de estabelecimento prisional masculino, pois a subcultura carcerária que se forma no estabelecimento destinado aos homens não pode contaminar o estabelecimento de mulheres.

1.13. SUPERVENIÊNCIA DE DOENÇA MENTAL

Se ao condenado imputável sobrevém doença mental, deve o mesmo ser tratado, perdendo sentido a continuidade do cumprimento da pena privativa de liberdade, bem como de qualquer outra sanção penal, seja de multa, art. 52, ou restritiva de direitos, hipótese à qual cumpre aplicar, por analogia, a suspensão da execução.

As doenças mentais, como expus no Capítulo V da Parte II, vêm a ser alterações orgânicas graves, como paralisia progressiva, demência senil, bem como a esquizofrenia e a psicose maníaco-depressiva e algumas formas de oligofrenia, que também apresentam um substrato somático. O recolhimento a hospital de custódia e tratamento psiquiátrico é imperioso, pois o processo doentio apenas pode-se agravar no meio prisional, além de se constituir o doente em fator de perturbação do estabelecimento.

Desse modo, a internação em hospital psiquiátrico, art. 41 do Código Penal e art. 108 da Lei de Execução Penal, não tem o significado de sanção como medida de segurança, mesmo porque o fato gerador não reside na prática de fato previsto como crime, mas na superveniência de doença mental no curso da execução da pena. Por essa razão, o tempo de internação deixa de ser computado como cumprimento de pena, não havendo detração.

As penas restritivas de direito e de multa são, tão somente, suspensas, sem que haja determinação de internação ou de submissão a tratamento ambulatorial, devendo o condenado, neste caso, ser submetido ao Serviço de Saúde.

1.14. DETRAÇÃO

O tempo de prisão provisória, no Brasil ou no estrangeiro, e o de internação devem ser computados e descontados do tempo de cumprimento de pena ou na contagem do prazo mínimo para exame de cessação de periculosidade.

O art. 42 do Código Penal faz referência ao tempo de prisão administrativa, mas que foi abolida pela Constituição Federal, que, em seu art. 5º, LXI, estabelece: "... *ninguém será preso senão em flagrante delito ou por ordem escrita e fundamentada* de autoridade judiciária competente, salvo nos casos de transgressão militar ou crime propriamente militar, definidos em lei". Dessa maneira, extirpou-se de nosso Direito a figura da prisão administrativa, de vez que a privação da liberdade apenas pode decorrer de ordem escrita de autoridade judiciária.

Questão que remanesce, todavia, diz respeito à indagação se a prisão sofrida por um determinado fato pode ser computada com relação à condenação relativa a outro fato. A primeira consideração é a de que não se tem conta corrente com a Justiça Criminal. Dessa forma, o tempo de prisão provisória cumprido por fato do qual se é absolvido não pode ser descontado de fato delituoso praticado posteriormente.

No entanto, como lembram ANDREUCCI e PITOMBO, há hipóteses em que a prisão provisória pode ser levada em conta com relação a crime diverso,[74] se houver conexão ou continência, havendo entre os crimes uma relação, sendo os fatos objeto do mesmo processo, tendo a prisão sido determinada por um dos fatos, mas a condenação ser relativa ao outro. Outra hipótese é de, sem solução de continuidade, a prisão por um fato pelo qual se é absolvido seguir-se à manutenção na prisão por um outro fato pelo qual se é condenado. Haverá, então, uma continuidade do encarceramento, uma continuidade que justifica levar-se em conta o tempo da prisão provisória por um fato no tempo de cumprimento de pena devido à condenação por outro. Há ainda mais uma hipótese, qual seja, a de ser o preso provisório absolvido e, sem continuidade, sobrevir uma condenação por fato anterior à prisão provisória. Nesta hipótese, não há conta corrente, pois o fato pelo qual se é condenado antecede à prisão provisória, mas considera-se de Justiça que o tempo antes sofrido injustamente deve valer para desconto no tempo de condenação efetivamente imposta por fato precedente.

A detração é de ser computada na fixação do regime inicial de cumprimento de pena. Se com o tempo a ser tirado por se já o ter cumprido, é aplicável regime menos gravoso, pode o juiz, por exemplo, em uma condenação a oito anos e seis meses de reclusão, tendo transcorrido seis meses de prisão provisória, optar pelo regime semiaberto como início de cumprimento de pena.

O mesmo, todavia, não se aplica na substituição por pena restritiva de direitos: condenado a quatro anos e seis meses, com seis meses de cumprimento de prisão provisória, não pode a pena privativa ser substituída por restritiva de direitos quando da sentença condenatória, pois há uma diferença de natureza da pena e estabelecer-se-ia uma progressão inexistente, com a passagem da pena privativa de liberdade para a restritiva de direitos.

---

[74] ANDREUCCI, R. A. e PITOMBO, S. M. M., op. cit., p. 126 e seguintes.

Capítulo 2
PENA RESTRITIVA DE DIREITOS

2.1. AS PENAS RESTRITIVAS, ANTECEDENTES E LEGISLAÇÃO ESTRANGEIRA

Como acima examinei, a experiência com o sistema prisional resultou, sabidamente, negativa, restando a privação da liberdade como deletéria e criminógena, porque geradora da reincidência,[1] que alcança em São Paulo nível de 60%.

Se, como dizia VON LISZT, o programa de Política Criminal do fim do século XIX consistia na luta contra as penas curtas de prisão, o programa do último quartel do século XX foi e continua sendo, no início deste século, o aumento da incidência das penas restritivas de direitos em lugar ou em substituição à pena privativa de liberdade.[2]

Assim, começaram a surgir as sanções penais restritivas, e dentre elas, primeiro, a pena de prestação de serviços à comunidade, no Código Penal soviético, de 1926 (letra *d*, do art. 20 e art. 30). A lei penal russa, de 1960, estatui a pena de trabalhos correcionais, sem a privação de liberdade, a serem cumpridos no distrito do domicílio do condenado, por determinação do órgão encarregado da execução da pena. Os trabalhos correcionais são infligidos pelo prazo de um mês a um ano, havendo de cumprir-se no próprio emprego ou em funções determinadas. É essencial a esta modalidade de pena a circunstância de existir desconto de vinte por cento do salário do executado, em favor do Estado, com a grave consequência de não integrar o cômputo do tempo de trabalho, não se levando, portanto, em consideração para promoções e férias.

No leste europeu, adotaram a pena de trabalho correcional o Código Penal búlgaro (art. 24), o Código tcheco e o Código polonês (art. 33).[3] O Código Penal polonês, de 19 de abril de 1969, estabelece a pena de limitação da liberdade (art. 33), similar ao trabalho corretivo, admitido em vários países socialistas, mas com a determinação de residência e de espécie de trabalho do condenado. Se o trabalho se efetua em empresa

---

[1] AUGUSTO THOMPSON, *A Questão Penitenciária*, Rio de Janeiro, 1980.

[2] Sobre o histórico das penas restritivas consultem-se os trabalhos de DOTTI, R., *Bases e alternativas para o sistema de penas*, São Paulo, 1998, p. 480 e seguintes; SHECAIRA, S. S., "Penas alternativas", *in Penas restritivas de direitos*, São Paulo, 1999, p. 182 e seguintes; BITENCOURT, C. R., *Novas penas alternativas*, São Paulo, 1999, p. 73 e seguintes; Nosso "Penas alternativas", *in Ciência Penal* nº 1, 1981, p. 62 e seguintes; JARDIM, M. A., *Trabalho a favor da comunidade, a punição em mudança*, Coimbra, 1988, p. 107 e seguintes.

[3] JOSÉ M. RICO, "Medidas substitutas de la pena de prisón", *in Anuario del Instituto de Ciencias Penales y Criminologicas*, nº 2, 1968, p. 135.

socializada, com remuneração, deve existir desconto no salário em favor do Estado. Pode ser cometida ao condenado, no entanto, além de seu trabalho normal, especialmente no caso dos autônomos, a obrigação de prestar serviços de fins sociais gratuitamente.

A limitação de liberdade é medida que se aplica aos crimes punidos a pena não superior a três anos, desde que se entenda desnecessária a privação de liberdade.[4]

O Código Penal húngaro previa a aplicação de penas acessórias como penas principais, contanto que a pena não ultrapasse a dois anos. As penas acessórias, impostas isoladamente como principais, são as interdições do exercício de cargos públicos, do exercício de profissão e da licença de dirigir veículos, ainda, o exílio local, a expulsão de estrangeiro, bem como a multa.

Em 1963, por circular ministerial de 15 de fevereiro, instituiu-se, na Bélgica, de modo experimental, a prisão de fim de semana, a semidetenção e a semiliberdade. Consiste a primeira no recolhimento ao estabelecimento penal, das quatorze horas de sábado às seis horas da manhã de segunda-feira. A prisão de fim de semana aplica-se a penas não superiores a um mês, mesmo para condenado com antecedentes criminais.

Várias desvantagens são apontadas a esta medida substitutiva, dentre as quais, cabe ressaltar, a necessidade de lugares para alojar os condenados, cuja inatividade durante a permanência no cárcere gera indisciplina e é prejudicial ao regular funcionamento do estabelecimento que recebe a flutuante população dos sábados e domingos.[5]

A semidetenção, que corresponde ao regime de prisão albergue, é aplicável às penas não superiores a seis meses, não impedida sua concessão à existência de antecedentes criminais.

Na França, estabeleceu-se, pela Lei nº 70.643, de 17 de julho de 1970, e pelo Decreto nº 72.852, de setembro de 1973, a semiliberdade, assentada na possibilidade de o condenado exercer profissão ou outra atividade, ensino ou estudo fora do estabelecimento, ao qual deve retornar, todo dia, esgotado o tempo preciso ao desempenho do trabalho ou atividade.

A semiliberdade há de ser concedida àqueles condenados uma ou mais vezes à pena que não seja superior a um ano.

A Lei de 11 de julho de 1975 modificou o Código Penal francês, introduzindo, no art. 131-6, novas medidas substitutivas, que PIERRETTE PONCELA agrupa em cinco grupos,[6] o primeiro, referente à condução de veículos, como a suspensão da permissão de dirigir ou a anulação da permissão e proibição de solicitar nova permissão por cinco anos; o segundo, grupo relativo ao uso de armas, interditando o porte de arma por cinco anos ou confiscando armas por cinco ou mais anos; o terceiro grupo, proibindo a utilização de talão de cheque; o quarto, consistente no confisco da coisa produto do crime; e o quinto, referente à interdição de uma atividade profissional ou social. No art. 132-57, prevê-se as formas de dispensa da pena ou o adiamento da pena.

---

4   STALISLAV PLAWSKI, "Le code de precédure pénale et le code d'exécution des peines de Pologne", *in RSC*, 1980, nº 1, p. 320.

5   L. DEVLIEGER, *Régime des peines restrictives de liberté dans le système pénitentiaire belge*, publicação avulsa da Administration des Établissements Penitentiaires.

6   PONCELA, P., *Droit de la peine*, 2ª ed., Paris, 2001, p. 132 e seguinte; STEFANI, G., LEVASSEUR, G., BOULOC, B., *Droit Pénal general*, 17ª ed., Paris, 2000, p. 456 e seguintes.

Parte III · Capítulo 2 · PENA RESTRITIVA DE DIREITOS | **291**

Em 10 de junho de 1983, cria-se pela introdução dos arts. 43-3-1 a 43-3-5, conservados no novo Código Penal de 1995, a pena de trabalhos de interesse geral, qualificados como uma pena *"vedette"*,[7] tendo de 1985 a 1992 crescido sua aplicação em 40%. A pena de trabalhos de interesse geral pode ser uma pena alternativa ou uma condição do *sursis*, constituindo na obrigação de prestar serviço não remunerado a um ente público ou entidade privada que realiza trabalhos sociais, a ser cumprido pelo tempo de quarenta até duzentos e quarenta horas. Há medidas de controle, como responder às convocações do juiz ou oficial de *probation*, receber visitas do oficial de *probation*, justificar mudanças de emprego ou de residência.

Na Alemanha, o novo Código Penal, cuja vigência se deu em 1975, estabelece que a pena privativa de liberdade inferior a seis meses só seria aplicada *"quando circunstâncias especiais, vinculadas ao fato ou ao autor, tornam indispensável a imposição da pena"* (art. 47). Caso não haja necessidade de inflição da pena de até seis meses, deve esta ser substituída por multa.

JESCHECK revela que a pena de multa, em 1969, alcançava setenta por cento dos condenados e, atualmente, representa oitenta e dois e quatro décimos por cento, sendo que dos dezessete por cento dos casos de prisão, dez e seis décimos por cento obtiveram *sursis*, reduzindo-se a seis e oito décimos por cento os casos de pena privativa de liberdade incondicional.[8]

Segundo o Código alemão, contempla-se outra medida, por meio da qual se deixa de aplicar a pena de multa, substituindo-a por admoestação, desde que se possa esperar do condenado que não venha a cometer novos delitos (art. 59).

JESCHECK observa que a admoestação, com reserva de condenação, *"é raramente utilizada na prática"*, pois este novo instrumento de política criminal não foi ainda adotado na vida judiciária.[9]

Estatui, também, o Código alemão que se pode determinar, como condição do *sursis*, o cumprimento de qualquer prestação de interesse coletivo (art. 56).

A proibição de dirigir, por certo tempo, não é para o Código alemão pena principal, mas acessória.

Na Itália, pela Lei nº 354, de 26 de julho de 1975, instituiu-se o regime de semiliberdade, pelo qual o condenado passa o dia fora do instituto, trabalhando ou estudando (art. 48). São beneficiados com o regime de semiliberdade os condenados à pena não superior a seis meses (art. 50), desde que o executado não esteja entregue à supervisão do serviço social, medida também preconizada (art. 47), similar à *probation*, pois o condenado à pena inferior a dois anos e meio fica sujeito à supervisão do serviço especial, por um período igual ao tempo de pena imposta. A semiliberdade, como observa Di Gennaro, *"é uma modalidade de execução e não uma verdadeira alternativa"*.[10]

Estabeleceu-se, no entanto, na Itália, pela superposição de leis, um verdadeiro caos em matéria de penas alternativas. A incerteza da pena aplicável é denunciada por

---

7   PONCELA, P., idem, p. 131.
8   JESCHESCK, "L'utilisation des pratique des sanctions nouvelles du droit pénal allemand", *in* RSC, 1979, nº 3, p. 517.
9   Op. cit., p. 519.
10 *Ordinamento penitenziario e misure alternative allá detenzione*, Milão, 1976, p. 225.

292 | FUNDAMENTOS DE DIREITO PENAL – *Miguel Reale Júnior*

MODONA em razão do desfazimento do sistema de sanções, entregue a escolha da pena aplicável a amplíssimo poder discricionário do juiz.[11]

Desse modo, as medidas alternativas vieram a ser criadas pelas Leis nos 354/75, 689/81, 663/86, 309/90 e 231/99, as duas últimas específicas, a primeira com relação a tóxico-dependentes, a segunda referente aos doentes com AIDS.

Deve-se tentar traçar um quadro das medidas alternativas, tarefa realizada por HELOISA ESTELLITA, e que revela a confusão da legislação italiana.[12]

A semidetenção, art. 53 da Lei n° 689/81, é prevista para as penas de até um ano e consiste em ter o condenado o dever de permanecer, diariamente, até dez horas, nos institutos penitenciários, além de poder ficar proibido de dirigir veículo, de se ausentar do país. Se descumprido o dever de comparecimento, converte-se em prisão. Vários delitos são relacionados aos quais não é aplicável a semidetenção.

A liberdade controlada, instituída pela Lei n° 689/81, substitui as penas menores, de até seis meses, consistindo em ter o condenado a proibição de afastar-se do local da residência e a obrigação de apresentar-se uma vez por dia, em horário fixado, à repartição de segurança pública, proibindo-se o porte de arma e podendo o juiz suspender a autorização de dirigir e o passaporte.

O trabalho substitutivo consiste na substituição da multa penal que o condenado não pode pagar pela execução de trabalhos a órgãos públicos e entidades de serviço social, junto aos quais deve o condenado cumprir uma jornada por semana.

A Lei n° 663/86 introduziu a figura do *affidamento in prova al servizio sociale* cabível para as penas aplicadas ou residuais até três anos. Esta pena consiste no dever de manter relação com o serviço social, submetendo-se às determinações relativas à residência, à locomoção, à proibição de frequentar lugares ou de exercer algumas atividades, "*havendo ampla liberdade na determinação de prescrições às quais deve submeter-se o affidato*".[13]

Há, ainda, a figura da detenção domiciliar, criada pelas Leis nos 663/86 e 165/98, aplicável às penas até quatro anos, devendo o condenado cumprir a sanção no próprio domicílio, nas hipóteses de ser o condenado mulher grávida ou com filhos menores de dez anos, pai com filhos menores de dez anos, que os tem sob seus cuidados, doente, maior de sessenta anos e parcialmente inválido, menor de vinte e um anos com comprovadas exigências de estudo ou trabalho.

A detenção domiciliar há de ser aplicada, também, às penas não superiores a dois anos, se a medida é idônea a evitar a reincidência, se não aplicável o *affidamento*, se o crime não é de particular gravidade. Há, ademais, uma terceira hipótese, aplicável à

---

[11] MODONA, G. N., "Crisi della certezza della pena e riforma del sistema sanzionatorio", *in Il sanzionatorio penale e alternative di tutela*, org. BORRÉ. G e PALOMBARINI, G., Milão, 1998, p. 51 e seguintes. FIANDACA, G. e MUSCO, E., *Diritto Penale, parte generale*, 2ª ed., 1989, p. 558, observam que a aplicação das medidas alternativas é bem menor do que o esperado, e debitam o fato à falta de ligação sistemática entre estas sanções e a suspensão condicional, que leva a aniquilar as medidas alternativas.

[12] ESTELLITA, H., *Penas alternativas na legislação italiana*, trabalho apresentado no curso de pós-graduação da Faculdade de Direito da USP no segundo semestre de 2001.

[13] SALOMÃO, H. E., idem, p. 17.

Parte III · Capítulo 2 · PENA RESTRITIVA DE DIREITOS | 293

detenção domiciliar a penas superiores a quatro anos, se o condenado for mulher grávida ou mãe com crianças menores de um ano; estiver o condenado afetado por AIDS.

Na Inglaterra, surge de fundamental importância a *Community Service Order*, implantada pelo *Criminal Justice Act*, de 1972, seção XV.

Tal sanção consiste na obrigação de, durante os períodos de descanso, dedicar algumas horas a um trabalho não remunerado, em favor de uma causa de interesse comum. M. Roy Jenkins, secretário de Estado do *Home Office*, considera "*um dos meios mais adequados para reduzir, eficazmente, a população penal*", sendo certo que a maioria das associações que colaboram "*exprimiram uma inteira satisfação*".[14]

A experiência inglesa indica que a medida tem valor "*coercitivo, socialmente mais útil que a curta detenção*".[15]

Os sindicatos foram consultados não se opondo a este trabalho gratuito, que não se revela concorrente no mercado, pois dedicado a fins socialmente úteis, em poucas horas nos fins de semana. Ademais, a medida permite ao condenado que se conscientize dos problemas sociais.

JACQUES VERIN, analisando a experiência inglesa, aponta os benefícios da pena de prestação de serviços à comunidade, pois, por meio dela, o condenado sente tornar-se necessário às outras pessoas. Convivendo, nas entidades para as quais trabalha, com seres devotados ao próximo.[16]

Segundo VERIN, não houve obstáculos à implantação do sistema de prestação de serviços à comunidade, seja por parte dos sindicatos, seja por parte das entidades beneficentes, das quais se temia a rejeição em acolher condenados, mesmo por breves horas aos sábados e domingos. O convívio dos condenados junto a hospitais só aflora-lhes a sensibilidade e o senso de responsabilidade. Entende VERIN ser aconselhável a prestação de serviços prolongar-se por algum tempo, "*permitindo, por meio do convívio com pessoas que se doam a outras, as quais precisam de auxílio, a ocorrência de lenta impregnação de seus valores e a transformação progressiva dos horizontes do delinquente*".

Em 1991, editou-se *Criminal Act Justice* que inovou criando as *combination orders*, mesclando medidas da *probation* e da prestação de serviços, a ser efetuada em um mínimo de 40 horas e 100 horas no máximo. Criaram-se, também, os toques de recolher, *curfew order*,[17] exigindo que o condenado permaneça num determinado endereço, sendo os condenados monitorados por aparelhos eletrônicos que devem levar no tornozelo, sendo elevado o número daqueles que são logo presos ao pretenderem se livrar do monitoramento.

Em Portugal, houve lenta evolução a partir do projeto EDUARDO CORREIA, no qual, segundo JORGE DE FIGUEIREDO DIAS, "*a diretriz que perpassa todo sistema*

---

[14] Nota bibliográfica assinada por G. M. ao livro de K. Pease e outros, "Community service orders", publicada em *RSC*, 1976, nº 1, p. 291.

[15] Em *Revue de Science Criminelle*, 1976, nº 2, p. 55 e segs.

[16] "Les succès du 'Community Service' anglais", *in RSC*, 1979, nº 3, pp. 636 e seg.

[17] CHACON DE ALBUQUERQUE, R. *As penas alternativas na Inglaterra e nos Estados Unidos*, trabalho apresentado no curso de pós-graduação da Faculdade de Direito da USP, em novembro 2001, p. 8.

294 | FUNDAMENTOS DE DIREITO PENAL – *Miguel Reale Júnior*

punitivo é a da luta mais decidida contra as penas privativas de liberdade, preconizando com três penas não institucionais: a multa, a sentença condicional e o regime de prova".[18]

Proposta de lei que se enviou à Assembleia em 28 de agosto de 1977, sob o nº 221/1, para revisão do Código Penal, Parte Geral, na Exposição de Motivos, no item 5, do 2º teor, dizia: "... *um dos aspectos mais salientes da moderna política criminal no capítulo das reações criminais é, sem sombra de dúvida, uma decisiva reação contra as penas institucionais ou detentivas*".

No Código Penal Novo, em vigor a partir de 1995, que em grande parte reproduz o texto do Projeto, consagra-se a substituição da prisão por multa quando a pena de prisão não seja superior a seis meses (art. 44). A prisão por dias livres, quando não for o caso de conversão da pena privativa em multa, acha-se instituída (art. 45). A prisão por dias livres consiste em privação de liberdade nos fins de semana. Em cada período de fim de semana, o recolhimento terá duração mínima de trinta e seis horas e máxima de quarenta e oito horas.

O regime de semidetenção, art. 46, aplica-se às penas não superiores a três meses, nos casos em que não se converta em multa ou em prisão por dias livres e caracteriza-se pela permissão de saída para atividades profissionais normais, de trabalho ou estudo.

Prevê-se, também, a pena de prestação de trabalho em favor da comunidade aplicável às condenações até um ano, art. 58, consistente na realização de serviços gratuitos ao Estado ou entidades privadas de interesse da comunidade, devendo o trabalho realizar-se entre trinta e trezentas e oitenta horas.

A obrigação de prestar serviços gratuitos há de ser cumprida durante períodos não compreendidos nas horas normais de trabalho e pode ser convertida em prisão se o condenado infringir grosseiramente os deveres ou se colocar intencionalmente em condições de não trabalhar.

O anteprojeto do Código Penal espanhol, segundo MOURULLO, alinhava-se na luta contra as penas privativas de curta duração.[19] Em janeiro de 1980, é enviada ao Congresso proposta de lei do Código Penal.

Várias medidas preconizadas no projeto foram consagradas no Código Penal aprovado em 1994, desde a prisão de fim de semana,[20] com a possibilidade de o juiz optar pelo cumprimento no próprio domicílio, até inúmeras penas privativas de direitos. Em síntese, no Código Penal espanhol (art. 39), constam, entre outras, as seguintes penas: inabilitação para o emprego ou cargo público, profissão, indústria e comércio; suspensão do emprego ou cargo público; privação do direito de porte de arma; privação do direito de conduzir veículos, com a duração de um a seis anos; trabalhos em benefício da comunidade.

---

[18] "A Reforma do Direito Penal Português", Coimbra, 1972, p. 30, separata do vol. XLVIII, 1972, do *Boletim da Faculdade de Direito da Universidade de Coimbra*.

[19] MOURULLO, "Directices político-criminales del anteproyeto de Código Penal español de 1979", *in Estudos Penales y Criminológicos*, III, Santiago de Compostela, p. 271.

[20] GÓMEZ DE LA TORRE, I., B., e outros, cit., p. 45, destaca os inconvenientes próprios de uma pena de perda da liberdade ambulatória, tendo por benefício não afastar o condenado do meio social e do trabalho.

Parte III · Capítulo 2 · PENA RESTRITIVA DE DIREITOS | **295**

Cuida-se, também, da substituição da pena de prisão, que não exceda a um ano, pela prisão de fim de semana pelo período da condenação (art. 99), devendo o condenado ficar recluso na cela, pois o arresto de fim de semana não é apropriado para qualquer tratamento, conforme regulamentação editada em 1996, Real Decreto n° 690, propondo-se aplicar esta pena a condenados não problemáticos.[21]

Somam-se a estas legislações, que buscam criar medidas substitutivas à pena privativa de liberdade, outras mais, lembradas no documento de trabalho apresentado pela Secretaria, no VI Congresso das Nações Unidas sobre Prevenção do Delito e Tratamento do Delinquente, realizado em Caracas, em agosto de 1980, podendo-se citar as do Japão, da Suécia, da Finlândia e da Romênia.

Esta visão geral do avanço legislativo na criação de medidas alternativas à pena privativa de liberdade é essencial para se verificar, não só a tendência nos países da Europa e nos Estados Unidos de eliminar o monopólio da pena de prisão, como também as diversas soluções encontradas com o fim de dotar a resposta penal de um cunho de reprovação, impondo um ônus ao condenado sem os malefícios de retirá-lo do meio social e de introduzi-lo em um meio deletério.

Muitas destas soluções foram objeto de meditação quando da elaboração do projeto de 1984, de autoria, na parte de sistema de penas, de RICARDO ANDREUCCI e minha, devendo-se comparar as soluções adotadas com as apresentadas pela legislação estrangeira.

2.2. AS PENAS RESTRITIVAS NO BRASIL

Na Moção de Friburgo, de 1971, oriunda do I Encontro Nacional de Secretários de Justiça e Presidentes de Conselhos Penitenciários, advertia-se que não se deveria ficar adstrito, como no Código de 1940 e no de 1969, às penas privativas de liberdade.

Em maio de 1972, ANTONIO CARLOS PENTEADO DE MORAES, FRANCISCO PAPATERRA LIMONGI, JOSÉ LUÍS DE AZEVEDO FRANCESCHINI, JOSÉ RUBENS PRESTES BARRA E MANOEL PEDRO PIMENTEL apresentaram ao Ministério da Justiça anteprojeto de lei modificativo do Código Penal de 1969, propondo a elevação da interdição de direitos a pena principal, acolhendo a ideia anterior de GUILHERME PERCIVAL DE OLIVEIRA. As interdições limitariam o exercício da função pública, do pátrio poder, da tutela ou curatela, decretariam a inabilitação para investidura em função pública, tutela, curatela, para o exercício de cargo de direção em empresa ou sociedade em que o Estado tivesse interesse direto ou indireto, determinariam a sus-

---

[21] ROSENTHAL, S. *As penas alternativas nas legislações espanhola e portuguesa*, trabalho apresentado no curso de pós-graduação da Faculdade de Direito da USP, novembro de 2001, p. 19 e seguinte. ROSENTHAL anota que a pena de arresto de fim de semana tem sido abandonada em diversos países em face das dificuldades de implantação e execução. Crítica enfática à pena de arresto de fim de semana realiza SANZ MULAS, N., *Alternativas a la pena privativa de libertad*, Madrid, 2000, p. 309, ponderando que sequer se pode falar de alternativa em relação ao arresto de fim de semana, pois o condenado termina por entrar no sistema penitenciário e a entrada semanal no cárcere não deixa de trazer o efeito estigmatizante que não permanece oculto para a sociedade. A seu ver complica-se a vida prisional e leva-se a situações absurdas.

pensão da atividade ou provisão cujo exercício dependesse de habilitação especial e a suspensão de atividade industrial ou comercial.

Em setembro de 1973, foi lançada a Moção de Goiânia assinada pela maioria dos penalistas. Na Moção de Goiânia I, recomendava-se "*a introdução de medidas humanísticas conducentes à reintegração social do condenado como: ampliação do perdão judicial, do sursis e do livramento condicional, além de outras medidas substitutivas da pena de prisão*".

A Lei nº 6.016/73, modificativa do Código Penal de 1969, e a Lei nº 6.416/77, apesar de darem valioso avanço, apenas consagravam como novidade a pena de prisão albergue.

Tais ideias foram reafirmadas na Moção de Goiânia II, em 1981, quando se reconheceu que o anteprojeto de lei modificativa da Parte Geral do Código Penal, de 1981, acolheu os princípios proclamados na anterior Moção e que deveriam orientar a elaboração de toda a reforma do sistema criminal brasileiro.

O anteprojeto de Código Penal aludido contemplava como penas as privativas de liberdade, as restritivas de direitos e as patrimoniais (art. 32), constituindo-se as segundas em sanção independentes das demais, muito embora todas, entre si, relacionadas em alternância (art. 56). Tal natureza alterou-se no projeto de 1983, o anteprojeto revisto, e na lei de 1985, que transmudaram as penas restritivas em sanções substitutivas da pena de prisão (arts. 32 e 44).

Na primeira formulação, as restritivas de direitos surgiam dosadas pelo juiz, com autonomia da reclusão e da detenção.[22] Assim não ocorre no novo diploma legal. Conforme se examinará, mensurada pela privativa de liberdade, esta, nos limites do estipulado na sentença, será convertida em sanção restritiva, mediante substituição.

2.3. A LEGISLAÇÃO EM VIGOR

As penas restritivas são postas, no Código Penal, arts. 44 e 54, em lugar das privativas de liberdade, que, entretanto, continuam prevalecentes, no sistema, muito diversamente do que sucedia no anteprojeto, pelo qual elas e a multa inseriram-se quais verdadeiras penas alternativas. Na Reforma Penal de 1984, as penas restritivas eram: prestação de serviços à comunidade, limitação de fim de semana e interdição temporária de direitos. A Lei nº 9.714/98 acresceu as penas de prestação pecuniária e de perda de bens e valores.[23]

A vantagem na adoção de penas restritivas como substitutivas está na facilitação de sua aplicação e na conversão das mesmas em privativa de liberdade pelo tempo de privação fixado na sentença, bem como na indisputável verificação de ter havido uma condenação à pena privativa, o que legitima a conversão.

Desse modo, as penas restritivas de direitos são substitutivas da pena privativa de liberdade, mas autônomas, na medida em que não se põem como momento da

---

[22] O Anteprojeto de Parte Geral foi publicado na *Revista Ciência Penal*, nº 1, 1981, p. 159.

[23] As penas restritivas ganharam maior âmbito, como medidas substitutivas da prisão preventiva e como condição a ser cumprida no Acordo de Não Persecução Penal introduzido no Código de Processo Penal com o art. 28-A, pela Lei n. 13.964/19.

execução da pena privativa, não integrando o sistema progressivo. Substituem as penas privativas de liberdade, mas não constituem forma de seu cumprimento. Argumenta SALOMÃO SHECAIRA, com razão, que, com a qualificação de autônoma, pretende-se dizer não ser a pena restritiva acessória,[24] ou seja, não se aplica como consequência da pena privativa e com esta não se cumula.[25]

Para assegurar o princípio da legalidade, uma vez que não constam da sanção prevista na norma sancionadora, que via de regra refere-se, tão só, à pena de reclusão ou detenção, criou-se capítulo específico relativo à Cominação das penas, arts. 53 a 58, especificando-se, no art. 54, que as penas restritivas de direito são aplicáveis, independentemente de cominação na parte especial, em substituição à pena privativa de liberdade.

2.4. ANÁLISE DA LEI N° 9.714/98 E OS CRITÉRIOS PARA A SUBSTITUIÇÃO

A Lei n° 9.714/98 veio modificar e desfazer o sistema construído pela Reforma de 1984. Ao modificar o critério objetivo de substituição das penas privativas por restritivas de direitos, esqueceu-se o legislador do capítulo da Cominação das Penas, arts. 53 a 58, que, como acima afirmei, garantia o respeito ao princípio da legalidade.[26]

Surgem, então, algumas graves antinomias, pois se o art. 44, I, estatui que as penas restritivas substituem as privativas não superiores a quatro anos, o art. 54 perdura estabelecendo que as penas restritivas substituem as privativas inferiores a um ano. Prevalece, contudo, a lei mais favorável, ou seja, as restritivas podem substituir as privativas de liberdade não superiores a quatro anos.

Desse modo, tem-se como um dos critérios objetivos para a substituição da pena privativa por pena restritiva o *quantum* da pena, ou seja, "não superior a quatro anos", ou qualquer pena aplicada, se o crime for culposo.

A extensão da substituição decorreu da equivocada posição do então Conselho Nacional de Política Criminal e Penitenciária, que visava com a medida levar a um esvaziamento dos presídios, a ponto de o Ministro da Justiça ter declarado, à época da sanção, que abrir-se-iam vinte mil vagas no país. Era evidentemente um engano, pois os condenados a penas não superiores a quatro anos, que fariam jus à pena restritiva, estavam condenados ao regime aberto, ou seja, à prisão domiciliar.

A ampliação é positiva, mas não pelos motivos de interesse da Administração, buscando reduzir a população carcerária. Doutra parte, o sistema permaneceu esquizofrênico, com a convivência entre a ampliação das penas restritivas para penas inferiores ou iguais a quatro anos e a permanência do *sursis*, para as penas até dois anos e mais o

---

[24] SHECAIRA, S., op. cit., p. 319.

[25] O Código de Defesa do Consumidor prevê a aplicação de pena restritiva juntamente com pena privativa de liberdade, art. 78, ou seja, a pena de publicação de notícias sobre os fatos às expensas do condenado.

[26] Nosso "Mens legis insana corpo estranho", *in Penas restritivas de direitos,* cit., p. 23 e seguintes; AZEVEDO, D. T., "Penas restritivas de direitos: A destruição de um sistema punitivo", *in Penas restritivas de direitos*, cit., p. 45 e seguintes. Ambos os trabalhos tecem críticas à Lei n° 9.714/98, indicando as incongruências e imprecisões lógicas ao criar várias antinomias.

regime aberto, prisão albergue, também para as penas até quatro anos. Ademais, não estavam os espíritos preparados para a aplicação efetiva das penas restritivas, já que sua ineficácia era gritante com relação às penas inferiores a um ano e continuariam ineficazes, mormente podendo se aplicar o *sursis* ou o regime aberto,[27] penas conhecidas.

Por esta razão, criou-se, pelo Decreto nº 2.856/98, a Comissão de Acompanhamento e Avaliação do Regime de Penas Restritivas de Direitos, a fim de verificar como se implanta e se dá efetividade às penas restritivas de direitos, cujo âmbito foi significativamente ampliado, bem como no Ministério da Justiça, a Central de Penas Alternativas, que até recentemente, sob a liderança de VERA MULLER, difundiu e convenceu as autoridades de diversas unidades da federação a instituir programas de operacionalização das penas restritivas, firmando convênios com os Estados, propagando, em especial, formas de dar efetividade à pena de prestação de serviços à comunidade.

Com vistas a dar eficácia às penas restritivas de Direito, a Comissão de Diagnóstico do Sistema Criminal[28] propôs que houvesse, nas comarcas maiores, varas especializadas de execução de penas restritivas, tal como há em Fortaleza e em Curitiba, pois juízes encarregados da execução das penas privativas estão com os olhos voltados para os incidentes da execução e não podem se dedicar à montagem, à operacionalidade e à fiscalização da execução de penas restritivas. O Projeto de Lei Modificativo da Lei de Execução Penal, na linha desta proposta, dispõe em seu art. 147-A: "*Para a melhor execução das penas de restrição de direitos, a Justiça Federal e a Justiça dos Estados instituirão varas privativas, contando com o auxílio de corpo técnico composto por assistente social e psicólogo*".

Dessa forma, busca-se vencer o conservadorismo da magistratura de vários Estados, mormente de segunda instância, resistente a implementar medidas que exigem mudanças e a se valer da colaboração de técnicos, como assistentes sociais e psicólogos, essenciais para o bom êxito das penas restritivas de direitos.

Além de o *quantum* da pena privativa de liberdade ser fixado em até quatro anos para haver substituição, especificam-se, também, como pode se operar a substituição de acordo com a quantidade da pena. Assim, as penas, segundo o § 2º do art. 44, introduzido pela Lei nº 9.714/98, podem ser substituídas por multas, o que confronta com o estatuído no art. 60, § 2º, do Código Penal, que estabelece que a pena privativa não superior a seis meses poderá ser substituída por multa, o que revela mais um erro grosseiro do legislador que se arvorou em alterar o Código Penal que desconhecia.

Se a pena, todavia, for superior a um ano, a substituição pode-se dar por uma pena restritiva e multa ou por duas penas restritivas de direitos. O verbo "poder" indica que a substituição não importa, obrigatoriamente, a aplicação de duas restritivas ou uma restritiva e multa, se a pena privativa for superior a um ano.

---

[27] Tendo em vista esta incongruência do sistema de penas e a possível opção por se aplicar o *sursis* e o regime aberto, o Projeto Modificativo do Sistema de Penas em tramitação no Congresso Nacional elaborado por Comissão que coordenei, procurando valorizar as penas restritivas, propõe a abolição da suspensão condicional da pena e do regime aberto.

[28] O diagnóstico e as propostas de Política Criminal estão publicados na *Revista Brasileira de Ciências Criminais*, nº 30, 2000.

Parte III · Capítulo 2 · PENA RESTRITIVA DE DIREITOS | **299**

Deduz-se, então, que as penas até um ano devem ser substituídas por uma pena restritiva de direitos ou por multa.

Cabe indagar, então, como se operar a substituição por pena restritiva de direitos se a sanção penal já for composta de pena privativa de liberdade e de multa, como sucede em tantas normas incriminadoras da Parte Especial, a exemplo do estelionato, art. 171 do Código Penal, e a reprimenda aplicada for de um ano e seis meses de reclusão mais multa. Na hipótese, a substituição só pode ser por duas restritivas e mais a pena de multa já obrigatoriamente aplicada, pois prevista no preceito sancionador, já que é descabido aplicar duas penas de multa. E as duas penas restritivas devem ser compatíveis de serem executadas, concomitantemente, dentro do prazo da pena aplicada.

A substituição da pena privativa por restritiva tem mais uma exigência objetiva segundo a Lei nº 9.714/98: o crime não pode ter sido praticado mediante violência ou grave ameaça, art. 44, I, do Código Penal, o que constitui uma aberração, pois não será possível operar-se a substituição com relação ao crime de ameaça, art. 147 do Código Penal ou de constrangimento ilegal, art. 146 do Código Penal, sendo o primeiro apenado com detenção de um mês a seis meses, e o segundo com detenção de três meses a um ano, aplicável a ambos a transação penal, a suspensão do processo ou a suspensão condicional da pena, mas inviabilizada a substituição por pena restritiva.

Além dos critérios objetivos, há o critério subjetivo, consistente em duas questões: reincidência e suficiência e necessidade da substituição, em vista da culpabilidade, antecedentes, conduta social, personalidade, motivos determinantes do condenado.

A proibição da substituição em razão da reincidência é matéria que também apresenta grave antinomia na Lei nº 9.714/98, pois se no art. 44, II, edita-se que a substituição não pode ocorrer com relação ao réu reincidente em crime doloso, no § 3º do mesmo artigo estabelece-se que *"se o condenado for reincidente, o juiz poderá aplicar a substituição, desde que, em face da condenação anterior, a medida seja socialmente recomendável e a reincidência não se tenha operado em virtude de prática do mesmo crime".*

Colecionam-se imprecisões no texto legal acima transcrito. Não só o legislador se desdiz no mesmo artigo, como é incompreensível que, em face da condenação anterior à substituição, possa ser socialmente recomendável. Não adianta querer explicar o inexplicável. É melhor que o juiz tome esta locução como autorizadora da substituição em caso de reincidência genérica, examinado o grau de reprovabilidade, a natureza dos delitos, as circunstâncias do fato anterior e do fato em julgamento, as condições pessoais do agente, idade, sexo, filhos menores, arrimo de família, sem se prender ao eventual significado da expressão *"socialmente recomendável"*. Talvez, com estas considerações, esteja-se a completar o sentido desta expressão.

Mas, não param aí as imprecisões, pois se proíbe, reeditando a distinção já abandonada entre reincidência genérica e específica, a proibição da substituição com relação a esta última. Ocorre, contudo, que a dicção legal é confusa: *"... desde que a reincidência não se tenha operado em virtude de prática do mesmo crime".* Não pode haver reincidência na prática do mesmo crime, e sim na prática do mesmo tipo legal de crime.[29] É evidente que assim se deve entender para suprir a falta absoluta de técnica legislativa.

---

[29] BRUNO, A., *Direito Penal, parte geral*, tomo III, p. 120, ensina que na maioria dos países não há diferença entre a reincidência genérica e específica, havendo legislações que consideram apenas

300 | FUNDAMENTOS DE DIREITO PENAL – *Miguel Reale Júnior*

Não há, todavia, razões para um tratamento diverso entre a reincidência genérica e a específica,[30] exclusivamente com relação à substituição da pena privativa por restritiva, quando a reincidência no código, a ser melhor examinada no capítulo da aplicação da pena, não está sujeita a distinções, no que tange à concessão do *sursis*, no acesso ao regime aberto ou semiaberto, vedados aos reincidentes em crime doloso, seja a reincidência genérica ou específica.

A reprovação da reincidência genérica pode ser maior eventualmente pela diversidade de fatos criminosos praticados, e a específica, menos censurável, como, por exemplo, na hipótese de dois crimes contra a honra por meio de imprensa atribuídos ao diretor do jornal, segundo a responsabilidade estatuída na lei de imprensa. Por estas razões, o Projeto Modificativo do Sistema de Penas, em tramitação no Congresso Nacional, torna a reincidência circunstância judicial, a ser examinada, em cada caso, como proibitiva ou não dos benefícios da substituição da pena privativa de liberdade por restritiva de direitos, independentemente de ser genérica ou específica.

Segundo o art. 59, IV, relativo à individualização da pena, cabe ao juiz, com base nas circunstâncias judiciais – culpabilidade, antecedentes, conduta social, personalidade, motivos determinantes, circunstâncias e consequências do crime – e conforme o necessário e suficiente para a reprovação e prevenção do crime, estabelecer a substituição da pena privativa de liberdade aplicada por outra espécie de pena, se cabível.

No art. 44, III, afirma-se, igualmente, que a substituição será determinada, segundo o poder discricionário do juiz, levando em conta as circunstâncias judiciais, avaliando se essa substituição é suficiente. Na redação dada pela Lei n° 9.714/98, suprimiu-se, sem motivo, a menção de que essa substituição deveria ser além de suficiente, necessária. Prevalecem, contudo, os dizeres do art. 59, IV, ou seja, as circunstâncias deverão indicar se a substituição é necessária e suficiente para a reprovação e prevenção do crime, questão que constitui pedra angular da individualização da pena no sistema criado pela Reforma de 1984 e que será examinada adiante.

A substituição, portanto, depende da apreciação judicial, no exame das mesmas circunstâncias que instruíram a fixação do *quantum* da pena, cumprindo motivar a decisão, seja para conceder, seja para negar a substituição da pena privativa de liberdade por restritiva de direitos, motivando, igualmente, a escolha realizada na determinação da espécie ou das espécies de penas restritivas.

2.5. AS PENAS RESTRITIVAS EM ESPÉCIE

2.5.1. A prestação de serviços à comunidade

Sempre entendi altamente positiva a prestação de serviços à comunidade, pois une o caráter retributivo ao de prevenção especial, na medida em que pode ser fonte

---

a específica. Lembra ANIBAL BRUNO a posição de CARRARRA considerando mais perigosa a reincidência genérica porque reveladora das múltiplas aptidões do réu para o crime.

[30] RIBEIRO LOPES, M., "Retrospectiva e análise das novas modalidades", *in Penas restritivas de direitos* cit., p. 323, observa que o legislador *"ressuscitou a bem finada reincidência específica e trouxe novo tormento para a doutrina e, certamente, desequilíbrio e injustiças na jurisprudência."*

da revelação de valores positivos. Assim, além de ter poder coercitivo, a pena de prestação de serviços à comunidade revela-se útil, sendo possível que o condenado sinta que pode ser necessário aos que precisam de ajuda, convivendo com outras pessoas que voluntariamente se devotam ao próximo.

A realização de trabalhos em hospitais, entidades assistenciais ou programas comunitários fará aflorar a sensibilidade, viabilizando a tomada de consciência das contingências humanas, das dificuldades do próximo, alargando horizontes e revelando valores. Com a prestação de serviços à comunidade, pode-se dar efetividade à ideia de humanizar e punir. Dada sua importância, inicio a análise das penas restritivas pela prestação de serviços à comunidade, que, como se verá, tem, apesar das resistências, uma experiência positiva no Brasil.

Destarte, a prestação de serviços à comunidade constitui o cumprimento de tarefas gratuitas a entidades assistenciais, hospitais, escolas, orfanatos ou a entidades públicas e em programas comunitários ou do Estado, correspondendo cada hora de tarefa a um dia de pena, art. 46, § 3º, do Código Penal, e terá a duração de oito horas semanais, podendo ser realizado aos sábados, domingos e feriados, ou mesmo nos dias úteis, desde que não prejudique a jornada normal de trabalho, art. 149, § 1º, da Lei de Execução Penal.

Estabelece o § 4º do art. 46 do Código Penal, norma introduzida pela Lei nº 9.714/98, que se a pena for superior a um ano, o condenado pode cumprir a pena em tempo menor, nunca inferior à metade da pena privativa fixada. Destarte, a pena de dois anos, correspondendo uma hora de trabalho a um dia de pena, pode ser cumprida em um ano, se o condenado trabalhar sessenta horas por mês, ou seja, quinze horas por semana, totalizando setecentas e vinte horas, correspondente a dois anos, à razão de uma hora um dia. Assim, esta norma confronta com o limite de oito horas semanais disposto na Lei de Execução Penal, esquecida pelo legislador que gerou a Lei nº 9.714/98, ignorando que o Código Penal e a Lei de Execução Penal devem estar sempre umbilicalmente ligados, pois a Lei de Execução dá operacionalidade ao sistema de penas do Código Penal.

Cabe ao juiz da execução, art. 149, I, da Lei de Execução Penal, designar a entidade ou programa comunitário em que o condenado deverá prestar serviço, sempre de acordo com suas aptidões. Ao ser o condenado intimado a comparecer à entidade, pode manifestar-se seu desacordo com a tarefa outorgada, ou negar-se à prestação de qualquer tarefa, preferindo a conversão em pena privativa de liberdade a ser cumprida em regime aberto, ou seja, em prisão domiciliar, o que vem a ser uma contradição envergonhante do atual sistema de penas.

2.6. A EXPERIÊNCIA DA PRESTAÇÃO DE SERVIÇOS

A pena de prestação de serviços à comunidade é pouco aplicada por indiferença de parte da magistratura, que não se põe a campo para implementá-la, sendo de se notar que não há dificuldade operacional, pois quando se pretende fazer, como foi feito em diversas comarcas do Rio Grande do Sul, do Paraná[31] e do Ceará,[32] e até mesmo na Capital de São Paulo, o resultado da implementação da pena de serviços à comunidade é extraordinário.

---

[31] No Paraná, há uma Central de Execução de Penas Alternativas, e no ano de 2000, 462 condenados já haviam prestado serviço à comunidade, com reincidência de 1%.

[32] No Ceará, há uma Vara Especializada de execução de Penas Restritivas, que realizou convênio com 45 entidades, contando com equipe multidisciplinar.

302 | FUNDAMENTOS DE DIREITO PENAL – *Miguel Reale Júnior*

Cumpre, por exemplo, lembrar o resultado do convênio firmado entre a prefeitura de São Paulo e a Vara das Execuções Criminais, em junho de 1989, tendo sido credenciada a prefeitura a receber condenados à pena de prestação de serviços, pela Portaria nº 7/89 do Juiz das Execuções Criminais,[33] FRANCISCO JOSÉ GALVÃO BRUNO, sendo importante o relatório da Secretaria de Bem-Estar Social da Prefeitura, que recebeu, de 89 a 93, 850 sentenciados, com resultados extremamente positivos, com baixo índice de reincidência, havendo cerca 95% dos condenados, de início, revoltado-se por terem de trabalhar, mas que com o passar do tempo sentiram-se úteis à sociedade, e consideraram valiosa a experiência por aprenderem novo ofício, por conhecerem outras pessoas que deram bons conselhos, por suscitar reflexão. A avaliação final sobre a aplicação da pena junto à Prefeitura foi altamente positiva, registrando-se, no relatório, a aceitação da comunidade em relação a este projeto.[34] Terminado o governo de LUIZA ERUNDINA, o programa veio sendo reduzido na gestão PAULO MALUF.

Mais importante, todavia, é a experiência do Rio Grande do Sul,[35] especialmente em Porto Alegre,[36] graças ao trabalho realizado pela Vara das Execuções Criminais, tendo já, em 2000, cerca de 4.000 condenados cumprido pena de prestação de serviços à comunidade, contando o Juízo com alguns assistentes sociais e psicólogos, sendo os resultados absolutamente favoráveis, em benefício do condenado e da sociedade.

O Poder Judiciário juntamente com o Ministério Público e o Rotary publicaram um Manual de Aplicação das Penas e Medidas Alternativas – Prestação de Serviços à Comunidade –, no qual são indicados todos os passos, desde os ofícios a serem trocados com as entidades interessadas em receber prestadores de serviço até as formas de fiscalização dos trabalhos realizados.

---

[33] SHECAIRA, S. S., *Prestação de serviços à comunidade*, São Paulo, 1993, p. 58 e seguintes, destaca a positividade deste programa, mas anota que a magistratura era ainda receosa na aplicação da pena de prestação de serviços.

[34] O jornal *O Estado de São Paulo*, de 23 de novembro de 1991, Caderno Cidades, publicou matéria acerca da prestação de serviços à comunidade junto à Secretaria do Bem-Estar Social da prefeitura de São Paulo, na qual prestam depoimento o juiz das execuções penais GALVÃO BRUNO, que diz: ser esta uma forma de ressarcir a sociedade sem transformar os réus em bandidos piores nas prisões, mas também, sem permitir a impunidade. Para então secretária do Bem-Estar Social, ROSALINA CRUZ, o trabalho evita a impunidade resulta em um marco de lição para o condenado em benefício de toda a comunidade. Os técnicos que acompanharam o programa asseguraram o bom comportamento dos prestadores de serviço. A matéria jornalística traz, também, depoimento de condenados, bastando lembrar os casos do comerciante Ailton que condenado por bater na mulher, cumpriu pena trabalhando na sede da secretaria, e considerou gratificante o trabalho, pois foi muitas vezes convocado para atender desabrigados e pessoas pobres, tendo feito boas amizades no trabalho, tendo as hostilidades na família desaparecido. Paradigmático, também, é o caso do pedreiro José, que condenado por acidente automobilístico prestou trabalhos em uma creche, e gostou tanto do trabalho que mesmo após concluída a pena comparece à creche para visitas e para prestar algum tipo de ajuda.

[35] Em Passo Fundo, RS, o juiz ANTONIO ELISEU ARRUDA instituiu o programa de prestação de serviços à comunidade, e 398 condenados até o ano de 2000 haviam realizado tarefas em hospitais, órgãos municipais e na recuperação de 12 igrejas. Em Ivoti, a sede da APAE foi construída com a ajuda dos prestadores de serviço. Em Estância Velha, a Delegacia de Polícia foi edificada com o trabalho dos condenados à prestação de serviços.

[36] O edifício do Instituto Braille, para cegos, foi inteiramente construído por condenados prestadores de serviço. Há, em Porto Alegre, 65 entidades assistenciais conveniadas, receptoras, havendo uma reincidência mínima.

Verifica-se, portanto, que com espírito aberto é possível implementar e operacionalizar a pena de prestação de serviços à comunidade, como, aliás, ressaltam RENÉ DOTTI[37] e SALOMÃO SHECAIRA,[38] ao relatar experiências no Paraná e em São Paulo, como forma de não se instalar a impunidade ou a desmedida repressão.

2.7. PENA DE PRESTAÇÃO PECUNIÁRIA

Introduzida pela Lei n° 9.714/98, a prestação de pecuniária ou de qualquer outra natureza já vinha sendo aplicada na transação penal, criada pela Lei n° 9.099/95, e vulgarizada a forma de pagamento de cesta básica. Com a finalidade de esvaziar as prateleiras do Judiciário, a transação passou a ser oferecida sem que tenha o Ministério Público formado a *opinio delicti*,[39] simplificando-se o trabalho da Justiça.

A pena de prestação pecuniária, como anota LUIZ RÉGIS PRADO, *"não passa de uma forma de reparação civil travestida de sanção criminal"*, o que só se corporifica, se o destinatário da prestação for a vítima, pois dispõe o art. 45, § 1°,[40] que a prestação pecuniária consiste no pagamento à vítima, a seus dependentes, ou à entidade pública ou privada de destinação social, de importância fixada pelo juiz entre um e trezentos e sessenta salários mínimos.[41] O § 2° do art. 45 autoriza, se houver concordância do beneficiário, que a prestação não seja em dinheiro, mas de outra natureza, isto é, alimentos, vestuário.

---

[37] DOTTI, R. A., op. cit., p. 466 relata a experiência ocorrida na Comarca de Paraíso do Norte onde condenados à prestação de serviços construíram 18 casas populares e destinadas a famílias escolhidas por uma comissão especial de funcionários do fórum e de vicentinos.

[38] SHECAIRA, S. S., op. ult. cit., p. 66 e seguintes, relatando a experiência da pena de prestação de serviços em São Paulo, capital e interior. No Estado de São Paulo foi firmado, em 1997, convênio entre a Secretaria do Emprego e Relações do Trabalho e a Secretaria da Administração Penitenciária, envolvendo ONGs, para oferecer vagas para a pena de prestação de serviços. Foram criadas, também, Centrais de Penas a Alternativas.

[39] Basta, dentre tantos, lembrar um caso paradigmático da burocratização da Justiça Penal, conduzida pela lei do mínimo esforço: a cliente de um banco ficou presa na porta rolante de entrada da agência e registrou a ocorrência como constrangimento ilegal. Compareceu à delegacia uma estagiária do departamento jurídico do banco para se inteirar do termo circunstanciado, deixando seu cartão. Foi convocada para a audiência preliminar e lhe foi oferecida a transação, com o pagamento de cesta básica. Mal orientada, acabou por aceitar a proposta, como forma também de se livrar da ameaça do processo. Antes de ir à delegacia, depois dos fatos, a estagiária jamais estivera na agência bancária, sofrendo uma pena em nome de uma responsabilidade objetiva e em nome de uma irresponsabilidade dos administradores da Justiça, que com a aplicação de cesta básica resolvem rapidamente os processos. De outro lado, o movimento de mulheres arvora-se, com razão, contra a pena de prestação pecuniária, pois maridos que batem nas mulheres são em transação obrigados a pagar uma cesta básica e depois, praticamente impunes, fazem chacota da Justiça à qual a esposa recorreu e algumas vezes voltam a agredi-la. A injustiça se dá por excesso de repressão ou por condescendência. Por essa razão, editora-se a Lei Maria da Penha, Lei n° 11.340/06, que proíbe a aplicação da Lei n° 9.099/95 nos crimes de violência doméstica contra a mulher.

[40] A rubrica lateral, do art. 45, "conversão das penas restritivas de direitos" foi mantida pela Lei n° 9.714/98 que, todavia, introduziu no artigo matéria absolutamente diversa, inclusive definindo em que consiste a pena de prestação pecuniária.

[41] O valor da prestação pecuniária nada tem a ver com o valor da reparação do dano. Por isso pode eventualmente ser de valor superior, mesmo fixada a prestação em um salário mínimo. Ademais, o pagamento pode ser à vítima ou a entidade pública ou privada. Em sentido contrário, BITENCOURT, C. R., op. cit., p. 118.

Confundindo a sanção penal com a civil, o art. 45, § 1°, estatui que a prestação pecuniária será descontada do valor da reparação civil, caso seja coincidente o beneficiário, o que reforça a ideia de ser esta pena uma reparação civil disfarçada. Trata-se de mais uma das questões controvertidas da Lei n° 9.714/98, pois realiza-se uma compensação em prejuízo da sociedade e do Estado, titular do poder-dever de punir, visto que se pode substituir uma pena privativa de liberdade de até quatro anos pelo pagamento à vítima de uma importância a ser deduzida de eventual reparação civil, anulando-se assim a sanção penal imposta. A punição se desfaz e passa a ser parte da reparação do dano no plano civil. O condenado leva vantagem, a vítima tem reparado o dano, mas a pena privativa de liberdade decompõe-se, pois privatiza-se a resposta penal.

Por um lado, há o dado positivo de se satisfazer a vítima, contanto que não se sancione com cesta básica, mas, de outro, retira-se o caráter de reprovação, referido à culpabilidade, perdendo-se também o cunho educativo da sanção penal.

A substituição da pena privativa de liberdade por prestação pecuniária é realizada, todavia, sem que o legislador haja fixado algum critério, seja em face da quantidade ou qualidade da pena, cabendo ao juiz valer-se das circunstâncias judiciais, para, nos termos do art. 59, IV, determinar o que entende necessário e suficiente para reprovação e prevenção do crime.[42] Como passar-se de uma pena privativa de dois anos para a prestação pecuniária entre um e trezentos e sessenta salários mínimos?

Se as restritivas, prestação de serviços, a limitação de fim de semana e a interdição têm como identidade, com a pena privativa, o tempo de duração, o mesmo não ocorre com a prestação pecuniária e a perda de bens. A falta de critérios legais beira a inconstitucionalidade, pois a pequenez da condenação a pagamento de uma cesta básica, que é o comumente aplicado, pode substituir uma pena de dois ou três anos de reclusão.

Ao estabelecer, por outro lado, que a prestação pode ser de outra natureza, sem dar qualquer referência, a lei fere o princípio da legalidade, visto se transformar a prestação em pena indeterminada.[43]

O Projeto Modificativo do Sistema de Penas propõe a abolição da pena de prestação pecuniária,[44] pois prefere-se dar ênfase a penas como prestação de serviços à comunidade e limitação de fim de semana, carregadas de significado ético e que deixam de ser aplicadas, pelo comodismo em se adotar a prestação pecuniária, que reduz a sanção penal a dar e não a fazer algo, mesmo porque a prestação pode ser feita por via bancária, ou por terceiro que entrega a cesta básica na entidade assistencial. Além do mais, a prática revelou que a pena de prestação pecuniária tem se limitado

---

[42] RIBEIRO LOPES, M. Op. cit., p. 362, anota que apesar da lei não prever uma equivalência entre o *quantum* da pena privativa e o *quantum* da prestação pecuniária é certo que os princípios da proporcionalidade e da proporcionalidade devem interferir. Entendo que as dificuldades são imensas, pois não há qualquer denominador comum, e a substituição torna-se aleatória e indefinida.

[43] Neste sentido, BITENCOURT, C. R., op. cit., p. 125; PRADO, L. R., op. cit., p. 382.

[44] O parecer do relator na Comissão de Justiça da Câmara dos Deputados, Dep. IBRAHIM ABI-ACKEL reedita a pena de prestação pecuniária, mas impede a transformação em prestação de outra natureza. A eliminação da pena de prestação pecuniária não impediria sua aplicação em transação penal, mesmo porque aplicada antes da Lei n° 9.714/98.

Parte III · Capítulo 2 · PENA RESTRITIVA DE DIREITOS | **305**

ao pagamento de cesta básica,[45] desatendendo o interesse da vítima. Por fim, o caráter educativo, atrás examinado, próprio da pena de prestação de serviços à comunidade, inexiste na prestação pecuniária.

2.8. PENA DE PERDA DE BENS E VALORES

A pena de perda de bens, introduzida pela Lei n° 9.714/98, art. 45, § 3°, do Código Penal, consiste na perda dos bens e valores dos condenados em favor do Fundo Penitenciário Nacional, até o teto do valor que for maior: o montante do prejuízo causado ou o do provento obtido pelo agente ou terceiro em consequência da prática do crime.

A Constituição prevê a pena de perda e bens.[46] Pelo disposto no Código Penal, art. 45, § 3°, a perda de bens em favor do Estado, ou seja, do Fundo Penitenciário Nacional, como forma de arrecadar meios para a Política Penitenciária, constitui uma afronta à Constituição, pois, a perda pode recair sobre bens licitamente adquiridos sem guardar qualquer proporcionalidade com a gravidade e a natureza do fato praticado.

O teto fixado, o valor maior entre o dano causado e o proveito, nenhuma relação tem com o produto do crime, pois o dano em geral recai sobre o particular vítima; o proveito é economicamente duvidoso de ser avaliado na maioria dos delitos, em especial, se cometidos em coautoria. E é de se perguntar qual a relação entre o prejuízo causado ao particular e a imposição de perda de bens até este valor,[47] em favor do Fundo Penitenciário Nacional?

A resposta está na circunstância de que o projeto que deu origem à Lei n° 9.714/98 foi elaborado por Secretários de Justiça dos Estados e membros do Conselho Nacional de Política Criminal e Penitenciária, em uma manhã de trabalho, visando resolver com a lei os problemas da superpopulação carcerária e da falta de receita do Fundo Penitenciário.

A pena perde a relação de proporcionalidade com a natureza do crime, para identificar o crime doloso e o culposo, ao ter por referencial o dano causado, seja dolosa ou culposamente. Não cabe, por outro lado, razão a MAURÍCIO ANTONIO RIBEIRO LOPES ao pretender que o valor da perda de bens seja obrigatoriamente o teto mencionado,[48] o que tornaria ainda mais desproporcional a pena, pois não referida à culpabilidade e nem à gravidade e à natureza do crime.

---

[45] Criticando a adoção de aplicar a pena de pagamento de cesta básica, BITENCOURT, C. R., op. cit., p. 129, afirma: "*O velho coronelismo renasceu com a indigitada 'cesta básica' havendo em determinadas comarcas, 'juízes benfeitores' distribuidores de benesses às comunidades carentes, corrigindo a má distribuição de renda*".

[46] O Projeto de Lei Modificativo do Sistema de Penas propõe a abolição da pena restritiva de perda de bens, e transmuda em pena na qual será convertida a pena de multa não paga pelo condenado solvente, no exato valor da multa judicialmente imposta, cujo pagamento é frustrado.

[47] A pena deixa de ter relação com o fato praticado, para se corrigir o dano resultante do fato, que pode ser de grande proporção, como o homicídio culposo de um jovem recém-formado, com imensas expectativas de vida e de realização. Pode o fato ser grave e o dano causado ou o proveito ser de pequena monta, como se dá em um crime de corrupção passiva com solicitação de pequena quantia.

[48] RIBEIRO LOPES, M. Op. cit., p. 370, asseverando que não há ao juiz nenhuma discricionariedade, devendo decretar a perda de bens no valor correspondente ao prejuízo causado ou ao ganho obtido.

306 | FUNDAMENTOS DE DIREITO PENAL – *Miguel Reale Júnior*

Se a perda de bens não incidir sobre bens licitamente adquiridos, confunde-se com o efeito da condenação, previsto no art. 91, II, do Código Penal, pois importa a condenação a perda, em favor da União, de produto do crime ou de bem ou valor auferido como proveito do crime.

Desse modo, se a perda de bens ou valores disser respeito e recair sobre o produto do crime ou do proveito auferido, é desnecessária, pois coincide com o efeito da condenação. Se recair sobre bens ou valores obtidos licitamente não há, todavia, um critério dotado de proporcionalidade entre o valor dos bens a serem perdidos e o crime cometido, incorrendo-se em inconstitucionalidade.

Acrescente-se que nenhuma alteração foi introduzida na Lei de Execução Penal relativa a esta "nova" pena, esquecendo-se o legislador de que deve haver a especificação da forma de cumprimento nesta lei, umbilicalmente, ligada ao Código Penal.

2.9. A PENA DE INTERDIÇÃO TEMPORÁRIA DE DIREITOS

São interdições temporárias de direitos, que podem substituir as penas privativas de liberdade, a proibição do exercício de cargo, função ou atividade pública, bem como de mandato eletivo; a proibição do exercício de profissão, atividade ou ofício que dependam de habilitação especial, de licença ou de autorização do poder público; suspensão de autorização para dirigir veículo; proibição de frequentar determinados lugares; proibição de inscrever-se em concurso, avaliação ou exame públicos.

No capítulo relativo à cominação das penas, especifica-se que as penas de interdição do exercício de cargo ou função pública ou de profissão dependente de licença ou autorização têm cabença, se o crime foi cometido no exercício do cargo, função ou profissão e decorrer da violação de deveres que lhe são inerentes. A suspensão da permissão ou autorização para dirigir nos crimes culposos de trânsito está em grande parte revogada em face do disposto nos arts. 302 e 303 da Lei nº 9.503/97 do Código de Trânsito Brasileiro.[49] Quanto à interdição de frequentar determinados lugares, introduzida pela Lei nº 9.714/98, não foram especificadas as hipóteses em que tem cabimento.

A primeira interdição, prevista no art. 47, diz respeito ao crime praticado contra a Administração Pública, pois deve ser imposta ao crime decorrente da violação de dever inerente ao cargo, função ou atividade pública. Assim, a interdição temporária aplica-se ao servidor público que comete, por exemplo, um crime de prevaricação, art. 319 do Código Penal, violando os deveres inerentes ao cargo e praticando o crime no exercício do cargo. A imposição da pena de interdição deve ser comunicada ao condenado e à autoridade pública, que em vinte e quatro horas cumpre baixar ato afastando do cargo, função ou atividade o condenado, art. 154 e § 1º da Lei de Execução Penal.

Não se confunde a pena de interdição com o efeito da condenação que se refere à perda do cargo, função pública ou mandato eletivo, a se dar quando a pena for igual ou superior a um ano. Sucede, todavia, que tendo a Lei nº 9.714/98 estendido a substituição da pena privativa até quatro anos por restritiva, esta pena de interdição deixa de poder substituir as penas privativas iguais ou superiores a um ano, pois já incide,

---

[49] Remanesce apenas a suspensão de autorização, exigível pelo Código de Trânsito com relação a veículo ciclomotor.

Parte III · Capítulo 2 · PENA RESTRITIVA DE DIREITOS | **307**

como efeito da condenação, a perda do cargo ou da função, sendo um despropósito a pena de interdição temporária. Isto apenas é uma demonstração a mais da falta de visão sistemática dos responsáveis pelo projeto que redundou na Lei nº 9.714/98.

A segunda pena de interdição temporária de direito, prevista no art. 47, II, do Código Penal, aplica-se às hipóteses dos crimes praticados no exercício de profissão ou ofício dependente de habilitação, como, por exemplo, a advocacia, e desde que tenha sido praticado com infringência aos deveres próprios da profissão, tal como sucede ao advogado que pratica o crime de patrocínio infiel, art. 355 do Código Penal. A imposição da sanção penal não importa prejuízo às eventuais sanções a serem determinadas pelos órgãos de fiscalização profissional.

As duas penas acima mencionadas têm um sentido de reprovação e de reafirmação dos valores ofendidos, pois atingem exatamente o exercício do cargo, da função, da profissão ou do ofício, cujos deveres que lhes são próprios foram desrespeitados, tornando o condenado temporariamente inabilitado para este exercício, por força de condenação criminal. Creio que esta pena de interdição deveria ser ampliada a outras hipóteses, especialmente de exercício do comércio ou da direção de empresa, nas hipóteses de crime tributário.[50]

Quanto à pena de proibição de frequentar determinados lugares, por não se especificar, sequer de forma genérica quando tem cabença sua aplicação, o poder discricionário amplia-se e deve o juiz, com esforço, fundamentar a razão pela qual escolheu esta pena, por exemplo, para substituir uma pena privativa de dois anos de reclusão.

A hipótese referente à proibição de inscrever-se em concurso, avaliação ou exame públicos está prevista no art. 47, V, do Código Penal, com redação dada pela Lei n. 12.550, de 15.12.2011, que também inseriu no referido diploma o Capítulo V ao Título X da Parte Especial, dispondo sobre fraudes em certames de interesse público no art. 311-A, que dispõe que utilizar ou divulgar, indevidamente, com o fim de beneficiar a si ou a outrem, ou de comprometer a credibilidade do certame, conteúdo sigiloso de: I – concurso público; II – avaliação ou exame públicos; III – processo seletivo para ingresso no ensino superior; ou IV – exame ou processo seletivo previstos em lei, com pena de reclusão, de 1 (um) a 4 (quatro) anos, e multa. Nas mesmas penas incorre quem permite ou facilita, por qualquer meio, o acesso de pessoas não autorizadas às informações mencionadas no *caput* do artigo sob comento (§ 1º).

Se da ação ou omissão resulta dano à administração pública, a pena será de reclusão, de 2 (dois) a 6 (seis) anos, e multa; sendo aumentada de 1/3 (um terço) se o fato for cometido por funcionário público (§§ 2º e 3º).

2.10. A PENA DE LIMITAÇÃO DE FIM DE SEMANA

Diante das dificuldades apresentadas pela pena de "prisão de fim de semana" adotada na Bélgica e agora, também, na Espanha, onde as mesmas desvantagens se

---

[50] Neste sentido o anteprojeto de lei de crimes tributários elaborado por comissão instituída pelo Ministério da Fazenda em 1992, da qual participei como coordenador, texto este publicado na *Revista Brasileira de Ciências Criminais*, nº 3. Neste sentido, também, o anteprojeto de lei Modificativa do Sistema de Penas, mas neste aspecto alterado por sugestão da Casa Civil. A lei de crimes ambientais, Lei nº 9.605/98 estabelece a pena de interdição de direitos consistente na proibição temporária de contratar com o Poder Público, participar de licitações ou de receber incentivos fiscais.

apresentam, em Portugal, há a pena de prisão por dias livres, que importa, igualmente, uma população carcerária flutuante, criando diversos inconvenientes para a administração penitenciária e prejuízos ao condenado por ser inserido em uma subcultura perniciosa, sem os eventuais benefícios do trabalho e da assistência.

Em sendo assim, optou-se pela pena de limitação de fim de semana, que não importa o encarceramento, mas impõe ao condenado o ônus de comparecer aos sábados e domingos à casa de albergado ou qualquer outro estabelecimento, como o fórum, uma escola, um quartel, para participar de atividades educativas. A pena restritiva de limitação de fim de semana, pouco aplicada, constitui uma medida de grande valor, semelhantemente à pena de prestação de serviços à comunidade, pois reúne o caráter retributivo ao educativo, visto que o comparecimento nos fins de semana constitui um gravame para o condenado, que, no entanto, pode colher frutos positivos dos cursos de que virá a participar. E sua operacionalidade é fácil, bastando boa vontade e um pouco de criatividade, não muita.

No Projeto Modificativo do Sistema de Penas, visando a dar maior clareza e propulsionando a ser instaurada a pena de limitação de fim de semana, dotada, portanto, de eficácia, modifica-se o texto, em sugestão de autoria de NILO BATISTA, tendo a proposta de lei o seguinte teor: *"Art. 48. A pena de limitação de fim de semana consiste na obrigação de permanecer, aos sábados e domingos, por quatro horas diárias, em instituições públicas ou privadas com finalidades educativas ou de natureza semelhante, credenciadas pelo juiz da execução penal"*. No § 1°, especifica-se que durante a permanência os condenados participarão de cursos, seminários, palestras e outras atividades de formação ou complementação educacional, cultural artística ou semelhante.

Percebe-se, portanto, toda a potencialidade da pena de limitação de fim de semana, que segundo a dicção legal de hoje, art. 48 do Código Penal, pode igualmente ser desenvolvida, pois se não houver, como não há casa de albergado, a lei possibilita que o comparecimento se dê em outro estabelecimento adequado, visando, como diz o parágrafo único, a participar de atividades educativas.

O comparecimento, segundo o art. 48 do Código Penal, é por cinco horas, desfazendo-se o Estado do ônus de prover alimentação. Entendo, todavia, que se deve providenciar passe para transporte, tanto com relação a esta pena como para a prestação de serviços à comunidade, pois o interesse maior do Estado é facilitar o comparecimento, que pode ser prejudicado pelo ônus financeiro do preço da condução, que pesa no orçamento mensal de muitos. O juiz da execução deve, contudo, escolher um local próximo à residência do condenado.

2.11. CONVERSÃO DA RESTRITIVA EM PRIVATIVA

Segundo o disposto no art. 44, § 4°, do Código Penal, a pena restritiva, substituta da pena privativa, será convertida em privativa, se houver injustificado descumprimento da restrição imposta. Esta reversão importa dever o condenado cumprir pena restritiva em regime a ser determinado pela sentença que decidiu sobre a conversão, deduzindo-se o tempo cumprido de pena restritiva.[51] Haverá, contudo, sempre um

---

[51] Pela reforma de 1984, a conversão era pelo tempo integral da pena, o que constituía, sem dúvida, uma solução injusta e inconstitucional, pensada como forma de mais fortemente constranger ao cumprimento da pena restritiva.

período mínimo a ser cumprido de trinta dias, mesmo que reste, após o cumprimento da restritiva, apenas vinte dias de pena a ser executado.

A Lei nº 9.714/98 ignorou a Lei de Execução Penal, na qual, no art. 181, especificam-se as causas determinantes da conversão das penas de prestação de serviços à comunidade, limitação de fim de semana e interdição de direitos. Dessa forma, as penas, por ela introduzidas, de prestação pecuniária e de perda de bens restaram sem outra indicação para conversão do que a constante do art. 44, § 4°, ou seja, se houver injustificado descumprimento da obrigação imposta.

Sucede, todavia, que a pena de prestação pecuniária não se expressa em tempo de cumprimento e se for a prestação dividida em parcelas mensais, não se pode pensar em equiparar as parcelas pagas em tempo de cumprimento de pena. Mas, sob um aspecto substancial, como se expressam BITENCOURT e RIBEIRO LOPES, é descabida por inconstitucional a conversão da prestação pecuniária em pena privativa de liberdade, pois caracteriza a prisão por dívida,[52] razão determinante da modificação operada, em 1996, revogando a conversão da pena de multa em privativa de liberdade.

Disciplina o art. 181, § 1°, da Lei de Execução Penal as circunstâncias determinantes da conversão da pena de prestação de serviços à comunidade e de limitação de fim de semana em pena privativa. Destarte, se o condenado não é localizado ou desatender a intimação por edital para dar início ao cumprimento da pena, se deixar de comparecer injustificadamente à instituição ou se recusar a cumprir as tarefas que lhe forem outorgadas,[53] se praticar falta grave ou sofrer condenação por outro crime, sem que a execução seja suspensa, a pena deve ser convertida em privativa de liberdade. O art. 51 da Lei de Execução Penal estabelece quais são as faltas graves relativas à pena restritiva de direitos, consistente em além de descumprir a restrição injustificadamente, retardar o cumprimento da obrigação, imotivadamente, bem como desobedecer o servidor e as ordens recebidas (art. 39, II e V).

A conversão opera-se relativamente à pena de limitação de fim de semana, art. 181, § 2°, se deixar de comparecer ao estabelecimento designado,[54] se recusar a exercer a atividade educacional, se não for encontrado ou deixar de responder a intimação por edital, ou se praticar falta grave ou crime pelo qual venha a ser condenado, sem suspensão da pena.

A interdição temporária de direitos revoga-se, art. 181, § 3°, se o condenado injustificadamente exercer o direito interditado.

A possibilidade de conversão constitui recurso constrangedor para que se cumpra a obrigação imposta, e se cumpra com dedicação, havendo rigidez nas condições constantes do art. 181 da Lei de Execução Penal. A impossibilidade de conversão da pena de prestação pecuniária em privativa de liberdade, somada à circunstância de que foi

---

[52] BITENCOURT, C. R., op. cit., p. 124; RIBEIRO LOPES, M., op. cit., p. 363.

[53] Segundo o art. 150 da Lei de Execução Penal a entidade beneficiada com a prestação de serviços deverá mensalmente encaminhar relatório sobre as atividades, comunicando, a qualquer tempo, a ausência ou falta disciplinar.

[54] Determina o art. 153 que o estabelecimento designado comunicará, a qualquer tempo, a ausência ou a falta grave do condenado.

vulgarizada a determinação de fornecimento de cesta básica, torna essa pena restritiva um caminho para a impunidade, o que desmerece o Direito Penal.

Ao se converter a pena restritiva em privativa de liberdade, deve o juiz determinar o regime inicial de cumprimento da pena. O mais lógico seria aplicar o regime aberto. Sucede que, com a inexistência de casas de albergado e a transformação da prisão albergue em prisão domiciliar, a conversão, em vez de ser um constrangimento, passando o condenado de uma pena menos rigorosa para outra mais rigorosa, termina, na verdade, por ser um prêmio. Cumpre, portanto, ao juiz examinar o necessário e o suficiente, diante das circunstâncias concretas, ao fixar o regime inicial, examinado se não é o caso de determinar o cumprimento da pena em regime semiaberto.[55]

---

[55] Projeto Modificativo do Sistema de Penas determina, ao abolir o regime aberto, que a pena privativa seja cumprida em regime semiaberto. Buscando pelo em ovo, um crítico pouco sério chegou a criticar o projeto como benévolo pois determinava o cumprimento em regime semiaberto, quando pelo sistema de hoje poderia o condenado ser enviado ao regime fechado. O despropósito da crítica não merece senão o registro revelador da má-fé.

Capítulo 3
PENA DE MULTA

A pena de multa constituiu importante cavalo de batalha na luta contra as penas curtas de prisão. Chega FIGUEIREDO DIAS a comparar na evolução das penas o que a pena privativa de liberdade veio a ser em face das penas corporais da Idade Média; a pena de multa representa frente à pena privativa de liberdade.[1]

Assinalava VON LISZT, no final do século XIX, que o programa de Política Criminal consistia no combate às penas curtas, a serem substituídas pela pena de multa, que assumia, assim, um papel essencial de caráter político-criminal, que não possuía no passado.[2]

São assinaladas as vantagens da pena de multa, seja por aquilo que evita, seja pelo que proporciona. Segundo BASILEU GARCIA, o réu não é retirado do convívio da sua família e de suas ocupações, podendo sustentar a família, não é enviado ao cárcere que corrompe e avilta e não sobrecarrega o erário, pois não tem os custos do encarceramento.[3] Se não há estas desvantagens, apresenta, também, vantagens positivas, pois não somente deixa a execução da pena de ter custos, como oferece receitas, sendo fácil de se dar efetividade, e *"comodamente divisível e individualizável"*.[4] A facilidade de sua execução, no entanto, é questionável, pois o condenado frustra o pagamento, e a execução da cobrança é problemática, como se verificava antes e após a edição da Lei nº 9.268/96, que deu à multa o caráter de dívida de valor, com a intenção de facilitar sua cobrança.

BASILEU GARCIA argumenta que é eticamente delicado o Estado buscar receita por via da pena de multa, como que se valendo de sua própria torpeza, pois o delito, a ser combatido e prevenido para que não ocorra, passa a ser uma fonte de renda, estabelecendo-se um conflito de interesses. Sugere, então, que o produto arrecadado seja aplicado *"nas salvadoras funções da prevenção geral e especial"*, visando atenuar a criminalidade.[5]

---

[1]   FIGUEIREDO DIAS, J., *Direito Penal português, parte geral, II, As consequências jurídicas do crime*, Lisboa, 1993, p. 117.

[2]   A pena de multa como relata PRADO, L. R., op. cit., pp. 405 e seguintes, afunda raízes na Grécia antiga, mas só alcançando caráter individual no século IV. FIGUEIREDO DIAS, J., op. cit., p. 117, considera que ao se ultrapassar a faixa, a vingança privada, quando o Estado vem a regular a *compositio,* permanecendo com parte do pagamento surgem os elementos básicos da pena de multa, presente no Código Visigótico e depois nas Ordenações. Para um escorço histórico da pena de multa, PRADO, L. R., idem, ibidem.

[3]   GARCIA, B., op. cit., p. 506.

[4]   GARCIA, B, *idem, ibidem*; FIGUEIREDO DIAS, J., op. cit., p. 121, também pondera que a execução pode ser mais elástica, além de que alivia custos e gera receitas.

[5]   GARCIA, B., op. cit., p. 507.

A pena de multa sofre, todavia, objeções, em especial, com o argumento de que é injusta, pois, desigual em vista das diferenças econômicas dos réus, submetidos pobres e ricos à mesma pena. No sistema da pena fixada em quantia certa na lei, sem dúvida, a pena é injusta. No Código Penal de 1940, o valor da multa vinha fixado em valor mínimo e máximo no preceito secundário de cada tipo legal de crime, devendo o juiz aplicar a pena em vista da situação econômica do réu. Havendo um mínimo fixado em cada tipo penal, havia a possibilidade de ocorrer injustiça. Com o sistema de dias-multa, a ser adiante examinado, reduz-se significadamente essa possibilidade.

Outra desvantagem estaria na circunstância de que com a pena de multa prejudica--se o sustento da família, penalizando terceiros. Ora, maior penalização da família do que a privação da liberdade é impossível, pois retira da família muitas vezes aquele que é o seu arrimo, além de afastá-lo do convívio com esposa e filhos. Pior se o condenado for mulher, mãe de família.

O Código Penal de 1940 estabelecia que ao se realizar desconto no salário para pagamento da multa, art. 38, §§ 1º e 2º, não poderia o desconto incidir "*sobre os recursos indispensáveis à manutenção do condenado e de sua família*". Na disciplina atual, baseada em dias-multa, mantém-se a mesma regra quando o condenado não sofre pena privativa de liberdade, além de se adequar a importância de forma mais correta à condição econômica do réu, como permite o sistema de dias-multa. A Lei de Execução Penal, art. 168, I, fixa que se houver desconto no vencimento ou salário, apenas pode ser, no máximo, o desconto de um quarto da remuneração e, no mínimo, um décimo dela. Como se vê, a objeção feita de se sacrificar a subsistência do condenado e de sua família não procede.

A pena de multa deve ter como sanção penal caráter personalíssimo, significando esta exigência que seja aplicada em vista das condições pessoais do réu, e não se estenda como débito aos herdeiros, devendo ser paga pelo próprio condenado,[6] mesmo porque será suspensa a execução, se sobrevier ao condenado doença mental, art. 52 do Código Penal.

Discute-se o fim da pena de multa, chegando, na Itália, a se ter arguido a inconstitucionalidade da pena de multa por não atender o fim educativo da pena previsto no art. 27 da Constituição italiana. Entendeu, todavia, a Corte Constitucional que o fim educativo, mencionado na Constituição, tem valor relativo, dizendo a Constituição que a pena deve tender à reeducação do condenado. Considera-se, também, que não se pode excluir que a pena de multa tenha uma função educativa, razão pela qual se afastava a inconstitucionalidade arguida.[7]

A pena de multa tem, a meu ver, fundamentalmente, um significado retributivo, como imposição de uma diminuição do patrimônio do réu, gerando a obrigação de pagar e a submissão a uma cobrança por desconto do salário ou por meio de processo de execução, constituindo esta privação econômica uma retribuição proporcionada

---

[6] FIGUEIREDO DIAS, J., op. cit., p. 118, afirma que não pode haver contrato de seguro relativo à eventual multa penal a ser aplicada, pois a natureza pessoalíssima impede o pagamento por terceiro.

[7] BETTIOL G. e PETTOELO MANTOVANI, L., op. cit., p. 843, nota 17; FIGUEIREDO DIAS, J., op. cit., p. 123, que considera que a finalidade de prevenção especial de socialização não deixa de "*jogar o seu jogo*" na pena de multa.

à sua situação patrimonial. Há uma proporção culpa-pena,[8] como expressam AN-DREUCCI e PITOMBO.

Reafirma-se o valor tutelado e ferido pela prática do crime como decorrência da imposição desta pena que importa uma diminuição econômica de cunho penal. O caráter retributivo aflora, ademais, pois a multa, se solvente o condenado, não for paga, imotivadamente, caracteriza-se uma das condições de revogação obrigatória do *sursis*, art. 81, II, do Código Penal, pois a suspensão condicional limita-se à execução da pena privativa de liberdade, não se estendendo à pena de multa.[9] A multa deve ser paga como condição de manutenção do benefício da suspensão condicional da pena, malgrado condenação anterior a pena de multa não impeça a concessão deste benefício, art. 77, § 1°, do Código Penal.

A pena de multa, portanto, como perda patrimonial, deve ser sentida pelo réu, de tal forma que tenha efetivamente o significado de uma diminuição econômica, como se vê do disposto no art. 60, § 1°, ao permitir que aos bem aquinhoados a multa seja multiplicada por três, com o fim de que seja eficaz, isto é, pese no bolso do réu.

3.1. A PENA DE MULTA SUBSTITUTIVA

A pena de multa, todavia, deixa de ter o relevo de anteriormente como substituto às penas curtas, diante da inovação das penas restritivas, tanto que nos direitos alemão,[10] italiano,[11] português[12] e francês,[13] viabiliza-se que a pena de multa seja substituída por trabalho em favor da comunidade. Além do mais, a pena restritiva é aplicada em grau mais elevado do que a pena de multa, como ocorre na Inglaterra e na França.[14] Na Alemanha, também, a pena de multa é em grande número substituída por restritiva de direitos, prestação de serviços à comunidade,[15] sendo, portanto, conveniente que se aplique diretamente a pena restritiva, sem a passagem pela pena de multa a ser substituída.

---

[8] ANDREUCCI, R. A. e PITOMBO, S. M. M., op. cit., p. 147 e seguintes.

[9] Em sentido contrário SCHMIDT DE OLIVEIRA, A. S., e outros, *considerações sobre a multa em face da Lei n° 9.268/96, in Revista Brasileira de Ciências Criminais*, ano 5, n° 19, p. 99, 1997, que entende haver extinto a possibilidade da revogação do *sursis* uma vez revogada a conversão por não pagamento da multa, devendo ser implicadas as medidas que resvalam na liberdade em razão do inadimplemento da multa. Considero, todavia, que se dê uma das condições obrigatórias do *sursis*, motivo pelo qual justificou-se a mantença do dispositivo que, a meu ver, tem plena validade.

[10] Art. 47, II, do Código Penal alemão.

[11] Segundo o art. 102, I, da Lei n° 689/81, o condenado pode solicitar a conversão da pena de multa em *trabalho substitutivo*, a se realizar gratuitamente em favor da comunidade.

[12] O art. 48 do Código Penal português autoriza que o condenado solicite substituir a multa por dias de trabalho em oficinas ou obras do Estado ou de instituições particulares de solidariedade social.

[13] Art. 131-5 do Código Penal francês a respeito, PRADEL, J. *Droit Pénal Géneral*, Paris, 2000, p. 566.

[14] As diversas penas alternativas do sistema francês, tais como as previstas no art. 131-6, bem como a dispensas de pena ou o adiamento da pena minimizam a substituição por multa.

[15] VERA JARDIM, M. A., op. cit., p. 118 e seguintes, relata que em 1985, por exemplo, no Estado de Hessen, 2.635 multas foram compensadas em dias de trabalho, evitando-se mais de 50.000 dias de prisão.

314 | FUNDAMENTOS DE DIREITO PENAL – *Miguel Reale Júnior*

Por essa razão, ao se privilegiar a pena restritiva no Projeto Modificativo do Sistema de Penas, eliminou-se a substituição da pena privativa de curta duração por multa. Acrescente-se que as infrações, que podem levar à condenação por penas curtas, podem ser objeto de transação penal ou suspensão do processo, de acordo com a Lei n° 9.099/95.

Na reforma de 1984, estabeleceu-se, todavia, no art. 60, § 2°, que a pena privativa até seis meses poderia ser substituída por multa. A Lei n° 9.714/98 introduziu um parágrafo ao art. 44, o § 2°, no qual se estatui que a pena igual ou inferior a um ano pode ser substituída por multa. Manteve-se tal e qual o art. 60, § 2°, o que demonstra a falta de mínima atenção dos autores do projeto que se transformou na Lei n° 9.714/98. Dessa forma, suprindo a afronta à lógica, deve-se dar prevalência ao disposto no art. 44, § 2°, do Código Penal, por ser lei mais benéfica em face do constante do art. 60, § 2°, do mesmo código, superando-se a antinomia.

Aos crimes não se aplica, via de regra, a pena de multa isoladamente, mas tão só às contravenções penais. A multa é aplicada alternativa ou cumulativamente.

3.2. O SISTEMA DE DIAS-MULTA E A APLICAÇÃO DA PENA

Considerada uma solução criada nos países escandinavos, o sistema de dias-multa, na verdade, surge pela vez primeira no Código Criminal do Império de 1830,[16] art. 55. O Anteprojeto Nelson Hungria adotou o critério do dias-multa, reproduzido no Código Penal de 1969, em seu art. 44. Com a Reforma de 1984, Lei n° 7.209/84, introduziu-se o sistema de dias-multa.

Por esse sistema, há uma grande flexibilidade na fixação do valor da multa, pois primeiramente deve o juiz determinar o valor do dia-multa entre um trigésimo do salário mínimo e cinco vezes esse salário. Fixado o valor do dia-multa cumpre estabelecer o número de dias-multa, que pode variar de dez a trezentos e sessenta dias-multa. A escolha do valor da multa deve ser orientada pelo necessário e suficiente para atender o fim de reprovação, levando em conta, obrigatoriamente, a situação econômica do réu, art. 60 do Código Penal. Em função desta situação, o valor, se o réu for significadamente rico, pode ser triplicado, caso, segundo o cálculo normal pelo valor máximo, seja ainda o *quantum* ineficaz, ou seja, como afirmei acima, não pese no seu bolso.

Desse modo, o valor do dia-multa pode ser igual a um trigésimo do salário mínimo, ou seja, R$ 8,00, que pode ser multiplicado pelo número mínimo de dias-multa, dez dias, totalizando o valor de R$ 80,00. No seu *quantum* máximo, a pena pode ter o seguinte cálculo: dia-multa correspondente a R$ 1.200,00, multiplicado por 360 dias-multa, o que resulta em R$ 432.000,00, valor que pode ser multiplicado por três, chegando-se a R$ 1.296.000,00.

A pena de multa, por este critério, atende ao princípio da igualdade, pois apresenta *"limites máximos e mínimos suficientemente afastados"*,[17] o que permite adequar o valor à condição econômica do réu.

---

[16] ANDREUCCI, R. A. e PITOMBO, S. M. M., op. cit., p. 148; PRADO, L. R., op. cit., p. 416.

[17] FIGUEIREDO DIAS, J., op. cit., p. 119.

Esta adequação torna-se ainda mais viável, pois conforme dispõem o Código Penal, art. 50, e a Lei de Execução Penal, art. 169, o juiz pode autorizar o pagamento em prestações mensais, iguais e sucessivas, o que pode ser revogado se melhorar a situação econômica.

3.3. ABOLIÇÃO DA CONVERSÃO EM PENA PRIVATIVA

O Código Penal de 1940, art. 38, estabelecia que o condenado solvente que frustrasse o pagamento da multa teria a pena pecuniária convertida em detenção. Se o condenado fosse reincidente, o não pagamento da multa, também determinava esta conversão. Ao condenado insolvente não devia ver executada a multa imposta, a ser cobrada, se alterada a situação econômica.

Com a Reforma Penal de 1984, a pena de multa seria, igualmente, se o condenado frustrasse o pagamento ou se solvente não pagasse, convertida em detenção por tantos dias quantos dias-multa haviam sido impostos, até o máximo de um ano. O insolvente não tinha o não pagamento transformado em pena privativa.

A doutrina, no entanto, com razão, opunha-se a esta conversão, considerando tratar-se, na verdade, de prisão por dívida.[18]

Diante destas críticas, resolveu a Comissão de Modernização da legislação Penal, em 1996, presidida por FRANCISCO DE ASSIS TOLEDO e da qual participava, modificar o art. 51 e revogar os seus parágrafos, abolindo a conversão, sem deixar de munir o Estado de meios para cobrar a multa e fazer incidir as causas suspensivas e interruptivas próprias das dívidas junto à Fazenda Pública,[19] como forma de evitar a prescrição no prazo exíguo de dois anos a partir do trânsito em julgado, o que inviabilizava a execução, se mantida a ação de execução sem a incidência das causas suspensivas e interruptivas previstas na Lei n° 6.830/80.

Visava-se, como ficou constando da Exposição de Motivos,[20] revigorar a pena de multa por via de procedimento adequado e infenso às dificuldades que impediam a eficácia da pena patrimonial.

Não nos apercebemos, então, dos problemas que viriam a surgir. Dando-se o caráter de dívida pública, ao se estabelecer que a multa constitui dívida de valor, surgiu o problema de a quem incumbiria efetuar a execução, se ao Ministério Público ou à Procuradoria Fiscal.[21] Prevaleceu a orientação no sentido de que havia ocorrido a transferência da titularidade para a Procuradoria da Fazenda Pública, devendo a multa ser inscrita como dívida ativa a favor da Fazenda, se não paga após ter sido o condenado a fazê-lo, nos termos do art. 164 da Lei de Execução Penal.

---

[18] GARCIA, B., op. cit., p. 508 considerava que a *"conversão da multa em privação de liberdade é geralmente malsinada, como forma, a que afinal se reduz de prisão por dívida"*. Na Itália como lembra NUVOLONE, P., "Pena", *in Enciclopedia del diritto*, vol. XXXII, p. 800, a Corte Constitucional em 21 de novembro de 1979 considerou inconstitucional a conversão da multa não paga por prisão, modo pelo qual se consagrava superada prisão por dívidas.

[19] SCHMIDT DE OLIVEIRA, A. S., e outros, op. cit., p. 101.

[20] SCHMIDT DE OLIVEIRA, A. S., e outros, op. cit., p. 96.

[21] PRADO, L. R., op. cit., p. 425.

Mas outra dificuldade surgiu, pois a execução de dívida à Fazenda Pública apenas era promovida com relação a valores iguais ou superiores a R$ 1.000,00, o que tornava as mudanças na lei penal em grande parte inócuas. Tem razão LUIZ REGIS PRADO quando sugere que a pena privativa na conversão deveria ter sido substituída por pena restritiva.

O Projeto Modificativo do Sistema de Penas, em tramitação no Congresso Nacional, inova, ao estabelecer, com relação ao solvente, que não paga ou frustra o pagamento da multa, que a pena converte-se na pena de perda de bens, no montante do valor da multa, podendo haver a decretação da indisponibilidade dos bens na medida necessária para garantir que a perda em favor da Fazenda Pública seja efetivada. Se o condenado for insolvente, a exemplo do previsto em várias legislações europeias, a pena de multa converte-se em pena de prestação de serviços à comunidade.

Capítulo 4
COMINAÇÃO DAS PENAS

O Capítulo II do Título V, relativo às penas, inova ao tratar da *Cominação*.

Na verdade, o legislador procurou ter acendrado e justificado cuidado com o princípio da reserva legal, explicitando, ainda mais, em capítulo específico, a *previsão* e *cabimento* das penas substitutivas à privativa de liberdade, bem como os valores da pena de multa.

Era, evidentemente, desnecessário dizer que as penas privativas de liberdade têm seus limites fixados na sanção correspondente a cada tipo legal do crime, em face do já constante no art. 44. Mas já que, com zelo, abria-se um capítulo sobre *Cominação*, seria imprescindível referir, também, aos preceitos secundários, às sanções estabelecidas em cada tipo penal da Parte especial. Daí o disposto no art. 53. Mas este cuidado do legislador de 1984 foi desfeito pelo legislador de 1998, que modificou, repita-se, um sistema que desconhecia e sequer teve o cuidado de conhecer, estabelecendo antinomias graves e tornando sem sentido uma parte significativa desse capítulo do Código Penal.

4.1. PENAS RESTRITIVAS DE DIREITOS

Com relação às penas restritivas de direitos, arts. 54 e 57, repetia-se e explicitava-se o que decorria do já enunciado no art. 44, I, parágrafo único, e no art. 47.

Para evitar dúvida, no entanto, quanto à legalidade da imposição das penas restritivas é deixado claro que:

a) As penas restritivas são aplicáveis independentemente de cominação na Parte Especial. Como substitutivas que são da pena privativa de liberdade, basta que sejam cominadas, de modo geral, na Parte Geral.

b) Essa substituição apenas tem cabimento se a pena privativa de liberdade for inferior a um ano, o que passou a ser quatro anos, segundo a redação dada ao art. 44, I, não reproduzido no capítulo em exame, passando a ser este limite do *quantum* de pena para se operar a substituição.

c) Mantém-se a referência à substituição, qualquer que seja a pena, se o crime for culposo.

d) A duração da pena restritiva de direitos será a mesma da pena privativa de liberdade que vem a substituir.

e) As penas de prestação de serviços à comunidade e de limitação de fim de semana substituem às penas privativas de liberdade, antes pela Lei n° 7.209/84, se inferiores a um ano, hoje, pela Lei n° 9.714/98, se não superiores a quatro anos e se o crime não tiver sido praticado mediante violência ou grave ameaça, sendo certo, contudo, que esta substituição não está prevista neste capítulo.

318 | FUNDAMENTOS DE DIREITO PENAL – *Miguel Reale Júnior*

f) As penas de interdição, que são espécies das penas restritivas de direitos, têm, no entanto, além do limite do *quantum* da pena, explicitado nos arts. 44, I, e 54, a restrição de só se aplicarem de acordo com a natureza do crime, conforme o explicitado nos arts. 56 e 57.

g) Segundo o art. 56, as interdições previstas nos incisos I e II do art. 47, ou seja, proibição do exercício de *cargo, função, atividade pública ou mandato eletivo* e a proibição do *exercício de profissão, atividade ou ofício*, que dependem de habilitação especial, de licença ou autorização do poder público, apenas tem cabimento *se o crime foi cometido no exercício da profissão, atividade, ofício, cargo ou função, se houver violação dos deveres que lhes são inerentes.*

Assim sendo, as penas de *interdição temporária de direitos*, descritas nos incisos I e II do art. 47, estão previstas para *substituir a pena privativa de liberdade*, apenas se o crime tiver sido praticado no exercício do *direito que se interdita* e com violação dos deveres próprios da profissão, atividade, ofício, cargo ou função, que se proíbe exercitar por determinado tempo.

Incabível, portanto, proibir o exercício da medicina ao médico condenado a três meses de detenção por lesão corporal leve, de que foi vítima seu vizinho, em desavenças ligadas ao direito de vizinhança.

A substituição da pena privativa de liberdade, por impedir o exercício de cargo, função, mandato eletivo, profissão, atividade que depende de licença especial, exige, ao lado da constatação do crime ter sido praticado no exercício destes misteres, a verificação de que lesa, além da lei penal, também valores reconhecidos como essenciais ao desempenho do cargo, função, profissão, constituindo, seja infração aos deveres do funcionário, seja falta ética ou disciplinar.

A lei penal, portanto, estabelece a substituição da pena privativa por interdição temporária de direitos, sem pairar a previsão no vácuo, limitada, tão só, ao *quantum* da pena. Do contrário, a finalidade retributiva e preventiva da pena estaria desatendida, instaurando-se o reino do arbítrio, com aplicações indiscriminadas da interdição de direitos, sem qualquer relação com a natureza do fato típico em julgamento.

Há, como se vê, limites e garantias de que as interdições temporárias de exercício de cargo, função, cargo eletivo, profissão, atividade não podem ser aplicadas, qualquer que seja a natureza do delito. Do contrário, haveria plena insegurança jurídica. Um vereador não poderá ter proibido o exercício de seu mandato a não ser que pratique delito no exercício do cargo, desrespeitando valor que é inerente ao desempenho do mesmo. Percebe-se, portanto, a necessidade e o relevo do capítulo introduzido na Parte Geral, relativo à *Cominação.*

Ressalte-se, ademais, que a substituição não é *obrigatória* por estarem satisfeitos os requisitos objetivos de quantidade de pena e natureza do fato. Sempre caberá ao magistrado a avaliação dos *requisitos subjetivos*, para saber se é necessária e suficiente a substituição da pena privativa de liberdade por restritiva de direitos (arts. 44, II e III, e 59, IV), com vistas à justa retribuição e prevenção do crime.

h) A suspensão da autorização ou de habilitação para dirigir veículo só é prevista para substituir pena privativa de liberdade aplicada a crime culposo de trânsito. Estabelece-se, neste caso, também, uma relação lógica entre a *natureza do delito* e a *natureza da pena*, tendo, no entanto, esta norma sido em grande parte revogada pelo Código de Trânsito Brasileiro.

i) Diga-se, por fim, que se há para a maioria dos delitos o limite objetivo para substituição por restritiva de direitos, consiste no fato da privativa de liberdade não ser superior a quatro anos, tal requisito *inexiste para os crimes culposos* (arts. 44, I, e 54).

Assim sendo, a pena de quatro anos e seis meses aplicada a um homicídio culposo, matar duas ou mais pessoas no uso imprudente de um revólver, portanto, em concurso formal, pode ser substituída por restritiva de direitos, podendo-se, também, somar, no caso, de acordo com o art. 44, § 2°, uma pena restritiva de direitos e multa ou duas penas restritivas de direitos, se exequíveis simultaneamente: prestação de serviços à comunidade e prestação pecuniária.

4.2. PENA DE MULTA

Quanto à pena de multa era imprescindível, também, *prever explicitamente* que, estabelecida como sanção do tipo legal de crime, os seus limites correspondem, no entanto, aos fixados no art. 49 e seus parágrafos do Código Penal.

Tal cominação vem ao encontro do disposto no art. 2° da Lei n° 7.209, de julho de 1984, instituidora da Nova Parte Geral.

Diz o art. 2°: "São canceladas, na Parte Especial do Código Penal e nas leis especiais alcançadas pelo art. 12 do Código Penal, quaisquer referências a valores de multas, substituindo-se a expressão *multa de* por *multa*".

Não há mais, portanto, valores da multa na Parte Especial do Código Penal, mas só multa, cujo valor é de ser calculado dentro dos limites fixados no art. 49 e seus parágrafos, de acordo com o que fica explicitado no art. 59 do Código Penal.

No que tange à cominação da pena de multa, há duas hipóteses em que, por inexistir previsão legal na Parte Especial do Código Penal, faz-se clara a incidência da sanção:

a) nos crimes culposos, cuja pena seja igual ou superior a um ano, comina-se pena de multa, a se somar a uma restritiva de direitos em substituição à pena privativa de liberdade, art. 44, I, § 2°.

b) as penas privativas de liberdade não superiores a um ano podem ser substituídas por pena de multa, evidentemente se assim entender o magistrado como necessária e suficiente ao não reincidente (art. 44, § 3º), de acordo com o preceituado no art. 44, § 2°, que revogou o disposto no art. 60, § 2°.

Destarte, mesmo que inexista como sanção prevista ao tipo legal de crime a pena de multa, pode esta substituir a privativa de liberdade não superior a um ano, atendidos, é lógico, os requisitos de ordem subjetiva, estatuídos no art. 44, II, e no § 3° deste artigo.

Bem se percebe a salada, não há outro termo possível, que se formou em razão do surgimento da Lei n° 9.714/98, que desfigurou e revogou parcela do capítulo relativo à cominação das penas, gerando confusão em matéria fundamental, de preservação do princípio da legalidade.

Capítulo 5
APLICAÇÃO DA PENA

5.1. FIXAÇÃO DA PENA

A Reforma Penal de 1984 tornou mais amplo o poder discricionário do juiz, acentuando, a cada passo, a tarefa de individualização da sanção penal, repetindo, em diversos momentos, os critérios de que deve lançar mão o magistrado na escolha da justa medida.

Passa a ser um *mote* a referência às circunstâncias, mormente às subjetivas, às quais cumpre o juiz recorrer para fixar sua opção por esta ou aquela modalidade de pena, por este ou aquele regime de cumprimento da pena, bem como com relação à quantidade da pena. O alargamento do poder discricionário do magistrado é, aliás, decorrência obrigatória da criação de um leque de opções, graças às penas substitutivas, a exemplo do que ocorreu na legislação italiana com a lei de novembro de 1981, Lei nº 689, considerando NUVOLONE ser "*uma nota característica desta reforma a ampliação do poder discricionário do juiz*",[1] uma discricionariedade motivada.

Na Parte Geral, faz-se menção, em vários artigos, à necessidade de atenção para a escolha justa da sanção aplicável, tendo por base os critérios contidos no art. 59. Vejam-se as disposições contidas no art. 33, § 3º, que diz respeito à prisão albergue e no art. 44, III, referente à substituição da pena privativa de liberdade por restritiva de direitos. O mesmo sucederá ao art. 77, II, que faz, com evidência, do *sursis* uma faculdade e não um direito.

A atenção, portanto, dos partícipes da Administração da Justiça Criminal, deve voltar-se à *culpabilidade* e aos *aspectos subjetivos*, diretrizes na aplicação das penas restritivas, na concessão do *sursis* e da prisão albergue, pois se colocam como indicadores da conveniência da medida, de acordo com o fim de justa retribuição e correta satisfação da prevenção geral e especial.

O art. 59 em muito difere do art. 42 do Código Penal de 1940, pois o texto atual estabelece com maior precisão que se deve ter em vista o que se mostra *necessário e suficiente* para a *reprovação e prevenção do crime*.

A *culpabilidade*, como critério básico e principal na fixação da pena, vem mencionada em primeiro lugar. A culpabilidade é entendida em termos de *culpabilidade normativa*, ou seja, importando tanto o exame de reprovabilidade do *ato* como a do seu autor.

---

[1] P. NUVOLONE, *La Legge di Depenalizzazione,* Turim, 1984, p. 34. Sobre a reforma da legislação italiana, vide também: D. PROPATO, *Zancione Ammnistrative e Depenalizzazione di Delitti e Contravvenzioni,* Florença, 1983; a Coletânea *Alternativa alla Detenzione e Riforma Penitenziaria,* organizada por GREVI, Bolonha, 1982; LIODICE, *Modifiche al Sistema Penale,* Milão, 1983.

A culpabilidade, enquanto juízo de valor, pode vir excluída, se o ato não é reprovável, visto a presença de requisitos objetivos (perigo certo e atual, inevitabilidade de outro meio de ação) tornarem não censurável a conduta. A culpabilidade normativa, contudo, não se limita às hipóteses de "reprovação" e "não reprovação", pois se culpável a ação, é imprescindível saber em que medida merece censura, reprovação, constituindo-se a culpabilidade como limite da pena.[2]

O agente é tanto mais culpado quanto tenha proporcionado pelo modo de vida, pelos padrões de comportamento, pela formação de sua personalidade (na medida em que se sujeita à sua livre-opção), a facilitação à prática do delito.

São, portanto, especificações do termo genérico "culpabilidade", as indicações dos critérios: antecedentes, conduta social, personalidade, motivos.

O agente será merecedor da maior reprovação se o fato praticado revelar-se, em análise da subjetividade, expressa na sua biografia, como consequência esperada de seus antecedentes, bem como de seu particular modo de ser, da sua escolha de valores e das tendências que preferiu desenvolver em detrimento de outras potencialidades positivas.

Os *antecedentes* não dizem respeito à "folha penal", e seu conceito é bem mais amplo, pois como assinala Nilo Batista,[3] "*o exame do passado judicial do réu é apenas uma fração*".

Por antecedentes, deve-se entender a forma de vida em uma visão abrangente, examinando-se o seu meio de sustento, a sua dedicação a tarefas honestas, a assunção de responsabilidades familiares. Em suma, a lição de Hungria é exata: "*Ao juiz compete extrair-lhe a conta corrente, para ver se há saldo credor ou devedor.*"[4]

Destaca-se, também, a referência à *conduta social*,[5] dando-se ênfase, portanto, dentre os antecedentes, ao comportamento do réu no seu trabalho, no meio social, cidade, bairro, associações a que pertence, mesmo porque cada vez mais se acentua o nível de participação em entidades as mais diversas, e o comportamento social espelha em que medida o agente é digno de maior ou menor censura, por ter-se conduzido de molde a que o delito se inseriu no contexto de sua vida, ou constitua um fato alheio e isolado.

O agente será mais ou menos reprovável se, na formação de sua *personalidade* (que se compõe de genótipos e fenótipos), tenha dado prevalência ao desenvolvimento de tendências negativas, aderindo a valores básicos na constituição de seu modo de ser, de forma a que a decisão pelo ato delituoso se insira no projeto negativo de vida que escolheu para si mesmo.

---

[2] ROXIN, C., "A culpabilidade como critério limitativo da pena", *in Revista de Direito Penal*, 1973, n°s 11/12, p. 7 e seguintes.

[3] NILO BATISTA, *Decisões Criminais Comentadas*, 2ª ed., Rio de Janeiro, 1984, p. 121. Conforme Súmula 636 do STJ, "A folha de antecedentes criminais é documento suficiente a comprovar os maus antecedentes e a reincidência". Cabe, no entanto, saber o que são maus antecedentes, o que resta explicado acima.

[4] NELSON HUNGRIA, *Novas Questões Jurídico-Penais*, Rio de Janeiro, 1945, p. 155.

[5] No Projeto Modificativo do Sistema de Penas, elimina-se, dentre as circunstâncias judiciais, a referência à conduta social e à personalidade, pois além de na prática raramente recorrer-se a estes aspectos, entendeu a Comissão elaboradora que os aspectos relativos à conduta social e à personalidade podem conduzir a um subjetivismo do julgador, tornando elástica em demasia a discricionariedade na aplicação da pena. Acrescenta-se, todavia, a circunstância relativa às oportunidades sociais oferecidas ao réu.

O homem escreve a sua própria biografia, pois todos os atos serão atos incorporados à sua história, e as incontáveis decisões somam um conjunto, que reflete a pessoa do homem, a sua singularidade.

Esta inafastável definição de si mesmo obriga a que se atente para o exame da culpa na formação da personalidade, dado, contudo, que apenas pode conduzir a uma individualização da pena, pois o cerne da culpabilidade reside na análise da formação da vontade relativa ao ato efetivamente cometido. Repetimos que é inegável que uma ação será tanto mais de alguém, quanto mais é adequada à sua personalidade, quanto mais é irrepudiável, posto que negá-la seria negar a si mesmo.

O homem, que decide uma ação e se decide como projeto ao agir, está em situação, sendo sua liberdade de decidir uma liberdade situada, como já afirmei ao estudar a culpabilidade. Essa situação é composta não só da atmosfera cultural circundante, mas também de circunstâncias mais palpáveis. A formação da escolha da ação, enquanto objeto de um juízo de censurabilidade, não pode pairar em uma instância superior, em que se emite uma decisão prévia, através da qual o núcleo central e espiritual da personalidade decide sobre sua própria existência. Assim, FIGUEIREDO DIAS propõe a culpabilidade "*como violação do dever de conformar sua existência por tal forma que não lese ou ponha em perigo bens jurídico-penais*",[6] superando-se desse modo a dificuldade de se ter por base uma autodeterminação indiferente e inverificável.

É mister, todavia, como já assinalei na Parte II, que o juízo de reprovação deve atentar para ação concreta e para o momento efetivo de sua resolução, que só ganha sentido quando compreendida no contexto situacional em que se realiza,[7] havendo duas perspectivas em um só momento, pois a decisão pela ação é concomitantemente a decisão por um significado de vida.

Os *motivos* podem merecer maior ou menor reprovação, bem como o fim de prevenção geral pode exigir uma reprimenda mais grave diante do motivo reprovável não elencado como circunstância agravante.

As *circunstâncias* e *consequências* do crime referem-se a dados não tipificados como agravante ou atenuante, pois esta será levada em consideração em momento posterior, como deixa claro o disposto no art. 68.

O *comportamento da vítima* constitui inovação com vistas a atender aos estudos de vitimologia, pois, algumas vezes, o ofendido, sem incorrer em *injusta* provocação, nem por isso deixa de acirrar ânimos; outras vezes, estimula a prática do delito, devendo-se atentar, como ressalta a Exposição de Motivos, para o comportamento da vítima nos crimes contra os costumes e, em especial, a exploração do lenocínio, em que há por vezes uma interação e dependência da mulher para com aquele que a explora.[8]

O dado mais relevante, todavia, do novo texto, e que se dissemina como um "refrão", está na disposição: "... *conforme seja necessário e suficiente para a reprovação e prevenção do crime*".

---

6   FIGUEIREDO DIAS, J. *Questões fundamentais*, cit., p. 239.

7   MIGUEL REALE JR., "Concepção existencial de Bettiol", em *Ciência Penal*, nº 2, 1974, p. 231.

8   ARMAND MERGEN, "La prostitución", na coletânea *Sexualidad y crimen*, trad. de Enrique Gimbernat, Madrid, 1969, p. 173.

Em clássico trabalho, BELLAVISTA considerava que o fim a ser buscado na individualização da pena não pode ser diverso do próprio *fim da pena*.[9]

Como se verifica, a individualização visa a atender o que se revela necessário e suficiente à reprovação e prevenção.

Necessário e suficiente à reprovação, porque uma legislação fundada no Direito Penal da Culpa, que pressupõe uma liberdade de opção do agir humano como instante último, posterior à convergência de forças e vetores de ordem biológica social, não pode deixar de considerar a pena como *castigo*, tal como mais alongadamente examinei na Parte I destas *Instituições*.

A pena é vista como castigo, como decorrência da natureza axiológica do Direito, pois se a missão do Direito Penal está em impor a positividade de determinados valores,[10] reputa-se a ofensa ao bem jurídico protegido uma ação caracterizada por um desvalor, e, portanto, merecedora de reprovação. Do contrário, seria, como assinala BERISTAIN,[11] negar a responsabilidade jurídico-ética, a nosso ver, fundada na ideia de que o homem age optando por valores, em uma situação de liberdade situada, enquanto ser posto no mundo, sujeito a influências sociais, mas sem perder o poder de decidir sobre os atos a praticar.

Por outro lado, a estrutura lógica da norma incriminadora indica o caráter retributivo da cominação de penas, pois a omissão do dever de respeito à lei conduz à aplicação concreta da pena, prevista no preceito secundário.

Mas a pena é reconhecida como aflição e castigo, antes de tudo, como decorrência da própria *realidade*, pois desde a persecução penal, recaindo sobre o indiciado o aparato estatal para apuração do fato, até a execução, a pena é vista e sofrida pelo agente como um castigo e assim entendida pela sociedade, até mesmo depois de cumprida, quando permanece atuando na forma de rejeição do condenado.

Destarte, é imprescindível que o magistrado liberte-se do fetichismo da pena mínima para ajustar o *quantum da sanção* e a sua modalidade, no que entende ser *necessário* e *suficiente* a satisfazer a medida de justa reprovação que merece o réu, de acordo com seus antecedentes, conduta social, personalidade, bem como tendo em vista os motivos, circunstâncias e consequências de seu ato.

A prevenção constitui, também, uma das finalidades da pena. A prevenção geral é fato inconteste atingido pelo Direito Penal, mas muitas vezes minimizado. Na verdade, o Direito Penal tem imensa força intimidativa, como o mais rigoroso instrumento

---

[9]   G. BELLAVISTA, *Il Potere Discrezionale del Giudice nella Aplicazione della Pena*, Milão, 1939, p. 43. No mesmo sentido BRICOLA, *La Discrezionalità nel Diritto Penale*, Milão, 1965, p. 80. Para BRICOLA, o poder discricionário prende-se à finalidade reeducativa da pena, com vistas ao juiz que deve fixar a pena. Para BETTIOL, a individualização da pena enquadra-se na consecução de uma justa retribuição, porque, a seu ver, "*non esiste quindi una pena retributiva non sai una pena equa*". E a pena retributiva é orientada tanto para a gravidade do fato como é uma "pena do autor", levando-se em conta a personalidade moral, o caráter do réu (*Diritto Penale*, Pádua, 9ª ed., 1970).

[10] H. WELZEL, *Derecho Penal – Parte General*, trad., Fontán Balestra, Buenos Aires, 1956, p. 1 e seguinte.

[11] BERISTAIN, *Questiones Penales y Crimonológicas*, Madrid, 1979, p. 88.

de controle social, ao lado dos demais mecanismos de socialização a que todos estão sujeitos pelo processo de aprendizagem e pela reprovação social.

ROXIN destaca que *"a pena adequada à culpabilidade serve à prevenção geral enquanto faz a condenação ser aceita pela sociedade como adequada, justa, ajudando, assim, a estabilização da consciência jurídica"*.[12]

Tendo em vista o fim da prevenção geral, de política criminal, a justa medida penal apazigua os espíritos, pois enquadra-se no que é necessário e suficiente para se impor a equidade, reforçando-se a intimidação e a exemplaridade na aplicação concreta do Direito Penal.

Com razão, vê-se, na aplicação da pena justa pelo juiz, uma *"concretização do programa legislativo"*,[13] agindo o magistrado, no caso concreto, de acordo com a finalidade de prevenção geral.

A norma incriminadora atua como *motivadora*,[14] por meio de séria ameaça, sendo tanto intimidativa quanto educativa, pois se, de um lado, conduz à omissão da ação delituosa, por outro, explicita valores, levando ao seu reconhecimento pelo destinatário do comando legal.

A pena é cominada e depois aplicada ao caso concreto também com vistas à utilidade social que desempenha o Direito Penal, e ao se individualizar a pena, age-se não só em função do necessário para o réu, mas para com o necessário à sociedade.

A perspectiva da prevenção geral, como critério de política criminal a pesar na individualização da pena, completa o programa legislativo, pois a pena será justa enquanto atender à reprovação que o ato encontrou no meio social, dando eficácia ao fim intimidativo e educativo da repressão penal.

Descendo para exemplos concretos do exame do necessário e suficiente para a prevenção geral, cabe reproduzir o que assevera MILITELLO:[15] *"Enquanto a pena não seja muito pouco severa reduzirá a possibilidade de vinganças privativas e as formas de autojustiça. Enquanto não seja excessivamente elevada e desproporcional ao fato, evitará a punibilidade de formas de simpatia pública para com o condenado, o que enfraquece a legitimidade do ordenamento."*

A fixação da pena deve ser feita, também, sob a perspectiva de prevenção especial, que ganhou tanto realce com a Escola da Nova Defesa Social. Há, no entanto, hoje, reservas com as ideias defensistas e largas desconfianças em relação à ideologia do tratamento.

A ideologia do tratamento ou a ideia da reinserção social, dada a sua elasticidade, a sua amplitude e a vacuidade do seu conteúdo, teve fácil e tentadora aceitação.[16] Esta aceitação sucedeu por vários motivos, pois revela a tendência à humanização da repressão penal, como se todos tivessem de apaziguar as consciências para, ao impor uma sanção a quem cometeu uma infração penal, pudessem dizer, ao mesmo tempo,

---

[12] C. ROXIN, *Culpabilidad y Prevención en Derecho Penal,* trad. De Muñoz Conde, Madrid, 1981, p. 97.

[13] MILITELLO, *Prevenzione Generale e Commizurazione della Pena,* Milão, 1982, p. 95.

[14] S. MIR PUIG, *Introducción a las Bases del Derecho Penal,* Barcelona, 1976, p. 107.

[15] MILITELLO. Op. cit., p. 121.

[16] GARCIA PABLOS DE MOLINA, *Estudios Penales,* Barcelona, 1964, p. 21.

que estariam impondo esta sanção em benefício do condenado, para proporcionar-lhe, no futuro, uma vida plena de felicidade e de utilidade no mundo livre.

Como já assinalei ao estudar acima a pena privativa de liberdade, o tratamento e a prevenção especial, mormente na avaliação da medida penal, conduzem a se indagar: ressocialização perante o que? Ressocializar perante que conjunto normativo? Ressocializar perante que ideologia? Que normas? Que conjunto de valores? O conjunto de valores próprios de uma comunidade? O conjunto de valores defendido por um determinado pensamento político? O conjunto de valores propugnado por uma religião? Ou o conjunto de valores que se encontra encartado na legislação penal? Ressocializar seria condicionar ou amoldar o homem condenado à legalidade penal? Mas qual legalidade penal? Amoldá-lo a toda legislação penal, inclusive à legislação extravagante? Mas submetê-lo, então, a uma lavagem cerebral e fazer inserir no seu espírito tudo aquilo que consta do Estatuto Penal e de toda a Legislação Penal? Ou apenas inserir no seu espírito a validade do valor, que ele desrespeitou pela prática delituosa?

As respostas a estas perguntas, difíceis de serem dadas, seriam essenciais para orientar o que se apresenta como necessário e suficiente, no caso concreto, dentre todas as possibilidades abertas à discricionariedade do juiz, na fixação da pena e de sua forma de cumprimento.

E mais uma pergunta se faz obrigatória: por que métodos e por que meios realizar esta propalada ressocialização social? É de se admitir que o delito é apenas uma oportunidade que o delinquente dá para que o Estado o recupere, pela utilização de métodos das ciências comportamentais, transformando a figura etérea, porque não existe na realidade científica, do criminoso, em outra realidade também etérea, que é a do não criminoso?

Doutra parte, o castigo vivido conduz à lembrança de que a prática de nova infração levará à reprimenda mais grave, e agora para impedir a reincidência.

A pena há de ser aplicada, também, segundo a necessidade de defesa da sociedade. São estes outros índices a serem sopesados na aplicação da pena.

Se a pena como conceito é castigo e é assim sofrida, pode, no entanto, ter função educacional,[17] o que deflui da exigência da *individualização da execução*, do direito-dever ao trabalho, e dos direitos de assistência educacional e social, havendo, também, finalidade educativa no cumprimento das penas restritivas de direitos.

Cumpre ao magistrado, portanto, analisar o que se mostra mais consentâneo com a pessoa do condenado com vistas à promoção do *necessário e suficiente* a que se prepare para enfrentar uma sociedade de competição.

Com vistas a estas diretrizes, é mister o magistrado escolher a espécie de pena a aplicar dentre as cominadas, pois a lei abre um leque de possibilidades, por exemplo: o réu não reincidente, condenado por tentativa de estelionato, ao qual se fixa a quantidade de sanção penal de seis meses de reclusão, pode ver a pena substituída por multa ou substituída por uma restritiva de direitos (art. 44, § 2º) ou sofrer o *sursis*, que é mais grave que a simples substituição por restritivas de direitos, que não constituem direito subjetivo, uma vez que dependem de serem considerados necessários e suficientes, a

---

[17] MUÑOZ CONDE. Op. cit., p. 71.

Parte III · Capítulo 5 · APLICAÇÃO DA PENA | **327**

conduta social, personalidade etc. (vide arts. 44, III, e 77, II). Se foi feita a opção em favor da não substituição por multa, ou por restritiva de direitos, e pela não concessão do *sursis*, escolhendo, portanto, o magistrado ser necessário que a reprimenda se efetue pelo cumprimento da pena privativa de liberdade, cabe, então, fixar qual o *regime inicial de cumprimento da pena*. Esta tarefa diz respeito, no dizer de SÉRGIO PITOMBO, com à intensidade da pena,[18] que jamais será, nesta parte, definitiva, pois poderá o condenado durante a execução progredir para regime menos rigoroso ou regredir para mais rigoroso.

Cumpre ao juiz, segundo os critérios já lembrados, substituir a pena privativa por restritiva de direitos ou multa. A pena restritiva de direitos será executada após o trânsito em julgado, cabendo ao juiz da execução notificar o condenado, que deverá, a partir de determinada data, passar a cumprir, por exemplo, a pena de limitação de fim de semana comparecendo a lugar especificado pelo próprio juiz da execução. Nesse sentido, deve-se recorrer aos dispositivos da Lei de Execução Penal.

A tarefa judicial, destarte, compreende fixar a qualidade, a quantidade e a intensidade da pena.

Ainda não aparelhada a realidade à lei penal, pois a lei é antes de tudo um *programa de trabalho*, cumpre ao magistrado saber da viabilidade da adoção do regime aberto, se deseja que o condenado reste em prisão domiciliar, ou do semiaberto, uma vez que se faz sempre do regime fechado o monopólio da sanção penal.

A lei não transforma a realidade, mas sem lei a realidade não se transforma.

Tome-se a exemplo de opção por regime aberto: o magistrado deve verificar quais as exigências para a concessão da prisão albergue e a realidade de sua transformação em prisão domiciliar, e sopesar se seria o caso de optar pela aplicação das penas restritivas que substituem a privativa até quatro anos, ocupando, em grande parte, o lugar antes destinado ao regime aberto.

Cabe ao juiz examinar se ao reincidente genérico, no caso concreto, é aconselhável a substituição da pena privativa por restritiva, já que segundo o art. 44, § 3º, do Código Penal, ao reincidente genérico pode-se fazer esta substituição, ponderando se a prestação de serviços à comunidade, baseada na autodisciplina e no senso de responsabilidade do condenado, é de se aplicar a este réu reincidente, em vista de seus outros antecedentes, da sua conduta social e da personalidade. Se as circunstâncias indicarem que há condições de serem cumpridas as exigências de responsabilidade e que a prestação de serviços constitui reprimenda suficiente, sendo necessária ao processo educativo do réu, a conclusão não pode ser senão a da substituição da privativa por restritiva.

A substituição por restritiva, portanto, só poderá ser concedida se, ao ver do magistrado, a concessão satisfaz o fim da prevenção, de necessária[19] resposta penal, bem como se é preciso evitar a ida do condenado para o meio prisional, mesmo porque o seu senso de responsabilidade e autodisciplina indicam ser suficiente e conveniente a prestação de serviços à comunidade ou a limitação de fim de semana.

---

[18] SÉRGIO MARCOS DE MORAES PITOMBO, "Regimes de cumprimento de pena e o exame criminológico", *in RT* 583/314.

[19] CORDOBA RODA, op. cit., p. 55, entende que a *necessidade da pena* constitui exigência que, em termos gerais, não desconsidera ou substitui a culpabilidade, mas aparece formulada, de um modo ou de outro, como um requisito a somar-se à culpabilidade.

328 FUNDAMENTOS DE DIREITO PENAL – *Miguel Reale Júnior*

5.2. CRITÉRIOS ESPECIAIS DA PENA DE MULTA

No art. 60, em seu § 1º, repetem-se as disposições do Código Penal de 1940, que, com diferença de redação, constavam do Código Penal de 1969.

Como acima foi visto, o valor do dia-multa e o número de dias-multa serão estabelecidos de acordo com os vencimentos e patrimônio do réu. O mesmo compreendendo não só o salário ou vencimento percebido, mas também o patrimônio.

Assim, as possíveis injustiças da pena de multa resolvem-se pelo estabelecimento de um sistema flexível, ajustando-se o valor da multa não só à gravidade do delito, mas também à situação socioeconômica do delinquente, mormente em vista dos seus vencimentos líquidos.

Esta flexibilidade surge com a adoção do dia-multa. E se ineficaz a multa aplicada no máximo, pode o juiz triplicá-la. Ora, se assim é, busca-se *eficácia*, o que quer dizer: a pena deve ser proporcional à situação econômica para ser sentida e produzir efeito retributivo e intimidativo, constituindo-se em motivo válido *para se omitir a prática delituosa*.

5.3. CIRCUNSTÂNCIAS AGRAVANTES

As circunstâncias são judiciais e legais. Judiciais já lembradas e constantes do art. 59 e repetidas como critérios para avaliação da concessão da prisão albergue, das penas restritivas e do *sursis*.

Além das circunstâncias judiciais, há as circunstâncias legais, agravantes ou atenuantes.

As circunstâncias ficam à volta do tipo, como acessórios que são, pois não integram o modelo penal e apenas constituem índice revelador de maior ou menor reprovação do fato.

As circunstâncias devem ser queridas e sabidas pelo agente, pois não subsistem a título de responsabilidade objetiva.

As circunstâncias legais, agravantes e atenuantes, como já se frisou, *"revestem-se de tipicidade e constituem modelos de modalidade das condutas, construídos em função de valores"*.[20]

Nas circunstâncias agravantes, há um comando que se adiciona à norma incriminadora, com a ameaça de majoração da pena; nas circunstâncias atenuantes, há um aviso de que a menor censura não elide o delito, mas recomenda que a quantidade penal não seja elevada.

Há, portanto, nas circunstâncias agravantes, a construção de um modo de conduta claramente tipificado e construído em torno de um *valor*.[21] Quem pratica um delito, caracterizado pela presença de uma circunstância agravante, desrespeita dois valores penalmente relevantes: o tutelado pela norma incriminadora e o reconhecido pelo tipo da circunstância reputada agravante.

---

[20] MIGUEL REALE JR., verbete "Circunstâncias do crime", *in Enciclopédia Saraiva,* vol. 14, p. 411 e seg.

[21] SHECAIRA, S. S., "Circunstâncias do crime", *in Revista Brasileira de Ciências Penais,* ano 6, nº 23, p. 71.

Dessa maneira, é de se concluir haver necessidade do processo de adequação típica para o reconhecimento de uma circunstância, ou seja, a verificação da congruência, por exemplo, entre motivo do agir e o motivo estatuído como merecedor de pena agravada: fútil ou torpe.

As circunstâncias podem dizer respeito a aspectos objetivos: forma de execução, tempo, lugar, momento; ou aspectos subjetivos: motivos ou fim de agir, qualidade pessoal do agente.

Logo a seguir se examinará a reincidência, fazendo apenas, primeiramente, breve referência ao significado das demais circunstâncias agravantes:

a) motivo fútil é a ausência de motivo razoável para agir; torpe, o motivo que repugna por sua amoralidade;

b) na circunstância estatuída na letra "b", a torpeza é especificada, pois o que justifica o agravamento é a amoralidade de se praticar o crime para garantir a execução, a impunidade ou para assegurar o gozo de proveito de outro crime;

c) a traição e a emboscada são formas de dissimulação, recorrendo o legislador também à locução genérica: outro recurso que dificulte ou torne impossível a defesa do ofendido, que constituirá forma semelhante à dissimulação ou à traição. É merecedor de maior reprimenda agir insidiosamente. Com dissimulação não só se cria maior perigo para a vítima, como se revela não enfrentar a realidade, fazendo da covardia uma forma de agir;

d) insidioso ou cruel é o meio quando se age lançando-se mão de veneno, do fogo explosivo;

e) a família é protegida por todo o Ordenamento Jurídico. E o desrespeito ao *valor* dos laços familiares, ao se praticar um delito contra ascendente, descendente, irmão ou cônjuge, conduz a uma agravação obrigatória;

f) por esta circunstância revela-se que é merecedor de maior reprimenda aquele que age valendo-se da sua superioridade, ou abusando da situação de coabitar, ou de ser hóspede, que deve ser sempre valorizada e jamais aviltada;

g) a dignidade da função pública é violada quando se pratica o fato com abuso de poder ou violação de dever inerente a cargo, ofício, ministério ou profissão;

h) repugna e torna justificável a agravação da pena o fato de se agir contra criança, velho ou enfermo, sendo desnecessário que o agente se valha da enfermidade para se configurar a circunstância. É suficiente que a vítima seja enfermo;

i) há um dever de garantia, por parte da autoridade que assume a proteção de alguém. Se ao invés de ser protegida, a pessoa é lesionada, houve manifesta omissão do dever, desrespeito esse que se soma ao delito para agravá-lo;

j) valer-se o agente de um momento de desespero, no qual, em vez de prevalecer a solidariedade, há um abuso da situação de perigo extraordinário, é circunstância que deve agravar a pena. Destarte, há agravação quando o fato é praticado em ocasião de incêndio, naufrágio, inundação ou qualquer calamidade pública ou de particular desgraça do ofendido;

330 | FUNDAMENTOS DE DIREITO PENAL – *Miguel Reale Júnior*

k) o legislador preferiu utilizar a terminologia mais técnica de embriaguez preordenada à fórmula do Código de 1940, "*depois de embriagar-se propositadamente*", mas o significado é idêntico, ou seja, colocar-se em estado de descontrole dos próprios atos, sem freios inibitórios, por meio de qualquer substância, para romper obstáculos e facilitar a prática do crime.

5.4. REINCIDÊNCIA

A reincidência constitui a prática de um *crime* após condenação transitada em julgada por *crime* anterior.[22]

A abolição da reincidência é defendida por se entender não ser legítimo que o crime anterior interfira na quantidade de sanção penal cabível e imposta ao fato posterior objeto de julgamento, sendo um *bis in idem* levar-se em conta uma condenação já transitada em julgado. Argumenta-se que "*a valoração da conduta deve efetuar-se apenas tendo por base as circunstâncias concretas e atuais relativas ao fato*".[23]

Procura-se um nexo lógico entre o delito anterior e o posterior como se devessem ser considerados absolutamente dissociados. Olvida-se, contudo, que o liame está no *autor* dos dois delitos,[24] merecedor de reprimenda mais grave por sua conduta de vida, em desrespeito flagrante à Justiça.

A reincidência refere-se à culpabilidade do réu, e decorre da própria estrutura do Direito Penal da Culpa.

O que se pune não é a reincidência, mas o *reincidente*, tendo razão STEFANO RICCIO quando considera que a reincidência é "*circunstância inerente à pessoa do culpado*".[25]

Objeto de juízo de culpabilidade não é apenas o fato, mas o autor do fato. E o reincidente, sem se constituir, a meu ver, em tipo normativo de autor, sem ser a reincidência uma qualidade permanente, indica, no entanto, a presença, na prática do fato delituoso novo, de uma vontade do ilícito mais intensa.

Esta maior intensidade, revelada na prática do segundo fato, mas que não se pode dizer seja uma inclinação, como quer BETTIOL,[26] decorre da circunstância de haver menosprezado a *condenação anterior, toda a força* intimidativa da lei penal, que faz do condenado um *destinatário especial de ameaças*, ao vedar-lhe, no caso de novo delito, uma série de benefícios.

Há, como diz LATAGLIATA, na personalidade de quem comete um crime posterior, índice de desobediência mais censurável.[27]

---

[22] O projeto modificativo do sistema de penas em tramitação no Congresso Nacional transformou a reincidência em circunstância judicial, ficando entregue ao poder discricionário do juiz impedir, conforme o caso, a concessão ou não de benefícios.

[23] A respeito, veja-se a síntese da teoria abolicionista em LATAGLIATA, *Contribución al Estudio de la Reincidencia,* trad. de Carlos Tozzini, Buenos Aires, 1963, p. 29 e seg.

[24] PUGLIA, *Studi Critici di Diritto Criminale*, Nápoles, 1885, p. 42.

[25] RICCIO, STEFANO, Verbete "Recidiva", *in Novíssimo Digesto Italiano*, vol. XIV, p. 1.053.

[26] BETTIOL, op. cit., p. 638.

[27] LATAGLIATA, op. cit., p. 118 e seg.

Se o Estado concede benefícios para o primeiro delito, deixa de fazê-lo para o delito posterior, pois, parafraseando Chico Buarque, o Estado também cansa de perdoar.

Se a pena é *castigo*, a condenação conduz à lembrança do mal a que está sujeito pela prática do crime. A condenação anterior, contudo, com a reincidência, não apenas deixou de levar ao arrependimento, como a submissão a um processo, o estigma social e a pena em si mesma constituíram experiências *esquecidas*, perante a vontade renovada de delinquir.

Destarte, conclui-se com LATAGLIATA, que "*a recordação da sentença penal precedente é o dado sobre o qual se apoia o instituto de reincidência, pois em razão do desprezo pela advertência implícita na condenação, deve-se valorar diversamente a personalidade moral do culpado*".

A reincidência insere-se, portanto, no conjunto de um juízo de culpabilidade, nos termos acima postos: como circunstância inerente à pessoa que conduz à maior reprovação.

A reincidência é uma espécie da *reiteração delituosa*. A reiteração constitui, também, índice a ser levado em conta pelo magistrado na fixação da pena, uma vez que ressalta a necessária referência aos antecedentes e à conduta social na dosagem da justa medida.

Distingue-se, todavia, a reincidência da reiteração delituosa, exatamente, porque, na reincidência, exige-se a existência de uma condenação anterior transitada em julgado.

É, mas não apenas, um limite formal. A relação não é entre o primeiro e o segundo delito, como bem observa ZAFFARONI, mas "*entre o segundo delito e a condenação anterior*".[28]

O novo delito revela a ineficácia da persecução penal e da condenação, com vistas à prevenção especial individual do condenado, e a maior culpa pela obrigação de respeitar a lei pela lembrança da experiência vivida. Soma-se, também, um interesse social de se levar em conta a reincidência para se atender ao necessário e suficiente à prevenção especial, com vistas à defesa da sociedade.

A reincidência pode ser ficta, ou seja, a pena pode não ter sido efetivamente cumprida, ter o processo corrido à revelia, intimando-se o réu por edital de condenação. Mesmo assim persistiria a *reincidência*?

A lei penal não fazia distinção entre reincidência ficta e a real. Com a Lei nº 9.714/98, permitiu-se a substituição da pena privativa por restritiva ao reincidente genérico, se "*em face da condenação anterior a medida seja socialmente recomendável*" e proibida referentemente à reincidência específica.

A meu ver, todavia, o significado da reincidência não pode deixar de exigir que da *condenação anterior tenha tido ciência o réu*, pois, do contrário, inexiste do que se recordar, o desconhecimento da Justiça, a vontade mais intensa de afrontar a lei que constituem as razões de maior censura do reincidente.

Não é necessário o cumprimento de pena, até mesmo porque a fuga à execução é uma modalidade de repercussão decorrente da condenação; mas o conhecimento[29] é imprescindível para se levar em conta a reincidência, para se considerar o *réu reincidente*.

---

[28] ZAFFARONI, *Tratado de Derecho Penal – Parte General*, Buenos Aires, 1983, vol. V, p. 355.

[29] Neste sentido, ZAFFARONI, op. cit., p. 360, e STEFNO RICCIO, op. cit., p. 1.052.

Assim sendo, apesar de o legislador não estabelecer, há graus na reincidência, ou seja, haverá maior ou menor gravidade, de acordo com as circunstâncias da prática do novo fato delituoso: se o réu teve ou não ciência do processo e da condenação; se delinquiu enquanto estava cumprindo a pena, se delinquiu após ter cumprido a pena; se delinquiu logo após, ou três, ou quatro anos após a condenação; se recebeu o benefício do *sursis*.

Estes graus, a serem sopesados pelo juiz, decorrem, aliás, de a lei penal não fixar qual o *quantum* de agravação deve incidir em razão da reincidência.

A recaída em delito mais grave, denunciando uma escalada delituosa, ou o desrespeito à mesma norma de punição grave, cuja concretude o reincidente sentiu pela aplicação da condenação anterior, são outros índices a serem levados em conta.

Na verdade, pode-se concluir com MIR PUIG que o reincidente manifesta rebeldia ao tornar a delinquir, tendo sentido na própria carne a condenação anterior.[30] A lei penal para o condenado deixa de ser um comando abstrato, de intimidação por ameaça prometida, para se concretizar e ser vivenciada como fato da realidade. É sob esta ótica que se deve avaliar o grau de rebeldia, de vontade mais intensa em favor do delito, deixando o legislador de fixar graus a serem sopesados pelo juiz no exame de cada caso.

Ganha maior relevo, com a Reforma de 1984, a avaliação justa da maior reprovação do reincidente, tendo em vista a supressão do duplo binário, que conduzia a se descuidar da majoração da aplicação da pena, dada a obrigatória imposição da medida de segurança.

É neste sentido que, na Exposição de Motivos do Projeto, que redundou na Lei nº 7.209/84, assevera-se: "*Com a extinção, no Projeto, da medida de segurança para o imputável, urge reforçar o sistema, destinando penas mais longas aos que estavam sujeitos à imposição de medida de segurança detentiva e que seriam beneficiados pela abolição.*"

A condenação anterior pode ter ocorrido no país ou no estrangeiro, pois de igual forma desrespeita a Justiça e revela-se rebeldia e vontade mais intensa, caso a condenação anterior tenha ocorrido em outro país. Doutra parte, pouco importa a natureza da sanção anterior, a não ser para a concessão do *sursis*, que não é impedida por condenação anterior por pena de multa.

A lei penal não considera, entretanto, que haja reincidência, se a condenação anterior tenha sido por contravenção. Todavia, há reincidência, se o delinquente condenado por crime vier a cometer contravenção.

O art. 64, II, trata da não reincidência nos crimes militares e políticos, pois ao invés da redação dada ao Código de 1940 pela Lei nº 6.416, de 1977, fala o legislador em crimes militares *próprios e políticos*.

Por crimes militares *próprios*, entendem-se aqueles que, por referir-se exclusivamente à instituição militar, são apenas previstos pelo Código Penal Militar.[31] Os

---

[30] MIR PUIG, *La Reincidencia en el Código Penal*, Barcelona, 1974, p. 528.

[31] Sobre crimes militares próprios, vide: RAUL MACHADO, *Direito Penal Militar*, Rio de Janeiro, 1930; ERMERALDINO BANDEIRA, *Curso de Direito Penal Militar*, Rio de Janeiro, 1915; TOMAS PARÁ, *Códigos e Leis Militares*, Porto Alegre, 1939; VIRGÍNIO ANTONIO DE CARVALHO, *Direito Penal Militar brasileiro*, Rio de Janeiro, 1940.

Parte III · Capítulo 5 · APLICAÇÃO DA PENA | 333

crimes *impropriamente* militares, que por serem praticados, por exemplo, por militares no interior da área militar, são regidos, graças ao critério da especialidade, pelo Código Penal Militar. Constituem, no entanto, precedente válido para a configuração da *reincidência*. Destarte, condenação anterior por deserção não constitui precedente a ser considerado para a reincidência, mas o furto em quartel sim, malgrado sujeito à incidência no Código Penal Militar.

A qualificação de crimes *puramente* políticos apenas tinha razão de ser em uma legislação autoritária, quando se configurava como lesão à segurança nacional fatos destituídos de caráter político, como, por exemplo, o assalto a bancos. Desnecessária, portanto, a referência a crimes *puramente* políticos.

A desconsideração dos crimes militares próprios e políticos, para fins de reincidência, justifica-se na medida em que os primeiros constituem, tão só, infração militar, e os segundos são revestidos do relativismo, que caracteriza a vida política.

A exemplo do disposto pelo art. 46, parágrafo único, do Código de 1940, a Nova Parte Geral, art. 64, I, estabelece a chamada "prescrição da reincidência", mas que, na verdade, é, como diz ZAFFARONI, precisão do antecedente penal para efeito de declarar a reincidência.[32]

O estigma da condenação não pode ser perpétuo. Se o fundamento da reincidência está no *esquecimento* da condenação, na falta de recordação da experiência vivida, em recaída que significa rebeldia à lei já concretamente aplicada e sentida, deve-se ter em conta um prazo *válido para esta recordação*.

O legislador fixa o prazo de *cinco anos* do cumprimento ou extinção da pena, após o que deixa de ter efeito para fim de reincidência.

As dúvidas suscitadas pela redação do parágrafo único do art. 46, que apenas mencionava a extinção de punibilidade, conduzia a injustiças, pois quem estava sob *sursis* ou em livramento condicional encontrava-se sem qualquer disciplina total própria do cumprimento da pena privativa.

Após a Reforma de 1984, o art. 64, I, dispõe que se deve computar, destarte, *o prazo de cinco anos* após o *trânsito em julgado* da condenação,[33] a partir da audiência de advertência a ser realizada pelo juiz da execução.

A audiência de advertência, perante o juiz da execução, constitui o início do cumprimento do *sursis*, após o trânsito em julgado da condenação. É a partir da audiência que se deve computar os cinco anos.

Apesar de o legislador ser silente a respeito, é evidente, por interpretação analógica de preceito mais benéfico, que quanto à pena restritiva de direitos e a multa, que pode ser paga em prestações, o prazo também deva ser contado a partir do trânsito em julgado.

Diga-se, por fim, que a reincidência não é apenas uma circunstância que determina a agravação da pena, pois, na verdade, ao reincidente, vetada é a concessão de benefícios, aumenta-se o tempo de cumprimento da pena para obtenção do livramento condicional, bem como o prazo para reconhecimento da prescrição.

---

[32] ZAFFARONI, op. cit., p. 366.

[33] Neste sentido, no regime do Código Penal de 1940, acórdão inserto nos Julgados do Tribunal de Alçada Criminal, vol. 73, p. 347.

Há, portanto, comandos específicos que reforçam a intimidação penal, voltados para os já condenados, no sentido de não recaírem na prática delituosa, pois, se o fizerem, não podem: ter a pena privativa substituída por restritiva de direitos ou multa (arts. 44, II e § 2º); cumprir a pena desde o início em regime aberto e semiaberto (art. 33, § 2º, *b* e *c*); ter suspensa a pena privativa de liberdade (art. 77, I), se reincidente em crime doloso.

Confirma-se, portanto, a vontade mais intensa, pois não só se olvida a experiência da condenação anterior, mas afronta-se, também, ao delinquir novamente, todo o rigor da lei penal que se dirige aos já condenados, e que lhes veda a maioria dos benefícios e lhes obriga a maior tempo para obtenção do livramento condicional.

5.5. AGRAVANTES DO CONCURSO DE PESSOAS

O monismo, no tratamento da coautoria pelo Código de 1940, era, na verdade, apenas aparente, pois as circunstâncias agravantes, então estatuídas no art. 45, revelavam que se atribuía maior rigor penal àqueles que detinham o domínio do fato.[34]

Com efeito, o reconhecimento de graus na participação delituosa, que decorre da natureza das coisas, vem consagrado na norma relativa ao concurso de pessoas, uma vez que se estabelece, no art. 29, que cada concorrente deve ser apenado na *medida de sua culpabilidade*, criando-se, no § 1º do mesmo artigo, causa de diminuição de pena para aquele cuja *"participação for de menor importância"*. O reverso da medalha da causa de diminuição está nas circunstâncias agravantes do concurso de pessoas, estatuídas no art. 62 da Nova Parte Geral.

O critério que, agora mais nitidamente, preside a configuração das circunstâncias do concurso de pessoas, que agravam a pena, *é o do domínio do fato*, como analisei na Parte II destas *Instituições*.

Destarte, as circunstâncias agravantes estabelecidas nos incisos I a IV do art. 62 referem-se ao concorrente que possua absoluto domínio do fato, por dirigir e orientar a execução do crime.

O comando da situação ressalta a posição do promotor ou organizador perante a dos demais concorrentes, exatamente porque possui o domínio do fato.

Para a teoria finalista, tem relevo, no concurso de pessoas, o aspecto subjetivo, pois a coautoria caracteriza-se pela adesão ao ato a ser praticado, como se próprio fosse, participando-se de um objetivo comum, desejando-se, igualmente, o fim delituoso.[35]

Maior, todavia, a culpabilidade, quanto maior for o domínio do fato, e na medida em que a realização dependa do concorrente que tem posição de comando, mais grave deve ser a sua reprimenda com relação à do concorrente, que não dirija ou oriente a execução do crime.

Há, portanto, nas hipóteses do art. 62, a descrição de uma *posição de comando*, que encontra exceção injustificável na inclusão *indevida* do induzimento, ao lado da coação no inciso II.

---

[34] Nesse sentido, MIGUEL REALE JR., verbete "Concurso de Pessoas", *in Enciclopédia Saraiva de Direito*, vol. 17.

[35] Veja-se, sobre o concurso de pessoas, sob o enfoque da teoria do domínio do fato, NILO BATISTA, *Concurso de Agentes*, Rio de Janeiro, 1979, p. 76 e seg.

Parte III · Capítulo 5 · APLICAÇÃO DA PENA | **335**

As demais sanções, todavia, dizem respeito àquele que *comanda* o fato por promover ou organizar a cooperação ou dirigir a atividade dos demais agentes; por *coagir* outrem à execução material do crime; por instigar ou determinar a cometer crime alguém *sujeito à sua autoridade* ou não punível graças à sua condição ou qualidade pessoal; por executar o crime mediante paga ou promessa de recompensa.

Quem promove ou organiza o crime é o autor intelectual, não se enquadrando na hipótese aquele que apenas convida a integrar a *societas sceleris*; chefe da execução do delito é aquele que dirige a atividade dos demais.

Injustificável considerar-se mais grave a posição de quem *induz*, que pode até mesmo ter participação de menor importância, configurando-se antes a situação descrita como causa de diminuição da pena no art. 29, § 1º.

A instigação é agravante, desde que haja uma submissão do instigado, ou se se aproveita de sua condição de inimputabilidade.

No inciso IV, considera-se agravante a circunstância de praticar o fato mediante paga ou promessa de recompensa, que constitui, ao ver do legislador, um motivo torpe (art. 121, § 2º, I).

Na verdade, ambos os concorrentes incidem em uma agravação da pena: quem *paga*, porque é o promotor e enquadra-se sua ação no disposto no inciso I, e quem recebe, agindo mercenariamente, pelo recebimento de vantagem econômica ou pela promessa dessa vantagem. E quem age mercenariamente, ou seja, por um interesse objetivo independente do fim colimado pelo fato delituoso que pratica, tem, igualmente, domínio do fato.

5.6. CIRCUNSTÂNCIAS ATENUANTES

O legislador especifica, no art. 65, circunstâncias que *amenizam* a culpabilidade, justificando menor censura. São situações, por vezes, próximas à exculpação, que devem ser levadas em conta para atenuar o *quantum* da pena.

No inciso I, estatui-se que é atenuante a condição de ser menor de vinte e um anos ou maior de setenta. Em favor do condenado, esclarece a Nova Parte Geral que a circunstância se configura, se o agente é menor de vinte e um anos *na data do fato* e maior de setenta anos *na data da sentença*.

O art. 21 do Código Penal é preciso: *"O desconhecimento da lei é inescusável."* A ignorância da lei não se confunde com o erro sobre ilicitude, que se refere, como já visto, à errônea compreensão do significado da norma incriminadora, à falta de percepção do proibido, do sentido negativo da ação, no âmbito do profano, em casos excepcionais.

A inflação legiferante, com a proteção penal estendendo-se à tutela de interesses e conveniências administrativas, conduz a que se amplie a possibilidade de desconhecimento de lei penal, o que, se é inescusável, deve ser levado em conta para receber menor censura.

Diante da relevância do erro sobre ilicitude, a Nova Parte Geral limita-se, no campo das circunstâncias atenuantes, a mencionar, tão só, *"o desconhecimento da lei"*.

Nas alíneas do inciso III do art. 65, estão estatuídas as seguintes circunstâncias atenuantes:

a) *Relevante valor moral ou social:* o crime pode ser praticado com vistas a fim último válido, agindo-se em função de um valor social ou moralmente positivo.

Por exemplo, em favor de um interesse da categoria profissional a que pertence, ou para minorar o sofrimento da vítima. Se a razão de ser do delito é de se reconhecer positiva, a lei, todavia, não a justifica, mas indica que menor deva ser a reprovação.

b) *Arrependimento posterior:* trata-se de uma norma impulsionadora da ação posterior à consumação do delito, com vistas a evitar ou minorar as suas consequências, ou para reparar o dano antes do julgamento.

No art. 16, dá-se ao arrependimento posterior a natureza da causa de diminuição de pena, desde que não seja o crime cometido mediante violência ou grave ameaça, e a reparação do dano ou a restituição da coisa ocorra, por ato voluntário, *até o recebimento da denúncia ou queixa.*

Na circunstância da alínea *b* do inciso III do art. 65, exige-se a espontaneidade e eficiência no impedimento ou minoração das consequências de qualquer delito, e prevalece a circunstância, mesmo que a reparação do dano ocorra após a denúncia, mas antes do julgamento.

c) *Coação resistível:* acrescenta-se disposição semelhante à do Código Penal de 1940, a hipótese de o fato ter sido praticado *"em cumprimento de ordem de autoridade superior".*

No art. 22, estatui-se como causa de exclusão da culpabilidade, fundada na "não reprovação moral", a *coação irresistível e a estrita obediência à ordem não manifestamente ilegal de superior hierárquico,* esta última com caráter de exclusão de ilicitude.

Se a coação é resistível, o fato é inescusável, mas a existência de coação, a que se podia resistir, não deixa de tornar menos censurável a ação. A obediência à ordem superior, que não se deveria cumprir, por ser ilegal, não deixa de se colocar no campo de limitação da plena liberdade de vontade, razão por que a reprovação há de ser mais branda.

Igualmente, se não se configura uma justificativa, no entanto, menor é a censura do ato praticado *"sob influência de violenta emoção, provocada por ato injusto da vítima".*

O legislador dá especial relevo ao comportamento da vítima, como já foi assinalado com referência ao disposto no art. 59. Especificação desta participação da vítima, que atua no sentido de provocar o fato com seu comportamento injusto, traz a Parte Especial no § 1º do art. 121.

Extensiva a todos os delitos, a circunstância atenuante, em exame, exige que o agente esteja sob o estado de violenta emoção, decorrente de ofensa praticada pela vítima, devendo haver imediatidade entre ambos.

Não é de se considerar qualquer ato da vítima, mas sim o ato injusto, como provocação idônea a causar no agente o descontrole dos próprios atos, a revolta, como efeito da injustiça.

d) *Confissão espontânea:* o legislador não exige para o reconhecimento da circunstância da confissão espontânea que o fato fosse atribuído a outrem ou ignorada a autoria.

De cunho programático, propulsionador de atitudes, este preceito, como diz a Exposição de Motivos, procura ser *"um estímulo à verdade processual, a se consagrar independentemente de a autoria ser ignorada ou imputada a outrem"*.

e) *Multidão ou tumulto:* inserido em multidão ou tumulto, mais facilmente se é levado a atitudes assumidas pelo conjunto desordenado das pessoas, em contágio, mais difícil de resistir.

Uma única exceção é, contudo, estabelecida, quando passa a ser irrelevante a circunstância, ao contrário do Código Penal de 1940, que exigia ser a reunião lícita e o agente não reincidente. Na verdade, a exceção constitui medida de política criminal, sendo de relevo, tão só, que o agente não haja provocado o tumulto.

A influência do impacto de multidão em tumulto é igual, seja a reunião lícita ou ilícita, e o agente primário ou reincidente. O que não se deve permitir, todavia, é que se valha da circunstância *quem provocou o tumulto*, como medida de política criminal, de prevenção relacionada com a culpabilidade, a exemplo do que ocorre no estado de necessidade, em que não se pode beneficiar da justificativa quem provocou o perigo.

f) *Circunstância atenuante genérica:* o legislador cria uma atenuante facultativa genérica para que, embora não típica, possa qualquer circunstância, segundo o magistrado, ser levada em conta em favor do réu. Pode ser qualquer fato anterior, ou posterior ao crime, desde que relevante. A adoção desta circunstância decorreu da prática do julgamento pelo júri, no qual se consagrou um quesito genérico de circunstância atenuante, graças ao qual se aconselhava uma menor reprimenda, sem qualquer fato que se enquadre nas hipóteses tipificadas expressamente como atenuantes.

5.7. CONCURSO DE CIRCUNSTÂNCIAS

A Lei n° 7.209/84 repetiu o Código Penal de 1940 quanto ao concurso de circunstâncias agravantes e atenuantes, dando preponderância ao aspecto subjetivo, uma vez que faz prevalecer os motivos determinantes do crime, a personalidade do agente e a reincidência, que, como foi visto, é uma circunstância inerente à pessoa do condenado. Esta última, como já foi dito, tem ainda maior realce diante da eliminação do duplo binário.

A mais-valia das circunstâncias subjetivas é consentânea com a diretriz que preside a aplicação da pena na Nova Parte Geral, ou seja, a *culpabilidade* enquanto juízo de valor que se estende à análise da pessoa do agente.

Por exemplo: no confronto entre circunstâncias, judiciais ou legais, as de caráter subjetivo, favoráveis ao réu, prevalecem sobre as de cunho objetivo, indicando a proximidade da pena ao mínimo legal.

Tal preponderância, no entanto, atua a favor ou contra o réu, e diz respeito às circunstâncias judiciais e legais.

5.8. CAUSAS DE AUMENTO E DE DIMINUIÇÃO

Há, no Código Penal, na Parte Geral e na Especial, circunstâncias que determinam o aumento ou a diminuição da pena além do máximo e aquém do mínimo previstos no preceito secundário. Se as circunstâncias agravantes e atenuantes não autorizam a aplicação da pena fora dos limites do cominado, as qualificadoras surgem apenas na Parte Especial, e já determinam um mínimo e um máximo mais elevado do que o crime simples.[36] As causas de aumento ou de diminuição entram no processo de fixação da pena-base no terceiro momento, como se verá ao analisar o cálculo da pena, regulado pelo art. 68 do Código Penal.[37]

Mas a característica das causas de aumento ou de diminuição encontra-se, segundo DAVID TEIXEIRA DE AZEVEDO, presa à ligação que tem com o bem jurídico, buscando promover a justa reprovação como forma de prevenção, em vista do maior ou menor ataque ao bem jurídico protegido, mormente tendo em vista aspectos de ordem objetiva.[38]

Destacam-se entre as causas de diminuição ligadas ao bem jurídico e à lesividade da conduta, a tentativa, o arrependimento posterior, a participação de menor importância no concurso de pessoas. Na Parte Especial, referida à culpabilidade, o homicídio praticado sob o estado de violenta emoção, após injusta provocação da vítima. Constitui causa de aumento da Parte Geral, no concurso de pessoas, ter o agente querido participar de crime menos grave do que o ocorrido, sendo a ocorrência deste previsível, pelo que se aplica a pena do menos grave aumentada até a metade. É causa de aumento da Parte Especial o emprego de arma no crime de roubo, sendo aumentada a pena de um terço até a metade.

As causas de aumento e de diminuição revestem-se de tipicidade, tal como as circunstâncias, em razão do que giram em torno de uma posição valorativa, sendo que a lesão ao bem jurídico é mais ou menos reprovável. É mais reprovável, se além do bem jurídico consagrado na norma nuclear incriminadora fere-se outro valor; é menos reprovável, se, ao se praticar a conduta delituosa, lesiona-se menos gravemente o bem jurídico protegido ou minimiza-se a consequência ou a posição valorativa do agente é menos censurável.

Tem o juiz, na aplicação das causas de aumento e de diminuição, uma grande flexibilidade, mas a partir do *quantum* estabelecido após as duas primeiras fases da fixação da pena, isto é, da análise das circunstâncias judiciais e legais. DAVID TEIXEIRA DE AZEVEDO advoga que a aplicação das causas de aumento e diminuição se dê antes da fixação da pena-base.[39]

Pretende, assim, dar destaque aos aspectos *"tangentes ao bem jurídico"*, sem que esta valoração sofra a interferência da quantificação decorrente da análise das circunstâncias judiciais e legais, com o que concordo inteiramente.

---

[36] AZEVEDO, D. T., *Dosimetria da pena, causas de aumento e de diminuição*, São Paulo, 1998, p. 58.
[37] AZEVEDO, D. T., p. 97.
[38] AZEVEDO, D. T., idem, p. 80 e seguintes.
[39] AZEVEDO, D. T., op. cit., p. 144.

5.9. CÁLCULO DA PENA

O art. 50 do Código Penal de 1940 trouxe intensa dúvida, com duas orientações: a defendida por ROBERTO LYRA, no sentido de uma operação em dois momentos, o primeiro em que conjugadamente se analisam as circunstâncias judiciais e legais, e o segundo relativo à incidência das causas especiais de aumento e diminuição; a defendida por NELSON HUNGRIA, para o qual o cálculo da pena dever-se-ia fazer em três momentos, levando-se em consideração, inicialmente, as circunstâncias judiciais, depois as legais e, por fim, as causas de aumento ou de diminuição.

A Reforma de 1984 adotou de forma explícita a orientação de NELSON HUNGRIA e deixa clara a operação de fixação da pena.

O necessário e suficiente à retribuição e à prevenção do crime preside a aplicação da pena e não se limita a dirigir a avaliação da pena justa e exigível tão só quanto às circunstâncias judiciais, mas também com relação às circunstâncias legais.

Sendo, no entanto, as circunstâncias legais uma especificação de algumas formas das possíveis circunstâncias gerais, descritas de forma aberta no art. 59, deve o processo de fixação da pena ser dividido: primeiramente, as circunstâncias judiciais, sem se levar em conta fatos descritos nas circunstâncias legais, depois as circunstâncias legais e, por fim, as causas de aumento ou diminuição.

Esta divisão faz-se ainda mais necessária para se dar destaque inicial ao aspecto da culpabilidade enquanto justa censura, voltada aos antecedentes, à conduta social e à personalidade.

Posteriormente, volta-se a atenção a fatos estritos, tipificados nas agravantes e atenuantes, que não se deveriam juntar às jurídicas, mas serem consideradas depois, de forma independente, por estarem balizadas e definidas.

Ao final, cumpre fazer incidir as causas de aumento ou diminuição, sendo desnecessário fixar o que se denominou, no Código de 1940, *pena-base*. Estabelece-se um processo linear, sem rodeios.

No concurso de várias causas (art. 68, parágrafo único) previstas na Parte Especial, o magistrado pode restringir-se a uma única causa de aumento ou diminuição, prevalecendo a que mais aumente ou diminua. Todas as causas de aumento ou diminuição gerais, previstas na Parte Geral, no entanto, devem ser consideradas.

Capítulo 6
CONCURSO DE CRIMES

O legislador brasileiro trata do concurso de crimes no título relativo às penas, diversamente do que sucede com a lei italiana. Sem dúvida, o cerne da questão está na consideração da unidade ou pluralidade da ação penalmente relevante, o que diz respeito à teoria do crime. Mas, o tratamento punitivo das diversas hipóteses pode justificar que a matéria esteja incluída no capítulo da aplicação da pena.

BETTIOL bem observa que "*o concurso de crimes constitui uma ponte de passagem entre a doutrina do crime e aquela da pena*".[1]

À primeira vista, é fácil responder se há um único crime ou um concurso de crimes, caso tenha havido uma única ação violadora da mesma norma ou violação de normas diferentes, mas diferentes ações.[2] O difícil, contudo, é responder quando há uma única ação ou ações diferentes independentes.

A tentativa de tomar um critério naturalístico como definidor da unidade ou pluralidade da ação é insuficiente, pois esta realiza-se em contexto, dentro do qual pode fracionar-se, revestida, todavia, de unicidade.

No mesmo diapasão de WELZEL, para EDUARDO CORREIA e BETTIOL,[3] deve-se, para resolução da unidade ou pluralidade, partir do conceito de ação, enquanto portadora de uma estrutura valorativa, pois a ação é um todo dotado de sentido, de significação doada pelo valor que se põe como fim do agir. No dizer de BETTIOL, "*a unidade da ação é ditada pela unidade do ato volitivo enquanto conscientemente dirigido a um fim*".

Sobre a ação, todavia, incide a valoração jurídica, devendo-se conjugar, portanto, a unidade da ação (fim e contexto) à consideração da violação de um único preceito legal, para se concluir ocorrer unidade da ação penalmente relevante, ou seja, unidade de crime.

O tipo penal reproduz, de forma paradigmática, a ação tal como é na realidade,[4] ou seja, caracterizada por um significado axiológico como menosprezo a um valor digno de tutela. Havendo plena congruência entre a ação, nos seus elementos objetivos, subjetivos e valorativos com o que se descreve no modo abstrato no tipo penal, dá-se a adequação típica.

---

[1]   BETTIOL, op. cit., p. 592.
[2]   EDUARDO CORREIA, *Direito Criminal,* Coimbra, 1971, vol. 2, p. 193.
[3]   WELZEL, op. cit., p. 215; EDUARDO CORREIA, op. cit., p. 200; BETTIOL, op. cit., p. 594.
[4]   MIGUEL REALE JR., *Antijuridicidade Concreta,* São Paulo, 1974, p. 40 e seg.

342 | FUNDAMENTOS DE DIREITO PENAL – *Miguel Reale Júnior*

E haverá unidade de crime quando houver uma única ação (compreendendo esta unidade o contexto de tempo, de lugar e de valor) que se adequar a um único tipo penal.

Com este painel desdobrado, pode-se aceitar a consideração de que a unidade da ação deriva do sentido finalista a ela imprimido, como braçadeira ontológica que fornece sentido unitário, além de se exigir a contextualidade (DEL ROSAL), ou da unidade natural do escopo, para o qual a ação se dirige, e da unidade de valoração jurídico-penal da *fattispecie* (BETTIOL) ou do fato finalista, além do normativo, manifestado o juízo sociojurídico por meio dos tipos (WELZEL).

As ideias destes autores, embora não sejam inteiramente convergentes, notadamente DEL ROSAL, servem de fundamento para firmar um conceito de ação, desde que se relacione finalismo com contextualidade e tipo e com as considerações antes expendidas. Ocorrerá isto, porém, como uma ampliação do significado de agir final, de contexto e de tipo.[5]

Haverá pluralidade de crimes quando houver pluralidade de ações típicas, idênticas ou diversas.

Pode ocorrer, portanto, que haja em um único substrato fático parcelas que ganham colorido de ação porque dirigidas a fins autônomos, decorrentes de resoluções diferentes que atingem valores tutelados pela mesma norma incriminadora ou por normas diversas.

Cumpre exemplificar com hipóteses concretas:

a) Se o agente furta vários objetos de uma residência a que adentrara, comete, tão só, um crime de furto, pois há um só contexto, uma unidade temporal, que reúne no mesmo instante ações para um mesmo fim.

b) Subtrair, mediante violência ou grave ameaça, objeto de pessoas diferentes em um ônibus constitui, também, uma única ação típica de roubo, pois o contexto é o mesmo, presidido por um único fim que dirige a ação e não interrompido no tempo.

c) Se o agente dispara repetidos golpes contra a vítima, há um todo, uma unidade, com vistas ao fim almejado, orientado pelo menosprezo ao valor da integridade física do ofendido.

d) Se o agente lança uma pedra contra uma vidraça para atingir pessoa que se encontra por detrás, há um só substrato fático, mas parte deste fato constitui uma ação típica de dano e parte uma ação típica de lesão corporal.

No dizer de BETTIOL, há uma ação materialmente unitária, mas pluralidade de crimes. Dá-se o concurso formal heterogêneo.

Há uma pluralidade de crimes, com substrato fático comum, ocorrendo desígnios diversos, resoluções autônomas a partir de uma mesma manifestação material. O Direito italiano, que pune o incesto, permite o seguinte exemplo: ter relações sexuais com a irmã casada. Uma só ação no plano material, mas que configura duas ações típicas, cada qual

---

[5] J. DEL ROSAL, *Tratado de Derecho Penal Español*, Madrid, 1972, vol. II, p. 371; WELZEL, op. cit., p. 215; BETTIOL, op. cit., p. 595.

Parte III · Capítulo 6 · CONCURSO DE CRIMES | **343**

voltada ao menosprezo de um valor tutelado, tipificando-se os crimes de incesto e de adultério. Há, nas hipóteses lembradas, concurso formal impróprio, que recebe tratamento penal idêntico ao do concurso material, ou seja, soma das penas.

e) Em uma única ação de omissão do dever de cuidado, o motorista atropela dois transeuntes. Há uma só ação, dois eventos lesivos, mas uma única resolução, um único desígnio: agir culposamente com omissão do cuidado necessário. Há unidade de ação e unidade de crime. Configura-se o concurso formal homogêneo com um único desígnio, que tem como tratamento penal o cúmulo jurídico, ou seja, a pena para um único crime aumentada de um sexto até a metade.

f) Se o agente com um tiro de fuzil atinge, de acordo com sua resolução, duas pessoas, há uma única ação sob o prisma material, mas dois crimes recebendo tratamento penal previsto na parte final do art. 70, ou seja, "*as penas aplicam-se, entretanto, cumulativamente, se a ação ou omissão é dolosa, e os crimes concorrentes resultam de desígnios autônomos*". LEONE defende[6] que se aplique à hipótese o tratamento penal do crime continuado, pois, no caso, há menos que uma continuação delituosa, ou seja, uma única ação causando resultados lesivos. O maior seria beneficiado e o menor não. Uma única ação material, com dois eventos, teria tratamento mais rigoroso do que, por exemplo, duas ações próximas no tempo, no espaço, e semelhantes na forma de execução, com dois idênticos eventos. Não é de ser aceita, todavia, a ideia de LEONE, pois inocorreram, na hipótese, os motivos que conduzem ao benefício da continuação delituosa e que serão adiante examinados.

g) O agente subtrai a carteira da vítima e a estupra: pluralidade de ações e pluralidade de crimes e cúmulo material, ou seja, soma das penas.

h) O agente importa, tem em depósito e vende substância entorpecente: há um único crime por critério exclusivamente normativo, pois a norma penal "em cascata" reúne várias formas de conduta como integrante de um contexto que decorre da natureza das coisas. A conduta é única, no entanto, tão só, se recair sobre o mesmo objeto material.

i) O agente prescreve, por meses, sem ser médico, substância medicinal a vítimas diversas: há um único crime, por critério normativo, pois o tipo penal exige a habitualidade. Um fato isolado não perfaz o delito. O curandeirismo é crime habitual, exigindo a reiterada prescrição de qualquer substância com fim medicinal para haver adequação típica.

j) O agente, mediante violência, subtrai coisa móvel da vítima, lesando dois bens jurídicos, em uma interação de condutas típicas, qualificada a ação como único crime, roubo, cujo tipo penal é produto da conjugação de duas ações típicas, constrangimento ilegal e furto. Há um só crime, crime complexo que se em-

---

[6] G. LEONE, verbete "Reato continuato", *in Novíssimo Digesto Italiano*, vol. XIV, p. 969.

basa no liame existente no real, a partir do qual surge o tipo penal complexo. O legislador capta no real e reproduz como unidade jurídica um tipo penal constituído por dois ou mais delitos.

No concurso de crimes, em que há duas ou mais ações sob o prisma material, com a tipificação de dois ou mais crimes, o magistrado deve aplicar a pena a cada um dos crimes como se tivesse praticado tão só aquele ao qual está fixando a pena, para depois somá-las de forma aritmética. Cada qual dos delitos tem suas circunstâncias, e a culpabilidade é de ser enfocada, primeiramente, sob o ângulo da singularidade do ato isoladamente considerado.

O cúmulo material, soma automática das penas, reveste de rigor o tratamento punitivo da prática de dois ou mais crimes, pois, muita vez, apesar de diversos, decorrentes de duas ações autônomas, os fatos delituosos encontram raiz no homem que as realizou, merecedor de uma reprovação que fica aquém da retribuição que receberá pela soma das penas.

Destarte, se há o magistrado de considerar cada fato isoladamente para fixar a pena cabível, não pode, todavia, deixar de olhar o conjunto das penas aplicadas para que a soma não ultrapasse a justa retribuição que se faz ao mesmo homem em julgamento. Deve-se procurar, na medida do possível, temperar a solução legal da soma das penas, mesmo porque não responde também ao necessário e suficiente à retribuição e à prevenção o cúmulo jurídico ou a absorção, na hipótese de pluralidade de crimes.

Na parte final do art. 69 e nos seus §§ 1º e 2º, fixam-se critérios para o cumprimento das penas que se somam no cúmulo material. Inexiste qualquer dificuldade quando as penas são idênticas, pois, então, apenas há uma adição e a execução é linear. Se se aplicam, todavia, cumulativamente, pena de reclusão e de detenção, executa-se primeiro aquela.

Decorre, entretanto, da natureza das penas, privativa de liberdade e restritiva de direitos, que ao ser aplicada a um dos crimes a privação de liberdade, não suspensa, é logicamente incabível a substituição por pena restritiva de direitos, da pena privativa de liberdade aplicada a um outro crime.

No § 2º, trata o legislador do cumprimento de penas restritivas de direitos cumulativamente aplicadas. É possível o cumprimento de penas restritivas simultaneamente, por exemplo, suspensão da carteira de habilitação por um crime culposo, acidente de barco, e limitação de fim de semana, por ameaça praticada contra o motorista do barco, com o qual se acidentou. A execução simultânea ou sucessiva dependerá, tão só, da compatibilidade que decorre da natureza das penas. Duas penas de limitação de fim de semana hão de ser cumpridas sucessivamente. O cumprimento de penas de limitação de fim de semana e de prestação de serviços à comunidade pode ocorrer de forma sucessiva ou simultânea, e esta última hipótese ocorre quando o condenado cumpre pena de serviços à comunidade no decorrer dos dias úteis (art. 46) e a limitação de fim de semana, aos sábados e domingos.

As multas, segundo o art. 72, são aplicadas distinta e integralmente.

Como regra geral, no concurso de infrações (art. 76), executar-se-á primeiramente a pena mais grave.

6.1. CRIME CONTINUADO

A história[7] do instituto do crime continuado é relevante por mostrar as razões fundantes do seu surgimento, com os glosadores e pós-glosadores. Trata-se de medida de política criminal voltada a amenizar o rigorismo no tratamento imposto ao terceiro furto, apenado com a morte.

A origem do instituto e o fato de ser estudado pela doutrina, acolhido pela jurisprudência, malgrado várias legislações não o contemplem, como a alemã, indicam que se trata, antes de tudo, de uma medida de política criminal, de equidade, que, todavia, se compadece com o Direito Penal da culpa, uma vez que os elementos objetivos que o caracterizam indicam uma culpabilidade diminuída.

MANOEL PEDRO PIMENTEL considera que o crime continuado é *"uma ficção jurídica fundada em motivos de equidade, justificados pela culpabilidade diminuída e com vistas a promover a individualização da pena"*.[8]

Adentrando no Direito Penal como fruto da experiência do Direito, da necessidade de uma justa medida penal que superasse a soma aritmética das penas aplicadas aos crimes concorrentes, que atinjam o mesmo bem jurídico, o crime continuado alcançou requintes de construção teórica, ao se atribuir uma unidade real aos diversos crimes, exigindo-se que fosse presidido por um mesmo desígnio delituoso.

Na literatura brasileira, basta lembrar as posições de ANÍBAL BRUNO e DE BASILEU GARCIA.[9] Para o mestre pernambucano, os crimes concorrentes são frutos de uma resolução antecedente total, e *"o crime aí é um só e o que lhe atribui o indiscutível caráter unitário é, junto ao vínculo material que prende a sua realização objetiva, a unidade do elemento psíquico"*.[10] Para BASILEU GARCIA, as repetidas ações *"constituem efetivamente um só fato delituoso, não apenas pela semelhança de suas condições materiais, mas porque se subordinam ao mesmo elemento jurídico"*.[11]

Como se vê, a concepção de que o fundamento do crime continuado reside no reconhecimento de uma unidade real liga-se, obrigatoriamente, à teoria objetivo-subjetiva, com ênfase ao aspecto subjetivo, consistente na caracterização da unidade a partir do dado psicológico, de um plano, de um dolo do conjunto ou total, englobante do rol das ações delitivas.

A unidade, reconhecida na realidade, deriva, destarte, da unidade de resolução, considerando PISAPIA que é uma mesma representação de diversas ações que *"dá ao crime continuado o caráter unitário, uma vez que as ações se apresentam à consciência do agente como um fato único"*.[12]

---

[7] Sobre a história do instituto do crime continuado, *vide* LEONE, op. cit., p. 968; PUNZO, *Reato Continuato*, Pádua, 1951, p. 1 e segs.; MANOEL PEDRO PIMENTEL, *Do crime continuado*, São Paulo, 1968, p. 32 e segs.

[8] MANOEL PEDRO PIMENTEL, op. cit., p. 115.

[9] ANÍBAL BRUNO, *Direito Penal – Parte Geral*, Rio de Janeiro, 2ª ed., 1959, t. II, p. 297 e seg.; BASILEU GARCIA, *Instituições de Direito Penal*, São Paulo, 5ª ed., 1980, vol. I, t. II, p. 589.

[10] ANÍBAL BRUNO, op. cit., p. 300.

[11] BASILEU GARCIA, op. cit., p. 589.

[12] D. PISAPIA, *Istituzioni di Diritto Penale*, Pádua, 1965, p. 234.

346 | FUNDAMENTOS DE DIREITO PENAL – *Miguel Reale Júnior*

Para ANTOLISEI, tal como para BASILEU GARCIA e ANÍBAL BRUNO, o elemento subjetivo englobante do crime continuado não se restringe ao aspecto intelectivo, mas inclui, também, o volitivo, sendo representação e vontade do conjunto,[13] enquanto para BETTIOL e PISAPIA, o elemento subjetivo limita-se ao dado intelectivo, relativo, tão só, à representação, ressaltando BETTIOL que, ao conceito de desígnio criminoso, determinante é o plano, o programa que o agente idealizou.[14]

A jurisprudência alemã, segundo MAURACH,[15] exige o dolo, o plano do conjunto, como medida para limitar o reconhecimento do crime continuado, porém, esta restrição termina por beneficiar a premeditação e por prejudicar o delinquente ocasional, que toma a cada passo uma resolução, sem obedecer a um programa e ideação antecedente.

MAURACH, considerando com razão que o crime continuado constitui uma unidade de ação fundada em razões de política criminal, propõe que esta razão de ser presida à configuração do instituto,[16] e, assim sendo, o crime continuado, para não proteger o delinquente profissional, que faz do delito um meio de vida, deve caracterizar-se pela renovação da resolução de atuar.

Como se vê, a concepção do crime continuado como vontade real, decorrente e submetida à unidade de resolução de uma série de crimes, contraria a finalidade do instituto, por privilegiar exatamente quem não tem culpabilidade diminuída, mas agravada por conduta de vida mais censurável.

A culpabilidade resta diminuída na repetição de ações homogêneas, pois os crimes concorrentes colocam-se em uma sequência, na qual o crime que se praticou facilita a renovação da conduta delituosa.

A homogeneidade prende-se a que os crimes surjam da mesma espécie, ou seja, atinjam o mesmo bem jurídico e se enquadrem no mesmo tipo penal, independentemente de circunstâncias que qualifiquem ou privilegiem. A identidade jurídico-penal decorre dos fatos se adequarem ao tipo fundamental, em seus elementos essenciais.

Além de serem da mesma espécie, os crimes devem ocorrer em circunstâncias objetivas semelhantes, dotados, portanto, de similitude no seu modo de realizar, e nas condições de tempo e lugar.

Havendo semelhança entre cada delito, que se renova, indenticamente, no modo de execução, em proximidade de tempo e de lugar, justifica-se o tratamento penal mais benéfico como decorrência de uma culpabilidade diminuída, pois, de modo semelhante a EDUARDO CORREIA,[17] pode-se considerar que:

a) o liame criado entre os coautores, seja o concurso necessário, adultério (era previsto no art. 240 do Código Penal, tendo sido revogado pela Lei nº 11.106/05), seja o concurso eventual, auxilia à resolução de repetir a mesma ação delituosa;

b) a renovação da oportunidade favorável, que propiciou o delito anterior, induz à prática do seguinte;

---

[13] D. ANTOLISEI, *Manuale di Diritto Penale – Parte Generale*, Milão, 5ª ed., 1963, p. 330.
[14] BETTIOL, op. cit., p. 616.
[15] R. MAURACH, *Derecho Penal*, trad. de Córdoba Roda, Barcelona, 1962, vol. II, p. 430.
[16] R. MAURACH, op. cit., p. 432.
[17] EDUARDO CORREIA, op. cit., p. 210.

Parte III · Capítulo 6 · CONCURSO DE CRIMES | **347**

c) a manutenção do meio apto, criado ou adquirido para praticar o primeiro delito, facilita a realização do segundo e assim por diante;

d) o sucesso do primeiro delito incentiva o fato subsequente e a força intimidativa da lei penal enfraquece-se, bem como o juízo de autocensura.

O Código Penal, ao adotar a teoria objetiva, limita-se, tão só, a enunciar que os crimes da mesma espécie devem ser tomados como subsequentes pelas condições de tempo, lugar, maneira de execução e outras semelhantes, sem, no entanto, fixar quais sejam estas condições de tempo, lugar, maneira de execução.

Os Tribunais, por vezes, com o intuito de limitar o benefício do crime continuado, passaram a criar exigências quanto às circunstâncias de lugar, tempo e maneira de execução e, até mesmo, unidade de desígnio. Por exemplo: inexiste continuação, se não forem os crimes praticados na mesma cidade; se um dista do outro mais de trinta dias; se forem praticados com coautores diversos ou com armas diferentes.

Tais restrições indicam que, como medida de política criminal, era imprescindível tornar possível maior rigor para continuação delituosa, com vistas a atender à prevenção geral e especial, bem como à justa retribuição.

Pode-se somar, como critério geral para limite de efetividade as condições de tempo, lugar, maneira de execução, o seguinte: na medida em que a distância no tempo, a diversidade de lugar e maneira de execução são de tal ordem, que não facilitam a prática do delito subsequente, inexiste continuação delituosa. Neste caso, conclui-se que a prática da ação delituosa anterior não auxiliou a resolução em favor da reiteração do mesmo tipo de ação: o crime não é subsequente ao outro.

A doutrina e a jurisprudência divergem quanto à possibilidade da continuação delituosa na hipótese de lesão a bens jurídicos personalíssimos.

HELENO FRAGOSO[18] entende impossível a continuação delituosa, quando se fere bem eminentemente pessoal, pois o bem personalíssimo de B não poderá ser continuação do bem personalíssimo de A, e, ademais, inexiste medida de resolução, pois ao se atingir bens pessoais de vítimas diversas age-se por motivos diferentes.

Sucede, todavia, que a natureza estritamente pessoal ou não do bem jurídico não interfere na caracterização da sequência das ações, e nem a lei exige a unidade de resolução, por adotar a teoria objetiva e ser o instituto, no seu fundamento, uma medida de equidade e de política criminal.

Como ensina MANOEL PEDRO PIMENTEL, a identidade entre os crimes exigida pela lei refere-se ao tipo penal e não à pessoa ofendida.[19]

Consagrou-se, todavia, em jurisprudência, que há continuação delituosa no crime de roubo, malgrado se lese bens eminentemente personalíssimos, quais sejam, a integridade ou a liberdade individual.

Na verdade, a situação de crescente criminalidade violenta, caracterizada pela reiteração de roubos a mão armada, conduz a que se tenha maior rigor, atendendo-se, neste passo, a uma diretriz de política criminal. Não se justifica, todavia, exigir unida-

---

[18] HELENO CLÁUDIO FRAGOSO, *Jurisprudência Criminal*, Rio de Janeiro, 1982, p. 113.
[19] MANOEL PEDRO PIMENTEL, op. cit., p. 138.

de de desígnio, pois o legislador criou a possibilidade do aumento da pena de acordo com o art. 71, parágrafo único, sendo certo que não é passível de prova a denominada unidade de desígnio, exigida como forma para se inaplicar a continuação delituosa.

Assim, se à continuação delituosa aplica-se a pena de um dos delitos, se idênticas, ou a mais grave acrescida de aumento de um sexto a dois terços, mister se fazia que, com relação ao crime praticado mediante violência, o legislador recomendasse ao magistrado atentar à culpabilidade, aos antecedentes, à conduta social e à personalidade, bem como aos motivos e às circunstâncias para ajustar ao necessário à correta retribuição e prevenção, podendo, para tanto, aumentar o *quantum* até o triplo. É esta medida suficiente para se reprovar mais rigidamente o crime violento praticado em continuação delituosa.

Não tem culpabilidade diminuída e não se enquadra como autor de crime continuado o delinquente profissional, que faz do crime um modo de vida, e programa a reiteração, visto a prática repetida do delito da mesma espécie constituir a sua fonte de subsistência ou de renda. Neste caso, não é a realização do crime anterior a razão facilitadora da resolução pelo subsequente, razão por que o delinquente profissional não merece o benefício do crime continuado, pois age presidido por uma resolução conjunta, sendo maior a sua culpabilidade. A unidade de desígnio é exatamente o estado de espírito contrário ao que justifica o benefício da continuação delituosa.

Se, contudo, não sendo delinquente profissional, mas propende a tanto, o agente pratica crimes reiterados, mediante violência ou grave ameaça à pessoa, que são consequências de seus antecedentes, da sua conduta social, de sua personalidade, que somam à facilitação criada pela repetição, pode o juiz aumentar a pena até o triplo, não só satisfazendo a justa retribuição pela culpabilidade acentuada e pela gravidade dos fatos, mas atendendo, também, aos reclamos de maior rigor para melhor eficácia da ação preventiva da lei penal.

Nos crimes mais graves, se a facilitação à reiteração delituosa encontra no delinquente terreno fértil, por seus antecedentes, por sua conduta social e personalidade, maior deve ser a pena. Se a punição elevada e a gravidade do fato não impedem a repetição do crime, como consequência do modo de ser do agente, mais elevada deve ser a punição. Destarte, a facilitação que conduz à prática de um novo crime resta minimizada pela maior culpabilidade, o que justifica o tratamento mais rigoroso dentro dos limites: até o triplo para não se cair no cúmulo material, pois, de qualquer forma, reconhece-se a continuação delituosa.

Doutra parte, é como medida de política criminal, em defesa da sociedade alarmada com a violência urbana, que se justifica para satisfazer o fim de prevenção geral e especial, que a pena é de ser aumentada na hipótese de reiteração do crime praticado mediante violência ou grave ameaça.

Como se vê, não só a caracterização do crime continuado, como sua apenação, ficam entregues à discricionariedade do magistrado, o que, aliás, não poderia deixar de ser, como medida de política criminal que é, para ajustar e individualizar a pena ao que se revela necessário e suficiente à retribuição e prevenção.

Por fim, é de evidência que a pena aplicada, segundo o disposto no parágrafo único do art. 71, não pode superar o que seria aplicável conforme a regra do cúmulo material.

6.2. ERRO NA EXECUÇÃO

No art. 20, § 3º, do Código Penal estatui-se que *"o erro quanto à pessoa contra a qual o crime é praticado não isenta de pena. Não se consideram, neste caso, as condições ou qualidade da vítima, senão as da pessoa contra quem o agente queria praticar o crime".*

O erro, que constitui um vício na percepção, antecede à ação, à execução do crime. Na *aberratio ictus*, todavia, o agente atua sem qualquer erro, quanto à representação, mas erra na execução, vindo a atingir pessoa diversa da que pretendia lesar, por acidente ou inabilidade (art. 73).

Em decorrência de acidente ou inabilidade, erro na execução, pode o agente, também, vir a cometer crime diverso do que pretendia realizar, configurando-se, então, a hipótese descrita no art. 74.

PAULO JOSÉ DA COSTA JR. destaca de forma clara as semelhanças e divergências entre a *aberratio ictus* e a *aberratio delicti*,[20] pois em ambas há uma discordância entre o querido e o realizado, sendo esta discordância decorrência de acidente ou erro na execução, ou seja, inabilidade. Divergem, todavia, as figuras, uma vez que, na *aberratio ictus*, o acidente ou inabilidade faz com que a ação recaia sobre a pessoa-objeto material diversa, praticando-se, todavia, a mesma espécie de delito; na *aberratio delicti*, o erro, na execução ou acidente, conduz a que ocorra um resultado diverso, ou seja, um tipo penal diferente daquele que o agente pretendia cometer.

Por acidente ou errando na execução, podem ocorrer, em ambas as hipóteses, um evento único ou o evento desejado e mais outro, não querido, mas decorrente da inabilidade com que se praticou o fato ou de caso fortuito, que interfere no processo de execução.

Em esquema semelhante ao construído por PAULO DA COSTA JR., é possível resumir que, como consequência do acidente ou erro na execução, podem ocorrer:[21]

a) causação da lesão a pessoa diversa da visada, praticando-se, todavia, o mesmo tipo de crime pretendido. Evento único (art. 73, primeira parte);

b) causação de lesão à pessoa visada e também, por acidente ou erro, lesão a pessoa não visada, enquadrável no mesmo tipo penal. Duplo evento (art. 73, *in fine*);

c) causação de resultado diferente do desejado, caracterizando-se a prática da ação enquadrável em tipo penal diverso do pretendido. Evento único (art. 74, primeira parte);

d) causação de resultado desejado e também de resultado não desejado e que caracteriza tipo penal diverso do pretendido. Duplo evento (art. 74, *in fine*).

Dá-se a *aberratio delicti* (exemplos "c" e "d") mesmo quando se altera o tipo penal por lesão a pessoa diversa da pretendida, em razão de acidente ou erro na execução. Pouco importa que a mudança do tipo penal ocorra por se atingir pessoa diversa da desejada, pois, neste caso, não se configura a *aberratio ictus*, mas a *aberratio delicti*.

---

[20] PAULO JOSÉ DA COSTA JR., *Riflessioni sulla aberratio ictus*, Pádua, 1967, p. 20 e 33.
[21] PAULO JOSÉ DA COSTA JR., op. cit., p. 20.

350 | FUNDAMENTOS DE DIREITO PENAL – *Miguel Reale Júnior*

A questão mais grave, que se põe, é sobre a configuração jurídica da ação materialmente unitária: haveria, no caso do agente que, querendo matar "A", por inabilidade venha a matar "B", uma tentativa de homicídio com relação a "A" e um homicídio culposo com referência a "B", ou um único crime de homicídio doloso?

BETTIOL responde, com razão, que, na *aberratio ictus*, há um único crime,[22] com lesão ao bem jurídico vida genericamente tutelado, independentemente da referência ao titular desse bem. A lei penal tutela o bem jurídico vida sem especificação e, destarte, no exemplo dado, houve lesão à vida de uma pessoa, "B", "mesmo que por inabilidade". Assim, a tentativa com relação a "A" é absorvida pela consumação do homicídio com referência a "B". Para PAULO JOSÉ DA COSTA JR., o dolo que se leva em conta para caracterizar o homicídio de "B" não poderia integrar a tentativa com relação a "A", o que significa multiplicar por dois o dolo que é único.[23]

LEONE considera inexistir dúvida, no caso de evento único, de que a tentativa é absorvida pela figura do crime consumado. Todavia, na hipótese de ocorrer, com relação à pessoa visada, uma situação de perigo ou dano, tentativa ou lesão, por este resultado responde o agente como crime autônomo, configurado na forma culposa,[24] o que justifica a aplicação do cúmulo jurídico, do aumento da pena de um sexto até a metade.

Na verdade, o segundo resultado é atribuído ao agente, seja por culpa, seja a título de responsabilidade objetiva. Por culpa quando houver erro na execução, inabilidade, pois se deve ser prudente até mesmo quando se executa um crime; por responsabilidade objetiva, quando o resultado não desejado, que surge ao lado do pretendido, decorrer de acidente, ou seja, de caso fortuito.[25]

Quanto ao elemento subjetivo, como ressalta LEONE, a *aberratio ictus* se compadece, tão só, com dolo direto, quando se visa uma pessoa determinada, errando-se na execução. Não é possível a *aberratio ictus* se o agente atua animado de dolo indeterminado ou eventual que inclua a possibilidade de vir a abranger a quem efetivamente termina por lesar.

Concluindo-se que há, na *aberratio ictus*, um único crime, presidido pelo dolo, considerado uma só vez, resta examinar o tratamento punitivo adotado pelo Código.

Tal como no erro sobre pessoa (art. 20, § 3º), o agente responde como se tivesse praticado o crime contra a vítima visada, e não contra a pessoa verdadeiramente atingida por acidente ou erro na execução. Destarte, as circunstâncias cabíveis, na hipótese da pessoa que se pretendia ofender, prevalecem, mesmo que inexistam quanto à vítima realmente lesada; e a *contrário senso*, não persistem as circunstâncias decorrentes da lesão à vítima que não se pretendia atingir, mas que atingida foi por erro na execução.

No art. 73, *in fine*, determina o legislador que na hipótese do exemplo acima mencionado, na letra "b", atingindo-se a pessoa diversa e também a pessoa visada, aplica-se

---

[22]   BETTIOL, op. cit., p. 476.

[23]   PAULO JOSÉ DA COSTA JÚNIOR, op. cit., p. 54.

[24]   G. LEONE, *Il reato aberrante,* Nápoles, 1964, p. 79 e seg.

[25]   Por esta razão é que se pode concluir que a *aberratio ictus* plurilesiva constitui um tipo *sui generis*, não enquadrável como concurso formal, ou crime tentado, mas crime culposo. Neste sentido é a opinião de ALDO REGINA, *Il reato aberrante,* Milão, 1970, p. 154.

Parte III · Capítulo 6 · CONCURSO DE CRIMES | **351**

a regra do art. 70, ou seja, o cúmulo jurídico previsto para o concurso ideal: se iguais as penas, somente uma delas, aumentada de um sexto até a metade, ou a mais grave.

Na *aberratio delicti*, ocorrendo crime diverso, o agente responde por culpa, se o fato é previsto como crime culposo. Se sucede, além do crime diverso, também o pretendido, o art. 74, *in fine*, estabelece que se aplique a regra do art. 70, ou seja, o cúmulo jurídico.

6.3. LIMITE DAS PENAS

No art. 75, a Parte Geral repete o que vinha disposto no art. 55 do Código de 1940, sendo de se ressaltar que o preceito se refere a tempo de cumprimento e não à pena aplicada.

Não há um limite de quarenta anos, como prazo que deva reger a concessão do livramento condicional. Este não constitui um direito, mas faculdade, benefício a ser concedido desde que preenchidos os requisitos exigidos no art. 83 e no seu parágrafo único.

Uma vez que a Constituição Federal proíbe a prisão perpétua, era corolário que, no Código Penal, se fixasse o prazo máximo do tempo de cumprimento. Se o condenado não obtiver o livramento condicional e perfizer quarenta anos de cumprimento de pena, há de ser posto em liberdade.

Uma das condições para preservação da identidade moral do condenado, com positivas repercussões na disciplina carcerária, está na possibilidade de vislumbrar a liberdade. Daí fixar-se um limite do tempo de cumprimento, mesmo porque o encarceramento por mais de quinze ou vinte anos destrói por completo o homem, tornando-o inadequado à vida livre.

Esta fixação, contudo, não pode constituir um direito a delinquir durante a vida na prisão. É por esta razão que se estabelece, nos §§ 1º e 2º, o seguinte: as penas privativas de liberdade que somem a mais de quarenta anos devem ser unificadas para que se atente o limite de quarenta anos. Caso, no entanto, "sobrevenha condenação", por fato posterior ao início do cumprimento da pena, far-se-á nova unificação com o gravame de se desprezar, para este fim, o período de pena já cumprido. E assim, o limite de quarenta anos passa a ser contado a partir da nova unificação, decorrente da condenação por fato posterior ao início do cumprimento da pena.

Dessa maneira, não tem o condenado o direito a delinquir graças ao limite fixado, com impunidade garantida pelos novos fatos, que vier a praticar em razão da unificação da pena.

Capítulo 7
SUSPENSÃO CONDICIONAL DA PENA

7.1. NOTAS HISTÓRICAS

Há quem veja linhas de identidade entre a suspensão condicional da pena e institutos jurídicos romanos. Assim, guardava o pretor o poder de substituir, "*nos crimes de incêndio provocados por negligência, a pena de fustigação pela* severa interlocutio *como já ao prescrevia Paulus:* 'aut fustibus castigat eos qui negligentius ignem habuerunt, aut severa interlocutione com minatus fustum castigationem remittit'. *Da* severa interlocutio *surgiu a simples admoestação judicial, preconizada por Justinianus:* 'ita praesidis vebis gravatus est et admonitus, ut ad melioris vitae fugem se reformet' (C, II, 11, fr. 19)".[1]

A admoestação judicial do Direito Romano passa ao canônico sob a denominação *motitio canônica, "pela qual os juízes eclesiásticos tinham autoridade própria para determinar a suspensão de todas as penas temporais e espirituais impostas aos condenados, que novamente comparecessem a sua presença, implorando-lhes perdão, sob a condição de que não mais praticassem os mesmos atos, pois, caso contrário, as penas suspensas seriam postas em execução".[2]*

Tal prática, de algum modo, terminou sobrevivendo no sistema jurídico-penal da *common law.* É, entretanto, no século XIX que obtém novo impulso. O *Juvenile Offenders Act,* de 1847, na Inglaterra, determinava que ao juiz ficava facultado, no tocante aos menores delinquentes, não pronunciar sentença condenatória, mas lhes declarar só a culpabilidade, castigando-os com a admoestação, ou substituindo a pena corporal por pecuniária.

Nos Estados Unidos da América, mediante as *Reformations and Industrial Schools,* no Estado de Massachusetts, a contar de 1869, os menores delinquentes passaram a ser recolhidos pelas aludidas instituições, gozando de certa liberdade vigiada, para, afinal, encaminhá-los a famílias que os quisessem abrigar.[3]

O sucesso de tais medidas conduziu a reproduzir, em 1878, no mesmo Estado, mas para os delinquentes primários adultos, *Act to Probation Office for Adults:* "*O êxito dessa inovação é então reconhecido amplamente, de modo que se tornou obrigatório aos magistrados o instituto do* probation officer *em todo o território do Estado de Massachusetts, por força da Lei de 18 de maio de 1891".*[4]

---

[1] AULER, H., *Suspensão Condicional da Execução da Pena,* Rio de Janeiro, 1957, p. 5 e 6.

[2] AULER, H., op. cit., p. 6.

[3] AULER, H., op. cit., p. 7.

[4] AULER, H., op. cit., p. 7.

O *Probation of Offenders Act*, de 1907, regulou, de modo definitivo, a suspensão da pena na Inglaterra.

Coube à Bélgica, no continente europeu, a primazia de introduzir a suspensão condicional da pena, por instância de Jules Le Jeune, que apresentou projeto, convertido na lei de 31 de maio de 1888.

Em França, desde 1884, se discutia projeto que visava a inserir, nas leis penais, o *sursis à l'éxecution de la peine*, oferecido por Bérenger ao Senado. Vários projetos substitutivos foram apresentados e, após longa discussão, chegou-se à lei de 26 de março de 1891.

Daí, terminaram por emergir duas vertentes, a anglo-americana e a franco-belga, que se projetaram nas diversas legislações. A suspensão da pena, por exemplo, surge na Suíça em 1891, em Portugal em 1893, na Noruega em 1894, na Alemanha em 1896, na Itália em 1904 e no Japão em 1905.

No Brasil, projeto de lei, regulando a suspensão da execução da pena, foi oferecido, a 18 de julho de 1906, na Câmara Federal, por Esmeraldino Bandeira, arrimado na Lei Bérenger. Não teve sucesso.

O instituto aflorou, também, no Projeto de Código Penal de Galdino Siqueira, publicado em 1913 (art. 39).

O Decreto nº 4.577, de 5 de setembro de 1922, autorizava o Poder Executivo a reformar o sistema penitenciário, prover sobre o livramento condicional e estabelecer a suspensão da condenação. Não foi, contudo, utilizado.

Outro projeto, de João Luís Alves, converteu-se no Decreto nº 16.588, em 6 de setembro de 1924, a primeira lei brasileira prevendo a condenação condicional em matéria penal.[5]

A Consolidação das Leis Penais, organizada por Vicente Piragibe, manteve o instituto da suspensão condicional da pena (arts. 51 e 52 do Decreto nº 22.213/32). Assim, também, o Código Penal de 1940 (arts. 57 a 59).

7.2. NATUREZA JURÍDICA

A suspensão condicional da pena, qual se evidenciou, desenvolveu-se em duas linhas principais, correspondendo a formas distintas. O sistema anglo-americano do *probation* e o franco-belga do *sursis*. Esse foi acolhido em nossa legislação desde o referido Decreto nº 16.588/24, daí passando ao Código Penal de 1940, onde permaneceu com as alterações determinadas pela Lei nº 6.016, de 31 de dezembro de 1973, e pela Lei nº 6.416, de 24 de maio de 1977.

Sem esquecer de que o *sursis* veio mencionado no Código Penal de 1969 (art. 70), todos os diplomas legais buscaram, com alterações sucessivas, aperfeiçoá-lo.

A suspensão objetivou, sempre, na qualidade de incidente da execução, ser um sucedâneo contra as penas curtas de prisão, por motivo do confessado fracasso, que as atingiu.

Apesar de termos, com a Lei nº 6.016/73, culminado com o *sursis* simples e em outra forma, mediante regime de prova, o certo é que ambos se converteram, na prática,

---

[5] AULER, H., op. cit., p. 21-23.

Parte III · Capítulo 7 · SUSPENSÃO CONDICIONAL DA PENA | **355**

como diz Nilo Batista, em uma substituição por nada,[6] porque, qual explica Manoel Pedro Pimentel, *"uma vez concedidas e estabelecidas as condições, o réu comparece à audiência admonitória – nem sempre formalmente realizada – e a sua vida volta à normalidade, como se nada tivesse acontecido, esquecendo-se até mesmo que um dia foi condenado. Comenta-se nos meios forenses que alguns defensores chegam a dizer ao constituinte ter sido 'absolvido com o sursis'".*[7]

Tal tratamento levou a suspensão condicional ao completo mau êxito, pelo que se lhe impunha reformulação, já em outros moldes.

Hoje, com as alterações havidas em 1998, é possível substituição das penas privativas de liberdade até um ano por multa (art. 44, § 2º, Código Penal) ou por restritiva de direitos. Quando superiores a um ano e até quatro anos podem as penas ser substituídas por multa e restritiva de direitos ou por duas penas restritivas de direitos. A suspensão condicional aplicava-se em situações mais graves no anterior sistema da Lei nº 7.209/84, a Reforma de 1984, pois a substituição por restritiva de direitos era então cabível só para penas até um ano, e a suspensão para penas até dois anos. Com as alterações de 1998, tornou-se a suspensão sem sentido, pois a substituição das penas até quatro anos por restritiva de direitos é permitida na sistemática adotada pela Lei nº 9.714/98.

Assim, com largo espectro, concorre como possibilidade com a multa substitutiva, até um ano, e com as penas restritivas, até quatro anos, conservando como setor de aplicabilidade, mas fragilizado, a faixa oscilante entre um e dois anos.

O atual Código Penal, erradamente, posto que advém como autêntica pena restritiva, ainda emprega a expressão "benefício" (nº II do art. 77 e § 1º do Código Penal) e "beneficiário" (§ 2º do art. 81 do Código Penal). Pensara-se a suspensão como mais severa do que as próprias restritivas (art. 43 do Código Penal). Tanto isso é verdade que ela contém, no primeiro ano do prazo, a pena de prestação de serviços à comunidade, ou a de limitação de fim de semana; senão outros deveres, por sua natureza, específicos das penas restritivas, autônomas, e contempladas em vários países, qual a proibição de frequentar determinados lugares, de se ausentar da comarca onde reside, ou a necessidade de comparecimento pessoal a juízo mensalmente (§§ 1º e 2º do art. 78 do Código Penal).

A essência, claramente sancionatória, da suspensão condicional, como manifesta e evidente restrição de direitos, vem indicada pela Lei de Execução Penal, que a retirou dos incidentes de execução e a incluiu na parte referente à execução das penas em espécie (arts. 156 a 163 da Lei de Execução Penal). Emergia, por conseguinte, como mais grave que a pena de multa, bem como que as penas restritivas, às quais se liga, mantido o seu enquistamento sistemático no Código Penal, antecedendo ao livramento condicional em mera homenagem à tradição.

Topologicamente no Código Penal, situa-se anteriormente ao livramento condicional. Este enquadramento não surge novo, posto que uma antiga doutrina já oferecia base suficiente para se defender a ideia de que a chamada "condenação condicional" reunia caracteres próprios da pena, mesmo sendo tratada como um favor. Em tal sentido, orientou-se a dissertação apresentada por José Mendes, no ano de 1908, em concurso prestado na Faculdade de Direito de São Paulo. Respondendo às objeções lançadas

---

6   "Observações sobre a reforma penal", em *Temas de Direito Penal*, Rio de Janeiro, 1984, p. 193.

7   *O Crime e a Pena na Atualidade,* São Paulo, 1983, p. 165.

356 | FUNDAMENTOS DE DIREITO PENAL – *Miguel Reale Júnior*

contra o instituto – entre elas a de que com sua aplicação se violava o princípio de Justiça, segundo o qual a cada crime deveria corresponder uma pena – dizia ele que: "*A própria condenação condicional é uma pena consistente na ameaça feita ao delinquente; é um substitutivo penal, que não perde a natureza de pena. É pena no verdadeiro sentido, o científico. É pena adequada ao nosso tempo.*"[8] O século, então, só principiava.

A natureza jurídico-penal do *sursis* é ostentada por JESCHECK como um "*medio autónomo de reacción jurídico-penal que tiene varias posibilidades de eficacia. Es pena, en tanto que se condena a una pena privativa de libertad y el condenado tiene antecedentes penales*". Além de tal característica, revela ser um meio de correção e também medida de ajuda social e, finalmente, mostra aspecto sociopedagógico ativo ao estimular o condenado para que, com suas próprias forças, possa se reintegrar na sociedade.[9]

Segundo EDUARDO CORREA, o *sursis* pode e deve ser considerado como substituição da pena. "*Por isso CUCHE caracterizava a condenação condicional como um sucedâneo da ameaça penal da norma legal, por uma ameaça pessoal do juiz. Daí que, como diz BELEZA DOS SANTOS, o instituto se possa considerar uma pena*".[10]

Eis que não mais se pode asseverar que o réu possua direito à suspensão condicional da pena, tanto que, se satisfeitos os requisitos legais, não há direito subjetivo público à suspensão condicional da pena. Sua concessão depende do poder discricionário do juiz.

A lei desvenda não somente um requisito da suspensão, mas um elemento básico de individualização da pena, tanto que se conota com a seleção condicionante das restritivas (nº II do art. 77 c/c o nº III do art. 44 do Código Penal), reproduzindo os critérios de individualização sentencial (art. 59 do Código Penal), que se espraiam por todo o diploma (§ 3º do art. 33; art. 68; parágrafo único do art. 71, todos do Código Penal).

Questionou-se, portanto, longamente, se o *sursis* guardaria sentido retributivo, preventivo geral ou de prevenção especial,[11] chegando-se a mencionar a ideia originária de direito de graça, como ancestral prerrogativa inerente ao soberano.[12]

Definida a natureza de sanção penal, resulta da sistemática do Direito da Culpa o seu intento retributivo, o qual não oculta o ensejo da emenda, tudo no entrelaçamento com a personalidade do condenado, entendida em aspecto ético-espiritual.

É bem de ver que a opção entre as várias penas, ofertada ao juiz, não implica a eliminação do *tônus* retributivo.

O castigo explica-se como algo correlato à ação e ao seu agente. A Justiça, segundo BETTIOL, "*fundamento abstrato ou racional da pena, porque a pena em concreto deve ser sobretudo 'equânime'*", o que só ocorrerá, se existentes os poderes discricionários na aplicação da sanção.[13]

---

8   DOTTI, R. A. "O *sursis* e o livramento condicional nos projetos de reforma do sistema", *in RSP*, vol. 111, p. 34.

9   DOTTI, R. A. Op. cit., p. 34.

10   *Direito Criminal*, Coimbra, 1968, vol. II, p. 395-397.

11   A respeito, ver FRAGOLA, S. P., *La Sospensione Condizionale della Pena*, Roma, 1970, pp. 131-52.

12   YAÑEZ ROMAN, P. L., *La Condana Condicional en España*, Madrid, 1973, pp. 91-93.

13   BETTIOL, G. *Direito Penal*, trad. Paulo José da Costa Júnior e Alberto Silva Franco, São Paulo, 1976, vol. III, pp. 157-160.

Parte III · Capítulo 7 · SUSPENSÃO CONDICIONAL DA PENA | 357

Extrai-se que a individualização cognitiva, e tal como concretizada pelo texto penal, concilia-se antes com a retribuição, do que com as figuras de prevenção, não excluídas, contudo, do raciocínio do *sursis*.

7.3. ESPÉCIES DE SUSPENSÃO CONDICIONAL

A Exposição de Motivos da Nova Parte Geral, itens 62 a 66, permite inferir que o Código Penal estatuiu duas modalidades de suspensão condicional: a comum e a especial. Aquela assegura-se como regra, válida para a generalidade dos casos; bem mais gravosa, contendo como elementos a suspensão da pena privativa e a imposição de uma sanção restritiva, que, no fundo, também representa a contenção do encarceramento executório. Esta compartilha o componente comum da paralisação condicionada da prisão e altera o segundo elemento, substituindo-o por outras condições, quais sejam: a proibição de frequentar determinados lugares; a proibição de ausentar-se da comarca; e a determinação de comparecimento pessoal e obrigatório a juízo (§§ 1º e 2º do art. 78 do Código Penal).

Os deveres impostos na segunda espécie de *sursis* (letras "a", "b" e "c" do § 2º do art. 78 do Código Penal) não divergem, quanto à sua natureza, das restritivas, embora o Código não os haja contemplado, especificando, como sanções autônomas. Sua essência com ela se confunde, tendo sido frequentemente considerados quais alternativas às penas curtas de prisão.

A estrutura das espécies de suspensão não se afasta, em substância, caracterizando-se por ser, também, embora de maneira menos gravosa, uma restrição de direitos.

A identidade torna-se inquestionável, visto que se extingue a pena privativa de liberdade imposta, tanto que cumpridas as restritivas, ou toda a suspensão condicional. A última possui, até, dispositivo específico (art. 82 do Código Penal) em face da ausência de coincidência entre o tempo estipulado para a prisão e para a sua suspensão, o que não precisa ocorrer na inter-relação entre as restritivas e privativas de liberdade.

Em ambas as modalidades de suspensão, poderão ser estabelecidas outras limitações ao condenado (art. 79 do Código Penal), as quais, como as mais já aludidas, constam, equivocadamente, da lei como condições. Nome que se mantém só por lembrança. Em verdade, não se ostentam como condições resolutivas, mas como elementos que integram a sanção, desenvolvendo-se à maneira de cerceamentos a direitos e, pois, castigo ao longo da execução.

Não se imagine qualquer infringência à reserva legal, porquanto a resposta penal surge delimitada sempre. Nada alterando, assim, que o juiz, no uso do poder discricionário, fixe aquilo pertinente ao acessório, em matéria de individualização (art. 79 do Código Penal), disciplinando-a, pois, de modo a fazê-la mais eficaz.

O critério emergente, para delimitação de tais elementos, acha-se na necessidade e suficiência, ainda outra vez, pelo que, embora com diversa finalidade, diga ANÍBAL BRUNO que "*hão de variar de acordo com as condições do próprio delinquente ou do meio em que vive, da natureza e circunstância do seu crime*".[14]

---

[14] *Direito Penal – Parte Geral*, Rio de Janeiro, 3ª ed., 1967, t. 3º, p. 175.

358 | FUNDAMENTOS DE DIREITO PENAL – *Miguel Reale Júnior*

7.4. REQUISITOS DA SUSPENSÃO CONDICIONAL

A suspensão condicional da pena apresenta requisitos genéricos e específicos, em relação às duas modalidades apontadas.

Arrolam-se naquela natureza os atinentes ao nível da pena privativa de liberdade, prescindindo de sua qualidade, que não poderá se mostrar superior a dois anos (art. 77 do Código Penal).

Trata-se de requisito objetivo, que só comporta exceção para o condenado maior de setenta anos de idade (§ 2º do art. 77 do Código Penal).

A indicação do *quantum* diz com a gravidade da infração penal, que se expressa na individualização legislativa e judicial. O segundo requisito refere-se diretamente ao agente, consubstanciando-se na exigência que não seja ele reincidente em crime doloso (nº I do art. 77 do Código Penal), o que, por certo, faz-se para arredar a inocuidade de *sursis*, outorgado àquele que, por expressão de vontade, mostra-se persistentemente contrastante com a ordem jurídica.

Cumpre não esquecer que os mandamentos reguladores da reincidência foram modificados pela Lei nº 9.714/98, pois permite-se, por esta disciplina legal, a substituição da pena por restritiva, mesmo se o condenado for reincidente genérico e a medida for "*socialmente recomendável*" (art. 44, § 3º, do Código Penal). Anote-se a contradição, mais uma, gerada pelas modificações introduzidas pela Lei nº 9.714/98, pois, de um lado, permite-se que a pena, por exemplo, de dois anos de reclusão, no caso do reincidente, seja substituída por restritivas de direitos, proibida, todavia, a substituição por suspensão condicional.

Afasta-se, todavia, a recidiva em delito culposo, art. 77, I, do Código Penal, posto que, quanto a esses, a rebeldia se mostra menos intensa a sugerir menor índice de inadaptação social, podendo, por isso mesmo, em algumas circunstâncias, pelo que tudo fica afeto ao poder decisional do juiz, receber reprimenda penal menos severa.

Ainda, no concernente aos requisitos gerais, só se permite que seja imposta a suspensão condicional, se e quando não indicada ou cabível a substituição por pena restritiva (nº III do art. 77 do Código Penal). O comando, à evidência, refere-se a não ser apropriada a substituição, seja porque o autor necessite de castigo maior do que a pena restritiva, quando seria cabente o *sursis* comum, seja porque a pena restritiva mostra-se como reação em demasia, quando então aplicável o *sursis* especial.

O raciocínio, portanto, que indica a opção, advém do próprio fim emprestado às penas que, por meio de suas qualidades, modulam-se na necessidade e suficiência.

Ao cuidar-se do cabimento da substituição, examina-se requisito objetivo. Quanto a ser ela indicada ao caso, verifica-se requisito subjetivo, sempre dependente de avaliação do agente, imerso em sua circunstancialidade.

Observe-se a anterioridade lógica da consideração da substituição, sobre os demais requisitos (nº III do art. 77 do Código Penal); porquanto, na operação mental do julgador, antes de propender para a suspensão condicional, terá de, indispensavelmente, haver concluído pelo descabimento, ou pela inconveniência da permuta de penas (art. 44 do Código Penal). Mas estas considerações e o próprio inciso III do art. 77 do Código Penal, no entanto, perdem sentido com as modificações trazidas pela Lei nº 9.714/98.

As circunstâncias judiciais de fixação da pena (art. 59 do Código Penal), que operam como critério reitor do sistema, surgem, exceptuando a referência às consequências do crime e ao comportamento da vítima, como requisitos subjetivos específicos do *sursis* comum. Tudo matizado pelo juízo de necessidade e suficiência.

Parte III · Capítulo 7 · SUSPENSÃO CONDICIONAL DA PENA | **359**

Trata-se de avaliação globalizante, mas que não exige a unipresença favorável de todos os dados de estimação da pena, mas sim que da reunião da maioria, ou da preponderância de um deles, resulte conforme à suspensão condicional da pena.

Já, de forma diversa, se disciplina o requisito subjetivo do *sursis* especial (§ 2º do art. 78 do Código Penal), visto que pede que as circunstâncias, aqui entendidas como todas, sem exceção, lhe sejam, por completo, favoráveis. Daí, começa-lhe a emergir a manifesta particularidade. Vale dizer, a sua aplicabilidade circunscrita às infrações penais, que denotem mínimo grau de reprovabilidade, expressado por meio da culpabilidade, antecedentes, conduta social e da personalidade do agente, bem assim dos motivos e circunstâncias do crime, não afastada a contribuição causal derivante do comportamento da vítima.

Além da exigência de escassa reprovabilidade, demanda-se que mínimas sejam, também, as consequências do fato punível. Não se pretendendo, contudo, incluir a insignificância, que, como princípio, tem campo próprio de atuação, dentro do Direito Penal.

A suspensão especial requer, ainda, que na sucessão de requisitos, o dano se tenha antes reparado, salvo demonstração da impossibilidade de fazê-lo. Exigência que se não confunde com uma das causas de revogação (nº II do art. 81 do Código Penal).

Configura-se tal modalidade excepcional de *sursis* para servir de instrumento de modulação do sistema, conferindo ao juiz, assim, a precisa disponibilidade de expedientes penais, capazes de levar a pena devida ao autor, em proporção, na qual o valor do justo se confunde com o equânime.

O *sursis*, de tal maneira, se torna plástico, que, ora se põe acima das penas restritivas, em dureza, ora abaixo, em sua finalidade sancionatória.

Ocorre, todavia, que se vulgarizou a aplicação do *sursis* especial, em detrimento da necessidade de conter a sanção penal proporção com o fato e o agente, minimizando-se em demasia a repreenda, em razão da lei do mínimo esforço prevalecer e impor a solução mais fácil e menos onerosa ao juízo. Por esta razão, em 1996, pela Lei nº 9.268, procurou-se reduzir os malefícios da concessão indiscriminada do *sursis* especial, estabelecendo-se que as condições previstas nas alíneas do § 2º do art. 78 do Código Penal devem ser aplicadas cumulativamente.

O que importa realçar, todavia, é que o *sursis*, comum ou especial, deixa de ter razão de ser com a extensão da substituição das penas privativas até quatro anos por restritivas de direitos, motivo pelo qual a proposta de modificação da Parte Geral em tramitação no Congresso Nacional eliminava a suspensão condicional, por ser desnecessária, dado que as penas até um ano de reclusão podem ser substituídas por multa, e as inferiores a quatro anos, por penas restritivas.

7.5. EXECUÇÃO E CONVERSÃO DO *SURSIS*

A suspensão principia a se executar após o trânsito em julgado da decisão condenatória, na audiência admonitória, com a advertência sobre o sucesso de nova infração penal e sobre o descumprimento das condições impostas (arts. 158 e 160 da Lei de Execução Penal).

Em rigor de técnica, o aviso é pertinente a uma sanção quase autônoma: a admoestação judicial, pelo que deve, para se integralizar, efetivar-se, como exige a lei, pelo juiz, que será o da execução penal e jamais pelo escrivão do cartório.

360 FUNDAMENTOS DE DIREITO PENAL – *Miguel Reale Júnior*

É bom recordar que, transitada em julgado a sentença condenatória, termina todo o ofício do juízo de conhecimento, pouco importando que o juiz seja o indicado na lei local de organização judiciária, ou o da sentença (art. 65 da Lei de Execução Penal).

Diverso não poderia ser o entendimento, quanto ao início do prazo da suspensão condicional, porque não se trata de incidente da execução, mas de verdadeira pena. Questão, pois, de Direito Material e não de Direito Processual. Assim, a sua execução e cumprimento não podem começar senão depois do trânsito em julgado, visto que a execução provisória não guarda cabência na espécie, como por erro evidente, a pretexto de beneficiar o condenado, ocorreu na vigência da lei revogada.

Têm-se por superados os problemas atinentes a eventuais inadequações da suspensão em face da regra da temporariedade da reincidência (nº I do art. 64 do CP), que só poderiam subsistir no Código Penal de 1940, em razão de diverso tratamento dado às medidas de segurança, demais de tratá-la como mero incidente executório.

A exemplo das penas privativas de liberdade e das restritivas de direitos, o regime de execução do *sursis* poderá ser modificado, sempre se preservando o direito de manifestação do condenado (§ 2º do art. 158 da Lei de Execução Penal). É, ainda, o critério do necessário e do suficiente atuando de novo.

A fiscalização importa a obrigatoriedade do comparecimento periódico do executado à entidade fiscalizadora (§ 3º do art. 158 da Lei de Execução Penal). Aspecto executório, que não se confunde com a restrição penal apontada na lei (letra "c" do § 2º do art. 78 do Código Penal), posto que um representa atendimento à execução e outro se refere à natureza da sanção, podendo ambos coexistir nas respectivas finalidades.

Cumprida a suspensão condicional da pena, julga-se extinta a sanção, desde que não tenha ocorrido revogação (art. 82 do Código Penal).

O *sursis* comporta duas modalidades de conversão, a saber: a revogação obrigatória e a facultativa, que implicam a transmutação em pena privativa de liberdade, antes fixada na sentença firme.

A obrigatória ocorrerá quando o sentenciado vier a ser condenado por outro crime doloso, em sentença irrecorrível; frustrar a execução da multa ou não efetuar, podendo, a reparação do dano; ou, ainda, descumprir a prestação de serviços à comunidade e a limitação de fim de semana (nºs I, II e III do art. 81 do Código Penal).

Situação que deve ser ressaltada em apartado é a do descumprimento pelo condenado de restritiva, imposta com o *sursis*, ou qualquer outra limitação incidente, para os fins de se determinar qual o manuseio jurídico da parcela de sanção já cumprida.

Como pena restritiva de direitos, a solução deve ser a mesma aplicada ao gênero, ou seja, a impossibilidade do aproveitamento de seguimento desempenhado, para fins de detração. Equivale a dizer que o executado terá de cumprir a pena privativa de liberdade imposta, mercê da conversão, integralmente.

A revogação facultativa poderá acontecer frente ao descumprimento de qualquer das restrições impostas pela sentença; ou se o condenado vier a ser sentenciado, irrecorrivelmente, por crime culposo ou em razão de contravenção (§ 1º do art. 81 do Código Penal). Nessas hipóteses, o juiz, ao invés de revogar o *sursis*, alargará ao máximo o período de prova. A suspensão será prorrogada, se o condenado estiver sendo processado por outro crime ou contravenção, até o julgamento definitivo (§ 2º do art. 81 do Código Penal).

Capítulo 8
LIVRAMENTO CONDICIONAL

8.1. O LIVRAMENTO CONDICIONAL NA LEGISLAÇÃO

O livramento condicional é fruto das ideias dos penitenciaristas[1] do século XIX, que na aplicação do sistema progressivo vieram a criar, como forma de execução final da pena privativa de liberdade, a execução em meio livre, sob condições e fiscalização. O livramento condicional, como etapa final do sistema progressivo, decorre do processo de individualização da pena na fase de execução, que se torna relativamente indeterminada, pois a reclusão pode, após determinado tempo, converter-se em cumprimento em liberdade.

O Código Penal Republicano de 1890 já previa o livramento condicional. No que tange ao sistema de penas, as acerbas críticas lançadas ao Código Penal de 1890 tão só em parte se justificavam, pois inovava-se ao se adotar, para o cumprimento das penas privativas de liberdade, uma progressão, iniciando o preso cumprimento da pena em regime de isolamento celular para em seguida passar a ter trabalho diário conjunto. Com relação às penas superiores a seis anos de reclusão, estabelecia-se uma passagem do aprisionamento celular para a penitenciária agrícola[2] (art. 50). Se perseverasse o condenado no bom comportamento, poderia ser beneficiado com o livramento condicional[3] (art. 50, § 2º).

Sem dúvida, restrita a progressão às penas longas – ou seja, superiores a seis anos –, o sistema mostrava-se inflexível referentemente às penas de pequena e média duração. Era, ainda, extremamente limitada a hipótese de aplicação da pena de prisão com trabalho forçado a ser cumprida desde o início em penitenciária agrícola, exclusiva,

---

[1] O livramento condicional surge com as ideias MACONOCHIE, que estabelecia a conquista de pontos pelo condenado com base em seu comportamento e no trabalho realizado. CROFTON, diretor do sistema prisional irlandês, a partir de 1854 deu efetividade às ideias de MACONOCHIE, criando um sistema progressivo, vindo o condenado a passar gradativamente por etapas com menor rigor disciplinar até culminar com o livramento condicional. A respeito, vide FRAGOSO, H. C. *Lições de Direito Penal*, Rio de Janeiro, Forense, p. 303 e seguinte; GARCIA, B. *Instituições de Direito Penal*, São Paulo, 5ª ed., Max Limonad, 1980, p. 627.

[2] Tenha-se presente que o Brasil era ainda um país iminentemente agrícola, com a maioria de seus habitantes residindo no campo.

[3] Como anota FRAGOSO, H. C. (op. cit., p. 389), o livramento condicional terminou por não ser aplicado, visto entender-se que sua efetividade exigia a edição de regulamentação do sistema penitenciário, o que veio a se dar somente em 1924, quando se estendeu o livramento, tornando-o possível para as penas iguais ou superiores a quatro anos.

esta, para os casos de vadiagem, destacando-se, portanto, tão só, como fase progressiva do cumprimento da prisão celular nas penas longas.

Mediante a edição de dois decretos do ano de 1924, flexibilizou-se o sistema de penas, seja ampliando-se a hipótese do livramento condicional, seja instituindo-se a suspensão condicional da pena. O livramento condicional pela nova redação do art. 50 (Consolidação das Leis Penais) poderia ser concedido às penas de quatro ou mais anos de prisão celular, desde que cumprida metade da pena, independentemente de haver o condenado sido antes transferido para penitenciária agrícola.

Passados cinquenta anos desde a edição do primeiro Código Republicano – ele mesmo objeto de diversas modificações, a ponto de ser necessária a edição da Consolidação das Leis Penais –, e após a formulação de vários anteprojetos, veio finalmente a ser editado o Novo Código Penal, em 1940, com base no Projeto Alcântara Machado, alterado por NELSON HUNGRIA.[4]

Escassos, contudo, foram os avanços trazidos pelo Novo Código em matéria de penas, o qual foi, de certo modo, menos flexível que o sistema constante na Consolidação das Leis Penais. Sem dúvida que com maior rigor técnico, o Código de 1940 adotava igualmente o sistema progressivo, com período inicial de três meses de isolamento do condenado que passava, em seguida, a ter trabalho em conjunto. Na hipótese de pena inferior a três anos, o cumprimento de metade do tempo permitiria a transferência do recluso de bom comportamento para colônia agrícola. No caso de penas superiores a três anos, o cumprimento de um terço era o bastante para operar-se a transferência. A última fase do sistema progressivo, de forma similar ao previsto no Código de 1890, consistia no livramento condicional, aplicável às penas superiores a três anos, se cumprida metade da reprimenda na hipótese de ser primário o criminoso, e três quartos, se reincidente.

O natimorto Código Penal de 1969 alterava o prazo para concessão relativamente ao reincidente, exigindo não três quartos, mas dois terços do cumprimento do tempo de pena para a sua obtenção.

Neste aspecto, significativa foi a modificação estabelecida pela Reforma da Parte Geral de 1984, ao estabelecer para o condenado não reincidente de bons antecedentes o prazo de um terço da pena para a concessão do livramento, e o de metade da pena para os reincidentes ou condenados de maus antecedentes.

O livramento condicional não constitui, como assevera RENÉ DOTTI, um direito subjetivo público,[5] pois não se põe como um interesse a ser obrigatoriamente satisfeito pelo Estado, frente ao qual cabe o condenado exigir sua concessão, como cumprimento de um dever jurídico de lhe outorgar o cumprimento da pena em meio livre. Cabe ao magistrado examinar, no caso concreto, se estão presentes todos os requisitos, avaliá-los, segundo uma discricionariedade motivada, ponderando se atende a execução da pena em liberdade aos fins da pena, retributivos e preventivos.

---

[4] Para o conhecimento da sua *ratio*, veja-se a vibrante e elucidativa discussão entre ambos, publicada na Revista *O Direito*.

[5] DOTTI, R. A., *Penas e medidas de segurança*, Rio de Janeiro, Forense, 1985, p. 225 e seguinte, capítulo acerca do livramento condicional de sua autoria.

O que importa ressaltar, todavia, é que o livramento condicional surge como forma de execução de pena, sendo essencial que a liberdade pode ser cortada a qualquer momento, se desrespeitadas as condições impostas, tornando-se obrigatório, na maioria dos casos, o cumprimento integral da pena restante no momento da concessão do livramento.

Deve o liberado permanecer sob orientação e fiscalização do serviço social penitenciário e de patronatos,[6] que se, de um lado, cumprem auxiliar o retorno à liberdade, de outro, fiscalizam o cumprimento das condições determinadas, tendo, portanto, o livramento condicional, como assevera EDUARDO REALE FERRARI, finalidade preventiva especial positiva, visando à reintegração do condenado.[7]

8.2. REQUISITOS DO LIVRAMENTO CONDICIONAL

Os requisitos do livramento condicional são objetivos e subjetivos. Realça-se como primeiro requisito o tempo cumprido da condenação imposta, que, na verdade, variará de acordo com aspectos subjetivos, específicos do condenado, como a reincidência ou os bons antecedentes.

Dessa forma, a regra geral fixa o tempo para a concessão do livramento condicional em um terço da pena. Será de metade para o reincidente em crime doloso e para o condenado de maus antecedentes, entendidos estes como condenações anteriores ou posteriores à condenação em razão da qual se cumpre pena, sem se ter gerado a reincidência, além da conta corrente de que fala NELSON HUNGRIA, na condução de sua vida.

MANOEL PEDRO PIMENTEL advogava que o tempo de cumprimento de pena não deveria ser estabelecido em lei, concedendo-se o livramento independentemente de prazo mínimo, no instante em que se reputasse necessária e conveniente a outorga da possibilidade de cumprimento da pena em meio livre.[8]

---

[6] No sistema norte-americano, destaca-se o *parole* exatamente pela assistência e acompanhamento por serviço social a ser prestado ao liberado condicional, pelos *parole officers* como anotam RUDOVSKY, D., BRONSTEIN, A., KOREN, E., *The rights of prisoners*, Nova Iorque, 1977, p. 110 e seguintes. A Lei de Execução Penal, em seu art. 25, chega a estatuir que o liberado deve ter inclusive alojamento e alimentação pelo prazo de dois meses, prorrogável uma vez por idêntico período, cumprindo receber apoio e orientação. BREDA, R., COPPOLA, C., e SABATINI, A. discorrem sobre a assistência ao detento e egresso, que remonta na Itália antes da unificação, com Carlos III de Bourbon, estabelecendo por decreto, em 31 de julho de 1850, conselhos gratuitos e caritativos junto aos cárceres de Piacenza, Pontremoli, Borgotaro. Em 1850, o governo temporal da Igreja emanou regulamento sobre a assistência e caridade aos detentos. Em 1891, regulamenta-se o patronato, voltados a todos os liberandos que peçam ajuda nos seis últimos meses de pena. Durante o fascismo, a ação de assistência ao egresso teve antes sentido fiscalizador, sendo que após a Segunda Guerra deu-se novo impulso aos Conselhos do Patronato. Havendo 170 Conselhos do Patronato e 70 entidades privadas voltadas à assistência carcerária e pós-carcerária voltadas a prevenir a reincidência (*Il servizio sociale nel sistema penitenziario*, Turim, Giappichelli, 1999, p. 32 e seguintes).

[7] *Medidas de segurança e Direito Penal no Estado Democrático de Direito*, São Paulo, RT, 2001, p. 59.

[8] *Crime e pena na atualidade*, cit., p. 169, advoga a eliminação de um prazo mínimo para a concessão do livramento condicional, dando-se preferência a um critério científico, "*de observação*

364 | FUNDAMENTOS DE DIREITO PENAL – *Miguel Reale Júnior*

Na maioria das legislações, o livramento condicional é concedido com o cumprimento de metade ou dois terços da pena, como ressalta JORGE DE FIGUEIREDO DIAS,[9] buscando-se uma proporcionalidade no tempo efetivo de privação da liberdade em face do fato e das circunstâncias que o circundam, que conduziram à fixação de um determinado *quantum* de pena.

O legislador de 1984, com voto vencido de minha parte na Comissão, resolveu estabelecer como regra geral, no entanto, o tempo de um terço da pena, razão pela qual a passagem de um regime para outro foi estabelecido em um sexto, exatamente para viabilizar o livramento em um terço da pena. Este tratamento menos rigoroso se entendia que buscava antes de tudo atender a uma necessidade de redução da população carcerária em menosprezo à individualização da pena operada nas fases legislativa e judicial.

É certo, todavia, que a concessão em um terço da pena tão só é aplicável, se o condenado não é reincidente em crime doloso e possui bons antecedentes, estabelecendo-se um requisito objetivo-subjetivo. Identifica-se, neste passo, a reincidência e os maus antecedentes, desmistificando a reincidência para equipará-la à ocorrência de uma reiteração criminosa, que só pode ser impeditiva se também ocorrer na prática de crimes dolosos, dando-se relevo, portanto, à vida pregressa, à biografia delituosa do condenado, exigindo-se para obtenção da liberdade antecipada e cumprimento da pena em meio livre um período maior de privação da liberdade.[10]

O tempo varia, também, segundo o disposto no inciso V do art. 83 do Código Penal, acrescido pela Lei dos Crimes Hediondos, Lei nº 8.072/90, e depois pela Lei nº 13.344 de 2016, e por fim em vista do disposto na Lei nº 13.964/19, pois determina que, na hipótese de crime hediondo, tortura, tráfico ilícito de entorpecentes, tráfico de pessoas e terrorismo, se o condenado for primário, o livramento condicional dar-se-á, se cumprido 40% da pena; 60% da pena, se reincidente em crime hediondo.[11]

---

direta e avaliação oportuna por especialistas que mantêm contato com o preso", ideia que considero extremamente arriscada pois fundada em uma pretensa cientificação do Direito, com base em presunções que conduzem à absoluta insegurança, pois retiram qualquer proporcionalidade e podem levar a situações autoritárias pretensamente técnicas, de soltar ou manter preso o condenado de acordo com critérios "científicos".

[9] *Direito Penal Português: consequências jurídicas do crime*, cit., p. 528. Entende o autor, com procedência, que permitir a concessão do livramento condicional antes do mínimo de metade do tempo da pena aplicada pode pôr em causa as exigências irrenunciáveis da prevenção geral, que terão sido levadas em conta quando da individualização legislativa e na fixação da pena na sentença condenatória (idem, p. 535).

[10] O projeto de novo sistema de penas unifica o tempo para concessão do livramento condicional, estabelecendo que deve ser cumprida metade da pena, seja o condenado reincidente, de maus antecedentes ou não reincidente, pois a reincidência deixa de ser circunstância agravante para ser circunstância judicial, já incidindo na aplicação da pena, razão por que não deve onerar novamente o condenado na fase de execução, na qual desponta a importância do bom comportamento como critério fundamental na concessão do livramento condicional. Também no crime hediondo o tempo deve ser o da metade do cumprimento da pena.

[11] "Art. 112. A pena privativa de liberdade será executada em forma progressiva com a transferência para regime menos rigoroso, a ser determinada pelo juiz, quando o preso tiver cumprido ao menos:

Parte III · Capítulo 8 · LIVRAMENTO CONDICIONAL | **365**

Conclui-se, portanto, que se o condenado for reincidente específico em crimes dessa natureza, há de ser concedido o livramento condicional, em mais de metade da pena, independentemente de méritos decorrentes de seu comportamento e atendimento ao trabalho.

A Lei dos Crimes Hediondos, além de exasperar as penas dos crimes de extorsão mediante sequestro, latrocínio, estupro, aumenta o tempo do cumprimento da pena em regime fechado, bem como o tempo para concessão de livramento condicional, de forma ainda mais rigorosa em face da alteração no art. 112 da Lei de Execução Penal por via da Lei nº 13.964/2019, denominada Lei Anticrime.

Com relação aos "crimes hediondos", foram estabelecidos vários critérios em vista não só da primariedade ou reincidência, mas também se do crime hediondo resultou morte ou se constituía prática por via de organização criminosa. Exclui-se da categoria de crime hediondo para fins de livramento condicional o crime de tráfico de drogas, reconhecendo-se a triste realidade de que cerca de metade da população carcerária é composta por condenados por tráfico, em geral em vista de comércio de

---

I – 16% (dezesseis por cento) da pena, se o apenado for primário e o crime tiver sido cometido sem violência à pessoa ou grave ameaça;

II – 20% (vinte por cento) da pena, se o apenado for reincidente em crime cometido sem violência à pessoa ou grave ameaça;

III – 25% (vinte e cinco por cento) da pena, se o apenado for primário e o crime tiver sido cometido com violência à pessoa ou grave ameaça;

IV – 30% (trinta por cento) da pena, se o apenado for reincidente em crime cometido com violência à pessoa ou grave ameaça;

V – 40% (quarenta por cento) da pena, se o apenado for condenado pela prática de crime hediondo ou equiparado, se for primário;

VI – 50% (cinquenta por cento) da pena, se o apenado for:

a) condenado pela prática de crime hediondo ou equiparado, com resultado morte, se for primário, vedado o livramento condicional;

b) condenado por exercer o comando, individual ou coletivo, de organização criminosa estruturada para a prática de crime hediondo ou equiparado; ou

c) condenado pela prática do crime de constituição de milícia privada;

VII – 60% (sessenta por cento) da pena, se o apenado for reincidente na prática de crime hediondo ou equiparado;

VIII – 70% (setenta por cento) da pena, se o apenado for reincidente em crime hediondo ou equiparado com resultado morte, vedado o livramento condicional.

§ 1º Em todos os casos, o apenado só terá direito à progressão de regime se ostentar boa conduta carcerária, comprovada pelo diretor do estabelecimento, respeitadas as normas que vedam a progressão.

§ 2º A decisão do juiz que determinar a progressão de regime será sempre motivada e precedida de manifestação do Ministério Público e do defensor, procedimento que também será adotado na concessão de livramento condicional, indulto e comutação de penas, respeitados os prazos previstos nas normas vigentes.

(...)

§ 5º Não se considera hediondo ou equiparado, para os fins deste artigo, o crime de tráfico de drogas previsto no § 4º do art. 33 da Lei nº 11.343, de 23 de agosto de 2006.

§ 6º O cometimento de falta grave durante a execução da pena privativa de liberdade interrompe o prazo para a obtenção da progressão no regime de cumprimento da pena, caso em que o reinício da contagem do requisito objetivo terá como base a pena remanescente".

366 | FUNDAMENTOS DE DIREITO PENAL – *Miguel Reale Júnior*

pequena monta. Assim, procura-se não manter por longo tempo ocupando as cadeias aqueles que são normalmente presos em flagrante portando drogas para fins de comércio, em quantias não significativas.

Assim, a escala para concessão de livramento condicional em crime hediondo ficou estabelecida da seguinte forma, segundo o art. 112 da Lei de Execução Penal, já reproduzido em nota de rodapé: "V – 40% (quarenta por cento) da pena, se o apenado for condenado pela prática de crime hediondo ou equiparado, se for primário; VI – 50% (cinquenta por cento) da pena, se o apenado for: a) condenado pela prática de crime hediondo ou equiparado, com resultado morte, se for primário, vedado o livramento condicional; b) condenado por exercer o comando, individual ou coletivo, de organização criminosa estruturada para a prática de crime hediondo ou equiparado; ou (...) VII – 60% (sessenta por cento) da pena, se o apenado for reincidente na prática de crime hediondo ou equiparado; VIII – 70% (setenta por cento) da pena, se o apenado for reincidente em crime hediondo ou equiparado com resultado morte, vedado o livramento condicional".

Medidas altamente repressivas, ao longo do tempo, em nada diminuíram o número de crimes violentos, em uma manifesta ilusão penal, com visão meramente profilática da sanção penal.[12]

Ainda com relação ao tempo de pena, cabe lembrar que o art. 84 do Código Penal determina que as penas correspondentes a infrações diversas devem ser somadas para efeito de livramento, estabelecendo-se o total de tempo a cumprir, mas levando em conta as especificidades dos crimes pelos quais foi condenado. Por exemplo: condenado à pena de quatro anos por roubo simples poderá, em razão de maus antecedentes, obter o livramento condicional, na metade do tempo. No entanto, condenado, também, por roubo à mão armada a seis anos de reclusão, poderá alcançar o livramento condicional se cumpridos dois terços da pena. Deve haver a soma, o que não unifica o tratamento temporal para a concessão do livramento condicional.

Requisito essencial, contudo, a meu ver, o mais relevante, está no comportamento bom e no correto desempenho do trabalho atribuído, conforme dispõe o inciso III do art. 83 do Código Penal.[13] O bom comportamento no meio prisional significa que o condenado pode ter praticado falta disciplinar leve sem que, por esta razão, venha a ser impedido de ser beneficiado com o livramento condicional. O bom comportamento exige a capacidade de enfrentar a frustração da perda da liberdade, postura que se contrapõe à anterior impossibilidade de viver as frustrações que resultou no caminho

---

[12] Para a crítica da lei dos crimes hediondos desde seu nascedouro, vide SILVA FRANCO, A. Crimes hediondos. São Paulo, RT, 1992; TORON, A. Z. Prevenção e retribuição na lei dos crimes hediondos: o mito da repressão penal. *Justiça Penal*, Centro de Expansão Universitária, São Paulo, RT, 1993, p. 85.

[13] HELENO CLÁUDIO FRAGOSO (op. cit., p. 304) considera que o bom comportamento é critério posto em xeque, pois o mundo prisional é anormal e violento, sendo comuns as rebeliões, além de que o mau comportamento pode revelar caráter e dignidade do preso, enquanto o bom comportamento pode indicar adaptação à prisionização. O não conformismo, todavia, tem formas de manifestação que não levam à rebelião ou forçosamente à prática de faltas disciplinares graves. Qualquer outro critério, fundado na pretensão de estudo da personalidade do preso pelas ciências do comportamento, conduz ao pior dos autoritarismos, pois coberto pelo manto do saber científico, gerando imensa insegurança.

da prática delituosa como forma de satisfação do desejo não controlado. De outra parte, a exigência de bom comportamento constitui uma necessidade para a disciplina prisional. Um mérito que ganha, em contrapartida, um prêmio.[14]

A recente Lei n. 13.964/19, denominada lei anticrime, indevidamente modificou os dizeres do art. 83 do Código Penal, para estabelecer alíneas ao inciso III, que repetem o que constava deste inciso.

Assim, subdivide as condições nas seguintes alíneas: **a)** bom comportamento durante a execução da pena; **b)** não cometimento de falta grave nos últimos 12 (doze) meses; **c)** bom desempenho no trabalho que lhe foi atribuído; e **d)** aptidão para prover a própria subsistência mediante trabalho honesto. O comportamento satisfatório já compreendia a não prática de falta grave ou até mesmo média. Mas, em desnecessária repetição de condição, o legislador novel decidiu estatuir que para a concessão do livramento condicional é necessário bom comportamento e não cometimento de falta grave nos últimos doze meses.

De pouca importância, portanto, a modificação introduzida, pois não é possível ter-se bom comportamento com a prática de falta grave. Fica, todavia, o registro dessa incongruência do apressado legislador, o ministro Moro, que considerou essa alteração inócua um ponto na "luta contra o crime".

Já o bom desempenho no trabalho atribuído demonstra a importância dada ao trabalho, como acima acentuei, que é tanto um dever como um direito do condenado. Põe-se o trabalho, por esta disposição, como um requisito para a liberdade.[15] O mesmo que ocorre com a remição, ao conceder um dia a menos de pena por cada três dias de trabalho. O trabalho, portanto, recebe um incentivo do legislador por se reconhecer seu relevo para a promoção da higidez mental do condenado, além de ser, igualmente, um contendor da indisciplina no meio prisional.

Outro requisito está na aptidão para prover sua subsistência mediante trabalho honesto, o que deflui como corolário do bom desempenho do trabalho enquanto preso, mesmo porque, segundo a Lei de Execução Penal, o trabalho deve atender às aptidões do condenado e, na medida do possível, não estar voltado para o artesanato sem expressão econômica (art. 32, § 1°).

A reparação do dano, salvo impossibilidade de fazê-lo, é outro requisito, aliando-se a responsabilidade civil à concessão da liberdade antecipada, forçando-se, dessa maneira, a satisfação da vítima, tratada no mais das vezes como personagem secundária no drama penal.

Outro requisito, previsto no parágrafo único do art. 83, introduzido no projeto que redundou na Lei n° 7.209/84, por via de emenda da Câmara dos Deputados, reco-

---

[14]   O projeto de novo sistema de penas, ora em tramitação no Congresso Nacional, dispõe como condição para a concessão do livramento condicional o bom comportamento, sendo que o projeto modificativo da Lei de Execução Penal cria um sistema de obtenção desta condição na hipótese de prática de falta grave ou leve, estatuindo um prazo sem ocorrência de faltas para a passagem da conduta da qualificação de má para regular e desta para a de conduta boa.

[15]   Mantém-se o bom desempenho no trabalho atribuído como condição do livramento condicional no projeto de novo sistema de penas.

locou no sistema de penas a periculosidade, que o projeto original tanto se esforçara em expurgar de nossa legislação.

Dispõe o parágrafo único que, nos crimes praticados mediante violência e grave ameaça, a concessão do livramento condicional *"ficará também subordinada à constatação de condições pessoais que façam presumir que o liberado não voltará a delinquir"*. Já discorri até exaustivamente acerca do descabimento da periculosidade como critério fundamentador da aplicação da pena, bem como sobre o despropósito do exame criminológico para verificação da cessação de uma periculosidade que não fora aferida no juízo de conhecimento, não integrando a sentença condenatória a declaração de uma periculosidade que se exige seja, depois de sofrida parte da pena, reconhecidamente cessada para fins de concessão da liberdade condicional.

O juízo de periculosidade, repita-se, é absolutamente inseguro, basta atentar-se para a dicção do parágrafo único, ou seja, a constatação de condições pessoais que façam presumir que não voltará a delinquir. As condições pessoais de ex-carcerário, sem a devida assistência,[16] são manifestamente as piores, pois lesionado em sua personalidade pela subcultura carcerária, com a rejeição da sociedade. É evidente que as condições pessoais não podem ser as melhores. Os exames criminológicos, aliás, prendem-se às circunstâncias dos crimes para aferir se o condenado presumivelmente irá ou não delinquir no futuro, o que se constitui em inadmissível *bis in idem* e em manifesta inconstitucionalidade de julgar novamente o fato pelo ângulo da periculosidade não apreciada na sentença condenatória.

8.3. CONDIÇÕES IMPOSTAS NA CONCESSÃO DO LIVRAMENTO CONDICIONAL

Ouvido o Ministério Público e colhido o parecer do Conselho Penitenciário Estadual, o juiz, ao decidir pela concessão do livramento condicional, fixará as condições a serem observadas pelo liberado durante o prazo do livramento. Há condições obrigatórias, elencadas no art. 132, § 1°, da Lei de Execução Penal, quais sejam, obter em prazo razoável ocupação lícita; comunicar periodicamente ao juiz a sua ocupação e não mudar do território da Comarca sem a devida autorização judicial. São estas condições que consagram uma ligação permanente com o juízo da execução e que timbram na importância do trabalho a ser obtido e periodicamente comunicado. A concessão do livramento consagra-se com solenidade presidida por membro do Conselho Penitenciário quando lhe é entregue a caderneta de liberados e advertido acerca das condições impostas.[17]

---

[16] No breve tempo que passei no Ministério da Justiça, criou-se a Secretaria Nacional de Justiça, sob direção de JOÃO BENEDITO DE AZEVEDO MARQUES, o Programa de Assistência ao Egresso (PAE), que veio a ser aceito por diversos Estados, e acerca do que estavam para ser assinados alguns convênios.

[17] DOTTI, R. A. (op. ult., cit., p. 320) considera que se dá neste passo uma admoestação. A necessidade de aceitação das condições apresentadas, a meu ver, tem antes um sentido de compromisso do que admoestação, que, no entanto, se caracteriza quando, na hipótese de desrespeito a alguma condição, pode o juiz convocar o liberado e adverti-lo, consoante o disposto no art. 140, parágrafo único, da Lei de Execução Penal.

Estas condições, todavia, não podem ficar de inteira responsabilidade do liberado, diante das manifestas dificuldades que enfrentará na vida livre, carregando a pecha de ex-presidiário. Por esta razão, a Lei de Execução Penal atribui ao Serviço Social, de acordo com o preceituado no art. 23, V, e art. 139, o dever de assistir o liberando de modo a facilitar o seu retorno à liberdade, auxiliando-o na obtenção de atividade laborativa. Tarefa igual cumpre seja realizada pelos Patronatos, os quais devem prestar assistência aos egressos, liberados definitivos e condicionais, nos termos do previsto nos arts. 25 e 26 da Lei de Execução Penal, orientando-os e apoiando-os para sua reintegração à vida em liberdade.

Os patronatos são instituições públicas ou privadas que se destinam não só a fiscalizar o cumprimento das condições impostas na sentença de concessão do livramento, mormente a de obtenção e manutenção do trabalho, mas principalmente a ajudar e a viabilizar o cumprimento destas condições durante o período de prova.

No projeto modificativo da Lei de Execução Penal, estende-se esta tarefa de auxílio ao liberado aos Conselhos de Comunidade, pois estou convencido de que sem a comunidade o Estado burocratizado não tem forças e espírito para levar avante tais empreitadas que requerem mais do que o dever funcional, exigem o desprendimento próprio do voluntariado.[18]

Há, também, condições facultativas, que o juiz imporá ou não de acordo com a avaliação de sua necessidade no caso concreto. São condições facultativas: não mudar de residência sem comunicação prévia; recolher-se à habitação em hora fixada; não frequentar determinados lugares. São, estas condições, exigências que visam a afastar as circunstâncias facilitadoras de nova prática delituosa, mormente as duas últimas, pois o recolhimento noturno e a proibição de frequentar bares busca colocar o liberado condicional longe de situações nas quais a realidade demonstra haver maior incidência de atos delituosos.

8.4. REVOGAÇÃO DO LIVRAMENTO CONDICIONAL

O caráter de execução da pena em meio livre decorre não apenas das condições impostas na sentença, mas da constante ameaça de vir a ser revogado o livramento condicional, pairando sobre a cabeça do liberado, como espada de Dâmocles, a possibilidade de ter de cumprir o restante da pena.

Há hipóteses de revogação obrigatória previstas no art. 86 do Código Penal, decorrentes de sobrevinda de condenações irrecorríveis, seja em virtude de crime cometido durante a vigência do benefício, seja por crime anterior, caso em que deve se verificar a soma das penas. Nesta última hipótese, de condenação por crime anterior, desconta-se, segundo o art. 88 do Código Penal, da pena objeto da revogação, o tempo em que esteve solto o condenado.

---

[18] BREDA, R., COPPOLA, C., SABATINI, A. ressaltam que as dificuldades da reintegração do condenado estão em grande parte ligadas à não aceitação do ex-detento por parte da sociedade, e que os resultados positivos não serão alcançados sem uma *colaboração direta e espontânea da comunidade mesma, seja em nível de instituições, seja do cidadão singularmente*" (op. cit., p. 192 e seguinte).

370 | FUNDAMENTOS DE DIREITO PENAL – *Miguel Reale Júnior*

Dessa forma, a revogação é imperativa, tão só, se sobrevier condenação irrecorrível à pena privativa de liberdade (art. 87 do Código Penal), o que indica que a existência de processo criminal, mesmo com sentença condenatória, mas não transitada em julgado, em face do princípio da presunção de inocência, não importa revogação do livramento. De outro lado, a condenação irrecorrível leva obrigatoriamente à revogação do livramento apenas se a condenação for à pena privativa de liberdade, pois a pena restritiva de direitos ou de multa pode ser cumprida durante o período de prova, ficando ao alvitre do magistrado revogar ou não neste caso de nova condenação a pena diversa da privativa de liberdade.

A revogação, portanto, é facultativa, se o liberado condicional for condenado por crime ou contravenção à pena, que não privativa de liberdade, ou se deixar de cumprir as obrigações impostas na sentença concessiva do livramento. Justifica-se que seja facultativa a revogação em face do descumprimento das condições, mormente a condição obrigatória de obtenção de trabalho, diante das dificuldades de colocação no mercado de trabalho e da indiferença do poder público na prestação da assistência social, descumprindo o estabelecido no art. 139 da Lei de Execução Penal. A cabença da revogação deverá ser examinada em cada caso, ouvido o liberado que pode justificar a impossibilidade de conseguir trabalho ou de retorno à residência em horário tardio.

Se suceder alguma das circunstâncias que conduzem à revogação facultativa e o juiz decidir não revogar o livramento, pode este, contudo, segundo o art. 140, parágrafo único, da Lei de Execução Penal, advertir o liberado ou agravar as condições impostas, indicando o significado do período de prova, que por orientação e controle deve primacialmente buscar promover a adaptação do condenado ao meio livre. A solução da não revogação deve sempre prevalecer, e o disposto neste parágrafo do art. 140 da Lei de Execução Penal é exemplo de medidas que podem ser tomadas para efetivar um acompanhamento do liberado, e, mesmo com desrespeito às condições impostas, não o devolver ao mundo prisional.

Revogado o livramento, seja na hipótese de revogação obrigatória ou facultativa, novo livramento não poderá ser concedido, devendo o condenado arrostar até seu final o tempo de pena remanescente, sem desconto do período em liberdade, salvo no caso de haver se dado a revogação em virtude de condenação por crime anterior ao benefício. Neste caso, também, poderá ser concedido novo livramento somando-se para tal o tempo remanescente e o tempo da nova condenação, conforme dispõe o art. 141 da Lei de Execução Penal.

Revogado o livramento cabe indagar a que regime é o liberado encaminhado. Se a revogação ocorre em função de condenação por crime anterior a pena restante, deve ser cumprida no regime estabelecido na sentença sobrevinda. Todavia, se condenado a regime semiaberto, e a soma das penas ultrapassar oito anos, a pena deve ser cumprida em regime fechado por força do estabelecido no art. 33, § 2º, *a*. Se a nova condenação disser respeito a crime praticado na vigência do período de prova, o liberado deverá, ao ser preso, reiniciar a reclusão em regime fechado, pois reincidente, e, portanto, inaplicável o regime semiaberto, como dispõe o art. 33, § 2º, *b*.

8.5. EXTINÇÃO DA PENA

Pela disciplina estabelecida no Código, se sobreviesse durante o período de prova a prática de crime, não poderia ser declarada extinta a punibilidade enquanto não

Parte III · Capítulo 8 · LIVRAMENTO CONDICIONAL | **371**

passasse em julgado a sentença relativa ao processo pertinente a este novo crime (art. 89 do Código Penal). Dessa forma, prolongava-se o período de prova até o término do processo referente ao crime praticado neste período. Todavia, esta disposição veio a ser mitigada por Súmula do Superior Tribunal de Justiça. Com efeito, a Súmula 617 do STJ dispõe: "A ausência de suspensão ou revogação do livramento condicional antes do término do período de prova enseja a extinção da punibilidade pelo integral cumprimento da pena".

Pode suceder durante o período de prova uma decisão final transitada em julgado absolutória, condenatória à pena restritiva de direitos ou condenatória à pena privativa de liberdade. Na primeira hipótese, deve ser declarada extinta a pena do liberado condicional; na segunda, o juiz poderá revogar ou não o livramento, se não revogar deve, também, ser declarada extinta a pena; na terceira, é de ser obrigatoriamente revogado o livramento condicional, cumprindo o condenado o restante da pena, sem desconto do tempo passado, em liberdade.

Prevê a Lei de Execução Penal, em seu art. 145, a suspensão do livramento, no caso de ter o liberado, no período de prova, praticado uma infração penal. Trata-se de uma revogação provisória, a depender da sentença final, pois, conforme se viu acima, há três caminhos possíveis, de acordo com a solução a que chegar o processo pelo novo crime: absolvição, condenação à pena não privativa de liberdade, condenação à pena privativa de liberdade. Suspenso o livramento, o juiz determinará a prisão do liberado, sem, no entanto, revogar o livramento, provisoriamente suspenso, até decisão final dependente do resultado do processo pelo crime praticado no período de prova.

Deve-se anotar uma contradição do legislador no confronto entre o disposto no art. 89 do Código Penal e o constante do art. 145 da Lei de Execução Penal, pois, no primeiro, há referência exclusivamente a crime praticado no período de prova, que impediria a declaração de extinção da pena, até decisão final do processo, sem inclusão da hipótese da contravenção penal. Já, no art. 145 da Lei de Execução Penal, faz-se menção à infração penal ocorrida durante o período de prova, que viabilizaria a decretação da suspensão do livramento. Ora, se a prática de contravenção não impede o reconhecimento da extinção da pena, como poderia determinar a decretação da suspensão do livramento? A conclusão obrigatória é de que a suspensão do livramento apenas tem cabença na hipótese de crime ocorrido no período de prova e não no caso de contravenção penal.

Expirado o prazo do período de prova, sem revogação do livramento condicional, deve ser decretada a extinção da pena privativa de liberdade, pouco importando que decorrido o período de prova, sem ter ainda sido prolatada a sentença declaratória da extinção da pena, venha o liberado a cometer novo crime. Passado o período de prova, sem revogação do livramento, tem o liberado direito absoluto de ver reconhecida extinta a pena privativa de liberdade.

Verifica-se, diante do sistema adotado pelo legislador, que a ameaça de cumprimento integral da pena, sem desconto do período passado em liberdade e sem possibilidade de renovar-se o livramento, que o fim almejado primacialmente é o de levar o liberado a não realizar um novo crime, tentando-se impedir, por todo este conjunto de ameaças, a reincidência ou punindo-a com rigor, pois o reincidente é levado a sofrer, obrigatoriamente, se a pena pelo novo crime for privativa de liberdade, o restante da pena anterior de forma integral e, facultativamente, se a pena pelo novo crime tiver sido diversa da privativa de liberdade.

Busca-se, portanto, prevenir a reincidência, ou puni-la gravemente, com o cumprimento de todo o tempo da condenação anterior.

Capítulo 9
EFEITOS DA CONDENAÇÃO
E REABILITAÇÃO

9.1. EFEITOS DA CONDENAÇÃO

São efeitos da condenação as consequências de caráter não penal que logicamente se impõem em razão do reconhecimento da prática delituosa, sendo os previstos no art. 91 do Código Penal decorrência automática da condenação, enquanto os estipulados no art. 92 do Código devem ser declarados motivadamente na sentença.

São, portanto, automáticos, os efeitos de tornar certa a obrigação de indenizar o dano causado pelo crime, bem como a perda, em favor da União, ressalvado o direito do lesado ou do terceiro de boa-fé, dos instrumentos do crime e do produto do crime.

9.2. INDENIZAÇÃO PELO DANO

Estatui o art. 91, I, do Código Penal que a condenação torna certa a obrigação de indenizar o dano causado pelo crime. Ao tornar certa a obrigação, é porque a sentença condenatória transitada em julgado constitui título executório, indiscutida doravante a questão de mérito, pois já decidida no âmbito penal, cumprindo, tão só, verificar se houve dano, patrimonial e moral, e quantificar o valor da indenização. Dessa forma, busca-se atender à vítima, cujo interesse no processo penal é o de, com o trânsito em julgado da condenação, tornar firme a obrigação de ser indenizada, e, assim, ser compensada pelo delito sofrido.

Como assinala JUDITH MARTINS-COSTA,[1] a responsabilidade civil pelo dano ocasionado pode-se dar pela reparação ou indenização, aquela consistindo na reestruturação ou restituição, por exemplo, da coisa furtada, retornando-se ao estado anterior ao crime. Já a indenização se dá pelo pagamento do equivalente pecuniário ao dano.

Na maioria das vezes, dar-se-á a indenização pela entrega do correspondente em pecúnia ao dano, o que se faz mormente com relação ao dano moral, cuja satisfação pode, todavia, ser, nos crimes contra a honra, pedida pela vítima a se realizar por meio da difusão de matéria paga no meio de comunicação contendo a retratação da matéria difamatória, que seria, aproximadamente, uma restituição *in natura*.

---

[1] *Comentários ao Novo Código Civil, arts. 304 a 420,* Editora Forense.

374 | FUNDAMENTOS DE DIREITO PENAL – *Miguel Reale Júnior*

No atual Código Civil, a responsabilidade extracontratual, decorrente de ato ilícito, vem disciplinada nos arts. 186 e 187, tendo seus efeitos sido sistematizados nos arts. 927 a 954.[2]

Importante, por conseguinte, é fixar-se a noção de dano, que se põe como pressuposto da obrigação de indenizar. Assinala JUDITH MARTINS-COSTA que pode ser o dano visto pelo critério da diferença, comparando-se *"a situação do bem antes do evento danoso e aquela que se verifica após sua ocorrência"*.[3]

A esta visão naturalista acresce-se a noção normativa, segundo a qual o dano é a lesão a interesse jurídico, por via da qual se verifica a extensão do dano,[4] compreendendo a *"diminuição ou subtração de um bem e também a honra e os bens extrapatrimoniais ou morais"*.[5]

A ocorrência da prescrição da pretensão executória ou a anistia do condenado não impedem a obrigação de indenizar.

Controverso é, contudo, se a sentença absolutória, baseada na insuficiência de provas acerca da existência material do fato, como disciplina o art. 66 do Código de Processo Penal, impossibilita ou não a ação de indenização pelo crime praticado.

Nesse sentido, exige o referido artigo do Código de Processo Penal que a sentença absolutória seja categórica quanto à inexistência material do fato para impedir o reexame da questão no campo civil. Creio, todavia, que o atual Código Civil, no art. 935, não mais se refere à manifestação categórica da sentença, limitando-se a proibir que se questione a existência do fato quando a matéria for objeto da decisão na esfera criminal. A nova lei civil instaurou uma outra disciplina, neste passo, derrogando parcialmente o art. 66 do Código de Processo Penal.

9.3. PERDA DOS INSTRUMENTOS DO CRIME

A perda dos instrumentos do crime apenas se justifica se o seu fabrico, alienação, uso, porte ou detenção constitua fato ilícito. Exemplo está na perda do revólver que se porta sem autorização e com o qual se pratica um crime de roubo.

Antes se discutia, tendo em vista o porte de arma ser contravenção, se o mero porte, sem ser meio para a prática de outro crime, podia levar à perda do revólver, pois o art. 91, II, *a*, menciona instrumento do crime e não infração penal, não compreendendo, portanto, a contravenção. A exigência de respeito estrito à legalidade impunha esta conclusão, hoje, todavia, superada, visto o porte de arma ter sido elevado à condição de crime pela Lei n. 9.437/1997, e depois ser objeto da Lei n. 10.826/2003.

---

[2] Segundo o art. 186 do Código Civil, *"aquele que por ação ou omissão voluntária, negligência ou imprudência violar direito e causar dano a outrem, ainda que exclusivamente moral, comete ato ilícito"*. O art. 927 edita: *"Aquele que por ato ilícito causar dano a outrem fica obrigado a repará-lo"*. No art. 935, estabelece o legislador civil que a responsabilidade civil independe da criminal, porém, não se podendo questionar sobre a existência do fato e sobre autoria se estas questões se acharem decididas no âmbito criminal.

[3] Op. cit.

[4] No art. 944 do Código Civil, determina-se que a indenização mede-se pela extensão do dano.

[5] MARTINS-COSTA, J. Op. cit.

Verifica-se, destarte, que o confisco não recai sobre qualquer instrumento utilizado na prática delituosa, mas, tão só, sobre aquele cujo fabrico, porte, uso constitua, *de per si*, um ato ilícito.[6] Descabe, dessa maneira, o confisco de arma de fogo utilizada na prática de um delito, se o seu porte estava, para o agente, legalmente autorizado.[7] Será a arma de fogo apreendida, e acompanhará os autos de conformidade com o art. 11 do Código de Processo Penal, mas se não passíveis de confisco poderão ser restituídas após transitar em julgado a sentença.

Os instrumentos do crime, todavia, perdidos em favor da União, devem, conforme o art. 124 do Código de Processo Penal, ser inutilizados ou destinados ao museu criminal, se interesse houver em sua conservação.

O art. 124-A, por sua vez, introduzido pela Lei n. 13.964/2019 estatuiu: "Na hipótese de decretação de perdimento de obras de arte ou de outros bens de relevante valor cultural ou artístico, se o crime não tiver vítima determinada, poderá haver destinação dos bens a museus públicos".

Se o revólver, todavia, ilegalmente portado, for de propriedade de terceiro, do qual fora furtado, não prevalece a perda em favor da União, pois o direito do proprietário há de ser respeitado. Se, entretanto, o carro utilizado no sequestro for furtado, dar-se-á a perda em favor da União, se não identificado o seu dono, pois adulterados o número do chassis e a placa.

A perda do produto do crime, em favor da União, é decorrência de não se permitir a locupletação do condenado por meio da prática delituosa, impedindo-se o sucesso econômico do crime.[8]

Considera-se produto do crime o dinheiro proveniente de coisa furtada, os objetos adquiridos com o dinheiro roubado, ressalvado, contudo, o direito do lesado. Deve haver, no entanto, comprovação de que o objeto foi adquirido com o dinheiro proveniente, por exemplo, do estelionato ou da sonegação de tributo praticada, estabelecendo-se um nexo determinante da origem espúria da mercadoria, cuja perda se decreta em favor da União.

9.3.1 Descompasso entre o rendimento lícito e o valor do patrimônio do condenado em crime cuja pena máxima seja superior a seis anos

De forma absolutamente diversa do perdimento de bens previsto no Código Penal, no art. 91 acima referido, relativo aos instrumentos do crime ou ao seu produto, criou-se uma nova espécie de perdimento, com relação não a bens decorrentes do crime em apreço, mas em face do descompasso entre a receita legítima auferida pelo réu e o patrimônio que amealhou.

Destarte, disciplina o art. 91-A introduzido pelo "Pacote Anticrime":

> "Art. 91-A. Na hipótese de condenação por infrações às quais a lei comine pena máxima superior a 6 (seis) anos de reclusão, poderá ser decretada a perda, como

---

6   MARQUES, J. F., *Tratado de Direito Penal*, vol. III, São Paulo, Saraiva, 1966, p. 299.
7   Neste sentido, decisão do Tribunal de Justiça de São Paulo, Relator MÁRCIO BARTOLI, *in* SILVA FRANCO, A. *et alii*, *Código Penal e sua interpretação jurisprudencial, parte geral*, cit., p. 1.592.
8   DOTTI, R. A., *Penas e medidas*, cit., p. 260.

376 | FUNDAMENTOS DE DIREITO PENAL – *Miguel Reale Júnior*

produto ou proveito do crime, dos bens correspondentes à diferença entre o valor do patrimônio do condenado e aquele que seja compatível com o seu rendimento lícito.

§ 1º Para efeito da perda prevista no *caput* deste artigo, entende-se por patrimônio do condenado todos os bens:

I – de sua titularidade, ou em relação aos quais ele tenha o domínio e o benefício direto ou indireto, na data da infração penal ou recebidos posteriormente; e

II – transferidos a terceiros a título gratuito ou mediante contraprestação irrisória, a partir do início da atividade criminal.

§ 2º O condenado poderá demonstrar a inexistência da incompatibilidade ou a procedência lícita do patrimônio.

§ 3º A perda prevista neste artigo deverá ser requerida expressamente pelo Ministério Público, por ocasião do oferecimento da denúncia, com indicação da diferença apurada.

§ 4º Na sentença condenatória, o juiz deve declarar o valor da diferença apurada e especificar os bens cuja perda for decretada.

§ 5º Os instrumentos utilizados para a prática de crimes por organizações criminosas e milícias deverão ser declarados perdidos em favor da União ou do Estado, dependendo da Justiça onde tramita a ação penal, ainda que não ponham em perigo a segurança das pessoas, a moral ou a ordem pública, nem ofereçam sério risco de ser utilizados para o cometimento de novos crimes."

Primeiramente é estranhável que o perdimento de bens por conta de descompasso entre o rendimento lícito e o patrimônio seja aplicável apenas aos crimes cuja pena máxima seja superior a seis anos.

Dessa forma, ficam fora da previsão legal os condenados por crimes tributários ou financeiros, cujas penas máximas são todas inferiores a seis anos, sendo estes delitos os que mais comumente poderiam levar a um enriquecimento ilícito gerando desproporção entre rendimento lícito e patrimônio.

Busca-se atingir, portanto, os agentes de crimes contra a Administração Pública, como corrupção passiva (art. 317) ou ativa (art. 333) que têm pena máxima de oito anos de reclusão. Os crimes patrimoniais ou contra o sistema financeiro ou o mercado de capitais, por exemplo, o crime de *insider trading* previsto no art. 27-D da Lei nº 6.385/76, não conduzem à possibilidade do perdimento em vista da desproporção entre rendimento lícito e patrimônio.

Na verdade, prevê-se, por este art. 91-A, um processo específico, em matéria alheia ao direito penal, indevidamente introduzida no nosso Código. Trata-se, portanto, de matéria de cunho processual, pois o pedido de perdimento deve ser feito quando do oferecimento da denúncia, instaurando-se um procedimento específico no qual se instala o contraditório no qual se discute a origem lícita ou não do patrimônio do réu, em questões que são laterais ao fato nuclear objeto da lide.

A questão que este novo dispositivo sugere é a de saber se para a decretação da perda deve-se demonstrar a existência de um nexo de causalidade entre o crime pelo qual o réu está sendo acusado e o patrimônio amealhado. Cumpre que a condenação tenha relação com o patrimônio adquirido pelo réu, ou basta apenas a mera constatação do descompasso entre rendimento lícito e patrimônio?

Parte III · Capítulo 9 · EFEITOS DA CONDENAÇÃO E REABILITAÇÃO | **377**

Falha tecnicamente a inovação legislativa, beira o estatuído a inconstitucionalidade por se estabelecer uma inversão do ônus da prova ao exigir que o réu comprove a origem lícita do patrimônio, sem que, como cumpre ocorrer no sistema acusatório, a acusação comprove a origem ilegítima dos bens de propriedade do réu.

A condição para a propositura do perdimento, segundo o art. 91-A, está apenas na circunstância de a condenação ser relativa a crime cuja pena máxima seja superior a seis anos, o que constitui dado alheio ao fato concreto, sendo esdrúxula a presunção de ilicitude do patrimônio apenas em face do quantum máximo da pena cominada abstratamente.

No art. 92, estatuem-se os efeitos da condenação que indicam a incompatibilidade do exercício de determinados direitos, pois o crime constituiu a quebra de deveres inerentes ao seu exercício.

Assim, é efeito da condenação a perda do cargo, função ou mandato eletivo quando o crime foi praticado *"com abuso de poder ou violação do dever para com a Administração Pública"*. Ocorre, com a prática delituo-sa, um confronto impossível de perdurar entre a manutenção do exercício do cargo, da função ou do mandato eletivo e a condenação decorrente exatamente de se ter desrespeitado os deveres de não desviar ou exceder o exercício do poder, ou de agir segundo a probidade e a boa-fé para com a Administração Pública.

O servidor público tem os deveres de exercer o cargo ou função dentro dos limites da lei, sem ultrapassá-los por via do abuso ou do desvio,[9] cumprindo, também, agir de forma proba e segundo a boa-fé objetiva, com respeito e correção, frente aos administrados, para a consecução dos fins a que se destina a ação administrativa. O crime pode derivar da quebra da fidelidade a estes deveres, o que torna incompatível a permanência no cargo, função ou mandato eletivo, do qual se serviu indevidamente ou abusou para a realização do crime.

Esta incompatibilidade deve ser acentuada na sentença condenatória, cuja pena privativa de liberdade for por tempo igual ou superior a um ano, motivando-se a decisão de determinar a perda, em face deste confronto insuperável, entre a afronta aos deveres ao se realizar o crime e a manutenção do cargo, função ou mandato eletivo fundado na obediência a estes mesmos deveres.

Se a pena aplicada for superior a quatro anos, a perda do cargo, função ou mandato eletivo é de ser determinada, até porque não substituída por restritiva de direitos, devendo ser cumprida em regime semiaberto ou fechado. A gravidade do crime, dada a elevada sanção, importa perda do cargo, função ou do mandato eletivo por ser incompatível com o seu exercício a prática de delito, de qualquer natureza, que conduz à apenação significativa, a ser cumprida com privação da liberdade.

A perda, todavia, deve ser decretada motivadamente, pois não se pode excluir que, por crime culposo, em concurso formal, o réu seja condenado a pena superior a quatro anos de reclusão, passível, no entanto, de, independentemente da quantidade, ser substituída por restritiva de direitos (art. 44, I, *in fine*).

---

9   O Código Civil, fonte para os demais ramos do Direito, estatui, no art. 187, que *"também comete ilícito o titular de um direito que ao exercê-lo, excede manifestamente os limites impostos por seu fim econômico ou social, pela boa-fé ou pelos bons costumes"*.

378 FUNDAMENTOS DE DIREITO PENAL – *Miguel Reale Júnior*

O exercício do pátrio poder, denominado poder familiar pelo Novo Código Civil, ou o exercício da curatela ou da tutela, pressupõem uma relação fundada no cumprimento dos deveres de proteção, de ajuda, de preservação dos interesses do filho, do tutelado ou curatelado, a quem devem cuidar no exercício desta situação de superioridade hierárquica, que deve estar voltada a atender o interesse alheio.

Se o crime doloso é praticado contra o filho, o tutelado ou curatelado, isto é, contra aquele que deve proteger, cuidar, zelando por seus interesses, manifesta é a incompatibilidade do exercício do poder familiar, da tutela e da curatela, em relação a qualquer dos filhos, tutelados ou curatelados. Esta incompatibilidade justifica que o juiz pondere se deve, como efeito da condenação, decretar a perda do pátrio poder, da tutela e da curatela.

Prevê o inciso III do art. 92, como efeito da condenação, a inabilitação da licença para dirigir, quando este direito foi utilizado na prática de crime doloso, em situação paralela a do abuso de um direito. A perda deve igualmente ser imposta na sentença motivadamente.

Os efeitos da condenação previstos no art. 92 podem ser abolidos por via da reabilitação, a ser em seguida estudada, porém, com relação à perda do cargo, função ou mandato eletivo, ou perda do pátrio poder, da tutela e da curatela, não se opera a reintegração na situação anterior, ou seja, não se exercerá o cargo perdido, mas pode o condenado vir a exercer outro; o pátrio poder, o familiar, poderá ser readquirido, no entanto, não com relação ao filho contra o qual se praticou o delito. O exercício do pátrio poder poderá se dar com relação aos demais filhos.

9.4. REABILITAÇÃO

A reabilitação, como assinalou JAIR LEONARDO LOPES,[10] na redação original do Código Penal de 1940, tinha pequeno relevo, destinando-se exclusivamente a extinguir a punibilidade das penas acessórias de interdição de direitos. Visava efetivamente a cancelar a pena acessória,[11] não se confundindo com a *restitutio in integrum* cabível com referência à condenação injusta, uma vez reconhecida a injustiça da condenação em revisão criminal provida pelo Supremo Tribunal Federal, tal como dispunha o Código Penal de 1890, em seu art. 86. Revista a condenação sofrida, receberia o condenado justa indenização e seria reintegrado em seus direitos.

A Constituição Federal de 1988 consagrou, no art. 5°, LXXV, como direito individual que o *"Estado indenizará o condenado por erro judiciário"*, respondendo o Estado por ato de seus agentes, dentre os quais os magistrados, como dispõe a própria Constituição, art. 37, § 6°, assegurado o direito de regresso contra o responsável nos casos de dolo ou culpa. O reconhecimento da injustiça da condenação imposta em razão de

---

[10]   *Da reabilitação no Direito Penal*, Belo Horizonte, 1956, p. 24.

[11]   Observa com razão PRADO, L. R., op. cit., p. 512, ser injusta a reabilitação limitada às penas acessórias, pois leva à situação criticada por BASILEU GARCIA de que tão só os condenados por duas penas, a principal e a acessória, *"lograriam o apetecível segredo em torno da condenação anterior"*.

erro judiciário é de ser provido por via de revisão criminal, que abole integralmente a condenação injusta, eliminando-a.

A reabilitação, portanto, não tem o alcance que lhe era dado pelo Código Penal Republicano de 1890 nem hoje se limita a decretar a extinção da punibilidade das penas acessórias, eliminadas do Código Penal de 1940, pela Reforma da Parte Geral de 1984.

Assevera-se, na Exposição de Motivos, que acompanhou a Reforma de 1984, que a reabilitação não é causa extintiva da punibilidade, sendo tratada em Título próprio, apenas suspendendo alguns dos efeitos da condenação, tendo como consequência, de um lado, assegurar o sigilo dos registros do processo e, de outro, tendo o sentido de um reconhecimento judicial de haver o condenado cumprido a pena, tido nos dois anos seguintes bom comportamento e ressarcido o dano, quando lhe era possível, pelo que *"está em plenas condições de voltar ao convívio da sociedade, sem nenhuma restrição ao exercício de seus direitos"* (item 83).

A reabilitação, portanto, visa a promover a maior integração do condenado à sociedade, pois reconhecida, impõe que a sociedade desconheça para todos os efeitos a condenação, sendo livre, também, do estigma da condenação, para se sentir e ser visualizado como não manchado pela prática do crime pelo qual veio a sofrer uma pena,[12] salvo na hipótese de vir a praticar um novo delito no prazo de cinco anos a contar da extinção da pena, em razão do qual se lhe impõe sanção diversa da de multa.

A reabilitação consiste, destarte, na suspensão dos efeitos da condenação, *lato sensu,* ou seja, assegurando-se sigilo acerca do processo e de seus elementos, e *stricto sensu,* com relação aos efeitos previstos nos incisos I e II do art. 92 do Código Penal, para que o condenado seja tratado e sinta-se perante a sociedade como primário, na dependência, tão só, da não ocorrência de um novo crime, em virtude do qual venha a ser reconhecido como reincidente, hipótese em que se revoga a reabilitação.

Cumpre, então, examinar os requisitos e as consequências decorrentes da reabilitação, bem como a circunstância de sua revogação.

9.5. REQUISITOS DA REABILITAÇÃO

Há um requisito temporal, reduzido pela Reforma de 1984, pois era um contrassenso o longo período exigido pelo Código Penal de 1940, cinco anos para o primário, dez para o reincidente, prazo este fixado pela Lei n° 5.467/68, que alterou o instituto da reabilitação, estendendo-a a qualquer pena imposta na condenação, antes limitada às penas acessórias.

Pelo art. 94 do Código Penal, decorridos dois anos do dia em que for extinta a pena ou terminar sua execução, pode o condenado requerer a reabilitação, tratamento igualitário para o reincidente ou não. Medida de política criminal altamente positiva está na determinação de que se computa neste prazo de dois anos o período de prova, seja o imposto na suspensão condicional, seja o decorrente de livramento condicional.

---

[12] Em acórdão do Tribunal de Alçada Criminal, RENATO NALINI observa que a *"reabilitação destina-se a propiciar ao sentenciado plena reinserção na comunidade, ausente qualquer vestígio concreto da mácula delitiva detectada em seu passado"* (Acórdão inserto em SILVA FRANCO, A. *et alii, Código Penal, parte geral e sua interpretação jurisprudencial,* São Paulo, RT, p. 1.614).

380 | FUNDAMENTOS DE DIREITO PENAL – *Miguel Reale Júnior*

Dessa maneira, se a reabilitação visa permitir ao condenado que seja visto e veja-se como primário no seio da sociedade, é imperioso que o tempo vivido em sociedade, mesmo que sob a ameaça da revogação, tanto do *sursis* como do livramento condicional, venha a ser considerado para cômputo do prazo requerido para solicitar a reabilitação.

O que mais deve importar é a inclusão do condenado de forma íntegra no meio social. Se deu mostras o condenado à suspensão condicional de que a vida em liberdade pode ser enfrentada sem a prática de qualquer delito, e, mais, com bom comportamento público e privado, não há motivo para se exigir, além destes dois anos ou de qualquer tempo vivido em liberdade como período de prova, outros dois anos, a partir da extinção da pena. O mesmo se diga referentemente ao liberado condicional, que revelou, durante o período de prova, bom comportamento.

Se o art. 94 menciona, tão só, o período de prova da suspensão condicional e do livramento condicional, que constituem formas de execução da pena em meio livre, é evidente que, por analogia *in bonam partem,* deve-se estender este tempo de cumprimento de pena em liberdade também para as penas restritivas de direitos, visto que a *ratio* que preside o reconhecimento do período de prova no prazo para solicitar a reabilitação é a mesma que justifica reconhecer-se o tempo de cumprimento da pena, por exemplo, de prestação de serviços à comunidade, que pode ser convertida em privativa de liberdade.

Há divergência jurisprudencial acerca do cômputo do tempo de condenação cumprida em regime aberto, prisão albergue, pois, de um lado, entende-se que este período, por analogia, deve ser considerado,[13] tendo em vista o estabelecido com relação ao *sursis*; de outro passo, entende-se que o tempo de prisão em regime aberto não deve ser computado, pois não referido no estágio de concessão, nos termos do art. 94 do Código Penal.[14] Considero acertada a primeira orientação, pois deve-se, na interpretação, seguir a *ratio* do instituto, que visa primacialmente a desfazer qualquer vestígio da condenação, retirando a mácula para, em benefício do condenado e da própria sociedade, facilitar sua integração ao meio social, no qual se comportou bem no plano público e privado, sendo um exagero exigir-se dois anos além da extinção da pena cumprida em meio livre.

Outro requisito consiste em haver o condenado tido domicílio no país, pois assim, no nosso meio, pode-se avaliar sua correta inclusão social, revelando bom comportamento. Pondera, com razão, BASILEU GARCIA que não pode ser dificuldade insuperável ter residido no exterior e ter *"provas insofismáveis de bom comportamento público e privado".*[15]

O bom comportamento deve se dar, conforme o art. 94, II, do Código Penal, nos âmbitos público e privado, havendo, a respeito, demonstração efetiva, a ser produzida por via de atestados, como indica o art. 744 do Código de Processo Penal.

Dessa forma, não basta para a reabilitação a comprovação da inexistência de não estar respondendo a processo penal, conforme exigência constante do art. 744, I, do Código de Processo Penal. O bom comportamento exigido é mais do que a ausência de processo criminal, e sim a efetiva demonstração de conduta social boa, de reconhecimento de ser

---

[13] Acórdão do Tribunal de Alçada Criminal, relatado por SÉRGIO CARVALHOSA, *in* SILVA FRANCO, A. *et alii*, op. cit., p. 1.628.

[14] Acórdão do Tribunal de Alçada Criminal de São Paulo, relatado por JOTATSUMI, *in* SILVA FRANCO *et alii*, idem.

[15] *Instituições de Direito Penal*, vol. 2, cit., p. 768.

na comunidade uma pessoa de comportamento ilibado. Esta prova, cada vez mais difícil na grande cidade, na qual cada um vive isolado, muitas vezes profissional autônomo, ignorando o próximo e ignorado, é de ser obtida por atestados das autoridades policiais, bem como por declarações de pessoas as quais se presta serviço, como empregado ou empresário ou profissional liberal. O inciso III do art. 744 do Código de Processo Penal indica toda a concepção de classe preconceituosa ao exigir do condenado que apresente atestados de pessoas "*a cujo serviço tenha estado*", como se o crime fosse obra apenas de subalternos, a serem reconhecidos boas pessoas por seus superiores.

O inciso IV do art. 744 do Código de Processo Penal refere-se a qualquer documento comprobatório de sua regeneração. A expressão é inadequada, pois o crime doloso e, em especial, o culposo, muitas vezes, se constitui em fato isolado no conjunto de uma biografia correta, a não exigir *regeneração*. O bom comportamento, no entanto, pode ser atestado por companheiros de trabalho, pelos clientes, pelos fornecedores, pelos empregados, pelos patrões, em suma, por meio daqueles que convivem com o reabilitando ou têm com o mesmo relações de emprego ou de negócio.

Por fim, requer a lei penal que o reabilitando tenha ressarcido o dano causado, matéria acima examinada com relação aos efeitos da condenação, ou demonstre seja a impossibilidade de fazê-lo, seja a renúncia da vítima ou novação da dívida.[16] Primeiramente, é de se ressaltar que muitos crimes não geram danos, como o porte para uso de entorpecentes ou tráfico de entorpecentes, bem como não têm vítimas, a exemplo do crime de manutenção de casa de prostituição.

Outros crimes, que atingem número indeterminado de pessoas, tais como os crimes relativos às relações de consumo, tornam difícil identificar e saber quais as vítimas na aquisição de produtos, objeto de propaganda enganosa.

O desinteresse da vítima, deixando de propor ação cível de ressarcimento do dano não é, contudo, indicação de renúncia de sua parte em face da devida indenização. Se, todavia, decorreu o prazo prescricional para a pretensão de reparação civil por ato delituoso, que é de três anos, de acordo com o art. 206, § 3°, do Código Civil Novo, não se pode exigir do reabilitando que cumpra obrigação destituída de força, pois prescrita a pretensão de sua exigência, segundo a lei civil.

9.6. OBJETO E CONSEQUÊNCIAS DA REABILITAÇÃO

O primeiro efeito, *lato sensu*, da condenação é o do registro do réu no rol dos culpados, com a indicação da existência do processo nos distribuidores criminais e da ocorrência da condenação no Juízo da Execução.

O art. 202 da Lei de Execução Penal estabelece que cumprida ou extinta a pena "*não constarão da folha corrida, atestados e certidões fornecidas por autoridade policial ou auxiliares da Justiça, qualquer notícia ou referência à condenação, salvo para instruir*

---

[16] "*Segundo o art. 360 do Código Civil, em vigência desde 10 de janeiro de 2003: Dá-se a novação I – quando o devedor contrai nova dívida para extinguir e substituir a anterior; II – quando novo devedor substitui ao antigo, ficando este quite com o credor; III – quando, em virtude de obrigação nova, outro credor é substituído ao antigo, ficando o devedor quite com este.*" Pela sistemática do Código Civil, o Título III do Livro I, relativo ao Direito das Obrigações, tem por objeto o adimplemento e a extinção das obrigações, sendo a novação uma forma de extinção das obrigações.

382 | FUNDAMENTOS DE DIREITO PENAL – *Miguel Reale Júnior*

processo pela prática de nova infração penal ou outros casos expressos em lei". É esta uma automática proteção do condenado, visando que o crime pelo qual já se pagou com o cumprimento da condenação não venha a constar de certidões ou atestados para viabilizar a sua reintegração na sociedade.

Já com a reabilitação, objeto de apreciação judicial, assegura-se o sigilo dos registros sobre seu processo e condenação, ou seja, apaga-se o fato delituoso e sua consequência processual, para que o condenado seja tratado no meio social como se o crime não tivesse ocorrido, pois, do contrário, não haveria a reabilitação pretendida frente à sociedade. É por essa razão que RENÉ DOTTI[17] considera ser efeito da reabilitação o impedimento de publicidade de atos do procedimento penal, como a denúncia, a sentença, que devem se revestir de sigilo não só por parte de servidores da Justiça, mas por todos, inclusive a imprensa. O princípio da publicidade dos atos processuais encontra um limite na proteção à honra do reabilitado, pois se assim não for, não haverá jamais reabilitação, mas eterna execração.

Outra consequência da reabilitação consiste na supressão dos efeitos da condenação mencionados nos incisos I e II do art. 92 do Código Penal, isto é, a perda de cargo, função pública ou mandato eletivo, bem como a incapacidade para o exercício do pátrio poder (poder familiar segundo o novo Código Civil), tutela ou curatela, sem, no entanto, reintegração na situação anterior.

Destarte, o condenado, que sofreu como efeito da condenação a perda de cargo público, se reabilitado, pode, por concurso, ser readmitido no serviço público, sem, contudo, vir a ser reintegrado no cargo que veio a perder como efeito da condenação sofrida. O pai, destituído do poder familiar, será dotado novamente deste poder com relação aos demais filhos, excluído, no entanto, aquele que diretamente foi vítima do crime praticado.

9.7. RENOVAÇÃO E REVOGAÇÃO DA REABILITAÇÃO

Negada a solicitação de reabilitação, pode o reabilitando, a qualquer tempo, provocar novo pedido, desde que instruído com novos elementos comprobatórios do atendimento aos requisitos legais.

Como se expôs no início, a reabilitação suspende os efeitos da condenação, não os suprime, pois pode ser revogada na hipótese de ser o reabilitado condenado definitivamente à pena, que não de multa, na condição de reincidente, ou seja, por fato ocorrido nos cinco anos seguintes do cumprimento da pena ou de sua extinção,[18] computado o prazo de período de prova da suspensão e do livramento condicional, de acordo com o preceituado pelo art. 64 do Código Penal.

Se, pela reabilitação, busca-se promover a efetiva integração do condenado no meio social, protegendo-se o reabilitado da mácula do processo e da condenação anterior, para que um manto de sigilo o preserve em seu conceito social, essencial para sua inclusão na sociedade, no entanto, a prática de qualquer fato delituoso, doloso ou culposo, punido com pena privativa ou restritiva de direitos, conduz ao desfazimento desta rede de cobertura, revogando-se a reabilitação, com o que retornam os efeitos da condenação antes suspensos.

---

[17] Op. cit., p. 269.
[18] PRADO, L. R., op. cit., p. 515.

Capítulo 10
MEDIDAS DE SEGURANÇA

10.1. BREVE HISTÓRICO

Decorre da natureza das coisas que a distinção, entre pessoas normais e loucas, conduz a que não podem ambas receber o mesmo tratamento na hipótese de praticarem fatos lesivos aos outros e à sociedade. Bem por isso, remonta à antiga Roma a diferenciação das medidas impostas aos loucos que, com o fim de prevenir a prática de fatos nocivos, eram entregues às suas famílias para serem controlados ou, se tal impossível, seriam encarcerados.[1]

O Código Criminal do Império ao entender no art. 10, § 2°, que os loucos de todo gênero não se julgavam criminosos, determinava que o juiz decidisse se o delinquente-louco deveria ser enviado a casas a eles destinadas ou entregues às suas famílias. Como lembra RENÉ DOTTI, estas casas, como só acontece na vida brasileira, jamais vieram a ser criadas.

O Código Penal de 1890, em seu art. 29, determinava o recolhimento dos doentes mentais em hospícios se assim fosse necessário para a proteção da sociedade, ou se desnecessária a custódia, a entrega às suas famílias. Ébrios habituais e toxicômanos perigosos deveriam ser encaminhados, de acordo com o art. 396, a estabelecimento correcional.

Com o cientificismo da segunda metade do século XIX buscando uma explicação etiológica do fenômeno delituoso, encontrada inicialmente por LOMBROSO na figura do delinquente vítima de atavismo, que o fazia nascer propenso à prática delituosa, é que se realiza uma revolução copernicana em matéria penal.

A focalização volta-se, portanto, para a pessoa do delinquente, que apresenta, como diz GARÓFALO, temibilidade[2] por ferir os sentimentos de piedade e probidade, a ser desfeita pela pena como medida profilática, segregação ou morte. Já para FERRI, o crime é decorrente de fatores múltiplos, antropológicos, físicos, psíquicos, bem como do meio, socioeconômicos, neste passo vindo a influenciar LOMBROSO. Deve,

---

[1] Os *furiosi* deveriam ser submetidos à custódia, sendo fonte desta medida o *Digesto*, Livro 1, 23, 18 e livro 1, 18, 14, conforme indicam BRUNO, A., *Perigosidade criminal e medida de segurança*, Rio de Janeiro, Editora Rio, 1977, p. 128; FRAGOSO, H. C., op. cit., p. 403.

[2] GARCIA, B., op. cit., p. 675, considera que a periculosidade foi expressa por GARÓFALO pela expressão **temibilidade,** sendo vantajosa a utilização da palavra periculosidade, pois a temibilidade *"é decorrência do seu pessoal estado perigoso"*.

384 | FUNDAMENTOS DE DIREITO PENAL – *Miguel Reale Júnior*

destarte, a pena, antes de ser castigo, ter uma finalidade de correção, de supressão de suas causas determinantes pelo tratamento ou da segregação, em defesa da sociedade.[3]

A sociedade reage frente ao crime. É fundamento legitimador da imposição da sanção penal a responsabilidade social do delinquente como membro da sociedade, e não a responsabilidade pessoal fundada no livre-arbítrio, em uma liberdade indiferenciada, que faz da pena um castigo. A pena lastreada na responsabilidade social, visa em defesa da sociedade, a impor um tratamento.[4]

Foi com o Anteprojeto do Código Penal da Suíça, de KARL STOOS, que ganha autonomia a medida de segurança ao lado da pena, devendo ser imposta aos inimputáveis ou em substituição à pena em determinadas situações com relação aos imputáveis perigosos, como os reincidentes, os criminosos perversos, os alcoólatras habituais.[5]

Segundo o Anteprojeto, o pressuposto da medida de segurança reside na periculosidade, devendo ser imposta pelo juiz e cumprida por tempo indeterminado em estabelecimento apropriado para tratar o delinquente perigoso, buscando a sua recuperação. Dessa forma, deviam sofrer internamento, em substituição à pena, o delinquente, se o delito deriva de perversidade ou vadiagem, bem como os ébrios habituais e os vagabundos.

Os penalistas da Escola Técnico-Jurídica procuraram acolher a ambas as sanções, pena e medida de segurança, em um sistema no qual, malgrado suas fundamentais diferenças, seria possível a medida de segurança complementar à imposição da pena, conjugando-se uma resposta de cunho retributivo ao qual se seguia a imposição de uma medida de defesa social de cunho administrativo, visando a defender a sociedade e a tratar o delinquente imputável ou semi-imputável.

Dessa forma, o Código Rocco, da Itália de 1930, fonte inspiradora do nosso Código Penal de 1940, adota o chamado "duplo binário", ou seja, dupla via, duplo trilho, explicando a Exposição de Motivos que as medidas de segurança administrativas distinguem-se das penas e não as substituem, tendo fins curativos, terapêuticos e educacionais, sendo suficiente, à sua aplicação, a periculosidade social daquele que praticou fato previsto como crime e, excepcionalmente, a fatos não delituosos, aplicando-se aos inimputáveis e aos imputáveis denotadores de indícios de periculosidade.

O sistema do "duplo binário" constante do Código Penal italiano foi em grande parte adotado por nosso Código Penal de 1940 que, em sua versão original, destinava aos inimputáveis e semi-imputáveis a medida de segurança, mas admitia a sua aplicação com base, também, em presunção da periculosidade, relativamente aos imputáveis reincidentes em crimes dolosos, aos condenados por crime cometido em estado de embriaguez pelo álcool se habitual a embriaguez, e aos condenados por crime cometido

---

[3] A respeito, *vide* nosso *Instituições*, p. 50 e seguintes.

[4] FERRARI, E. R., op. cit., p. 23. O projeto de Código Penal apresentado por FERRI em 1921, unificava as respostas penais sob a denominação de sanção, não havendo distinção entre os meios de defesa da sociedade, pois visam, aplicadas ao imputável e ao inimputável, à defesa social, ambos perigosos em graus diversos, cumprindo inocuizar a causa do delito, por via do tratamento.

[5] FRAGOSO, H. C., op. cit., p. 405, entende que o grande mérito de STOOS não foi apenas o de realizar a sistematização das medidas de segurança, mas prever o critério vicariante, permitindo a substituição da pena por medida de segurança.

Parte III · Capítulo 10 · MEDIDAS DE SEGURANÇA | **385**

como filiado a bando ou quadrilha. Imputáveis que tivessem reconhecida sua periculosidade real sofreriam a imposição de medida de segurança se condenados à pena superior a cinco anos de reclusão ou condenados à pena privativa de liberdade caso o crime se relacionasse com a ociosidade, a vadiagem e a prostituição.

Aos inimputáveis impunha-se medida de segurança detentiva de internação em Manicômio Judiciário; aos semi-imputáveis, aplicavam-se, cumulativamente, a pena, que podia ser reduzida de um a dois terços, e medida de segurança, consistente em internação em Casa de Custódia e Tratamento; aos reincidentes em crime doloso, a medida de segurança detentiva de internação em colônia penal ou instituto de reeducação.

Na verdade, com a existência de uma única Casa de Custódia e Tratamento no Brasil, em Taubaté, São Paulo, o déficit de colônias penais e de institutos de reeducação levaram a que a medida de segurança se transformasse em mera continuidade de execução da pena privativa, um *bis in idem*, que produzia profunda insegurança aos condenados semi-imputáveis ou perigosos, com quebra do princípio da legalidade, configurando-se o que KOHLRAUSCH chamara de *burla de etiquetas.*

Dessa forma, a medida de segurança aos imputáveis e aos semi-imputáveis constituía-se em prejudicial aumento de pena, pois de duas uma: se o cumprimento da pena fora eventualmente benéfico, destituída de razão a execução posterior de medida de segurança; se prejudicial, tornando pior a condição pessoal do condenado, a medida de segurança semelhante à pena já cumprida, tão só, aumentaria os malefícios já produzidos na pessoa do condenado.[6]

A Parte Geral de 1984 levou a grandes alterações no campo das medidas de segurança, eliminando, a exemplo do Anteprojeto Nelson Hungria e do Código Penal de 1969, o sistema do duplo binário e adotando o sistema vicariante, segundo o qual a medida de segurança pode substituir a pena, mas jamais complementá-la. A disciplina da medida de segurança foi grandemente simplificada na Parte Geral de 1984, abolindo-se a cominação de medida de segurança aos imputáveis, aplicando-se aos semi-imputáveis, a critério do juiz, pena diminuída ou medida de segurança, e aos inimputáveis, medida de segurança.

Os Códigos italiano e brasileiro prestaram vassalagem às ideias fruto do cientificismo, na crença de enfrentar o fenômeno da criminalidade pela via inovadora da medida de segurança, formulando um ecletismo confuso que reunia a responsabilidade moral, fundamentadora da pena, à periculosidade legitimadora da medida de segurança, como dois universos que faziam interseção na figura do imputável perigoso, do delinquente recidiva, do ébrio habitual, do perverso.

Sob o impacto das ideias prevalecentes nos Congressos da União Internacional de Direito Penal, acendeu-se uma vela para Deus e outra ao diabo, como se vê no Código Penal brasileiro de 1940, em cuja exposição de motivos assevera-se que a responsabilidade penal é baseada na culpa moral, e a autonomia da vontade é um postulado de ordem prática, um *a priori* em relação à experiência moral, que outorga ao Direito Penal seu caráter ético. De outro lado, reconhece que as medidas puramente repressivas revelaram-se insuficientes na luta contra a criminalidade, em especial, em face das formas da delinquência habitual, razão pela qual são instituídas as medidas

---

6   Para a crítica do sistema do duplo binário, *vide* DIAS, J. F., op. cit. p. 420.

386 | FUNDAMENTOS DE DIREITO PENAL – *Miguel Reale Júnior*

de segurança, aplicáveis aos doentes mentais e aos criminosos perigosos, com o fim de segregar, reeducar e tratar.

A adoção de algumas propostas do defensismo social decorria da fé inabalável de seus adeptos de, sob novo e bem sucedido aspecto, vir a enfrentar a criminalidade, rompendo o esquema rígido e tradicional do classicismo, mas sem deixar, os técnicos jurídicos, de estar a ele preso, ao reconhecer a culpa moral como fundamento da pena.

10.2. DEFENSISMO SOCIAL

ANÍBAL BRUNO, em suas obras sobre periculosidade, do começo dos anos 30, e acerca das medidas de segurança, dos fins da mesma década, constitui o exemplo mais perfeito da crença inabalável em enfrentar a criminalidade por via da pena-fim, que se transforma de instrumento repressivo em meio terapêutico, em defesa da sociedade, buscando atacar, além do delito, as atitudes e estilos de vida *"clamantes de tendências antissociais vizinhas do delito".*[7]

Advogava, então, ANÍBAL BRUNO, que a periculosidade, como juízo provável da prática de delito, é a causa, e a sanção, o efeito, tendo o delito mero valor sintomático. O pressuposto da sanção é a periculosidade. Com o tempo, predizia que se modificando a consciência comum e sobretudo o pensamento dos juristas a periculosidade sem delito assumiria o primeiro lugar, podendo a sociedade, em função profilática, salvaguardar-se do *"crime provável".*

As garantias dos direitos individuais, a seu ver, não seriam atingidas, pois a amplitude de aplicação da teoria da periculosidade não é maior do que a do juiz na aplicação da pena, e o Direito, nos moldes do positivismo, não perderia o espírito de Justiça, já que, mesmo na periculosidade sem delito, *"o juiz se restringe pela exigência legal de uma situação definida de antissocialidade em que se exprime a periculosidade do agente".*

Ressalta ANÍBAL BRUNO que os Códigos da Holanda de 1896 e o da Noruega de 1903 haviam alargado, no interesse da defesa social, os poderes do julgador sem sentir-se falha na garantia dos direitos individuais. E seria na inteligência, na cultura e na retidão dos juízes que se encontraria o mais seguro amparo à garantia da liberdade individual, lembrando, neste passo, as considerações de TOBIAS BARRETO ao defender a analogia em matéria penal.

Há tentativas de unificar pena e medida de segurança aproximando a primeira da segunda e, mais recentemente, por revestir a medida de segurança com os princípios do garantismo, assemelhando esta à pena, ao dotá-la de limites asseguradores de enquadramento estrito.

ANÍBAL BRUNO, com as ideias já acima expostas, não poderia deixar de ser conduzido à crença de que a pena converter-se-ia em medida de segurança, tanto que chegou a dizer, tendo em vista o duplo binário adotado no projeto SÁ PEREIRA, revisto por EVARISTO DE MORAES e BULHÕES PEDREIRA, que não há longa distância para *"a imputabilidade diluir-se na periculosidade e a pena na medida de segurança".*[8]

---

[7] Op. cit., p. 52.

[8] Op. cit., p. 105.

Se as medidas de segurança visam a inocuizar o potencial de criminalidade do homem perigoso, seu fim constitui segregar ou corrigir, em defesa da sociedade, sem o propósito ético da justa retribuição, buscando a utilidade e não a Justiça, verificando-se, na luta contra a criminalidade, que cada vez mais, *"sob a forma da periculosidade, a figura do delinquente penetra decididamente nas legislações penais modernas".*[9]

A pena, fundada na reprovação ética, adequada ao fato, cederá passo à medida de segurança, que nasce da vida, e assim se superará, consoante profecia de ANÍBAL BRUNO, o antagonismo entre pena e medida de segurança, *"porque não existirá pena e só medida de segurança".*[10]

Mais recentemente, no pós-guerra, surge com grande repercussão a Nova Defesa Social, que segundo MARC ANCEL constitui uma nova atitude perante o delinquente e uma concepção humanista da política criminal, pois a pena deve ser instrumento de ressocialização por meio do estudo da personalidade do condenado, porquanto a sociedade é defendida por se proporcionar a adaptação do condenado, que poderá, no futuro, afirmar-se como pessoa e membro desta sociedade.[11]

A concepção do crime como manifestação da periculosidade do agente é ainda mais contundente no pensamento de GRAMMATICA, para o qual o fato delituoso constitui antes de mais nada um índice de antissocialidade, e a pena, como medida de defesa social, preventiva, curativa e educativa, não deve ter como base o crime, mas ser, tão só, adequada a cada autor do fato antissocial, visando a recuperá-lo. Não mais Direito Penal, mas Direito de Defesa Social, pois a finalidade direta é o melhoramento da sociedade pela socialização do indivíduo.[12]

O fato delituoso, ou a manifestação proibida, é um índice de antissocialidade, um dado sintomático da periculosidade, sendo que esta antissocialidade revela-se, também, nos atos preparatórios, que exteriorizam uma atitude antissocial do indivíduo.[13] A estas manifestações de antissocialidade deve-se responder com a aplicação de medidas de socialização, medidas de natureza e duração não definitivamente fixadas no momento da decisão.[14]

Constata-se, de conseguinte, que apenas uma compreensão do crime como ato antissocial sintomaticamente revelador de uma periculosidade poderia conduzir a dar

---

[9] BRUNO, A., op., cit., p. 162. Entende o autor (idem, p. 184) que o fim de defesa social é afirmado pela maioria dos criminalistas e para transformar-se em meio eficaz na luta contra a criminalidade deve o Direito Penal recorrer aos processos técnicos oferecidos pelas ciências criminológicas. Na luta contra a criminalidade, o Direito Penal será obrigado a construir-se sobre o fundamento da periculosidade.

[10] Op. cit., p. 172.

[11] ANCEL, M., *La nueva defensa social*, trad. Francisco Moreda e Delia Daireaux, Buenos Aires, 1961, p. 107 e seguintes. Veja-se, também, CORNIL, P., *Problèmes actuels de la représsion pénale e la défense sociale, in Revue de Science Criminelle et Droit Penal Comparé*, n° 1, 1976, p. 61. Toda esta expectativa, no entanto, caiu por terra, pois como ressalta STRATENWERTH, G. *Que aporta la teoria de los fines de la pena*, Colômbia, Faculdad Externado de Colômbia, 1996, p. 17, *"os resultados de avaliação dos tratamentos terapêutico-sociais até agora são completamente decepcionantes".*

[12] GRAMMATICA, F., *Principi di difesa sociale*, Pádua, Cedam, 1961, p. 4 e seguintes.

[13] Idem, p. 65 e seguintes.

[14] Idem, p. 247.

388 | FUNDAMENTOS DE DIREITO PENAL – *Miguel Reale Júnior*

à pena uma finalidade de tratamento, curativa, visando ao melhoramento do condenado e ao benefício da sociedade. Enquanto para MARC ANCEL pena e medida de segurança deveriam ser integradas, visando à ressocialização, para GRAMMATICA, a pena deveria ser substituída por medidas de prevenção.[15]

A meu ver, são manifestas as diferenças entre pena e medida de segurança, malgrado se busque afirmar que não são essenciais[16] ou que não se justifica a absoluta distinção, apesar de não se advogar a sua unificação.[17] Considero que pena e medida de segurança são efetivamente distintas, tendo por pressuposto um dado essencial diverso, do qual decorrem reflexos fundamentais na teoria do crime: a pena aplica-se ao imputável, a medida de segurança ao doente mental, que, no momento da ação, não possuía capacidade de conhecimento do caráter ilícito do fato ou de se determinar segundo este entendimento, sendo a periculosidade presumida legalmente. Tal, todavia, não impede que existam pontos em comum, e que exigências do garantismo sejam recebidas no âmbito das medidas de segurança.

10.3. PONTOS EM COMUM

Ambas as sanções visam à tutela de bens jurídicos, são respostas que o Direito Penal prevê em face de ofensas a valores importantes alçados à condição de portadores de dignidade penal, necessária, sendo sua proteção por via da extrema intervenção da ameaça de privação ou restrição à liberdade.

O bem jurídico é protegido igualmente, seja com relação ao imputável, com a previsão de uma pena, seja com a imposição de uma medida de segurança ao inimputável ou semi-imputável para que não se repita a afronta ocorrida.

Sem lesão ao bem jurídico não se justifica a aplicação de uma pena ou a imposição de medida de segurança. FIGUEIREDO DIAS e FERRARI[18] põem como pressuposto da medida de segurança a ocorrência de um ilícito-tipo, o que os leva a admitir que o inimputável age, e para tanto exigindo a ginástica de admitir a ocorrência de uma ação sem referência a uma atitude interna de confronto com o valor tutelado, tendo o inimputável um mundo próprio no qual a conduta é diversa da do homem normal, mas que nem por isso deixa agir.

Assim, outro ponto em comum consiste na ocorrência de um fato, fruto de um movimento, que se amolda ao fato descrito como crime, ferindo o bem jurídico pro-

---

[15] Neste sentido, vide as considerações de FERRARI, E. R., op. cit., p. 25 e seguinte.

[16] FRAGOSO, H. C., op. cit., p. 407, afirma que as medidas de segurança têm a mesma justificação e o mesmo fundamento da pena.

[17] FERRARI, E. R., op., cit., p. 72.

[18] DIAS, J. F., op. cit., p. 459 e seguintes; FERRARI, E. R., op. cit., p. 140, que considera ser o homem sempre capaz de racionalidade, de compreensão e de atuação, e apesar de reconhecer que os inimputáveis possuem seu mundo próprio, a seu ver, têm racionalidade, sendo impossível não reconhecer que os delinquentes-doentes mentais não ajam, apesar da conduta ser diversa da praticada pelo imputável. Observo brotar destas considerações de ambos os autores a certeza de que a ação do inimputável não é a mesma do imputável, razão por que não se pode afirmar, e nem há razão para tal, que o inimputável age. Na verdade, ele pratica fatos.

Parte III · Capítulo 10 · MEDIDAS DE SEGURANÇA | **389**

tegido pela lei penal. Este movimento materialmente ofensivo a um bem jurídico é dado presente na ação do imputável e na prática do fato a que deu causa o inimputável. O caráter aflitivo da sanção está presente seja na pena como na medida de segurança. O encarceramento do imputável, tal como a internação do inimputável, são vividas como uma aflição imposta, que conduz ao afastamento do lar, dos amigos, e a perda da liberdade é sentida tanto por um como por outro como grande sofrimento.

Outro ponto comum está na satisfação da necessária resposta à sociedade, demonstrativa da ação estatal, em defesa dos bens jurídicos dos consorciados, defluindo, também, da imposição de medida de segurança a um inimputável, a reafirmação de um valor consagrado pela lei.[19]

A medida de segurança, tal como a pena, pode ter, segundo advogam os adeptos da prevenção geral positiva, a consequência secundária de reforçar a convicção dos membros da sociedade na vigência da norma protetiva de valores fundamentais para o convívio social.

10.4. PONTOS ESPECÍFICOS

O pressuposto da medida de segurança está na doença mental presente no momento da prática do fato previsto como crime, que faz do seu autor uma pessoa destituída da capacidade de entendimento do caráter ilícito ou incapaz de determinar-se segundo este entendimento.

O Código Penal de 1940, em sua redação original, declarava que se presumiam perigosos os inimputáveis e semi-imputáveis. Com a Reforma da Parte Geral de 1984, o legislador limita-se a referir que se impõe medida de segurança, se o agente for inimputável. Pretendeu-se, então, estabelecer um nexo entre a doença mental do autor do fato previsto como crime e a determinação da internação em hospital de custódia ou tratamento psiquiátrico.

Não faz o juiz, portanto, qualquer avaliação acerca da possibilidade qualificada ou probabilidade de o delinquente-doente mental vir a repetir a prática delituosa, inexistindo prognóstico, mas, tão só, um diagnóstico da doença mental no momento da ação, que exige a medida terapêutica de internação em hospital psiquiátrico ou o tratamento ambulatorial.

Reduz-se, então, o destaque ofertado pela doutrina ao aspecto da periculosidade, fruto de uma prognose da repetição de atitudes delituosas no futuro, timbrando alguns autores no sentido de a previsão probabilística dizer respeito a crime da mesma espécie ou crime grave. A periculosidade presume-se, em virtude da doença e não de juízo de probabilidade de prática de crimes no futuro, muito menos da mesma espécie ou graves. O determinante é a constatação do estado de doença mental presente no instante da prática do fato delituoso.

Presumida a periculosidade, caberá examinar se ela remanesce, passado o prazo mínimo estipulado pela manutenção do processo doentio manifestado no momento do ato delituoso, fonte determinante de sua realização.

---

[19] A respeito, vide o Capítulo III e, em especial, p. 57 e seguinte de nosso *Instituições de Direito Penal*.

390 | FUNDAMENTOS DE DIREITO PENAL – *Miguel Reale Júnior*

A prognose, baseada em elementos da biografia do agente, compreensiva de fatores múltiplos, desde a história familiar até modos e atitudes na escola e no trabalho, a análise dos motivos determinantes do ilícito e das circunstâncias deste, os antecedentes, as aspirações de vida, em suma, esta miríade de dados, reveladora da personalidade, pode servir de base para uma prognose da periculosidade real, a ser aferida e ajuizada, mas indiferente na verificação da presença de uma doença mental em função da qual a lei presume a periculosidade.

No sistema da Reforma Penal de 1984, determinante da imposição de medida de segurança, portanto, não é um juízo de periculosidade, mas a constatação da existência de doença mental, quando da realização de fato previsto como crime, em virtude da qual o agente era inimputável ou semi-imputável.

Destarte, a periculosidade a ser aferida, se persistente ou cessada, deflui da verificação de perdurar ou não a doença mental manifestada ao tempo da realização do delito. O fundamento, portanto, da imposição de uma medida de segurança não está na periculosidade avaliada como probabilidade de repetição de atos delituosos no futuro, mas sim em uma periculosidade que a lei presume tendo em vista a doença mental que acomete o autor do fato previsto como crime. A aplicação da medida de segurança só se justifica pela presença da doença mental, e não por se julgar o delinquente perigoso, em prognose da reiteração de fatos delituosos de qualquer espécie no futuro.

O delinquente-doente mental não age, pratica fatos previstos como crime. Se, como já acentuei, a ação caracteriza-se por constituir o fruto de uma escolha fundada em valores que se põem como fim do agir mesmo, não tem o inimputável capacidade para a ação.

O decidir por agir ou não agir decorre deste processo de valoração, que torna compreensível o ato como próprio do seu autor, ato cuja gestação se faz neste entrechoque de possibilidades, e a escolha de um caminho se funda na maior valia atribuída ao valor que ilumina a ação escolhida. Cada ação brota com a marca da paternidade do seu autor, e por isso só promana do homem normal: só age aquele que tem a capacidade de entender o significado de seu ato no mundo dos valores.

Neste passo é apropriado recordar as lições de PONTES DE MIRANDA sobre o *"ato humano e o ato-fato"*, distinguindo o ato em que há o movimento, mas não só o alcance, que é o da pedra que rola e bate na muralha, e sim o agir que traz implícita a opção. No fato, há apenas o feito. E completa o jurisconsulto: *"Se esvaziamos os atos humanos de vontade, se não a levamos em conta para a juricização,* **o actus é factum** *e como tal entra no mundo jurídico"*.[20]

É por esta razão que o legislador refere-se ao ato delituoso praticado pelo inimputável como "**fato previsto como crime**", constituindo um pressuposto obrigatório da imposição de medida de segurança, expurgando-se a sua aplicação ao pré-delito, tal como admitido na redação original do Código Penal de 1940, então art. 76, parágrafo único, que previa a medida de segurança nas hipóteses de crime impossível e de atos preparatórios de ajuste, determinação ou instigação e auxílio, sem que o crime tenha sequer chegado a ser tentado.

---

[20] PONTES DE MIRANDA. *Tratado de Direito Privado,* parte geral, Rio de Janeiro, tomo II, Borsoi, 1954, p. 372 e seguinte.

O fato previsto como crime resume-se na realização de um movimento causador de perigo ou lesão a bem jurídico de terceiro, nos moldes da descrição típica constante da lei penal, destituída dos aspectos anímicos e valorativos que compõem a figura delituosa.

Se a medida de segurança tem, como analisei acima, cariz aflitivo e também atende ao objetivo de reforçar junto à comunidade a validade do valor atingido, no entanto, a sua finalidade precípua encontra-se na busca de cura, na ressocialização do delinquente-doente mental por via do tratamento.

Se os pressupostos da medida de segurança são a doença mental e o fato lesivo previsto como crime, as finalidades almejadas não podem deixar de ser, primeiramente, o tratamento e a cura da doença mental propiciadora da prática do ato-fato delituoso, para viabilizar a ressocialização do autor do fato e, por outro lado, a defesa da sociedade, a sua segurança.

A indeterminação do tempo de duração da medida de segurança é corolário obrigatório da finalidade de tratamento e cura, pois deve a mesma terminar, cessada a doença, quando atingido o objetivo de cura, cumprindo, no entanto, *de lege ferenda*, respeitar, como se examinará, um largo tempo máximo, correspondente à pena máxima abstratamente cominada.

As medidas de segurança, a serem exclusivamente impostas por determinação judicial, ancoram-se na realização de um ato-fato previsto como crime por parte de um inimputável, em razão de sua doença mental, visando à cura pelo tratamento, bem como à defesa da sociedade, tendo duração indeterminada sujeita à sobrevinda da superação da doença e plena ressocialização do delinquente-doente mental.

10.5. REPERCUSSÃO NA TEORIA DO DELITO

Como corretamente observa FERRARI, sendo o fato praticado pelo inimputável diverso do realizado pelo imputável, opera-se uma dualização na formulação da teoria do crime, devendo haver uma específica, aplicável aos inimputáveis, frente à teoria do crime, relacionada aos imputáveis.[21]

A primeira questão, já examinada, diz respeito à ação que, no inimputável, limita-se a um ato-fato, pois, na verdade, o inimputável e o semi-imputável não agem, enquanto opção valorativa de desprezo, a um valor tutelado pelo Direito. Como já examinei anteriormente, por esta concepção da ação como opção valorativa, adensada por um querer significativo, havendo no agir uma intencionalidade axiologicamente orientada, a imputabilidade põe-se como pressuposto da ação, pois só o imputável age.

Dessa forma, ressalta no ato-fato o aspecto substancial, isto é, a criação de perigo ou de lesão a um bem jurídico, sem relevo para os aspectos subjetivos e normativos do tipo penal, pois impossível referi-los ao autor do fato que atua sob influxo de uma doença mental.

Na hipótese de quadrilha ou bando integrar um grupo de pessoas que se associam, com o propósito de praticar crimes, caracteriza-se, para o inimputável que participa da associação, o ato-fato delituoso, pressuposto da medida de segurança, sem a exigência de que tenha o delinquente-doente o fim de praticar crimes. A aquisição de objetos

---

[21] Op. cit., p. 153.

392 | FUNDAMENTOS DE DIREITO PENAL – *Miguel Reale Júnior*

produto de crime torna-se ato-fato suficiente para a configuração do pressuposto necessário à aplicação da medida de segurança, sem ser possível a constatação de que o delinquente-doente mental saiba que a coisa é produto de crime. Retirar mulher de sua casa para fim libidinoso (essa conduta era prevista no art. 219 – rapto violento ou mediante fraude – do Código Penal, tendo sido revogado pela Lei nº 11.106/05) configurava ato-fato bastante para imposição de medida de segurança ao inimputável, sem a exigência de que soubesse tratar-se de mulher honesta, elemento normativo do art. 219, que requeria um juízo de valor de cunho cultural.

Destarte, o fato previsto como crime apresenta-se penalmente relevante sem a necessária adequação aos elementos subjetivo e normativo do tipo.

Resta indagar se se pode reconhecer, em favor do inimputável, uma causa de justificação, por exemplo, ter o ato-fato sido praticado em legítima defesa. Entendo que sim, pois a legítima defesa configura-se dada a existência de determinados elementos, que, se presentes, fazem presumir a intenção de se defender frente ao agredido, respondendo a uma necessidade natural em reação própria da natureza do homem, para atender ao instinto de conservação presente também no inimputável.

Não cabe, todavia, pretender-se adentrar no campo da culpabilidade e da reprovação moral com relação ao inimputável nem na ausência de dolo por erro de tipo ou de proibição, pois o erro pode ter derivado do estado anormal do autor do fato.

10.6. PRINCÍPIOS GARANTISTAS E A MEDIDA DE SEGURANÇA

As diferenças entre pena e medida de segurança não importam a exclusão da incidência de princípios garantistas, necessários à segurança do cidadão no que tange à aplicação e execução das medidas de segurança.

Com efeito, as medidas de segurança estão submetidas a uma decisão judicial, afastada a compreensão do técnico-jurídico de que fossem medidas de ordem administrativa. As medidas de segurança não são medidas penais, tendo-se estabelecido, com a Reforma de 1984 e com a Lei de Execução Penal, a jurisdicionalização de sua aplicação e de sua execução, porquanto, segundo os arts. 171 e seguintes da Lei de Execução Penal, apenas executa-se a medida de segurança após o trânsito em julgado da sentença que a aplicou, com a devida expedição de carta de guia subscrita pelo juiz.

A sentença que aplica a medida de segurança reconhece a inimputabilidade e a não caracterização da responsabilidade penal, ausente o pressuposto da ação típica, mas reconhece a ocorrência de um fato previsto como crime decorrente de doença mental do seu autor, que condena à submissão a medida de segurança, definindo a forma de sua execução, bem como o prazo mínimo da internação ou do tratamento ambulatorial. Impõe-se, portanto, uma sanção penal a que deve se submeter o autor do fato, dando-se execução à sentença transitada em julgado, razão por que não é esta absolutória, pois, se fosse, não haveria execução. A sentença é condenatória ao reconhecer o sucesso de um fato previsto como crime, a doença do autor do fato e decidir pela imposição cogente de medida de segurança.

A medida de segurança está igualmente sujeita ao princípio da legalidade e ao seu corolário, a irretroatividade, pois, como assevera FERRARI,[22] não podem ser

---

[22] Op. cit., p. 93.

Parte III · Capítulo 10 · MEDIDAS DE SEGURANÇA | **393**

aplicadas medidas de segurança não previstas em lei ou de caráter administrativo. As medidas de segurança são impostas pela conjugação dos preceitos legais, constantes dos arts. 26, 96, 97 do Código Penal, mais o preceito incriminador correspondente ao fato praticado, pois só a ocorrência de fato previsto como crime gera a aplicação de uma medida de segurança.

Resta pendente, todavia, a não determinação do prazo máximo de duração, pois o princípio da legalidade impõe que o condenado à medida de segurança saiba o tempo de duração máximo de sua internação.

A retroatividade da nova disposição penal acerca da medida de segurança, mesmo que prejudicial ao réu, era admitida pelo Código Penal de 1940 em sua redação original, pois o art. 75 então determinava que as medidas de segurança regiam-se pela lei vigente ao tempo da sentença ou, se divergente, pela vigente ao tempo da execução.

Este preceito foi abolido na Reforma de 1984, e o dispositivo constante do art. 5°, XL, da Constituição Federal, no sentido de que a lei penal não retroagirá, salvo para beneficiar o réu, impede que se aplique, também no campo da medida de segurança, outra lei que não a do tempo do fato, exceto se a nova lei vier a beneficiar o réu.

Questão prenhe de problemas refere-se à aplicação do princípio da proporcionalidade[23] às medidas de segurança, por via do qual se estabelece a proibição de excessos, limitando-se a interferência no campo da liberdade individual às hipóteses de necessidade e carência desta restrição a ser feita de forma proporcional ao gravame ocasionado, adequando-se a sanção ao mal causado. Assim, as medidas de segurança teriam a sua aplicação, em face do princípio da proporcionalidade, condicionada à análise de sua necessidade, e adequada e limitada em vista dos objetivos almejados, bem como à gravidade do fato.[24]

Pode-se perceber a dificuldade da questão, pois o fato praticado, previsto como crime, se é um pressuposto, contudo, não é o fundamento da aplicação da medida de segurança, que reside na doença mental do autor do fato. Aliás, ponderava BASILEU GARCIA[25] que pode um indivíduo altamente temível praticar uma infração insignificante. Contudo, doutra parte, FIGUEIREDO DIAS[26] defende que não é de aplicar a medida de segurança com relação à prática de fatos de pequena monta, de diminuta gravidade ou de natureza bagatelar, pois a restrição de direitos fundamentais não pode ser *"desproporcionada à gravidade do ilícito-típico cometido"*.

Em sua redação original, o Código Penal de 1940 estatuía (arts. 91 e 92) uma relação entre a pena máxima cominada ao fato previsto como crime e o tempo mínimo de duração da medida de segurança, com internação em manicômio judiciário ou casa de custódia e tratamento, fixando taxativamente graus de tempo mínimo para cada uma destas espécies de internações, devendo-se observar o cumprimento da internação por este tempo, após o qual se analisaria a cessação da periculosidade com vistas à desinternação.

---

[23]   Nosso *Instituições de Direito Penal,* vol. 1, p. 29 e seguintes.

[24]   FERRARI, E. R., op. cit., p. 101.

[25]   Op. cit., p. 664.

[26]   Op. cit., p. 451.

394 | FUNDAMENTOS DE DIREITO PENAL – *Miguel Reale Júnior*

Creio que se deva, para atender, também, à finalidade de segurança e defesa da sociedade levar em conta a gravidade do fato praticado, mas não na forma estabelecida pela redação original do Código Penal de 1940, pois seria adotar o critério legislativo de cominação de pena com relação à medida de segurança, tendo ambas fundamentos e finalidades absolutamente diversos.

A solução adotada pela Reforma de 1984 e a ora proposta no projeto de parte geral em tramitação no Congresso Nacional parecem-me acertadas. A menor gravidade do fato realizado, punido com pena de detenção, **pode** levar o juiz a aplicar, segundo o art. 97, segunda parte, do Código Penal, em vez de internação, o tratamento ambulatorial, medida restritiva e não privativa de liberdade. O projeto da parte geral do Código Penal amplia esta possibilidade, permitindo a aplicação do tratamento ambulatorial, se o fato praticado corresponde a crime punido no máximo com pena não superior a quatro anos (art. 96, § 2º). Prevê o projeto também que o juiz determinará a espécie de medida de segurança **adequada**, observada a perícia médica (art. 97).

Destarte, o juiz pode, em face da menor gravidade do fato e tendo em vista a anomalia psíquica apresentada pelo réu, aplicar a internação ou o tratamento ambulatorial, sendo, todavia, ainda, estreito o campo permitido de aplicação de tratamento ambulatorial, limitado aos fatos punidos com pena de detenção. Considero, todavia, que pode se ampliar, por analogia a este universo, pois o legislador de 1984 toma a qualidade da sanção como critério para a fixação do fato de menor gravidade, isto é, os crimes punidos com detenção, sobrevindo, todavia, a definição de infração de pequeno potencial ofensivo na Lei nº 9.099/95, que estatui, em seu art. 61, serem assim consideradas aquelas punidas com pena máxima não superior a dois anos. Assim, entendo que o juiz penal pode determinar o tratamento ambulatorial, se o fato corresponder a infração enquadrada como de menor potencial ofensivo, ou seja, punida com pena máxima não superior a dois anos de reclusão ou detenção.

Doutra parte, a espécie de medida de segurança, bem como o tempo mínimo (art. 97, § 1º, do Código Penal) a ser fixado entre um e três anos, deve ser adequado à anomalia psíquica, atendendo-se a outro critério que não o da gravidade do fato, e sim o da gravidade da doença geradora da prática do fato.

10.7. TEMPO DE DURAÇÃO

Como já mencionei, a medida de segurança deve ter um tempo mínimo, a ser determinado pelo juiz, entre um e três anos, e não há tempo máximo. Criticam-se ambas as disposições, pois a medida de segurança não deveria ter tempo mínimo, deveria ser dependente da internação ou restrição do tratamento ambulatorial e do sucesso da terapia, pois uma vez curado teria de cessar a medida. Por outro lado, mesmo não cessada a anomalia psíquica, perdurando a periculosidade, não se coaduna com o Estado Democrático a imposição de constrangimento indeterminado, que se pode perpetuar.

Quanto ao tempo mínimo, creio que o disposto na Lei de Execução Penal, em seu art. 176, bem resolve a questão, pois cumpre ao juiz adequar o tempo mínimo em proporção ao fato e à anomalia psíquica apresentada pelo réu, mas deixa-se uma importante válvula ao se estabelecer: "*...em qualquer tempo, **ainda no decorrer do prazo mínimo** de duração da medida de segurança, poderá o juiz da execução, diante* *de requerimento fundamentado do Ministério Público ou do interessado, seu procurador ou defensor ordenar o exame para que se verifique a cessação da periculosidade".*

Desse modo, atende-se a um reclamo de segurança da sociedade, ou seja, à necessidade de reafirmação da validade do valor tutelado, ao estabelecimento de proporção em face da gravidade do fato praticado, sem deixar, todavia, de abrir a possibilidade de a qualquer tempo, mesmo antes de findo o prazo mínimo, determinar exames e conceder a cessação da internação, verificada a cura do internado.[27]

Quanto à duração indeterminada, cabe razão aos críticos, uma vez que o princípio da legalidade impõe que se fixe o máximo de tempo de aplicação da medida de segurança, o que se procurou remediar no Projeto em andamento no Congresso Nacional, que prevê, no art. 98, que o tempo da medida de segurança não será superior à pena máxima cominada ao tipo legal de crime.

Findo o prazo, se não cessada a doença, segundo o propósito do Projeto, deve ser declarada extinta a medida e o internado deve ser transferido para hospital da rede pública, se não for suficiente o tratamento ambulatorial. Passa o internado, sujeito à medida de segurança determinada por juízo criminal, a receber, vencido o prazo da pena máxima cominada ao crime correspondente ao fato praticado, tratamento comum, em hospital comum.

10.8. INDIVIDUALIZAÇÃO DA EXECUÇÃO

Já indagava na década de trinta ANÍBAL BRUNO se não se deveria submeter a medida de segurança ao sistema progressivo.[28] Entendia, então, que as experiências realizadas ainda não permitiam julgar se era recomendável aplicar-se o sistema progressivo às medidas de segurança.

Hoje, as experiências realizadas, mormente no Rio Grande do Sul e em São Paulo, em Franco da Rocha, com a anuência da Justiça, indicam serem totalmente recomendáveis as saídas temporárias, bem como a progressão da internação para o tratamento ambulatorial, sistema este ora proposto no projeto modificativo da parte geral em curso no Congresso Nacional.

A reintegração comunitária, por meio da progressividade na execução das medidas de segurança, realiza-se, em Porto Alegre, no Instituto Psiquiátrico Forense, no Manicômio Judiciário do Recife e no Hospital de Custódia e Tratamento de Franco da Rocha. Em Porto Alegre, adota-se a alta progressiva, restringe-se a visita dos pacientes às suas casas, permitindo-se, também, o trabalho externo durante o dia e retorno ao Instituto à noite. Em São Paulo, Franco da Rocha, aplica-se a desinternação progressiva, com acompanhamento do paciente por funcionários, com a adoção além do hospital-noite, do hospital-dia, pois o paciente comparece a centros de atendimento ambulatorial durante o dia, recolhendo-se a sua residência à noite.[29]

---

[27]   O projeto de parte geral em tramitação no Congresso Nacional estatui no art. 97, § 2º: *"A medida de segurança interromper-se-á quando for averiguada, mediante perícia médica, a sua desnecessidade, ou a cessação da doença."*

[28]   Op. ult. cit., p. 203.

[29]   Sobre todas estas experiências, vide FERRARI, E. R., op., cit., p. 168 e seguintes. EDUARDO REALE FERRARI trouxe o relato destas experiências ao conhecimento da Comissão de Diag-

A experiência vivida nestes estabelecimentos foi altamente positiva, pois o tratamento em meio aberto socializa o paciente, liberta-o do mimetismo contagiante do meio hospitalar e facilita a cura pela inclusão na comunidade.

Desse modo, tal como a prisão albergue surgiu da prática judiciária, a progressividade na execução da medida de segurança de internação faz-se realidade por decisões inovadoras da administração, médicos e dirigentes, bem como do Judiciário.

O projeto em andamento, modificativo da parte geral do Código Penal, consagra estas experiências positivas e prevê um sistema progressivo, pois dispõe que o paciente, inicialmente, de acordo com perícia médica, apresentando melhora com a internação, poderá visitar a família ou participar de atividades externas facilitadoras do seu retorno ao convívio social. Observados progressos com esta participação no mundo externo, e com melhora do quadro clínico verificado mediante perícia, o juiz pode determinar a transferência para tratamento ambulatorial.

Dá-se, portanto, a concessão inicial de saída temporária para visita aos parentes e para atividades externas, e depois, se positivas estas experiências, a passagem para a efetiva desinternação com o tratamento ambulatorial.

10.9. CESSAÇÃO DA DOENÇA E DESINTERNAÇÃO CONDICIONAL

Findo o prazo mínimo, instaura-se o procedimento para verificação da cessação da periculosidade, que apenas deve limitar-se à análise da melhora ou não da doença mental, em função da qual se presumiu a periculosidade. Foge à legalidade examinar se o paciente apresenta periculosidade real, malgrado haja cessado a doença mental causadora da inimputabilidade.

Se não houve, e nem pode haver prognose de atitudes delituosas futuras, pois, como salientei, a periculosidade é presumida em face da anomalia psíquica, o exame de cessação da periculosidade, visando a autorizar a desinternação ou liberação, deve limitar-se à análise da persistência ou à melhora da doença mental.

Por força do princípio da legalidade, o exame deve restringir-se ao aspecto da anomalia psíquica que fundamentou o reconhecimento da inimputabilidade. Adentrar em considerações sobre a probabilidade de atitudes delituosas futuras divorciadas da doença mental, tendo por base aspectos da biografia do internado, sejam de ordem familiar, social ou física, importa ir além do que a lei especifica como dado legitimador da imposição da medida de segurança, pois examinam-se elementos diversos do constante da sentença determinante da medida de segurança.

A perícia médica deverá, se constatada, findo o prazo mínimo, a persistência da doença, realizar-se de ano em ano, podendo, no entanto, ocorrer a qualquer tempo, conforme o art. 176 da Lei de Execução Penal, se há elementos justificadores da antecipação do exame.

Determinada a desinternação ou a liberação do tratamento ambulatorial são ambas, contudo, condicionais, pois só se efetivarão no prazo de um ano, que representa um período de prova, pois podem ser restabelecidas se, neste tempo, o liberado pratica

---

nóstico do Sistema Criminal, da qual era secretário, e suas ideias e sugestões foram aproveitadas na formulação do Capítulo das Medidas de Segurança.

fato indicativo da persistência de sua periculosidade, ou seja, de que perdura a doença mental, em razão da qual sofreu a medida de segurança.

Verifica-se, de conseguinte, que o objetivo da medida de segurança, em suas duas espécies, consiste na cura, na melhora do paciente, que uma vez constatada impõe a desinternação ou liberação condicionais, sujeitas ao período de prova de um ano. Passado este período, extingue-se a medida de segurança.

10.10. AS MEDIDAS DE SEGURANÇA E OS DIREITOS DO INTERNADO

Como já fiz alusão, diversas vezes, as medidas de segurança, pela sistemática da Reforma de 1984, são apenas duas: internação em hospital de custódia e tratamento psiquiátrico e tratamento ambulatorial. É direito do internado, segundo o art. 99 do Código Penal e art. 99, parágrafo único, da Lei de Execução Penal, ser recolhido a estabelecimento dotado de características hospitalares, em cela individual, com salubridade decorrente de insolação, aeração e condicionamento térmico.

É essencial destacar, portanto, que estas exigências já indicam que o internado não deve apenas ser confinado, mas sim submetido a tratamento, pois é obrigatória a realização de exame psiquiátrico e dos demais exames visando à terapia, conforme dispõe o art. 100 da Lei de Execução Penal. O art. 43 da Lei de Execução Penal garante, ademais, ao internado a liberdade de ter médico de confiança pessoal de seus familiares ou dependentes, que poderá acompanhar e orientar o tratamento.

São direitos do internado, além dos antes mencionados, todos os direitos atribuídos ao preso no elenco constante do art. 41 da Lei de Execução Penal, dentre os quais destaco a atribuição de trabalho e o exercício de atividades compatíveis com a internação, visitas de parentes e amigos, proteção contra qualquer forma de sensacionalismo, entrevista pessoal e reservada com advogado.

O tratamento ambulatorial pode realizar-se em Hospital de Custódia e Tratamento Psiquiátrico ou em dependência médica adequada, segundo o art. 101 da Lei de Execução Penal. Com razão, FERRARI critica este dispositivo por entender que o tratamento ambulatorial não deve efetuar-se em Hospital de Custódia e Tratamento Psiquiátrico, pois contraria o sentido do tratamento em meio aberto a presença em hospital-prisão, sendo conveniente não se misturar os dois tipos de pacientes e de tratamento.[30]

A criação da espécie de medida de segurança restritiva e não privativa atende à tendência de desinstitucionalização, motivo pelo qual, efetivamente, deve o tratamento ocorrer em estabelecimento diverso do destinado à custódia dos internados. O projeto modificativo da Lei de Execução Penal dispõe que o tratamento ambulatorial deve-se dar em hospitais, postos de saúde ou outro estabelecimento público equiparável (art.171-A, § 2º), o que é, sem dúvida, positivo, pois a permanência, mesmo que esporádica em Hospital de Custódia e Tratamento Psiquiátrico, é nociva, a começar pelo mimetismo que leva à reprodução dos modos de ser dos mais graves doentes mentais.

---

[30] Op. cit., p. 86.

398 | FUNDAMENTOS DE DIREITO PENAL – *Miguel Reale Júnior*

10.11. PRESCRIÇÃO E MEDIDA DE SEGURANÇA

O art. 96, parágrafo único, do Código Penal estatui que extinta a punibilidade não se impõe medida de segurança nem subsiste a que tenha sido imposta. Ressalta em importância, dentre as causas extintivas de punibilidade, a prescrição, seja a anterior ao trânsito em julgado da sentença, seja a prescrição executória, após o trânsito em julgado da sentença.

O Código Penal não estabelece sob qual critério deva-se computar o prazo prescricional da medida de segurança. Em sua redação original, o Código Penal de 1940 estabelecia que a presunção de periculosidade não prevalecia, se a sentença fosse proferida dez anos depois do fato. A execução da medida de segurança não deveria ser iniciada sem verificação da periculosidade se decorridos, no caso do inimputável, dez anos da data da sentença. Havia, destarte, um prazo prescricional da presunção de periculosidade.

Não havendo, todavia, determinação legal para fixação de prazo de prescrição da medida de segurança, a doutrina fixou-se no critério da pena máxima cominada ao tipo legal de crime, seja para a prescrição anterior ou posterior à sentença, devendo--se por coerência entender que a sentença impositiva de medida de segurança, por ser condenatória, interrompe a prescrição.

É esta a solução mais condizente com os objetivos de tratamento e de defesa da sociedade, devendo prevalecer a referência à pena máxima cominada e não à pena mínima, pois, se assim fosse, restaria desabrigada a sociedade e desatendido o autor do fato na precisão de tratamento.

Capítulo 11
EXTINÇÃO DA PUNIBILIDADE

Como antes assinalei, o Estado não tem a liberdade de exercer ou não a aplicação e execução da lei penal. Tem o Estado, por meio de seus órgãos dotados de autoridade, Ministério Público e Judiciário, o poder e um dever público[1] de agir contra aquele que deixou de se motivar pela ameaça contida na lei penal. Não há um direito de executar o Direito frente ao infrator,[2] mas um dever de exercitar o poder de punir.

O poder-dever de punir desdobra-se em três momentos, como ressalta FREDE-RICO MARQUES:[3] na edição da norma penal incriminadora, na aplicação da norma por meio do processo e na execução da pena concretizada na sentença condenatória.

Extingue-se o poder-dever de punir, seja antes da aplicação da norma, falecendo, então, ao Estado a pretensão punitiva, seja após a aplicação da norma, recaindo a extinção sobre o poder executório da sentença condenatória.

A extinção pode-se dar em razão da abolição da configuração criminal do fato realizado, ou em razão do fato perdurar sendo delituoso, mas faltar o poder de puni-lo.

São exemplos da primeira hipótese a abolição da qualificação do fato como crime, pela descriminalização, revogando-se a norma penal incriminatória, seja por via da anistia, que determina o apagamento total do fato, para que sobre ele se faça silêncio.

No art. 107, estipula o Código Penal as causas de extinção da punibilidade, enumeração, todavia, não exaustiva, pois, há outras formas de extinção específicas, previstas para determinada espécie de crime. Estabelece-se, então, que a punibilidade se extingue:

I – pela morte do agente;

II – pela anistia, graça ou indulto;

III – pela retroatividade da lei que não mais considera o fato como criminoso;

IV – pela prescrição, decadência ou perempção;

V – pela renúncia do direito de queixa ou pelo perdão aceito, nos crimes de ação privada;

VI – pela retratação do agente, nos casos em que a lei a admite;

---

[1] PABLOS DE MOLINA, A. G., *Derecho Penal, Introducción*, Madrid, Universidad Complutense, 2000, p. 310; SERRANO MAÍLLO, A. *Ensayo sobre el Derecho Penal como ciencia*, Madrid, Dykinson, 1999, p. 108, considera irrenunciável o *ius puniendi*, sob uma perspectiva empírica, diante da necessidade social da previsão de sanções pelo legislador.

[2] Neste passo recorre PABLOS DE MOLINA às observações de CABO DEL ROSAL e VIVES ANTON, op. cit., p. 311.

[3] *Elementos de Direito Processual Penal*, I, Campinas, Millenium, 2001.

VII – (revogado pela Lei nº 11.106/05);

VIII – (revogado pela Lei nº 11.106/05);

IX – pelo perdão judicial, nos casos previstos em lei.

11.1. MORTE

A Constituição Federal estatui no art. 5º, XLV, que a pena não passará da pessoa do condenado. Morto o réu ou o condenado, extingue-se a punibilidade. Processar os mortos seria arrogar-se poderes próprios do Juízo Final. A punição estatal não pode deixar de ser terrena. A pena ia além da morte quando, pela infâmia, pretendia-se atingir aos descendentes do condenado e sua memória, tal como sucedeu com TIRADENTES.[4] Os descendentes respondem apenas por um dos efeitos da condenação, pois lhes cumpre arcar com a obrigação de indenizar a vítima pelo ato delituoso praticado pelo ascendente morto.

Comprova-se a morte do réu ou do condenado por meio do atestado de óbito, de conformidade com o preceituado no art. 62 do Código de Processo Penal. Não basta a declaração judicial de ausência, conforme regulam os arts. 22 e seguintes do atual Código Civil. Pela lei civil, declarado alguém ausente por desaparecer do domicílio sem deixar notícia, pode-se determinar a sucessão provisória, que se torna definitiva se passados dez anos da sentença que determinou a abertura da sucessão provisória.

A extinção da punibilidade, todavia, pode efetivar-se com base em morte presumida, sem declaração de ausência, admitida pelo Novo Código Civil, em seu art. 7º, se for *extremamente provável a morte de quem estava em perigo de vida* ou na hipótese de que haja desaparecido, passados dois anos do fim da guerra, se em campanha ou feito prisioneiro.

A Lei de Registros Públicos, Lei nº 6.015/73 (art. 88) admite, também, a declaração de morte presumida não tendo sido encontrado o cadáver em casos de catástrofe, inundação, incêndio, acidente aéreo, sendo muito provável que a morte tenha ocorrido, por estar provada a presença da pessoa no local do desastre.

Se declarada extinta a punibilidade pela morte, verifica-se que o réu está vivo, não poderá reverter-se a sentença de extinção da punibilidade transitada em julgado, pois não se admite revisão criminal *pro societate*, sendo, possível, no entanto, que haja revisão criminal em favor de um morto proposta, de acordo com o art. 623 do Código de Processo Penal, pelo cônjuge, ascendente, descendente ou irmão, buscando a realização da Justiça acerca de condenação que repute injusta, visando a salvaguardar a memória do parente falecido.

11.2. ANISTIA – GRAÇA – INDULTO

A anistia sempre se constituiu em instrumento de pacificação social,[5] podendo, extraordinariamente, ser aplicada a crime comum, mas, de regra, voltada a recompor

---

4 GARCIA, B., op. cit., p. 749, relata casos de exumação para impor "penas" ao cadáver, cortando membros e cabeça, como o acontecido no século XI com o defunto do Papa Formoso condenado por seu sucessor o Papa Estevão VI.

5 DELMAS-MARTY, M., *Le flou du droit*, Paris, PUF, 1986, p. 95.

Parte III · Capítulo 11 · EXTINÇÃO DA PUNIBILIDADE | **401**

a harmonia social conturbada por confronto de cariz político, do qual redundaram processos e condenações por crime político.

Por sua conotação política, a anistia deve ser objeto de lei, sendo atribuição do Congresso Nacional concedê-la (art. 48, VIII, da Constituição Federal), por projeto de iniciativa dos parlamentares ou do Executivo, sendo que, no regime militar, era matéria de iniciativa exclusiva do Presidente da República.

A anistia diz-se própria quando concedida antes da condenação, tal como ocorreu no governo Juscelino Kubistchek, com relação aos revoltosos de Aragarças e Jacareacanga, movimento militar de oficiais da Aeronáutica que visavam dar um golpe de Estado. Diz-se imprópria quando posterior à condenação, a exemplo da anistia concedida, em 15 de agosto de 1979, aos condenados por crime político, enquadrados na Lei de Segurança nacional, no regime militar.

A anistia pode ser ampla e geral quando outorgada a todos os autores de crimes políticos praticados durante determinado período, sem limitações de qualquer espécie. A Lei de Anistia de 1979 gerou discussões acerca de sua abrangência, se compreensiva dos atos de violência praticados por opositores do regime militar, se extensiva aos atos de tortura realizados por agentes da repressão. O Superior Tribunal Militar, competente para apreciar os crimes contra a Segurança Nacional, deu interpretação ampla, aplicando-a a todos os condenados por crime político e alargando-a aos crimes denominados conexos, relativos às mortes e às torturas praticados por agentes da repressão.

A anistia será restrita, se limitada a determinados autores de crime específico. Exemplo está na anistia concedida ao então senador Humberto Lucena condenado por crime eleitoral. A anistia pode, também, ser incondicionada ou condicionada, como na hipótese de sujeita à circunstância de que os sediciosos entreguem as armas.

No art. 5°, XLIII, a Constituição Federal determina que a lei considerará insuscetível de anistia os crimes de tortura, tráfico ilícito de entorpecentes, terrorismo e os hediondos. Trata-se de limitação imposta pela Constituinte ao próprio Poder Legislativo, competente para a concessão da anistia, em limitação que, eventualmente, com relação ao crime de terrorismo, pode ser nociva à necessidade de pacificação política.

A anistia elimina totalmente a ocorrência do fato delituoso, como se não tivesse havido, em razão do que, com o seu apagamento, não se gera reincidência, não se abolindo, todavia, a responsabilidade civil pelos danos causados, a se ver as ações de responsabilidade promovidas por familiares de mortos pela repressão contra o Estado por atos de seus agentes, que haviam, contudo, sido anistiados como autores de crimes conexos.

O indulto é de competência do Presidente da República, art. 84, XII, da Constituição Federal, ouvidos, se necessário, os órgãos instituídos em lei.

O indulto pode ser coletivo ou individual e sempre pressupõe o trânsito em julgado da sentença condenatória. No caso do indulto coletivo, decretado pelo Presidente da República, pode este decorrer de proposta do Conselho Nacional de Política Criminal e Penitenciária, competente para fixar as diretrizes da política criminal, art. 64, I, da Lei de Execução Penal. Caberá ao juiz da execução avaliar os casos concretos para examinar o seu enquadramento aos termos do indulto coletivo, extinguindo, então, a punibilidade.

Na hipótese de indulto individual ou graça, também a ser decretado pelo Presidente da República, a proposta do condenado será entregue ao Conselho Penitenciário estadual, para parecer, e encaminhado ao Ministério da Justiça, sendo por este, então, submetida ao Presidente da República (arts. 188 e seguintes da Lei de Execução Penal). Se o indulto for pleno, o juiz da execução decretará extinta a punibilidade; se parcial, comutando-se parte da pena, o juiz adequará a execução da pena aos termos do decreto.

O indulto coletivo e a graça devem, primordialmente, atender a reclamos de política criminal, mormente o indulto coletivo, com vistas a extinguir a punibilidade de autores de crimes cuja repercussão social permite o benefício, muitas vezes tendo em vista a possibilidade de retirar dos estabelecimentos penais, antes mesmo do livramento condicional, condenados cuja permanência no cárcere apenas será maléfica, justificando-se, destarte, a redução da pena ou a sua extinção antecipada.[6]

11.3. DESCRIMINALIZAÇÃO

Estabelece a Constituição Federal, art. 5°, XL, que a lei nova não retroagirá, salvo para beneficiar o réu.

Em contrapartida à fúria legiferante, há um movimento no sentido da descriminalização de muitas infrações penais menores, tal como ocorreu na Itália com a Lei n° 689, que transformou contravenções e delitos de bagatela em infrações administrativas. Advogo a criação de uma terceira via, que HASSEMER denomina Direito de Intervenção, com a criação de um Código das Infrações Administrativas Penais, contendo uma Parte Geral garantidora de determinados princípios, realizando-se, então, um largo processo de descriminalização.

Se o fato deixa de ser considerado crime por se ter abolido o tipo penal incriminador, é evidente que se opera a extinção da punibilidade por eliminação da previsão legal da infração penal, retroagindo a lei nova descriminalizante. Se a condenação transitou em julgado, não retroage a lei nova abolicionista, pois o fato era, para a consciência jurídica no momento do julgamento, considerado criminoso, descabendo, neste caso, a revisão criminal.

11.4. DECADÊNCIA E PEREMPÇÃO

Alguns crimes atingem bens personalíssimos, como a honra sexual, ou interesses econômicos, especialmente, de pessoas jurídicas, e a publicização, por via do processo criminal, pode não ser conveniente, razão pela qual se outorga à vítima o direito de acusar, de agir processualmente.

O poder-dever de punir remanesce do Estado, mas o poder de agir movimentando o processo penal é da vítima ou de seus parentes, pois podem estes considerar ser mais conveniente não prolongar a ocorrência do fato por meio do processo. Estabelece-se um confronto entre valores: de um lado, o interesse público de persecução penal do delito, de outro, o interesse do particular ofendido de deixar esquecido, sem repercussão, como fato cuja lembrança ou publicidade por via do processo apenas será angustiante.

Esta outorga, todavia, do direito de acusar, para que não paire sobre o possível querelado, indefinidamente, a ameaça do processo, deve ser exercido em determinado

---

[6]   Súmula 631 do STJ bem explica que: "O indulto extingue os efeitos primários da condenação (pretensão executória), mas não atinge os efeitos secundários, penais ou extrapenais".

tempo. O Código Penal, em seu art. 103, estabelece, como regra geral, que a ação deve ser promovida em seis meses a partir da data em que se soube quem é o autor do fato. Nos crimes de imprensa, o prazo é de três meses. Nos crimes contra a propriedade imaterial, o prazo é de um mês a contar da homologação do laudo.

Se passado o prazo para a propositura da queixa, o ofendido ou seu representante não deu entrada à ação penal, opera-se a decadência, ocorrendo a extinção da punibilidade.

O ofendido, que promove a queixa-crime, assume a responsabilidade de comparecimento aos atos do processo e de movimentar o procedimento, sob pena de se reputar, em vista do desinteresse, perempta a ação penal.

A inércia relevante, para se considerar perempta, vem estabelecida no art. 60 do Código de Processo Penal, ou seja, quando o querelante, cabendo movimentar a ação penal, deixa de fazê-lo durante trinta dias seguidos; quando o querelante falecer ou se tornar incapaz para comparecer em juízo, qualquer dos que podem sucedê-lo permanecerem inertes por mais de sessenta dias; quando o querelante deixar de comparecer a qualquer ato do processo a que deva estar presente, ou deixe de pedir a condenação em alegações finais; quando a pessoa jurídica querelante se extinguir.

Nestas hipóteses, a inércia do querelante aproveita ao querelado, pois não cumprido, nos termos do art. 60 do Código de Processo Penal, o ônus de acusar, opera-se a perempção por via da qual se extingue a punibilidade.

Na verdade, onera-se em demasia o querelante, em uma perspectiva estatalista do processo penal, que dificulta a ação da vítima e convida a não proceder no âmbito criminal.

11.5. RENÚNCIA AO DIREITO DE QUEIXA E PERDÃO

Como acima se verificou, nos crimes de ação penal privada, a iniciativa depende do ofendido ou de seu representante. Pode, contudo, antes do prazo decadencial se escoar, vir o ofendido a renunciar ao seu direito de acusar. A renúncia pode ser expressa ou tácita. Será expressa, se constar de declaração na qual manifesta não ter a intenção de processar o autor do fato, podendo ser firmada pelo representante do ofendido se munido de poderes especiais.

A renúncia será tácita, se for praticado algum ato incompatível com a propositura da ação contra o autor do fato. Um encontro meramente social, com troca de cumprimentos que a educação recomenda, não vem a constituir renúncia tácita. Todavia, comparecer ao aniversário do futuro querelado é, sem dúvida, ato que confronta com a atuação acusatória.

Se o fato delituoso foi praticado em coautoria, a renúncia em favor de um dos partícipes estende-se a todos, pois o querelante não pode escolher a quem processar, prevalecendo o princípio da indivisibilidade da ação penal.

Proposta a ação, pode o querelante, a qualquer tempo antes da prolação da decisão final, perdoar o querelado. Corresponde o perdão a uma desistência da ação não equiparável aos casos de perempção, pois, no perdão, o querelante desculpa o querelado, que aceita ser perdoado, sob pena do perdão não gerar efeitos.

Perdoa-se ao culpado. Ser perdoado e aceitar o perdão representa a assunção de responsabilidade da qual se é eximido pela generosidade da vítima. Por esta razão,

404 | FUNDAMENTOS DE DIREITO PENAL – *Miguel Reale Júnior*

deve o perdão ser aceito, pois, do contrário, o querelante perdoa a quem não se sente culpado e que preferia o término da queixa-crime na qual viria eventualmente a ser absolvido. O perdão extingue a punibilidade de um lado, mas, de outro, deixa registrada a assunção da culpa desculpada por parte do querelado.

O perdão pode ser expresso ou tácito. O perdão tácito pode ser demonstrado por todos os tipos de prova, no sentido da incompatibilidade do prosseguimento do processo contra quem, por exemplo, se convida para um jantar em sua casa.

11.6. RETRATAÇÃO

Retratar significa[7] "*retirar o que disse*"; "*dar o dito como não dito*"; "*desdizer-se*". Dessa forma, a retratação apenas ocorre nos crimes que constituem manifestações de pensamento. Destarte, admite-se a retratação como efeito de desfazimento do que foi feito nos crimes de calúnia e difamação, seja por meio de imprensa ou por meio comum, bem como no crime de falso testemunho, se a retratação se dá antes da sentença de primeiro grau, impedindo-se, dessa maneira, que a inverdade influa na formação do convencimento do juiz.

O interesse de obtenção da verdade real proporciona o caminho de retorno com o benefício do reconhecimento da extinção da punibilidade, sendo, sem dúvida, uma providência premial, um arrependimento posterior eficaz que recebe um prêmio. A retratação, nos crimes contra a honra, calúnia e difamação, nos quais se imputa a prática de fato determinado delituoso ou ofensivo da reputação, também tem o significado de um arrependimento posterior eficaz, pois, ao voltar atrás, deve o querelado fazê-lo de forma cabal, isenta de dúvidas, motivo pelo qual o seu reconhecimento e a extinção da punibilidade não dependem da anuência do querelado.

A retratação de um dos querelados não importa a extensão da extinção da punibilidade a eventuais outros coautores do crime.

11.7. PERDÃO JUDICIAL

Em determinados delitos, expressamente, o legislador prevê a possibilidade do perdão judicial, a ser concedido, tendo em vista circunstâncias do caso concreto que fazem a reprimenda ser despicienda ou desproporcional. O juiz concederá o perdão judicial, deixando de aplicar a pena ao réu, em sentença cuja natureza não é condenatória ou absolutória, mas declaratória da extinção da punibilidade.[8]

Assim, cabe o perdão judicial, na hipótese de lesão corporal ou homicídio culposo, quando "*as consequências da infração atingirem o próprio agente de forma tão grave que a sanção penal se torne desnecessária*" (art. 121, § 5º, e art. 129, § 8º, do Código Penal). Se o próprio agente vier a se ferir gravemente, se um seu parente vier a falecer

---

[7] SILVEIRA BUENO, *Dicionário da língua portuguesa*, Fortaleza, Edições Fortaleza, 1973, vol. 3, p. 1.010.

[8] Neste sentido de sentença declaratória da extinção da punibilidade, PRADO, L. R., op. cit., p. 562; FRAGOSO, H. C., op. cit., p. 438. A sentença não é condenatória, pois o juiz deixa de aplicar a pena. Nem é absolutória, visto que não incidem qualquer das causas de exclusão do crime ou de isenção da pena. A sentença é, sem dúvida, declaratória da concessão do perdão, por via do qual se extingue a punibilidade.

no acidente, a imposição de uma pena constitui uma demasia, em face do sofrimento decorrente do fato pelo qual deve ser responsabilizado criminalmente. O princípio da proporcionalidade revela que a pena criminal seria descipienda diante da sanção que o próprio fato ocasionou ao agente, ferindo-o ou causando-lhe uma perda que, por si só, constitui uma sanção suficiente. Nestas hipóteses, qualquer outro gravame seria uma demasia.

Na receptação culposa, pode o juiz, também, deixar de aplicar a pena, se o réu é primário, tendo em vista a pequena relevância do fato, havendo carência de tutela no caso concreto, a justificar que não se quebre a primariedade graças à concessão do perdão judicial, a permitir que em casos de bagatela a resposta seja amenizada com o perdão judicial (art. 180, §§ 3º e 5º, do Código Penal).

Ao não se aplicar a pena, tem-se como consequência obrigatória, reconhecida pelo art. 120 do Código Penal, em redação introduzida pela Reforma de 1984, que a sentença declaratória de extinção da punibilidade não gere reincidência.

Questão tormentosa diz respeito ao perdão judicial previsto nos casos de delação. Já na Lei do Colarinho-Branco, Lei nº 7.492/86, previa-se a redução da pena ao coautor que, em confissão, revelasse à autoridade toda a trama delituosa.

Mais recentemente a Lei n. 12.850/2013 relativa às organizações criminosas estabelece o acordo de colaboração, negócio jurídico processual, e permite duas formas de colaboração, aberta quando fica a cargo do juiz sentenciante aplicar o benefício que pode ser até mesmo o perdão judicial; e fechada quando estatuída as vantagens no acordo fixado com o Ministério Público, acordo este a ser homologado pelo juiz.

Idêntico dispositivo veio a ser criado com relação aos crimes econômicos, a denominada leniência, tão a gosto do direito norte-americano, como forma de se combater, em especial, o *cartel*, estendendo-se ao âmbito criminal dispositivo já existente com relação à repressão administrativa perante o CADE.

O problema é tormentoso, pois a busca de eficiência na apuração e descoberta do fato e de seus autores esconde uma questão ética de grande relevo: deve o Estado premiar a delação àquele que trai os seus comparsas, valendo-se da torpeza do traidor, prometendo beneficiá-lo com o perdão? O coautor, que se beneficia da prática delituosa até o instante da disputa pelo produto do crime prejudicá-lo, ou até o fato deixar de ser de segura impunidade, deve ser premiado pelo ato covarde ou torpe de denunciar os companheiros de empreitada criminosa?

Até onde é lícito e ético o Estado promover a delação, mediante a promessa de perdão, para obter elementos que lhe cumpre conseguir na investigação? Não seria valer-se o réu de sua própria torpeza, em contrariedade ao princípio básico de que *nemo auditur propriam turpitudinem allegans*?[9]

A resposta não pode deixar de ser no sentido de a inaceitabilidade do Estado ético promover a delação e premiá-la, a não ser na hipótese de localização da vítima para salvaguarda do bem jurídico *"vida"*. Neste caso, há um confronto de valores, ganhando

---

[9] Decisão do Supremo Tribunal Federal é no sentido de que: "A ninguém é lícito invocar, em benefício próprio a prática de uma torpeza" (RE 26.839 - 2ª Turma, Relator AFRÂNIO COSTA, em data de 23.06.1955, *in DJ* 0701.57, p. 28 e ementário, vol. 231, p. 267, vide também, RE 102049 GO, 2ª turma, Relator ALDIR PASSARINHO, em 25.03.1988, *DJ* de 20.05.1988, p. 12.097).

406 | FUNDAMENTOS DE DIREITO PENAL – *Miguel Reale Júnior*

precedência o valor *"vida"*. O mesmo, no entanto, não se justifica para apuração da autoria e trama de crimes financeiros e econômicos.

11.8. PRESCRIÇÃO

11.8.1. Natureza

A prescrição constitui a perda do poder-dever de punir por parte do Estado, seu titular, em razão do decurso do tempo, variável conforme a gravidade do delito.[10]

Discute-se qual a natureza da prescrição, se de caráter penal, processual ou misto. Se o Estado pune, pois lhe é outorgado este poder-dever em benefício da sociedade e de todos os consorciados, para que não se sucumba na anarquia, ao se deixar esvair este poder, em razão da inércia, está-se, na verdade, perdendo o fundamento da punição ao se tornar sem eficácia as finalidades almejadas pela imposição da pena, seja a retribuição, como reafirmação de um valor tutelado lesado pelo delito, seja a intimidação, seja o objetivo de emenda. A prescrição torna inane o fim último do poder-dever de punir.

Considera-se, também, que a prescrição tem caráter exclusivamente processual, por se comprometer a obtenção da prova no passar do tempo, pois o decurso deste enfraquece a veracidade da prova[11] e por ter consequências processuais, ao determinar a paralisação da ação penal, pois como acentua HELENO FRAGOSO[12] os defensores desta corrente veem na prescrição *"apenas uma suspensão ou impedimento do processo"*, não sendo de admitir-se a transformação, em virtude do tempo, da punibilidade em impunibilidade.

A maioria dos autores termina por adotar uma compreensão mista, atribuindo à prescrição um caráter jurídico material e processual, por significar, de um lado, a perda do interesse de punir e, por outro, resultar no impedimento da continuidade do processo ou da execução da pena. Considero que o aspecto essencial é de natureza material, pela perda do poder-dever de punir, em vista do absoluto desatendimento das finalidades da pena em razão do decurso do tempo. O aspecto processual constitui uma repercussão natural da questão material.

Seria como diz FERRARI, *"a prescrição do procedimento por razões substantivas"*,[13] importando, a meu ver, o motivo fundante e não a consequência, que sucede resultado inafastável, como meio para se atender ao conteúdo da prescrição.

---

[10]   BECCARIA opunha-se à prescrição, por entender que fragiliza a finalidade de prevenção geral. A Constituição de 1988 reputa alguns delitos imprescritíveis: o racismo e a ação de grupos armados contra a ordem constitucional e o Estado Democrático (art. 5º, XLII e XLIV). A proibição do esquecimento, como afirma DELMAS-MARTY, deve limitar-se a crimes especificados. O obstáculo ao esquecimento, todavia, encontra fim na morte do agente, pois do contrário consagra-se a sede de vingança (op. cit., p. 84).

[11]   FERRARI, R. E., *Prescrição da ação penal:suas causas suspensivas e interruptivas*, São Paulo, Saraiva, 1998, p. 19.

[12]   Op. cit., p. 421.

[13]   Op. cit., p. 19.

11.8.2. A *ratio* da prescrição

EDUARDO REALE FERRARI elenca diversas teorias justificadoras da prescrição.[14] Todavia, merecem destaque as teorias do **esquecimento**; da **emenda; político--criminal**; da **prova** e da **punição do Estado pela inércia**.

Segundo a teoria do esquecimento, extingue-se, com o tempo, a lembrança do delito, perdendo o fato repercussão social em decorrência do que a punição se torna despicienda, não havendo carência de punir, pois as finalidades pretendidas por via da pena não mais se concretizam, passados anos do acontecimento do ilícito.

A punição não se faz mais necessária nem eficaz para, em face do crime, reconstruir a paz social, ressocializar o condenado ou lhe impor uma retribuição.

A teoria da emenda pode ser considerada um corolário da teoria do esquecimento, pois justifica a prescrição, por ser desnecessária a pena, transcorrido determinado tempo, pois medidas de prevenção especial, exigidas após o crime, perdem progressivamente o sentido...[15] Ademais, se o réu ou condenado não voltou a delinquir, passado tanto tempo, operou-se a pretendida ressocialização.

A prescrição como medida de **política criminal** também se põe como sucedâneo da teoria do esquecimento. Segundo esta visão de política criminal, se a sociedade requer, após o fato delituoso, uma reafirmação do ordenamento, um fortalecimento da validade do valor atingido pelo crime, esta mesma sociedade, todavia, percebe a inanidade desta reafirmação passados tantos anos, sendo aconselhável a não punição quando esta se faz longínqua do fato no tempo.

Segundo a teoria da prova, com o tempo, as provas dispersam-se, tornando incerta a demonstração da responsabilidade do agente. Os meios de prova não apenas revelam-se inseguros, mas até mesmo difíceis de serem produzidos. Cumpre, todavia, ponderar que a prescrição apenas se justificaria com base na dispersão das provas, se a inércia ocorresse na colheita da prova de autoria, antes da ação penal ou no seu curso. A prova acusatória colhida e o decurso de prazo defluindo, em vista da prova da defesa, não justifica falar-se em insegurança probatória. O mesmo com relação à pretensão executória. Doutra parte, se a questão se referisse à prova, nada justificaria o tempo da prescrição variar conforme a gravidade do delito.

Entendo que o não atendimento às finalidades da pena constitui, na linha das três teorias acima lembradas, uma correta justificativa para fundamentar a prescrição, às quais adiciono o aspecto de punição do Estado pela inércia na atuação de seu poder-dever de punir. Se o Estado tem este poder-dever, e cumpre atuar em defesa da sociedade para reafirmar o valor tutelado pela lei, mas afrontado pelo delito, e não o faz em determinado tempo, conforme a gravidade do crime praticado, falece-lhe a possibilidade de exercitar este poder, sendo penalizado pela inércia. É esta uma forma de impor ao Estado o rápido cumprimento do poder-dever de punir no interesse da sociedade, perdendo-o se não o ativar e o concretizar em determinado tempo.

A relação entre o tempo de prescrição e a gravidade do crime indica que o fundamento da prescrição reside na perda da possibilidade de satisfação das finalidades

---

[14] Op. cit., p. 25.
[15] DIAS, J. F., op., cit., p. 699.

408 FUNDAMENTOS DE DIREITO PENAL – *Miguel Reale Júnior*

da pena, que se escoa mais demoradamente, de conformidade com a repercussão do fato no meio social em face de sua gravidade.

11.8.3. A prescrição em abstrato

A prescrição, antes do trânsito em julgado da sentença condenatória da qual recorre o Ministério Público, tem o seu prazo fixado de acordo com a pena máxima prevista no tipo legal de crime.

Como asseverei acima, justifica-se esta escala tendo em vista a gravidade do crime, que determina a maior ou menor necessidade da resposta para se ver reafirmado o valor tutelado ofendido e para que o Estado seja punido por sua inércia. O fato de bagatela, por exemplo, o crime de participação em rixa, art. 137 do Código Penal, passados dois anos, não requer punição, e a própria sociedade entende que se deva "deixar para lá" a imposição de qualquer reprimenda. O tempo sanou a falta. Já um homicídio é fato chocante e o valor vida lesado, por sua importância absoluta, deve ser reprimido e reafirmado como um valor protegido, mesmo passados dez ou quinze anos de sua ocorrência.

A gravidade do fato vem ilustrada pelo legislador ao estabelecer a quantidade de pena máxima cominada. Assim, o art. 109 estatui que a pretensão punitiva prescreve em vinte anos, se a pena máxima cominada for superior a doze anos; em dezesseis, se a pena máxima for superior a oito, mas não excede a doze; em doze anos, se a pena máxima é superior a quatro, mas não supera e não excede a oito anos; em oito anos, se a pena for superior a dois anos, mas não a quatro anos; em quatro anos, se a pena máxima é igual ou superior a um ano, mas não excede a dois; e em três anos, se a pena máxima é inferior a um ano, aumentando-se o prazo mínimo da prescrição de dois para três anos a se consagrar a morosidade processual. Os acusados sofrem o aumento do prazo prescricional em face da morosidade do judiciário reconhecida como inafastável.

Destarte, antes de transitar em julgado a sentença condenatória para o Ministério Público, o crime prescreve de acordo com a pena máxima cominada no tipo legal de crime, devendo-se ter em conta na fixação da pena máxima a causa de aumento de pena, como, por exemplo, o aumento de um terço da pena no crime de furto, art. 155, § 1º, do Código Penal, se o furto tiver sido praticado durante o repouso noturno.

As causas de aumento de pena diferenciam-se das circunstâncias agravantes, que determinam um aumento de pena ao talante do julgador, enquanto nas causas de aumento este vem estabelecido de forma fixa, em dobro, em um terço, ou dentro de parâmetros, de um a dois terços, por exemplo. A pena máxima refere-se ao aumento máximo previsto, no caso, dois terços.

As causas de aumento indicam valores lesados que se somam ao valor tutelado pelo tipo legal de crime ou circunstâncias de maior reprovabilidade da ação realizada. Integram, portanto, o *quantum* máximo da pena, razão por que devem ser levadas em conta na referência à pena máxima a regular a prescrição.

O aumento, todavia, decorrente da realização do crime continuado não deve ser computado para fins de prescrição, pois há de se considerar cada delito, que compõe a continuação, isoladamente, mesmo porque, como acentuei, se há uma unidade no crime continuado é ela ficta e cada fato tem autonomia, unificada tão só a pena com um aumento.

Na hipótese de crime formal, em que se dá uma só ação ou omissão da qual decorrem dois ou mais crimes, idênticos ou não, sem que haja desígnios autônomos, impõe-se a pena privativa de liberdade mais grave, mas aumentada de um sexto até a metade (art. 70 do Código Penal), dando-se a *"exasperação do cúmulo jurídico"*.[16] A causa de aumento, como pondera VERA REGINA DE ALMEIDA BRAGA, é de ser aplicada, sem levar em conta as circunstâncias judiciais do art. 59, sob pena de se incorrer em *bis in idem*, devendo o aumento ser fixado, dentro dos limites, tendo em vista o número de delitos ou de vítimas.[17] Dessa forma, entende-se que a causa de aumento decorrente do crime formal, onde há uma única ação ou omissão, não deve ser considerada para fins de cálculo da pena máxima a reger o tempo de prescrição.

Estabelece o art. 111 do Código Penal, também, como não poderia deixar de fazê-lo, o termo *a quo* da contagem do prazo prescricional, estatuindo que é, primeiramente, o do dia em que o crime se consumou, esclarecendo o legislador que na tentativa começa a correr da data em que a ação cessou, sem que se desse a consumação. Nos crimes permanentes, o crime se consuma na data em que cessa o constrangimento ao bem jurídico, quando termina a permanência.

Especifica, no entanto, o inciso IV do art. 111 que, com relação a determinados delitos, o termo inicial não é o da consumação, e sim o do conhecimento do fato, a saber, nos crimes de bigamia, e de falsificação ou alteração do registro civil, em razão de, por sua natureza, estes fatos perdurarem muito tempo sem vir à tona, preservando-se, dessa maneira, como diz BASILEU GARCIA, *"o intento de garantir a defesa social contra esses atos criminosos"*.[18]

Em recente alteração dada pela Lei n. 12.650, de 17.05.2012, foi introduzido o inciso V no art. 111, dispondo que nos crimes contra a dignidade sexual de crianças e adolescentes, previstos no Código Penal ou em legislação especial, a prescrição, antes de transitar em julgado a sentença final, começa a correr da data em que a vítima completar dezoito anos, salvo se a esse tempo já houver sido proposta a ação penal.

11.8.4. Prescrição da pena em concreto

Transitada em julgado a sentença condenatória, a pena concretizada na decisão imodificável para a acusação passa a reger o cálculo do prazo prescricional. O tempo de pena aplicada, segundo o art. 112 do Código Penal, será, então, o parâmetro para se estabelecer o prazo prescricional, de acordo com os critérios constantes do art. 109 do Código, aumentado este prazo de um terço, se for o condenado reincidente.[19]

---

[16] ALMEIDA BRAGA, V. R., *Pena de multa substitutiva no concurso de crimes*, São Paulo, RT, 1997, p. 47.

[17] Op. cit., p. 76.

[18] Op. cit., p. 792.

[19] Em crítica procedente ao projeto modificativo da Parte Geral, JUAREZ TAVARES considera incongruente que este aumento do prazo prescricional para o reincidente remanesça, pois a reincidência deixará de ser obstáculo para obtenção de diversos benefícios, ficando, como circunstância judicial, ao alvitre do julgador o aumento de pena e a inviabilidade da substituição da pena privativa por restritiva de direitos, bem como o tempo para livramento condicional é o mesmo que para o não reincidente, ou seja, metade da pena.

410 | FUNDAMENTOS DE DIREITO PENAL – *Miguel Reale Júnior*

A prescrição, então, diz respeito não à pretensão punitiva, mas à execução da punição imposta, que não mais tem o Estado o poder de impor. Estatui o Código Penal, no art. 112, o *dies a quo* para a contagem da prescrição da pena aplicada: do dia em que transita em julgado a sentença condenatória para a acusação ou da data em que se revoga a suspensão condicional ou o livramento condicional.

Transitada em julgado a sentença condenatória para a acusação, torna-se firme a pena máxima aplicada, que pode ser eventualmente reduzida em recurso da defesa. Destarte, é por esse *quantum* que se regula a prescrição executória, que pode a vir suceder entre a sentença e o julgamento do recurso, o que muitas vezes ocorre nos crimes de imprensa, cuja prescrição se dá no tempo em dobro ao da pena aplicada, sendo de pequena monta as penas concretizadas, cujo dobro do tempo transcorre entre a condenação e o julgamento da apelação pelo Tribunal.[20]

A prescrição executória inicia-se, também, do dia em que se interrompe a execução. No caso da pena aplicada em sentença transitada em julgado, a prescrição é interrompida com o início ou continuação do cumprimento da pena ou com a sobrevinda de nova condenação transitada em julgado, caracterizando-se, então, a reincidência.

Se o condenado se evade, ou revoga-se o livramento condicional, a prescrição regula-se não pelo total da pena imposta, mas sim pelo restante da pena a cumprir (art. 113 do Código Penal), pois seria ilógico contar-se para fins de prescrição o tempo de pena já cumprido.

11.8.5. Prescrição retroativa

Exemplo de criação jurisprudencial é a construção, pela Suprema Corte, da prescrição, segundo a pena concretizada, mas de forma retroativa, regulando a prescrição da própria pretensão punitiva a ser apreciada no tempo decorrido antes do trânsito em julgado. Pela Súmula 146 estabeleceu o Supremo Tribunal Federal que a *"prescrição da ação penal regula-se pela pena concretizada na sentença, quando não há recurso da acusação."* Note-se que a súmula refere-se à prescrição da **ação penal**, portanto, levando a pena em concreto a ser o critério para a decretação da prescrição da pretensão punitiva e não mais em vista da pretensão executória.

Destarte, em um crime de estelionato, a pretensão punitiva, tendo em vista a pena máxima cominada ser de cinco anos de reclusão, estaria prescrita após o decurso de doze anos. Aplicada a pena mínima de um ano de reclusão, a prescrição opera-se em quatro anos, e esta referência é tomada não apenas para a prescrição executória, mas para a pretensão punitiva,[21] ou seja, da ação penal, em face do tempo decorrido, por exemplo, entre o recebimento da denúncia e a sentença condenatória.

A Lei n. 12.234/2010 trouxe norma proibitiva da prescrição retroativa pelo tempo decorrido entre o fato e o oferecimento da denúncia, consagrando-se, agora, a mo-

---

[20] PRADO, L. R., op. cit., p. 573, denomina a prescrição ocorrida entre a sentença e o julgamento da apelação da defesa prescrição superveniente, e que não é senão uma forma de prescrição da pretensão executória.

[21] A Súmula 186 do então Tribunal Federal de Recursos estabelecia que a prescrição a que se referia o art. 110, § 1°, do Código Penal é a prescrição da pretensão punitiva.

Parte III · Capítulo 11 · EXTINÇÃO DA PUNIBILIDADE | **411**

rosidade da persecução penal na fase investigativa, o que desatende ao princípio que preside o instituto da prescrição.

Argumenta-se que a prescrição punitiva deve pautar-se pela pena justa que foi a efetivamente aplicada e não pela pena em abstrato cominada, que é injusta frente ao caso concreto, merecedor como foi da pena imposta na sentença, e que cumpre regular a prescrição também de forma retroativa.

A Reforma de 1984 consagrou, a exemplo do já ocorrido com a Lei n° 6.416/77, no art. 110, §§ 1° e 2°, ser a pena aplicada com trânsito em julgado para a acusação ou se improvido recurso desta a que deve regular a prescrição, podendo o termo inicial ser anterior ao recebimento da denúncia ou da queixa, que interrompe a prescrição. Portanto, se entre o fato e o recebimento da denúncia transcorreram quatro anos, e a pena foi concretizada em um ano, transitando em julgado, está prescrita a ação penal, ou seja, a pretensão punitiva.

HELENO FRAGOSO, que sempre se posicionara contra a prescrição retroativa da pena em concreto regulando a prescrição da pretensão punitiva, termina por defendê--la com o argumento de que tal se justifica diante da falência das penas privativas de liberdade e dos longos prazos previstos para a prescrição.[22]

Considero que a prescrição retroativa não pode consistir em medida de política criminal. E a maior extensão do âmbito das penas restritivas em substituição às penas privativas de liberdade desfaz em grande parte o argumento favorável de HELENO FRAGOSO. A prescrição da ação penal com base na pena concretizada, e, portanto, de forma retroativa, não me parece justificada em face dos fundamentos da prescrição, a saber, o atendimento às finalidades da pena e à justeza de se punir o Estado com a perda do poder-dever de punir em face da inércia. Na prática, transforma-se a regulação da prescrição anterior ao trânsito em julgado, adotando-se o critério da pena mínima, em geral, aplicada no lugar da pena máxima fixada no art. 109 do Código Penal.

Surpreende-se o titular do poder-dever de punir e resta indefesa a sociedade, que reclama a reafirmação do valor lesado pelo delito por via de uma punição que não será aplicada, malgrado os fins da pena ainda pudessem ser atendidos em face do tempo decorrido.

11.9. CAUSAS IMPEDITIVAS OU SUSPENSIVAS

O art. 116 do Código Penal estabelece que a resolução de questão prejudicial a ser resolvida em outro processo, e da qual dependa o reconhecimento da existência do crime, suspende o curso da prescrição.

Esta matéria diz respeito, em especial, aos pressupostos do crime, ou seja, situação que não integra a ação, mas a precede, e cuja configuração constitui dado essencial para a caracterização típica do fato. Exemplo está no crime de bigamia, quando se discute no juízo cível a validade do matrimônio anterior.[23]

---

[22] Op. cit., p. 427.
[23] FERRARI, R. E., op. cit., p. 102, pondera que "*se o crime estiver condicionado a uma resolução a ser esclarecida pelo juiz civil, e essa versar sobre o estado civil da família, imperiosa será a devolução da prejudicial, suspendendo-se o processo criminal até que haja a sua definição*".

412 | FUNDAMENTOS DE DIREITO PENAL – *Miguel Reale Júnior*

Os arts. 92 e 93 do Código de Processo Penal estabelecem os requisitos para devolver-se a prejudicial ao juiz cível, e enquanto durar este processo, o criminal e a prescrição serão suspensos.[24]

Igualmente, enquanto o agente cumpre pena no exterior, suspende-se o decurso do prazo prescricional do crime relativo à execução da pena.

A recente Lei n. 13.964/19 introduziu dois novos incisos ao art. 116 do Código Penal, relativo às hipóteses em que não corre a prescrição. A novidade introduzida no inciso III, como todas até oriundas "Pacote Anticrime", é absolutamente imprópria.

A prescrição constitui uma punição ao Estado ao deixar de atuar o seu poder-dever de agir. Só cabe, portanto, haver suspensão do curso da prescrição quando o tempo que escorre deriva de circunstância alheia à não atuação do Estado e não é consequência de conduta do próprio agente do delito.

Com a determinação de suspensão do prazo prescricional em vista da interposição de embargos de declaração ou de recurso especial ou extraordinário, quando são esses inadmitidos, está-se a impedir o direito de petição, o direito de recorrer, punindo-se o réu por ter acionado direito seu de recurso. Trata-se de uma absoluta aberração ao instituto da prescrição, visando impor uma suspensão da prescrição em favor do Estado, muitas vezes inerte no julgamento de recursos, para constranger o acusado a não se valer do direito de recorrer.

De outra parte, o Estado não pode se prevalecer do exercício de um direito por parte do réu para impedir a incidência da prescrição decorrente da omissão da administração da justiça de analisar o processo em tempo razoável, como, aliás, determina e garante a Constituição.

Já a suspensão do prazo prescricional em face do Acordo de Não Persecução Penal, criado pelo novel art. 28-A do Código de Processo Penal, tem sua justificativa, pois a denúncia deixa de ser recebida, momento este interruptivo da prescrição, para se iniciar o cumprimento das condições fixadas no Acordo de Não Persecução Penal. E o acusado não pode se valer do descumprimento do acordado para obtenção do prazo prescricional, deixando de cumprir com as obrigações assumidas na expectativa de alcançar a prescrição. Neste ponto, correta a inclusão do constante no inciso IV do art. 116 do Código Penal.

Destarte, correta a prevista suspensão do prazo prescricional enquanto não cumprido ou não rescindido o acordo de não persecução penal.

Suspende-se, também, o processo e o curso da prescrição na hipótese de o réu estar em lugar incerto e não sabido, em razão do que não é citado de forma real e convocado por citação editalícia deixa de comparecer, conforme hoje preceitua o art. 366 do Código de Processo Penal. Esta disciplina justifica-se em vista de não se perfazer o contraditório, e por economia processual, pois dos casos de réu não citado que não atende à citação ficta, poucos condenados são depois encontrados para cumprimento de pena.

Segundo a Lei n° 9.099/95, em seu art. 89, pode o juiz a pedido do Ministério Público, nos crimes cuja pena mínima não for superior a um ano, conceder, tão logo

---

[24] FERRARI, R. E., op. cit. p. 106, que esclarece serem as questões prejudiciais obrigatórias, art. 92, ou facultativas, art. 93, ambos do Código de Processo Penal.

Parte III · Capítulo 11 · EXTINÇÃO DA PUNIBILIDADE | **413**

recebida a denúncia, a suspensão do processo, condicionada ao cumprimento de determinadas condições, durante o prazo de dois a quatro anos. De acordo com o § 6º do art. 89 da referida lei, não correrá a prescrição durante o prazo de suspensão do processo.

Suspende-se, também, a prescrição quando a Câmara ou o Senado, de acordo com a Emenda Constitucional nº 35/01, determinar ao Supremo Tribunal Federal a sustação do processo instaurado contra integrante da Casa. Segundo o art. 53, § 5º, da Constituição Federal, a sustação do processo suspende a prescrição, enquanto durar o mandato. Com a nova regra modificativa da disciplina da imunidade parlamentar, o parlamentar pode ser denunciado e, recebida a denúncia, por proposta de partido político e pela maioria dos deputados ou senadores, a ação penal pode ser sustada. Se tal suceder, suspende-se a prescrição.

11.10. CAUSAS INTERRUPTIVAS

A inércia do Estado em fazer atuar o poder-dever de punir há de ser reconhecida a partir de momentos do processo. Se o fundamento da prescrição está no desinteresse do Estado a gerar o esquecimento do fato e a inocuidade da resposta penal, o movimentar o processo penal revela interesse e atenção para com a persecução. O crime não redunda esquecido, se o processo criminal tem seu andamento e o Estado está a agir para concretizar o poder-dever de punir.

Dessa forma, como acentua REALE FERRARI,[25] justifica-se que o recebimento da denúncia, a decisão de pronúncia, e a sentença condenatória interrompam a prescrição,[26] pois são demonstrações da atuação estatal em busca da efetividade do poder-dever de punir o delito, que não restou esquecido, em resposta à ansiedade da sociedade por uma reafirmação do valor desrespeitado.

Também a pretensão punitiva é atuada quando o condenado é preso e começa a cumprir pena. Dessa maneira, o início ou continuação do cumprimento da pena interrompe o curso da prescrição.

11.11. PRESCRIÇÃO DA PENA DE MULTA

A pena de multa prescreve em dois anos quando for a única cominada ou aplicada. Já se cominada alternativa ou cumulativamente ou aplicada cumulativamente com a pena privativa de liberdade, a pena de multa prescreve no prazo da pena privativa cominada ou aplicada.

Com a Lei nº 9.714/98, permitiu-se a substituição da pena privativa de liberdade até um ano por multa. A pena de um ano de reclusão prescreve em quatro anos. A multa substitutiva em dois anos. Sendo esta a situação mais favorável ao condenado,

---

[25] Op. cit., p. 123.

[26] O projeto modificativo da Parte Geral do Código Penal acrescenta importante causa interruptiva da prescrição: a decisão em grau de recurso que impõe ou mantém a condenação. Desse modo, evita-se que interposto recurso especial ou extraordinário o prazo prescricional transcorra desde a sentença condenatória até a decisão do STJ ou do STF.

414 FUNDAMENTOS DE DIREITO PENAL – *Miguel Reale Júnior*

deve-se concluir que a multa substitutiva da pena de um ano de privação de liberdade prescreve em dois anos.

Doutra parte, considerando-se a multa, após o trânsito em julgado, dívida de valor,[27] estabeleceu o legislador que sobre a sua execução incidem as causas suspensivas e interruptivas relativas à legislação referente à dívida ativa da Fazenda Pública.

11.12. PRESCRIÇÃO DAS PENAS RESTRITIVAS

Como as penas restritivas de direitos substituem as privativas de liberdade, pelo tempo destas é que se regula a prescrição das penas restritivas, aplicadas em concreto pelo juiz para substituir as penas privativas até quatro anos de reclusão.

11.13. ÂMBITO DA EXTINÇÃO DA PUNIBILIDADE

Um crime pode ser pressuposto de outro, como o furto em face da receptação, o crime de corrupção frente ao de lavagem de dinheiro, ou ser elemento constitutivo, como sucede no delito de ameaça no crime de roubo, ou agravante de outro.

Nestas hipóteses, conforme preceitua o art. 108 do Código Penal, a extinção da punibilidade do crime que é pressuposto, constitutivo ou agravante de outro crime não importa extinção da punibilidade deste crime.

Nos crimes conexos, se a conexão constitui fonte de agravação da pena, a extinção da punibilidade do crime conexo configurador da agravante não impede o reconhecimento desta, como sucede na hipótese do art. 121, § 2º, V, do Código Penal, que tipifica como qualificado o homicídio quando praticado para *"assegurar a execução, a ocultação, a impunidade ou vantagem de outro crime".*

---

[27] Pela Lei n. 13.964/2019 o art. 51 do Código Penal ficou assim redigido: "Art. 51. Transitada em julgado a sentença condenatória, a multa será executada perante o juiz da execução penal e será considerada dívida de valor, aplicáveis as normas relativas à dívida ativa da Fazenda Pública, inclusive no que concerne às causas interruptivas e suspensivas da prescrição", outorgando-se ao juiz da execução penal a competência para a execução da cobrança dessa dívida de valor.

BIBLIOGRAFIA BÁSICA

ALBERGARIA, J. *Comentários à Lei de Execução Penal,* Rio de Janeiro, 1987.

ALDO REGINA. *Il reato aberrante,* Milão, 1970.

ALEXANDER, F. e STAUB, H. *El delincuente y sus jueces desde el punto de vista psico-analitico,* Madrid, Biblioteca Nueva, 1961.

ALMEIDA BRADA, V. R. *Pena de multa substitutiva no concurso de crimes,* São Paulo, RT, 1997.

ALMEIDA COSTA, Mario Júlio. *História do Direito Português,* Coimbra, Almedina, 1984.

AMERICANO, O. "Da Culpabilidade Normativa", *in Estudos de Direito e Processo Penal em homenagem a Nelson Hungria,* Rio de Janeiro, Forense, 1962.

ANCEL, Marc. *La nueva defensa social,* trad. Francisco Moreda e Delia Daireaux, Buenos Aires, La Ley, 1961.

ANDERSON, W. A. e PARKER, F. B. *Uma introdução à sociologia,* trad. Álvaro Cabral, Rio de Janeiro, Zahar, 1971.

ANDRADE, Cristiano José de. *O problema dos métodos da interpretação jurídica,* São Paulo, RT, 1992.

ANDREUCCI, R. A. e PITOMBO, S. M. M. *in Penas e medidas de segurança,* Rio de Janeiro, 1985. Sendo a parte relativa à pena privativa de liberdade e de multa de autoria dos mesmos no livro em conjunto com DOTTI, R. e REALE Jr., M.

ANDREUCCI, R. A. *Direito Penal e criação judicial,* tese de concurso para titular da Faculdade de Direito da USP, São Paulo, 1988.

_____. *Fundamentos da reforma penal, in "Ciência Penal",* 1981, n° 1.

ANTEPROJETO de Parte Geral publicado na *Revista Ciência Penal,* n° 1, 1981.

ANTOLISEI, Francesco. *Manuale di Diritto Penale, parte generale,* 5ª ed., Milão, Giuffré, 1963.

ARMAND MERGEN. "La prostituición", na coletânea *Sexualidad y crimen,* trad. de Enrique Gimbernat, Madrid, 1969.

ASCENSÃO, José de Oliveira. *O Direito, introdução e teoria geral: uma perspectiva luso-brasileira,* 3ª ed., Fundação Calouste Gulbenkian, 1984.

AUGUSTO THOMPSON. *A Questão Penitenciária,* Rio de Janeiro, 1980.

AULER, H. *Suspensão Condicional da Execução da Pena,* Rio de Janeiro, 1957.

_____. "Observações sobre a reforma penal", em *Temas de Direito Penal,* Rio de Janeiro, 1984.

_____. *O Crime e a Pena na Atualidade,* São Paulo, 1983.

AZEVEDO, David Teixeira de. *Dosimetria da pena: causas de aumento e diminuição,* São Paulo, Malheiros Editores, 1998.

_____. "Penas restritivas de direitos: A destruição de um sistema punitivo", *in Penas restritivas de direitos.*

BANDEIRA, Ermeraldino. *Curso de Direito Penal Militar,* Rio de Janeiro, 1915.

416 FUNDAMENTOS DE DIREITO PENAL – *Miguel Reale Júnior*

BARATTA, Alessandro. "Criminologia crítica e política criminal", *in Revista de Direito Penal*, nº 23, Rio de Janeiro.

BARCELONA, P. *L'individuo e la comunità*, Roma, Edizioni Lavoro, 2000.

BARRETO, Tobias. "Algumas ideias sobre o chamado fundamento do direito de punir", *in Estudos de filosofia*, São Paulo, Grijalbo, 1977.

_____. "Menores e loucos", *in Estudos de Direito*, II, Rio de Janeiro, Record. 1991.

BASSIOUNI, M. Cherif. *Lê fonti e il contenuto del Diritto Penale Internazionale, un quadro teórico*, Milão, Giuffrè, 1999.

BATIFFOL, H. "Questions de la interprétation juridique", *in Archives de Philisophie du Droit*, nº 17, Paris, 1972.

BATISTA, Nilo. *Decisões Criminais Comentadas*, Rio de Janeiro, 2ª ed., 1984.

_____. *Concurso de Agentes*, Rio de Janeiro, 1979.

BECCARIA, C. *Dei delitti e delle pene*, Milão, Giuffrè, 1964.

BELLAVISTA, G. *Il Potere Discrezionale Del Giudice nella Aplicazione della Pena*, Milão, 1939.

_____. "Il problema della colpevolezza", *in Annali del seminario giuridico della Università di Palermo*, 1944.

BERGALLI, Roberto. "Controle social: suas origens conceituais e usos instrumentais", *in Revista Brasileira de Ciências criminais*, ano 1, nº 3, julho/setembro, 1993.

_____. "De la sociologia criminal e la sociologia de la conducta desviada", *in Nuevo pensamiento penal*, ano 1, nota nº 2, 1972.

BERISTAIN IPIÑA, A. "Hoy y mañana de la Politica criminal protectora y promotora de los valores humanos (a paz desde la victimologia)", *in Politica Criminal Comparada, hoy y mañana*, 1998.

BERISTAIN. *Questiones Penales y Crimonológicas*, Madrid, 1979.

BETTIOL. G. *Direito Penal,* trad. Paulo José da Costa Júnior e Alberto Silva Franco, São Paulo, 1976, vol. III.

_____. "Direito Penal da Atitude Interior", *in Revista dos Tribunais*, trad. Alberto Silva Franco e Paulo José da Costa Jr., São Paulo, vol. 442, 1972.

_____. *Diritto Penale, Parte Generale*, atualizada por Pettoelo Montovani, 12ª ed., Pádua, 1986.

_____. *Il mito della rieducazione, in "Scritti Giuridici"*, Pádua, 1966, vol. II.

BEVILÁQUA, Clóvis. *Criminologia e Direito*, Bahia, Livraria Magalhães, 1896.

BINDING. *Compendio di Diritto Penale*, trad. Adelmo Borretini, Roma, Athenaeum, 1927.

BITENCOURT, C. R. *Novas penas alternativas*, São Paulo, 1999.

BOBBIO, N. "Analogía", *in Novísimo digesto italiano*, vol. 1, Turim, Utet, 1957.

_____. "Norma giuridica", *in Enciclopédia del Diritto*.

_____. *Teoria Del'ordinamento giuridico*, Turim, Giappichelli, 1960.

BOTTOMORE, T. B. *Introdução à Sociologia*, Rio de Janeiro, Zahar, 1970.

BRICOLA. *La Discrezionalità nel Diritto Penale*, Milão, 1965.

BROSSAT, A. *Pour em finir avec la prison*, Paris, 2001.

BRUNO, Aníbal. *Direito Penal – Parte Geral*, 2ª ed., Rio de Janeiro, 1959, t. II.

BIBLIOGRAFIA BÁSICA | **417**

_____. *Direito Penal, parte geral,* Rio de Janeiro, Forense, 1966, t. III.

_____. *Perigosidade criminal e medidas de segurança,* Rio de Janeiro, Editora Rio, 1977.

CAMARGO, Joaquim Augusto de. *Direito Penal Brazileiro,* São Paulo, Gazete, 1882.

CAMPOS E ASSUNÇÃO, M. L. M. E. "De como o Estatuto do Tribunal Penal Internacional certifica um novo modelo de Direito Penal", *in Revista Brasileira de Ciências Criminais,* nº 30, São Paulo, 2000.

CANARIS, C. W. *Pensamento sistemático e o conceito de sistema na Ciência do Direito,* trad. Menezes Cordeiro, Lisboa, Gulbenkian, 1989.

CANEDO CONÇALVES DA SILVA, C. A. *Crimes Políticos,* Belo Horizonte, Del Rey, 1993.

CANOTILHO, José Joaquim Gomes. *Direito Constitucional,* 6ª ed., Coimbra, Almedina, 1996.

CANTERO, Sainz. *La ciencia del Derecho Penal,* Barcelona, Boch, 1970.

CARRARA, F. *Programma del corso di Diritto Criminale,* I, Florença, Fratelli Cammelli, 1987.

CASSESE, S. "Problemi delle ideologíe dei giudici", *in Rivista Trimestrale di Diritto e Procedura Civile,* 1969.

CATTANEO, M. A. *Pena, Diritto e dignità umana,* Turim, Giappichelli, 1998.

CEDRAS, J. "L'hipothese de l'americanizacion du droit français", *in Archives de Philosophie du Droit,* Paris, 2001.

CEREZO MIR, J. "O finalismo hoje", *in Revista Brasileira das Ciências Criminais,* nº 3, São Paulo, 1995.

CERNICCHIARO, L. V. e LUISI, L. Conferências publicadas na *Revista CEJ* – Centro de Estudos do Judiciário do Conselho da Justiça Federal, nº 11, ano IV, agosto, 2000.

_____. *Comentários ao Novo Código Civil, arts. 304 a 420,* no prelo, Editora Forense.

CHACIN, J. S. *Criminologia crítica,* Caracas, Universidade Central da Venezuela, 1978.

CHACON DE ALBUQUERQUE, R. *As penas alternativas na Inglaterra e nos Estados Unidos,* trabalho apresentado no curso de pós-graduação da Faculdade de Direito da USP, em novembro 2001.

CHALHOUB, S. *Visões da liberdade,* São Paulo, Companhia das Letras, 1999.

CHARON, J. M. *Sociologia,* trad. Laura Teixeira Mota, São Paulo, Saraiva, 1999.

CHAVES CAMARGO, A. L. *Imputação objetiva e direito penal brasileiro,* São Paulo, Cultura Paulista, 2002.

_____. *Sistema de penas, dogmática jurídico-penal e política criminal,* tese apresentada ao concurso de professor titular na Faculdade de Direito da USP, São Paulo, 2001.

CHOUKR, F. H. e AMBOS, K. *Tribunal Penal Internacional,* São Paulo, Revista dos Tribunais, 2000.

CONESA, Fulgencio Madrid. "La legalidad del delito", *in Colección de estudios. Instituto de Criminologia y Departamento de Derecho Penal,* Universidad de Valencia, 1983.

CONTIERI. *Estado de necessidade,* São Paulo, 1942.

CORACINI, C. E. F. *A antropologia criminal nas obras de Candido Nogueira da Motta e Raimundo Nina Rodrigues,* trabalho apresentado na pós-graduação da Faculdade de Direito da USP, *in Revista Brasileira de Ciências Criminais,* ano 11, vol. 41, jan./mar. 2003.

418 | FUNDAMENTOS DE DIREITO PENAL – *Miguel Reale Júnior*

CORNIL, P. "Problémes actuels de la répréssion penale e la défense sociale", *in Revue de Science Criminelle et Droit Penal Comparé*, n° 1, 1976.

CORREIA, Eduardo. *Direito Criminal*, Coimbra, 1971, vol. 2.

CORRERA, M. M., MARTUCCI, P. e PUTIGNANO, C. *Valori, disvalori e crimine nell'Italia alle soglie del duemilla*, Milão, Giuffrè, 1998.

COSTA ANDRADE, M. "Merecimiento de pena y necessidad de tutela penal como referencias de una doctrina teleológico-racional", trad. Pablo Sanchez-Ostiz Gutiërrez, *in Fundamentos de un sistema europeo del Derecho Penal* – libro-homenaje a Claus Roxin, Barcelona, Boch, 1995.

COSTA JÚNIOR, Paulo José da. *Comentários ao Código Penal*, São Paulo, Saraiva, 1986.

_____. *Direito Penal objetivo*, Rio de Janeiro, Forense Universitária, 1991.

_____. *Direito Penal, curso completo*, 5ª ed., São Paulo, Saraiva, 1999.

_____. *Riflessioni sulla aberratio ictus*, Pádua, 1967.

CRESPO, E. D. "El pensamiento abolicionista", *in Reflexiones sobre las consecuencias jurídicas del delito*, DÍAZ-SANTOS e FABIÁN CAPARRÓS, organizadores, Madrid, 1995.

CRUTCHFIELD, D. e BALLACHEY, E. *O indivíduo na sociedade*, trad. Dante Moreira Leite e Miriam Moreira Leite, vol. 2, São Paulo, Pioneira,1969.

CUNHA, M. C. F. *Constituição e crime: uma perspectiva da criminalização e descriminalização*, Porto, Universidade Católica Portuguesa, 1995.

CUNHA, Rosa Maria Cardoso da. *O caráter retórico do princípio da legalidade*, Porto Alegre, Síntese, 1979.

CURY, Enrique. *Orientación para el estudio de la teoria del delito*, Santiago, Ediciones Nueva Universidad, 1973.

D. PISAPIA. *Istituzioni di Diritto Penale*, Pádua, 1965.

DAHRENDORF, R. *Sociedade e Liberdade*, trad. Vamireh Chacon, Brasília, Universidade de Brasília, 1981.

DEL ROSAL, J. *Tratado de Derecho Penal español*, vol. I, Madrid, Aguirre, 1968.

_____. *Tratado de Derecho Penal Español*, Madrid, 1972, vol. II.

DELITALA, G. "Adempimento di un dovere", *in Enciclopédia del Diritto*.

_____. "Diritto penale", *in Enciclopédia del Diritto*.

DELMAS-MARTY, M. *Le flou du droit*, Paris, PUF, 1986, p. 95.

_____. *Modelos e movimentos de política criminal*, Rio de Janeiro, Revan, 1991.

DESSART, Charles. *Initiation à la anthropologie*, Bruxelas, 1966.

DEVLIEGER, L. *Régine des peines restrictives de libertè dans le systeme pénitentiare belge*, publicação avulsa da Administration dês Établissements Penitentiaires.

DI GENNARO, G. e FERRACUTTI, F. "El campo de acción de la Criminologia en el sistema penal italiano", *in Nuevo pensamiento penal*, ano 1, n° 2, 1972.

DI TULLIO, B. *Principes de Criminologie Clinique*, trad. Giuseppe Crescenzi, Paris, PUF, 1967.

DIAS DE TOLEDO, M. *Lições acadêmicas sobre artigos do Código Criminal*, Rio de Janeiro, Garnier, 1878.

DONNICI, V. "Relatório do seminário sobre a crise da administração da justiça", *in Revista do Instituto dos Advogados Brasileiros*, Guanabara, vol. 29, 1973.

DOTTI, R. A. *Bases e alternativas para o sistema de penas*, São Paulo, 1998.

BIBLIOGRAFIA BÁSICA | **419**

_____. *Curso de Direito Penal,* Rio de Janeiro, 2001.

_____. *Curso de Direito Penal, Parte Geral,* Rio de Janeiro, Forense, 2002.

_____. "O *sursis* e o livramento condicional nos projetos de reforma do sistema", em *RSP,* vol. 111.

_____. *Penas e medidas de segurança,* Rio de Janeiro, Forense, 1985.

DRIENCOURT, J. *La propagande nouvelle force polithique,* Paris, Armand Collin, 1950.

DURKHEIM, E. *As regras do método sociológico,* trad. Pietro Hassetti. São Paulo, Martin Claret, 2001.

DWORKIN, R. W. *La Filosofia del Derecho,* trad. Javier Sainz Terreros, México, Fondo de Cultura, 1980.

ELIAS, N. *O processo civilizador,* vol. 2, Rio de Janeiro, Zahar, 1993.

ELLENBERGER, H. *Reflexão sobre o estudo científico das prisões, Ciência Penal,* n° 2.

ENGISCH, K. *Introdução ao pensamento jurídico,* trad. J. Batista Machado, Lisboa, Fundação Calouste Gulbenkian, 1965.

_____. *La Idea de concreción en el derecho y en la ciencia jurídica actuales,* trad. Juan J. Cremades, Pamplona, 1968.

EXNER, F. *Criminologia,* trad. Vittorio Kalmar-Fischer, Milão, Francesco Vallardi, 1953.

FASSÒ, G. *Storia della Filosofia del Diritto,* vol. II, Bolonha, Mulino, 1968.

FERNÁNDEZ GARCIA, J. *El tratamiento penitenciario resocializador, in "Reflexiones sobre las consecuencias".*

FERRACUTI, F. e WOLFGANG. *La subcultura de la violência,* trad. Antonio Garza y Garza, México, Fondo de Cultura Econômica, 1971.

_____. "O comportamento agressivo violento como fenômeno sociopsicológico", *in Temas de Criminologia,* trad. Marie Maddaleine Hutyra, vol. 1, São Paulo, Resenha Universitária, 1975.

FERRAJOLI, L. *El garantismo y la Filosofia del Derecho,* Colômbia, Universidad Externado de Colômbia, 2001.

FERRARI, E. R. *Prescrição da ação penal: suas causas suspensivas e interruptivas,* São Paulo, Saraiva, 1988.

FIANDACA e ALBEGGIANI, *Casi e questioni di Diritto Penale,* Milão, Giuffrè, 1996.

FIANDACA, G. e MUSCO, E. *Diritto Penale – Parte Generale,* 2ª ed., Bolonha, Zanichelli, 1989.

FIGUEIREDO DIAS, J. *A Reforma do Direito Penal Português,* Coimbra, 1972, p. 30, separata do vol. XLVIII, 1972, do Boletim da Faculdade de Direito da Universidade de Coimbra.

_____. *Direito Penal português, parte geral, II, as consequências jurídicas do crime,* Lisboa.

_____. *Os Novos Rumos de Política Criminal e o Direito Penal Português do Futuro,* Lisboa, 1983.

_____. *Questões fundamentais de Direito Penal revisitadas,* São Paulo, RT, 1999.

FIGUEIREDO DIAS, J. e COSTA ANDRADE, M. *Criminologia – O homem delinquente e a sociedade criminógena,* Coimbra, Coimbra Editora, 1992.

_____. *Questões fundamentais revisitadas,* São Paulo, Revista dos Tribunais, 1999.

FIORE, Carlo, *Diritto Penale – parte generale,* Turim, Zanichelli, 2008.

FORTI, G. *Immane concretezza,* Milão, Cortina, Raffaello, Editore, 2000.

FRAGOLA, S. P. *La Sospensione Condizionale della Pena,* Roma, 1970.

420 | FUNDAMENTOS DE DIREITO PENAL – *Miguel Reale Júnior*

FRAGOSO, H. C. *Jurisprudência Criminal,* Rio de Janeiro, 1982.

_____. *Lições de Direito Penal – Nova parte geral,* 9ª ed., Rio de Janeiro, Forense, 1995.

FRANCESCHELLI, N. "Consuetudine", *in Novissimo digesto italiano,* vol. IV, Turim, Utet, 1957.

FRANCO, Alberto Silva. *Código Penal e sua interpretação jurisprudencial,* 6ª ed., vol. I, tomo I, Parte Geral, São Paulo, 1997.

_____. "Há produto novo na praça", *in Boletim do IBCCrim,* nº 70, São Paulo, edição especial.

_____. *Crimes hediondos,* São Paulo, RT, 1992.

_____. "Leis dos crimes hediondos. Na perspectiva do legislador penal e do juiz", *in Fascículos de ciências penais,* 5, São Paulo, 1992.

FRANCO, Alberto Silva e COSTA JÚNIOR, Paulo José da (tradução). *Revista dos Tribunais,* vol. 442, São Paulo, 1972.

FREDERICO MARQUES, J. *Curso de Direito Penal,* vol. 2, São Paulo, Saraiva, 1956.

FROSINI, V. "Esercizio del diritto", *in Novíssimo digesto italiano,* vol. VI.

GALLO, M. *Appunti di Diritto Penale,* vol. II,Turim, Zanicchelli, 2000.

GARCIA MENDES, E. *La dimensione politica dell'abolizionism. Un punto di vista periferico, in "Dei delitti e delle pene",*ano III, nº 3, set./dic., 1985.

GARCIA, B. *Instituições de Direito Penal,* 5ª ed., São Paulo, Editora Max Limonad, 1980, vol. 1, tomo I.

_____. *Instituições de Direito Penal,* 4ª ed., São Paulo, Max Limonad, tomo II.

GARCIA, PABLOS DE MOLINA. *Estudios Penales,* Barcelona, 1964.

GARÓFALO, R. *Criminologia,* trad. Júlio de Matos, 4ª ed., Lisboa, 1925.

GARZÓN VALDES, E. *Hans Welzel,* anexo ao livro de WELZEL, *Mas allá del Derecho Natural y del positivismo jurídico,* Universidad de Córdoba.

GASSIN, R. "De quelques tendances récentes de la criminologie anglaise et nort améri- caine", *in Revue de Science Criminelle et Droit Penal Comparé,* 1977.

GENNARO, G., BONOMIO, M. e BREDA, R. *Ordinamento penitenziario e misure alternative alla detenzione,* Milão, 1976.

GOFFMAN, E. *Les rites de la interaction,* trad. Alain Kim, Paris, Les éditions di minuit, 1974.

_____. *Manicômios prisões e conventos,* trad. Dante Moreira Leite, São Paulo, 1974.

GOMES DA SILVA, Nuno Espinosa. *História do Direito Português,* vol. I, Lisboa, Gulbenkian, 1985.

GOMES, L. F. *Erro de tipo e erro de proibição,* 2ª ed., RT, São Paulo, 1994.

GÓMEZ DE LA TORRE, I. B., e outros. *Manual de Derecho Penal, parte general,* III, consecuencias jurídicas del delito, Barcelona, 1994.

GORENDER, J. *Brasil em branco e preto,* São Paulo, Senac, 2001.

GOULART, J. E. *Princípios informadores do direito da execução penal,* São Paulo, 1994.

GRAMMATICA, F. *Principi di difesa sociale,* Pádua, Cedam, 1961.

GRECO, R. *Curso de Direito Penal, parte geral,* Rio de Janeiro, 2002.

GREGORI, G. *Adequatezza sociale e teoria del reato,* Pádua, 1969.

BIBLIOGRAFIA BÁSICA | **421**

GREVI (org.). *Alternativa alla Detenzione e Riforma Penitenziaria*, Bolonha, 1982.

GRILLI, L. *I benefici penali e penitenziari*, Milão, 1994.

GROSSO, C. F. *Difesa legittima e stato di necessita*, Milão, 1964.

_____. "Legittima difesa", *in Enciclopédia del Diritto*, vol. XXIV, 1974.

GUADAGNO, G. *Principi di sociologia criminale*, Napoli, Liguori, 1972.

HEGEL, W. *Príncipes de la philosophie du Droit*, 7ª ed., Paris, Gallimard, 1940.

HIPPEL, V. *Manuale di Diritto Penale*, trad. Roberto Vozzi, Nápoles, 1936.

HIRSCHI, T. *Causes of delinquency*, Berkeley, University of California, 1996.

HUNGRIA, Nelson. *Novas Questões Jurídico-Penais*, Rio de Janeiro, 1945.

ILHA DA SILVA. Angelo R., *Curso de Direito Penal – parte geral*. Porto Alegre, Livraria do advogado, 2020.

JAKOBS, G. *Derecho Penal, parte general*, trad. Joaquim Contreras e José Luis S. Gonzalez de Murillo, 2ª ed., Madrid, Marcial Ponds, 1997.

JARDIM. M. A. *Trabalho a favor da comunidade, a punição em mudança*, Coimbra, 1988.

JESCHESCK, *"L'utilization des pratique des Sanctions nouvelles du droit pénal allemand"*, em *RSC*, 1979.

JESCHECK, Hans-Heinrich e WEIGEND, Thomas, *Tratado de derecho penal – parte general*, trad. Miguel O. lmedo Cardenete, Granada, Editora Comares, 2002.

KANT, E. *Introdução à metafísica dos costumes*, trad. Paulo Quintela, São Paulo, Victor Civita editor, 1974, coleção os "Pensadores".

_____. *Principes metaphysiques de la morale*, trad. Tissot, Paris, Librairie philosophique de Ladrange, 1854.

KINDHAUSER, U. *Derecho Penal de la culpabilidade y conducta peligrosa*, trad. Claudia López Díaz, Colômbia, Universidad Externato de Colômbia, 1996.

KLUCKHOHN. *Initiation à la anthopologie*, Bruxelas, Charles Dessart, 1966, p. 17.

LANDROVE DIAZ, G. *Introducción al Derecho Penal español*, 4ª ed., Madrid, Tecnos, 1997.

LARENZ, K. *Metodologia de la ciencia del Derecho*, Barcelona, Ariel, 1966.

_____. *Derecho justo, fundamentos de ética jurídica*, trad. de Luis Díez-Picaso, Madrid, Civitas, 1985.

LATAGLIATA, *Contribución al Estudio de la Reincidencia*, trad. de Carlos Tozzini, Buenos Aires, 1963.

LEONE, G. verbete "Reato continuato", no *Novíssimo Digesto Italisno*, vol. XIV, p. 969.

_____. *Il reato aberrante*, Nápoles, 1964.

LESCUYER, G. *Histoire des idées politiques*, 14ª ed., Dalloz, Paris, 2001.

LEITE, Alaor. *Dúvida e erro sobre proibição no direito penal: atuação nos limites entre o permitido e o proibido*, São Paulo, Atlas, 2013.

LIODICE. *Modifiche al Sistema Penale*, Milão, 1983.

LOCKE, J. *Segundo tratado sobre o governo*, trad. E. Jacy Monteiro, São Paulo, Victor Civita editor, 1973.

LOMBROSO, C. "Le'uomo delinquente", *in Rapporto all'antropologia, alla giurisprudenza ed alla psichiatria*, 5ª ed., Torino, Fratelli Bocca Editori, 1987.

422 | FUNDAMENTOS DE DIREITO PENAL – *Miguel Reale Júnior*

LOMBROSO, C. e FERRERO, G. *La donna delinquente,* Turim, Fratelli Bocca, 1927.

LOPES, M. A. R. *Critérios constitucionais de determinação dos bens jurídicos penalmente relevantes,* Tese de livre-docência apresentada na Faculdade de Direito da USP, 1999.

_____. *Direito Penal, Estado e Constituição,* São Paulo, IBCCrim, 1997.

LUISI, L. *O tipo penal e a teoria finalista da ação,* tese de livre-docência apresentada à Faculdade de Direito da Universidade Federal do Rio Grande do Sul, 1975.

LUZZATI, Claudio. *La vaghezza delle norme,* Milão, Giuffrè, 1990.

LUZÓN PEÑA, Diego Manuel. *Lecciones de derecho penal: parte general,* 2ª ed. Valencia, Tirant lo Blanch, 2012.

LYRA, R. *Comentários ao Código Penal,* Rio de Janeiro, 1942, vol. 2, p. 88.

MACHADO, Raul. *Direito Penal Militar,* Rio de Janeiro, 1930. PARÁ, Tomas. *Códigos e Leis Militares,* Porto Alegre, 1939.

MAGGIORE, G. *Manuale di Diritto Penale,* Parte 1, Bolonha, 1949.

MARANHÃO, O. R. *Psicologia do crime,* 2ª ed., São Paulo, Malheiros Editores, 1995.

MARINUCCI, G. e DOLCINI, E. *Corso di Diritto Penale,* 1, 3ª ed., Turim, Giuffrè, 2001.

MARQUES, José Frederico. *Curso de Direito Penal,* vol. 1, São Paulo, Saraiva, 1954.

_____. *Elementos de Direito Processual Penal,* 2ª ed., Campinas, Books, 2000.

_____. *Tratado de Direito Penal,* São Paulo, Saraiva, 1966, vol. III.

MARTINS-COSTA, Judith. *A boa-fé no Direito Privado,* São Paulo, RT, 2000.

_____. *Novos rumos do sistema criminal,* Rio de Janeiro, Forense, 1983.

_____. "Mercado e solidariedade social", *in Reconstrução do Direito Privado,* São Paulo, RT, 2002.

MASSARI, E. *La Norma Penale,* Santa Maria C.V., Francesco Cavota, 1913.

MAURACH, R. *Derecho Penal,* trad. de Córdoba Roda, Barcelona, 1962, vol. II.

MEDICI, S. *Prisão Albergue,* São Paulo, Jalovi, 1979.

MENDES, Gilmar Ferreira. *Direitos fundamentais e controle de constitucionalidade: estudos de Direito Constitucional,* São Paulo, Celso Bastos Editor, 1998.

_____. *Revista Trimestral de Jurisprudência,* 110.

MERTON. *Teoria e strutura sociale,* trad. Carlo Marleth, 2ª ed., Bolonha, 1966.

MESSER, A. *La filosofia moderna, de Kant a Hegel,* Buenos Aires, Espasa-Calpe, 1942.

MESTIERI, J. "Os rumos da criminologia", *in Revista do Instituto dos Advogados Brasileiros,* ano VII, nº 29.

MILITELLO. *Prevenzione Generale e Commizurazione della Pena,* Milão, 1982.

MILUTINOVIC, M. "Tendencia interacionista", *in Anuario del Instituto de Ciencias Penales y Criminológicas,* Universidade de Venezuela, nota nº 5, 1973.

MIR PUIG, Santiago. *La Reincidencia em el Código Penal,* Barcelona, 1974.

_____. *Derecho Penal, parte general,* Barcelona, PUP, 1984.

_____. *Introducción a las bases del Derecho Penal,* Barcelona, Bosch, 1976.

MIRANDA, Jorge. *Manual de Direito Constitucional,* tomo II, Coimbra, Coimbra Editora, 1983.

MOCCIA, S. "Función sistemática de la política criminal – Principios normativos para un sistema penal orientado teleologicamente", *in Fundamentos de un sistema penal europeo.*

BIBLIOGRAFIA BÁSICA | **423**

MODONA, G. N. "Crisi della certezza della pena e riforma del sistema sanzionatorio", *in Il sanzionatorio penale e alternative di tutela*, org. BORRÉ. G e PALOMBARINI, G., Milão, 1998.

MODUGNO, F. "Norma (teoria generale)", *in Enciclopedia del Diritto*.

MOLARI, A. *Profili dello stato di necessita*, Pádua, 1964.

MONTESQUIEU. *Do espírito das leis*, São Paulo, Tecnoprint, p. 92, livro sexto, cap. XIII.

MORILLAS CUEVA, L. *Teoria de las consecuencias jurídicas del delito*, Madrid, 1991.

MOTTA, C. N. *A classificação dos criminosos: introdução ao estudo do Direito Penal*, São Paulo, Rossetti, 1925.

MOURULLO, "Directices politico-criminales del anteproyeto de Codigo Penal español de 1979", *in Estudos Penales y Criminologicos*, III, Santiago de Compostela.

MUELLER, G. "A função da criminologia na administração da justiça criminal", *in Revista do Instituto dos Advogados Brasileiros*, ano VIII, nº 39.

MUÑAGORRI. I. *Sanción Penal y Política Criminal*, Madrid, 1977.

MUÑOZ CONDE, Francisco. "La resocialización del delincuente", na coletânea, *La Reforma Penal*, Bollatera, 1980.

_____. *Teoria general del delito*, Bogotá, Temis, 1984.

MUÑOZ CONDE, Francisco e GARCIA ARÁN, Mercedes. *Derecho Penal, parte general*, 2ª ed., Valencia, Tirant lo Blanc, 1996, p. 529.

MUÑOZ CONDE e GARCÍA ARAN, *Derecho penal: parte general*, 8ª ed., Valencia, Tirant lo Blanch, 2010.

NAGEL, A. "Criminologia crítica", *in Revista de Direito Penal*, 1, Rio de Janeiro, 1971.

NINA RODRIGUES, R. *As raças e a responsabilidade penal no Brasil*, Rio de Janeiro, Guanabara, s/d.

NUVOLONE, P. *Pena, in Enciclopedia del diritto*, vol. XXXII.

_____. *La Legge di Depenalizzazione*, Turim, 1984.

NUVOLONE, P. e PERIZEAU, A. "Criminalidade e justiça penal nas zonas metropolitanas", *in Revista do Instituto dos Advogados Brasileiros*, ano VII, nº 29.

O ESTADO DE SÃO PAULO, de 23 de novembro de 1991, Caderno Cidades.

ORDINAMETO PENITENZIARIO E MISURE ALTERNATIVE ALLÁ DETENZIONE, Milão, 1976.

ORRÚ, G. *Richterrecht – Il problema della libertà e autorità giudiziale nella dottrina tedesca contemporanea*, Giuffrè, Milão, 1988.

ORTEGA Y GASSET, J. *El tema de nuestro tiempo*, Madrid, 1923.

PERIZEAU, A. "Criminalidade e justiça penal nas zonas metropolitanas", *in Revista do Instituto dos Advogados Brasileiros*, ano VII.

PABLOS DE MOLINA, A.G. *Derecho Penal, Introducción*, Madrid, Universidad Complutense, 2000.

PAGLIARO. *Principi di Diritto Penaale*, Milão, Giuffrè, 1972.

PALAZZOLO, V. *Considerazioni sulla natura dell'azione e sul carattere dell'esperienza giuridica*, Pisa, 1941.

424 | FUNDAMENTOS DE DIREITO PENAL – *Miguel Reale Júnior*

PAPADOPOULOS, J. S. "La philosophie pénale entre utilitè sociale et morale retributive", *in Archives de Philosophie du Droit*, 2001, Paris.

PARSONS. *The structure of social action*, 2ª ed., Glencoe, 1949.

PASCHOAL, J. C. *A escravidão e a interpretação viciada da lei*, trabalho apresentado no curso de pós-graduação da Faculdade de Direito da USP, 2001.

_____. *Constituição, criminalização e Direito Penal mínimo*, São Paulo, RT, 2003.

PETROCELLI, B. *L'antigiuridicità*, Pádua, 1966.

PIERANGELLI, J. H. *Do consentimento do ofendido*, São Paulo, Revista dos Tribunais, 1989.

PIMENTEL, M. P. *Do crime continuado*, São Paulo, 1968.

_____. *O crime e a pena na atualidade*, São Paulo, 1983.

PINATEL, J. *La criminologie*, Paris, Spes, 1960.

PISAPIA, G. *Contributo ad' un analise socio-criminologica della devianza*, Pádua, 1978.

_____. *Fondamento o oggetto della Criminologia*, Pádua, Cedam, 1983.

PITOMBO, Sergio M. M. "Regimes de cumprimento de pena e o exame criminológico", *in RT* 583/314.

POLAINO NAVARRETE, *Lecciones de derecho penal: parte general*, Madrid, Tecnos, 2013.

PONCELA, P. *Droit de la peine*, 2ª ed., Paris, 2001.

PONTES DE MIRANDA. *Tratado de Direito Privado*, parte geral, Borsoi, Rio de Janeiro, 1954, tomo II.

PORTO, L. G. M. "A legislação penal da escravidão", *in Revista dos Tribunais*, nº 777, São Paulo.

PRADEL, J. *Droit Penal general*, Paris, Cujas, 2000.

PRADO, L. R. *Bem jurídico-penal e Constituição*, São Paulo, *RT*, 1996.

_____. *Curso de Direito Penal brasileiro, parte geral*, 2ª ed., São Paulo, Revista dos Tribunais, 2000.

PROPATO, D. *Sancione Admmnistrative e Depenalizzazione di Delitti e Contravvenzioni*, Florença, 1983.

PUGLIA. *Studi Critici di Diritto Criminale*, Nápoles, 1885.

PULITANÒ, D. "Politica criminale", verbete da *Enciclopédia del Diritto*.

PUNZO. *Reato Continuato*, Pádua, 1951.

RABOSSI, E. A. *La justificación moral del castigo*, Buenos Aires, Astrea, 1976.

RACIONERO CARMONA, F. *Derecho Penitenciario y privación de liberdad, una perspectiva judicial*, Madrid, 1999.

RAMALHO, J. R. *O mundo do crime, a ordem pelo avesso*, São Paulo, 2002.

RAMOS, J. M. O. "Publicidade Global e hábitos de consumo", *in Sociedade global: cultura e religião*, Petrópolis, 1998.

RANGEON, F. *Reflexions sur l'effectivité du droit*, na coletânea, "Les usages sociaux du droit", Paris, Puf, 1989.

REALE JR., Miguel. "Concurso de Pessoas", *in Enciclopédia Saraiva de Direito*, vol. 17.

_____. "Concepção existencial de Bettiol", em *Ciência Penal*, nº 2, 1974.

_____. *Antijuridicidade Concreta*, São Paulo, Bushatsky, 1974.

_____. Penas alternativas, *in "Ciência Penal"* nº 1, 1981.

BIBLIOGRAFIA BÁSICA | **425**

_____. "Circunstâncias do crime", *in Enciclopédia Saraiva*, vol. 14, pp. 411 e s.

_____. "Miguel Reale, humanista", *in Revista da Associação dos Advogados*, nº 61, São Paulo, novembro de 2000.

_____. "A inconstitucionalidade da lei dos remédios", *in Revista dos Tribunais*, nº 763/415, São Paulo, vol. 763, ano 88, maio/1999.

_____. "Aequitas e analogia em matéria penal: Ihering e Tobias Barreto", *in Congresso Brasileiro de Filosofia*, São Paulo, 1999.

_____. "Concepção existencial de Bettiol", *in Ciência Penal*, São Paulo, Bushatsky, 2, 1974.

_____. "Liberdade e segurança nacional", *in Anais da VIII Conferência Nacional da Ordem dos Advogados*, 1980.

_____. "*Mens legis* insana, corpo estranho", *in Penas alternativas de direitos*, São Paulo, RT, 1999.

_____. "Os motéis", *in Direito Penal aplicado*, nº 1, São Paulo, Revista dos Tribunais, 1990.

_____. *Fontes e modelos do Direito*, São Paulo, Saraiva, 1994.

_____. *Teoria do delito*, 2ª ed., São Paulo, RT, 2000.

_____. *Código Penal comentado*, Miguel Reale Júnior (coord.), São Paulo, Saraiva, 2017.

REALE JR., Miguel; DOTTI, René; ANDREUCCI, Ricardo; e PITOMBO, Sérgio. *Penas e medidas de segurança no novo código*, 2ª ed., Rio de Janeiro, Forense, 1987.

_____. *Lições preliminares de Direito*, 3ª ed., São Paulo, Saraiva, 1976.

_____. *O Direito como experiência*, 2ª ed., São Paulo, Saraiva, 1999.

_____. *Teoria do Direito e do Estado*, 3ª ed., São Paulo, Martins, 1970.

_____. *Variações*, 2ª ed., São Paulo, EGD, 2000.

RIVACOBA Y RIVACOBA. "Introducción al estudio de los principios cardinales del Derecho Penal", *in Revista Brasileira de Ciências Criminais*, nº 32.

_____. "Retrospectiva e análise das novas modalidades", *in Penas restritivas de direitos*.

RICCIO, Stefano. Verbete "Recidiva", no *Novíssimo Digesto Italiano*, vol. XIV, p. 1.053.

RICO, J. M. "Medidas substitutas de la pena de prisón", *in Anuario del Instituto de Ciencias Penales y Criminologicas*, nº 2.

ROCHER, G. *Introduction à la sociologie générale*, I, Paris, HMH, 1968.

RODA, JUAN CORDOBA, *Culpabilidad y Pena*.

RODRIGUEZ DEVESA, José Maria. *Derecho Penal español* – Parte general, Madrid, 1973.

RODRÍGUEZ PEIRALLO, M. *Consecuencia de la sanción de privación de liberdad en la mujer*, *in Revista Brasileira de Ciência Criminais*, ano 5, nº18, 1997.

ROMAGNOSI. G. D. *Genesi del Diritto Penale*, 6ª ed., Milão, 1836.

ROSENTHAL, S. *As penas alternativas nas legislações espanhola e portuguesa*, trabalho apresentado no curso de pós-graduação da Faculdade de Direito da USP, nov. de 2001.

_____. *Crime e escravidão na época do império*, trabalho apresentado na pós-graduação da Faculdade de Direito da USP, São Paulo, 2002.

ROSSI, P. *Traitè de Droit Penal*, Bruxelas, Weline, Cans, editeurs, 1850.

ROSSNER, Dieter. "Los imprescindibles deberes del Derecho Penal", *in Política criminal comparada hoy y mañana*, Madrid, 1998.

ROTONDI, M. "Interpretazione della legge", *in Novisimo digesto italiano*, vol. VIII, Turim, Utet, 1957.

426 | FUNDAMENTOS DE DIREITO PENAL – *Miguel Reale Júnior*

ROUSSEAU, J. J. *Do contrato social*, trad. Lourdes Santos Machado, São Paulo, Victor Civita, 1973.

ROXIN, C. "A culpabilidade como critério limitativo da pena", *in Revista de Direito Penal*, n°11/12, 1973.

_____. *Culpabilidad y Prevención en Derecho Penal*, trad. De Muñoz Conde, Madrid, 1981.

_____. *La evolución de la Política Criminal, el Derecho Penal y el Proceso Penal*, trad. Carmem Gomes Rivero e Maria C. Garcia Cantizano, Valencia, Tirant lo Blanc, 2000.

_____. *Política criminal y sistema del Derecho Penal*, trad. Muñoz Conde, Barcelona, Bosch,1972 – 2000.

RUCQUOI, Adeline. *Histoire Médiévale de la Péninsule Ibérique*, Paris, Du Seuil, 1993.

RUDOVSKY, D., BRONSTEIN, A. KOREN, E. *The rights of prisoners*, Nova Iorque, 1977.

SALOMÃO, H. E. *A tutela penal e as obrigações tributárias na Constituição Federal*, São Paulo, RT, 2001.

_____. *Penas alternativas na legislação italiana*, trabalho apresentado no curso de pós-graduação da Faculdade de Direito da USP no segundo semestre de 2001.

SALVADOR Netto, Alamiro Salvador, *Dos crimes contra o patrimônio*, in Miguel Reale Júnior (coord.), Código Penal comentado, São Paulo, Saraiva, 2017, p. 482.

SANTAMARIA, D. *Prospettive del concetto finalistico dell'azione*, Nápoles, 1955.

SANTIAGO NINO, C. *Introducción al análisis del Derecho*, 2ª ed., Buenos Aires,1986.

SANTOS, B. S. "L'interruption de la grossesse sous la indication médicale dans le code penal portugais", *in Boletim da Faculdade de Direito de Coimbra*, n° 43, Coimbra, 1967.

_____. *Pela mão de Alice*, 7ª ed., São Paulo, Cortes, 2000.

SANTOS. J. C. *A criminologia da repressão*, Rio de Janeiro, 1979.

SANZ MULAS, N. *Alternativas a la pena privativa de libertad*, Madrid, 2000.

SCARANO, L. "La non esigibilità nel Diritto Penale", *in Studi Sassaresi*, série II, vol. XXI.

SCHELER, M. *Ética*, trad. Hilário Lang, vol. 1, Madrid, Revista de ecc., 1941.

SCHMELCK, R. e PICCA, G. *Penologie et Droit Penitentiaire*, Paris.

SCHMIDT DE OLIVEIRA, A. S., e outros, *Considerações sobre a multa em face da Lei 9.268/96*, *in Revista Brasileira de Ciências Criminais*, ano 5, n° 19, 1997.

SCHUNEMANN, B. *Consideraciones críticas sobre la situación espiritual de la ciencia jurídico penal alemana*, Colômbia, Universidad Externato de Colômbia, 1996.

SCHWARCZ, L. M. "As teorias raciais, uma construção histórica de finais do século XIX. O contexto brasileiro", *in Raça e diversidade* – coletânea organizada por SCHWARCZ, L. M. e QUEIROZ, R.S. São Paulo, Edusp, 1996.

_____. *Retrato em branco e preto*, Companhia das Letras, São Paulo, 1987.

SERRANO MAÍLLO, A. *Ensayo sobre el Derecho Penal como ciencia*, Madrid, Dykinson, 1999.

SFORZA, C. W. "Diritto", verbete da *Enciclopedia del Diritto*.

SGUBBI, F. *Il reato come rischio sociale*, Bolonha, Il Mulino, 1990.

SHECAIRA, S. S. "Circunstâncias do crime", *in Revista Brasileira de Ciências Penais*, ano 6, n° 23.

_____. "Penas alternativas", *in Penas restritivas de direitos*, São Paulo, 1999.

_____. *Prestação de serviços à comunidade*, São Paulo, 1993.

BIBLIOGRAFIA BÁSICA | **427**

SICHES, Luiz Recasens. *Tratado general de Filosofia del Derecho*, México, Porrua, 1959.

SILVA FERRÃO, F. A. F. *Theoria do Direito Penal aplicada ao Código Penal portuguez*, vol. I, Lisboa, 1856.

SILVA SANCHES, J. M. *Política Criminal en la dogmática: algunas cuestiones sobre su contenido y limites*, anexo ao livro de ROXIN, C.

SILVEIRA BUENO, *Dicionário da língua portuguesa*, vol. 3, Fortaleza, Edições Fortaleza.

SILVEIRA, A. *Prisão albergue, teoria e prática*, 3ª ed., São Paulo, Eud, 1973.

SOLER, S. "Estructuras objetivas figuras jurídicas", *in Ciência Penal*, 2, ano 1, São Paulo, 1974.

SPIRITO, U. *Storia del Diritto Penale italiano*, Turim, Fratelli Bocca, 1932.

STALISLAV PLAWSKI. *Le code de precédure pénale et le code d'exécution des peines de Pologne*, em RSC, 1980, nº 1.

STEFANI, G., LEVASSEUR, G., BOULOC, B. *Droit Pénal general*, 17ª ed., Paris, 2000.

STRATENWERTH, G. *Derecho Penal, parte general*, Madrid, Edersa, 1982.

_____. *Que aporta la teoria de los fines de la pena*, Colômbia, Faculdad Externado de Colômbia, 1996.

SUTHERLAND, E. H. e CRESSEY. D. R. *Criminologia*, trad. Zanchetti, Milão,1996.

SZABO, D. *Criminologie*, Montreal, Les Presses Universitaires de Montreal, 1970.

TARDE, G. *La philosofie pénale*, 3ª ed., Paris, G. Masson, 1892.

TAVARES, J. *Teorias do delito*, São Paulo, Revista dos Tribunais, 1980.

TAYLOR, J., WALTON, P. e YOUNG, J. *Criminologia crítica*, trad. Nicolas Grab, México, 1977.

THOMPSON, A. *A questão penitenciária*, Petrópolis, 1976, p. 36.

TORON, A. Z. *Crimes hediondos, o mito da repressão penal*, São Paulo.

_____. "Prevenção e retribuição na lei dos crimes hediondos: o mito da repressão penal", in Justiça Penal, São Paulo, RT, 1993.

VARELA, D. *Estação Carandiru*, São Paulo.

VARGAS, J. C. *Instituições de Direito Penal, parte geral*, tomo 1, Belo Horizonte, Del Rey, 1977.

VIGLIETTA, G. "Spunti per una riforma del sistema penale. Dal diritto penale dello Stato--autorità al diritto penale minimo", *in Il sistema sanzionatorio penale e le alternative di tutela*, Coletânea coordenada por BORRÈ, G. e PALOMBARINI, G. Milão, Franco Angeli, 1998.

VILHENA, V. O. Conferências publicadas na *Revista CEJ* – Centro de Estudos Judiciários do Conselho da Justiça Federal, nº 11, ano IV, agosto de 2000.

VIRGÍNIO ANTONIO DE CARVALHO. *Direito Penal Militar brasileiro*, Rio de Janeiro, 1940.

VON IHERING, R. *L'evolution du droit*, trad. francesa de Zweck, Paris.

VON LISZT, F. *Tratado de Direito Penal Alemão*, trad. José Higino Pereira, Rio de Janeiro, Leuzinger, 1915.

WELZEL, H. *Derecho natural y justicia material*, trad. Felipe Gonzalez Vincén, Madrid, Aguilar, 1957.

_____. *Derecho Penal* – Parte General, trad. Fontán Balestra, Buenos Aires, Depalma, 1956.

WESSELS, J. *Derecho Penal, parte geral*, trad. Juarez Tavarez, Porto Alegre, Fabris, 1976.

WRÓBLEWSKI, J. "L'interpretation en droit: théorie et idéologie", *in Archives de Philosophie du Droit*, nº 17, Paris, 1972.

WURTENBERGER. *La situazione spirituale della scienza penalistica in Germânia,* trad. Mario Losano, Milão, l965.

YAÑEZ ROMAN, P. L. *La Condana Condicional em España,* Madrid, 1973.

ZACCARIA, G. *Ermeneutica e giurisprudenza,* Milão, Giuffré, 1984.

ZAFFARONI, E. R. *En busca de las penas perdidas, desligitimación y dogmática jurídico-penal,* 2ª ed., Bogotá, 1990.

_____. *Tratado de Derecho Penal – Parte General*, Buenos Aires, 1983, vol. V.

ZIPF. *Introducción a la Política Criminal,* trad. Miguel Izquierdo Macías-Picaeva, Madrid, Editoriales de Derecho Reunidos, 1979.